Die Entstehung des Code pénal von 1810 und sein Einfluß auf die Strafgesetzgebung der deutschen Partikularstaaten des 19. Jahrhunderts am Beispiel Bayerns und Preußens

Europäische Hochschulschriften
Publications Universitaires Européennes
European University Studies

Reihe II
Rechtswissenschaft

Série II Series II
Droit
Law

Bd./Vol. 3326

PETER LANG
Frankfurt am Main · Berlin · Bern · Bruxelles · New York · Oxford · Wien

Christian Brandt

Die Entstehung des Code pénal von 1810 und sein Einfluß auf die Strafgesetzgebung der deutschen Partikularstaaten des 19. Jahrhunderts am Beispiel Bayerns und Preußens

PETER LANG
Europäischer Verlag der Wissenschaften

Die Deutsche Bibliothek - CIP-Einheitsaufnahme

Brandt, Christian :

Die Entstehung des Code pénal von 1810 und sein Einfluß auf die Strafgesetzgebung der deutschen Partikularstaaten des 19. Jahrhunderts am Beispiel Bayerns und Preußens / Christian Brandt. - Frankfurt am Main ; Berlin ; Bern ; Bruxelles ; New York ; Oxford ; Wien : Lang, 2002
(Europäische Hochschulschriften : Reihe 2, Rechtswissenschaft ; Bd. 3326)
Zugl.: Marburg, Univ., Diss., 2000
ISBN 3-631-36358-3

D 4
ISSN 0531-7312
ISBN 3-631-36358-3

www.peterlang.de

Die Entstehung des Code pénal von 1810 und sein Einfluß auf die Strafgesetzgebung der deutschen Partikularstaaten des 19. Jahrhunderts am Beispiel Bayerns und Preußens

Inaugural-Dissertation
zur
Erlangung der juristischen Doktorwürde

dem
Fachbereich Rechtswissenschaften
der Philipps-Universität zu Marburg

vorgelegt von
Christan Brandt

Rechtsanwalt aus Bad Hersfeld

Marburg
2000

Als Dissertation von dem Fachbereich Rechtswissenschaften

angenommen am: 11. Januar 2000

Berichterstatter: Professor Dr. Werkmüller
Mitberichterstatter: Professor Dr. Buchholz

Tag der mündlichen Prüfung: 2. Februar 2000

Vorwort

Die vorliegende Arbeit wurde im Wintersemester 1999/2000 von der Juristischen Fakultät der Philipps-Universität Marburg als Dissertation angenommen. Die entsprechende Literatur ist bis zum Oktober 1999 berücksichtigt worden.

Mein besonderer Dank gilt meinem geschätzten Doktorvater Prof. Dr. Dieter Werkmüller, der die Arbeit durch seine Forschungstätigkeit maßgeblich angeregt und mir nicht nur den erforderlichen inhaltlichen Gestaltungsfreiraum bei der Bearbeitung belassen, sondern mir darüber hinaus auch stets mit wertvollen Ratschlägen zur Seite gestanden hat. Für die Förderung, die er mir während meiner Tätigkeit an seinem Lehrstuhl zukommen ließ, möchte ich mich auch an dieser Stelle nochmals herzlich bedanken.
Danken möchte ich gleichfalls Herrn Prof. Dr. Stephan Buchholz für seine zügige Zweitbegutachtung.

Gedankt sei weiterhin allen Mitarbeitern und Mitarbeiterinnen des Max-Planck-Institutes für Europäische Rechtsgeschichte in Frankfurt am Main, die mir bei der Quellen- und Literaturrecherche mit großem Engagement behilflich waren.
Schließlich danke ich auch meiner geschätzten Kollegin Frau Assessorin Ursula Hedderich für das kompetente Korrekturlesen des Manuskripts.

Widmen möchte ich die Arbeit meiner Mutter, die mich bei allen meinen Plänen stets nach Kräften unterstützt hat.

Marburg, im Januar 1999 Christian Brandt

INHALTSVERZEICHNIS

LITERATURVERZEICHNIS

I. Quellen

1. Gesetzestexte

ALLGEMEINES CRIMINALRECHT FÜR DIE PREUßISCHEN STAATEN. ERSTER THEIL: CRIMINAL-ORDNUNG, Berlin 1806.

ALLGEMEINES LANDRECHT FÜR DIE PREUßISCHEN STAATEN VON 1794, Textausgabe, herausgegeben von Hans Hattenhauer und Günter Bernert, Frankfurt/Main 1970.

LES CINQ CODES - *Die fünf französischen Gesetzbücher (Code civil, Code de procédure civile, Code de commerce, Code pénal, Code d'instruction criminelle), mit gegenüberstehendem französischen Text, herausgegeben von Johann Cramer*, Koblenz 1875.

CODE DES DELITS ET DES PEINES DU 3 BRUMAIRE, 4.e ANNÉE RÉPUBLICAINE, Douai 1800.

CODE PENAL DU 25 SEPTEMBRE 1791, Douai 1800.

CODEX IURIS CRIMINALIS BAVARICI, München 1751.

CONSTITUTIO CRIMINALIS CAROLINA, *Kayser Carls des Fünfften und des Heiligen Römischen Reichs Peinliche Gerichtsordnung*, o.O. und o.J. [ca. 1540].

CONSTITUTIO CRIMINALIS THERESIANA, Wien 1769.

ORDONNANCE DE LOUIS XIV, ROY DE FRANCE ET DE NAVARRE, DONNEE À SAINT GERMAIN EN LAYE AU MOIS D'AOUT 1670, POUR LES MATIÈRES CRIMINELLES, Paris 1670.

STRAFGESETZBUCH FÜR DAS KÖNIGREICH BAIERN, München 1813.

STRAFGESETZBUCH FÜR DAS KÖNIGREICH BAYERN, München 1861.

STRAFGESETZBUCH FÜR DIE PREUßISCHEN STAATEN, Berlin 1851.

2. Gesetzsammlungen

Bundes-Gesetzblatt des Norddeutschen Bundes, Berlin 1867ff.

Jean-Baptiste Marie **Duvergier** [Hrg.], *Collection complète des lois, décrets, ordonnances, réglemens et avis du Conseil d'État* (erscheint seit 1824 fortgesetzt unter Abwandlungen des Titels), Paris 1824ff.

Gesetzblatt für das Königreich Bayern, München 1818ff.

Gesetz-Sammlung für die Königlichen Preußischen Staaten, Berlin 1810ff.

François-André **Isambert** [Hrg.], *Recueil général des anciennes lois françaises depuis l'an 420 jusqu'à la Révolution de 1789*, Bd. I-XXIX, Paris 1821-1833.

Königlich-Bairisches Regierungsblatt, München 1806ff.

Christian Otto **Mylius** [Hrg.], *Corpus Constitutionum Marchicarum oder Königlich Preußische und Churfürstlich Brandenburgische, in der Chur- und Marck Brandenburg publicierte und ergangene Ordnungen, Edicta, Mandata, Rescripta*, Berlin 1737 bis 1755. Diese Sammlung wurde ab 1756 bis 1803 unter dem Titel *Novum Corpus Constitutionum Prussico-Brandenburgensium praecipue Marchicarum oder Neue Sammlung Königlich Preußisch und Churfürstlich Brandenburgischer, sonderlich in der Chur- und Marck Brandenburg publizierter Ordnungen, Edicte, Mandaten, Rescripten* von Samuel von Cocceji fortgeführt.

Karl **Prater** [Hrg.], *Die Verfassungsurkunde des Königreichs Bayern und die Verfassungsedikte in ihrem gegenwärtigen Bestande, Wortgetreuer Abdruck des noch geltenden ursprünglichen Textes mit Anführung der spätern Zusätze und Aenderungen*, 4. Auflage, Nördlingen 1872.

Reichs-Gesetzblatt, Berlin 1871ff.

Sammlung der für die Königlich Preußische Rheinprovinz seit dem Jahre 1813 hinsichtlich der Rechts- und Gerichts-Verfassung ergangenen Gesetze, Verordnungen, Ministerial-Rescripte etc., Bd. I, Berlin 1834.

3. Sonstige Quellen

ANMERKUNGEN ZUM STRAFGESETZBUCHE FÜR DAS KÖNIGREICH BAIERN NACH DEN PROTOKOLLEN DES KÖNIGLICHEN GEHEIMEN RATHS, München, Bd. I (1813), Bd. II (1813), Bd. III (1814).

ARCHIVES PARLEMENTAIRES DE 1789 A 1860, *recueil complet des débats législatifs et politiques des chambres françaises*, première série (1789 à 1800), Paris, Bd. IX (1877), Bd. X (1878), Bd. XI (1880), Bd. XXVI (1887), Bd. XXVII (1887), Bd. XXXI (1888).

Wilhelm August BISCHOFF, *Revision des Entwurfes des Strafgesetzbuches von 1843*, Bd. I-III, Berlin 1845.

Eduard BLEICH, *Verhandlungen des im Jahre 1848 zusammenberufenen Vereinigten Ständischen Ausschusses*, Bd. I-IV, Berlin 1848.

Albert DESJARDINS [Hrg.], *Les cahiers des États Généraux à 1789 et la législation criminelle*, Paris 1883.

Paul Johann Anselm VON FEUERBACH, *Kritik des Kleinschrodischen Entwurfs zu einem peinlichen Gesetzbuche für die Chur-Pfalz-Bayerischen Staaten*, Teil I-III, Nachdruck der Ausgabe Giessen 1804, Frankfurt/Main 1988.

Paul Johann Anselm VON FEUERBACH, *Entwurf des Gesetzbuches über Verbrechen und Vergehen für das Königreich Baiern*, Nachdruck der Ausgabe München 1810, Frankfurt/Main 1988.

Karl Albert VON KAMPTZ [Hrg.], *Zusammenstellung der drei Entwürfe des Preußischen Strafgesetzbuches. Vom Staatsminister von Kamptz*, Berlin 1844.

Karl Albert VON KAMPTZ [Hrg.], *Zusammenstellung der Strafgesetze auswärtiger Staaten nach der Ordnung des revidirten Entwurfes des Strafgesetzbuches für die Königlich Preußischen Staaten. Fünf Theile*, Bd. I und II (1838), Bd. III (1839), Bd. IV und V (1841), Berlin 1838-1841.

Gallus Alois KLEINSCHROD, *Entwurf eines peinlichen Gesetzbuchs für die kurpfalzbairischen Staaten*, München 1802.

Felix Joseph LIPOWSKY, *Materialien zur bairischen Strafgesetzgebung*, München 1822.

Jean-Guillaume **Locré de Roissy**, *La législation civile, commerciale et criminelle de la France ou commentaire et complément des codes français*, Bd. I (1827), Bd. XXIV (1831), Bd. XXV (1831), Bd. XXVII (1831), Bd. XXVIII (1831), Bd. XXIX (1831), Bd. XXX (1832), Bd. XXXI (1832), Paris 1827ff.

Jürgen **Regge**, Werner **Schubert** [Hrg.], *Gesetzrevision (1825-1848)*, 1. Abteilung: *Straf- und Strafprozeßrecht*, Bd. I (1981): *Strafrecht (Ministerium Dankelmann 1827-1830)*; Bd. II (1982): *Straf- und Strafprozeßrecht (Ministerium Dankelmann 1828-1830)*; Bd. III (1984): *Straf- und Strafprozeßrecht (Ministerium Kamptz 1833-1837)*; Bd. IV, 1. und 2. Halbband (1993): *Protokolle der Kommission des Staatsrats über die Beratungen des Revidierten Entwurfs eines Strafgesetzbuchs von 1836 (Ministerien Kamptz und Savigny 1838-1842)*; Bd. V (1994): *Entwurf des Strafgesetzbuchs von 1843, Revision des Entwurfs des Strafgesetzbuchs von 1843 und Revidierter Entwurf der Strafprozeßordnung von 1841 (Ministerien Kamptz und Savigny)*; Bd. VI, 1. und 2. Halbband (1996): *Entwurf eines Strafgesetzbuchs (1845-1848), Gesetz vom 17.7. 1846, betreffend das Verfahren in den bei dem Kammergericht und dem Kriminalgericht zu Berlin zu führenden Untersuchungen*, Vaduz/Liechtenstein 1981ff.

Werner **Schubert** u.a. [Hrg.], *Kodifikationsgeschichte Strafrecht: Quellen zum Strafgesetzbuch von 1870*, Bd. I: *Entwurf eines Strafgesetzbuches für den Norddeutschen Bund vom Juli 1869 und Motive zu diesem Entwurf*; Bd. II: *Strafgesetzbuch für den Norddeutschen Bund: Entwurf vom 14.02. 1870 (Reichstagsvorlage)*; Bd. III: *Verhandlungen des Bundesrats und des Reichstags des Norddeutschen Bundes über den Entwurf eines Strafgesetzbuches*, Reprint Frankfurt/Main 1992.

Stenographische Berichte über die Verhandlungen der Zweiten Kammer, 3. Band, *Anlagen zu den Verhandlungen der Zweiten Kammer*, Berlin 1851.

Stenographische Berichte über die Verhandlungen des Reichstages des Norddeutschen Bundes, I. Legislaturperiode Session 1868, Berlin 1868.

Verhandlungen der Ersten und Zweiten Kammer über die Entwürfe des Strafgesetzbuchs für die Preußischen Staaten und des Gesetzes über die Einführung desselben vom 10. Dezember 1850, nebst den Kommissionsberichten und sonstigen Aktenstücken, Berlin 1851.

II. Darstellungen

1. Ältere und zeitgenössische Literatur

Karl **ARNOLD**, *Erfahrungen aus dem bayerischen StGB vom Jahre 1813 und Betrachtungen hierüber*, in: Archiv des Criminalrechts, Halle 1843, S. 96ff, 240ff, 377ff, 512ff; 1844, S. 190ff.

Karl **ARNOLD**, *Die Ohnmacht der Todesstrafe*, in: Der Gerichtssaal, Bd. 10, Stuttgart 1858, S. 455ff.

Cesare **BECCARIA**, *Dei delitti e delle pene,* Florenz 1958.

Jeremy **BENTHAM**, *Traités de législation civile et pénale, précédés de principes généraux de législation, et d'une vue d'un corps complet de droit: terminés par un essai sur l'influence des tems et des lieux relativement aux lois*, Bd. I-III, Paris 1802.

Alphonse **BÉRENGER**, *De la répression pénale, de ses formes et de ses effets*, Bd. II, Paris 1855.

Albert Friedrich **BERNER**, *Die Strafgesetzgebung in Deutschland vom Jahre 1751 bis zur Gegenwart,* Nachdruck der Ausgabe Leipzig 1867, Aalen 1978.

Albert Friedrich **BERNER**, *Lehrbuch des deutschen Strafrechts*, 4. Auflage, Leipzig 1868.

Albert Friedrich **BERNER**, *Grundsätze des Preußischen Strafrechts*, Leipzig 1861.

Georg **BESELER**, *Kommentar über das Strafgesetzbuch für die Preußischen Staaten und das Einführungsgesetz vom 14. April 1851*, Leipzig 1851.

Scipion Jérôme **BEXON**, *Parallèle du code pénal d'Angleterre avec les lois pénales françaises et considérations sur les moyens de rendre celles-ci plus utiles*, Paris an VIII (1800).

Joseph-Édouard **BOITARD**, *Leçons sur les Codes pénal et d'instruction criminelle*, 2. Auflage, Paris 1842.

Arnould **BONNEVILLE DE MARSANGY**, *De l'amélioration de la loi criminelle*, Band I, Paris 1855.

Gabriel **Bonnot de Mably**, *De la Législation ou principes des lois*, Paris 1776.

Jacques Pierre **Brissot de Warville**, *Théorie des loix criminelles*, Berlin 1781.

Robert **Collard**, *Système des circonstances atténuantes*, Paris 1840.

Adolphe **Carnot**, *Commentaire sur le Code pénal*, Bd. I (1823), Bd. II (1824), Paris 1823f.

Paul **Derathé**, *Jean-Jacques Rousseau et la science politique de son temps,* Paris 1970.

Louis F. **Destriveaux**, *Essai sur le Code pénal*, Liège 1818.

Charles **Dupaty**, *Réflexions historiques sur les lois criminelles*, Paris 1788.

Charles **Dupaty**, *Lettres sur la procédure criminelle de la France*, Paris 1788.

Jean **Duret**, *Traité des peines et amendes*, Lyon 1573.

Paul Johann Anselm **von Feuerbach**, *Lehrbuch des gemeinen in Deutschland gültigen peinlichen Rechts*, 2. Nachdruck der Ausgabe Giessen 1847, Aalen 1986.

Paul Johann Anselm **von Feuerbach**, *Revision der Grundsätze und Grundbegriffe des positiven peinlichen Rechts*, Bd. I, Erfurt 1799; Bd. II, Chemnitz 1800.

Victor **Foucher**, *Commentaire sur le Code de justice militaire*, Paris 1858.

Friedrich der Grosse, *Dissertation sur les raisons d'établir ou d'abroger les loix*, Frankfurt 1752.

Nicolaus Thaddaeus **von Gönner**, *Einige Motive zum Bairischen Entwurf des Strafgesetzbuchs mit kurzer Prüfung der ausführlichen Prüfung, welcher der Hr. Etatsrath und Deputirter des K. dänischen Canzleicolegii, Dr. Oersted, zu Kopenhagen im Jahr 1823 herausgegeben hat*, München 1825.

Theodor G. **Goltdammer**, *Die Materialien zum Strafgesetzbuch für die preußischen Staaten, aus den amtlichen Quellen nach den Paragraphen des Gesetzbuchs zusammengestellt und in einem Kommentar erläutert*, Berlin 1851 (Bd. I) und 1852 (Bd. II).

Hugo **Hälschner**, *Das preußische Strafrecht*, Bd. I: *Die Geschichte des brandenburg-preußischen Strafrechts*, Neudruck der Ausgabe Bonn 1855, Bd. II: *System des preußischen Strafrechts - Allgemeiner Teil*, Neudruck der Ausgabe Bonn 1858, Bd. III: *System des preußischen Strafrechts - Besonderer Teil: Die Verbrechen gegen das Recht der Privatperson*, Neudruck der Ausgabe Bonn 1868, Aalen 1975.

August Wilhelm **Heffter**, *Lehrbuch des gemeinen deutschen Criminalrechts mit Rücksicht auf die nicht exclusiven Landesrechte*, Nachdruck der Ausgabe Halle 1833, Frankfurt/Main 1985.

Carl **Hocheder**, *Das Strafgesetzbuch für das Königreich Bayern*, Bd. I: Allgemeiner Theil, München 1862.

Richard **Höinghaus**, *Das neue Strafgesetzbuch für den Norddeutschen Bund in der durch Vereinbarung mit dem Reichstage endgültig festgestellten Fassung, mit den vollständigen amtlichen Motiven, den Motiven zu den erfolgten Abänderungen und dem Wichtigsten aus den Verhandlungen des Reichstags*, 3. Auflage, Berlin 1870.

Franz **von Holtzendorff** [Hrg.], *Handbuch des deutschen Strafrechts*, Bd. I: *Die geschichtlichen und philosophischen Grundlagen des Strafrechts* (1871), Bd. II: *Die allgemeinen Lehren* (1871), Bd. III: *Die Lehre von den Verbrechensarten* (1874), Berlin 1871 und 1874.

Jean **Imbert**, *La pratique judiciaire tant civile que criminelle*, Paris 1627.

Daniel **Jousse**, *Nouveau Commentaire sur l'Ordonnance du mois d'août 1670*, Paris 1772.

Daniel **Jousse**, *Traité de la Justice criminelle de France*, Bd. I-IV, Paris 1771.

von Kräwel, *Über die französischen Elemente im Preußischen Strafgesetzbuch*, in: Archiv für Preußisches Strafrecht, Bd. I, Berlin 1853, S. 461ff.

Pierre Louis **de Lacretelle**, *Discours sur le préjugé des peines infamantes*, Paris 1784.

François **Letrosne**, *Réflexions sur la réforme de la législation criminelle*, in: Vue sur la justice criminelle, Paris 1777.

Simon Nicolas Henri **Linguet**, *Mémoires sur la Bastille*, Genève 1783.

Franz **VON LISZT**, *Lehrbuch des deutschen Strafrechts*, Nachdruck der 2. Auflage 1884, Frankfurt/Main 1985.

Christoph Reinhard Dietrich **MARTIN**, *Lehrbuch des teutschen gemeinen Criminal-Rechts, mit besonderer Rücksicht auf das neue Strafgesetzbuch für das Königreich Bayern*, Nachdruck der Ausgabe Heidelberg 1825, Frankfurt/Main 1985.

André-François **MIOT DE MELITO**, *Mémoires du comte Miot de Melito, ancien ministre, ambassadeur, conseiller d'État et membre de l'Institut (1788-1815)*, Bd. I-III, Paris 1853.

Honoré Gabriel **RIQUETTI DE MIRABEAU**, *Des Lettres de cachet et des prisons d'État*, Hambourg 1782.

Carl Joseph Anton **MITTERMAIER**, *Die Strafgesetzgebung in ihrer Fortbildung*, Nachdruck der Ausgabe Heidelberg 1841/1843, Frankfurt/Main 1987.

Carl Joseph Anton **MITTERMAIER**, *Über den neuesten Zustand der Criminalgesetzgebung in Deutschland, mit Prüfung der neuen Entwürfe für die Königreiche Hannover und Sachsen*, Heidelberg 1825.

Carl Joseph Anton **MITTERMAIER**, *Blicke auf den Zustand der Ausbildung des Kriminalrechts in Frankreich*, in: Kritische Zeitschrift für Rechtswissenschaft III, Nr. XX, S. 416.

Charles-Louis **DE SECONDAT BARON DE LA BREDE ET DE MONTESQUIEU**, *De l'Esprit des lois* (1748), in: *Oeuvres complètes*, Bd. II, Paris 1951.

Charles-Louis **DE SECONDAT BARON DE LA BREDE ET DE MONTESQUIEU**, *Lettres Persanes* (1752), in: *Oeuvres complètes*, Bd. I, Paris 1951.

Christian Friedrich **MÜLLER**, *Das Preußische Strafgesetzbuch nebst dem Einführungsgesetze, mit den Motiven des Hohen Justizministerii und der beiden Kammern, und Hinweisungen auf die ältere Gesetzgebung und die früheren Entwürfe. Ein praktisches Handbuch nach den amtlichen Quellen zusammengestellt für Richter, Staats- und Rechtsanwälte, sowie zum Selbststudium für Referendarien und Auskultatoren*, Berlin 1851.

Pierre François **MUYART DE VOUGLANS**, *Institutes au droit criminel, ou principes généraux sur ces matières, suivant le droit civil, canonique et la jurisprudence du Royaume; avec un traité particulier des crimes*, Paris 1757.

Pierre François **Muyart de Vouglans**, *Les loix criminelles de France, dans leur ordre naturel*, Paris 1780.

Pierre François **Muyart de Vouglans**, *Mémoire sur les peines infamantes*, Paris 1780.

Pierre François **Muyart de Vouglans**, *Lettres, contenants la réfutation de quelques principes hasardies dans le Traité des délits et des peines*, Genève 1767.

Jean Servais Guillaume **Nypels**, *Le Code pénal belge interprêté*, Bruxelles 1867.

Friedrich Christian **Oppenhoff**, *Das Strafgesetzbuch für die Preußischen Staaten nebst dem Gesetz und den Verordnungen über die Einführung desselben*, 5. Auflage, Berlin 1867.

Ernst Julius **Paraquin**, *Die französische Gesetzgebung*, Band V: *Das Strafrecht*, München 1861.

Pierre **de Pastoret**, *Des loix criminelles*, Paris 1790.

Archilles **Renaud**, *La mort civile en France par suite des condamnations judiciaires, son origine et son développement*, Paris 1843.

Eduard **Rottmann**, *Das bayerische Strafrecht in seiner gegenwärtigen Gestaltung*, Erlangen 1849.

Guy **Du Rouseaud de la Combe**, *Traité des Matières criminelles suivant l'ordonnance du mois d'août 1670, et les édits, déclarations du Roi, arrêts et réglemens intervenus jusqu'à présent*, 5. Aufl., Paris 1753.

Jean-Jacques **Rousseau**, *Du Contrat social* (1762), in: *Oeuvres complètes*, Bd. III: *Du Contrat social - Écrits politiques*, Paris 1964.

Wilhelm **Schaeffer**, *Geschichte der Rechtsverfassung Frankreichs von der Revolution bis auf unsere Zeit*, Frankfurt/Main 1850.

Joseph Michel **de Servan**, *Essais sur quelques changements qu'on pourrait faire dès à présent dans les lois criminelles en France, par un honnête homme qui depuis qu'il connaît ces lois n'est pas bien sûr de n'être pas pendu un jour*, Paris 1786.

Joseph Michel **de Servan**, *Discours sur l'administration de la justice criminelle*, Yverdon 1767.

Michel **Solimène**, *De la réforme du Code pénal français*, Paris 1845.

M. **Stenglein**, *Sammlung der deutschen Strafgesetzbücher*, Bd. I, München 1857.

Jodocus Donatus Hubertus **Temme**, *Lehrbuch des Preußischen Strafrechts*, Berlin 1853.

Jodocus Donatus Hubertus **Temme**, *Glossen zum Strafgesetzbuche für die Preußischen Staaten*, Breslau 1853.

Carl August **Tittmann**, *Handbuch der Strafrechtswissenschaft und der deutschen Strafgesetzkunde*, Teil I [1806], Teil II [1807], Teil III [1809] und Teil IV, [1810], Nachdruck Frankfurt/Main 1986.

Charles **Vatel**, *Code Pénal du Royaume de Bavière, avec des explications tirées du commentaire officiel*, Paris 1852.

François Marie **Arouet genannt Voltaire**, *Commentaire sur le livre des délits et des peines*, o.O. 1766.

François Marie **Arouët genannt Voltaire**, *Dictionnaire philosophique*, o.O. 1764.

François Marie **Arouët genannt Voltaire**, *Prix de la justice et de l'humanité*, o.O. 1777.

François Marie **Arouët genannt Voltaire**, *Recht und Politik*, Schriften 1, mit einem Essay herausgegeben von G. Mensching, in: Bibliothek der europäischen Aufklärung, Frankfurt/Main 1978.

François Marie **Arouët genannt Voltaire**, *Republikanische Ideen*, Schriften 2, herausgegeben von G. Mensching, in: Bibliothek der europäischen Aufklärung, Frankfurt/Main 1979.

Ludwig **Weis**, *Das Strafgesetzbuch für das Königreich Bayern sammt dem Gesetze vom 10. November 1861 zur Einführung des Strafgesetzbuchs und des Polizeistrafgesetzbuchs*, Nachdruck der Ausgaben Nördlingen 1863 (Bd. I) und 1865 (Bd. II), Frankfurt/Main 1989.

A.G. **ZIEGLER**, *Die gemeinrechtliche Lehre von der Verbrechens-Concurrenz, mit Rücksicht auf die neueren Theorien und deutschen Gesetzgebungen seit 1813*, Diss. Rostock 1872.

2. Neuere Literatur seit 1880

Hans **ACHENBACH**, *Historische, dogmatische Grundlagen der strafrechtssystematischen Schuldlehre*, Berlin 1974.

Michael **ALKALAY**, *Das materielle Strafrecht der Französischen Revolution und sein Einfluss auf Rechtsetzung und Rechtsprechung der Helvetischen Republik*, Zürich 1984.

François **ALLEHAUT**, *Le Cent cinquantenaire du Code pénal [Allocution]*, in: Revue de science criminelle 1960, 391ff.

Jacqueline **ANCEL**, *La politique criminelle de l'Assemblée constituante*, Diss. Paris 1966.

Marc **ANCEL**, *Le Cent cinquantenaire du Code pénal [Allocution]*, in: Revue de science criminelle 1960, 387ff.

Stratis **ANDREADÈS**, Les peines alternatives ou parallèles, Diss. Paris 1899.

Waldemar **BANKE**, *Der erste Entwurf eines Deutschen Einheitsstrafrechts: 1. Di Verfasser des Entwurfs 1849 (mit einem diplomatisch genauen Abdruck de Entwurfs)*, in: Abhandlungen des kriminologischen Seminars an der Universitä Berlin N.F. Bd. VII, Heft 1, Berlin 1912, S. 37ff; *2. Der Vorentwurf zum erste Deutschen Einheitsstrafrecht (mit erstmaliger Herausgabe des preußische Entwurfs 1848)*, in: a.a.O., Heft 2, Berlin 1915, S. 40ff.

Carl Ludwig **VON BAR**, *Handbuch des deutschen Strafrechts*, Bd. I: *Geschichte de deutschen Strafrechts und der Strafrechtstheorien*, Berlin 1882.

Edwin **BAUMGARTEN**, *Das bayerische Strafgesetzbuch von 1813 und Anselm vo Feuerbach*, in: Der Gerichtssaal, Bd. 81, Stuttgart 1913, S. 98ff.

Lucien **BELY** [Hrg.], *Dictionnaire de l'Ancien régime: Royaume de France XVIe XVIIIe siècle*, Paris 1996.

Karl **BINDING**, *Handbuch des Strafrechts*, Bd. I, Leipzig 1885.

Theodor **Bitterauf**, *Geschichte des Rheinbundes*, Bd. I: *Die Gründung des Rheinbundes und der Untergang des alten Reichs*, München 1905.

Dirk **Blasius**, *Strafrechtsreform und Kriminalpolitik in Preußen 1794-1848*, in: Trutz **von Trotha** [Hrg.], *Politischer Wandel, Gesellschaft und Kriminalitätsdiskurse, Beiträge zur interdisziplinären wissenschaftlichen Kriminologie*, Baden-Baden 1996, S. 223ff.

Herbert **Blohm**, *Feuerbach und das Reichsstrafgesetzbuch von 1871*, Breslau 1935.

André **Bougon**, *De la participation du jury à l'application de la peine*, Diss. Paris 1900.

Jean Marie **Carbasse**, *Introduction historique au droit pénal*, Paris 1990.

Manuel **Casás Fernández**, *Voltaire criminalista, precursor del humanitarismo en la legislación penal*, Madrid 1930.

Guy **Chaussinand-Nogaret**, *Mirabeau*, Paris 1982.

Heinrich **Christ**, *Entstehung und Grundgedanken des Strafgesetzbuchs für das Großherzogtum Hessen vom 1. April 1842*, Diss. Marburg 1968.

Michel **Cuenin**, *Le duel sous l'Ancien Régime*, Paris 1982.

Robert **Deratthé**, *Jean-Jacques Rousseau et la science politique de son temps*, Paris 1970.

Adhémar **Esmein**, *Précis élémentaire de l'Histoire du droit français de 1789 à 1814*, Paris 1908.

Adhémar **Esmein**, *Cours élémentaire d'histoire du droit français*, Paris 1892.

Adhémar **Esmein**, *Histoire de la procédure criminelle en France et spécialement de la procédure inquisitoire depuis le XIIIe siècle jusqu'à nos jours*, Paris 1882.

Karl-Georg **Faber**, *Recht und Verfassung: Die politische Funktion des rheinischen Rechts im 19. Jahrhundert (Festvortrag anläßlich des 150jährigen Bestehens des Oberlandesgerichts Köln)*, Köln 1970.

Elisabeth **FEHRENBACH**, *Traditionale Gesellschaft und revolutionäres Recht: Die Einführung des Code Napoléon in den Rheinbundstaaten*, 3. Auflage, Göttingen 1983.

Bernard **FILLION**, *La responsabilité pénale de l'instigateur*, Diss. Paris 1979.

Karl **FINGER**, *Lehrbuch des deutschen Strafrechts*, Bd. I, Berlin 1904.

Otto **FISCHER**, *Rechtsforschung und Rechtsunterricht auf den deutschen Universitäten*, Frankfurt/Main 1893.

Otto **FISCHL**, *Der Einfluß der Aufklärungsphilosophie auf die Entwicklung des Strafrechts in Doktrin, Politik und Gesetzgebung und Vergleichung der damaligen Bewegung mit den heutigen Reformversuchen*, Breslau 1913.

Émile **GARÇON**, *Le droit pénal*, Paris 1922.

René **GARRAUD**, *Traité théorique et pratique du Droit pénal français*, Bd. I, 3. Auflage, Paris 1913.

Pierre **GAXOTTE**, *La révolution française*, Paris 1970.

F. **GEERDS**, *Zur Lehre von der Konkurrenz im Strafrecht*, in: Kieler Rechtswissenschaftliche Abhandlungen Nr. 2 (1961), S. 5ff.

Karl **GEISEL**, *Der Feuerbachsche Entwurf von 1807, sein Strafensystem und dessen Entwicklung*, Diss. Göttingen 1929.

Julius **GLASER**, *Beccaria et son influence sur la Réforme du Droit pénal*, in: Revue internationale de Droit pénal, 1928, S. 425ff.

Max **GRÜNHUT**, *Anselm v. Feuerbach und das Problem der strafrechtlichen Zurechnung*, in: Hamburgische Schriften zur gesamten Strafrechtswissenschaft, Heft 3, Hamburg 1922.

Louis **GÜNTHER**, *Tomaso Natale, Marchese di Monterosato, ein in Deutschland vergessener Vorläufer Beccarias*, Berlin 1901.

Karl Theodor **HAANEN**, *Die Entwicklung der Stellung der Jugendlichen im Allgemeinen Landrecht, im Code pénal, im Preußischen Strafgesetzbuch von 1851 und im Reichsstrafgesetzbuch*, Diss. Gießen 1920.

Ekkehard **Hagedorn**, *Die richterliche Individualisierung der Strafe in Frankreich*: Problematik, Entwicklung, Gegenwart und Zukunft einer kriminalpolitischen Idee, Diss. Freiburg i. Br. 1981.

Fritz **Hartmann**, *Der Einfluß des französischen Rechts auf das Preußische Strafgesetzbuch von 1851 (Allgemeiner Teil)*, Diss. Göttingen 1923.

Peter Claus **Hartmann**, *Französische Verfassungsgeschichte der Neuzeit (1450-1980)*, Darmstadt 1985.

Eduard **Hertz**, *Voltaire und die französische Strafrechtspflege im 18. Jahrhundert*, Stuttgart 1887.

Robert **von Hippel**, *Deutsches Strafrecht*, Bd. I: *Allgemeine Lehren*, Nachdruck der Auflage Berlin 1925, Aalen 1971.

Rudolf **His**, *Das Strafrecht des deutschen Mittelalters*, Bd. I: *Die Verbrechen und ihre Folgen im allgemeinen*, Leipzig 1920.

Reinhard **Höhn**, *Die Stellung des Strafrichters in den Gesetzen der französischen Revolutionszeit (1791-1810)*, in: Beiträge zur Geschichte der deutschen Strafrechtspflege, Heft 2, Berlin/Leipzig 1929.

Victor **Humbert**, *Théorie des circonstances atténuantes*, Diss. Nancy 1900.

Hans-Heinrich **Jescheck**, *Lehrbuch des Strafrechts*, *Allgemeiner Teil*, 4. Auflage, Berlin 1988.

Marcus **Junkelmann**, *Napoleon und Bayern: Von den Anfängen des Königreiches*, Regensburg 1985.

Gerhard **Köbler**, *Rechtsgeschichte: Ein systematischer Grundriß der geschichtlichen Grundlagen des deutschen Rechts*, 3. Auflage, München 1982.

André **Laingui**, *La responsabilité pénale dans l'ancien droit, XVIe-XVIIIe siècle*, Paris 1970.

Arlette **Lebigre**, *La justice du Roi, la vie judiciaire dans l'ancienne France*, Paris 1988.

Hans-Heinrich **JESCHECK**, Ludwig **EBERMAYER**, Paulheinz **BALDUS**, *Strafgesetzbuch: Leipziger Kommentar, Großkommentar*, Bd. I: *Einleitung; §§ 1 bis 31*, 10. Auflage, Berlin/New York 1985.

Bernhard **MAIER-WEIGT**, *Der materiale Rechts- und Verbrechensbegriff von der französischen Aufklärung bis zur Restauration*, Diss. Frankfurt/Main 1987.

André **MAUROIS**, Die Geschichte Frankreichs, Wiesbaden o.J. [ca. 1960].

François **MAURY**, *La législation criminelle sous l'ancien régime*, in: Revue des Deux-Mondes, 15. September 1877, S. 275ff und 1. Oktober 1877, S. 582ff.

Ernst **VON MEIER**, *Französische Einflüsse auf die Staats- und Rechtsentwicklung Preußens im 19. Jahrhundert*, Bd. I (1907), Bd. II (1908) Leipzig 1907f.

Werner **MEYER**, *Der Einfluß der Feuerbachschen Strafrechtstheorie auf die vor 1848 veröffentlichten deutschen Strafgesetzbücher*, Diss. Erlangen 1950.

Claus C. **MOEHLMANN**, *Strafzweck und Amnestie nach französischem Strafrecht*, Diss. Hamburg 1978.

Laurent **MUCCHIELLI**, *Histoire de la criminologie française*, Paris 1994.

Helga **MÜLLER**, *Der Begriff der Generalprävention im 19. Jahrhundert*, Frankfurt/Main 1984.

Regina **OGOREK**, *Richterkönig oder Subsumtionsautomat: Zur Justiztheorie im 19. Jahrhundert*, Frankfurt/Main 1986.

Alfred **VON OVERBECK**, *Das Strafrecht der französischen Encyclopädie*, Karlsruhe 1902.

Adolphe **PRINS**, *Causeries sur les doctrines nouvelles du droit pénal*, in: Revue de l'Université de Bruxelles, 1895/1896.

Charles **QUÉTEL**, *De par le Roy: Essai sur les lettres de cachet*, Toulouse 1981.

Gustav **RADBRUCH**, *Paul Johann Anselm Feuerbach - Ein Juristenleben*, 3. Auflage, Göttingen 1969.

Jürgen **REGGE**, *Das Reformprojekt eines Allgemeinen Criminalrechts für die Preußischen Staaten (1799-1806)*, in: Hans **HATTENHAUER**, Götz **LANDWEHR** [Hrg.], *Das nachfriderizianische Preußen 1786-1806*, Berlin 1985, S. 189ff.

Henri **REMY**, *Les principes généraux du Code pénal de 1791*, Diss. Paris 1910.

René **ROGER**, *Des peines au XVIIIe siècle*, in: Revue de science criminelle et de droit pénal comparé 1947, S. 205ff.

Ernst Traugott **RUBO**, *Kommentar über das Strafgesetzbuch für das Deutsche Reich und das Einführungsgesetz vom 31. Mai 1870 sowie die Ergänzungsgesetze vom 10. Dezember 1871 und 26. Februar 1876, nach amtlichen Quellen*, Berlin 1879.

Maurice **SABATIER**, *Napoléon et les Codes criminels*, in: Revue pénitiaire 1910, S. 905ff.

Albert **SABOURIN**, *De la fixation judiciaire de la peine*, Diss. Tours 1906.

Raymond **SALEILLES**, *De l'individualisation de la peine: Étude de criminalité sociale*, 3. Auflage, Paris 1927.

Friedrich **SCHAFFSTEIN**, *Abhandlungen zur Strafrechtsgeschichte und zur Wissenschaftsgeschichte*, Aalen 1986.

Eberhard **SCHMIDT**, *Einführung in die Geschichte der deutschen Strafrechtspflege*, 3. Auflage, Göttingen 1965.

Eberhard **SCHMIDT**, *Rechtsentwicklung in Preußen*, 2. Auflage, Berlin 1929.

Adolf **SCHOTTLAENDER**, *Die geschichtliche Entwicklung des Satzes nulla poena sine lege*, Diss. Heidelberg 1911.

Gernot **SCHUBERT**, *Feuerbachs Entwurf zu einem Strafgesetzbuch für das Königreich Bayern aus dem Jahre 1824*, Berlin 1978.

Werner **SCHUBERT**, *Französisches Recht in Deutschland zu Beginn des 19. Jahrhunderts: Zivilrecht, Gerichtsverfassungsrecht und Zivilprozeßrecht*, Köln/Wien 1977.

Werner **SCHUBERT**, *Das französische Recht in Deutschland zu Beginn der Restaurationszeit (1814-1820)*, in: Zeitschrift der Savigny-Stiftung für Rechtsgeschichte, Germ. Abt., 94 (1977), S. 129ff.

Patrick **SCHWEISTHAL**, *Das bayerische Strafgesetzbuch von 1861 - Die letzte bayerische Strafgesetzgebung im Schatten Preußens?*, München 1992.

Berthold **SIMONSOHN**, *Der Hochverrat in Wissenschaft, Gesetzgebung und Rechtsprechung von der französischen Revolution bis zum Reichsstrafgesetzbuch*, Berlin 1934.

Sigrid Susanne **SCHÜTZ**, *Die Entwicklung des Betrugsbegriffes in der Strafgesetzgebung vom Codex juris bavarici criminalis [1751] bis zum Preußischen Strafgesetzbuch [1851]*, Diss. München 1987.

Ernst **SCHULIN**, *Die französische Revolution*, München 1988.

Friedrich Oskar **SCHWARZE**, *Commentar zum Strafgesetzbuch für das Deutsche Reich*, 3. verbesserte und sehr vermehrte Auflage, Leipzig 1873.

Erich **SCHWINGE**, *Der Kampf um die Schwurgerichte bis zur Frankfurter Nationalversammlung*, Breslau 1926.

Klaus **SESSAR**, *Die Entwicklung der Freiheitsstrafe im Strafrecht Frankreichs*, Bonn 1973.

Lorenz **VON STEIN**, *Geschichte des französischen Strafrechts und des Prozesses*, Nachdruck der 2. Ausgabe Basel 1875, Aalen 1968.

Manfred **TREML**, *Geschichte des modernen Bayern - Königreich und Freistaat*, München 1994.

Jean-Marc **VARAUT**, *Contenu doctrinal du code pénal de 1810*, in: Revue internationale de droit pénal 1980, 87ff.

Klaus **VOLK**, *Napoleon und das deutsche Strafrecht*, in: JuS 1991, S. 281ff.

Adolphe **WATTINE**, *Michel Le Peletier de Saint-Fargeau, un magistrat révolutionnaire*, Paris 1915.

Hans **WELZEL**, *Naturrecht und materiale Gerechtigkeit*, Göttingen 1962.

EINLEITUNG

Während sich die Rechtsgeschichte in Deutschland mit dem Einfluß des *Code civil* von 1804 auf das deutsche Zivilrecht bereits umfassend beschäftigt hat[1], sind die Folgen der Französischen Revolution und insbesondere der Einfluß des *Code pénal* von 1810 auf die deutsche Strafrechtsentwicklung bislang wohl kaum erschöpfend untersucht worden. Zwar hat sich schon die zeitgenössische Literatur mit dem Einfluß der napoleonischen auf die deutsche Strafgesetzgebung auseinandergesetzt und diesen vor allem im Hinblick auf das Preußische Strafgesetzbuch von 1851 insbesondere im Rahmen von erläuternden Kommentaren zuweilen zum Gegenstand vergleichender Betrachtungen gemacht, jedoch beschränken sich die entsprechenden Abhandlungen regelmäßig nur auf knapp erörterte Teilaspekte und stellen selbst dabei - oftmals sogar entgegen der tatsächlichen Sachlage - eher die Einflüsse des überkommenen deutschen als die des französischen Rechts in den Vordergrund. Auch die übrigen Monographien vermeiden in aller Regel eine systematische Untersuchung der französisch-rechtlichen Elemente innerhalb der deutschen Partikularstrafgesetzgebung und behandeln diese bedeutsamen, letztlich bis heute Wirkung entfaltenden Aspekte der deutschen Strafrechtsgeschichte nicht selten nur am Rande im Rahmen weiterführender Darstellungen. Zudem sind auch diese Arbeiten nahezu durchweg wenn schon nicht zeitgenössischen, so doch älteren Datums, so daß im Vergleich zu den Abhandlungen über französisch-rechtliche Einflüsse auf die deutsche Zivilgesetzgebung hinsichtlich entsprechender Einflüsse auf die Strafgesetzgebung nicht nur deutlich weniger, sondern zudem auch kaum neuere Untersuchungen vorliegen. Hinzu kommt, daß sich auch die vorhandenen neueren Arbeiten vorrangig eher mit dem Strafprozeß und hier insbesondere mit der dem französischen Recht weitgehend entlehnten Schwurgerichtsbarkeit beschäftigt und mithin die Entwicklung der materiellen Strafgesetzgebung vielfach außer Acht gelassen haben. Darüber hinaus betrachteten vor allem viele zeitgenössische Kommentatoren - vereinzelt aber auch die Verfasser neuerer Arbeiten - den französisch-rechtlichen Einfluß auf die deutsche Strafgesetzgebung nicht selten aus einem durch verschiedenste Beweggründe bestimmten Blickwinkel und standen oftmals gerade deshalb den vielfältigen Vorzügen des von ihnen als fremd, weil nicht als in der deutsch-rechtlichen Tradition stehend empfundenen französischen Rechts ablehnend gegenüber. Aufgrund dieser Sachlage soll mit der vorliegenden Arbeit nunmehr

---

1 Man vergleiche hierzu nur die umfassenden Literaturverzeichnisse in: Fehrenbach, *Traditionale Gesellschaft und revolutionäres Recht - Die Einführung des Code Napoléon in den Rheinbundstaaten*, Göttingen 1983; Schubert, *Französisches Recht in Deutschland zu Beginn des 19. Jahrhunderts - Zivilrecht, Gerichtsverfassungsrecht und Zivilprozeßrecht*, Köln/Wien 1977.

versucht werden, die hier bestehenden Lücken im Rahmen der zur Verfügung stehenden Möglichkeiten zumindest in einigen Bereichen zu schließen.

Ein solches Vorhaben verspricht allerdings nur dann Erfolg, wenn man sich zunächst nicht nur mit der napoleonischen, sondern auch mit der älteren französischen Strafgesetzgebung auseinandersetzt und zudem auch im Hinblick auf die einzelnen Kodifikationen der deutschen Staaten deren traditionelle Strafgesetzgebung nicht außer Acht läßt. Dementsprechend war es unerläßlich, sich neben dem *Code pénal* von 1810 zugleich auch ausführlich mit dem gleichnamigen Strafgesetzbuch von 1791 zu befassen, denn viele der in der napoleonischen Kodifikation und später auch in den meisten deutschen Partikularrechten erfaßten Materien beruhen letztlich auf Neuerungen, die nicht erst im Ersten Kaiserreich, sondern vielmehr bereits durch die Strafgesetzgebung der Revolutionszeit - und hier vor allem durch die Urheber des *Code pénal* von 1791 - in die französische Strafgesetzgebung eingeführt worden sind. Um aber die französische Strafgesetzgebung der Revolutionszeit und die der napoleonischen Ära in ihrer ganzen Bedeutung für die Strafrechtsentwicklung im allgemeinen und für die deutschen Strafrechtskodifikationen des 19. Jahrhunderts im besonderen zu erfassen, muß man sich darüber hinaus - wenn auch nur im Rahmen eines stark verkürzten Überblicks - mit dem Strafrecht des *Ancien Régime* in den Jahrzehnten vor dem Ausbruch der Revolution beschäftigen. Hierbei spielen die Ideen der Aufklärungsphilosophie eine herausragende Rolle, denn gerade diese ließen nicht nur das alte Recht als hinfällig, weil ungerecht und grausam, erscheinen, sondern wiesen 1791 auch den Urhebern der ersten modernen europäischen Strafgesetzgebung den Weg zum Legalitätsprinzip, zum Rechtsstaat und damit zur Kodifikation.

Eine ähnliche Arbeitsmethode empfiehlt sich auch im Hinblick auf die sich in eine Vielzahl von einzelnen Gesetzbüchern aufspaltende deutsche Strafgesetzgebung des 19. Jahrhunderts, denn auch diese kann nicht losgelöst von ihren historischen Wurzeln und dem zuvor in den einzelnen Ländern des 1806 aufgelösten Heiligen Römischen Reichs Deutscher Nation geltenden Recht dargestellt und untersucht werden. Gerade in Ansehung der Anzahl der bis zum Inkrafttreten des Reichsstrafgesetzbuchs von 1871 von den verschiedenen deutschen Staaten verabschiedeten Kodifikationen war hier jedoch eine Eingrenzung der in Betracht zu ziehenden Gesetzbücher unerläßlich, so daß sich die vorliegende Untersuchung lediglich auf die beiden wohl bedeutendsten deutschen Strafgesetzgebungen dieser Epoche beschränken mußte, die jede für sich maßgeblich zur Fortentwicklung der Strafrechtspflege in anderen deutschen Staaten beigetragen haben. Während nämlich das in erster Linie auf den Entwurf von Anselm von Feuerbach zurückzuführende, den Codex Iuris Criminalis Bavarici von 1751 ersetzende Bairische Strafgesetzbuch von 1813 die deutsche Strafgesetzgebung vor allem in der ersten Hälfte des 19. Jahrhunderts beeinflußt hatte, gab Bayern seine Vorbildfunktion auf dem Gebiet des Strafrechts zu Beginn der zweiten Jahrhunderthälfte an das nicht nur territorial enorm expandierende Preußen ab, dessen Strafgesetzbuch von 1851 an die Stelle des bis dahin bereits vielfach abgeänderten, weitgehend vom aufgeklärten Absolutismus friederizianischer Prägung beeinflußten Allgemeinen Landrechts von 1794 trat und nunmehr Vorläufer sowie Leitbild des modernen deutschen Strafrechts werden konnte. Anders als bei den beiden französischen Kodifikationen erschien es allerdings sowohl im Hinblick auf das Bairische Strafgesetzbuch von 1813 als auch hinsichtlich des Preußischen Strafgesetzbuchs von 1851 ratsam, auf eine Darstellung der über das Strafensystem und den allgemeinen Teil hinausgehenden einzelnen strafbaren Tatbestände zu verzichten. Während nämlich im ersten Teil der vorliegenden Arbeit die einzelnen Bestimmungen der besonderen Teile sowohl des *Code pénal* von 1791 als auch die der gleichnamigen napoleonischen Kodifikation von 1810 deshalb bewußt dargestellt worden sind, um den den beiden Kodifikationen innewohnenden Geist zu verdeutlichen sowie die erheblichen Veränderungen und die rasch fortschreitende Entwicklung innerhalb der französischen Strafgesetzgebung zwischen 1791 und 1810 zu dokumentieren, mußte ein entsprechendes Eingehen auf die einzelnen strafbaren Tatbestände beider deutscher Strafgesetzbücher allein schon aufgrund der Fülle der Vorschriften den für die vorliegende Arbeit zur Verfügung stehenden Rahmen sprengen. Obwohl sich in beiden Gesetzestexten bei näherem Hinsehen auch hier zweifellos zahlreiche französisch-rechtliche Elemente feststellen lassen, soll eine entsprechende Darstellung und Untersuchung deshalb einer späteren Abhandlung vorbehalten bleiben.

ERSTER TEIL: DIE ENTSTEHUNG DES *CODE PÉNAL* VON 1810 UND DAS MATERIELLE STRAFRECHT DES ERSTEN KAISERREICHS

A. Das französische Strafrecht unter dem *Ancien Régime* im 18. Jahrhundert

I. Die Grundzüge des alten Rechts

Mehr noch als andere europäische Staaten war Frankreich in der Epoche des *Ancien Régime* vom absolutistischen Staatsgedanken geprägt. Sein Monarch verstand sich als von Gott eingesetzter Herrscher über Leib, Leben, Freiheit und Eigentum seiner Untertanen. Als Quelle allen Rechts besaß nur er das *droit de glaive*, die unbegrenzte Macht über Leben und Tod seiner Untertanen. Die in seinem Namen erlassenen Gesetze wurden als Verkörperung des göttlichen Willens und einer darauf beruhenden göttlichen Ordnung verstanden, die auf Erden zu hüten der Monarch für sich in Anspruch nahm. Dem Strafrecht kam dabei die Funktion zu, die Untertanen zur Einhaltung dieser Ordnung zu zwingen. Jedes von ihnen begangene Unrecht wurde als Verstoß gegen die von Gott gegebene Ordnung begriffen, wobei einzig und allein dem Monarchen als Hüter der göttlichen Ordnung das Recht zu strafen zukam[2]. Dessen Strafbefugnis wurde demnach aus göttlicher Machtvollkommenheit und religiöser Delegationslehre hergeleitet. Zwar hatte der Monarch seine Strafbefugnis an die Gerichte delegiert, die dann in seinem Namen Recht sprachen, er konnte dieses Recht jedoch jederzeit wieder an sich ziehen und nach eigenem Gutdünken ausüben [*justice retenue*][3]. Auf diesem königlichen Rechtsprechungsvorbehalt beruhte ein weitgehendes Evokationsrecht der Krone, und der Monarch konnte sowohl gegen materielles Recht Urteile abändern als auch bereits anhängige Verfahren einem anderen Gericht zuweisen lassen, wenn er sich hierdurch ein ihm genehmeres Urteil versprach[4]. Ebenso konnte er durch königliche Haftbefehle [*lettres de cachet*] jeden seiner Untertanen - ob dieser nun schuldig war oder nicht - ohne Anklage, Verhandlung und Urteil festnehmen und auf unbestimmte Zeit in einem

---

2 Sessar, *Die Entwicklung der Freiheitsstrafe im Strafrecht Frankreichs*, S. 21; Lebigre, *La justice du Roi, la vie judiciaire dans l'ancienne France*, Paris 1988; Jousse, *Nouveau Commentaire sur l'Ordonnance criminelle du mois d'août 1670* (nachfolgend abgekürzt: *Commentaire*), S. XIX.

3 Carbasse, *Introduction historique au droit pénal*, S. 177f.; Bély, *Dictionnaire de l'Ancien Régime*, S. 709ff; Muyart de Vouglans, *Institutes au droit criminel, ou principes généraux sur ces matières, suivant le droit civil, canonique et la jurisprudence du Royaume; avec un traité particulier des crimes* (nachfolgend abgekürzt: *Institutes*), S. 103.

4 Hertz, *Voltaire und die französische Strafrechtspflege im 18. Jahrhundert*, S. 77f.; Esmein, *Histoire de la procédure criminelle en France et spécialement de la procédure inquisitoire depuis le XIIIe siècle jusqu'à nos jours* (nachfolgend abgekürzt: *Procédure*), S. 253ff; Bély, *a.a.O.*, S. 525.

Staatsgefängnis festhalten lassen. Dieses in erster Linie politisch motivierte Strafinstrument des *Ancien Régime* war hierbei oft genug ein repressives Mittel, um systemkritische Stimmen zum Schweigen zu bringen[5].

Eine einheitlich materielle Strafrechtskodifikation kannte das *Ancien Régime* nicht, und die unter Strafe gestellten Handlungen waren lediglich fragmentarisch geregelt. Man unterschied zwischen gesetzlichen [*peines légales*], willkürlichen [*peines arbitraires*][6] und auf Gewohnheitsrecht [*peines en usages*][7] beruhenden Strafen[8], wobei sich die *peines en usages* von den *peines arbitraires* nur durch das unklare Kriterium des allgemeinen Gerichtsgebrauchs und der gewohnheitsmäßig gleichmäßigen Anwendung ungeschriebener Normen unterschieden[9]. Lediglich die auf römischen, germanischen und kanonischen Quellen beruhenden *peines légales* waren näher durch vom König erlassene Gesetze - wie *Ordonnances*, *Édits*, *Déclarations* und *Arrêts de réglements*[10] - bestimmt[11]. Diese gesetzlichen Bestimmungen waren jedoch im Verlauf von teils mehreren Jahrhunderten erlassen worden, wobei alte und neue Gesetze - sofern nicht ausdrücklich widerrufen - nebeneinander galten und sich deshalb oftmals widersprachen. Sie konnten vom Richter - der sich damit keiner Rechtsbeugung schuldig machte[12] - je nach Bedarf und ungeachtet ihres Alters zur Fallentscheidung herbeigezogen werden und bezeugen eine mehr oder weniger planlose gesetzgeberische Tätigkeit des Königtums[13], die oftmals nur durch die Richter auf den Boden der Gerechtigkeit zurückgeführt werden konnte[14].

Ähnlich unübersichtliche Strukturen zeichneten auch die französische Strafgerichtsbarkeit des 18. Jahrhunderts aus. Diese war durch eine exzessive

---

5 Hertz, *a.a.O.*, S. 81; Bély, *a.a.O.*, S. 730f.; Sessar, *a.a.O.*, S. 23; Esmein, *Procédure*, S. 254, 257f.; Quétel, *De par le Roy: Essai sur les lettres de cachet*, Toulouse 1981.

6 Eine willkürliche Strafe kam nach Jousse nur in Betracht dans tous ces cas qui n'ont pas été prévus *par la Loi, et pour lesquels il n'y a aucun usage constant.* Vergl. Jousse, *Traité de la Justice criminelle de France* (nachfolgend abgekürzt: *Traité*), Bd. II, S. 599.

7 Der Kriminalist Jousse nennt diese Strafen *des Peines légales fondées sur l'usage des Tribunaux* und gibt zahlreiche Beispiele. Vergl. Jousse, *Traité*, Bd. II, S. 598f.

8 Jousse, *Commentaire*, Bd. I, S. 30.

9 Alkalay, *Das materielle Strafrecht der Französischen Revolution und sein Einfluß auf Rechtsetzung und Rechtsprechung der Helvetischen Republik*, S. 12; Höhn, *Die Stellung des Strafrichters in den Gesetzen der französischen Revolutionszeit (1791-1810)*, S. 26.

10 Vergl. näher zu den spezifischen Besonderheiten dieser königlichen Rechtssetzungsakte: Bély, *a.a.O.*, S. 23ff, 88f., 932ff.

11 Jousse, *Traité*, Bd. I, S. 37. Eine Zusammenstellung von *peines légales* und königlichen Gesetzen findet sich in: Andréadès, *Les peines alternatives ou parallèles*, S. 36ff.

12 v. Stein, *Geschichte des französischen Strafrechts und des Prozesses*, S. 608ff.

13 Hertz, *a.a.O.*, S. 2; Höhn, *a.a.O.*, S. 23f.; Alkalay, *a.a.O.*, S. 10.

14 Pastoret, *Des loix criminelles*, S. 16.

Vielzahl von Gerichten unterschiedlichster Instanzen und Kompetenzen gekennzeichnet, wobei eine vielgestaltige grundherrliche Gerichtsbarkeit [*justice seigneuriale*] neben einer nahezu unüberschaubaren königlichen Gerichtsorganisation bestand[15].

Dieser Mangel an System und klarer gesetzgeberischer Voraussicht brachte nicht nur eine schon von zeitgenössischen Kritikern gerügte Rechtsunsicherheit mit sich[16], sondern räumte dem Richter darüber hinaus einen immensen Entscheidungsspielraum ein, der zwar aufgrund der fragmentarischen materiellen Gesetzgebung durchaus erwünscht war[17], jedoch der Rechtsprechung eine bis zur völligen Willkür reichende Kompetenz zugestand[18], die eine Unterscheidung zwischen *peines légales* und *peines arbitraires* letztlich hinfällig machte. Der Richter konnte die Tatbestände - die weder durch Gesetz noch durch Gewohnheitsrecht näher bestimmt waren - in vollem Umfang selbst bestimmen[19]. Er war deshalb im Hinblick auf die *peines arbitraires* alleiniger Rechtsgestalter und die Entwicklung des Strafrechts im wesentlichen eine Angelegenheit der Justiz[20]. Sein Ermessen, dem letztlich nur die Moral oder christliche Ethik engere Grenzen setzten[21], war hierbei so unbeschränkt, daß er - wenn ein Verbrechen seiner Ansicht nach den Tod verdiente - die Todesstrafe auch dann verhängen

---

15 Alkalay, *a.a.O.*, S. 14f.; Hertz, *a.a.O.*, S. 69ff; Bély, *a.a.O.*, S. 709ff, 714ff. Vergl. näher zur Gerichtsorganisation: Esmein, *Procédure*, S. 33ff; Muyart de Vouglans, *Institutes*, S. 115ff; Hertz, *a.a.O.*, S. 69ff.

16 Vergl. Letrosne, *Réflexions sur la réforme de la législation criminelle*, S. 127: "On a peine à croire qu'une Nation policée depuis longtemps ait un code pénal aussi informe; et si en passant par-dessus cette confusion, on vient à l'examen réfléchi des dispositions, on n'est pas moins surpris de voir si peu de rapport et de proportion entre les délits et les peines. Tout paroît être l'ouvrage du hasard et de circonstances."

17 Vergl. Jousse, *Traité*, Bd. II, S. 595: "[...] l'équité doit corriger la loi, et nous enseigne à y suppléer et à faire ce que l'Auteur de la Loi aurait fait lui-même, s'il eût pensé à tous les cas qui peuvent arriver [...]."

18 Vergl. Muyart de Vouglans, *Institutes*, S. 32: "C'est un maxime générale parmi nous, que les peines sont arbitraires en ce Royaume; non pas à la vérité que le Juge ait la liberté de condamner ou d'absoudre à son gré, mais il doit régler son jugement suivant l'exigence des cas, c'est à dire tempérer ou augmenter les peines suivant la nature du crime et des preuves, la qualité des accusés, et autres circonstances [...]." Vergl. auch Imbert, *La pratique judiciaire tant civile que criminelle*, Bd. II, S. 511; Jousse, *Traité*, Bd. II, S. 594.

19 Nach Jousse sollte das Strafmaß dabei abhängen *du lieu, du temps, de la cause, de la quantité ou qualité du délit, de la personne, de l'état, du sexe, de la récidive, de la mauvaise volonté et d'autres circonstances qui peuvent contribuer à rendre le crime plus ou moins grave.* Vergl. Jousse, *Traité*, Bd. I, S. 38.

20 Höhn, *a.a.O.*, S. 23, 27f.; v. Stein, *a.a.O.*, S. 610; Sessar, *a.a.O.*, S. 22; Alkalay, *a.a.O.*, S. 12.

21 Carbasse, *a.a.O.*, S. 175.

konnte, wenn kein Gesetz sie androhte[22]. Einen nahezu ebenso großen Entscheidungsspielraum besaß der Richter aber auch bei den *peines en usages*. Hier war er lediglich dazu angehalten, die grundsätzlichen Wesenszüge der für jedes Verbrechen vorbezeichneten Strafe zu respektieren[23] - der Katalog der im französischen Königreich zulässigen Strafarten war abschließend geregelt, d.h. der Richter durfte keine neuen Strafen erfinden[24] -, konnte aber ansonsten die Strafe *suivant les circonstances* - also nach den jeweiligen Umständen und eigenem Gutdünken - erhöhen oder herabsetzen[25].

Aufgrund dieser Mängel des geltenden Rechts zogen die oft genug überforderten Richter - deren Amt zudem käuflich war und das durchaus auch vererbt werden konnte[26] - zur Entscheidungsfindung Großkommentare von Rechtstheoretikern herbei, die in der Regel von dem konservativen Geist des Amtsadels geprägt waren[27]. Unter den Kriminalisten des 18. Jahrhunderts waren dabei insbesondere Jousse[28] und Muyart de Vouglans[29] von den Kriminalgerichten Frankreichs als maßgebliche Autoritäten anerkannt[30].

Im Gegensatz zum materiellen Recht war das Prozeßrecht 1670 in der *Ordonnance criminelle*[31] kodifiziert worden, wobei diese erste kodifizierte Strafprozeßordnung Frankreichs auch eine kleine, nicht sehr erschöpfende Aufzählung von schweren Strafen enthielt[32]. Das Prozeßverfahren war insgesamt gekennzeichnet durch die

---

22 Vergl. Jousse, *Traité*, Bd. II, S. 603: "Les juges sont tellement maîtres d'arbitrer la peine suivant l'atrocité du crime, qu'ils peuvent prononcer la peine de mort, si ce crime est de nature à mériter cette peine, quoiqu'elle n'est pas établie par la Loi."

23 Jousse, *Traité*, Bd. II, S. 599; Muyart de Vouglans, *Institutes*, S. 391; Höhn, *a.a.O.*, S. 26f.

24 Jousse, *Traité*, Bd. II, S. 598f.; Garraud, *Traité théorique et pratique du Droit pénal français*, Bd. I, S. 113; Imbert, *a.a.O.*, S. 511. Eine Zusammenstellung aller zulässigen Strafen findet sich bei Jousse, *Traité*, Bd. I, S. 38ff.

25 Jousse, *Traité*, Bd. II, S. 599; Höhn, *a.a.O.*, S. 22ff.

26 Hertz, *a.a.O.*, S. 83, 90ff; Esmein, *Procédure*, S. 3ff.

27 Alkalay, *a.a.O.*, S. 13; Hertz, *a.a.O.*, S. 112ff.

28 Daniel Jousse (1704-1781), Advokat und Rat des Präsidialgerichts von Orléans.

29 Pierre-François Muyart de Vouglans (1713-1781), seit 1741 Pariser Parlamentsadvokat, ab 1771 Parlamentsmitglied und von 1774 an Mitglied des *Grand Conseil*.

30 Höhn, *a.a.O.*, S. 22; Alkalay, *a.a.O.*, S. 13; Hertz, *a.a.O.*, S. 112; Fischl, *Der Einfluß der Aufklärungsphilosophie auf die Entwicklung des Strafrechts in Doktrin, Politik und Gesetzgebung und Vergleichung der damaligen Bewegung mit den heutigen Reformversuchen*, S. 6f.

31 *Ordonnance de Louis XIV, Roy de France et de Navarre, Donnée à Saint Germain en Laye au mois d'Aoust 1670, Pour les matières criminelles* (nachfolgend abgekürzt: *Ordonnance criminelle 1670*), Paris 1670.

32 Vergl. *Ordonnance criminelle 1670*, Tit. XXV, Art. XIII; Esmein, *Procédure*, S. 177ff. Vergl. ausführlich zum Verfahren: Jousse, *Commentaire*, Paris 1772; Muyart de Vouglans, *Institutes*, S. 217ff.

strikte Beachtung des geheimen inquisitorischen Strafprozesses, durch ständige Richter sowie dem Institut der *procureurs du roi*[33], was dem Angeklagten nahezu jede Möglichkeit einer interessengerechten Wahrnehmung seiner Verteidigung verwehrte. Dies lag auch im Interesse der Justiz, denn das Verfahren sollte möglichst kostensparend und zügig durchgeführt werden[34]. Der Angeklagte war demnach, einmal in die Mühle der Strafjustiz geraten, praktisch schutzlos gestellt. Um dem oft in Willkür einmündenden richterlichen Entscheidungsspielraum engere Grenzen zu setzen, schrieb die *Ordonnance criminelle* von 1670 jedoch die gesetzliche Beweistheorie [*théorie des preuves légales*] fest[35]. Der Richter - der nach dem Grundsatz der *probatio plena* einen Angeklagten nur dann schuldig sprechen durfte, wenn der Beweis hierfür vollständig erbracht worden war[36] - fand nun bereits im Gesetz eine festgeschriebene Bewertung der einzelnen Bestandteile des ihm vorliegenden Beweismaterials vor, denn ihm sollte in Zukunft bei der Entscheidungsfindung nurmehr eine bloß mechanische Subsumtionstätigkeit zukommen[37]. Als anerkannte Beweismittel galten hierbei Urkunden, Zeugen, das Geständnis und - unter bestimmten Voraussetzungen - Indizien[38]. Dem Geständnis kam dabei eine besondere Bedeutung zu, denn insofern, als man für die Verhängung eines Todesurteils einen Vollbeweis [*preuve complète*] benötigte, sah man sich in Ermangelung anderer Beweismittel oft genug gezwungen, den Angeklagten zwecks Herbeiführung eines Geständnisses zu foltern um so den "Beweis" für dessen Schuld zu erbringen[39].

II. Die Straftheorie, die Strafzumessung und das Strafensystem

Sinn und Zweck der Strafe beschränkten sich nach zeitgenössischer Auffassung im wesentlichen auf das Prinzip der Abschreckung und den Sühnegedanken, wobei dem Abschreckungszweck im Vergleich zum Sühneprinzip deutlich mehr Bedeutung beigemessen wurde[40]. Der Sühnegedanke erstreckte sich hierbei sowohl auf das Diesseits als auch auf das Jenseits, denn indem man möglichst hart strafte, sühnte man einerseits optimal den in der Tatverwirklichung gegebenen Verstoß gegen die gottgewollte Ordnung, während der Strafe andererseits zugleich ein auf

---

33 Diese Behörde - in deren Händen die Strafvollstreckung lag - repräsentierte die Krone gegenüber der richterlichen Untersuchungskommission.

34 Sessar, *a.a.O.*, S. 24; Hertz, *a.a.O.*, S. 35ff; Esmein, *Procédure*, S. 221ff; Bély, *a.a.O.*, S. 1030f.

35 Esmein, *Procédure*, S. 260ff; Hertz, *a.a.O.*, S. 54ff; Bély, *a.a.O.*, S. 1015.

36 Carbasse, *a.a.O.*, S. 183; Bély, *a.a.O.*, S. 1015.

37 Vergl. hierzu ausführlich: Ogorek, *Richterkönig oder Subsumtionsautomat: Zur Justiztheorie im 19. Jahrhundert*, Frankfurt 1986.

38 Esmein, *Procédure*, S. 266ff; Hertz, *a.a.O.*, S. 54ff; Alkalay, *a.a.O.*, S. 14.

39 Esmein, *Procédure*, S. 281f.; Bély, *a.a.O.*, S. 1015.

40 Jousse, *Traité*, Bd. I, Préface, S. Iff.

das Jenseits gerichteter Besserungszweck innewohnte[41]. Allein durch die Strafe wurde es dem Täter ermöglicht, sein begangenes Unrecht zu sühnen und je härter sie für den Verurteilten war, umso mehr konnte sie ihn von seiner Schuld reinigen und desto gewisser war ihm die göttliche Vergebung und somit die Vermeidung der ewigen Verdammnis[42]. Das Sühneprinzip in seiner doppelten Ausprägung und der Abschreckungsgedanke greifen also ineinander und sind ein grundlegendes Merkmal des alten französischen Strafrechts[43].

Das alte Recht zeichnete sich darüber hinaus auch durch die Verwirklichung des Grundsatzes *poenam ad mensuram delicti statuenda est* - also des Prinzips der objektiven Individualisation - aus[44]. Die Strafbarkeit des Delinquenten wurde ausschließlich an dem von ihm verwirklichten Delikt gemessen, während die Person, die Lebensumstände sowie die zur Tatbegehung führenden individuellen Beweggründe des Delinquenten bei der Strafzumessung völlig außer Acht gelassen wurden. Berücksichtigung fanden lediglich objektive Umstände, die die Schuld des Delinquenten zu erhöhen geeignet waren[45], denn wenn man während des *Ancien Régimes* dem Delinquenten als Individuum überhaupt in die Strafzumessung mit einbezog, so tat man dies nur deshalb, um das Ausmaß der sozialen Unordnung abzuschätzen, die sein Verstoß gegen das Recht verursacht hatte. Seine psychologischen Beweggründe als mögliche Ursachen der Tatbegehung fanden bei der Bemessung der Strafe jedoch keine Berücksichtigung[46]. Diese Betrachtungsweise beruhte auf der Vorstellung einer grundsätzlich gleichen strafrechtlichen Verantwortlichkeit aller und einer sich daraus auch konsequent ergebenden generell identischen Strafe für alle Delinquenten[47].

Der Kriminalist Muyart de Vouglans nahm eine systematische Einteilung der im 18. Jahrhundert zulässigen Strafen insofern vor, als er sie nach den Rechtsgütern

---

41 Jousse mißt der Strafe zugleich auch einen scheinbar auf das Diesseits gerichteten Besserungszweck bei. Vergl. Jousse, *Traité*, Bd. I, Préface, S. IIf. Diese Besserung ist jedoch nicht als individualisierendes Moment aufzufassen, sondern kann vielmehr als eine an den Verurteilten gerichtete Warnung verstanden werden, daß ihn bei Wiederholung eine neue Strafe treffen würde. Insofern ist hierin vielmehr eine Ausprägung des Abschreckungsgedanken zu sehen. Vergl. Höhn, *a.a.O.*, S. 32; Mittermaier, *Blicke auf den Zustand der Ausbildung des Kriminalrechts in Frankreich*, S. 416.

42 Höhn, *a.a.O.*, S. 30f.; Bougon, *De la participation du jury à l'application de la peine*, S. 15; Sabourin, *De la fixation de la peine*, S. 13ff; Sessar, *a.a.O.*, S. 21.

43 Höhn, *a.a.O.*, S. 31; Jousse, *Traité*, Bd. I, Préface, S. Iff.

44 Höhn, *a.a.O.*, S. 31f.; Remy, *Les principes généraux du Code pénal de 1791*, S. 30.

45 Eine Aufstellung solcher objektiv schulderhöhenden Umstände findet sich bei Jousse, *Traité*, Bd. I, S. 38.

46 Höhn, *a.a.O.*, S. 32; Sabourin, *a.a.O.*, S. 11.

47 Höhn, *a.a.O.*, S. 31.

klassifizierte, an denen sie vollzogen wurden[48]. In abnehmender Reihenfolge ihrer Schwere unterschied er zwischen Körperstrafen [*peines corporelles*], infamierenden Strafen [*peines infamantes*] sowie Geldstrafen [*peines pécuniaires*][49]. Diese Strafen wurden - obwohl auf verschiedene Objekte gerichtet und deshalb grundsätzlich auch einzeln anwendbar - regelmäßig dergestalt miteinander kombiniert, daß zur schwereren Strafe immer zugleich auch leichtere Strafen hinzutraten[50]. Die meisten der in aller Regel grausam vollzogenen Körperstrafen waren in ihrer Wirkung zugleich *peines infamantes*[51]. Darüber hinaus gab es neben den gesetzlich geregelten Körperstrafen eine große Anzahl gewohnheitsrechtlicher Körperstrafen, die jedoch erst dann Anwendung finden konnten, wenn sie das zuständige Parlament ausdrücklich bestätigt hatte[52]. Daneben gab es auch gesetzlich geregelte Ehrenstrafen, die in aller Regel in Verbindung mit einer Körper- oder Kapitalstrafe verhängt wurden. So konnte ein Angehöriger des Dritten Standes zum bürgerlichen Tod, also zum Verlust aller bürgerlichen Rechte und der damit verbundenen Ausstoßung aus der Gesellschaft verurteilt werden [*mort civile*][53], was regelmäßig bei Kontumazialurteilen oder lebenslänglichen Verbannungs- oder Galeerenstrafen praktiziert wurde und dem Verurteilten für die Zukunft jede Aussicht auf Wiedereingliederung in die Gesellschaft verwehrte[54]. Adligen hingegen war eine spezielle Ehrenstrafe vorbehalten, denn ihnen konnte der König das Adelsprädikat entziehen und sie damit zu bloßen Bürgern erniedrigen [*dégradation de noblesse*][55]. Im Hinblick auf die *peines pécuniaires* unterschied Muyart de Vouglans darüber hinaus zwischen Geldstrafen, die lediglich Bußen, Schadenersatz oder Ersatz der Prozeßkosten beinhalteten, und solchen, die selbst einen entehrenden Charakter aufwiesen oder eine entehrende Strafe nach sich zogen[56]. In diesem Zusammenhang bezeichnete er insbesondere die Güterkonfiskation als infamierendes Institut[57].

---

48 Vergl. im folgenden näher: Alkalay, *a.a.O.*, S. 45f.

49 Jousse differenziert in einem vergleichbaren Kontext zwischen *peines capitales* (hierzu zählten: Todesstrafe, lebenslange Verbannung und lebenslange Galeerenstrafe), *peines afflictives* (Leibes- und Freiheitsstrafen) und *peines infamantes* (Ehrenstrafen, die auch Geldstrafen beinhalteten). Vergl. Jousse, *Traité*, Bd. I, S. 36ff; Roger, *Des peines au XVIIIe siècle*, S. 205ff.

50 Vergl. hierzu näher: Muyart de Vouglans, *Institutes*, S. 397ff; Jousse, *Traité*, Bd. I, S. 36ff.

51 Muyart de Vouglans, *Institutes*, S. 412.

52 Muyart de Vouglans, *Institutes*, S. 398.

53 Muyart de Vouglans, *Institutes*, S. 414; Jousse, *Traité*, Bd. I, S. 85ff. Vergl. hierzu näher: Renaud, *La mort civile en France par suite des condamnations judiciaires, son origine et son développement*, Paris 1843; Bély, *a.a.O.*, S. 859ff; v. Stein, *a.a.O.*, S. 616f.

54 Vergl. *Ordonnance criminelle 1670*, Tit. XVII, Art. XXIX; Muyart de Vouglans, *Institutes*, S. 414; Carbasse, *a.a.O.*, S. 239; Bély, *a.a.O.*, S. 860; Alkalay, *a.a.O.*, S. 45.

55 Muyart de Vouglans, *Institutes*, S. 414f.

56 Muyart de Vouglans, *Institutes*, S. 418.

57 Muyart de Vouglans, *Institutes*, S. 419.

Im Strafensystem des *Ancien Régime*[58] nahm inbesondere die Todesstrafe in ihren verschiedensten Ausprägungen einen beherrschenden Platz ein[59]. Für die geringsten Vergehen wurden oftmals die härtesten Strafen ausgesprochen und die Todesstrafe - die nach der *Ordonnance criminelle* von 1670 auch *in effigie* vollstreckt werden konnte[60] - war für eine große Zahl von oftmals harmlosen Delikten vorgesehen. Ihren Sinn und Zweck erkannte man in erster Linie in der Beseitigung des Delinquenten. Gleichzeitig sollte die Todesstrafe aber auch der Abschreckung von Nachahmern dienen sowie die Gesellschaft reinigen und vor Ansteckung durch das Böse schützen[61]. Die Todesstrafe war je nach Schwere des verwirklichten Deliktes mehr oder weniger qualifiziert[62], und der Verurteilte konnte gevierteilt [*écartèlement*], verbrannt [*feu*], auf das Rad geflochten [*roue*], gehängt [*potence*] oder bestenfalls lediglich geköpft [*tête tranchée*] werden. Jedoch durfte nach dem Prinzip der *probatio plena* nur derjenige Angeklagte zum Tode verurteilt werden, der sein Verbrechen - entweder aus freien Stücken oder durch Folter - vollständig eingestanden hatte[63].

Neben der das gesamte Strafensystem beherrschenden Todesstrafe kannte das alte Recht zudem eine Vielzahl von mehr oder weniger grausamen Körperstrafen, die auf unterschiedlichste Art und Weise vollzogen wurden. Gemeinsames Merkmal der *peines corporelles* war lediglich, daß sie nicht unmittelbar den Tod des Verurteilten nach sich ziehen durften. Als Körperstrafen faßte man sowohl die verschiedensten Arten der Folter zur Geständniserpressung [*question* oder *torture*], die Auspeitschung [*fouet*], die Brandmarkung [*marque* oder *flétrissure avec un fer chaud*], den Schandpfahl [*carcan*] und den Pranger [*pilori*] als auch Freiheitsstrafen dann auf, wenn sie - wie die Galeerenstrafe [galères] - körperlich spürbar waren[64]. Die Galeerenstrafe wurde dabei in aller Regel mit der Brandmarkung, dem bürgerlichen Tod oder auch nur mit bloßer Infamie belegt[65]. Für Blasphemie oder Lästerung hatte der Delinquent das Durchstechen oder sogar Abschneiden seiner Zunge [*langue percé ou coupée*] als Haupt- oder Nebenstrafe

---

58 Eine Aufstellung aller im alten Frankreich gebräuchlichen und abschließend aufgezählten Strafen findet sich bei Jousse, *Traité*, Bd. I, S. 38f. Vergl. zum Strafensystem des Ancien Régime im folgenden näher: Alkalay, *a.a.O.*, S. 46ff; Bély, *a.a.O.*, S. 978ff.

59 Pastoret gibt eine Aufstellung von allein 115 Delikten, die mit der Todesstrafe belegt waren. Vergl. Pastoret, *Des loix criminelles*, Bd. 1, Kap. 2.

60 Vergl. *Ordonnance criminelle 1670*, Tit. XVII, Art. XVI.

61 Muyart de Vouglans, *Les loix criminelles de France, dans leur ordre naturel* (nachfolgend abgekürzt: *Loix*), S. 53f.

62 Eine *simple privation de la vie*, wie sie 1791 im *Code pénal* verwirklicht werden sollte, war im alten Recht nicht üblich und wurde auch nicht angestrebt, denn dem zum Tode Verurteilte sollte die Schwere seiner Tat anhand seiner Qualen nochmals vor Augen geführt werden.

63 Muyart de Vouglans, *Loix*, S. 55ff; Jousse, *Traité*, Bd. I, S. 36ff.

64 Muyart de Vouglans, *Loix*, S. 59ff; Jousse, *Traité*, Bd. I, S. 36ff.

65 Muyart de Vouglans, *Loix*, S. 61f.

zu befürchten, während das Abhacken der Hand [*poing coupé*] als qualifizierendes Moment bei Sakrileg, Vatermord und Fälschungsdelikten über die eigentliche Bestrafung hinaus verhängt werden konnte[66]. Den minderjährigen Teilnehmer eines Verbrechens, das mit der Todesstrafe belegt war, hing man - um den Todeseintritt zu vermeiden - jedoch nur für höchstens eine Stunde mit Hilfe von unter den Achseln angebrachten Stricken an einem Pfahl auf[67].

Das *Ancien Régime* verfügte darüber hinaus über ein umfangreiches Repertoire an infamierenden Strafen in unterschiedlichsten Ausprägungen. Sie sollten den Verurteilten in seiner Ehre treffen und waren wegen ihres öffentlich demütigenden Charakters auf Kosten des Verurteilten oftmals eine willkommene Unterhaltung der Bevölkerung[68]. So zerrte man die Leichen von Selbstmördern bäuchlings und mit den Füßen voran durch die Straßen und warf sie anschließend auf den Schindanger. Ihre Namen wurden aus dem Gedächtnis verbannt, ihre Güter konfisziert und ihre Familien entehrt[69]. Ehrenstrafen im eigentlichen Sinn waren für den Einzelnen der bürgerliche Tod sowie die Herabsetzung im Stand[70]. Als entehrende Nebenstrafen waren zudem der Pranger und das Halseisen, das schändliche Führen durch die Straßen sowie die öffentliche Abbitte vorgesehen[71].

Haftstrafen fanden während des *Ancien Régime* nur in den seltensten Fällen Anwendung und durften nur von besonderen Gerichten verhängt werden[72]. Sie waren weitgehend unbekannt und wurden allgemein nicht als eigentliche Strafe angesehen. Die Gefängnisse dienten vorrangig vielmehr der Schuldhaft sowie als *lieux de garde*, also als Verwahrungsort der Beschuldigten bis zu ihrer Verurteilung oder ihrem Freispruch[73]. Es galt der römisch-rechtliche Grundsatz *carcer ad continendos homines non ad puniendos haberi debet*[74], der nur in einigen wenigen Fällen durchbrochen wurde. So war die Gefängnisstrafe für Duelle und sonstige Ehrenhändel zwischen Adligen vorgesehen und wurde in aller Regel in Festungen oder Klöstern verbüßt[75]. Sie konnte - je nach Schwere der zugefügten

---

66 Muyart de Vouglans, *Loix*, S. 64.
67 Muyart de Vouglans, *Loix*, S. 65.
68 Carbasse, *a.a.O.*, S. 231.
69 Muyart de Vouglans, *Loix*, S. 65, 76, 81ff.
70 Muyart de Vouglans, *Loix*, S. 75f., 77.
71 Muyart de Vouglans, *Loix*, S. 65ff, 78f.
72 Muyart de Vouglans, *Loix*, S. 73f.
73 Jousse, *Traité*, Bd. I, S. 81f.; Bély, *a.a.O.*, S. 1023f.; Sessar, *a.a.O.*, S. 23; Carbasse, *a.a.O.*, S. 208f.; v. Stein, *a.a.O.*, S. 620.
74 Jousse, *Traité*, Bd. I, S. 81; Bd. II, S. 223ff; v. Stein, *a.a.O.*, S. 620; Sessar, *a.a.O.*, S. 23.
75 Muyart de Vouglans, *Loix*, S. 73f.; Cuenin, *Le duel sous l'Ancien Régime*, Paris 1982.

Beleidigung - für eine Dauer von einem Monat bis zu einem Jahr betragen[76]. Zuweilen wies man Bettler und Vagabunden zwangsweise in Hospitäler ein[77] und verurteilte Frauen, junge Mädchen, Greise und Krüppel zu einer zeitigen oder lebenslangen Freiheitsstrafe, die in einem Zuchthaus [*maison de force*] abzubüßen war[78]. Gleiches galt für jugendliche Delinquenten, die an sich zwar die Galeerenstrafe verwirkt hatten, bei denen aber diese Strafe in Ansehung ihrer Jugend als inhuman angesehen wurde[79]. Ferner konnte der König einen Delinquenten, der die Todesstrafe oder eine lebenslange Galeerenstrafe verwirkt hatte, durch eine *lettre de commutation de peine* zu einer lebenslangen Zuchthausstrafe begnadigen. Auch hatte er das Recht, jeden beliebigen Untertanen mit Hilfe eines königlichen Haftbefehls [*lettre de cachet*] auf unbestimmte Zeit in ein Staatsgefängnis verbringen zu lassen. Obwohl letztlich eine administrative Maßnahme, wurde diese Haft - auch wenn im Einzelfall keine strafbare Handlung verwirklicht worden war - dennoch als Strafe angesehen[80]. Als Freiheitsstrafe im weiteren Sinn kann auch die zeitige oder lebenslange Galeerenstrafe aufgefaßt werden[81], denn nach endgültiger Abschaffung der Rudergaleeren wurden die Galeerensträflinge ab 1748 in speziellen Gefängnissen [*bagnes*] untergebracht, wo sie unter strenger Bewachung zu harten Zwangsarbeiten herangezogen wurden[82].

Bei als besonders schwerwiegend angesehenen Verbrechen konnte das erkennende Gericht darüber hinaus mit der prozessualen Maßnahme *du plus amplement informé indéfini* Verdachtsstrafen verhängen. Voraussetzung hierfür war, daß der Richter den Delinquenten aus Mangel an Beweisen oder mangels eines überführenden Geständnisses zwar nicht verurteilen, aber aufgrund der hohen Wahrscheinlichkeit der Schuld auch nicht freisprechen durfte. In einem solchen Fall konnte auf eine geringere Strafe zurückgegriffen werden[83]. Dabei beruhte die Verdachtsstrafe auf der scholastischen Denkweise, daß die Wirklichkeit außer der Schuld oder Unschuld des Angeklagten noch etwas anderes in sich tragen könne, nämlich die bloße Möglichkeit oder sogar hohe Wahrscheinlichkeit der Schuld[84].

Die ständische Gesellschaftsordnung des *Ancien Régime* brachte es mit sich, daß die Strafen in aller Regel ungleich angewendet wurden. So erfuhren Adelige nach

---

76 Vergl. *Règlement des Messieurs les Maréchaux de France, sur les diverses satisfactions et réparations d'honneur* vom 22. August 1653, abgedruckt in: Rousseaud de la Combe, *Traité des Matières criminelles*, S. 493.

77 Hertz, *a.a.O.*, S. 13; Muyart de Vouglans, *Loix*, S. 73; Carbasse, *a.a.O.*, S. 209f.

78 Jousse, *Traité*, Bd. I, S. 50, 62; Muyart de Vouglans, *Loix*, S.73; Remy, *a.a.O.*, S. 99.

79 Jousse, *Traité*, Bd. I, S. 82.

80 Garçon, *Le droit pénal*, S. 14; Sessar, *a.a.O.*, S. 23; Bély, *a.a.O.*, S. 730f.; 732;

81 Vergl. anders Garçon, *a.a.O.*, S. 75.

82 Remy, *a.a.O.*, S. 84f.; Sessar, *a.a.O.*, S. 22f.; Bély, *a.a.O.*, S. 585ff.

83 Muyart de Vouglans, *Loix*, S. 78f.

84 Hertz, *a.a.O.*, S. 66.

dem Prinzip *minus est puniendus nobilis quam innobilis*[85] in aller Regel eine bessere Behandlung als Angehörige des Dritten Standes und waren zudem mit umfassenden strafrechtlichen Privilegien ausgestattet[86]. Für sie galten besondere Notwehrbestimmungen[87] und auch die als nicht infamierend angesehene Enthauptungsstrafe war nicht nur in erster Linie dem Adel vorbehalten, sondern wurde darüber hinaus noch als Beweis für eine noble Abstammung angesehen[88]. Gleichfalls kam auch die Verhängung einer stets infamierenden Galeerenstrafe für einen straffällig gewordenen Angehörigen des Adels nicht in Betracht[89]. Ein Adelsprädikat bewahrte aber nicht nur vor bestimmten infamierenden Strafen - wie etwa dem Schandpfahl oder der Peitsche[90] -, sondern gewährte zudem in aller Regel Schutz vor jeglicher körperlicher Züchtigung[91]. Auch wurde gemeinhin die Auffassung vertreten, daß Leute von Stand - und darunter verstand man in aller Regel nur Angehörige des Adels - in den Gefängnissen besser untergebracht und behandelt werden müßten, als Delinquenten von geringerer Herkunft[92].

III. Die Reformforderungen der Aufklärungsphilosophie

Die Aufklärung kann als ein gegen Ende des 17. Jahrhunderts entstandener und bis tief ins 19. Jahrhundert hinein wirkender gesamteuropäischer Prozeß der geistigen Umwälzung auf allen Gebieten des kulturellen Daseins verstanden werden. Diese Geistesbewegung erkannte den Menschen als Maß aller Dinge und propagierte Toleranz sowie seine Befreiung von scholastischen Denkmustern und den auf dem Individuum lastenden Traditionen. Seine Vernunft sollte zukünftig den Glauben und seine Kritik das Dogma ersetzen. Diese neue Betrachtungsweise zog die Entbindung des einzelnen aus dem starren ständisch organisierten

---

85 Obwohl man Adeligen vielfach strafrechtliche Privilegien zugestand, erachtete man es dennoch als besonders verwerflich, wenn gerade von dieser Elite kriminelle Handlungen verübt wurden. Vergl. Duret, *Traité des peines et amendes*, S. 4: "Car d'autant que la personne est noble, plus elle en doit monstrer le fruit, embrasser vertu, faire bonnes et sainctes opérations correspondantes à ses titres, que si elle s'adonne à vice faultive d'iniquité, plus le vice qu'elle a suivy la rendra odieuse et détestable, parce qu'il y a plus de péché, plus grande est la qualité."

86 Vergl. Muyart de Vouglans, *Institutes*, S. 415: "Où le vilain perdroit la vie ou membres de son corps, le noble perdroit l'honneur en réponse en cour." Vergl. auch Carbasse, *a.a.O.*, S. 196.

87 Muyart de Vouglans, *Institutes*, S. 10.

88 Desjardins, *Les cahiers des États Généraux à 1789 et la législation criminelle*, S. 29; Pastoret, *a.a.O.*, Bd. 1, S. 69.

89 Hertz, *a.a.O.*, S. 11.

90 Jousse, *Traité*, Bd. I, S. 42.

91 Muyart de Vouglans, *Loix*, S. 58f.

92 Jousse, *Traité*, Bd. II, S. 224.

Gesellschaftssystem nach sich, wobei sich das Recht als primäres Ordnungsinstrument dieser tradierten Gesellschaft am sichtbarsten änderte[93]. Gemeinsame Grundlagen für die in weiten Teilen Europas anlaufenden Reformbemühungen auf dem Gebiet der Rechtswissenschaften waren - ausgehend von der neueren Naturrechtslehre - im wesentlichen die säkulare Staatsidee, die Konstruktion des Gesellschaftsvertrags sowie die Herausbildung des Humanitätsgedankens[94]. Auf dem Gebiet des Strafrechts strebte die Aufklärungsphilosophie dabei sowohl den Nachweis der verderblichen Wirkungen grausamer Strafmittel und die Suche nach vertretbaren Grundlagen für eine neue Strafgesetzgebung an[95]. Das auf dem absoluten moraltheologischen Prinzip einer vergeltenden Gerechtigkeit beruhende Strafrecht des *Ancien Régime* wurde nun mit anderen Augen gesehen und in Frage gestellt, während Überlegungen über Sinn und Zweck der Strafe sowie die Frage nach ihrem Nutzen für das Allgemeinwohl zunehmend in den Vordergrund traten und eine allmähliche Bewußtseinsänderung der geistigen Eliten Europas nach sich zogen[96]. So fanden sich im 18. Jahrhundert in Frankreich und Italien Männer, die die Strafgesetzgebung mit einer neuen Auffassung von Staat und Gesellschaft in Einklang zu bringen suchten und hierbei zu Ergebnissen gelangten, die zu der überkommenen Auffassung von Sinn und Zweck der Strafe in völligem Widerspruch standen. In Frankreich waren es in erster Linie Montesquieu, Rousseau und Voltaire, die sich zuerst näher mit den Mängeln der französischen Strafrechtspflege beschäftigten, während sich in Italien insbesondere Beccaria für eine umfassende Strafrechtsreform einsetzte[97].

1. Charles-Louis de Secondat de Montesquieu

Als erster Kritiker und Vorkämpfer für eine durchgreifende Reform des französischen Strafrechts weist Charles-Louis de Secondat Baron de la Brède et de Montesquieu (1689-1755) bereits 1748 in seinem Werk *De l'Esprit des lois* auf dessen Unzulänglichkeiten hin. Obwohl er sich hierin keinesfalls überwiegend mit dem Strafrecht befaßt und insgesamt eher als Staats- denn als Strafrechtstheoretiker gelten kann, werden die Encyklopädisten wenig später diese Kritikpunkte aufgreifen und ihnen zu weiterer Verbreitung verhelfen[98].

---

93 Alkalay, *a.a.O.*, S. 19; Sessar, *a.a.O.*, S. 24f.

94 Alkalay, *a.a.O.*, S. 19; Welzel, *Naturrecht und materiale Gerechtigkeit*, S. 108ff.

95 Fischl, *a.a.O.*, S. 28f.

96 Hertz, *a.a.O.*, S. 122ff; Schmidt, *Einführung in die Geschichte der deutschen Strafrechtspflege* (nachfolgend abgekürzt: *Strafrechtspflege*), S. 212ff; Alkalay, *a.a.O.*, S. 19.

97 Remy, *a.a.O.*, S. 10ff; Sessar, *a.a.O.*, S. 25ff. Vergl. ausführlicher zur romanischen Aufklärungsphilosophie und ihrem Einfluß auf die Doktrin des Strafrechts: Fischl, *a.a.O.*, S. 25ff.

98 v. Overbeck, *Das Strafrecht der französischen Encyclopädie*, S. 9f.

Montesquieu prangert vor allem die nahezu unbeschränkte Ermessensfreiheit der Richter und die grausame Härte der Strafen sowie die Folter als Kennzeichen eines despotischen Regimes an[99]. Er ist der Auffassung, dem Richter dürfe lediglich ein geringer Ermessensspielraum zugestanden werden, und führt aus, daß es im Unterschied zur Republik, in der die Richter an den Wortlaut der Gesetze gebunden seien, in allen despotisch regierten Staaten an solchen Gesetzen fehle, weshalb die Richter dort die dem Urteil zugrundeliegenden Strafnormen aus sich selbst schöpften. Eine Gesetzesauslegung könne dem Richter nicht gestattet werden, vielmehr solle er den vorgefundenen Sachverhalt zwecks Urteilsfindung rein mechanisch unter den einschlägigen Rechtssatz subsumieren. Um der gefürchteten Willkürjustiz der Richter einen Riegel vozuschieben schlägt er zudem eine urteilende Jury nach englischem Vorbild vor und plädiert darüber hinaus zwecks Verbesserung der Strafrechtspflege für eine Trennung von gesetzgebender, richterlicher und vollziehender Gewalt[100]. Von einem guten Gesetzgeber erwartet Montesqieu zudem, daß er weniger auf die Bestrafung als vielmehr auf die Verhütung von Verbrechen bedacht ist. Er ist der Ansicht, daß die Strafen milder würden, je mehr man sich der Freiheit annähere, aber gleichermaßen an Härte gewännen, je weiter man sich von der Freiheit wieder entferne. Dabei müßten die Todesstrafen in despotisch regierten Ländern härter sein als in gemäßigt regierten Staaten, da hier die Furcht vor dem Tod größer sei als der Hang zum Leben. In den gemäßigt regierten Staaten genügten jedoch Todesstrafen, die nur das Leben nehmen, weil dort die Furcht vor dem Verlust des Lebens größer sei als die eigentliche Todesfurcht[101]. Insgesamt erreiche man jedoch mit grausamen Strafen erfahrungsgemäß nicht mehr als mit milderen[102], denn das Volk gewöhne sich an diese ebenso, wie es zuvor an die milden Strafen gewöhnt gewesen sei und der Gesetzgeber sehe sich lediglich alsbald wieder gezwungen, noch härtere Strafen zu verhängen[103]. Nach Auffassung Montesquieus ist es jedoch notwendig, daß die Strafe - die er als ein Mittel zur Verhinderung von Verbrechen begreift[104] - in einem vernünftigen Verhältnis zum Verbrechen steht, wobei sich das relativ optimale Verhältnis aus der Natur der Sache und mithin aus der Art des Verbrechens ergebe[105]. So müsse beispielsweise der einfache Straßenraub stets milder als der qualifizierte geahndet werden, weil ein Räuber bei gleicher Strafandrohung immer auch morde, da dann auch kein Zeuge seines Verbrechens

---

99 Montesquieu, *De l'Esprit des lois* (nachfolgend abgekürzt: *Esprit*), liv. VI, chap. IX; liv. VI, chap. XVII; liv. XI, chap. VI.

100 Montesquieu, *Esprit*, liv. XI, chap. VI.

101 Montesquieu, *Esprit*, liv. VI, chap. IX.

102 Montesquieu, *Lettres Persanes*, Lettre LXXX.

103 Montesquieu, *Esprit*, liv. VI, chap. XII.

104 Montesquieu, *Esprit*, liv. XIX, chap. XIV.

105 Montesquieu, *Esprit*, liv. XII, chap. IV.

vorhanden sei[106]. Insofern, als sich die Geldstrafe mit dem Grundsatz der Proportionalität am besten vereinbaren lasse, tritt er für eine ausgedehntere Anwendung derselben auf Kosten der Todesstrafe ein[107]. Wandte sich Montesquieu auch prinzipiell gegen die grausamen qualifizierten Todesstrafen des *Ancien Régime*, so war er nichstdestoweniger ein Verfechter der Todesstrafe. Deren Rechtmäßigkeit wird mit dem Hinweis verteidigt, daß das gleiche Gesetz, das einen Verbrecher nun zum Tode verurteile, zuvor auch zu dessen Vorteil ergangen sei, denn es habe sein Leben bislang jederzeit geschützt[108]. Nachdrücklich warnt Montesquieu auch vor einer unbedachten Verfolgung religiöser Verbrechen sowie dem Delikt der Majestätsbeleidigung, beides charakteristische Merkmale des überkommenen Strafrechts. Er ist der Auffassung, daß man auf dem Gebiet der Religion Strafgesetze nach Möglichkeit vermeiden müsse[109] und gibt zu verstehen, daß Zauberei und Ketzerei in seinen Augen keine Verbrechen seien und nicht als solche durch das Strafrecht geahndet werden sollten[110], denn dies könne die bürgerliche Freiheit zerstören[111] und dann Ursache von Despotismus sein, wenn der Gesetzgeber Religionsverbrechen nicht zu beschränken wisse[112]. Auch dem Verbrechen der Majestätsbeleidigung und der damit Hand in Hand gehenden Willkürjustiz steht Montesquieu ablehnend gegenüber. Insofern, als nämlich unklar sei, was unter diesem vagen Begriff überhaupt verstanden werden müsse, könne jede beliebige Verfehlung als Vorwand für die Verhängung der Todesstrafe dienen, was jeder Regierung den Weg zur Despotie eröffne[113].

2. Jean-Jacques Rousseau

Weiter noch als Montesquieu geht Jean-Jacques Rousseau (1712-1778) in seinem 1762 erschienenen Werk *Du Contrat social*[114]. Zwar beschäftigt sich Rousseau darin nur am Rande mit dem Strafrecht, er stellte jedoch dadurch, daß er den Staat als Gesellschaftsvertrag bezeichnet, das Recht zu strafen auf ganz neue Grundlagen. Seiner Auffassung nach hat jeder Mensch - unbesehen seiner sozialen Position - grundsätzlich das Recht, sich gegen jedwede Aggression zu wehren, deren Opfer er wird. Jedoch gebe er dieses Recht durch den *Contrat social* - d.h.

---

106 Montesquieu, *Esprit*, liv. VI, chap. XVI.
107 Montesquieu, *Esprit*, liv. VI, chap. XVIII.
108 Montesquieu, *Esprit*, liv. XV, chap. II.
109 Montesquieu, *Esprit*, liv. XXV, chap. XII.
110 Montesquieu, *Esprit*, liv. XII, chap. V und VI.
111 Montesquieu, *Esprit*, liv. XII, chap. IV.
112 Montesquieu, *Esprit*, liv. XII, chap. V.
113 Montesquieu, *Esprit*, liv. XII, chap. VII.
114 Rousseau, *Du Contrat social*, in: *Oeuvres complètes*, Bd. III: *Du contrat social - Écrits politiques*, Paris 1964.

durch das Leben innerhalb einer Gesellschaft - freiwillig auf und lege es in die Hände des Staates. Somit ist das Strafrecht nach Rousseau nur die Summe aller individuellen Verteidigungsrechte einer Gesellschaft. Ziel und Zweck des Staates ist die Erhaltung der den Vertrag schließenden Individuen und die Sicherstellung ihrer natürlichen Rechte. Zur Verwirklichung dieses Ziel kann die Gesellschaft jedem, der die Rechte eines anderen verletzt und mithin auch dem Gemeinwesen Schaden zufügt, Strafen auferlegen. Fügt der einzelne nun dem Gemeinwesen Schaden zu, so hört er auf, diesem anzugehören und verwirkt sein Recht auf Freiheit und Leben[115]. Jedoch kann der Staat diese Befugnis zu strafen nur innerhalb der Grenzen des Gesellschaftsvertrags ausüben, denn er leitet seine Strafbefugnis eben aus diesem Vertragsverhältnis her. Die Strafe ist deshalb Ausdruck des Gemeinwillens, der *volonté générale*, die sich aus der Summe der einzelnen freiwilligen Verzichtleistungen der Bürger bildet[116].

3. Cesare Bonesana Beccaria

Beschäftigte sich Rousseau auch nur beiläufig mit dem zeitgenössischen Strafrecht und seinen Unzulänglichkeiten, so war seine Lehre vom Gesellschaftsvertrag nichtsdestoweniger von erheblichem Einfluß auf die Befürworter einer umfassenden Strafrechtsreform. Insbesondere der Italiener Cesare Bonesana Beccaria[117] (1738-1794) bediente sich in seinem Traktat *Dei delitti e delle pene* (1764) - einer scharfen Kritik der wesentlichen Punkte der überkommenen Strafrechtsordnung sowie deren willkürlicher und grausamer Strafpraxis - der Postulate Rousseaus, faßte in seinem Werk alle neuen Gedanken der Epoche zusammen und brachte sie in eine Form, die ihnen - obwohl das Werk in Frankreich wegen mangelnder Ehrfurcht vor den Gesetzen verboten[118] und von Seiten der vom konservativen Geist der *Noblesse de robe* geprägten Kommentatoren angegriffen wurde[119] - eine weitere Verbreitung sicherte[120]. Neben

---

[115] Rousseau, *a.a.O.*, liv. II, chap. V.

[116] Bély, *a.a.O.*, S. 1265. Vergl. näher zu Rousseaus Einfluß auf die Staatswissenschaft: Derathé, *Jean-Jacques Rousseau et la science politique de son temps*, Paris 1970.

[117] Bereits 1759 erschien unter dem Titel *Riflessioni politiche intorno all'efficalia e necessità delle pene* eine Schrift des Italieners Tomaso Natale, die zahlreiche Lehre Beccarias vorwegnahm. Vergl. hierzu Günther, *Tomaso Natale, Marchese di Monterosato, ein in Deutschland vergessener Vorläufer Beccarias*, Berlin 1901. Zu Beccarias Einfluß auf die Strafrechtsreform vergl. Glaser, *Beccaria et son influence sur la Réforme du Droit pénal*, in: Revue internationale de Droit pénal, 1928, S. 425ff. Insgesamt übten die italienischen Kriminalisten einen erheblichen Einfluß auf die französische Aufklärung aus. Vergl. Alkalay, *a.a.O.*, S. 20.

[118] Hertz. *a.a.O.*, S. 310.

[119] Muyart de Vouglans, *Loix*, S. 99f.; Jousse, *Traité*, Bd. I, S. LXIII. Muyart de Vouglans verfaßte sogar eine Schrift gegen Beccaria, deren Thesen allerdings keinen Widerhall mehr

zahlreichen allgemeinen Forderungen wie der nach Verwirklichung des Grundsatzes *nulla poena sine lege*[121], nach Gleichheit aller vor dem Gesetz bzw. der Abschaffung der strafrechtlichen Privilegien des Adels[122], nach Öffentlichkeit der Anklage[123] sowie nach Abschaffung der Folter[124] griff Beccaria die Vertragskonstruktion Rousseaus wieder auf, entwickelte sie weiter und begründete damit vor allem seine Forderung nach Abschaffung der Todesstrafe. Grundsätzlich stimmt er zwar mit Rousseau überein, daß der einzelne mit der Verpfändung eines bestimmten Teils seiner individuellen Freiheit für Handlungen, die das Gesetz mit Strafen belegt, in den staatlichen Zugriff im Wege des Strafens eingewillige, hierbei allerdings nur derjenige Teil der individuellen Freiheit dem staatlichen Zugriff unterliegen könne, der der Gesellschaft mit Abschluß des *Contrat social* verpfändet worden sei. Nach Auffassung Beccarias könne jedoch darüber hinaus zu dem verpfändeten Teil der Freiheit das Leben niemals gehören, weshalb sich aus dem Sinn und Zweck des Gesellschaftsvertrags - sehe man einmal von politischen Verbrechen und einer damit Hand in Hand gehenden Bedrohung des Gemeinwesens ab - die grundsätzliche Unzulässigkeit der Todesstrafe ergebe[125]. Beccaria spricht sich stattdessen - ganz dem utilitaristischen Prinzip verpflichtet - für die Bevorzugung abschreckender, weil langandauernder Freiheitsstrafen aus[126]. Bestraft werden soll also nicht deshalb, weil ein Delikt verwirklicht worden ist, sondern lediglich zwecks Vermeidung zukünftiger Delikte[127]. Beccaria fordert dabei ein angemessenes Verhältnis zwischen Verbrechen und Strafe. So solle das Strafmaß durch die Schwere der durch den Delinquenten verwirklichten Gefahr bestimmmt werden[128], wobei sich diese Gefahr ihrerseits anhand der durch die Handlung verursachten Tragweite des verwirklichten Schadens bemessen solle[129]. Dabei müsse sich das Strafmaß allein aus genau im Gesetz festgelegten Regelungen ergeben, wobei den Richtern keine Gesetzauslegungskompetenz mehr eingeräumt werden dürfe[130], die ohnehin nur die Gefahren der Willkür und die des

---

fanden: *Lettres, contenants la réfutation de quelques principes hasardies dans le Traité des délits et des peines*, Genf 1767.

120 Desjardins, *a.a.O.*, S. XI.

121 Beccaria, *a.a.O.*, § III.

122 Beccaria, *a.a.O.*, § XXVII. Bereits Rousseau war ein Befürworter der Gleichheit aller vor dem Gesetz gewesen. Vergl. Rousseau, *a.a.O.*, liv. II, chap. IV.

123 Beccaria, *a.a.O.*, § IX.

124 Beccaria, *a.a.O.*, § XII.

125 Beccaria, *a.a.O.*, § XVI. Rousseau sah zwar in häufigen Todesstrafen stets ein Zeichen von Schwäche oder Bequemlichkeit der Regierung, anerkannte jedoch die Todesstrafe als grundsätzlich zulässige Strafe. Vergl. Rousseau, *a.a.O.*, liv. II, chap. V.

126 Beccaria, *a.a.O.*, § XVI.

127 Beccaria, *a.a.O.*, §§ XV, XLI.

128 Beccaria, *a.a.O.*, § XXIII.

129 Beccaria, *a.a.O.*, § XXIV.

130 Beccaria, *a.a.O.*, § IIIf.

Despotismus in sich berge[131]. Indem Beccaria also das Prinzip der *légalité des délits et des peines* einfordert - niemand darf wegen Handlungen verurteilt werden, die nicht zuvor vom Gesetz mit Strafe belegt wurden, und niemand darf mit einer Strafe belegt werden, die nicht zuvor im Gesetz festgeschrieben ist - spricht er sich deutlich für die Beseitigung der richterlichen Willkürjustiz des *Ancien Régime* aus. Nachdrücklich kritisiert Beccaria die grausamen Strafen des *Ancien Régime* und ist - wie Rousseau - der Auffassung, diese seien insofern ohne Nutzen, als sie die Gesellschaft nur verrohen ließen[132]. Darüber hinaus seien sie insbesondere auch deshalb nutzlos, wenn sie nicht mit einer hohen Gewißheit der Bestrafung einhergingen, denn es sei sicherer, den Delinquenten mit einer maßvollen, aber unweigerlich eintreffenden Strafe zu bedrohen, als ihn mit der Perspektive auf Folterqualen zu terrorisieren, denn hierbei behalte er oftmals die Hoffnung, sich dieser möglicherweise zu entziehen[133]. Darüber hinaus ist er der Ansicht, daß eine extreme Grausamkeit der Strafen durchaus auch eine Straflosigkeit des Delinquenten nach sich ziehen könne[134] und befürwortet die Abschaffung des traditionellen königlichen Begnadigungsrechts, da es einen Verstoß gegen das Legalitätsprinzip darstelle und überdies die Gewißheit der Bestrafung mindere[135].

4. François Marie Arouët genannt Voltaire

Einen der nachhaltigsten Einflüsse auf die Reformbewegung hat zudem François Marie Arouët gen. Voltaire (1694-1778) ausgeübt[136]. Politisch auf dem Boden des aufgeklärten Despotismus stehend, vertrat Voltaire zwar die Gleichheit aller vor dem Gesetz, war jedoch keinesfalls ein Verfechter demokratischer Grundgedanken[137]. Persönliche Erlebnisse hatten ihn schon früh zu einem engagierten Gegner der französischen Strafrechtsspflege gemacht[138], der nicht nur durch seine theoretischen Abhandlungen[139] und Korrespondenzen, sondern auch durch sein persönliches Eintreten für Opfer der französischen Strafjustiz sowie

---

[131] Beccaria, *a.a.O.*, § IV.
[132] Beccaria, *a.a.O.*, § XX.
[133] Beccaria, *a.a.O.*, § XX.
[134] Beccaria, *a.a.O.*, § XV.
[135] Beccaria, *a.a.O.*, § XX.
[136] Vergl. hierzu insbesondere: Hertz, *Voltaire und die französische Strafrechtspflege im 18. Jahrhundert*, Stuttgart 1887; Casás Fernández, *Voltaire criminalista, precursor del humanitarismo en la legislación*, Madrid 1930.
[137] Hertz, *a.a.O.*, S. 145f.
[138] Hertz, *a.a.O.*, S. 155f.
[139] Hier sind neben dem *Dictionnaire philosophique* (1764) insbesondere der *Prix de la justice et de l'humanité* (1777) sowie der 1766 veröffentlichte *Commentaire sur le livre des délits et des peines* (nachfolgend abgekürzt: *Commentaire*) zu nennen, die beide eine scharfe Kritik des geltenden Strafrechts beinhalten.

durch die Aufdeckung von Justizirrtümern[140] einen entscheidenden Anteil an der Entwicklung des Strafrechts über die Grenzen Frankreichs hinaus hatte, wozu zweifellos auch seine engen Beziehungen zu den aufgeklärten Fürstenhöfen seiner Zeit beitrugen[141]. Als Gegner der Vergeltungstheorie stellt die Strafe für Voltaire nur das äußerste Mittel dar, mit dem der zivilisierte Staat den Verbrechen entgegentreten darf. Bevor er nämlich erwäge, die Verbrechen zu bestrafen, müsse er zunächst einmal versuchen, ihnen vorzubeugen[142]. Dabei gehöre zu einer erfolgreichen Vorbeugung, daß sich der Strafgesetzgeber mit den Ursachen der Verbrechen befasse und beständig bestrebt sein müsse, diese nach Kräften zu beseitigen. So könnten z.B. öffentliche Gebäranstalten zur Verhinderung des Kindstötung beitragen[143] und auch der Begehung von Eigentumsdelikten könne man entgegenwirken, indem man durch staatliche Zuwendungen das Bettlerwesen beseitige[144]. Entschieden kritisiert Voltaire nicht nur die beständige Verletzung des Grundsatzes vom angemessenen Verhältnis zwischen Verbrechen und Strafen[145], sondern wendet sich als Gegner der Vergeltungsidee darüber hinaus gegen die grausamen Strafen des geltenden Strafrechts und fordert insgesamt mildere Strafen[146]. Als Gegner der gängigen Folterpraxis[147] und Befürworter einer Abschaffung der Todesstrafe aus Nützlichkeitserwägungen[148] verurteilt er insbesondere die grausamen qualifizierten Todesstrafen, die nach seinem Dafürhalten nicht von der Gerechtigkeit, sondern der Tyrannei erfunden worden seien[149]. Ein Hauptanliegen ist ihm zudem die Verdrängung jedweden Einflusses der Kirche auf das Strafrecht, denn dieser habe bedingt durch Intoleranz und Festhalten an Dogmen bis heute zuvielen Opfern das Leben gekostet[150]. Wie Voltaire wußte, wurden im Namen der Kirche in Europa noch im 18. Jahrhundert Protestanten verfolgt und öffentliche Verbrennungen wegen Verfehlungen gegen die Religion durchgeführt[151]. So spricht sich er nicht nur gegen eine Bestrafung von Ketzerei[152] oder Zauberei[153] sondern überhaupt gegen die Ahndung jeglicher

---

140 So erreichte er die Rehabilitierung von Calas (1762), von Sirven (1764) und von de La Barre (1766). Näher dazu: Hertz, *a.a.O.*, S. 157ff.

141 Alkalay, *a.a.O.*, S. 20.

142 Voltaire, *Prix de la justice et de l'humanité* (nachfolgend abgekürzt: *Prix*), S. 347.

143 Voltaire, *Prix*, S. 283; *Commentaire*, S. 212.

144 Voltaire, *Prix*, S. 269ff.

145 Voltaire, *Commentaire*, S. 213; *Prix*, S. 269.

146 Voltaire, *Prix*, S. 347.

147 Voltaire, *Dictionnaire philosophique*, Artikel *Question*.

148 Voltaire, *Commentaire*, S. 232. Voltaire will lediglich in einem einzigen Fall die Todesstrafe zulassen, nämlich dann, wenn es kein anderes Mittel gibt, um einer größeren Anzahl von Menschen das Leben zu retten.

149 Voltaire, *Commentaire*, S. 213.

150 Voltaire, *Commentaire*, S. 232.

151 Hertz, *a.a.O.*, S. 146f.

152 Voltaire, *Prix*, S. 286

religiöser Verfehlungen dort aus, wo nicht die öffentliche Ordnung verletzt werde[154], was ihm die Feindschaft der etablierten Kräfte des Amtsadels - der *noblesse de robe* - eintrug[155].

IV. Die weitere Entwicklung bis zum Revolutionsausbruch 1789

Nach dem Tode Voltaires machte sich im letzten Jahrzehnt vor Revolutionsausbruch eine immer größere Unzufriedenheit mit der geltendenden Strafrechtsordnung breit und Forderungen nach Verwirklichung rechtsstaatlicher und demokratischer Grundsätze auf dem Gebiet des formellen und materiellen Strafrechts wurden zunehmend lauter[156]. Literarische Gesellschaften, Akademien, Behörden und oftmals auch Privatleute sowie nicht wenige Landesherren schrieben Preisfragen aus, um die geistige Elite des Kontinents zur Mitarbeit bei der Lösung kriminalpolitischer Probleme aufzufordern[157]. Wie sehr die Aufklärungsideen bereits im zeitgenössischen Bewußtsein Europas Fuß gefaßt hatten war bereits daran deutlich geworden, daß - als die Berner Ökonomische Gesellschaft am 15. Februar 1777 einen Preis für den vollständigsten und ausführlichsten Plan einer guten Kriminalgesetzgebung auslobte[158] - neben vielen Beiträgen französischer Autoren zahlreiche Arbeiten aus den verschiedensten europäischen Ländern eingingen[159]. Aber die allgemeine Unzufriedenheit mit den bestehenden Zuständen äußerte sich nicht nur in Beiträgen für Preisausschreiben, sondern bewirkte gleichermaßen, daß sich eine Vielzahl von Schriftstellern mit den sozial- und kriminalpolitischen Problemen der Zeit beschäftigten und mit ihren Abhandlungen den Reformgeist im letzten Jahrzehnt vor der Revolution überall verbreiteten[160]. Viele dieser Schriftsteller kannten - wie Mirabeau[161] oder Linguet[162] - die gängige

---

153 Voltaire, *Commentaire*, S. 226.

154 Voltaire, *Commentaire*, S. 222ff.

155 Alkalay, *a.a.O.*, S. 20f.

156 Alkalay, *a.a.O.*, S. 21.

157 Esmein, *Procédure*, S. 388; Fischl, *a.a.O.*, S. 54; Alkalay, *a.a.O.*, S. 21.

158 Die genaue Aufgabenstellung der Auslobung lautete: "Composer et rédiger un plan complet et détaillé de législation criminelle sous ce triple point de vue: 1° des crimes et des peines proportionnées qu'il s'agit de leur appliquer; 2° de la nature et de la force des preuves et des présomptions; 3° de la manière de les acquérir par la voie de la procédure criminelle, en sorte que la douceur de l'instrument et des peines soit conciliée avec la certitude d'un châtiment prompt et exemplaire, et que la société civile trouve la plus grande sûreté possible pour la liberté et l'humanité." Zit. nach Esmein, *Procédure*, S. 388f.

159 Schmidt, *Strafrechtspflege*, S. 221f.; Fischl, *a.a.O.*, S. 54; Esmein, *Procédure*, S. 388f.

160 Hertz, *a.a.O.*, S. 447ff.

161 Honoré Gabriel Riquetti, Comte de Mirabeau (1749-1791), der während der Revolution eine herausragende Rolle spielte, wurde mehrfach auf Betreiben seines Vaters durch *lettres de cachet* jahrelang in verschiedenen Staatsgefängnisses festgesetzt. Er veröffentlichte später

Strafpraxis des *Ancien Régime* aus unmittelbarer persönlicher Erfahrung, andere - wie Dupaty[163], Letrosne[164], Mably[165], Pastoret[166] oder Servan[167] - veröffentlichten als ehemalige oder noch amtierende Justizangehörige bzw. Staatsbedienstete vom Reformgeist geprägte strafrechtliche Werke und trugen damit wesentlich dazu bei, daß die Reformgedanken schließlich auch in den Parlamenten - zunächst in den Provinzialparlamenten, später auch in Paris - allmählich Fuß faßten[168]. Neben zahlreichen weniger bedeutenden Autoren nahmen zudem Advokaten wie etwa Lacretelle[169] regen Anteil an den Reformideen und verarbeiteten die Gedanken der Aufklärungsphilosophie in ihren Werken. Während noch in der Mitte des 18. Jahrhunderts seitens des konservativen französischen Advokatenstandes nur wenig Kritik am geltenden Strafrecht geübt wurde, so traten in den letzten Jahren vor Ausbruch der Revolution nunmehr vor allem junge Juristen umso entschiedener gegen das geltende Recht und die dieses verkörpernden Parlamente auf. Ihre Kritik äußerte sich dabei im wesentlichen in Denkschriften, die sie zur Verteidigung der Angeklagten veröffentlichten und in denen auch das geltende materielle und prozessuale Strafrecht angegriffen wurde[170].

---

hierüber seine *Des Lettres de cachet et des prisons d'État* (1782), in denen er die Denunziation richterliche Willkür mit einer umfassenden Kritik des Absolutismus verbindet. Vergl. näher zu Mirabeau: Chaussinand-Nogaret, *Mirabeau*, Paris 1982.

162 Der von der Anwaltschaft ausgeschlossene Advokat Simon Nicolas Henri Linguet (1736-1794) wurde wegen eines an einem Angehörigen des Hochadels begangenen Verleumdungsdelikts zwei Jahre in der Bastille gefangengesetzt und veröffentlichte nach seiner Freilassung die *Mémoires sur la Bastille* (1783).

163 Charles Dupaty (1746-1788), ehemaliger Generaladvokat am Parlament von Bordeaux, veröffentlichte 1788 sowohl seine *Réflexions historiques sur les lois criminelles* als auch die *Lettres sur la procédure criminelle de la France*.

164 Der Advokat am Présidialgerichtshof von Orléans François Letrosne veröffentlichte 1777 seine *Réflexions sur la réforme de la législation criminelle*.

165 Abbé Gabriel Bonnot de Mably (1709-1785), Philosoph, Historiker und ehemaliger Diplomat veröffentlichte 1776 *De la Législation ou principes des lois*.

166 Der Jurist Pierre de Pastoret (1756-1840) veröffentlichte 1790 *Des loix criminelles*.

167 Der Generaladvokat am Grenobler Parlament Joseph Michel de Servan hatte schon 1766 anläßlich einer Aufsehen erregenden Rede den Prinzipien Beccarias beigepflichtet. Er veröffentlichte 1786 die *Essais sur quelques changements qu'on pourrait faire dès à présent dans les lois criminelles en France* und 1767 den *Discours sur l'administration de la justice criminelle*. Vergl. Hertz, *a.a.O.*, S. 314ff.

168 Hertz, *a.a.O.*, S. 313ff; Carbasse, *a.a.O.*, S. 308ff.

169 Der Pariser Parlamentsadvokat Pierre Louis de Lacretelle (1751-1824) veröffentlichte 1784 seinen *Discours sur le préjugé des peines infamantes*, der den 1783 ausgesetzten Preis der königlichen Gesellschaft der Künste und Wissenschaften zu Metz gewann.

170 Hertz, *a.a.O.*, S. 107ff; Alkalay, *a.a.O.*, S. 22.

Zwischen der Krone und den Parlamenten war währenddessen eine schon lange schwelende heftige Auseinandersetzung um deren Machtstellung entbrannt[171]. Die Parlamente verfügten traditionell neben richterlicher auch über gesetzgeberische Gewalt und hatten das Recht, die eingebrachten Gesetze zu registrieren, was allgemein als eine der Bedingungen für ihre Gesetzeskraft angesehen wurde[172]. Durch Mißbrauch dieses Rechts hatten sie sich jedoch die Macht angemaßt, die Registrierung zu verweigern und somit jedes gesetzgeberische Vorhaben der Regierung zu neutralisieren. Diese Auseinandersetzung konnte die Krone insofern für sich entscheiden, als sie den Parlamenten im Mai 1788 durch zwangsweise Eintragung von mehreren Edikten das Eintragungsrecht der Gesetze nahm und es auf einen über ihnen stehenden, neu geschaffenen obersten Gerichtshof [*Cour plénière*] übertrug[173]. Dieser zur problemlosen Eintragung landesweit geltender Gesetze bestimmte Gerichtshof durfte zwar gegen neue Gesetze durchaus Einwendungen erheben, mußte aber einen etwaigen Widerstand dann aufgeben, wenn der König das betreffende Gesetz durch ein Throngericht [*lit de justice*] für registriert erklärte[174]. Hatte sich Ludwig XVI. (1754-1793) bereits 1780 einer Reform der Strafrechtspflege geneigt gezeigt, als er gegen den Willen der Parlamente mit der *Déclaration concernant l'abolition de la question préparatoire* vom 24. August 1780[175] einige Mißstände des überkommenen Rechts beseitigt hatte[176], so wurden 1788 mit der durch ein *lit de justice* durchgeführten zwangsweisen Eintragung der *Déclaration relative à l'ordonnance criminelle* vom 1. Mai 1788[177] weitere Unzulänglichkeiten des überkommenen Rechts beseitigt[178]. Jedoch kamen diese lediglich Verbesserungen des überkommenen Rechts beinhaltenden Reformansätze zu spät, denn die alte Ordnung brach nur wenige Monate später endgültig zusammen und mit ihr das Strafrecht als deren wesentlichstes Ordnungsinstrument. Bereits am 5. Juli 1788 bewilligte Ludwig

---

171 Hertz, *a.a.O.*, S. 498ff; Bély, *a.a.O.*, S. 1058ff.

172 Hertz, *a.a.O.*, S. 81f.; 94ff; Bély, *a.a.O.*, S. 960ff.

173 Bély, *a.a.O.*, S. 1056ff.

174 Esmein, *Précis élémentaire de l'Histoire du droit français de 1789 à 1814* (nachfolgend abgekürzt: *Précis*), S. 28; Esmein, *Cours élémentaire d'histoire du droit français*, S. 542; Bély, *a.a.O.*, S. 746ff.

175 Der Gesetzestext ist abgedruckt in: Isambert, *Recueil général des anciennes lois françaises depuis l'an 420 jusqu'à la Révolution de 1789*, Bd. XXVI, S. 375.

176 So wurde die *question préparatoire* - also die zur Herbeiführung von Geständnissen dienende Folter - abgeschafft. Vergl. Esmein, *Procédure*, S. 386; Bély, *a.a.O.*, S. 1031.

177 Der Gesetzestext ist abgedruckt in: Isambert, *a.a.O.*, Bd. XXVIII, S. 526ff.

178 So u.a. die Beseitigung der *question préalable*, die einen bereits zum Tode verurteilten Delinquenten zwingen sollte, seine Komplizen zu verraten. Dami verschwand die Folter endgültig aus dem französischen Strafrecht. Dieses Gesetz enthielt ebenfalls einzelne Verbesserungen der Behandlung des Angeklagten während des Prozesses und bestimmte auch, daß Todesurteile nicht vor Ablauf eines Monats nach ihrer Verkündigung vollstreckt werden sollten. Vergl. Esmein, *Procédure*, S. 399ff; Bély, *a.a.O.*, S. 1031.

XVI. die Versammlung der seit 1614 nicht mehr versammelten Generalstände[179], die für Mai 1789 einberufen wurden und nach durchgeführten Wahlen am 5. Mai 1789 in Versailles zusammentraten. Den Deputierten waren zuvor von ihren Wahlkörperschaften für jeden Amtsbezirk getrennt die wesentlichen Forderungen der drei Stände in traditionellen Beschwerdeheften - den *cahiers de doléances*[180] - übergeben worden. Diese Hefte machten deutlich, daß unter den drei Ständen trotz aller Gegensätze über nichts so große Einigkeit herrschte wie über die Unhaltbarkeit der geltenden Strafrechtsordnung und die Dringlichkeit einer umfassenden Strafrechtsreform. In den formulierten Forderungen stimmten Klerus und Adel mit dem *Tiers-État* darin überein, daß es sich nicht um bloße Verbesserungen handeln dürfe, sondern vielmehr sowohl das materielle Strafrecht als auch das Strafprozeßrecht einer völligen Neugestaltung bedurften[181].

B. Der *Code pénal* von 1791 und das Strafrecht der Revolutionszeit

I. Die Entstehung des *Code pénal* von 1791

Nach unüberbrückbaren Konflikten über den Abstimmungsmodus der Ständeversammlung erklärte sich der das Gros der Bevölkerung repräsentierende *Tiers-État* am 12. Juni 1789 zunächst zur arbeitsfähigen Teilversammlung der *Assemblée générale* und forderte am 17. Juni 1789 nunmehr als *Assemblée nationale* die anderen Stände zum Beitritt auf. Nachdem zuvor insbesondere der niedere Klerus mit dem Dritten Stand zusammengearbeitet hatte, wechselten nunmehr auch höherrangige Geistliche sowie eine Anzahl Adliger auf die Seite des *Tiers-État*, der sich schließlich am 6./9. Juli 1789 als verfassunggebende Nationalversammlung [*Assemblée nationale constituante*] konstituierte und nunmehr den Anspruch erhob, alleiniger Repräsentant des Willens der Nation zu sein[182]. Diese Versammlung bewerkstelligte in einem Zeitraum von nur drei Jahren die umfassenden Reformen auf dem Gebiet des formellen und materiellen Strafrechts, zu denen sich das absolute Königtum im letzten Jahrzehnt vor Revolutionsausbruch nicht mehr in der Lage gesehen hatte und konnte bereits Ende

---

179 Vergl. näher zu Funktion und Aufbau der *États Généraux*: Bély, *a.a.O.*, S. 512ff.

180 Vergl. näher zur traditionellen Funktion dieser an den König gerichteten Beschwerdehefte: Bély, *a.a.O.*, S. 193f.

181 Desjardins, *a.a.O.*, S. 125; Esmein, *Procédure*, S. 404ff.

182 Maurois, *Die Geschichte Frankreichs*, S. 331ff; Hartmann, *Französische Verfassungsgeschichte der Neuzeit (1450-1980)*, S. 45f.; Gaxotte, *La Révolution française*, S. 130.

1791 auf vier Gesetze zurückblicken, die das Straf- und Strafprozeßrecht insgesamt neu ordneten[183].

Zunächst aber verabschiedete die verfassunggebende Versammlung die *Déclaration des droits de l'homme et du citoyen* vom 26. August 1789[184], die bereits eine deutliche Absage an die bisher gehandhabte Willkürjustiz des *Ancien Régime* enthielt. Neben der in Art. 6 statuierten Gleichheit aller vor dem Gesetz erfüllten zunächst insbesondere die Art. 7 und 8 - diese schreiben das Legalitätsprinzip fest bzw. schlossen die Rückwirkung von Strafgesetzen aus - sowie die Unschuldsvermutung des Art. 9 einige der dringendsten der in den *Cahiers des États Généraux* formulierten Forderungen der Generalstände[185] und waren nunmehr richtungsweisend als unbedingte rechtsstaatliche Grundlagen einer künftigen Strafgesetzgebung[186]. Sodann beschloß die Nationalversammlung noch im September 1789 die Bildung eines sieben, ab Januar 1790 neun Mitglieder umfassenden *Comité de législation criminel*[187], das sich mit der Schaffung einer neuen, zeitgemäßen Strafgesetzgebung befassen sollte. Das Komitee nahm seine Tätigkeit bereits am 15. September 1789 auf und erarbeitete zunächst eine erste, bloß provisorische Reform des Strafprozesses, deren Entwurf der Nationalversammlung schon am 29. September 1789 vorgelegt werden konnte[188]. Dieser Entwurf - der die *Ordonnance criminelle* von 1670 im wesentlichen unangetastet fortbestehen ließ und lediglich Mißstände der Kriminaljustiz zu beheben suchte[189] - wurde von der Nationalversammlung zunächst als *Décrets sur la réformation de quelques points de la jurisprudence criminelle* vom 8./9. Oktober/3. November 1789[190] angenommen. Während der Debatte zu diesem Dekret wurden Einwände und Forderungen nach Zusatzartikeln laut, die u.a. die Gleichheit aller vor dem Strafgesetz ohne Ansehung ihres Standes, das Verbot der Sippenhaftung, die Abschaffung der Vermögenskonfiskation sowie ein Verbot des

---

183 In ihrer chronologischen Reihenfolge sind dies das *Décret sur la réformation de quelques points de la jurisprudence criminelle* vom 8./9. Oktober/3. November 1789, das *Décret relatif à l'organisation d'une police municipale et correctionnelle* vom 19./22. Juli 1791, das *Décret concernant la police de sûreté, la justice criminelle et l'établissement des jurés* vom 16./29. September 1791 und schließlich der *Code pénal* vom 25. September/6. Oktober 1791.

184 Der Gesetzestext ist abgedruckt in: Duvergier, *Collection complète des lois, décrets, ordonnances, réglements et avis du Conseil d'État*, Bd. III, S. 275f.

185 Desjardins, *a.a.O.*, S. 17f.

186 Alkalay, *a.a.O.*, S. 24; Sessar, *a.a.O.*, S. 28.

187 Vergl. *Archives Parlementaires*, Bd. VIII, S. 641; Bd. XI, S. 288. Vergl. näher zur Zusammensetzung und legislativen Tätigkeit des *Comité de législation criminel*: Remy, *a.a.O.*, S. 17ff; Höhn, *a.a.O.*, S. 53ff; Alkalay, *a.a.O.*, S. 23ff.

188 Remy, *a.a.O.*, S. 18.

189 Esmein, *Procédure*, S. 410ff; Esmein, *Précis*, S. 250.

190 Der Gesetzestext ist abgedruckt in: Duvergier, *a.a.O.*, Bd. I, S. 56ff.

unehrenhaften Begräbnisses zum Gegenstand hatten[191]. Nach eingehender Erörterung dekretierte die Nationalversammlung am 21. Januar 1790 schließlich diese reklamierten Zusatzartikel als *Décret concernant les condamnations pour raison des délits et des crimes*[192] und nahm damit dem überkommenen Recht einige seiner übelsten Schärfen.

Die Nationalversammlung beschloß zudem am 24. März 1790 eine umfassende Neuordnung der Justizorganisation. Hierbei hatten sich alle Abgeordneten gegen die Käuflichkeit der Ämter ausgesprochen[193], und ihren Vorstellungen wurde insoweit Rechnung getragen, als das *Décret sur l'organisation judiciaire* vom 16./24. August 1790[194] die während des *Ancien Régime* seit dem 17. Jahrhundert übliche Käuflichkeit der Ämter endgültig abschaffte und festschrieb, daß die vom Staat zu bezahlenden Richter in Zukunft unentgeltlich Recht zu sprechen hatten[195]. In diesem grundlegenden Gerichtsverfassungsgesetz zum Zivil- und Strafprozeß bestimmte die Nationalversammlung eine baldige umfassende Reform des geltenden materiellen Strafrechts und wies das *Comité de législation criminel* an, einen diesbezüglichen Entwurf auszuarbeiten. Dabei sollten die zu ahndenden Delikte in ein angemessenes Verhältnis zum Strafmaß gesetzt und Strafen nur dort verhängt werden, wo sie unbedingt vonnöten seien. Das Komitee nahm seine Tätigkeit unverzüglich auf und verstand es, den erteilten Auftrag in so kurzer Zeit auszuführen[196], daß das Komiteemitglied Le Peletier de Saint-Fargeau[197] der Nationalversammlung bereits am 23. Mai 1791 den Entwurf eines *Code pénal* vorlegen und dessen maßgebliche Gedanken erläutern konnte[198]. Nach eingehender Debatte erhielt der Entwurf in den wesentlichen Dingen schließlich die Zustimmung der Versammlung und konnte als *Code pénal* vom 25. September/6.

---

191 Vergl. *Archives Parlementaires*, Bd. IX, S. 392ff; Bd. XI, S. 278ff.

192 Der Gesetzestext ist abgedruckt in: Duvergier, *a.a.O.*, Bd. I, S. 112.

193 Vergl. *Archives Parlementaires*, Bd. XI, S. 407ff.

194 Der Gesetzestext ist abgedruckt in: Duvergier, *a.a.O.*, Bd. I, S. 361ff. Der Gesetzgeber hatte allerdings bereits ein Jahr zuvor in Art. 7 des *Décret portant abolition du régime féodal, des justices seigneuriales, des dîmes, de la vénalité des offices, des privilèges, des annates, de la pluralité des bénéfices, etc.* vom 4. August 1789 (abgedruckt in: Duvergier, *a.a.O.*, Bd. I, S. 39ff) die sofortige Abschaffung der Ämterkäuflichkeit festgeschrieben.

195 Vergl. Tit. II, Art. 2.

196 Alkalay, *a.a.O.*, S. 25; Remy, *a.a.O.*, S. 19; Schaeffner, *Geschichte der Rechtsverfassung Frankreichs von der Revolution bis auf unsere Zeit*, S. 322.

197 Louis Michel Le Peletier de Saint-Fargeau (1760-1793), ehemaliger Präsident des Pariser Parlaments [*président à mortier*], dann Abgeordneter der Generalstände für den Adel. Als radikaler Anhänger Robespierres wurde er später Opfer eines royalistischen Mordanschlags. Näher zu Le Peletier de Saint-Fargeau: Wattine, *Michel Le Peletier de Saint-Fargeau, un magistrat révolutionnaire*, Paris 1915.

198 Vergl. *Archives Parlementaires*, Bd. XXVI, S. 319ff.

Oktober 1791[199] verkündet werden. Um dem noch geltenden Strafrecht bis zum Inkrafttreten des neuen Gesetzbuchs am 1. Januar 1792 sofort noch einige seiner schlimmsten Härten zu nehmen, verabschiedete die *Assemblée Constituante* zudem das *Décret relatif à la peine de mort, à celle de la marque, et aux délais accordés aux condamnés pour se pourvoir en cassation* vom 26./27. September/30. Dezember 1791[200], das die qualifizierten Todesstrafen und die Brandmarkung aufhob sowie die Rechtsstellung des Verurteilten im Hinblick auf eine mögliche Überprüfung des Urteils erheblich verbesserte.

Zwischenzeitlich waren noch andere Gesetze zur Regelung des formellen und materiellen Strafrechts verabschiedet worden. Grundlegende Bedeutung für die weitere Entwicklung nicht nur der französischen Strafrechtspflege hatte insbesondere das *Décret relatif à l'organisation d'une police municipale et correctionnelle* vom 19./22. Juli 1791[201]. Während die Behandlung der schwersten, als Verbrechen [*crimes*] bezeichneten Delikte ausschließlich dem *Code pénal* vorbehalten war, erfaßte dieses Gesetz lediglich Delikte minderer Schwere. Es regelte nicht nur die Organisation und das Verfahren vor eigens dafür eingerichteten Gerichten der Munizipal- und Korrektionellpolizei, sondern beinhaltete darüber hinaus einen eigenen, klar strukturierten Strafkodex, der völlig frei von Körperstrafen jedweder Art war. Vor allem aber unterschied das Dekret die minder schweren Delikte in *délits de police correctionnelle* einerseits und *délits de police municipale* andererseits, was eine erste Differenzierung zwischen Vergehen und Übertretungen bedeutete und zusammen mit den im *Code pénal* erfaßten Verbrechen die für die moderne Strafgesetzgebung richtungsweisende qualitative Dreiteilung der strafbaren Handlungen in Verbrechen, Vergehen und Übertretungen einleitete. Mit dieser Differenzierung einher ging zudem ein entsprechend dreifach gegliedertes Strafensystem, mit dem die französische Strafgesetzgebung erstmals eine abstrakte, lediglich am Schaden des Rechtsguts orientierte Proportion zwischen der strafbaren Handlung und der auf sie angedrohten Strafe herstellte[202]. Während der Gesetzgeber nämlich im *Code pénal* für die *crimes* in erster Linie die Todesstrafe, qualifizierte oder einfache, stets aber zeitige Freiheitsstrafen sowie die Deportation vorsah, teilte er in diesem Dekret die *délits de police correctionnelle* nicht nur in fünf verschiedene Gruppen von jeweils näher erläuterten Tatbeständen auf, sondern belegte darüber hinaus diese Delikte lediglich mit der Geldbuße oder dem in der Regel als Arbeitsstrafe ausgestalteten Freiheitsentzug. Beide Strafen konnten hierbei jedoch durch besondere zusätzliche Maßnahmen - wie etwa durch die Konfiskation einzelner Gegenstände - ergänzt werden. Die im Dekret abschließend aufgeführten *délits de police municipale*

---

[199] Der Gesetzestext ist abgedruckt in: Duvergier, *a.a.O.*, Bd. III, S. 403ff.
[200] Der Gesetzestext ist abgedruckt in: Duvergier, *a.a.O.*, Bd. III, S. 428f.
[201] Der Gesetzestext ist abgedruckt in: Duvergier, *a.a.O.*, Bd. III, S. 132ff.
[202] Sessar, *a.a.O.*, S. 28.

hingegen wurden lediglich mit Geldbußen oder einfachem Freiheitsentzug geahndet, wobei zu beiden Strafarten keine weiteren ergänzenden Maßnahmen hinzutraten.

Als weiteres Gesetz mit strafrechtlichem Bezug war darüber hinaus das *Décret concernant la police de sûreté, la justice criminelle et l'établissement des jurés* vom 16./29. September 1791[203] verabschiedet worden, das nach englischem Vorbild für die Verbrechen die Schwurgerichtsbarkeit [*cours d'assises*] als Ausdruck des Mißtrauens gegenüber den Berufsrichtern einführte, die ihre Machtbefugnisse unter dem *Ancien Régime* so oft mißbraucht hatten[204].

II. Die der Kodifikation zugrunde liegenden Prinzipien

Als Le Peletier de Saint-Fargeau am 23. Mai 1791 im Namen des *Comité de législation criminel* der Nationalversammlung das *Projet de la loi du Code pénal* vorstellte[205], erläuterte er in seiner Rede auch dessen tragende, auf aufklärerischen Postulaten beruhenden Prinzipien[206], die in ihren wesentlichen Punkten erstmals nicht nur Eingang in die Strafgesetzgebung von 1791 fanden, sondern sich auch im *Code pénal* von 1810 sowie in späteren Strafrechtskodifikationen niederschlagen sollten.

1. Die Gleichheit aller vor dem Gesetz

Grundlegendes Prinzip der neuen Strafgesetzgebung sollte zunächst die unbedingte Gleichheit aller vor dem Gesetz ungeachtet ihres Standes sein. Dieser schon von Beccaria[207] und Rousseau[208] geforderte Grundsatz - der bereits in der Menschen- und Bürgerrechtserklärung vom 26. August 1789 erstmals als unerlässliche Grundlage jeder gerechten Gesetzgebung verankert und anschließend in Art. 1 des bereits genannten *Décret concernant les condamnations prononcées pour raison*

---

203 Der Gesetzestext ist abgedruckt in: Duvergier, *a.a.O.*, Bd. III, S. 331ff. Vergl. zu diesem Gesetz näher: Esmein, *Procédure*, S. 417ff; *Précis*, S. 111.

204 Ancel, *La politique criminelle de l'Assemblée constituante* (nachfolgend abgekürzt: *Politique*), S. 118; Hagedorn, *Die richterliche Individualisierung der Strafe in Frankreich*, S. 105.

205 Vergl. *Archives Parlementaires*, Bd. XXVI, S. 319ff.

206 Zur Wirkung aufklärerischer Postulate auf das *Projet de la loi du code pénal* vergl. im folgenden näher: Alkalay, *a.a.O.*, S. 23ff.

207 Beccaria, *a.a.O.*, § XXVII.

208 Rousseau, *a.a.O.*, liv. II, chap. IV.

des délits et des peines vom 21. Januar 1790 festgeschrieben worden war[209] - setzte insbesondere den strafrechtlichen Privilegien des Adels ein Ende[210]. Die Strafpraxis des *Ancien Régime* hatte diese Privilegien bislang in aller Regel beachtet, war aber im Zuge der Verbreitung aufklärerischen Gedankenguts auch vom liberalen Adel insbesondere in den *Cahiers des États Généraux* offen kritisiert worden[211], was die Duchsetzung des in reaktionären Adelskreisen immer noch umstrittenen Gleichheitsprinzips zweifellos enorm erleichtert hatte.

2. Die Persönlichkeit der Strafe

Der aufklärerischen Forderung nach Persönlichkeit der Strafe - die auch schon in den *Cahiers des États Généraux* geäußert wurde[212] - war der Gesetzgeber bereits vor dem eigentlichen *Code pénal* mit dem bereits erwähnten *Décret concernant les condamnations prononcées pour raison des délits et des peines* vom 21. Januar 1790 nachgekommen. Im Gegensatz zur gängigen Strafpraxis des *Ancien Régime* sollten nunmehr die Auswirkungen der Strafe nur den Verurteilten, nicht aber seine unmittelbare Umgebung treffen. So wurde das Institut der Vermögenskonfiskation in Art. 3 dieses Gesetzes zumindest theoretisch endgültig beseitigt[213], das in den Zeiten des *Ancien Régime* insofern zu einer Ausdehnung der Strafe auf

---

[209] Vergl. Art. 1: "Les délits du même genre seront punis par le même genre de peine, quels que soient le rang et l'état des coupables."

[210] Der Gesetzgeber hatte allerdings bereits im *Décret portant abolition du régime féodal, des justices seigneuriales, des dîmes, de la vénalité des offices, des privilèges, des annates, de la pluralité des bénéfices, etc.* vom 4. August 1789 (abgedruckt in: Duvergier, *a.a.O.*, Bd. I, S. 39ff) die sofortige Aufhebung aller Privilegien festgeschrieben.

[211] Vergl. z.B. die Forderung der *Noblesse d'Artois*: "[...] que la différence dans les peines ne soit déterminée que par la nature des délits et non par la qualité des personnes." Zit. nach Desjardins, *a.a.O.*, S. 28.

[212] Desjardins, *a.a.O.*, S. 31.

[213] Vergl. Art. 3: "La confiscation des biens des condamnés ne pourra jamais avoir lieu ni être prononcée en aucun cas." Während der Revolutionswirren 1793/94 blieb dieses strenge gesetzliche Verbot der Vermögenskonfiskation hingegen weitgehend unbeachtet. Die Vermögenskonfiskation wurde am 1. Brumaire des Jahres II sogar als Nebenstrafe für Falschmünzerei und Assignatenfälschung wieder eingeführt, bevor sie anschließend vom Wohlfahrtsausschuß als allgemeine Einnahmequelle des Staates mißbraucht wurde. Durch Dekret vom 14. Floréal des Jahres III wurde die meisten dieser Konfiskationen zwar rückgängig gemacht, das Institut selbst aber noch nicht in Frage gestellt. Vergl. *Décret portant que la condamnation pour crime de fabrication de faux assignats et de fausse monnaie emportera confiscation des biens* vom 1. Brumaire des Jahres II (22. Oktober 1793), abgedruckt in: Duvergier, *a.a.O.*, Bd. VI, S. 303f.; *Décret qui ordonne la restitution des biens confisqués par suite de jugements rendus par les tribunaux revolutionnaires depuis le 10 mars 1793* vom 14. Floréal des Jahres III (3. Mai 1795), abgedruckt in: Duvergier, *a.a.O.*, Bd. VIII, S. 130f.; Alkalay, *a.a.O.*, S. 31.

Unschuldige geführt hatte, als man der Familie des Delinquenten oft genug die materielle Lebensgrundlage dann entzog, wenn die Vermögenswerte des Verurteilten konfisziert wurden. Bereits Montesquieu[214], Beccaria[215] und Voltaire[216] hatten diese Familienhaftung als ungerechte Ausdehnung der Strafe auf Unschuldige verurteilt und die Abschaffung der Vermögenskonfiskation gefordert. In engem Zusammenhang mit der Persönlichkeit der Strafe ist auch das Institut der infamierenden Strafen zu sehen, das - nicht nur in den Augen der Öffentlichkeit - ebenfalls die Familienmitglieder eines Delinquenten für dessen Verbrechen mit zur Rechenschaft zog und deshalb seit Mitte des 18. Jahrhunderts zunehmend zum Gegenstand scharfer Kritik geworden war[217]. Nachdem nach Revolutionsausbruch auch in der Nationalversammlung die Forderung nach Abschaffung der infamierenden Strafen unüberhörbar laut geworden war[218], schrieb die Versammlung in Art. 2 der *Loi concernant les condamnations prononcées pour raison des délits et des peines* für die französische Strafgesetzgebung erstmals positiv fest, daß jede wie auch immer geartete infamierende Strafe keinerlei nachteilige Folgen für die Familie des Verurteilten haben dürfe. Insbesondere wurde ausdrücklich betont, daß deren Mitglieder der Zugang zu allen Berufen und öffentlichen Ehren- sowie anderen Ämtern zu gewähren sei[219].

3. Der Grundsatz einer humanen Strafgesetzgebung

Von erheblicher Bedeutung für die Konzeption des *Code pénal* ist auch die Verwirklichung des aufklärerischen Humanitätspostulats gewesen[220], das insgesamt zu einer erheblichen Milderung der Strafen führte. Der Gesetzgeber war bestrebt, das Strafrecht insgesamt zu humanisieren und alle die barbarischen, als zu grausam empfundenen Strafen aus dem Strafenkatalog zu streichen, die den Anhängern der Aufklärungsphilosophie in Ansehung der politischen, kulturellen

---

214 Montesquieu, *Esprit*, liv. V, chap. XV.

215 Beccaria, *a.a.O.*, § XVII.

216 Voltaire, *Commentaire*, S. 239.

217 Vergl. Brissot de Warville, *Théorie des loix criminelles*, Bd. I, S. 134: "La peine ne doit être étendue que sur le coupable; et l'opinion, qui par une funeste extension enveloppe du même voile d'ignominie le criminel et la famille, est absurde et révoltante." Vergl. insbesondere auch Lacretelle, *Discours sur le préjugé des peines infamantes*, Paris 1784.

218 Vergl. *Archives Parlementaires*, Bd. XI, S. 279ff.

219 Vergl. Art. 2: "Les délits et des peines étant personnels, le supplice d'un coupable, et les condamnations infamantes quelconques n'impriment aucune flétrissure à sa famille; l'honneur de ceux qui lui appartiennent n'est nullement entaché et tous continueront d'être admissibles à toutes sortes de profession, d'emplois et de dignités."

220 Der Ausruf Le Peletier de Saint-Fargeaus "Que toute loi soit humaine!" vor der Nationalversammlung legt hierfür ein beredtes Zeugnis ab. Vergl. *Archives Parlementaires*, Bd. XXVI, S. 321.

und geistigen Umwälzungen des letzten Jahrhunderts als nicht mehr zeitgemäß erschienen[221]. Die Verfasser des Entwurfs zum *Code pénal* sind sich darüber hinaus auch der Ineffizienz grausamer Strafen bei der Bekämpfung der Kriminalität durchaus bewußt gewesen[222] und hatten deshalb - ganz den Postulaten Montesquieus[223], Beccarias[224] und Voltaires[225] folgend - die drakonischen Strafen des *Ancien Régime* aus dem Strafenkodex gestrichen. Ihnen war bewußt, daß man durch eine Verschärfung des Strafmaßes zwar Verbrechen ahnden, aber keinesfalls verhindern konnte. Bemerkenswert ist, daß erstmals die Freiheitsstrafe als Sanktion vorgesehen war.

4. Der Verhältnismäßigkeitsgrundsatz

In Gestalt der Verhältnismäßigkeit von Verbrechen und Strafe wurde von den Verfassern des *Code pénal* ein weiteres grundlegendes Postulat der Aufklärungsphilosophie verwirklicht[226]. Obwohl bereits konservative Kommentatoren des 18. Jahrhunderts eine Proportionalität zwischen Delikt und Strafe gefordert hatten[227], wurden die Delikte erst vom *Comité de législation criminel* im Sinne einer relativen Straftheorie als bloße Rechtsgutverletzungen aufgefaßt, die in einem angemessenen Verhältnis zueinander bestraft werden sollten[228]. Hierbei war das Komitee der Überzeugung, daß sich die Strafe sowohl nach der Natur des Delikts richten, als auch zu diesem in einem angemessenen

---

221 Vergl. Servan, *Discours sur l'aministration de la justice criminelle*, S. 121: "[...] nos usages, nos moeurs, les circonstances ayant changé, pendant que nos loix criminelles ont toujours subsisté, leur esprit est devenu presque inconciliable avec notre situation présente; et quand on voudroit supposer qu'elles ont convenu à ce que nous étions, il n'en seroit pas moins vrai que plusieurs ne conviennent plus à ce que nous sommes. Osons tout dire: en tout temps, dans tous les lieux, il faut pour des hommes des loix humaines, et plusieurs des nôtres ne le sont pas."

222 Vergl. *Archives Parlementaires*, Bd. XXVI, S. 321: "Une loi est d'autant moins efficace, qu'elle est plus inhumaine; car on ne l'invoque point, ou on ne l'applique point. [...] C'est une observation certaine, que chez tous les peuples où les peines sont les plus cruelles, les crimes sont les plus fréquents et les plus horribles."

223 Montesquieu, *Lettres persanes*, Lettre LXXX.

224 Beccaria, *a.a.O.*, § XV.

225 Voltaire, *Commentaire*, S. 222ff.

226 Alkalay, *a.a.O.*, S. 38.

227 Jousse, *Traité*, Bd. II, S. 599; Muyart de Vouglans, *Loix*, S. 39ff; *Mémoire sur les peines infamantes*, Paris 1780. Diese Forderungen waren jedoch von der Vorstellung beherrscht, das Delikt als Verstoß gegen die göttliche Ordnung zu sehen. Das Verhältnis zwischen Verbrechen und Strafe sollte sich deshalb nach dem Ausmaß dieses Verstoßes richten. Vergl. Alkalay, *a.a.O.*, S. 38.

228 Vergl. Art. 16 der *Déclaration des droits de l'homme et du citoyen* vom 26. August 1789: "Les peines doivent être proportionnées au délit et utiles à la société."

Verhältnis stehen müsse[229]. Hier wirkte unverkennbar der Einfluß Montesquieus, der bereits 1748 ein vernünftiges Verhältnis zwischen Verbrechen und Strafe gefordert hatte, wobei sich ein adäquates Verhältnis nur aus der Natur der Sache und mithin aus der Art des Verbrechens ergeben könne[230]. Insofern, als das tradierte Strafensystem des *Ancien Régime* auch innerhalb seines Strafensystems dem geforderten Proportionalitätsprinzip in keiner Weise entsprach[231], mußte dem Gesetzgeber die Aufgabe zufallen, die einzelnen Strafen zueinander in ein angemessenes, weil abgestuftes Verhältnis zu setzen[232]. Diese Überlegungen waren der Grund für das genau abgestufte System der Freiheitsstrafen, das den Entwurf des *Code pénal* auszeichnete.

5. Das Legalitätsprinzip und das System der *peine fixe*

Eine weitere grundsätzliche Neuerung brachte die konsequente Umsetzung des bereits 1789 in der Menschen- und Bürgerrechtserklärung verankerten Legalitätsprinzips sowie die Verwirklichung einer absoluten Strafandrohung. Diese Forderungen waren bereits in den Beschwerdeheften der Generalstände laut geworden[233] und kamen nun bei der Bestimmung der strafbaren Handlungen, bei der Strafzumessung und im Strafvollzug zum Tragen. Nach den Erfahrungen mit der richterlichen Willkürjustiz des *Ancien Régime* stand man der Ermessensfreiheit der Richter verständlicherweise mißtrauisch gegenüber[234] und war deshalb bestrebt gewesen, die überkommenen Willkürstrafen [*peines arbitraires*] durch feste, für jedes Delikt genau bestimmte Strafen [*peines fixes*] zu ersetzen, um so das richterliche Ermessen auf Null zu reduzieren[235]. Gleichzeitig wollte man durch die

229 Vergl. *Archives Parlementaires*, Bd. XXVI, S. 322: "A cette juste graduation qui proportionne la gravité des peines, à l'atrocité des crimes, il faut encore joindre des rapports exacts entre la nature du délit et la nature de la punition. Ainsi les douleurs physiques puniront les attentats dont la férocité a été le principe; un travail pénible sera imposé au coupable dont le crime a trouvé sa source dans la fainéantise; l'infamie punira les actions qui ont été inspirée que par une âme abjecte et dégradé."

230 Montesquieu, *Esprit*, liv. XII, chap. IV.

231 So drohte das überkommene Recht z.B. dem Dieb die gleiche Strafe wie dem Mörder an, was den Dieb dazu verleiten konnte, seine Tat durch einen Mord zu vertuschen. Das Komitee war sich dieser Problematik durchaus bewußt. Vergl. *Archives Parlementaires*, Bd. XXVI, S. 321; Alkalay, *a.a.O.*, S. 39.

232 Vergl. *Archives Parlementaires*, Bd. XXVI, S. 321: "Il importe qu'un délit soit puni, précisément dans la proportion où il doit l'être avec un autre délit; qu'il y ait un juste rapport entre les divers degrés de l'échelle."

233 Desjardins, *a.a.O.*, S. 23.

234 Remy, *a.a.O.*, S. 34.

235 Vergl. *Archives Parlementaires*, Bd. XXVI, S. 322: "Il est un autre caractère que vos précédents décrets rendent inséparable de toute loi pénale, c'est d'établir pour chaque délit une peine fixe et déterminée." Gleichzeitig war die Einführung der *peines fixes* logische

bereits weit vor Revolutionsausbruch geforderte Einführung der *peine fixe*[236] aber auch dem strafrechtlichen Gleichheitsgebot insofern genüge tun, als die gleiche Tat jeweils mit der gleichen Strafe geahndet werden sollte[237]. Nach dem Vorbild der englischen Geschworenengerichte und in enger Anlehnung an die aufklärerischen Postulate Montesquieus[238] und Beccarias[239] sollte dem Richter deshalb nunmehr lediglich die Funktion der mechanischen Strafverkündung zukommen, während der Schuldspruch ausschließlich Sache der Geschworenen war, denn sie allein sollten in Zukunft eine freie Entscheidung über Schuld oder Unschuld des Angeklagten treffen[240].

Als extreme Ausgestaltung eines strengen Legalitätsprinzips und als konsequente Umsetzung des Grundsatzes *nullum crimen, nulla poena sine lege* stand das System der festen Strafen in enger Verbindung zur Kodifikationsidee des ausgehenden 18. Jahrhunderts und war - entsprechend dem zeitgenössischen Ideal einer vom Gesetzgeber kontrollierten Gleichmäßigkeit der Rechtsprechung - Ausdruck einer umfassenden Gesellschaftsplanung durch erschöpfende und systematische Neuordnung des Rechtsstoffes[241]. Um dem zeitgenössischen Ideal einer vollkommenen, weil vollständigen Kodifizierung zu entsprechen, verpflichtete sich die Legislative durch die Einführung der *peine fixe* gleichzeitig aber selbst zu dem unmöglichen Unterfangen, im Gesetzbuch die Regelung einer großen Anzahl von Einzelfällen vorzusehen und kasuistisch für jeden dieser Fälle eine exakt abgestufte Strafe zu bestimmen[242]. Das *Comité de législation criminel* war sich der Aussichtslosigkeit eines solchen Unterfangens jedoch durchaus bewußt und gestand sich deshalb selbst ein, daß man sich mit einer Kodifikation

---

Konsequenz der Einführung des Geschworenenprozesses. Vergl. Remy, *a.a.O.*, S. 32f. Das System der festen Strafen galt allerdings nicht für das *Décret relatif à l'organisation d'une police municipale et correctionnelle* vom 19./22. Juli 1791, denn dieses Gesetz sah auf der Rechtsfolgenseite lediglich Strafobergrenzen vor und eröffnete damit dem Richter eine gewisse Entscheidungsfreiheit. Vergl. Sabourin, *a.a.O.*, S. 26f.

236 Vergl. Letrosne, *a.a.O.*, S. 103f.: "Les peines [...] doivent être fixes, constantes, déterminées de la manière la plus précise pour chaque genre de crime, afin que les sujets sachent à quoi ils s'exposent en les commettant, et que les magistrats [...] n'ayent point à interpréter, à étendre, ni à modifier; mais seulement à constater le fait, à établir la preuve contre l'accusé, et à lui appliquer la peine."

237 Hagedorn, *a.a.O.*, S.108.

238 Montesquieu, *Esprit*, liv. VI, chap. III.

239 Beccaria, *a.a.O.*, § IV.

240 Vergl. *Archives Parlementaires*, Bd. XXVI, S. 322: "Aujourd'hui toute nuance du fait est étrangère au juge. Il faut qu'il ouvre la loi et qu'il y trouve une peine précise applicable au fait déterminé, son devoir est de prononcer cette peine. [...] Telle est la conséquence nécessaire de la procédure par juré. Les jurés jugent de la vérité du fait. Le tribunal applique la loi. Cette forme exclut tout arbitraire."

241 Vergl. hierzu näher: Alkalay, *a.a.O.*, S. 31ff.

242 Alkalay, *a.a.O.*, S. 34.

der markantesten Ausprägungen der Delikte würde begnügen müssen[243]. Notwendige Folge einer absoluten Strafandrohung mußte darüber hinaus aber auch das Fehlen jedweder Individualisierungsmöglichkeit sein, denn indem man richterliche Billigkeitserwägungen mit Willkür gleichsetzte[244], ließ man die Verschiedenheit der Menschen völlig außer Acht, was in der Konsequenz dazu führte, daß die Verwirklichung von Einzelfallgerechtigkeit völlig ausgeschlossen wurde[245]. Der Gedanke der Individualisierung der Strafe fiel deshalb der Gegenreaktion auf die bislang ausgeübte Willkürjustiz des *Ancien Régime* zum Opfer[246]. Die Mitglieder der *Assemblée Constituante* waren sich jedoch nicht darüber im klaren, daß sie im *Code pénal* von 1791 nunmehr die Willkür der Richter durch die des Gesetzgebers ersetzten[247].

Das System der *peines fixes* wurde auf Antrag des Dritten Standes zudem durch die Unterdrückung des königlichen Begnadigungsrechts ergänzt[248]. Bereits Beccaria

---

243 Vergl. *Archives Parlementaires*, Bd. XXVI, S. 322: "Cette forme rejette sur le législateur la nécessité de prévoir un plus grand nombre de cas, de spécifier des nuances plus variées, de déterminer plus de faits, et toujours d'être précis dans la prononciation de la peine établie par chaque article. [...] Voilà, Messieurs, une des grandes difficultés de la tâche que vous nous avez imposé. Nous ne nous flattons pas même d'avoir pu la surmonter totalement, car il est démontré qu'elle est insoluble. Le nombre des peines est borné même pour le génie inventif d'un tyran. Les nuances des crimes sont aussi variées que les nuances des physiognomies; et il nous a paru que le mieux dont il fallait se contenter, c'était de saisir, dans les délits, les traits, les plus prononcés et les plus marquants, soit d'immoralité, soit de danger pour l'ordre social, sans prétendre atteindre la perfection chimérique d'un travail, qui spécifiât toutes les formes sous lesquelles peuvent se manifester les effets de la méchanceté des hommes."

244 Vergl. *Archives Parlementaires*, Bd. XXVI, S. 322: "Il faut qu'une peine soit et demeure ce que l'équité des lois l'a faite, et non ce que la rend la sévérité ou l'indulgence de l'exécuteur d'un jugement."

245 Hagedorn, *a.a.O.*, S. 108; Höhn, *a.a.O.*, S. 56.

246 Der Gesetzgeber von 1791 regelte lediglich einen einzigen, die jugendliche Delinquenz betreffenden Fall der Individualisierung, der allerdings nicht nur für die französische Strafgesetzgebung richtungsweisend werden sollte. Beging nämlich ein Jugendlicher, der das sechzehnte Lebensjahr noch nicht vollendet hatte, ein Verbrechen, so hatte die Jury über die intellektuelle Einsichtsfähigkeit [*discernement*] des Jugendlichen zu befinden. War sie der Auffassung, der Angeklagte habe ohne *discernement* gehandelt, so hatte das Gericht auf Freispruch zu erkennen, konnte aber nach den Umständen des Einzelfalles darüber entscheiden, den Jugendlichen seinen Eltern zurückzugeben oder ihn auf Zeit in einer Besserungsanstalt unterzubringen. Gelangte die Jury jedoch zu der Erkenntnis, der Jugendliche habe die Tat mit der erforderlichen intellektuellen Einsichtsfähigkeit begangen, so mußte er jedenfalls in einem Korrektionshaus untergebracht werden. Vergl. Part. I, tit. V, Art. 2 C.P. 1791.

247 Remy, *a.a.O.*, S. 36; Sabourin, *a.a.O.*, S. 28; Ancel, *Politique*, S. 131; Garraud, *a.a.O.*, Bd. I, S. 160; Höhn, *a.a.O.*, S. 76.

248 Vergl. näher zur Unterdrückung der königlichen Begnadigungsprärogative: *Archives Parlementaires*, Bd. XXVI, S. 726ff; Höhn, *a.a.O.*, S. 59ff.

hatte im traditionellen Begnadigungsrecht des *Ancien Régime* eine stillschweigende Mißbilligung der Gesetze gesehen und dessen Beseitigung mit der Begründung gefordert, daß es nicht nur einen Verstoß gegen das Legalitätsprinzip darstelle, sondern darüber hinaus auch noch die Gewißheit der Bestrafung mindere[249]. Grundgedanke und Hauptzweck der zwischen Royalisten und republikanisch gesonnenen Deputierten überaus umstrittenen Unterdrückung der königlichen Begnadigungsprärogative war, nicht nur bei der Verhängung der Strafe sondern auch bei deren Vollzug jedwede Willkür auszuschließen[250]. Gleichzeitig wurde damit aber auch die Stellung der Geschworenen gestärkt, denn eine Einflußnahme auf die Folgen des Schuldspruchs der Geschworenen war nunmehr sowohl dem Richter als auch der Exekutive versagt[251].

Das System der festen Strafen als extreme Ausprägung sowohl des Legalitäts- als auch des Gleichheitsprinzips war bezeichnend für das strafrechtliche Menschenbild des ausgehenden 18. Jahrhunderts, denn dieses nahm die einzelnen Menschen lediglich als abstrakte Wesen wahr, die jeweils in gleichem Maß mit einem freien Willen ausgestattet und deshalb für eine objektiv identische Tat in gleicher Weise zur Verantwortung zu ziehen waren[252]. Es wurde erstmalig mit der Verabschiedung der *Loi qui attribue aux tribunaux de police correctionnelle la connaissance de divers délits* vom 25. Frimaire des Jahres VIII (16. Dezember 1799) grundsätzlich in Frage gestellt[253], denn in diesem Gesetz nahm der Gesetzgeber nunmehr verschiedene Eigentumsdelikte geringeren Umfangs aus dem *Code pénal* heraus und wies sie als Vergehen der Kompetenz des Polizeirichters zu, dem bei der Strafbemessung ein eigener Ermessensspielraum zwischen gesetzlich bestimmten Minimum- und Maximumvorgaben eingeräumt wurde. Eine endgültige Abkehr vom Prinzip der *peines fixes* brachte jedoch erst der *Code pénal* von 1810, der im Hinblick auf die Strafandrohung erstmals konsequent Ober- und Untergrenzen festgeschreiben und insoweit auch richtungsweisend für die Strafgesetzgebung anderer Staaten werden sollte.

6. Der Abschreckungsgedanke

Ganz im Sinne der Postulate Beccarias und Montesquieus, nahm die Idee der Generalprävention im *Code pénal* von 1791 eine herausragende Stellung ein. Nach Ansicht des *Comité de législation criminel* mußten die Strafen, um die gewünschte Abschreckung der Allgemeinheit vor ebensolcher Deliktsbegehung zu

---

[249] Beccaria, *a.a.O.*, § XX.

[250] Höhn, *a.a.O.*, S. 59ff; Remy, *a.a.O.*, S. 152ff.

[251] Hagedorn, *a.a.O.*, S. 109; Ancel, *Politique*, S. 131ff; Varaut, *a.a.O.*, S. 91ff.

[252] Hagedorn, *a.a.O.*, S. 108; Varaut, *Contenu doctrinal du code pénal de 1810*, S. 93.

[253] Der Gesetzestext ist abgedruckt in: Duvergier, *a.a.O.*, Bd. XII, S. 35ff.

gewährleisten, sowohl dauerhaft sein als auch öffentlich vollstreckt sowie in unmittelbarer Nähe des Tatorts verbüßt werden. Humanitären Gesichtspunkten folgend, sollte zukünftig auf kurzfristige oder gar grausame Leibesstrafen völlig verzichtet und stattdessen auf langandauernde, mit Arbeit verbundene Freiheitsstrafen gesetzt werden, um die gewünschte Abschreckung der Allgemeinheit zu erreichen[254]. Gleichzeitig wollte das Komitee durch die Öffentlichkeit ihrer Exekution einen erzieherischen Effekt der Strafe sowohl auf den Delinquenten als auch auf die Allgemeinheit verwirklicht wissen, wobei man eine räumliche Nähe zwischen Tatort und dem Ort der Strafverbüßung als unbedingt notwendig erachtete[255].

Kontrovers wurde in der Nationalversammlung allerdings die Frage diskutiert, ob man die Todesstrafe überhaupt beibehalten und welcher Stellenwert ihr im System der Abschreckung gegebenenfalls zukommen sollte. Während sich Beccarias Einfluß insofern deutlich bemerkbar machte, als das Komitee die Todesstrafe zugunsten von langen, mit Arbeit verbundenen Freiheitsstrafen ganz aufgeben wollte, stieß diese Ansicht in der Nationalversammlung auf erheblichen Widerstand[256]. Nachdem das Institut des Todesstrafe deshalb Gegenstand einer grundsätzlichen und äußerst lebhaften Debatte geworden war, bei der sich die Gegner der Todesstrafe letztlich nicht durchzusetzen vermochten[257], beschloß man schließlich, daß die Todesstrafe beibehalten und zukünftig jedenfalls für eine geringe Anzahl von schwerwiegenden Verbrechen angedroht werden sollte[258]. Eine sich anschließende Diskussion über die Art und Weise der Exekution der

---

[254] Vergl. *Archives Parlementaires*, Bd. XXVI, S. 322: "Les peines pour être répressive porteront encore trois caractères importants: Le premier, d'être durables; le second, d'être publiques; le troisième, d'être toujours rapprochées du lieu où le crime a éclaté. [...] les peines doivent être durables, et j'entends par cette expression qu'une suite prolongée de privations pénibles, en épargnant à l'humanité l'horreur des tortures, affecte beaucoup plus le coupable, qu'un instant passager de douleur [...]. Les peines de cette nature sont encore plus efficaces pour l'exemple; car bientôt l'impression du spectacle d'un jour est effacée; mais une punition lente et de longs travaux renouvellent sans cesse aux yeux du peuple, qui en est le témoin, le souvenir de lois vengeresses, et fait revivre à tous moments une terreur salutaire."

[255] Vergl. *Archives Parlementaires*, Bd. XXVI, S. 323: "[...] les peines doivent être publiques, c'est-à-dire que souvent, et à des temps marqués, la présence du peuple doit porter la honte sur le front du coupable, et la présence du coupable dans l'état pénible où l'a réduit son crime, doit porter dans l'âme du peuple une instruction utile. [...] cette répression [...] est véritablement exemplaire, qui présente constamment toute la durée de la vengeance des lois, dans les mêmes lieux qui ont été remplis de l'horreur et du scandale du crime, et où des regards toujours connus réveillent sans cesse, dans l'âme du coupable, les sensations actives de l'opprobre et de l'ignomminie."

[256] Vergl. zur Diskussion um die Todesstrafe näher: Remy, *a.a.O.*, S. 54ff; Alkalay, *a.a.O.*, S. 49ff.

[257] Vergl. *Archives Parlementaires*, Bd. XXVI, S. 617ff.

[258] Vergl. *Archives Parlementaires*, Bd. XXVI, S. 683ff.

Todesstrafe bzw. über die Beibehaltung von qualifizierten Todesstrafen[259] wurde ferner dahingehend entschieden, nunmehr die Enthauptung als einzig zulässige Form der Todesstrafe anzuerkennen[260]. Grundsätzlich wollte man also die Todesstrafe beibehalten, hatte aber gleichwohl erkannt, daß man dem Humanitätsprinzip verpflichtet war. Die Nationalversammlung konnte die Todesstrafe deshalb nur noch als Wegnahme des Lebens ohne zusätzliche Torturen verstehen und verwirklichte so eine der dringlichsten der in den Beschwerdeheften der Generalstände formulierten Forderungen[261].

7. Der Besserungs- und Nützlichkeitsgedanke

Der Gesetzgeber verfolgte im *Code pénal* von 1791 jedoch nicht nur die Verwirklichung des Abschreckungsprinzips, sondern strebte erstmals in der Strafgesetzgebung ausdrücklich auch die Besserung des Delinquenten - also die Spezialprävention - und einen damit verbundenen Nutzen für das Gemeinwohl an[262], beides nach Auffassung des Komitees notwendige Hauptanliegen jedweden Strafrechts[263]. Dabei sollte nicht nur die Anziehungskraft des Verbrechens durch den Schmerz der abzubüßenden Strafe, sondern vielmehr auch die Erziehung des Delinquenten zum Besseren während seiner Strafverbüßung dem Gemeinwohl dienen[264]. Die Besserung des Delinquenten mußte gänzlich auf seine Rückführung in die Gesellschaft abzielen. Hierbei gedachte man der Sträflingsarbeit eine ausschlaggebende Rolle zu, denn nach Auffassung des Komitees sollte gerade sie dem Delinquenten Anreiz zur Besserung geben, und ihn im Rahmen eines progressiven, dem Humanitätsprinzip verpflichteten Strafvollzugs schrittweise auf seine Wiedereingliederung in die Gesellschaft vorbereiten[265]. In ihrer Konsequenz

---

[259] Vergl. *Archives Parlementaires*, Bd. XXVI, S. 685ff.

[260] Vergl. *Archives Parlementaires*, Bd. XXVI, S. 719ff. Die Hinrichtungen wurden zunächst mit dem Schwert ausgeführt. Erst 1792 bestimmte ein Gesetz - das *Décret relatif au mode d'exécution de la peine de mort* vom 20./25. März 1792 - die *Guillotine* als vorgeschriebenes Hinrichtungsinstrument. Der Gesetzestext ist abgedruckt in: Duvergier, *a.a.O.*, Bd. IV, S. 102ff.

[261] Desjardins, *a.a.O.*, S. 55ff.

[262] Vergl. Art. 16 der *Déclaration des droits de l'homme et du citoyen* vom 26. August 1789: "Les peines doivent être proportionnées au délit et utiles à la société."

[263] Vergl. *Archives Parlementaires*, Bd. XXVI, S. 323.

[264] Alkalay, *a.a.O.*, S. 42. Hier tritt deutlich der Einfluß Rousseaus zutage, der sich bereits 1762 im *Contrat social* zugunsten dieses Prinzips geäußert hatte. Vergl. Rousseau, *a.a.O.*, liv. II, chap. V: "Il n'y a point de méchant qu'un ne pût rendre bon à quelque chose."

[265] Vergl. *Archives Parlementaires*, Bd. XXVI, S. 323: "Il faut qu'il y soit porté par le sentiment du besoin; il faut que le travail devienne pour lui le passage à un état moins pénible; il faut qu'il y trouve des adoucissements précisément dans la proportion du zèle avec lequel il s'y sera livré. [...] et certes, vous l'aurez rendu meilleur, si vous l'avez rendu laborieux. [...] Nous

führte diese Konzeption allerdings zur Ablehnung all jener Strafen, die - wie die Todesstrafe oder die lebenslänglichen Freiheitsstrafen - aufgrund ihrer Natur die Erfüllung dieses aufklärerischen Postulats unmöglich machten[266]. Das *Comité de législation criminel* sprach sich deshalb ausdrücklich sowohl gegen die Todes- als auch gegen die lebenslangen Freiheitsstrafen aus[267], und gab zeitigen Freiheitsstrafen den Vorzug, konnte seine Vorstellungen in der Nationalversammlung letztlich aber nur teilweise durchsetzen.

III. Der Aufbau des Gesetzbuchs

Die ausschließlich auf die Erfassung der als Verbrechen [*crimes*] qualifizierten und mithin auf die schwerste Deliktsform beschränkte Kodifikation von 1791 wies eine sehr übersichtliche Struktur auf, setzte sie sich doch aus lediglich zwei deutlich voneinander abgegrenzten Teilen zusammen, die ihrerseits in eine Anzahl von Titeln zerfielen, wobei sich aber nur die Titel des zweiten Teils nochmals in verschiedene Abschnitte untergliederten. Während der erste Teil[268] unter der Überschrift *Des condamnations* im wesentlichen den für Verbrechen einschlägigen Strafenkatalog[269], die allgemeinen Lehren im Hinblick auf den Rückfall[270], die Folgen der Verurteilung[271], den Einfluß des Alters auf die Art und Dauer der Strafe[272] sowie einige nach heutigen Begriffen wohl eher in den Rahmen des Strafprozeßrechts einzuordnende Materien erfaßte[273], regelte der Gesetzgeber der Revolutionszeit in dem mit *Des crimes et de leur punition* übertitelten zweiten Teil[274] des Strafgesetzbuchs - mit Ausnahme der systematisch letztlich dem ersten

---

avons encore pensé [...] qu'il était convenable de rendre décroissante, par le temps, la rigueur des peines; en sorte que toute leur intensité soit portée sur les premières années, et qu'un peu adoucies vers le milieu de leur durée, la dernière époque se termine par le degré le moins sévère de l'existence pénale. Ce principe est humain, car la première des consolations, c'est l'espérance, qui montre dans l'avenir une diminution des maux qu'on souffre. Et de plus, il nous a semblé qu'il pouvait être utile de tempérer insensiblement l'être moral du condamné, et de pénétrer son âme d'affections plus douces et plus sociales avent l'instant où la fin de sa punition va le rendre à la société et à lui-même."

266 Alkalay, *a.a.O.*, S. 42. Vergl. Rousseau, *a.a.O.*, liv. II, chap. V.

267 Vergl. *Archives Parlementaires*, Bd. XXVI, S. 323, 325.

268 Part. I, tit. I bis VII C.P. 1791.

269 Part. I, tit. I, Art. 1 bis 35 C.P. 1791.

270 Part. I, tit. II, Art. 1f. C.P. 1791.

271 Part. I, tit. IV, Art. 1 bis 8 C.P. 1791.

272 Part. I, tit. V, Art. 1 bis 7 C.P. 1791.

273 Hier sind insbesondere die Regelungen im Hinblick auf die Vollziehung von Kontumazurteilen, die Strafverfolgungs- bzw. Strafvollstreckungsverjährung sowie die Rehabilitierung von Verurteilten zu nennen. Vergl. Part. I, tit. III, VI, VII C.P. 1791.

274 Part. II, tit. I bis III C.P. 1791.

Teil zugehörigen Bestimmungen über die strafbare Teilnahme an Verbrechen[275] - ausschließlich die einzelnen Verbrechenstatbestände[276]. Hierbei differenzierte er nur noch danach, ob die strafbare Handlung den Interessen der Allgemeinheit bzw. denen des Staates zuwiderlief oder aber die Rechtsgüter von Einzelpersonen beeinträchtigte und unterschied entsprechend der Art der jeweiligen Beeinträchtigung mithin deutlich zwischen solchen Delikten, die sich gegen das Gemeinwohl [*crimes et attentats contre la chose publique*][277] richteten sowie solchen Verbrechen, die sich ausschließlich auf Privatpersonen bezogen [*crimes contre les particuliers*][278].

IV. Das Strafensystem und die Folgen der Verurteilung

1. Der Entwurf des *Code pénal*

Im *Projet de la loi du Code pénal* hatte das Komitee zunächst zwischen zwei Kategorien von Strafen differenziert, deren Bezeichnungen zwar dem traditionellen Strafensystem entlehnt waren, die sich aber inhaltlich von den gleichnamigen Strafen des *Ancien Régime* deutlich unterschieden. So waren im I. Titel unter der Überschrift *Des peines en général* die Leibesstrafen [*peines afflictives*] den entehrenden Strafen [*peines infamantes*] gegenübergestellt[279]. Zu den als Freiheitsstrafen ausgestalteten *peines afflictives* zählten nach Art. 2 des Entwurfs der Kerker [*cachot*][280], das Stockhaus [*gêne*][281] und die einfache Gefängnisstrafe [*prison*][282], während die *peines infamantes* gemäß Art. 3 des Entwurfs für Männer aus der Aberkennung der staatsbürgerlichen Rechte [*dégradation civique*][283] und für Frauen aus dem Schandpfahl [*carcan*][284] bestanden und in einem besonderen öffentlichen Rahmen ausgeführt werden sollten[285].

---

275 Vergl. Part. II, tit. III, Art. 1 bis 4 C.P. 1791.

276 Part. II, tit. I und II C.P. 1791. Als weitere, nach heutigen Gesichtspunkten stets im allgemeinen Teil eines Strafgesetzbuchs abzuhandelnde Materie hatten die Urheber des *Code pénal* allerdings auch die Notwehr im zweiten Teil der Kodifikation geregelt. Im Gegensatz zu den Bestimmungen über die Teilnahme füllte die Notwehrmaterie jedoch keinen ganzen Titel aus, sondern ist als Einzelregelung lediglich im Rahmen der Tötungsdelikte erfaßt worden. Vergl. Part. II, tit. II, Art. 5f. C.P. 1791.

277 Part. II, tit. I, sect. I bis VI C.P. 1791.

278 Part. II, tit. II, sect. I und II C.P. 1791.

279 Art. 1 *Projet* C.P. 1791.

280 Tit. II *Projet* C.P. 1791.

281 Tit. III *Projet* C.P. 1791.

282 Tit. IV *Projet* C.P. 1791.

283 Tit. VI, Art. 1 *Projet* C.P. 1791.

284 Tit. VI, Art. 2 und 3 *Projet* C.P. 1791.

285 Vergl. *Archives Parlementaires*, Bd. XXVI, S. 329.

Gemeinsame Merkmale der in ihrer Ausführung minutiös bestimmten Leibesstrafen waren - neben dem Fehlen jedweder Züchtigung oder Folter - die Infamie[286], der Freiheitsentzug sowie die allmonatliche Zulassung der Öffentlichkeit in die Vollzugsanstalten als weiteres infamierendes Element. Auch sah der Entwurf für alle Freiheitsstrafen die Sträflingsarbeit vor. Deren Entlohnung sollte den Häftlingen insofern direkt zugute kommen, als diese dadurch ihre karge Lebensmittelversorgung ergänzen konnten und ihnen zudem ein Teil des Lohns am Entlassungstag zur vorläufigen Deckung des Lebensunterhalts ausbezahlt wurde. Ein weiteres gemeinsames Merkmal der *peines afflictives* war die als infamierende Nebenstrafe gedachte[287] öffentliche Zurschaustellung der Verurteilten, die vor Strafantritt auf einem öffentlichen Platz zu erfolgen hatte[288] und als modernisierte Version der infamierenden Prangerstrafe des *Ancien Régime* aufgefaßt werden kann[289]. Diese öffentliche Zurschaustellung des zu Kerker, Stockhaus oder bloßer Gefängnishaft Verurteilten bestand im wesentlichen darin, daß der Täter vor dem eigentlichen Strafantritt auf den öffentlichen Platz des Gerichtsortes geführt und dort auf einem Podest - je nach verwirkter Strafe - an bis zu drei aufeinander folgenden Tagen bis zu sechs Stunden den Blicken der Öffentlichkeit preisgegeben werden sollte. Gleichzeitig sollten sowohl sein Name, seine Adresse und sein Beruf als auch der Strafgrund sowie das Urteil für jeden sichtbar in großen Lettern auf einem Schild angegeben werden.

Unterschiedlich regelte der Entwurf die Dauer der einzelnen Strafen sowie die sie begleitenden Haftumstände. So durfte die Kerkerstrafe zwölf Jahre, das Stockhaus vier Jahre und die einfache Gefängnisstrafe zwei Jahre nicht unterschreiten, während als entsprechende zeitliche Obergrenzen vierundzwanzig, fünfzehn bzw. sechs Jahre vorgesehen waren. Die beiden schwersten Freiheitsstrafen sollten darüber hinaus nach teilweiser Verbüßung ihren Abschluß in einer jeweils geringeren Strafe finden. So sollte die Kerkerstrafe zunächst progressiv in eine Stockhaus- und anschließend in eine Gefängnisstrafe umgewandelt werden, während der Entwurf für das Stockhaus den Übergang in eine einfache Gefängnisstrafe vorsah[290].

Die einzelnen Freiheitsstrafen unterschieden sich darüber hinaus auch in ihren Haftbedingungen, deren Schwere untereinander abgestuft war. So zeichnete sich der Kerker als härteste Freiheitsstrafe durch verschärfte Haftbedingungen aus. Der Gefangene wurde an Händen und Füßen in Eisen gelegt und allein in eine vollständig dunkle, lediglich mit Stroh zum Schlafen ausgestattete Zelle verbracht,

---

[286] Tit. I, Art. 5 *Projet* C.P. 1791.
[287] Vergl. *Archives Parlementaires*, Bd. XXVI, S. 329.
[288] Tit. V *Projet* C.P. 1791.
[289] Remy, *a.a.O.*, S. 118; Alkalay, *a.a.O.*, S. 64.
[290] Tit. I, Art. 4 *Projet* C.P. 1791.

die er zwecks isolierter Sträflingsarbeit zunächst nur für zwei, später für drei Tage verlassen durfte. Das Stockhaus hingegen zog lediglich die Fesselung mit einem Eisengürtel in einer hellen, mit Stroh ausgestattete Einzelzelle nach sich und erlaubte dem Häftling, an fünf Tagen der Woche in Einzelhaft zu arbeiten. An zwei weiteren Tagen der Woche hatte er darüber hinaus die Möglichkeit, gemeinsam mit anderen Gefangenen einer Tätigkeit nachzugehen. Die einfache Gefängnisstrafe schließlich war durch das Fehlen jedweder Fesselung gekennzeichnet. Der Häftling sollte auch hier zwar allein in einer mit einem richtigen Bett ausgestatteten Zelle untergebracht werden, konnte jedoch tagtäglich zusammen mit anderen Gefangenen einer Arbeit nachgehen.

Die vielfältigen entehrenden Strafen des *Ancien Régime* ersetzte der Entwurf nicht nur durch die öffentliche Zurschaustellung des Verurteilten vor Strafantritt. Das *Comité de législation criminel* schuf darüber hinaus in Gestalt der Aberkennung der staatsbürgerlichen Rechte[291] ein weiteres, bislang in dieser Form unbekanntes infamierendes Institut, dessen rechtliche Auswirkungen der Entwurf zwar nicht näher umschrieb, dem aber von nun an nicht nur in der französischen Strafgesetzgebung ein fester Stellenwert zukam. Sinn und Zweck dieser öffentlich zu vollziehenden Strafe sollte in erster Linie die Läuterung des Verurteilten sowie eine effektive Abschreckung von Nachahmern sein[292]. Hierzu wurde der Verurteilte zunächst auf einen öffentlichen Platz des Gerichtsortes geführt, wo ihn der Gerichtsschreiber bereits erwartete und nunmehr öffentlich die Aberkennung der staatsbürgerlichen Rechte formelhaft verkündete[293]. Anschließend legte man dem Verurteilten ein Halseisen um und setzte ihn für zwei Tage den Blicken der Öffentlichkeit aus, wobei ein Schild Auskunft über die Person des Verurteilten, die verwirkte Tat sowie das gefällte Urteil gab. Für Frauen und junge Mädchen fanden prinzipiell die gleiche Strafe sowie der gleiche Vollstreckungsmodus Anwendung, jedoch wurden Strafbezeichnung und Verkündungsformel insofern modifiziert, als dieser Personenkreis nach zeitgenössischer Auffassung nicht über staatsbürgerliche Rechte verfügte[294].

Obwohl sie als Strafe in den ersten sechs strafumschreibenden Titeln des Entwurfs keine Erwähnung findet, sah das Komitee in Gestalt der Deportation im IX. Titel eine weitere, allerdings lebenslange Strafe für Rückfalltäter vor, deren Anwendbarkeit jedoch ab Vollendung des 66. Lebensjahres ausgeschlossen war[295]. Hatte das alte Recht für Rückfalltäter in aller Regel noch die Brandmarkung vorgesehen, so lehnte das *Comité de législation criminel* diese

[291] Tit. VI *Projet* C.P. 1791.
[292] Vergl. *Archives Parlementaires*, Bd. XXVI, S. 331.
[293] Tit. VI, Art. 1 *Projet* C.P. 1791.
[294] Tit. VI, Art. 2f. *Projet* C.P. 1791.
[295] Tit. IX, Art. 2f. *Projet* C.P. 1791.

Verstümmelungsstrafe als Reintegrationshindernis grundsätzlich ab[296] und konnte sich mit dieser Auffassung in der *Assemblée Constituante* letztlich auch durchsetzen[297]. In prinzipieller Anknüpfung sowohl an das schon dem *Ancien Régime* bekannte Institut der Verbannung[298] als auch an die vor allem in England seit längerem übliche Verbringung von Schwerverbrechern in überseeische Gebiete[299] empfahl das Komitee die Deportation in die Kolonien als für Rückfalltäter geeignete Strafe, obwohl es sonst jede Strafe grundsätzlich in der Nähe des Tatorts abgebüßt wissen wollte[300]. Anhand der Argumentation Peletier de Saint-Fargeaus vor der Versammlung wird jedoch deutlich, daß die Deportation nicht als Strafe im eigentlichen Sinn angesehen wurde, sondern vielmehr ein eher nützliche Mittel war, das vor allem dazu dienen konnte, sich rückfällig gewordener Straftäter insofern zu entledigen, als man sie außer Landes verbrachte[301]. Praktisch besehen war die Deportation also als eine Beseitigungsmaßnahme gedacht[302], wobei man die Beseitigung hier in Anbetracht der hohen Mortalitätsrate in den meist tropischen Kolonien Frankreichs durchaus auch wörtlich verstehen kann.

Nach den Regelungen des Strafensystems behandelte der Entwurf in seinem VII. Titel die Auswirkungen der Verurteilung. Anstelle der im alten Recht geläufigen, jedoch im 18. Jahrhundert zunehmend kritisierten und schließlich 1790 aufgehobenen Vermögenskonfiskation sowie mannigfaltiger degradierender Rechtsverluste und Zusatzstrafen sollte der Verurteilte nunmehr einem zeitigen Verlust politischer Rechte und einer Entmündigung in Gestalt einer Verfügungsbeschränkung über sein Vermögen für die Dauer seiner Strafverbüßung unterliegen. Derjenige, der eine der im Gesetz bestimmten Strafen verwirkt hatte, sollte hiernach all jener Rechte verlustig gehen, die an seine Stellung als wahlberechtigter Bürger geknüpft waren. Auch seine Zeugenaussagen oder andere Erklärungen sollten vor Gericht als nicht zulässig abgewiesen werden[303]. Zudem traf man für diejenigen Delinquenten eine Spezialregelung, die die Kerkerstrafe, das Stockhaus sowie die einfache Gefängnisstrafe verwirkt hatten, denn ihnen wurde - über den Verlust der politischen Rechte hinaus - für die Dauer der

---

296 Vergl. *Archives Parlementaires*, Bd. XXVI, S. 324.

297 Vergl. *Archives Parlementaires*, Bd. XXVI, S. 740.

298 Vergl. *Ordonnance criminelle 1670*, Tit. XVII, Art. XVI; Tit. XVII, Art. XXIX; Jousse, *Traité*, Bd. I, S. 65f.

299 Remy, *a.a.O.*, S. 110ff; Alkalay, *a.a.O.*, S. 64; Schmidt, *Strafrechtspflege*, S. 346ff. Allerdings hatte es seit dem 17. Jahrhundert auch in Frankreich wiederholt Versuche gegeben, sowohl Schwerverbrecher als auch Bettler und Vagabunden in Kanada, Guyana oder Lousiana anzusiedeln, um so diese Territorien zu bevölkern.

300 Vergl. *Archives Parlementaires*, Bd. XXVI, S. 330.

301 Remy, *a.a.O.*, S. 107.

302 Remy, *a.a.O.*, S. 112, 174.

303 Tit. VII, Art. 1 *Projet* C.P. 1791.

Strafverbüßung die Ausübung aller zivilen Rechte untersagt[304], während man ihr Vermögen einem Sachwalter überantwortete[305], der dem Eigentümer nach Strafverbüßung und anschließender Vermögensrückerstattung über seine Tätigkeit Rechenschaft abzulegen hatte[306]. Darüber hinaus verbot man dem Verurteilten für die Dauer der Strafverbüßung, sich aus seinem Vermögen oder anderweitig Geldmittel oder Zuwendungen zu beschaffen[307]. Hintergrund für diese Regelung war sowohl die Befürchtung, daß sich der Häftling mit Geld eine bevorzugte Behandlung durch die Wärter erkaufen oder diese sogar bestechen konnte, als auch und vor allem die Zielsetzung, daß sich der Häftling Straferleichterungen ausschließlich durch den eigenen Arbeitslohn verdienen sollte[308].

2. Der *Code pénal* von 1791

Der der Nationalversammlung am 23. Mai 1791[309] durch Le Peletier de Saint-Fargeau vorgelegte Entwurf des *Comité de législation criminel* konnte zwar bereits wenige Monate später als *Code pénal* vom 25. September/6. Oktober 1791[310] verkündet werden, beinhaltete jedoch als Ergebnis der parlamentarischen Debatten nunmehr ein Strafensystem, das aufgrund vielfältiger Modifikationen und Ergänzungen von dem des ursprünglichen Entwurfes in wesentlichen Punkten abwich.

a.) Das Strafensystem

Der Gesetzgeber zählte im Abschnitt *Des peines en général*[311] in Art. 1 zunächst alle in Frankreich zulässigen Strafarten abschließend auf[312] und faßte damit die ersten sechs Titel des Komiteeentwurfs in einem einzigen Titel zusammen. Zu den zulässigen Strafen gehörten die Todesstrafe [*peine de mort*][313], die Kettenstrafe

---

304 Tit. VII, Art. 2 *Projet* C.P. 1791.
305 Tit. VII, Art. 3 *Projet* C.P. 1791.
306 Tit. VII, Art. 4 *Projet* C.P. 1791.
307 Tit. VII, Art. 5 und 8 *Projet* C.P. 1791. Der Verurteilte konnte jedoch unter bestimmten Voraussetzungen seinen Kindern, seiner Frau oder seinen Eltern Vermögenszuwendungen zukommen lassen. Vergl. Tit. VII, Art. 6f. *Projet* C.P. 1791.
308 Vergl. *Archives Parlementaires*, Bd. XXVI, S. 741; Remy, *a.a.O.*, S. 123; Alkalay, *a.a.O.*, S. 66.
309 Vergl. *Archives Parlementaires*, Bd. XXVI, S. 319ff.
310 Der Gesetzestext ist abgedruckt in: Duvergier, *a.a.O.*, Bd. III, S. 403ff.
311 Part. I, tit. I C.P. 1791.
312 Vergl. Part. I, tit. I, Art. 35 C.P. 1791.
313 Art. 2ff C.P. 1791.

[fers][314], das Zuchthaus *[réclusion]*[315], das Stockhaus *[gêne]*[316], die Einsperrung *[détention]*[317], die Deportation *[déportation]*[318], die Aberkennung der staatsbürgerlichen Rechte *[dégradation civique]*[319] sowie der Schandpfahl *[carcan]*[320].

Durch die Beibehaltung der Todesstrafe war der Gesetzgeber nunmehr gezwungen, das gesamte, als Einheit gedachte Strafensystem des *Comité de législation criminel* völlig umzugestalten, denn nunmehr mußten die einzelnen milderen Strafen der neuen Kapitalstrafe entsprechend angepaßt werden. Diese Anpassung zog in ihrer Konsequenz nicht nur eine erhebliche Modifikation der einzelnen Strafen nach sich, sondern ließ vor allem die progressive Methode mit ihren abgestuften Freiheitsstrafen entfallen[321].

aa.) Die Todesstrafe

Das *Comité de législation criminel* hatte zwar ürsprünglich die endgültige Abschaffung der Todesstrafe zugunsten der Einführung einer Kerkerhaft unter erschwerten Bedingungen favorisiert[322], konnte sich aber in der Nationalversammlung mit dieser Auffassung nicht durchsetzen[323]. Nachdem sich die Versammlung letztlich für die Beibehaltung der Todesstrafe ausgesprochen hatte[324], bestimmte der Gesetzgeber die einfache Todesstrafe als schwerste, lediglich bei besonders schweren Verbrechen zu verhängende Strafe und legte im *Code pénal* fest, daß sie lediglich im einfachen Entzug des Lebens durch Enthaupten bestehen und keinerlei Folter mehr beinhalten dürfe[325]. Die Exekution

---

314 Art. 6ff C.P. 1791.

315 Art. 9ff C.P. 1791. Die Übersetzung von *réclusion* mit "Zuchthaus" hat sich weitgehend eingebürgert; ihr wird - bei aller möglichen Ungenauigkeit - gefolgt.

316 Art. 14ff C.P. 1791.

317 Art. 20ff C.P. 1791.

318 Art. 29f. C.P. 1791.

319 Art. 31 C.P. 1791.

320 Art. 32f. C.P. 1791.

321 Vergl. Alkalay, *a.a.O.*, S. 62ff.

322 Vergl. *Archives Parlementaires*, Bd. XXVI, S. 326ff.

323 Vergl. hierzu näher: *Archives Parlementaires*, Bd. XXVI, S. 617ff; Remy, *a.a.O.*, S. 54ff; Alkalay, *a.a.O.*, S. 49ff.

324 Vergl. *Archives Parlementaires*, Bd. XXVI, S. 683ff.

325 Art. 2f. C.P. 1791. Vergl. auch *Archives Parlementaires*, Bd. XXVI, S. 685ff, 719ff. Während vor der Revolution - soweit das überhaupt festgestellt werden kann - noch 115 Delikte mit der Todesstrafe bedroht gewesen waren, sah der *Code pénal* die Todesstrafe nur noch für 32 Delikte vor. Vergl. Bérenger, *De la répression pénale, de ses formes et de ses effets*, S. 36.

sollte aus Abschreckungserwägungen zudem stets auf einem öffentlichen Platz des Gerichtsorts stattfinden[326].

Obwohl sich der Gesetzgeber nach dem Wortlaut des Art. 2 dem Prinzip der einfachen Todesstrafe verpflichtet hatte, enthielt der *Code pénal* jedoch im Hinblick auf die Ahndung besonders schwerwiegender Verbrechen insofern noch strafverschärfende Elemente, als er gleichfalls bestimmte, daß zur Todesstrafe verurteilte Brandstifter sowie Gift- und Meuchelmörder in einem roten Kittel zur Richtstätte zu führen seien, und auch Vatermörder diesen Gang mit einer schwarzen, bis zum Hals reichenden Kopfbedeckung anzutreten hätten[327].

bb.) Die Kettenstrafe und das Zuchthaus

Im Strafensystem des *Ancien Régime* war nach der einfachen Todesstrafe die Galeerenstrafe die härteste Strafe gewesen. Diese Art des Strafvollzugs war jedoch seit Beginn des 18. Jahrhunderts insofern hinfällig geworden, als Frankreich über keine Galeeren mehr verfügte und seine Galeerensträflinge seither - wenn sie nicht an verbündete Staaten zur dortigen Galeerenarbeit weitergegeben wurden - in eigens in Hafenstädten eingerichtete Gefängnisse, den sog. *bagnes* verbrachte, wo sie unter erschwerten Bedingungen Zwangsarbeit verrichten mußten[328]. Nachdem sich das Komitee zunächst zugunsten der Freiheitsstrafen gegen die Beibehaltung jedweder Zwangsarbeit ausgesprochen hatte[329], damit jedoch in der Nationalversammlung auf erheblichen Widerstand gestoßen war, stellte Peletier de Saint-Fargeau diese grundsätzliche Frage am 2. Juni 1791 zur Diskussion[330]. Nach ausgiebiger Erörterung votierte die Nationalversammlung jedoch bereits tags darauf für die Beibehaltung der zeitigen Zwangsarbeit und verwarf mithin endgültig das als Einheit gedachte Strafensystem des Komiteeentwurfs[331]. Die so geschaffene, zunächst als *chaîne* bezeichnete und später in *fers* umbenannte Kettenstrafe bestand darin, daß der verurteilte Delinquent unter erschwerten Bedingungen zeitige Zwangsarbeit[332] zum Vorteil des Staates leisten mußte. Er sollte ausschließlich zu besonders harten Arbeiten herangezogen werden[333] und hatte zudem an den Füßen eine mit einer Eisenkugel versehene Kette zu tragen[334].

---

326 Art. 5 C.P. 1791.
327 Art. 4 C.P. 1791.
328 Remy, *a.a.O.*, S. 84f.; Sessar, *a.a.O.*, S. 22f.
329 Vergl. *Archives Parlementaires*, Bd. XXVI, S. 330.
330 Vergl. *Archives Parlementaires*, Bd. XXVI, S. 710ff.
331 Vergl. *Archives Parlementaires*, Bd. XXVI, S. 721ff. Vergl. hierzu näher: Remy, *a.a.O.*, S. 84ff; Alkalay, *a.a.O.*, S. 62f.
332 Art. 13 C.P. 1791.
333 Art. 6 C.P. 1791.
334 Art. 7 C.P. 1791.

Der Gesetzgeber zählte in Art. 6 darüber hinaus die Arten der zu leistenden Zwangsarbeit beispielhaft auf[335] und regelte im übrigen, daß die gesetzgebende Gewalt auf Ersuchen der Départements die Art und Weise des Einsatzes der zu Zwangsarbeit verurteilten Delinquenten näher bestimmen konnte.

Für straffällig gewordene Frauen, die ein mit Zwangsarbeit belegtes Delikt verwirklicht hatten, für die aber die herkömmliche Zwangsarbeit aufgrund der damit verbundenen körperlichen Belastungen nicht in Betracht gezogen werden konnte, schuf der Gesetzgeber in Art. 9 eine Spezialstrafe. Sie wurden in Anlehnung an die Praxis des *Ancien Régime* in ein Zuchthaus verbracht[336], wo sie unter strenger Aufsicht zugunsten des Staates körperlich weniger belastende Arbeiten verrichten mußten, deren Art und Weise von den zuständigen Verwaltungsbehörden näher zu bestimmen war[337]. Wie die Zwangsarbeit durfte auch die Zuchthausstrafe keinesfalls lebenslänglich verhängt werden[338]. Im Hinblick auf die Organisation des Zuchthauswesens verwies der Gesetzgeber darüber hinaus auf noch zu erlassende Ausführungsbestimmungen[339].

Für die zu einer Freiheitsstrafe verurteilten Delinquenten sah der *Code pénal* darüber hinaus stets die öffentliche Zurschaustellung vor Strafantritt am Gerichtsort vor. Diese sollte für zu Zwangsarbeit oder Zuchthaus verurteilte Missetäter stets sechs Stunden betragen[340]. Der Gesetzgeber übernahm hierbei weitgehend die Vorgaben des Komiteeentwurfs, die er jedoch in einem einzigen Artikel zusammenfaßte und insofern modifizierte, als eine mehrmalige Zurschaustellung des Delinquenten an aufeinander folgenden Tagen nunmehr entfiel.

cc.) Das Stockhaus

Die Artikel 14 bis 19 wurden von der Nationalversammlung ohne weitere Diskussion angenommen[341] und beschäftigten sich mit dem Stockhaus. Diese dem Strafensystem des *Ancien Régime* unbekannte[342], stets nur zeitig zu verhängende Freiheitsstrafe[343] bestand im wesentlichen in einer absoluten Isolationshaft ohne

---

335 Diese sollte vor allem in der Trockenlegung von Mooren, der Ausbeutung von Minen und der Arbeit in Häfen und Arsenalen bestehen.

336 Vergl. Remy, *a.a.O.*, S. 99; Alkalay, *a.a.O.*, S. 63; Muyart de Vouglans, *Loix*, S. 73.

337 Art. 10f. C.P. 1791.

338 Art. 13 C.P. 1791.

339 Art. 12 C.P. 1791.

340 Art. 28 C.P. 1791.

341 Vergl. *Archives Parlementaires*, Bd. XXVI, S. 723.

342 Remy, *a.a.O.*, S. 101; Alkalay, *a.a.O.*, S. 63.

343 Art. 19 C.P. 1791.

Fesseln an einem hellen Ort, die dem Gefangenen jeden Kontakt zu Mitgefangenen oder Außenstehenden unmöglich machen sollte[344]. Allerdings ersparte man dem Häftling die noch im Entwurf vorgesehene allmonatliche generalpräventive Besichtigung durch die interessierte Öffentlichkeit. Auch verzichtete der Gesetzgeber auf weitere verschärfende Haftumstände, wie sie noch die gleichnamige Strafe des Komiteentwurfs vorgesehen hatte[345]. Auf Staatskosten wurden dem Gefangenen zur Verpflegung lediglich Wasser und Brot bereitgestellt. Darüber hinausgehende Bedürfnisse an Nahrungsmitteln konnte er jedoch durch ein Drittel des Verdienstes von freiwillig zu leistender Arbeit decken[346]. Die Art der Arbeit konnte sich der Häftling dabei aus denjenigen Tätigkeiten auswählen, die den Gefangenen seitens der Gefängnisverwaltung zur Verfügung gestellt worden waren[347]. Der Gesetzgeber sah darüber hinaus vor, daß von einem weiteren Drittel des erarbeiteten Verdienstes zunächst laufende Ausgaben der Haftanstalt bestritten werden sollten. Um sicher zu stellen, daß der Delinquent nicht schon unmittelbar nach Strafverbüßung aus wirtschaftlicher Not wieder straffällig wurde[348], bestimmte er ferner, daß das nunmehr verbleibende Drittel zunächst einzubehalten sei, um dem Gefangenen am Tag der Entlassung als Startkapital in ein nunmehr bürgerliches Leben ausgehändigt zu werden[349]. Dieser Verteilungsschlüssel entsprach im wesentlichen den Vorgaben des Entwurfs[350]. Darüber hinaus verwies der Gesetzgeber im Hinblick auf die Organisation des Gefängniswesens auf noch zu erlassende Ausführungsbestimmungen[351] und bestimmte eine vierstündige öffentliche Zurschaustellung des Verurteilten vor Strafantritt am Gerichtsort[352].

dd.) Die Einsperrung

Auch diese mildeste der im *Code pénal* vorgesehenen Freiheitsstrafen war zu Zeiten des *Ancien Régime* als Strafe weitgehend unbekannt gewesen[353] und noch in den Beschwerdeheften der Generalstände nicht ernsthaft als mögliche Strafe eines

---

344 Art. 14 C.P. 1791.

345 Diese Strafschärfungen fehlten konsequenterweise schon deshalb, weil der Gesetzgeber von 1791 - anders als noch das *Comité de législation criminel* - im neuen Strafensystem auch keine progressiven Milderungen der Freiheitsstrafen mehr vorsah. Vergl. Alkalay, *a.a.O.*, S. 63.

346 Art. 15, 16, 17 C.P. 1791.

347 Art. 16 C.P. 1791.

348 Vergl. *Archives Parlementaires*, Bd. XXVI, S. 329.

349 Art. 17 und 25 C.P. 1791.

350 Vergl. Tit. III, Art. 2 i.V.m. Tit. II, Art. 2 *Projet* C.P 1791.

351 Art. 18 C.P. 1791.

352 Art. 28 C.P. 1791.

353 Remy, *a.a.O.*, S. 101; Alkalay, *a.a.O.*, S. 63; Muyart de Vouglans, *Loix*, S. 73f.

neuen Strafgesetzbuchs in Betracht gezogen worden[354]. Die in Art. 20 bis 27 geregelte Einsperrung entsprach inhaltlich im wesentlichen der im Komiteentwurf noch als Gefängnisstrafe bezeichneten Freiheitsstrafe, jedoch straffte der Gesetzgeber den Wortlaut des Entwurfs und verwies im Hinblick auf die Organisation des Gefängniswesens auf noch zu erlassende Ausführungsbestimmungen[355]. Wie bei der Stockhausstrafe, verzichtete er zudem auch bei der Einsperrung auf die allmonatliche generalpräventive Zurschaustellung der Häftlinge. Die Einsperrung durfte sechs Jahre nicht überschreiten[356] und sollte in abgeschlossenen Anstalten abgebüßt werden, wobei männliche und weibliche Häftlinge in getrennten Räumen unterzubringen waren und hierin einzeln oder gemeinsam einer entgeltlichen Arbeit nachgehen konnten[357]. Der durch diese Arbeit erzielte Verdienst sollte dabei nach den für das Stockhaus geltenden Bestimmungen verwendet werden[358]. Wie bei allen Freiheitsstrafen sah der Gesetzgeber auch für die Einsperrung eine öffentliche Zurschaustellung des Verurteilten vor Strafantritt vor, die jedoch lediglich zwei Stunden betragen sollte[359].

ee.) Die Deportation

Als mildeste Strafe nach den Freiheitsstrafen sah der Gesetzgeber in Art. 29f. die lebenslange Deportation vor, deren Anwendung er jedoch ausschließlich auf Rückfalltäter beschränkt wissen wollte[360]. Insoweit war er dem Entwurf gefolgt[361]. Darüber hinaus verwies er auf spezielle, unverzüglich zu erlassende Ausführungsbestimmungen[362], die jedoch niemals verabschiedet wurden. Wohl auch bedingt durch die instabile, die Verbringung von Missetätern nach Übersee erschwerende außenpolitische Lage fand die Deportationsstrafe letztendlich niemals Anwendung[363] und wurde schließlich durch die *Loi relative aux délits emportant peine de flétrissure, et aux tribunaux spéciaux qui en auront la*

---

354 Desjardins, *a.a.O.*, S. 439ff.
355 Art. 27 C.P. 1791.
356 Art. 26 C.P. 1791.
357 Art. 20, 22, 23 und 24 C.P. 1791.
358 Art. 17, 21 und 25 C.P. 1791.
359 Art. 28 C.P. 1791.
360 Part. I, tit. I, Art. 29; Part. I, tit. II, Art. 1 C.P. 1791.
361 Tit. IX, Art. 2 *Projet* C.P. 1791.
362 Art. 30 C.P. 1791.
363 Während der Revolutionswirren des Jahres 1793 wurde eine gleichfalls als Deportation bezeichnete, jedoch in speziellen Gesetzen geregelte Strafe eingeführt und wohl auch angewandt. Diese Strafe gab der *Convention* eine rechtliche Handhabe, sich ihrer politischen Widersacher zu entledigen und diese - soweit möglich - nach Übersee zu verbringen. Vergl. hierzu näher: Remy, *a.a.O.*, S. 116f.

connaissance vom 23. Floréal des Jahres X (13. Mai 1802) wieder abgeschafft[364]. Allerdings führte dieses Gesetzes zugleich die nur ein Jahrzehnt zuvor von Komitee und Nationalversammlung als Reintegrationshindernis abgelehnte Brandmarkung von Rückfalltätern wieder ein, mit der der Gesetzgeber einen richtungsweisenden Rückgriff auf die Strafpraxis des *Ancien Régime* einleitete.

ff.) Die Aberkennung der staatsbürgerlichen Rechte und der Schandpfahl

Der dem Gleichheitsgebot verpflichtete Gesetzgeber schaffte die Vielzahl der infamierenden Strafen alten Rechts endgültig ab und errichtete - in weitestgehender Anlehnung an den Komiteeentwurf - in Gestalt der Aberkennung der staatsbürgerlichen Rechte ein einheitliches infamierendes Institut[365]. Im Gegensatz zum Entwurf wurde die Prangerstrafe jedoch auf zwei Stunden begrenzt und zudem Ausländer und Vorbestrafte - beiden standen Bürgerrechte nicht zu - nach Maßgabe der für Frauen geltenden Bestimmung in die Regelung mit einbezogen[366]. Die Art. 32 und 33 wurden wenig später aufgrund humanitärer Erwägungen durch das *Décret relatif aux femmes enceintes condamnées à la peine de mort* vom 31. August 1792 insofern modifiziert, als schwangere Delinquentinnen fortan nicht mehr zur Prangerstrafe sondern alternativ zu einem Monat Einsperrung verurteilt werden sollten[367].

b.) Die Folgen der Verurteilung

Der Gesetzgeber beschäftigte sich im Abschnitt *Des effets des condamnations*[368] mit den Auswirkungen der Verurteilung und übernahm auch hier weitgehend mit nur geringfügigen Änderungen die Vorgaben des Komiteeentwurfs[369]. So bestimmte er in Art. 1 Abs. 1 zunächst, daß derjenige, der - mit Ausnahme der Todesstrafe - eine der im Gesetz bestimmten Strafen verwirkt hatte, all jener Rechte auf Dauer verlustig gehen sollte, die ihm als wahlberechtigtem Bürger zustanden und schrieb darüber hinaus in Abs. 2 fest, daß der Verurteilte diese das aktive und passive Wahlrecht umfassenden Rechte nur nach Maßgabe der für die Rehabilitierung geltenden Regelungen wiedererlangen konnte[370]. In enger Anlehnung an den Entwurf bestimmte der Gesetzgeber ferner, daß den zu Kettenstrafe, Zuchthaus,

[364] Der Gesetzestext ist abgedruckt in: Duvergier, *a.a.O.*, Bd. XIII, S. 429ff.
[365] Art. 31, 32, 33 C.P. 1791.
[366] Art. 32f. C.P. 1791.
[367] Der Gesetzestext ist abgedruckt in: Duvergier, *a.a.O.*, Bd. IV, S. 458.
[368] Part. I, tit. IV C.P. 1791.
[369] Vergl. hierzu näher: Alkalay, *a.a.O.*, S. 65f.
[370] Hierin ging der *Code pénal* weiter als der Entwurf, der in seinem Wortlaut die Frage der Rehabilitierung nur unklar umrissen hatte.

Stockhaus oder Einsperrung verurteilten Delinquenten - über den Verlust der politischen Rechte hinaus - die Ausübung aller zivilen Rechte für die Dauer der Strafverbüßung untersagt und ihr Vermögen einem zur Rechenschaft verpflichteten Sachwalter anvertraut werden sollte[371].

Das alte Recht hatte für jede Verurteilung zu einer lebenslangen Strafe in aller Regel den bürgerlichen Tod vorgesehen, der oftmals noch durch die Konfiskation aller Vermögenswerte des Verurteilten ergänzt worden war[372]. Auch das *Comité de législation criminel* wollte das Institut des bürgerlichen Todes für die Strafe der Deportation grundsätzlich beibehalten. Es sprach sich aber nachdrücklich für eine wesentlich abgemilderte Form dieser tradierten Straffolge aus, denn der bürgerliche Tod sollte zukünftig lediglich eine zeitig begrenzte Sanktion sein und dem Verurteilten insbesondere Anreiz zur Besserung geben[373]. Für den Gesetzgeber stellte sich deshalb letztlich die Frage, ob das Institut des bürgerlichen Todes für die einzig noch beibehaltene lebenslange Strafe der Deportation überhaupt noch verhängt werden sollte. Wie dem Wortlaut des Art. 8 zu entnehmen ist, ließ er die Klärung dieser Frage jedoch zunächst offen und verwies auf eine noch zu treffende spezialgesetzliche Regelung[374]. Er versäumte es allerdings, diese Regelungslücke bis zur Abschaffung der Deportationsstrafe im Jahre 1802 zu schließen, so daß es dem Gesetzgeber von 1810 vorbehalten blieb, zusammen mit der Wiedereinführung der Deportation genaue Bestimmungen zum bürgerlichen Tod zu treffen.

V. Die allgemeinen Grundsätze zur Verbrechenslehre

Der *Code pénal* von 1791 zeichnete sich insbesondere auch durch das Bemühen des Gesetzgebers aus, erstmals eine Anzahl allgemeiner Grundsätze zur Verbrechenslehre zu formulieren, die - wenn auch überwiegend noch lückenhaft und unvollständig erfaßt - nicht nur für die weitere französische Strafgesetzgebung richtungsweisend sein sollten. Diese nach heutigen Begriffen den Allgemeinen Teil eines Strafgesetzbuchs bildenden Grundsätze stellte der Gesetzgeber bereits überwiegend den lediglich im zweiten Teil erfaßten Verbrechenstatbeständen voran und erfaßte sie im ersten Teil des *Code pénal* unter dem Titel *Des condamnations*. Eine Ausnahme von dieser Systematik bildeten lediglich die

---

371 Art. 2ff C.P. 1791.

372 Remy, *a.a.O.*, S. 129f.

373 Vergl. *Archives Parlementaires*, Bd. XXVI, S. 739; Remy, *a.a.O.*, S. 131f.

374 Vergl. Art. 8 C.P. 1791: "Les effets résultants de la déportation seront déterminés lors du règlement qui sera fait pour la formation de l'établissement destiné à recevoir les malfaiteurs qui auront été déportés."

Bestimmungen zur Mitwirkung mehrerer an einem Verbrechen[375], der lediglich in Einzelregelungen erfaßte strafbare Versuch[376] sowie die im Rahmen der Tötungsdelikte gleichfalls nur als Einzelregelung behandelte Notwehr[377], die allesamt erst im zweiten Teil der Kodifikation Erwähnung fanden.

1. Der Rückfall

Die Rechtsprechung des *Ancien Régime* hatte rückfällig gewordene Delinquenten im 18. Jahrhundert stets zur Galeeren-, Zuchthaus- oder sogar Todesstrafe verurteilt[378], wobei der Rückfall als Strafverschärfungsgrund angesehen[379] und dem erkennenden Gericht bei der für das Strafmaß bedeutsamen Beurteilung der Gefährlichkeit des Rückfalltäters ein Maximum an Ermessenspielraum zugestanden wurde[380]. Um einen Rückfalltäter kenntlich zu machen, brannte man ihm darüber hinaus in aller Regel ein Erkennungsmal auf die Schulter ein, daß ihn für immer aus der Gesellschaft ausstieß[381].

Der Gesetzgeber von 1791 erfaßte das Verbrechen im Wiederholungsfall unter der Überschrift *De la récidive*[382]. Grundsätzlich wirkte sich danach der für alle Delikte allgemein geregelte und zeitlich nicht begrenzte Rückfall stets strafverschärfend aus. So hatte derjenige Delinquent, der zum wiederholten Mal straffällig geworden war, zunächst grundsätzlich die gesetzlich bestimmte Strafe für das verübte Verbrechen zu verbüßen und wurde anschließend lebenslänglich deportiert[383]. Hatte er hingegen beim ersten Mal lediglich ein weniger schwerwiegendes Delikt verwirklicht, das nur mit dem Halseisen oder der Aberkennung der staatsbürgerlichen Rechte bestraft worden war, und war die Wiederholungstat ebenfalls nur mit diesen Strafen belegt, so wandelte das Gericht die zweite Strafe in eine zweijährige Einsperrung um[384].

---

375 Part. II, tit. III C.P. 1791.
376 Part. II, tit. II, sect. I, Art. 13, 15f.
377 Part. II, tit. II, sect. I, Art. 5f.
378 Muyart de Vouglans, *Loix*, S. 62; Carbasse, *a.a.O.*, S. 195.
379 Jousse, *Traité*, Bd. I, S. 12.
380 Alkalay, *a.a.O.*, S. 76; Remy, *a.a.O.*, S. 107, 171f.
381 Remy, *a.a.O.*, S. 106f. Vergl. Jousse, *Traité*, Bd. I, S. 57f.: "Cette peine est presque toujours jointe à celle du fouet, ou à celle des galères, et ne se prononce presque jamais seule. Elle a été introduite afin qu'on puisse reconnaître à cette marque ceux qui ont subi l'un ou l'autre de ces supplices, et qu'on le punisse plus sévèrement, en cas de récidive."
382 Part. I, tit. II C.P. 1791. Vergl. näher zum entsprechenden Teil des Komiteentwurfs sowie zu den Beratungen in der Nationalversammlung: *Archives Parlementaires*, Bd. XXVI, S. 740; Alkalay, *a.a.O.*, S. 76f.
383 Art. 1 C.P. 1791.
384 Art. 2 C.P. 1791.

2. Die Vollziehung von Kontumazurteilen

Der *Code pénal* erfaßte unter dem Abschnitt *De l'exécution des jugements contre un accusé contumax*[385] die Vollziehung von Urteilen gegen nicht erschienene Angeklagte. Obwohl der Gesetzgeber die im alten Recht gängige Exekution von Todesurteilen *in effigie* nicht übernahm, orientierte er sich hinsichtlich der Vollstreckung von Kontumazurteilen an den Vorgaben der *Ordonnance criminelle* von 1670[386]. Hatte sich ein rechtskräftig verurteilter Delinquent der Verbüßung seiner Strafe durch Flucht entzogen, so mußte auf einem öffentlichen Platz des erstinstanzlichen Gerichtsortes eine Tafel dergestalt an einem Pfahl angebracht werden, daß auf ihr nicht nur der Name des Delinquenten, sondern auch die genaue Bezeichnung des begangenen Delikts sowie das hierauf ergangene Urteil gut lesbar waren[387]. Hierbei sollte sich die Dauer des Anschlags nach der Strenge des gefällten Urteils bemessen. Sie betrug zwölf Stunden, wenn der Verurteilte die die Todesstrafe verwirkt hatte, sechs Stunden im Falle der Ketten- oder Zuchthausstrafe, vier Stunden für die Verwirkung des Stockhauses und lediglich zwei Stunden, wenn der Delinquent zur bloßen Einsperrung, zur Aberkennung seiner staatbürgerlichen Rechte oder zum Schandpfahl verurteilt worden war[388]. Mit dem Zeitpunkt des Anschlags begann darüber hinaus für die Öffentlichkeit erkennbar die Frist der Vollstreckungsverjährung zu laufen[389].

3. Der Einfluß des Alters auf Art und Dauer der Strafe

Römisch-rechtlichen Grundsätzen folgend sah das alte Recht nur diejenigen Delikte als Verbrechen an, die mit Vorsatz [*dol*] oder aus Fahrlässigkeit [*faute et imprudence*] verwirklicht worden waren. Fehlten diese subjektiven Tatbestandselemente, so kam der Tat mangels Schuld keine Verbrechensqualität zu[390]. Bereits das römische Recht hatte Geistesschwache und -kranke sowie Kinder und - unter bestimmten Voraussetzungen - auch Jugendliche als schuldunfähig bzw. eingeschränkt schuldfähig angesehen. Während aber die Rechtswissenschaft bis weit ins 18. Jahrhundert hinein dem Problem der mangelnden Zurechnungsfähigkeit eines Delinquenten durch die Gegenüberstellung von *poena*

---

385 Part. I, tit. III C.P. 1791. Vergl. näher zum entsprechenden Teil des Komiteentwurfs sowie zu den Beratungen in der Nationalversammlung: *Archives Parlementaires*, Bd. XXVII, S. 6ff; Alkalay, *a.a.O.*, S. 77.

386 Esmein, *Procédure*, S. 252f., 449.

387 Art. 1 C.P. 1791.

388 Art. 2 C.P. 1791.

389 Alkalay, *a.a.O.*, S. 77; Esmein, *Procédure*, S. 252.

390 Muyart de Vouglans, *Institutes*, S. 6ff; *Loix*, S. 40; Alkalay, *a.a.O.*, S. 73; Bély, *a.a.O.*, S. 1088f.

ordinaria und *poena extraordinaria* beizukommen suchte, war die Rechtsprechung des *Ancien Régime* demgegenüber römisch-rechtlichen Prinzipien gefolgt und hatte die Geistesgestörtheit nicht nur als Schuldausschließungs- oder wenigstens Schuldminderungsgrund betrachtet, sondern auch versucht, Altersgrenzen zur Deliktsfähigkeit zu bestimmen[391].

Im Hinblick auf die Geistesgestörtheit mußte der Angeklagte seine Tat in aller Regel im Zustand der geistigen Verwirrung begangen haben, jedoch trugen die Richter bisweilen auch dem Umstand Rechnung, daß dieser Zustand erst nach Deliktsverwirklichung eintrat. In derartigen Fällen unterbrach man den Strafprozeß - der Angeklagte konnte sich ja bedingt durch seinen Geisteszustand nicht mehr verteidigen - oder verzichtete auf die Exekution einer bereits verhängten Strafe, da man die Geisteskrankheit selbst als ausreichende Strafe ansah[392]. Nur in einem einzigen Fall - nämlich beim Verbrechen der Majestätsbeleidigung [*crime de lèse-majesté*] - hielt das alte Recht auch den Geistesschwachen bzw. -kranken für strafrechtlich verantwortlich, wobei diese Ausnahme mit der besonderen Abscheulichkeit [*atrocité*] des Verbrechens gerechtfertigt wurde[393].

Hinsichtlich der Altersfrage bei deliktischem Handeln wurden Kinder bis zur Vollendung des siebten Lebensjahres generell als schuldunfähig angesehen. Darüber hinaus sah man Jungen bis zum vollendeten vierzehnten und Mädchen bis zum vollendeten zwölften Lebensjahr - von Einzelfällen abgesehen - aufgrund ihrer Jugend in aller Regel noch als schuldunfähig an, während ältere Jugendliche bis zum 25. Lebensjahr - also bis zum Eintritt der Volljährigkeit - lediglich als eingeschränkt schuldfähig betrachtet wurden. Von diesen Schuldausschließungs- bzw. Schuldminderungsregeln waren jedoch minderjährige Delinquenten ausgenommen, die Kapitalverbrechen - wie etwa eine Majestätsbeleidigung oder einen Meuchelmord - begangen hatten. Hier galt das Prinzips *malitia supplet*

---

391 Muyart de Vouglans, *Institutes*, S. 393; Bély, a.a.O., S. 1088f.; Alkalay, *a.a.O.*, S. 66f.; Schmidt, *Strafrechtspflege*, S. 166ff. Vergl. hierzu näher: Laingui, *La responsabilité pénale dans l'ancien droit*, Paris 1970.

392 Carbasse, *a.a.O.*, S. 189.

393 Carbasse, *a.a.O.*, S. 189; Bély, *a.a.O.*, S. 1089. Die Bezeichnung *atrocité* wurde während des *Ancien Régime* sehr oft gebraucht, um die Verschärfung von Strafen bzw. die Unentschuldbarkeit von Delikten zu begründen. Im 17. und 18. Jahrhundert stellte man die *crimes atroces* den *crimes non atroces* gegenüber, ohne diese Verbrechen genau aufzuzählen oder auch nur die Bezeichnung *atroce* angemessen zu bestimmen. Einige Delikte - wie etwa der Vatermord oder die Majestätsbeleidigung - wurden als *atroces en elles mêmes* angesehen, andere wiederum wurden - wie etwa ein besonders grausam begangener Mord - aufgrund der Begleitumstände als abscheulich gewertet. Vergl. Carbasse, *a.a.O.*, S. 196f.

aetatem, was mit der besonderen Abscheulichkeit des Verbrechens begründet wurde[394].

Auch ein betagter und seniler Delinquent durfte nach altem Recht darauf hoffen, daß der Richter sein hohes Alter im Einzelfall bei der Beurteilung der Schuldfrage bzw. der Bemessung der Strafe mitberücksichtigte. Der betroffene Personenkreis wurde in aller Regel entweder dem der Kinder oder Jugendlichen gleichgestellt oder aber nach Maßgabe der für Geistesschwache oder -kranke geltenden Grundsätze behandelt, wobei der Richter für jeden Einzelfall gesondert den Grad der Senilität und mithin auch das Maß der strafrechtlichen Verantwortlichkeit feststellte[395]. Der Umstand hohen Alters allein hatte allerdings keinen Einfluß auf die strafrechtliche Verantwortlichkeit, konnte aber vor allem bei den Körperstrafen insofern eine Rolle spielen, als man bei der Auswahl der Strafen der körperlichen Gebrechlichkeit der Delinquenten Rechnung trug[396].

Der Gesetzgeber von 1791 befaßte sich im V. Titel des *Code pénal* unter der Überschrift *De l'influence de l'âge des condamnés sur la nature et la durée des peines*[397] mit dem Einfluß des Alters auf Art und Ausmaß der Strafe. Im Hinblick auf die jugendliche Delinquenz statuierte er jedoch noch keine absolute sondern lediglich eine Grenze relativer Strafmündigkeit, indem er die Strafbarkeit des noch nicht sechzehnjährigen Jugendlichen von der Frage abhängig machte, ob dieser mit oder ohne intellektuelle Einsichtsfähigkeit [*discernement*] gehandelt hatte[398]. Verfügte der jugendliche Missetäter nach freier Überzeugung der Jury nicht über diese intellektuelle Einsichtsfähigkeit, so war er zwar freizusprechen, konnte aber dennoch je nach den Umständen des Einzelfalls anderen Maßnahmen unterworfen werden. So räumte der Gesetzgeber dem erkennenden Gericht die Befugnis ein anzuordnen, daß der Jugendliche entweder seinen Eltern zurückzugeben oder aber in ein Arbeitshaus zu verbringen war, wo er für einen gleichfalls vom Gericht zu bestimmenden Zeitraum erzogen und in Haft gehalten wurde. Die Dauer dieser Verbringung durfte sich jedoch nicht über sein vollendetes 20. Lebensjahr hinaus

---

394 Carbasse, *a.a.O.*, S. 189f.; Bély, *a.a.O.*, S. 1089. Vergl. Muyart de Vouglans, *Loix*, S. 27: "Mais il faut observer en même temps, que les considérations que mérite l'âge, ne doivent avoir lieu [...] que pour les crimes ordinaires, et non pour ceux qui sont tellement atroces de leur nature, qu'aucune circonstance ne peut les excuser, comme dans ceux de lèse-majesté, d'assassinat et autres qui supposent nécessairement du dol et de la réflexion dans celui qui les commet."

395 Carbasse, *a.a.O.*, S. 190.

396 Carbasse, *a.a.O.*, S. 190.

397 Part. I, tit. V C.P. 1791. Vergl. näher zum entsprechenden Abschnitt des Komiteentwurfs sowie zu den Beratungen in der Nationalversammlung: *Archives Parlementaires*, Bd. XXVII, S. 5f.; Alkalay, *a.a.O.*, S. 66ff.

398 Art. 1 C.P. 1791.

erstrecken[399]. Gelangte die Jury hingegen zu dem Schluß, daß der jugendliche Delinquent mit intellektueller Einsichtsfähigkeit gehandelt habe, so war er grundsätzlich weniger hart zu bestrafen als ein Erwachsener, der das gleiche Delikt verwirklicht hatte. Im Falle der Begehung eines mit der Kapitalstrafe belegten Verbrechens wurde der jugendliche Delinquent lediglich zu zwanzig Jahren Arbeitshaus [*maison de correction*] verurteilt. Hatte er hingegen eine Freiheitsstrafen verwirkt, so war gleichfalls auf Haft in einem Arbeitshaus zu erkennen, deren Dauer sich jedoch nach der dafür gesetzlich vorgesehenen Freiheitsstrafe bemaß. Darüber hinaus sah der Gesetzgeber als weiteres privilegierendes Element eine öffentliche Zurschaustellung des straffällig gewordenen Jugendlichen lediglich bei Verwirkung der Maximalstrafe vor[400].

Ebenfalls privilegierend berücksichtigte der Gesetzgeber auch das hohe Alter eines Delinquenten. Im Gegensatz zu den Einzelfallentscheidungen alten Rechts legte das neue Strafgesetzbuch nunmehr die als Milderung zu berücksichtigende Altersgrenze generell auf das vollendete 75. Lebensjahr fest und verfügte weiterhin, daß betagte Delinquenten nicht deportiert werden durften[401]. Hatten sie ein Verbrechen begangen, das mit mehr als fünf Jahren Freiheitsstrafe belegt war, so mußte ihre Freiheitsstrafe zudem um fünf Jahre vermindert werden[402]. Darüber hinaus sollte ein Häftling, der in der Strafanstalt sein 80. Lebensjahr vollendet und bereits mehr als fünf Jahre seiner Strafe verbüßt hatte, auf sein Ersuchen hin vorzeitig entlassen werden[403].

Im Gegensatz zum alten Recht versäumte es der Gesetzgeber von 1791 jedoch, im Hinblick auf erwachsene geistesschwache oder -kranke Delinquenten spezielle Regelungen zu schaffen. Diese erhebliche Gesetzeslücke sollte erst durch den *Code pénal* von 1810 geschlossen werden.

4. Die Verjährung

Während das alte Recht Verjährungsvorschriften nur in wenigen, meist prozessualen Einzelfällen anerkannt hatte[404], und auch der Komiteentwurf zunächst keinerlei allgemeingültige Verjährungsregeln enthielt[405], traf der Gesetzgeber

---

[399] Art. 2 C.P. 1791.
[400] Art. 3f. C.P. 1791.
[401] Art. 5 C.P. 1791.
[402] Art. 6 C.P. 1791.
[403] Art. 7 C.P. 1791.
[404] Remy, *a.a.O.*, S. 144f.

schließlich unter der Überschrift *De la prescription en matière criminelle*[406] allgemein verbindliche Regelungen zur Verjährung in Kriminalsachen. So sah die Verfolgungsverjährung grundsätzlich eine für alle Delikte eintretende Verjährungsfrist von drei Jahren für den Fall vor, daß während dieser Frist keine Strafverfolgung stattgefunden hatte[407]. Der Gesetzgeber bestimmte ferner für den Fall, daß eine solche Verfolgung zwar stattgefunden, eine Anklage aber unterblieben war, eine Verjährungsfrist von sechs Jahren[408]. Beide Fristen begannen mit Ablauf des Tages zu laufen, an dem das Verbrechen bekannt und von Amts wegen festgestellt wurde[409]. Darüber hinaus schrieb das Strafgesetzbuch eine für alle rechtskräftigen Kriminalurteile geltende und nach Ablauf von zwanzig Jahren eintretende Strafvollstreckungsverjährung fest, deren Frist ab Urteilsverkündung zu laufen begann[410].

5. Die Rehabilitierung

Zu Zeiten alten Rechts hatte der König seinen straffällig gewordenen Untertanen im Rahmen seiner Begnadigungsprärogative die Wiedereinsetzung in ihre Ehren- und Vermögensrechte regelmäßig mittels eines Rehabilitationsbriefes [*lettre de réhabilitation*] unter der Bedingung gewährt, daß diese zuvor sowohl ihre Strafe ordnungsgemäß verbüßt als auch etwaige Schadenersatzansprüche vollständig beglichen hatten. Diese Rehabilitationsbriefe konnten dabei sowohl lebenden als auch - etwa auf Betreiben der erbberechtigten Angehörigen - bereits verstorbenen Delinquenten ausgestellt werden[411].

Der Gesetzgeber von 1791 erfaßte die Rehabilitierung nach ordnungsgemäßer Strafverbüßung und die damit verbundene rechtliche Wiedereingliederung des Delinquenten in die bürgerliche Gesellschaft unter dem Abschnitt *De la*

---

405 Die entsprechenden Artikel wurden dem Gesetzestext im letzten Moment hinzugefügt und von der Versammlung am 19. September 1791 ohne Diskussion angenommen. Vergl. Remy, *a.a.O.*, S. 145f.; *Archives Parlementaires*, Bd. XXXI, S. 89.

406 Part. I, tit. VI C.P. 1791. Der Mangel fehlender Verjährungsbestimmungen wurde erst am Ende der legislativen Arbeit entdeckt und die offenbar unter Zeitdruck konzipierten Artikel im Anschluß von der Nationalversammlung ohne Diskussion angenommen. Vergl. *Archives Parlementaires*, Bd. XXXI, S. 89; Alkalay, *a.a.O.*, S. 78f.

407 Art. 1 C.P. 1791.

408 Art. 2 Abs. 1 C.P. 1791.

409 Art. 2 Abs. 2 C.P. 1791.

410 Art. 3 C.P. 1791.

411 Esmein, *Procédure*, S. 254ff; Remy, *a.a.O.*, S. 150ff; Bély, *a.a.O.*, S. 732; Jousse, *Traité*, Bd. II, S. 375ff; Muyart de Vouglans, *Institutes*, S. 114.

réhabilitation des condamnés[412]. Hatte der Missetäter die verhängte Strafe verbüßt, so konnte er - allerdings erst nach Ablauf von zehn Jahren - bei seiner Wohngemeinde die formelle Wiedereinsetzung in seine bürgerlichen und politischen Rechte beantragen[413]. Hierfür mußte er - ohne nochmals strafrechtlich relevant in Erscheinung getreten zu sein - in dieser Gemeinde mindestens zwei volle Jahre lang gelebt haben und seinem Antrag zudem gegebenenfalls ein von seiner früheren Wohngemeinde auszustellendes Führungszeugnis beifügen[414]. Anschließend entschied der Gemeinderat - gegebenenfalls nach Einholung weiterer personenbezogener Auskünfte - durch Abstimmung über diesen Antrag[415]. Fiel die Abstimmung zu Gunsten des Delinquenten aus, so fand seine formelle Rehabilitierung nicht nur in einem besonderen feierlichen Rahmen vor dem zuständigen Kriminalgericht statt, sondern wurde auch ausdrücklich in den vormals zur Urteilsfindung herangezogenen Gerichtsakten vermerkt[416]. Die Rehabilitierung des Verurteilten zog dabei seine Wiedereinsetzung in alle zivilen und politischen Rechte nach sich[417]. Bei noch nicht geleistetem Schadenersatz oder sonstigen noch ausstehenden Geldstrafen wurden diese Formalien und mithin die Rechtswirksamkeit der Rehabilitierung jedoch bis zu deren vollständiger Zahlung verschoben[418]. Entschied der Gemeinderat hingegen mehrheitlich gegen den Antragsteller, so konnte dieser erst nach Ablauf von zwei weiteren Jahren erneut um seine Rehabilitierung nachsuchen[419].

Im Gegensatz zu den Gepflogenheiten des alten Rechts sah der Gesetzgeber von 1791 jedoch eine Rehabilitierung bereits Verstorbener nicht mehr vor. Ergänzend zu den Rehabilitierungsvorschriften verankerte er im neuen Strafgesetzbuch jedoch trotz erbitterten Widerstands von Seiten royalistisch gesinnter Deputierter[420] ausdrücklich die endgültige Abschaffung des bisher für die Rehabilitierung maßgeblichen königlichen Begnadigungsrechts[421].

---

412 Part. I, tit. VII C.P. 1791. Vergl. näher zu dem entsprechenden Abschnitt des Komiteentwurfs sowie zu den Beratungen in der Nationalversammlung: *Archives Parlementaires*, Bd. XXVI, S. 725ff; Alkalay, *a.a.O.*, S. 77f.

413 Art. 1 C.P. 1791.

414 Art. 2 C.P. 1791.

415 Art. 3, 4, 5 C.P. 1791.

416 Art. 6, 7, 8, 9 C.P. 1791.

417 Art. 10 C.P. 1791.

418 Art. 11 C.P. 1791.

419 Art. 12 C.P. 1791.

420 Vergl. hierzu näher: *Archives Parlementaires*, Bd. XXVI, S. 727ff.

421 Vergl. Art. 13 C.P. 1791: "L'usage de tous actes tendant à empêcher ou à suspendre l'exercise de la justice criminelle, l'usage des lettres de grâce, de rémission, d'abolition, de pardon et de commutation de peine, sont abolis pour tout crime poursuivi par voie de jurés." Das Begnadigungsrecht wurde allerdings noch unter dem Konsulat zugunsten Napoleons wieder eingeführt und auch später beibehalten. Vergl. *Sénatus-consulte organique de la Constitution*

6. Die Mitwirkung mehrerer an einem Verbrechen

Das alte Recht hatte nach subjektiven Abgrenzungskriterien zwischen Tätern [*socii criminis*] und Teilnehmern [*socii in crimine*] differenziert und hierbei auf das Interesse abgestellt, das Täter und Teilnehmer an der Ausführung der Tat gehabt hatten. Als Täter wurde demnach derjenige angesehen, der mit *animus auctoris* handelte, während man denjenigen als Teilnehmer einstufte, der nur über *animus socii* verfügte[422]. Grundsätzlich unterschied das vorrevolutionäre Recht zwischen fünf Fallgruppen des bewußten Zusammenwirkens mehrerer an einer Straftat. Die als *crimes par le consentement* bezeichneten Teilnahmedelikte umfaßten den Befehl [*commandement*], den Auftrag [*mandat*] bzw. das Versprechen einer Belohnung [*offre d'une récompense*], den Ratschlag [*conseil*], die Beihilfe [*aide*] und die ausdrückliche bzw. öffentliche oder stillschweigende Billigung des Verbrechens [*approbation*][423].

Im Hinblick auf die Tatbegehung auf Befehl - die ein Autoritätsverhältnis zwischen dem Täter und seinem die Befehlsmacht innehabenden Hintermann voraussetzte - wurde, grundsätzlich zwischen Vergehen oder Verbrechen geringerer Tragweite [*petit criminel*] und schweren oder schwersten Verbrechen [*grand criminel* bzw. *crimes atroces*] differenziert[424]. Grundsätzlich sollte derjenige, der die Tat befahl, wie der Tatausführende bestraft werden. Er wurde sogar dann als Alleintäter angesehen, wenn er zuvor auf den Tatausführenden Zwang ausgeübt hatte. Zugunsten des Ausführenden konnte der Befehl bei Tatbeständen des *petit criminel* unter engen Voraussetzungen - so etwa bei Geistes- oder Altersschwäche des Befehlsempfängers - als Entschuldigungsgrund herangezogen werden, durfte aber bei Tatbeständen des *grand criminel* - hierunter fielen insbesondere die Majestätsbeleidigung sowie der Vater- und Meuchelmord - grundsätzlich nicht schuldmindernd berücksichtigt werden. Jedoch war in einem solchen Fall auf eine mildere Strafe als beim Befehlenden zu erkennen, dessen Strafmaß sich nach dem Ausmaß seiner Befehlsmacht bestimmen sollte[425].

Hatte der Hintermann jedoch keinerlei Befehlsmacht inne, so wurde er auch ohne das Versprechen einer Belohnung jedenfalls als Auftraggeber und der Ausführende als Täter aus freien Stücken angesehen, wobei über beide die gleiche Strafe zu

---

vom 16. Thermidor des Jahres X (4. August 1802), Titel X (abgedruckt in: Duvergier, *a.a.O.*, Bd. XIII, S. 505ff).

422 Fillion, *La responsabilité pénale de l'instigateur*, S. 13.

423 Vergl. im folgenden näher: Remy, *a.a.O.*, S. 202ff; Höhn, *a.a.O.*, S. 105ff; Alkalay, *a.a.O.*, S. 71ff; Muyart de Vouglans, *Institutes*, S. 14ff; *Loix*, S. 6; Jousse, *Traité*, Bd. I, S. 22ff.

424 Die Grenzen zwischen den verschiedenen Arten von Verbrechen und Vergehen war allerdings sehr unscharf gezogen. Vergl. Muyart de Vouglans, *Institutes*, S. 29f.

425 Muyart de Vouglans, *Institutes*, S. 15; *Loix*, S. 6; Jousse, *Traité*, Bd. I, S. 25f.

verhängen war[426]. Der Auftraggeber sollte grundsätzlich als Täter bestraft werden, dies auch dann, wenn der Beauftragte die Tat niemals ausführte. Der Ausführende seinerseits konnte bei schwersten Verbrechen auch dann nicht mit einer Strafmilderung rechnen, wenn er behauptete, auf ihn sei Zwang ausgeübt worden. Wenn er die Tat ausführte, obwohl der Auftraggeber seinen Auftrag bereits zurückgezogen hatte, oder er gar die Grenzen des Auftrags aus eigenem Antrieb überschritt, so war der Ausführende stets härter als sein Auftraggeber zu bestrafen. Dieser wurde jedoch nur dann als verantwortlich angesehen, wenn für ihn das Abweichen des Ausführenden von den gegebenen Instruktionen vorhersehbar gewesen war[427].

Bei der Tatbeteiligung durch Ratschlag richtete sich das Strafmaß des Ratgebers sowohl nach der Hinterhältigkeit seines Ratschlags als auch nach der damit verfolgten deliktischen Absicht. Der Begriff des Ratschlags wurde vergleichsweise weit ausgelegt und umfaßte neben dem Überzeugen und dem Überreden auch das Anweisen der zu verwendenden Tatmittel. Im Gegensatz zu dem vorrangig im Interesse des Auftraggebers erteilten *mandat*, diente der Ratschlag in erster Linie dem Ausführenden. Deshalb sollte der Ratgeber grundsätzlich weniger hart als der Ausführende bestraft werden[428], es sei denn, die Ratschläge waren - etwa motiviert durch Haß oder Rache - eindeutig und zweifelsfrei in eigennützigem Interesse erteilt worden. Hätte der unmittelbare Täter das Delikt hingegen auch ohne den Ratschlag jedenfalls verwirklicht, so sollte eine Strafbarkeit des Ratgebers entweder ganz entfallen oder zumindest auf eine mildere Strafe erkannt werden[429].

Hinsichtlich der Beteiligungsform der Beihilfe differenzierte die Rechtslehre zwischen einer Hilfe, die vor [*avant*], während [*lors*] oder nach [*après*] Deliktsbegehung geleistet werden konnte[430]. Die Schuld des Teilnehmers wurde grundsätzlich an seiner inneren Motivation gemessen, auf die insbesondere anhand des durch die Hilfeleistung erlangten, nicht notwendigerweise materiellen Vorteils sowie anhand seiner Stellung bei Tatbegehung geschlossen werden sollte[431].

---

426 Muyart de Vouglans, *Institutes*, S. 16.

427 Muyart de Vouglans, *Loix*, S. 6f.

428 Jousse hingegen wollte den Ratgeber grundsätzlich wie den Ausführenden bestrafen. Jedoch räumte er dem Ratschlagenden in zahlreichen Fällen einen Strafausschluß bzw. eine Strafmilderung ein. Vergl. Jousse, *Traité*, Bd. I, S. 30f.

429 Muyart de Vouglans, *Institutes*, S. 16f.; *Loix*, S. 7f.

430 Muyart de Vouglans, *Institutes*, S. 14. Jousse unterschied in gleichem Kontext zwischen der *complicité antérieure*, der *complicité concomitante* und der *complicité postérieure*. Vergl. Jousse, *Traité*, Bd. I, S. 20ff.

431 Muyart de Vouglans, *Institutes*, S. 14.

Bei der Teilnahmeform der Billigung eines Verbrechens wurde zwischen einer stillschweigenden [*approbation tacite*] und einer ausdrücklichen bzw. öffentlichen Billigung [*approbation expresse*] unterschieden. Insgesamt wurde diese Art der Teilnahme im Vergleich zu den anderen Beteiligungsformen als weniger schwerwiegend angesehen, was sich im Strafmaß des Tatbeteiligten insofern niederschlug, als es im Vergleich zum dem des Haupttäters regelmäßig erheblich geringer ausfiel[432].

Diese Teilnahmeregelungen alten Rechts wurden in einigen grundlegenden Zügen vom *Comité de législation criminel* aufgegriffen[433], schließlich mit geringfügigen Änderungen von der Nationalversammlung angenommen[434] und fanden so unter der Überschrift *Des complices des crimes*[435] Eingang in das neue Strafgesetzbuch[436]. Ausgehend von objektiven Maßstäben betrachtete der Gesetzgeber zunächst denjenigen als Täter, der die einzelnen Tatbestandsmerkmale selbst erfüllte. Die Strafbarkeit der übrigen Beteiligten wurde aus der Haupttat entlehnt und zog deshalb ein identisches Strafmaß nach sich[437]. Um der Teilnahme schuldig zu sein, mußte sich der Teilnehmer grundsätzlich vorsätzlich an einem Verbrechen im Sinne des Strafgesetzbuchs beteiligt haben. Eine strafbare Teilnahme an Vergehen oder Übertretungen sah der *Code pénal* hingegen nicht vor. Obwohl der Gesetzgeber ausdrücklich nur die Teilnahme an einem tatsächlich begangenen Verbrechen unter Strafe stellte, und damit die streng akzessorische Natur der Teilnahme unterstrich[438], schloß dies allerdings nicht die Möglichkeit einer strafbaren Teilnahme an einem versuchten Verbrechen aus, das der *Code pénal* auch ohne Erfolgseintritt unter Strafe gestellt hatte. Einen strafbaren Versuch der Teilnahme sah das Strafgesetzbuch von 1791 jedoch nicht vor[439].

Die einzelnen Teilnahmetatbestände entsprachen im wesentlichen der Anordnung der gängigen Kommentare alten Rechts[440], denn zuerst erfaßte der Gesetzgeber solche Teilnahmehandlungen, die der eigentlichen Verbrechensausführung vorausgingen, und regelte erst danach Beteiligungen durch solche Handlungen, die entweder während oder nach der Verbrechensausführung stattfanden. So zählte er zunächst die Mittel der Anstiftung [*provocation*] limitativ auf. Der Anstifter mußte

---

432 Muyart de Vouglans, *Institutes*, S. 17.
433 Vergl. *Archives Parlementaires*, Bd. XXVI, S. 345.
434 Vergl. *Archives Parlementaires*, Bd. XXVII, S. 617.
435 Part. II, tit. III C.P. 1791.
436 Vergl. hierzu näher: Remy, *a.a.O.*, S. 202, 207ff; Höhn, *a.a.O.*, S. 105; Alkalay, *a.a.O.*, S. 72f.
437 Art. 1 Abs. 2, 2f. C.P. 1791.
438 Remy, *a.a.O.*, S. 208ff; Höhn, *a.a.O.*, S. 106; Alkalay, *a.a.O.*, S. 72.
439 Remy, *a.a.O.*, S. 209; Höhn, *a.a.O.*, S. 105f.; Alkalay, *a.a.O.*, S. 72.
440 Remy, *a.a.O.*, S. 215; Höhn, *a.a.O.*, S. 106ff; Alkalay, *a.a.O.*, S. 72f.

hiernach den unmittelbaren Täter entweder durch Zuwendungen [*dons*], Versprechen [*promesses*], Befehle [*ordres*] oder Drohungen [*menaces*] zur Tatausführung bestimmt haben[441]. Im Gegensatz zu den Gepflogenheiten alten Rechts sollte demnach ein bloßer Ratschlag nicht mehr strafbar sein. Ferner regelte der Gesetzgeber vier verschiedene Fälle der Kollektivanstiftung, die nur durch Reden an öffentlichen Orten oder durch öffentliches Verbreiten von Plakaten und Schriften erfolgen konnte und grundsätzlich eine direkte Aufforderung zur Verbrechensbegehung beinhalten mußte[442]. Die ausdrückliche Billigung eines Verbrechens in öffentlicher Form, in der natürlich gleichfalls eine Anstiftung zur Verbrechensbegehung gesehen werden kann, stellte der Gesetzgeber allerdings nicht mehr unter Strafe. Die verschiedenen, der Verbrechensbegehung vorausgehenden Teilnahmehandlungen mußten wissentlich und mit verbrecherischer Absicht [*sciemment et dans le dessein du crime*] begangen worden sein und bestanden in der Überlassung oder Verschaffung der zur Tatausführung benötigten Mittel[443]. Als Beispiele für derartige Mittel führte der Gesetzgeber lediglich Waffen oder Werkzeuge auf, was darauf schließen läßt, daß er die Möglichkeit einer strafbaren intellektuellen Beihilfe offensichtlich nicht vorsah. Im Hinblick auf die während der Verbrechensausübung begangenen Teilnahmehandlungen setzte das Strafgesetzbuch hingegen konkrete Hilfe und Beistand voraus, die dem Täter bei der Verbrechensbegehung gewährt worden sein mußte und erfaßte dabei sowohl die unmittelbare Hilfe bei Tatbegehung als auch Handlungen, die die Verbrechensausführung vorbereitet oder erleichtert hatten[444]. Schließlich regelte der Gesetzgeber in Gestalt der als Delikt mit Teilnahmecharakter angesehen Hehlerei[445] und des Verbergens der Leiche eines Ermordeten[446] zwei Teilnahmehandlungen, die erst nach der Verbrechensausführung vorgenommen werden konnten. Ein der Hehlerei Schuldiger mußte demnach mit dem Wissen, daß es sich um gestohlene Sachen handelte, diese entweder ganz oder teilweise gekauft, versteckt oder unentgeltlich erhalten haben. Des Verbergens der Leiche eines Ermordeten konnte sich hingegen nur derjenige schuldig machen, der selbst nicht Teilnehmer des vorangegangenen Mordes gewesen war. Im Hinblick auf die Rechtsfolge wich der Gesetzgeber hier allerdings von dem ansonsten geltenden Grundsatz einer für Täter und Teilnehmer

---

441 Art. 1 Abs. 1 C.P. 1791.

442 Art. 2 C.P. 1791.

443 Art. 1 Abs. 2 C.P. 1791.

444 Art. 1 Abs. 2 C.P. 1791. Diese Regelungen des Abs. 2 deuten bereits die Problematik der Mittäterschaft im heutigen Sinn an. Vergl. Höhn, *a.a.O.*, S. 107f.; Alkalay, *a.a.O.*, S. 73.

445 Art. 3 C.P. 1791.

446 Art. 4 C.P. 1791. Nach heutiger Auffassung stellt dies ein Sonderdelikt dar, das mit der Teilnahmeproblematik in nur äußerst mittelbarem Zusammenhang steht. Das alte Recht und somit auch der ihm hierin folgende *Code pénal* von 1791 sah dessen Teilnahmecharakter jedoch als erwiesen an. Vergl. Höhn, *a.a.O.*, S. 108f.; Alkalay, *a.a.O.*, S. 73; Remy, *a.a.O.*, S. 218.

identischen Strafandrohung ab und sah für die Verwirklichung des Delikts lediglich eine vierjährige Einsperrung vor.

7. Der Versuch

Die Kommentatoren des alten Rechts hatten zwar Grundzüge der Versuchsproblematik erkannt, ihre entsprechenden Erörterungen waren jedoch nicht nur ohne erkennbare Methode verblieben, sondern entbehrten darüber hinaus auch einer einheitlichen Terminologie[447]. Allen Erörterungen gemein war aber, daß versuchte Verbrechen grundsätzlich nicht nach dem vollendeten Delikt, sondern vielmehr anhand der Strafbarkeit der Vorbereitungshandlungen und aufgrund eines freien richterlichen Ermessens beurteilt werden sollten. Es galt der römisch-rechtliche Grundsatz *consumata facilius puniuntur quam non perfecta*, der jedoch dann hinter das Prinzip *in maleficiis voluntas spectatur, non exitus* zurücktreten konnte, wenn der Delinquent ein besonders schweres und die öffentliche Ordnung bedrohendes Delikt - wie etwa eine versuchte Majestätsbeleidigung oder einen versuchten Meuchel- oder Giftmord - verwirklicht hatte. Diese versuchten Kapitalverbrechen wurden dann in aller Regel mit der gleichen Strafe wie das vollendete Delikt belegt, wobei allerdings dem freien Ermessen des Richters die ausschlaggebende Rolle zukommen sollte[448].

Dem *Code pénal* war der strafbare Versuch zwar nicht unbekannt, allerdings beschränkte sich der Gesetzgeber lediglich auf die Übernahme und Vervollständigung einzelner, noch aus dem alten Recht stammender strafbarer Versuchstatbestände und versäumte es, eine einheitliche und allgemeingültige Regelung der Versuchsproblematik zu treffen[449]. Der Grund für diese Unterlassung lag in erster Linie in seinem Bestreben, den Versuch generell milder bestrafen zu wollen als das vollendete Delikt[450]. Bestimmend hierfür war die Erwägung, daß die Strafbarkeit letztlich nur auf dem Erfolg einer strafbaren Handlung beruhen konnte[451]. Durch ein fehlgeschlagenes Delikt wurde nämlich ein im Vergleich zum vollendeten Verbrechen geringeres Übel geschaffen, so daß der Täter nur nach dem Verhältnis zu dem, was er tatsächlich getan hatte, und nicht nach dem, was er subjektiv tun wollte, bestraft werden konnte. Mithin behielt der römisch-rechtliche Grundsatz *poenam ad mensuram delicti statuenda est* - auch ohne ausdrücklich im

---

447 Vergl. hierzu näher: Remy, *a.a.O.*, S. 184ff. So wurden Begriffe wie *crimes non suivis d'exécution et d'effet*, *attentat*, *tentative*, *attaque*, *crime non consommé* und *intention criminelle* parallel und oftmals einander widersprechend gebraucht.

448 Muyart de Vouglans, *Institutes*, S. 2f.; Alkalay, *a.a.O.*, S. 69; Remy, *a.a.O.*, S. 186ff.

449 Vergl. hierzu näher: Remy, *a.a.O.*, S. 190ff.

450 Alkalay, *a.a.O.*, S. 69ff.

451 Vergl. *Archives Parlementaires*, Bd. XXVII, S. 9.

neuen Strafgesetz festgelegt worden zu sein - nach wie vor Geltung[452]. Hierbei übersah man jedoch, daß das traditionelle System nur aufgrund des freien richterlichen Ermessens funktionieren konnte, dem man aber nun durch die Statuierung des strengen Legalitätsprinzips engste Grenzen gesetzt hatte[453].

Der Gesetzgeber traf deshalb im 2. Teil des *Code pénal*[454] nur Einzelregelungen, in denen er einen strafbaren Versuch lediglich für Gift- und Meuchelmord [*homicide par poison* bzw. *assassinat*] anerkannte. So erfaßte er den stets mit der Todesstrafe zu ahnenden Meuchelmordversuch insofern, als dieser einen mit Tötungsabsicht ausgeführten, aber fehlgeschlagenen Angriff voraussetzte[455]. Etwas weiter ging der Gesetzgeber jedoch bei der Vergiftung, wo er zwischen zwei verschiedenen Arten des Versuchs differenzierte[456]. Entsprechend der Regelung des Meuchelmordversuch war hier ein strafbarer Versuch zunächst dann gegeben, wenn das Gift zwar vorsätzlich beigebracht wurde, der erstrebte Erfolg aber ausblieb. Zur Verwirklichung der zweiten Variante mußte der Täter hingegen Nahrungsmittel vergiften, die zum Verzehr durch eine bestimmte Personen oder einen bestimmten Personenkreis bestimmt waren. Hierbei war ein strafbefreiender Rücktritt aber dann möglich, wenn der Täter vor Erfolgseintritt oder vor Entdeckung des Giftes die weitere Ausführung aufgab oder die Aufnahme der vergifteten Nahrungsmittel anderweitig verhinderte[457].

Eine allgemeine Regelung der Versuchsproblematik traf der Gesetzgeber erst in Gestalt der *Loi portant des peines contre la tentative du crime* vom 22. Prairial des Jahres IV (10. Juni 1796)[458]. Deren für die moderne Strafgesetzgebung richtungsweisender Versuchsbegriff wurde nur wenige Jahre später durch Art. 17 der *Loi qui attribue aux tribunaux de police correctionnelle la connaissance de divers délits* vom 25. Frimaire des Jahres VIII (16. Dezember 1799)[459] auch auf die

---

452 Alkalay, *a.a.O.*, S. 70; Remy, *a.a.O.*, S. 188, 194.

453 Remy, *a.a.O.*, S. 195.

454 Part. II, tit. II, sect. I C.P. 1791. Vergl. näher zum entsprechenden Abschnitt des Komiteentwurfs sowie zu den Beratungen in der Nationalversammlung: *Archives Parlementaires*, Bd. XXVI, S. 341; Bd. XXVII, S. 9; Alkalay, *a.a.O.*, S. 69ff.

455 Art. 13 C.P. 1791.

456 Art. 15 C.P. 1791.

457 Art. 16 C.P. 1791.

458 Der Gesetzestext ist abgedruckt in: Duvergier, *a.a.O.*, Bd. IX, S. 128f.: "Toute tentative de crime, manifestée par des actes extérieurs et suivie d'un commencement d'exécution, sera punie comme le crime même, si elle n'a été suspendue que par des circonstances fortuites, indépendantes de la volonté du prévenu."

459 Der Gesetzestext ist abgedruckt in: Duvergier, *a.a.O.*, Bd. XII, S. 35ff. Vergl. Art. 17: "La loi du 22 prairial an IV contre les tentatives de crimes est applicable à tous les délits susénoncés, ainsi qu'à ceux mentionnés en l'article 32 du Code de police correctionnelle; en conséquence, toute tentative desdits délits, manifestée par des actes extérieures, et suivie d'un

Korrektionaldelikte [*délits*] ausgedehnt und schließlich 1810 auch von der napoleonischen Strafgesetzgebung übernommen.

8. Die Notwehr

Bereits das alte Recht hatte eine Anzahl von Rechtfertigungs- bzw. Entschuldigungsgründen anerkannt, die die subjektiven Tatbestandselemente Vorsatz [*dol*] und Fahrlässigkeit [*faute*] ausschließen und einen eingetretenen Schaden rechtfertigen oder entschuldigen konnten. Anerkannte Rechtfertigungs- bzw. Entschuldigungsgründe waren hierbei Un- oder Zufall [*accident ou cas fortuit*], Unkenntnis [*ignorance*], höhere Gewalt [*force majeure*], mangelnde Einsichtsfähigkeit [*défaut d'intelligence*], Irrtum [*erreur*] sowie insbesondere die Notwehr [*nécessité d'une juste défense*][460]. Herausragendes Kennzeichen des vorrevolutionären Notwehrrechts war, daß für Angehörige des Adels ein anderes Notwehrrecht als für Angehörige des Dritten Standes galt. Während ein Nichtadeliger bei einem Angriff zunächst alle Fluchtmöglichkeiten nutzen mußte, bevor er sich legal zur Wehr setzen durfte, war es Adeligen - deren Ehrenkodex ja Flucht mit Schande gleichsetzte - gestattet, dem Angreifer stets unmittelbar und sofort Widerstand entgegensetzen[461]. Damit aber eine Handlung als notwendige Selbstverteidigung anerkannt werden konnte, mußten ganz bestimmte Voraussetzungen erfüllt sein[462]. So brauchte der Angegriffene bei offensichtlicher Gefahr für Leib und Leben nicht erst den Schlag des Angreifers abzuwarten, um sich zur Wehr setzen zu dürfen. Dem bevorstehenden Angriff durfte allerdings kein Streit vorausgegangen sein. Auch eine Provokation von Seiten des Angegriffenen schloß ein anerkanntes Notwehrrecht von vornherein aus. Erforderlich war zudem, daß der Aggressor zur Tötung geeignete Waffen in der Absicht bei sich getragen hatte, diese auch zu gebrauchen. Die Verteidigungshandlung mußte darüber hinaus stets noch unmittelbar unter dem Eindruck der Bedrohung erfolgen, wobei der Angegriffene zudem darauf zu achten hatte, daß die zur Verteidigung gewählten Mittel stets in einem angemessenen und gleichwertigen Verhältnis zum Angriff standen. War eine Gleichwertigkeit zwischen Angriffs- und Verteidigungsmittel hingegen nicht gegeben, - etwa weil der Aggressor körperlich oder an Bewaffnung weit unterlegen und der Angegriffene in der Lage war, diesen zu entwaffnen oder anderweitig unschädlich

---

commencement d'exécution, sera punie comme le délit même, si elle n'a été suspendue que par des circonstances fortuites, indépendantes de la volonté du prévenu."

460 Muyart de Vouglans, *Institutes*, S. 6ff; *Loix*, S. 26ff, 40; Alkalay, *a.a.O.*, S. 73.

461 Muyart de Vouglans, *Institutes*, S. 10; Höhn, *a.a.O.*, S. 103; Alkalay, *a.a.O.*, S. 74.

462 Vergl. Muyart de Vouglans, *Institutes*, S. 9: "Par une juste défense on entend celle qui est faite pour repousser la violence lorsqu'on est attaqué et poursuivi avec tant de vivacité, qu'on ne peut fuir sans danger de son corps et de sa vie."

zu machen - so konnte dies dazu führen, daß das erkennende Gericht die Verteidigungshandlung als Rache wertete und mithin nicht als rechtmäßige Abwehr eines Angriffes anerkannte. Das vom alten Recht anerkannte Selbstverteidigungsrecht fand demnach seine Grenze im Notwehrexzeß[463].

Neben Leib und Leben der eigenen Person sowie Dritter[464] waren auch die Ehre eines (Edel-) Mannes und insbesondere die Geschlechtsehre von Mädchen und Frauen anerkannt notwehrfähige Rechtsgüter[465], deren unmittelbarer Bedrohung man notfalls mit Gewalt entgegentreten konnte. Eine Notwehr bei Angriffen auf Eigentum und Vermögen, die nicht mit einem Angriff auf die körperliche Integrität einhergingen, wurde allerdings überwiegend als unzulässig angesehen[466].

Obwohl das alte Recht die Notwehr grundsätzlich anerkannte, wurde ein Angeklagter, der seinen Angreifer in Notwehr getötet hatte, zunächst vom Gericht nicht etwa freigesprochen, sondern derselben Verurteilung unterworfen wie derjenige, der den Tod eines anderen vorsätzlich oder fahrlässig herbeigeführt hatte[467]. Der in Notwehr Tötende fiel als Untertan vielmehr der königlichen Begnadigungsprärogative anheim[468], die als Ausdruck seiner allerhöchsten, von Gott delegierten Machtvollkommenheit angesehen wurde[469], denn der König hatte als von Gott eingesetzter Herrscher als einziger die Macht über Leben und Tod seiner Untertanen inne[470]. Obwohl es dem König also grundsätzlich freigestellt war, ob er Gnade üben wollte oder nicht, verweigerte er diese Gnade - jedenfalls seit dem 17. Jahrhundert - jedoch niemals[471]. Die Begnadigung und mithin der Freispruch wurden - in der Regel als bloße Formalität gegen einträgliches Entgelt zugunsten der Staatskasse - vielmehr stets durch Gnadenbriefe gewährt und waren so oftmals Gegenstand vollkommener Willkür[472].

---

463 Carbasse, *a.a.O.*, S. 191ff; Alkalay, *a.a.O.*, S. 74.

464 Die Nothilfe war im alten Recht allgemein anerkannt. Vergl. Jousse, *Traité*, Bd. III, S. 505.

465 Jousse, *Traité*, Bd. III, S. 748.

466 Carbasse, *a.a.O.*, S. 192ff; Alkalay, *a.a.O.*, S. 74.

467 Muyart de Vouglans, *Loix*, S. 34.

468 Vergl. *Ordonnance criminelle 1670*, Tit. XVI Art. II: "Les lettres de remission seront accordées pour les homicides involontaires seulement, ou qui seront commis dans la necessité d'une legitime defense de la vie."

469 Jousse, *Traité*, Bd. II, S. 405.

470 Vergl. Muyart de Vouglans, *Institutes*, S. 10f: "[...] c'est une maxime constante dans le Royaume, que tout homicide de quelque espèce qu'il soit, soumet son auteur à la peine capitale; de manière que les juges ne peuvent se dispenser de la prononcer: il n'y a que le Prince seul qui ait le droit d'en exempter."

471 Höhn, *a.a.O.*, S. 102f.; Muyart de Vouglans, *Loix*, S. 34; Carbasse, *a.a.O.*, S. 194.

472 Muyart de Vouglans, *Institutes*, S. 10f.; Esmein, *Procédure*, S. 254f.; Carbasse, *a.a.O.*, S. 181; Alkalay, *a.a.O.*, S. 74; Bély, *a.a.O.*, S. 732.

Der Gesetzgeber von 1791 brach zwar mit diesem absolutistischen Prinzip und schaffte zudem die notwehrrechtlichen Adelsprivilegien ab, lehnte sich jedoch zugleich eng an das vorrevolutionäre Notwehrrecht an[473]. Zu einer umfassenden allgemeinen Behandlung der Notwehrproblematik konnte er sich allerdings nicht entschließen, so daß die Notwehr im *Code pénal* lediglich als Einzelregelung im Zusammenhang mit den Tötungsdelikten im zweiten Teil des Gesetzbuchs zu finden und mithin nur lückenhaft geregelt ist[474]. Der Gesetzgeber anerkannte ein Notwehrrecht lediglich für den Fall der Tötung und sprach dem Totschlag in Notwehr jede Verbrechensqualität ab, was eine Geltendmachung straf- oder zivilrechtlicher Ansprüche der Angehörigen gegen den Totschläger ausschloß[475]. Darüber hinaus formulierte er eine Legaldefinition des Notwehrbegriffs, die die eigene Person und die Person eines Dritten als notwehrfähig anerkannte - insoweit wurde dem alten Recht gefolgt - und zudem festschrieb, daß nur derjenige anerkanntermaßen in Notwehr handeln konnte, der aufgrund eines Angriffs durch die gegenwärtige Notwendigkeit der Notwehr oder -hilfe unumgänglich zur Verteidigung getrieben worden war[476]. Der Verteidiger durfte also nur einen gegenwärtigen Angriff von sich oder einem Dritten abwehren und hatte nach dem Wortlaut darüber hinaus abzuwägen, ob ihm zur Angriffsabwehr nicht etwa ein milderes Mittel - wie beispielweise die Flucht - zur Verfügung stand. Diese Regelung beinhaltete für den in Notwehr Handelnden insofern eine erhebliche Unsicherheit, als er nie wissen konnte, ob ihm das erkennende Gericht nicht doch nachwies, daß er sich dem Angriff noch durch Flucht hätte entziehen können[477]. Wenn auch der Gesetzgeber insoweit dem alten Recht gefolgt war, so sucht man eine dem vorrevolutionären Recht entsprechende Beachtung des Notwehrexzesses jedoch vergebens. Auch ging aus dem Wortlaut der Notwehrdefinition gleichfalls nicht deutlich hervor, was er genau unter der Notwehrfähigkeit der eigenen oder der Person eines Dritten verstand und ob er über das Leben und die körperliche Integrität hinaus noch andere Rechtsgüter als notwehrfähig erachtete. Insbesondere ließ der Gesetzgeber hierbei offen, ob er - ebenso wie die vorrevolutionäre Doktrin - einen Angriff auf die Ehre oder die persönliche Freiheit als verteidigungsfähig ansah oder - im Gegensatz zum alten Recht - das Vermögen nunmehr als notwehrfähiges Rechtsgut verstanden wissen wollte. Er hat daher die Notwehrproblematik nur äußerst lückenhaft behandelt und die Legaldefinition der

---

473 Bexon, *Parallèle du code pénal d'Angleterre avec les lois pénales françaises et considérations sur les moyens de rendre celles-ci plus utiles*, S. 314; Alkalay, *a.a.O.*, S. 76.

474 Part. II, tit. II, sect. I, Art. 5f. C.P. 1791. Vergl. näher zu den entsprechenden Bestimmungen des Entwurfs sowie zu deren Erörterung in der Nationalversammlung: *Archives Parlementaires*, Bd. XXVI, S. 340; Bd. XXVII, S. 308ff; Alkalay, *a.a.O.*, S. 73ff.

475 Höhn, *a.a.O.*, S. 103; Alkalay, *a.a.O.*, S. 75.

476 Vergl. Art. 5 C.P. 1791: "[...] indispensablement commandé par la nécessité actuelle de la légitime défense de soi-même ou d'autrui."

477 Höhn, *a.a.O.*, S. 104.

Notwehr so unbestimmt belassen, daß dies zunächst nicht nur eine Quelle der Rechtsunsicherheit für den in Notwehr Handelnden und die erkennenden Gerichte sein mußte, sondern darüber hinaus auch Ergänzungen des Gesetzes in Rechtswissenschaft und gerichtlicher Praxis unerläßlich machte[478].

VI. Die einzelnen strafbaren Tatbestände

Ein weiteres Anliegen des um die strenge Umsetzung des Prinzips *nullum delictum, nulla poena sine lege* bemühten Gesetzgebers war die vollständige Erfassung aller strafbaren Verbrechenstatbestände, die er ausschließlich im zweiten Teil des *Code pénal* unter dem Titel *Des crimes et de leur punition* abhandelte. Dieser nach heutigen Begriffen den Besonderen Teil des Strafgesetzbuchs bildenden Teil des *Code pénal* zeichnete sich dabei nicht nur durch das häufige Fehlen von Legaldefinitionen, sondern insbesondere auch durch die erstmalige, heute selbstverständlich anmutende Gliederung der Delikte in Verbrechen und Vergehen gegen das Gemeinwohl [*crimes et attentats contre la chose publique*][479] und Verbrechen und Vergehen gegen Privatpersonen [*crimes contre les particuliers*][480] aus, die später vom napoleonischen Strafgesetzbuch übernommen werden sollte und noch heute das französische Strafrecht prägt.

1. Die Verbrechen und Vergehen gegen das Gemeinwohl

Bei den gegen das Gemeinwohl gerichteten Straftaten differenzierten die Urheber des *Code pénal* von 1791 zunächst grundsätzlich zwischen Angriffen auf die Sicherheit des Staates, dem Widerstand gegen die Staatsgewalt, den von Amtspersonen begehbaren Verbrechen sowie solchen Verbrechen, die sich unmittelbar gegen das Staatseigentum richteten.

---

478 Höhn, *a.a.O.*, S. 104.

479 Part. II, tit. I C.P. 1791. Die Übersetzung des Begriffs *attentat* mit *Vergehen* ist nicht ganz zutreffend, soll aber dennoch insofern beibehalten werden, als dieser Teil des Strafgesetzbuchs insbesondere im dritten und vierten Unterabschnitt jedenfalls auch Delikte minderer Schwere erfaßte, die der Gesetzgeber selbst mit den Begriffen *attentat* oder *délit* umschrieb. Offensichtlich bereitete es dem Gesetzgeber erhebliche Schwierigkeiten, die erst 1791 durch das *Décret relatif à l'organisation d'une police municipale et correctionnelle* und den *Code pénal* begründete Dreiteilung der Delikte auch sprachlich umzusetzen.

480 Part. II, tit. II C.P. 1791. In der Überschrift dieses Teils des *Code pénal* ist zwar nur von *crimes* die Rede, jedoch zeigen die jeweiligen Titel der einzelnen Unterabschnitte, daß der in seiner Begriffsbestimmung noch unsichere Gesetzgeber von 1791 auch hier Delikte mit geringerem Unrechtsgehalt mit in diesen Begriff einbezogen wissen wollte.

a.) Angriffe auf die Sicherheit des Staates[481]

Im Hinblick auf die gegen die Sicherheit des Staates gerichteten Delikten unterschied das Strafgesetzbuch deutlich zwischen Verbrechen, die die äußere Sicherheit des Staates bedrohten [*crimes contre la sûreté extérieure de l'État*][482] und solchen, die gegen die innere Sicherheit des Staates gerichtet waren [*crimes contre la sûreté intérieure de l'État*][483] sowie zwischen mehr oder weniger schwerwiegenden verbrecherischen Handlungen, die sich gegen die Staatsverfassung wandten [*crimes et attentats contre la constitution*][484]. Insgesamt ahndete der Gesetzgeber Verstöße gegen diese drei Abschnitte des neuen Strafgesetzbuchs mit ungewöhnlicher Härte, wobei sich die Strafandrohung überwiegend gegen Repräsentanten der Exekutive und insbesondere gegen die verantwortlichen Minister richtete. So beinhaltete allein dieser Teil des *Code pénal* insgesamt achtzehnmal die Androhung der Todesstrafe, während der Gesetzgeber ansonsten die Verhängung der Kapitalstrafe nur bei besonders schwerwiegenden Verbrechen vorsah, und selbst dort die Kettenstrafe oftmals einer Verurteilung zum Tode vorzog. Grund hierfür war die hochpolitische Brisanz der in diesen Abschnitten geregelten Materie. Die Erklärung der Menschen- und Bürgerrechte von 1789 sowie insbesondere die Verfassung von 1791 hatten nämlich die traditionellen Rechte des Königs erheblich beschnitten und der Nationalversammlung als legislativer Körperschaft [*Corps Législatif*] entscheidende Kompetenzen eingeräumt, die eine herausragende und für das alte Frankreich bislang undenkbare politische Machtstellung der Volksvertretung nach sich zogen. Von einer Einflußnahme des die Exekutive repräsentierenden Königs und seiner Minister in allen wesentlichen Punkten weitgehend unabhängig, versuchte die Nationalversammlung ihre neu gewonnene politische Macht deshalb auch anhand des Strafgesetzbuchs gegen Übergriffe insbesondere der Exekutive abzusichern[485].

---

[481] Eine entsprechend gleichlautende Überschrift enthielt der *Code pénal* von 1791 nicht. Der Gesetzgeber unterschied vielmehr in drei Abschnitten deutlich zwischen Delikten, die sich gegen die innere und die äußere Sicherheit sowie gegen die Verfassung richteten. Legt man diesen Materien aber die Begriffe der heutigen deutschen Strafrechtsdogmatik zugrunde und berücksichtigt ferner die identische politische Motivation ihrer Regelung und Ahndung, so erscheint es hier jedoch angebracht, diese vor allem den Hoch- und Landesverrat regelnden Deliktsgruppen unter einer Überschrift zusammenzufassen.

[482] Part. II, tit. I, sect. I C.P. 1791.

[483] Part. II, tit. I, sect. II C.P. 1791.

[484] Part. II, tit. I, sect. III C.P. 1791.

[485] Alkalay, *a.a.O.*, S. 87f. Vergl. zum Zusammenspiel der öffentlichen Gewalten sowie insbesondere zum Verhältnis Exekutive und Legislative näher: Hartmann, *a.a.O.*, S. 48ff; Gaxotte, *a.a.O.*, S. 144ff; Schulin, *Die französische Revolution*, S. 92.

aa.) Die Verbrechen gegen die äußere Sicherheit des Staates

Unter der Überschrift *Des crimes contre la sûreté extérieure de l'État*[486] regelte der Gesetzgeber insbesondere die Materie des Landesverrats, die er kasuistisch erfaßte. So stellt Art. 1 demjenigen die Kapitalstrafe in Aussicht, der mit ausländischen Mächten oder deren Agenten Anschläge [*machinations*] verübt oder mit ihnen geheime Verbindungen [*intelligences*] zu dem Zwecke unterhalten hatte, den Landesfrieden zu gefährden[487]. Für die Strafbarkeit war dabei gleichgültig, ob die landesverräterischen Betätigungen tatsächlich zu feindseligen Handlungen geführt hatten. Wo genau die Grenzen der *machinations* und der *intelligences* gezogen waren, definierte der Gesetzgeber hingegen nicht, obwohl dies für den Fall bedeutsam sein konnte, daß keinerlei Feindseligkeiten eingetreten waren[488]. Während Art. 2 das Sonderdelikt der bewußt herbeigeführten landesverräterischen Friedensgefährdung durch Minister oder kommandierende Generäle erfaßte und hierfür die Todesstrafe androhte, stellte auch Art. 3 jedem Franzosen die Kapitalstrafe für den Fall in Aussicht, daß er landesverräterische Waffenhilfe geleistet hatte. In reicher Kasuistik regelte Art. 4 anschließend die landesverräterische Begünstigung, die gleichfalls mit der Todesstrafe belegt war. Hier tauchten die Begriffe *manoeuvres* und *intelligence* auf und werden insoweit einigermaßen deutlich umrissen, als die entsprechende Aufzählung von Handlungen, die diese Begriffe verwirklichten, Rückschlüsse auf deren Grenzen gestatteten. Gleichzeitig räumten sie jedoch dem Richter eine erhebliche, der Doktrin des *Code pénal* gänzlich widersprechende Ermessensfreiheit ein[489]. In Art. 5 bestimmte der Gesetzgeber für Kriegszeiten eine analoge Anwendung des Art. 4 für die verräterische Begünstigung der Feinde Frankreichs zum Nachteil von Bundesgenossen. Darüber hinaus erfaßte Art. 6 das Sonderdelikt des Verrates von Staatsgeheimnissen oder militärischen Operationen und bedrohte jeden Beamten mit der Todesstrafe, der die ihm anvertrauten Geheimnisse an eine fremde - oder im Kriegsfall feindliche - Macht weitergab. In diesem Zusammenhang versäumte es der Gesetzgeber jedoch, den Begriff der militärischen Operation [*opération militaire*] näher zu umschreiben. Auch im Hinblick auf die Art und Weise der

---

486 Part. II, tit. I, sect. I C.P. 1791. Vergl. näher zu den entsprechenden Bestimmungen des Entwurfs sowie zu den Beratungen in der Nationalversammlung: *Archives Parlementaires*, Bd. XXVI, S. 336; Bd. XXVII, S. 8ff; Alkalay, *a.a.O.*, S. 80ff.

487 Der Entwurf sah hierfür bei Versuch zunächst eine Kerkerstrafe von 12 Jahren und für den Fall einer erfolgreichen Konspiration eine Kerkerstrafe von 24 Jahren vor. Das Komitee konnte sich aber in der Nationalversammlung mit dieser vergleichsweise milden Strafandrohung insofern nicht durchsetzen, als deren Deputierte aus Furcht vor einer von außen gesteuerten Konterrevolution die Todesstrafe befürworteten und auch den versuchten Landesverrat mit der Todesstrafe belegt wissen wollten. Vergl. *Archives Parlementaires*, Bd. XXVI, S. 336; Bd. XXVII, S. 8ff; Alkalay, *a.a.O.*, S. 80f.

488 Höhn, *a.a.O.*, S. 99; Alkalay, *a.a.O.*, S. 80.

489 Höhn, *a.a.O.*, S. 99f.; Alkalay, *a.a.O.*, S. 82.

Begehung - nämlich boshaft [*méchamment*] und verräterisch [*traîtreusement*] - beinhaltete der *Code pénal* keine näheren Bestimmungen. Ein weiteres Beamtendelikt enthielt Art. 7, der die Verletzung von bestimmten militärischen Geheimnissen regelte. Den Beamten wurde hierin eine zwanzigjährige Stockhausstrafe für den Fall angedroht, daß sie die ihnen anvertrauten Pläne militärischen Inhalts entweder zu Friedens- oder Kriegszeiten boshaft und verräterisch dem Feind vermittelten. Auch hier erläuterte der Gesetzestext wiederum nicht, was der Gesetzgeber unter den genannten Begehungsweisen verstanden wissen wollte. Zudem ist bemerkenswert, daß der *Code pénal* von 1791 die verräterische Preisgabe von militärischen Geheimnissen durch Nichtbeamte offensichtlich nicht erfaßte und mithin die Spionage seltsamerweise nicht unter Strafe stellte[490].

bb.) Die Verbrechen gegen die innere Sicherheit des Staates

Gerade der weitgefaßte Tatbestand der Majestätsbeleidigung im Sinne des Hochverrats war während des *Ancien Régime* Gegenstand besonderer richterlicher Willkür gewesen[491]. Der mit ihm getriebene, oftmals politisch motivierte Mißbrauch[492] hatte bereits die Generalstände dazu veranlaßt, eine genauere Bestimmung des Delikts zu verlangen[493]. Der Gesetzgeber verwarf dementsprechend den Begriff der *lèse-majesté* zugunsten neuer, jedoch weitgehend unklarer Rechtsbegriffe und regelte die Materie des Hochverrats zunächst im Abschnitt *Des crimes contre la sûreté intérieure de l'État*[494].

Der dem konstitutionell-monarchischen Prinzip noch verbundene Gesetzgeber von 1791 bedrohte in Art. 1 zunächst denjenigen mit der Kapitalstrafe, der eine Verschwörung [*complot*] oder ein Attentat [*attentat*] gegen den König, den Regenten oder den vermutlichen Thronerben schmiedete bzw. verübte. Das Gesetz gab hierbei jedoch nicht nur keine nähere Bestimmung des Begriffs *complot*, sondern setzte ihn darüber hinaus in der Rechtsfolge mit dem gleichfalls nicht definierten Begriff des *attentat* gleich[495]. Anhand des Gesetzestextes ließ sich

---

490 Höhn, *a.a.O.*, S. 100; Alkalay, *a.a.O.*, S. 82.

491 Höhn, *a.a.O.*, S. 98; Alkalay, *a.a.O.*, S. 82.

492 Maury, *La législation criminelle sous l'ancien régime*, S. 587; Alkalay, *a.a.O.*, S. 79.

493 Desjardins, *a.a.O.*, S. 155ff, 170ff.

494 Part. I, tit. I, sect. II C.P. 1791. Vergl. näher zum entsprechenden Komiteentwurf sowie zu den Beratungen in der Nationalversammlung: *Archives Parlementaires*, Bd. XXVII, S. 50ff; Alkalay, *a.a.O.*, S. 82ff.

495 Eine entsprechende Gleichsetzung beider Begriffe findet sich auch in Art. 1 des folgenden Abschnittes *Crimes et attentats contre la constitution*. Ausgehend vom Wortlaut einiger Ordonnanzen des *Ancien Régime*, die den Begriff *attentat* mit dem Versuchsbegriff *tentative* gleichsetzten, zeigt Höhn auf, daß der Gesetzgeber von 1791 den Attentatsbegriff möglicherweise in diesem Sinn habe verstanden wissen wollen. Vergl. Höhn, *a.a.O.*, S. 98f.;

deshalb keine klare Abgrenzung beider Begriffe voneinander treffen, was umso bemerkenswerter war, als der Gesetzgeber auf diesen Begriffen sämtliche Unterabteilungen der Verbrechen gegen die innere Sicherheit des Staates aufgebaut hatte[496]. Dieser die Rechtssicherheit nicht gewährleistende Mißstand wurde zwar bereits in der Nationalversammlung gerügt[497], jedoch blieben diese Einwendungen ohne Folgen für den endgültigen Gesetzeswortlaut[498]. Der Gesetzgeber überließ also die Auslegung der Begriffe der richterlichen Willkür, und der einzelne Bürger war demnach auch nach der neuen Gesetzgebung nicht besser gestellt, als zu Zeiten alten Rechts[499]. Eine ähnlich unklare Begrifflichkeit beinhaltete auch Art. 2 aufgrund des parallelen Gebrauchs der nicht umschriebenen Begriffe *complot* und *conspiration*. Der Gesetzgeber stellte hierin Komplotte oder Verschwörungen zur Entfachung eines Bürgerkriegs dann unter Todesstrafe, wenn sie die Bewaffnung eines Teils der Bürger gegen ihre Mitbürger oder gegen die Ausübung der rechtmäßigen Staatsgewalt mit sich brachten. Obwohl in der Nationalversammlung gleichfalls Bedenken gegen den parallelen Gebrauch dieser Begriffe laut geworden waren und man vereinzelt ausdrücklich eine präzisere Umschreibung eingefordert hatte[500], wurde auch hier der unklare Wortlaut letztlich beibehalten[501]. Damit räumte der Gesetzgeber dem Richter eine weitere enorme, dem Grundsatz der Rechtssicherheit widersprechende Ermessensfreiheit ein, die im Grunde der des *Ancien Régime* entsprach. Die auf einen bewaffneten Umsturz abzielenden Verschwörungshandlungen sowie deren Vorbereitungstaten erfaßte der Gesetzgeber schließlich in Art. 3, wo er sie kasuistisch geordnet insgesamt mit der Kapitalstrafe belegte. Unter diese eigentlichen Verschwörungstatbestände fiel zunächst das Anwerben von Soldaten, die Truppenaushebung sowie das Ansammeln von Waffen und Munition zu dem Zweck, die in Art. 2 erwähnten Komplotte und Anschläge auszuführen. Über den Begriff des *complot* hinaus verwendete der Gesetzgeber hierbei in Gestalt der *machination* einen weiteren nicht näher umschriebenen Begriff, den er aufgrund des Verweises auf Art. 2 zudem noch mit dem Verschwörungsbegriff gleichsetzte, was zwangsläufig zu einer verwirrenden Begrifflichkeit führen mußte. Desweiteren regelte Art. 3 jeden Angriff auf bzw. jeden Widerstand gegen die Staatsgewalt für den Fall, daß sich diese gegen die besagten Komplotte zur Wehr setzte. Spätestens hier wurde die bislang lediglich verwirrende Begrifflichkeit nunmehr vollends unklar, denn der Gesetzgeber sprach nunmehr ausschließlich von *complots*, was die

---

Jousse, *Traité*, Bd. III, S. 694ff, 749f., 250; Bd. IV, S. 10f., 42; Muyart de Vouglans, *Loix*, S. 7, 187, 191.

496 Höhn, *a.a.O.*, S. 99.

497 Vergl. *Archives Parlementaires*, Bd. XXVII, S. 50.

498 Alkalay, *a.a.O.*, S. 83.

499 Höhn, *a.a.O.*, S. 99.

500 Vergl. *Archives Parlementaires*, Bd. XXVII, S. 51f.

501 Alkalay, *a.a.O.*, S. 83.

Schlußfolgerung erlaubte, er habe den Begriff des Komplottes als Sammelbegriff für alle genannten hochverräterischen Betätigungen aufgefaßt[502]. Schlußendlich war auch jede Erstürmung von Städten, Festungen, Magazinen, Zeughäusern, Häfen oder Schiffen nach Art. 3 unter Strafe gestellt. Für alle aufgeführten Verschwörungs- sowie deren Vorbereitungshandlungen galt im übrigen, daß der Gesetzgeber die Verhängung der Todesstrafe nicht nur für die Urheber, Anführer, und Ratgeber der besagten Revolten, sondern auch für all diejenigen vorsah, die man dabei mit der Waffe in der Hand aufgriff. Während Art. 4 darüber hinaus auch diejenigen mit der Todesstrafe belegte, die mit den Empörern nach Maßgabe der in Art. 4 des vorangegangenen Abschnitts ausgeführten Art und Weise einverständlich zusammenwirkten, schuf der Gesetzgeber in Gestalt des Art. 5 noch ein echtes Sonderdelikt für Kommandanten bewaffneter Kräfte. Hielten diese entweder an ihrem entzogenen Kommando fest, oder weigerten sie sich gar, eine ihnen befohlene Armeeauflösung zu veranlassen oder eine Truppenentlassung durchzuführen, so machten sie sich der Empörung schuldig und hatten die Todesstrafe verwirkt. Diese der heutigen Auffassung fremde Einbeziehung in die ordentliche Straf- und nicht in die Militärstrafgesetzgebung beruhte auf den Wirren des revolutionären Umbruchs und sollte einen angesichts der instabilen politischen Lage ständig drohenden Militärputsch verhindern helfen[503].

cc.) Die Verbrechen gegen die Staatsverfassung

Weitere Tatbestände hochverräterischer Unternehmungen regelte der Gesetzgeber darüber hinaus im nachfolgenden, Verbrechen gegen die Staatsverfassung umfassenden Abschnitt *Des crimes et attentats contre la constitution*[504], den er in insgesamt 25 Artikel untergliederte. Zunächst erfaßte Art. 1 den Schutz von Ur- und Wahlversammlungen vor Eingriffen von außen[505] und drohte demjenigen eine fünfzehnjährige Stockhausstrafe an, der Komplotte und Attentate zur Verhinderung oder Auflösung dieser Versammlungen schmiedete bzw. verübte. In dieser zweifellos gegen den König und seine reaktionär gesinnten Minister gerichteten

---

502 Umso erstaunlicher ist, daß Art. 3 in der Nationalversammlung zu keinerlei Debatte mehr Anlaß gab und der Komiteentwurf entsprechend unverändert angenommen wurde. Vergl. *Archives Parlementaires*, Bd. XXVII, S. 52f.; Alkalay, *a.a.O.*, S. 83.

503 Tatsächlich diskutierte die Nationalversammlung die Frage, ob dieses Delikt nicht besser im Rahmen der Militärstrafgesetzgebung zu behandeln sei. Mit der Begründung, es handele sich hierbei um ein so schwerwiegendes Verbrechen gegen die öffentliche Ordnung, daß eine Regelung im Rahmen der ordentlichen Gesetzgebung gerechtfertigt sei, befürworteten die meisten Deputierten jedoch die Beibehaltung dieses Artikels im *Code pénal*. Vergl. *Archives Parlementaires*, Bd. XXVII, S. 53; Alkalay, *a.a.O.*, S. 83f.

504 Part. I, tit. I, sect. III C.P. 1791. Vergl. näher zum entsprechenden Komiteentwurf sowie zu den Beratungen in der Nationalversammlung: *Archives Parlementaires*, Bd. XXVII, S. 50ff, 64ff, Alkalay, *a.a.O.*, S. 82ff.

505 Vergl. *Archives Parlementaires*, Bd. XXVII, S. 66f.

Bestimmung, setzte der Gesetzgeber nochmals die nicht näher umschriebenen Begriffe *complot* und *attentat* miteinander gleich. Nicht zum Schutze der allgemeinen (Wahl-) Versammlungsfreiheit, sondern vielmehr gegen Eingriffe in die individuelle Freiheit des einzelnen Versammlungsteilnehmers gerichtet und insoweit als notwendige Ergänzung zu Art. 1 konzipiert[506], stellte Art. 2 demjenigen die Aberkennung der staatsbürgerlichen Rechte in Aussicht, der einen wahlberechtigten Bürger mittels Drohung oder Gewalt aus einer Urversammlung entfernte oder vertrieb. Den Schutz der Volksversammlungen bezweckte der Gesetzgeber auch mit Art. 3, der eine Einflußnahme von außen mittels fehlgeleiteter Truppen verhindern helfen sollte. Umstellten nämlich Truppen den Sitzungssort oder drangen gar widerrechtlich ein, so verwirkten derjenige Minister oder Kommandant sowie diejenigen kommandierenden Offiziere eine fünfzehnjährige Stockhausstrafe, die den betreffenden Befehl entweder selbst gegeben oder gegengezeichnet bzw. selbst dessen Durchführung veranlaßt hatten.

Während der Gesetzgeber rechtswidrige Eingriffe in die Volksversammlungen lediglich mit vergleichsweise milden Strafen belegte, bestimmte er hingegen in Art. 4 Abs. 1 für solche *conspirations* oder *attentats* die Verhängung der Kapitalstrafe, die sich entweder gegen das Zusammentreten der gesetzgebenden Versammlung richteten oder deren Auflösung bewirken sollten. Dieselbe Strafe zogen jedoch auch solche Handlungen nach sich, die darauf abzielten, die Beratungsfreiheit und freie Meinungsbildung der Versammlung mittels Drohung und Gewalt zu behindern. Aber der Gesetzgeber schützte nicht nur den *Corps Législatif* als Kollektivorgan, sondern dehnte konsequenterweise den Schutz auch auf die individuelle Freiheit eines jeden seiner Mitglieder aus. Entgegen der die niederen Dienstgrade grundsätzlich von einer Strafverfolgung ausnehmenden Bestimmungen des Art. 3 verwirkten nach Art. 4 Abs. 2 auch diejenigen die Todesstrafe, die - entweder durch Befehlserteilung oder aber deren Ausführung - Anteil an diesen Obstruktionsunternehmungen hatten. Auch in Art. 4 gebrauchte der Gesetzgeber wiederum mehrfach den Begriff des *attentat*, den er auch hier nicht näher umschrieb und der zudem parallel zu dem ebenfalls auslegungsbedürftigen Begriff der *conspiration* aufgeführt wurde. Diese Begriffe tauchten noch in anderen Artikeln dieses Abschnitts auf, der zudem auch noch den nicht umschriebenen Begriff der *machination* enthielt. Der einzelne Bürger, der in Erfahrung bringen wollte, ob seine opositionellen Handlungen strafbar waren oder nicht, sah sich deshalb letztlich nichtssagenden Begriffen und Normen gegenübergestellt, die ihm nicht nur keinerlei Orientierungshilfe gewährten, sondern auch dem angestrebten Legalitätsprinzip zuwiderliefen[507].

---

506 Vergl. *Archives Parlementaires*, Bd. XXVII, S. 64f.; 243.

507 Höhn, *a.a.O.*, S. 99; Alkalay, *a.a.O.*, S. 83.

Eine besondere Schutzfunktion zugunsten des *Corps Législatif* und seiner Mitglieder beinhalteten auch Art. 5 und 6, die die Legislative vor einer bewaffneten Einflußnahme durch König und vollziehender Gewalt bewahren sollten[508]. So drohte Art. 5 demjenigen Minister oder Oberbefehlshaber eine zehnjährige Stockhausstrafe an, der reguläre Truppen näher als 30.000 *toises*[509] an den Sitzungsort der gesetzgebenden Versammlung heranbefahl oder -führte, ohne daß diese zuvor zugestimmt oder Truppen angefordert hatte. Die Todesstrafe drohte nach Art. 6 Abs. 1 darüber hinaus demjenigen, der den Sitzungsort - wiederum ohne Zustimmung oder Aufforderung seitens des *Corps Législatif* - durch Bewaffnete entweder umstellen oder gar besetzen ließ. Hierbei erstreckte sich die Strafandrohung gemäß Art. 6 Abs. 2 nicht nur auf die Befehlsgeber, sondern auch auf diejenigen, die die entsprechenden Befehle ausgeführt hatten, was die besondere Bedeutung unterstrich, die die Deputierten der *Assemblée Constituante* dieser Vorschrift beimaßen.

Während der Gesetzgeber in Art. 7 alle auf eine Abänderung der Thronfolge gerichteten *conspirations* und *attentats* mit der Kapitalstrafe belegte, versuchte er in Art. 8ff die gesetzgeberische Gewalt des *Corps Législatif* vor einer Einflußnahme der Exekutive schützen. Zunächst bestimmte Art. 8 Abs. 1, daß einem Minister dann die Todesstrafe drohte, wenn er eigenmächtig einen gesetzähnlichen Erlaß entweder ohne die Zustimmung des *Corps Législatif*, oder aber unter Nichtbeachtung der in der Verfassung statuierten Form dekretierte. Darüber hinaus hatte jeder Bedienstete der Exekutive nach Art. 8 Abs. 2 die Aberkennung seiner staatsbürgerlichen Rechte für den Fall verwirkt, daß er die Veröffentlichung des Aktes oder sogar dessen Ausführung veranlaßte. Der Gesetzgeber belegte in Art. 9 einen Minister ferner auch dann mit der Kapitalstrafe, wenn ein Akt zwar unter Beachtung der verfassungsmäßigen Form ergangen und als Gesetz veröffentlicht worden war, die erforderliche Zustimmung des *Corps Législatif* jedoch fehlte und der zuständige Minister das entsprechende Dokument aber dennoch eigenmächtig gegengezeichnet hatte. Mit der Verhängung der Todesstrafe mußte nach Art. 10 Abs. 1 zudem der Minister rechnen, der ein zwar verfassungsgemäß ergangenes Gesetz gegenzeichnete, dessen Text vor Gegenzeichnung aber abgeändert oder auf sonstige Weise ge- oder verfälscht worden war. Ob der Minister selbst, einer seiner Untergebenden oder sogar Dritte die Fälschung bewerkstelligt hatten, blieb dabei insofern ohne Bedeutung, als nach Art. 10 Abs. 2 die alleinige strafrechtliche Verantwortung für die in Art. 9 und 10 umschriebenen Delikte lediglich dem zuständigen Minister zukam. Die Todesstrafe

---

[508] Die Nationalversammlung hatte einen offen gegenrevolutionären König auf dem Thron belassen und tagte unter der beständigen Furcht eines bewaffneten royalistischen Umsturzes. Vergl. Gaxotte, *a.a.O.*, S. 154ff; Schulin, *a.a.O.*, S. 82ff; Alkalay, *a.a.O.*, S. 84f.

[509] Die während des *Ancien Régime* gebräuchliche Längenmaßeinheit der *toise* entsprach nach heutigen Maßstäben einer Länge von etwa 1,60 m. Vergl. Bély, *a.a.O.*, S. 1215.

drohte nach Art. 11 Abs. 1 auch dem Minister, der einen durch den *Corps Législatif* nicht bewilligten und zudem nicht verfassungsgemäß ergangenen Akt gegenzeichnete, der die erfahrungsgemäß äußerst sensible Materie der Erhebung von Steuern oder die Entrichtung von Zwangsanleihen festschrieb[510]. Entsprechendes galt für die Erteilung oder Gegenzeichnung von Anordnungen, die auf die Steuerbeitreibung oder Anleiheneinziehung gerichtet waren. Nicht ohne strafrechtliche Folgen für die Bediensteten der Exekutive blieb auch der eigentliche Beitreibungs- oder Einziehungsvorgang, denn sie mußten nach Art. 11 Abs. 2 mit der Aberkennung der staatsbürgerlichen Rechte rechnen. War der entsprechende Akt hingegen zwar unter Beachtung der verfassungsmäßigen Form ergangen, aber ohne die notwendige Zustimmung der gesetzgebenden Versammlung verblieben, so forderte Art. 12 die Kapitalstrafe lediglich für den zuständigen Minister, der das Dokument gegengezeichnet oder entsprechende Anordnungen erteilt oder bestätigt hatte. Die Beteiligten unterer Chargen blieben auch hier von einer Strafverfolgung verschont.

Gegen reaktionäre Strömungen innerhalb der Exekutive richtete sich auch Art. 13, der die von der Revolution geschaffenen Institutionen unter besonderen Schutz stellte. So mußte ein Minister nach Art. 13 Abs. 1 zunächst dann mit einer zwanzigjährigen Stockhausstrafe rechnen, wenn er einen Akt oder Befehl der vollziehenden Gewalt gegenzeichnete, der auf die Wiedererrichtung von einzelnen Institutionen oder Körperschaften abzielte, die die Verfassung von 1791 endgültig beseitigt hatte. Gleiches galt für den Fall, daß der zuständige Minister einzelne, von der Verfassung vorgesehene Körperschaften auflöste oder gar solche Körperschaften ins Leben rief, deren Einrichtung die Verfassung überhaupt nicht vorsah. Bedienstete der Exekutive unter Ministerrang hatten hingegen gemäß Art. 13 Abs. 2 die Aberkennung ihrer staatsbürgerlichen Rechte nur dann zu befürchten, wenn sie die ihnen eingeräumten Befugnisse und Funktionen entweder annahmen oder sogar ausübten. Vergab die Exekutive durch einen im Namen des Königs ergangenen Akt allerdings ein Amt, das nach der Verfassung nur durch freie Wahlen besetzt werden durfte, so verwirkten sowohl der hierfür verantwortliche Minister als auch diejenigen Personen die Aberkennung ihrer staatsbürgerlichen Rechte, die das Amt annahmen oder dessen Funktionen ausübten. Der Gesetzgeber stellte darüber hinaus alle Machenschaften [*machinations*] oder Gewalttätigkeiten unter Strafe, die darauf abzielten, das Zusammentreten der verfassungsmäßigen Institutionen unterer Ebene zu verhindern oder deren Auflösung zu bewirken. Während eine einfache Tatbegehung lediglich eine dreijährige Isolationshaft im Stockhaus nach sich zog,

---

[510] Die katastrophale Finanzpolitik Ludwig XVI. und seiner Minster, die in immer höheren Haushaltsdefiziten gipfelte, denen man mittels Steuern und Anleihen Herr zu werden hoffte, ist eine der Hauptursachen für den Revolutionsausbruch gewesen. Vergl. Gaxotte, *a.a.O.*, S. 98ff; Schulin, *a.a.O.*, S. 97ff; Alkalay, *a.a.O.*, S. 85.

verdoppelte sich das Strafmaß dann, wenn der Täter die Gewalttätigkeiten unter Einsatz von Waffen beging. Hatte hingegen ein Minister den Befehl zur Begehung dieser Machenschaften oder Gewalttätigkeiten gegeben, so mußte gemäß Art. 16 Abs. 1 eine zwölfjährige Stockhausstrafe ausgesprochen werden. Entsprechendes galt nach Art. 16 Abs. 2 für Kommandanten und Offiziere, die zur Ausführung des Befehls beigetragen hatten. Eine Strafverschärfung beinhaltete darüber hinaus Art. 16 Abs. 3 für den Fall, daß ein Bürger infolge der Gewalttätigkeiten sein Leben verlor. War dies geschehen, so hatten sowohl der unmittelbare Täter, als auch die im Sinn des Art. 16 verantwortlichen Minister, Kommandanten und Offiziere die Todesstrafe zu gegenwärtigen.

Gegen eine Druckausübung von Seiten der Exekutive richteten sich auch die folgenden Bestimmungen des neuen Strafgesetzbuchs. Zunächst belegte Art. 17 denjenigen Minister mit einer zwanzigjährigen Stockhausstrafe, der zu Friedenszeiten über das von der gesetzgebenden Versammlung zugelassene Kontingent hinaus Landstreitkräfte ausheben oder unterhalten ließ. Dieselbe Strafe verwirkte er auch, wenn er beabsichtigte, den von der Legislative festgelegten Anteil ausländischer Söldnertruppen anzuheben. Eine zwanzigjährige Isolationshaft im Stockhaus drohte der Gesetzgeber nach Art. 18 Abs. 1 darüber hinaus auch für alle Gewalttätigkeiten an, die reguläre Linientruppen gegen Bürger verübten, ohne das diese gewaltsamen Handlungen zuvor rechtmäßig angefordert worden und ihre Anwendung ausdrücklich im Gesetz vorgesehenen waren. Die Strafandrohung richtete sich dabei gemäß Art. 18 Abs. 2 sowohl gegen den verantwortlichen Minister und die seine Anordnungen ausführenden Kommandanten und Offiziere, als auch gegen solche Personen, die Gewalthandlungen ohne besonderen Befehl begangen hatten. Eine Strafverschärfung sah der Gesetzgeber darüber hinaus dann vor, wenn durch die Repressalien der Tod eines Bürgers herbeigeführt worden war. In diesem Fall mußten nach Art. 18 Abs. 3 nicht nur der unmittelbare Täter, sondern auch der verantwortliche Minister sowie die seine Befehle ausführenden Kommandanten und Offiziere mit der Verhängung der Todesstrafe rechnen.

Einen besonderen Stellenwert räumte der Gesetzgeber auch der persönlichen Freiheit des Einzelnen ein, die er dem Wortlaut von Art. 19 nach als Kernstück der neuen Verfassung ansah und deshalb auch strafrechtlich entsprechend zu schützen gedachte. So hatte nach Art. 19 jedes *attentat* auf diese individuelle Freiheit grundsätzlich die Verhängung einer sechsjährigen Stockhausstrafe zur Folge. Die Strafandrohung richtete sich dabei gegen jedermann, unabhängig von Amt und Stellung. Von der Strafverfolgung ausgenommen waren nur solche Amtspersonen, deren Vorgehen entsprechende Gesetze deckten, sowie andere Personen, die im Rahmen eines gesetzlich sanktionierten vorläufigen Festnahmerechts handelten und die betreffende Person danach unverzüglich der Polizei übergaben. Darüber hinaus forderte der Gesetzgeber in Art. 20 für den Fall, daß der unerlaubte Eingriff in die individuelle Freiheit auf einer Anordnung der Exekutive beruhte eine zwölfjährige Stockhausstrafe für den hierfür verantwortlichen Minister. Gegen die Exekutive und ihre Repräsentanten richtete sich auch Art. 21, nach dem jeder Gefängniswärter oder Aufsichtsbeamte von Haftanstalten eine sechsjährige Stockhausstrafe verwirkte, wenn er - ohne hierzu aufgrund eines Befehls, einer Verordnung, eines Urteils oder eines anderen rechtmäßigen Akts befugt zu sein - eine rechtswidrig festgenommene Person gefangen hielt. Als besondere Schutznorm gegen einen Übergriff der Exekutive kann auch Art. 22 gelten, der das Verschwinden von zwar legal festgenommenen, aber politisch oder anderweitig unliebsamen Personen verhindern helfen sollte[511]. Auch nach Art. 22 Abs. 1 hatte derjenige eine sechsjährige Stockhausstrafe verwirkt, der eine legal festgenommene Person an einen anderen als den vom Gesetz bestimmten Verwahrungsort verbringen ließ. Eine entsprechende Strafverfolgung drohte ferner auch solchen Personen, die den Festgenommenen entweder selbst unmittelbar unter Verschluß hielten oder ihr Haus zu seiner illegalen Unterbringung zur Verfügung gestellt hatten. Wenn die rechtswidrige Gefangenhaltung darüber hinaus zudem auf einem Akt der vollziehenden Gewalt beruhte, verdoppelte sich das Strafmaß für den hierfür verantwortlichen Minister, der nach Art. 22 Abs. 2 mit einer zwölfjährigen Isolationshaft im Stockhaus zu rechnen hatte.

Die Materie der Postunterschlagung sowie die der Verletzung des Briefgeheimnisses erfaßte schließlich Art. 23. Nach Art. 23 Abs. 1 hatte jeder die Aberkennung seiner staatsbürgerlichen Rechte verwirkt, der freiwillig und vorsätzlich einen bereits aufgegebenen Brief unterschlug oder dessen Siegel erbrach und vom Inhalt Kenntnis nahm. War dieses Verbrechen gar aufgrund einer Anordnung der Exekutive oder von einem Postbediensteten begangen worden, so drohte gemäß Art. 23 Abs. 2 nicht nur dem unmittelbaren Täter, sondern auch dem verantwortlichen Minister sowie dem Postbediensteten einer zweijährigen Stockhausstrafe.

Offenkundig gegen die Exekutive wandte sich der Gesetzgeber auch in Art. 24, der ein Eingreifen der vollziehenden Gewalt zugunsten ihrer straffällig gewordenen Angehörigen verhindern helfen sollte. So machten sich sowohl der verantwortliche Minister als auch der unmittelbar handelnde Beamte der Strafvereitelung dann schuldig, wenn die Exekutive eine Anordnung zu dem Zwecke erließ, einen ihrer Bediensteten entweder der Strafverfolgung zu entziehen oder ihn vor der Strafvollstreckung zu bewahren.

---

[511] Alkalay, *a.a.O.*, S. 87.

In der letzten Bestimmung räumte der Gesetzgeber allerdings den nach Maßgabe dieses Abschnittes verantwortlichen Ministern insofern eine Exkulpationsmöglichkeit ein, als er ihnen zugestand zu beweisen, daß ihre Unterschrift unter die entsprechenden Dokumente erschlichen worden war. Gelang diese Beweisführung, so hatten an ihrer Stelle die überführten Urheber der Erschleichung gemäß Art. 25 diejenige Strafe verwirkt, die der Gesetzgeber eigentlich den höchsten Repräsentanten der Exekutive zugedacht hatte.

b.) Der Widerstand gegen die Staatsgewalt

Die *Ordonnance criminelle* von 1670 kannte zwei Arten des Widerstands gegen die Staatsgewalt [*rébellion*][512] und differenzierte zwischen dem Widerstand gegen solche Befehle, die direkt vom König oder seinem Rat ausgingen, und dem Widerstand, der sich gegen Erlasse und Urteile der Justiz sowie deren Vollstreckung richtete. Die *rébellion* wurde - ob sie nun zu Recht erfolgte oder nicht - stets als Majestätsbeleidigung angesehen und streng bestraft. Dies galt auch dann, wenn sich der Widerstand nur gegen die Justiz richtete, denn der König war deren oberster Herr und seine Beamten vollstreckten Urteile in seinem Namen[513].

Der Gesetzgeber von 1791 brach mit dieser dem absolutistischen Staatsgedanken entlehnten Auffassung von einer unbedingten Gehorsamspflicht des Bürgers und setzte das bereits 1789 in der Menschen- und Bürgerrechtserklärung festgeschriebene Legalitätsprinzip auch im Hinblick auf den Widerstand gegen die Staatsgewalt konsequent um. Dessen Tatbestände faßte er im wesentlichen unter dem Abschnitt *Délits des particuliers contre le respect et l'obéissance dus à la loi et à l'autorité des pouvoirs constitués pour la faire exécuter*[514] zusammen. Zunächst belegte Art. 1 für den Fall, daß Vertreter von Exekutive oder Judikative bei der Vollstreckung eines Gesetzes oder bei der Erhebung oder Einnahme von rechtmäßig festgesetzten Steuern sowie bei der Vollstreckung eines Urteils, Befehls, eines Gerichtsbeschlusses oder einer Polizeiverordnung auf Widerstand stießen, die Widerstand Leistenden dann mit einer zweijährigen Einsperrung, wenn sie den Beamten Gewalttaten oder Tätlichkeiten [*violences ou voies de fait*] entgegensetzten, obwohl diese zuvor die Beugeformel *Obéissance à la loi!* verkündet hatten. Sinn und Zweck der durch den Beamten jedenfalls zu äußernden

---

512 Vergl. *Ordonnance criminelle 1670*, Tit. I, Art. XX; Tit. II, Art II; Tit. X, Art. XIV; Tit. XXII, Art. I.

513 Muyart de Vouglans, *Institutes*, S. 461ff; *Loix*, S. 151ff; Höhn, *a.a.O.*, S. 100f.; Alkalay, *a.a.O.*, S. 88.

514 Part. II, tit. I, sect. IV C.P. 1791. Vergl. näher zum entsprechenden Abschnitt des Komiteentwurfs und den entsprechenden Beratungen in der Nationalversammlung: *Archives Parlementaires*, Bd. XXVII, S. 247f., 276f., 294; Bd. XXXI, S. 85; Alkalay, *a.a.O.*, S. 88ff.

Beugeformel war es, dem Bürger die Rechtmäßigkeit des Hoheitsaktes vor Augen zu führen. Daraus ließ sich der Umkehrschluß ziehen, daß das neue Strafgesetzbuch ein Widerstandsrecht der Bürger gegenüber illegalen Handlungen der administrativen Instanzen grundsätzlich anerkannte[515]. Allerdings versäumte es der Gesetzgeber zu erläutern, was er unter den Begriffen *violences* und *voies de fait* verstanden wissen wollte und beließ so den einfachen Gewaltbegriff im Dunkeln[516]. War hingegen der in Art. 1 erfaßte Widerstand mit Waffengewalt geführt worden, so verdoppelte Art. 2 das Strafmaß auf eine vierjährige Kettenstrafe. Leisteten bis zu fünfzehn Personen gemeinsam Widerstand, so waren sie nach Art. 3 gleichfalls zu einer vierjährigen Kettenstrafe zu verurteilen, wenn keine Waffen ergriffen worden waren; bei bewaffnetem Widerstand hingegen verdoppelte sich das Strafmaß nochmals auf eine achtjährige Kettenstrafe. Entsprechendes galt gemäß Art. 4 für eine Zusammenrottung von mehr als fünfzehn Personen. Leisteten sie Widerstand ohne Waffen, so verwirkten sie eine achtjährige, mit Waffen hingegen eine sechzehnjährige Kettenstrafe. Erforderte eine aufrührerische Zusammenrottung den Einsatz der bewaffneten Kräfte, so wurde gemäß Art. 5 derjenige zum Tode verurteilt, den man nach ausdrücklicher Warnung unmittelbar beim Widerstandleisten aufgriff. In Art. 6 drohte der Gesetzgeber darüber hinaus jedem im Sinne der Art. 1ff Widerstand Leistenden die Kapitalstrafe für den Fall an, daß er anläßlich des Widerstandes Morde verübte oder Brände legte. Wer hingegen lediglich einen Beamten bei der Ausübung seiner Tätigkeit dadurch beleidigte, daß er ihn schlug oder verletzte, sollte nach Art. 7 eine zweijährige Einsperrung verbüßen. Darüber hinaus verwirkte nach Art. 8 eine dreijährige Kettenstrafe, wer gewaltsam einen rechtmäßig festgehaltenen Häftling befreite oder erwiesenermaßen zu befreien versucht hatte. Hatte er dabei Schußwaffen oder andere todbringende Waffen eingesetzt, so verdoppelte sich nach Art. 9 das Strafmaß. Wirkten bei der gewaltsamen Befreiung bzw. dem Befreiungsversuch darüber hinaus zwei oder mehr Personen zusammen, so hatten sie nach Art. 10 eine sechsjährige Kettenstrafe zu verbüßen. Setzten sie hierbei zudem die bereits genannten Waffen ein, so drohte ihnen eine zwölfjährige Kettenstrafe.

c.) Die von Amtspersonen begangenen Verbrechen

Während es zu Zeiten des *Ancien Régime* kein einheitliches Beamtenstrafrecht gegeben und der Gesetzgeber lediglich einige Beamtendelikte unter den weitgefaßten Tatbestand der Majestätsbeleidigung subsumiert hatte[517], faßte der

[515] Vergl. Alkalay, *a.a.O.*, S. 89.
[516] Entsprechende Bedenken waren bereits in der Nationalversammlung geäußert worden. Vergl. *Archives Parlementaires*, Bd. XXVII, S. 247f.
[517] Muyart de Vouglans, *Institutes*, S. 427.

Gesetzgeber von 1791 die vielfältigen Sonderdelikte der Beamtenschaft im wesentlichen unter dem Abschnitt *Crimes des fonctionnaires publics dans l'exercise des pouvoirs qui leur sont confiés*[518] zusammen. Zunächst drohte er in Art. 1 sowohl jedem Beamten als auch jedem anderen Bediensteten der Exekutive eine zehnjährige Stockhausstrafe für den Fall an, daß er die ihm verliehene Amtsgewalt dazu benutzte, die Ausführung eines Gesetzes oder die Eintreibung einer rechtmäßig erhobenen Steuer zu verhindern. Für denselben Personenkreis sah Art. 2 Abs. 1 eine sechsjährige Einsperrung auch dann vor, wenn er seine Amtsgewalt dazu mißbrauchte, die Vollstreckung eines Urteils oder sonstiger, rechtmäßig ergangener Anweisungen von Justiz, Gemeindebeamten, Polizei und Verwaltung zu ver- bzw. Maßnahmen einer rechtmäßigen Gewalt zu behindern. Nach Abs. 2 machte sich dabei jedoch nur derjenige Vorgesetzte strafbar, der die Behinderung als erster angeordnet hatte. Für den Fall, daß es infolge und aufgrund des Amtsmißbrauchs zu einer aufrührerischen Zusammenrottung und damit verbundener Verbrechen wie Totschläge, Gewalttaten oder Plünderungen gekommen war, verwirkte der hierfür verantwortliche Beamte oder öffentliche Bedienste nach Art. 3 die gleiche Strafe wie die unmittelbaren Täter. Jedem Beamten drohte darüber hinaus gemäß Art. 4 für den Fall, daß er nach seiner Ernennung die Amtsausübung verweigerte, die Strafe einer dreijährigen Einsperrung. Desweiteren belegte Art. 5 Beamte mit einer sechsjährigen Stockhausstrafe, die durch ihren Amtsmißbrauch Bürger direkt zum Ungehorsam gegenüber den Gesetzen und den rechtmäßigen Autoritäten oder zur Begehung von Morden oder anderen Verbrechen aufgefordert hatten. Zog diese Aufforderung zudem noch eine aufrührerische Zusammenrottung, Totschläge oder andere Verbrechen nach sich, so verwirkte der verantwortliche Beamte die gleiche Strafe, die der Gesetzgeber den eigentlichen Tätern in Aussicht stellte. Darüber hinaus belegte Art. 6 den Beamten mit einer zweijährigen Stockhausstrafe, der sein Amt weiterhin ausübte, obwohl er bereits entlassen, suspendiert oder seines Amtes enthoben worden war; entsprechendes galt auch für Wahlbeamte auf Zeit, deren Amtszeit bereits abgelaufen war. Kam es infolge und aufgrund der unberechtigten Amtsausübung zu Zusammenrottungen, oder wurden von Dritten Totschläge oder andere Verbrechen verübt, so wurde der Beamte zur gleichen Strafe verurteilt, die das Gesetz für die eigentlichen Täter vorsah.

Während Art. 7 jedem der Bestechlichkeit überführten Mitglied des *Corps Législatif* die Kapitalstrafe androhte, regelten die Art. 8ff die Strafbarkeit von korrupten Beamten, Geschworenen, Strafrichtern und höheren Strafverfolgungsbeamten. So hatte nach Art. 8 derjenige Beamte die Aberkennung der staatsbürgerlichen Rechte verwirkt, der der Bestechlichkeit überführt worden

---

[518] Part. II, tit. I, sect. V C.P. 1791. Vergl. näher zum entsprechenden Abschnitt des Komiteentwurfs und den Beratungen in der Nationalversammlung: *Archives Parlementaires*, Bd. XXVII, S. 294ff; Alkalay, *a.a.O.*, S. 91ff.

war; gleiches galt für Bürger, die auf der Geschworenenliste geführt wurden. Desweiteren belegte der Gesetzgeber in Art. 9 Geschworene, die bereits den Geschworeneneid abgelegt hatten, und danach der Bestechlichkeit überführt worden waren, sowie jeden der Bestechlichkeit überführten Strafrichter und höheren Strafverfolgungsbeamten mit einer zwanzigjährigen Stockhausstrafe. Darüber hinaus waren nach Art. 10 alle der Bestechlichkeit im Sinn von Art. 8f. überführten Personen zu einer Geldstrafe in Höhe des erlangten Vorteils zu verurteilen.

In Art. 11 schließlich drohte der Gesetzgeber demjenigen Beamten eine fünfzehnjährige Kettenstrafe an, der nachweislich öffentliche Mittel unterschlug, für die er Rechnung abzulegen hatte. Daneben hatte nach Art. 12 jeder Beamte oder Träger eines öffentlichen Amtes eine zwölfjährige Kettenstrafe für den Fall verwirkt, daß er öffentliche Mittel, Wertpapiere, Urkunden, Dokumente oder Rechtstitel, über die er in Ausübung seines Amtes verfügte, unterschlug oder sich diese rechtswidrig aneignete. Weiterhin drohte Art. 13 die gleiche Strafe demjenigen Gefängniswärter oder Aufsichtsbeamten an, der ihm anvertraute Gefangene vorsätzlich zur Flucht verhalf. Darüber hinaus belegte der Gesetzgeber nach Art. 14 jeden Beamten, jeden Träger eines öffentlichen Amtes sowie jede andere mit der Steuererhebung und -einnahme betraute Person, die sich entweder selbst oder durch andere erwiesenermaßen der Steuerüberhebung schuldig gemachte hatte - unbeschadet der Rückführung der zu Unrecht erlangten Beträge - mit einer sechsjährigen Kettenstrafe. Eine zwanzigjährige Kettenstrafe hatte nach Art. 15 zudem derjenige Beamte oder Amtsträger zu verbüßen, der sich in Ausübung seines Amtes nachweislich ein Fälschungsverbrechen zuschulden kommen ließ.

d.) Die Verbrechen gegen das Staatseigentum

Während das *Ancien Régime* die Verbrechen gegen das Staatseigentum im wesentlichen unter den weitgefaßten Tatbestand der Majestätsbeleidigung subsumiert hatte[519], erfaßte der Gesetzgeber von 1791 die heterogene Materie der Verbrechen gegen das Staatseigentum in einem Katalog von insgesamt acht Artikeln unter dem Abschnitt *Crimes contre la propriété publique*[520]. Zunächst belegte Art. 1 denjenigen mit einer fünfzehnjährigen Kettenstrafe, der die legal in Umlauf befindlichen nationalen Münzzahlungsmittel entweder selbst nachmachte,

[519] So etwa das Fälschen von königlichen Siegeln sowie die Herstellung von Falschgeld. Vergl. Muyart de Vouglans, *Institutes*, S. 466ff.

[520] Part. II, tit. I, sect. VI C.P. 1791. Vergl. näher zum entsprechenden Abschnitt des Komiteentwurfs sowie zu den Beratungen in der Nationalversammlung: *Archives Parlementaires*, Bd. XXVI, S. 340; Bd. XXVII, S. 302ff; Alkalay, *a.a.O.*, S. 94ff.

verfälschte, vorsätzlich in Umlauf brachte oder in das Staatsgebiet einführte. Handelte es sich jedoch hierbei um Papiergeld, so hatte der Schuldige nach Art. 2 die Kapitalstrafe verwirkt. Darüber hinaus drohte dem Fälscher des Staatssiegels gemäß Art. 3 eine fünfzehnjährige, dem eines einfachen amtlichen Stempels gemäß Art. 4 hingegen lediglich eine zwölfjährige Kettenstrafe. Ferner war auch die Fälschung des staatlichen Prägestempels für Edelmetalle sowie die anderer staatlicher Zeichen auf Handelsgütern nach Art. 5 mit einer zehnjährigen Kettenstrafe belegt. Eine vierjährige Kettenstrafe verwirkte nach Art. 6 Abs. 1 weiterhin derjenige, der staatliche Mittel oder dem Staat gehörende bewegliche Sachen mit einem Wert von zehn oder mehr *Livres* stahl. Davon blieb nach Abs. 2 eine weitergehende Strafbarkeit bzw. ein höheres Strafmaß jedoch dann unberührt, wenn der Diebstahl mittels Personengewalt, mittels Einbruchs oder Einsteigens über Mauern oder Zäune oder mittels Nachschlüssel begangen worden war. Ferner drohte demjenigen nach Art. 7 die Kapitalstrafe, der sich der Brandstiftung an öffentlichen Gebäuden, Magazinen, Zeughäusern, Schiffen oder anderen, dem Staat gehörenden Einrichtungen schuldig machte oder Feuer an brennbare Materialien legte, die geeignet waren, das Feuer auf diese Ojekte zu übertragen. Die gleiche Strafe sollte nach Art. 8 auch denjenigen treffen, der öffentliche Einrichtungen mit Hilfe von Sprengstoff zerstörte.

2. Die Verbrechen und Vergehen gegen Privatpersonen

Bei den gegen Privatpersonen gerichteten Straftaten differenzierte der Gesetzgeber zunächst zwischen solchen Delikten, die sich gegen das Leben oder die körperliche Integrität richteten [*crimes et attentats contre les personnes*][521] und solchen, die sich lediglich auf das Privateigentum bezogen [*crimes et délits contre les propriétés*][522].

a.) Die Verbrechen und Vergehen gegen Personen

Im Hinblick auf die gegen Leib und Leben gerichteten Verbrechen differenzierte der Gesetzgeber von 1791 bei den in Art. 1ff geregelten Tötungsdelikten bereits zwischen dem fahrlässigen [*homicide involontaire* bzw. *par imprudence*] und dem vorsätzlichen Totschlag [*homicide volontaire*]. Zunächst bestimmte Art. 1, daß

---

[521] Part. II, tit. II, sect. I C.P. 1791. Vergl. näher zum entsprechenden Abschnitt des Komiteentwurfs sowie zu den Beratungen in der Nationalversammlung: *Archives Parlementaires*, Bd. XXVII, S. 305ff, 389ff; Bd. XXXI, S. 86ff; Alkalay, *a.a.O.*, S. 96ff.

[522] Part. II, tit. II, sect. II C.P. 1791. Vergl. näher zum entsprechenden Abschnitt des Komiteentwurfs sowie zu den Beratungen in der Nationalversammlung: *Archives Parlementaires*, Bd. XXVI, S. 342ff; Bd. XXVII, S. 611ff; Alkalay, *a.a.O.*, S. 103ff.

sich derjenige nicht strafbar machte, der einen anderen ohne Vorsatz tötete [*homicide commis involontairement*]. Dabei mußte allerdings zweifelsfrei feststehen, daß der Tötungserfolg nur auf einem zufälligen Ereignis, nicht aber auf Fahrlässigkeit oder sonstiger Unbesonnenheit beruhte. War dies der Fall, so schied auch eine zivilrechtliche Inanspruchnahme des Täters aus. Ließ sich der Tötungserfolg hingegen auf Fahrlässigkeit oder sonstige Unbesonnenheit zurückzuführen, wurde der Täter gemäß Art. 2 zwar freigesprochen, die erkennenden Richter hatten jedoch über den zu leistenden Schadenersatz sowie gegebenenfalls - je nach den Umständen des Einzelfalles - über die Verhängung einer Korrektionalstrafe zu befinden. Auch eine gesetzmäßige Tötung [*homicide légal*] - etwa durch eine Hinrichtung - stellte nach Art. 3 kein Verbrechen dar und zog für den unmittelbar Tötenden weder straf- noch zivilrechtliche Konsequenzen nach sich. Nach der Legaldefinition des Art. 4 war eine Tötung aber nur dann mit dem Gesetz zu vereinbaren, wenn sie gesetzlich angeordnet und von einer rechtmäßigen Autorität befehligt worden war. Entsprechendes galt nach Art. 5 für den in Notwehr Tötenden [*homicide légitime*]. Auch er war weder straf- noch zivilrechtlich zur Verantwortung zu ziehen, wenn er nach Maßgabe der Legaldefinition des Art. 6 einen gegenwärtigen Angriff auf sich oder einen Dritten nur dadurch abwehren konnte, daß er den Angreifer tötete.

Abgesehen von den in Art. 1 bis 6 genannten Fällen war jedoch jeder vorsätzlich begangene Totschlag nach Maßgabe der Art. 8ff strafbar. Darauf wies Art. 7 ausdrücklich hin, der eine Art Einleitungsartikel zu den strafbaren Tötungstatbeständen bildete. Mit Ausnahme der in Art. 1ff erfaßten Tatbestände stellte der Gesetzgeber darin die aus freiem Antrieb begangenen Totschlag mit Waffen, Werkzeugen und sonstigen Mitteln nach Maßgabe der folgenden Normen, der Umstände und Beschaffenheit des Verbrechens unter Strafe. Zunächst definierte Art. 8 jeden vorsätzlichen, aber ohne Vorbedacht begangene Totschlag [*homicide commis sans préméditation*] als Mord [*meurtre*] und belegte sie mit einer zwanzigjährigen Kettenstrafe. Obwohl man bereits anhand der Wortwahl auf das Erfordernis einer besonders verwerflichen Tätergesinnung schließen konnte, versäumte es der Gesetzgeber jedoch zu umschreiben, was er genau unter dem Begriff *préméditation* verstanden wissen wollte[523]. War dem vorsätzlichen

[523] Bei der Formulierung dieses Artikels hat sich der Gesetzgeber offensichtlich an den Kommentaren des alten Rechts orientiert. Römisch-rechtlichen Prinzipien folgend unterschied nämlich bereits Muyart de Vouglans bei den subjektiven Tatbestandsmerkmalen zwischen dolus [*dol*] und culpa [*faute*], wobei er den Vorsatz wiederum in einen mit und einen ohne Vorbedacht [*dol avec ou sans préméditation*] unterteilte. Hiernach zeichnete sich eine mit Vorbedacht begangene Handlung dadurch aus, daß sie planmäßig oder mit besonderer Hinterhältigkeit begangen worden war. Dieser Gedanke der besonders verwerflichen Gesinnung des Täters lag zweifellos auch der Wortwahl des Gesetzgebers

Totschlag hingegen eine Provokation oder Gewalttätigkeit des Getöteten vorausgegangen, die aber keinen Totschlag aus Notwehr rechtfertigte, so war der Mord entschuldbar und der Mörder hatte nach Art. 9 Abs. 1 lediglich eine zehnjährige Stockhausstrafe zu verbüßen. Beruhte die Provokation jedoch lediglich auf Verbalinjurien, so durfte die Provokation nach Art. 9 Abs. 2 keinesfalls als Entschuldigungsgrund herangezogen werden. Die Ausnahmeregelung des Art. 9 fand jedoch dann keine Anwendung, wenn der vorsätzliche Totschlag an Vater oder Mutter oder anderen Verwandten in aufsteigender Linie begangen worden war. Hatte der Täter diesen besonders qualifizierenden Tatbestand erfüllt, so war er nach Art. 10 als Vatermörder grundsätzlich zur Kapitalstrafe zu verurteilen. Nach Art. 11 wurde ferner jeder mit Vorbedacht begangene Totschlag [*homicide commis avec préméditation*] als Meuchelmord [*assassinat*] definiert und mit der Todesstrafe belegt. Ebenfalls mit der Kapitalstrafe bedrohte der Gesetzgeber nach Art. 12 denjenigen, der einen anderen durch Gift vorsätzlich tötete. Entsprechend Art. 11 war nach Art. 13 auch ein Mordversuch dann mit der Todesstrafe zu ahnden, wenn der Schuldige zwar einen Angriff mit Tötungsabsicht ausgeführt hatte, dieser aber fehlgeschlagen war. Darüber hinaus betrachtete der *Code pénal* in Art. 14 denjenigen vorsätzlichen Totschlag als Meuchelmord und belegte ihn mit der Todesstrafe, wenn er zeitlich eng mit einem anderen Verbrechen verknüpft war. Exemplarisch zählte der Gesetzgeber hier den Diebstahl, den Widerstand gegen die Staatsgewalt sowie den Aufruhr auf und bezog im übrigen jedes andere, vom Gesetz als Verbrechen definierte Delikt mit ein. In Art. 15 erfaßte der Gesetzgeber schließlich den versuchten Giftmord, den er mit der gleichen Strafe wie das in Art. 12 geregelte vollendete Delikt belegte. Hatte der angeklagte Täter jedoch vor der vollendeten Vergiftung oder vor Entdeckung der vergifteten Nahrungsmittel tätige Reue geübt, und die Ausführung der Tat aufgegeben oder gar den Erfolgseintritt verhindert, so war er nach Art. 16 freizusprechen. Nicht mehr zu den eigentlichen Tötungsdelikten des *Code pénal* zählte schließlich die in Art. 17 erfaßte Abtreibung [*avortement*][524], die der Gesetzgeber mit einer zwanzigjährigen Kettenstrafe belegte. Täter konnte hierbei nur derjenige sein, der die Leibesfrucht einer schwangeren Frau durch Verabreichung von Getränken, durch Gewalt oder andere Mittel abtrieb. Diese Norm umfaßte ausdrücklich nicht den Kindsmord, so daß - je nach den Umständen der Tat - entweder eine Abtreibung oder ein vorsätzlicher Totschlag in Betracht zu ziehen war[525].

In Art. 18 bestimmte der Gesetzgeber, daß die Art. 1 bis 6 auch auf die Körperverletzungstatbestände entsprechend Anwendung finden sollten. Dieser gesetzlich statuierte Analogieschluß stellte zugleich den Einleitungsartikel für die

---

zugrunde. Vergl. hierzu näher: *Archives Parlementaires*, Bd. XXVII, S. 389f.; Muyart de Vouglans, *Institutes*, S. 6ff; Alkalay, *a.a.O.*, S. 98f.

524 Vergl. aber Bexon, *a.a.O.*, S. 341f.

525 Bexon, *a.a.O.*, S. 342; Alkalay, *a.a.O.*, S. 101.

Körperverletzungstatbestände dar. Zunächst regelte Art. 19 in umständlicher Formulierung, daß Körperverletzungen, die - obwohl nicht in ungewollter Weise zugefügt - keine der in den folgenden Bestimmungen erfaßten Merkmale verwirklichten, zwar lediglich durch eine Zivilklage verfolgt werden, aber dennoch eine Verurteilung zu Schadenersatz und Korrektionalstrafe bewirken konnten. In ähnlich umständlicher Wortwahl schrieb der Gesetzgeber in Art. 20 weiterhin fest, daß Verletzungen, die - obwohl gleichfalls nicht ungewollt zugefügt - die nachfolgend aufgeführten Eigenschaften aufwiesen, nur durch peinliche Klage verfolgt und nach Maßgabe der nachfolgenden Regelungen bestraft werden sollten. Als erste dieser Bestimmungen belegte Art. 21 denjenigen mit einer zweijährigen Einsperrung, der einen anderen dergestalt vorsätzlich mißhandelt hatte, daß dieser für mehr als 40 Tage nicht mehr in der Lage war, einer körperlichen Arbeit nachzugehen. Allerdings mußten die Verletzungen zuvor von medizinischen Sachverständigen untersucht und durch ein gesetzlich zulässiges Attest bestätigt worden sein. Brach sich der Mißhandelte aufgrund der Körperverletzung hingegen einen Arm oder ein Bein, so erhöhte sich nach Art. 22 das Strafmaß auf eine dreijährige Einsperrungsstrafe. Für den Fall jedoch, daß er ein Auge oder die Funktionsfähigkeit eines Glieds einbüßte oder gar eine bleibende Verstümmelung an irgendeinem Teil des Kopfes oder Körpers davontrug, erhöhte sich die Einsperrungsstrafe gemäß Art. 23 nochmals um ein weiteres Jahr. Zog die Körperverletzung den totalen Verlust der Sehfähigkeit oder die Unbrauchbarkeit beider Arme oder Beine nach sich, so hatte der Täter nach Art. 24 eine sechsjährige Kettenstrafe verwirkt. Zusätzlich bestimmte der Gesetzgeber in Art. 25 eine nochmalige Erhöhung des jeweiligen Strafmaßes um zwei Jahre für den Fall, daß die aufgeführten Verletzungen während eines Raufhandels beigebracht worden waren, den der Täter zuvor als Angreifer verursacht hatte. Eine weitere, erhebliche Strafverschärfung drohte der Gesetzgeber zudem demjenigen an, der seine Eltern oder andere Verwandte in aufsteigender Linie vorsätzlich verletzte, denn hier hatte der Täter nach Art. 26 eine zwanzigjährige Kettenstrafe zuverbüßen. Darüber hinaus verwirkte gemäß Art. 27 der Täter die Todesstrafe, der die in Art. 21, 22, 23, 24 und 26 umschriebenen Tatbestände der vorsätzlichen Körperverletzung mit Vorbedacht und Hinterlist [*avec préméditation et de guet-à-pens*] verwirklichte. Die Kapitalstrafe sah der Gesetzgeber schließlich auch für die Entmannung vor, die er in Art. 28 erfaßte.

Im Rahmen der Personendelikte erfaßte der *Code pénal* in Art. 29, 30, 31 und 33 auch die Verfehlungen gegen die Sittlichkeit. Hatte die Verwirklichung dieser Delikte in ihren vielfältigsten Ausprägungen zu Zeiten des *Ancien Régime* noch außerordentlich strenge Strafen nach sich gezogen[526], so berücksichtigte der Gesetzgeber von 1791 nurmehr die Notzucht, die Entführung einer Minderjährigen

---

[526] Vergl. Muyart de Vouglans, *Institutes*, S. 476ff.

zum Zwecke des Mißbrauchs sowie die Bigamie, die er insgesamt mit vergleichsweise milden Strafen belegte. Nicht erfaßt waren hingegen die Zuhälterei, der Ehebruch sowie der Inzest, die auch in dem *Décret relatif à l'organisation d'une police municipale et correctionnelle* vom 19./22. Juli 1791 keine Erwähnung fanden und insoweit erhebliche Gesetzeslücken belegten. Bedrohte der Gesetzgeber in Art. 28 die Entmannung mit der Kapitalstrafe, so verwirkte demgegenüber nach Art. 29 lediglich eine sechsjährige Kettenstrafe, wer sich einer Notzucht [*viol*] schuldig gemacht hatte. Was hingegen genau unter dem Begriff *viol* zu verstehen war und welche Handlungen er umfaßte, ging aus dem Gesetzestext nicht hervor. Allerdings sah der Gesetzgeber in Art. 30 eine Verdoppelung dieses Strafmaßes für den Fall vor, daß das Opfer sein vierzehntes Lebensjahr noch nicht vollendet oder sich der Täter durch Gewalt oder Unterstützung eines oder mehrerer Komplizen an seinem Opfer vergangen hatte. Darüber hinaus drohte Art. 31 die gleiche Strafe demjenigen an, der ein noch nicht vierzehnjähriges Mädchen gewaltsam aus dem Haus seines Vormundes oder Erziehers entführte, um es zu mißbrauchen oder der Prostitution zuzuführen. Die gleiche Strafe hatte nach Art. 32 auch verwirkt, wer vorsätzlich den Beweis des Personenstandes eines anderen zerstörte. Dieser eigentlich nicht in die Gruppe der Sittlichkeitsdelikte gehörende Tatbestand wird erst im Zusammenhang mit dem folgenden Art. 33 verständlich[527], der die gleiche Strafe demjenigen androhte, der als Verheirateter eine weitere Ehe einging, ohne daß zuvor die erste Ehe aufgelöst worden war. Allerdings hatte der Beschuldigte im Fall einer Anklageerhebung die Möglichkeit, seine Gutgläubigkeit zu beweisen.

b.) Die Verbrechen und Vergehen gegen das Privateigentum

Zu Zeiten alten Rechts hatten die Kommentatoren zwischen dem einfachen [*vol simple*] und dem qualifizierten Diebstahl [*vol qualifié*] differenziert, wobei dem qualifizierten Diebstahl eine Anzahl von Delikten zugeordnet wurden, die nach heutiger Auffassung nur im weitesten Sinne den Tatbestand des Diebstahls erfüllen[528]. Während einfache Diebstähle lediglich die Interessen des Einzelnen verletzten und deshalb nur mit vergleichsweise geringen Strafen geahndet wurden, beeinträchtigte ein qualifizierter Diebstahl durch seine besondere Umstände die öffentliche Ordnung und zog aufgrunddessen in aller Regel die zumeist qualifizierte Todesstrafe nach sich. Als Anhaltspunkte für qualifizierende Umstände wurden hierbei insbesondere die Art und Weise der Diebstahlsbegehung, die gesellschaftliche Stellung des Diebes, die Qualität und Quantität des Diebesgutes, die Häufigkeit sowie der Ort der Diebstahlsbegehung

---

[527] Alkalay, *a.a.O.*, S. 103.

[528] Vergl. hierzu näher: Muyart de Vouglans, *Institutes*, S. 551ff; *Loix*, S. 278ff; 288ff.

herangezogen. Von entscheidender Bedeutung war auch, ob der begangene Diebstahl eine Bedrohung der Sicherheit des Handelsverkehrs darstellte, wobei unter diesen Begriff so unterschiedliche Tatbestände wie Wucher, betrügerischer Bankrott, Unterschlagung sowie die Begründung eines Monopols subsumiert wurden.

Der Gesetzgeber von 1791 orientierte sich weitgehend an der traditionellen Doktrin zu den Eigentumsdelikten und erfaßte in insgesamt 48 Artikeln alle gegen das Eigentum von Privatpersonen gerichteten Verbrechen und Vergehen. Insbesondere standen hierbei die verschieden Begehungsformen des Diebstahls im Vordergrund, die der *Code pénal* kasuistisch in insgesamt 28 Artikeln zu regeln suchte. Allerdings hat es der Gesetzgeber insofern versäumt, den Begriff des einfachen Diebstahls [*vol*] legal zu definieren, als er - im Gegensatz zu den Kommentatoren des alten Rechts[529] - die ihn bildenden Tatbestandselemente nicht näher bestimmte[530]. Die fehlende Legaldefinition zog für ihn deshalb die Notwendigkeit einer bis ins Detail ausgefeilten und fallbezogenen Kasuistik nach sich, die die einzelnen Tatbestände möglichst genau voneinander abzugrenzen vermochte. Der Gesetzgeber umschrieb folglich verschiedene Arten der Diebstahlsbegehung, die - obwohl streng genommen selbst schon Qualifikationen des einfachen Diebstahls - als Grundtatbestände dienten, und leitete von ihnen anschließend in logischer Deduktion qualifizierende Nebentatbestände ab.

Zunächst verwirkte nach Art. 1 derjenige eine zehnjährige Kettenstrafe, der einen Diebstahl mit offener Gewaltanwendung oder mit Zwang gegenüber Personen [*vol commis à force ouverte ou par violence envers les personnes*] - also einen Raub - begangen hatte. Beging der Täter den Raub allerdings auf einer Straße, einem öffentlichen Platz oder im Innern eines Hauses, so erhöhte sich nach Art. 2 das Strafmaß um weitere vier auf vierzehn Jahre. Nach dem umständlich formulierten Art. 3 erhöhte sich das Strafmaß dann nochmals um weitere vier Jahre, wenn der Täter den Raub durch Einbruch mit oder ohne Hilfe anderer beging, oder der Raub gar durch einen Hausbewohner an anderen Bewohnern, durch einen Gast oder durch eine Person verübt worden war, die im Haus gewöhnlich Dienstleistungen versah. War das Verbrechen zudem noch zur Nachtzeit oder durch zwei oder mehr Personen begangen worden, oder hatten der oder die Täter dabei Schuß- oder

---

[529] Vergl. Muyart de Vouglans, *Institutes*, S. 552: "Le vol peut être défini l'enlèvement clandestin et frauduleux de la chose d'autrui, pour en faire son profit particulier contre le consentement de celui auquel la propriété ou l'usage en appartient."

[530] Der Gesetzgeber von 1791 war wohl offensichtlich der Ansicht, daß der Begriff *vol* bereits aus sich selbst heraus hinreichend verständlich sei, denn dieser Begriff wurde auch im Komiteentwurf nicht näher umschrieben. Die fehlende Legaldefinition ist darüber hinaus auch während der Beratungen in der Nationalversammlung niemals Gegenstand kritischer Anmerkungen geworden.

andere todbringende Waffen mit sich geführt, so zog die Verwirklichung dieser qualifizierenden Tatbestandselemente nach Art. 4 jeweils eine nochmalige Erhöhung des Strafmaßes um weitere vier Jahre nach sich. Gemäß Art. 5 durfte jedoch die aufgrund der ersten vier Artikel gebildete Höchststrafe die Dauer von 24 Jahren nicht übersteigen.

Jeden anderen Einbruchdiebstahl, der ohne Gewaltanwendung gegenüber Personen begangen worden war, belegte der Gesetzgeber in Art. 6 - der wiederum als Grundtatbestand fungierte - mit einer achtjährigen Kettenstrafe. Auch hier konnte sich nach Art. 7 das Strafmaß jeweils um weitere zwei Jahre erhöhen, wenn der Täter besondere qualifizierende Tatbestandselemente verwirklichte. Strafverschärfend berücksichtigte der Gesetzgeber das Eindringen durch Außentüren oder Umfriedungen von Gebäuden, die Verbrechensbegehung in einem bewohnten oder zum Bewohnen bestimmten Hauses sowie die bereits im Zusammenhang mit dem Raub erwähnte Deliktsbegehung bei Nacht, bandenmäßig oder unter Mitführen von Schuß- oder anderen todbringenden Waffen. In Art. 9 erfaßte der *Code pénal* zudem den Nebentatbestand des Diebstahls mit Hilfe von Nachschlüsseln, den er wiederum mit einer achtjährigen Kettenstrafe belegte. Auch hier erhöhte sich das Strafmaß nach Art. 10 um jeweils zwei weitere Jahre, wenn der Täter eines oder mehrere der insgesamt sechs qualifizierenden Tatbestandselemente verwirklichte. Neben der Verbrechensbegehung in einem Wohnhaus, zur Nachtzeit, durch zwei oder mehrere Personen oder unter Mitführung von Schuß- oder anderen todbringenden Waffen, sah der Gesetzgeber eine Strafverschärfung auch für den Fall vor, daß der Täter den Nachschlüssel entweder selbst hergestellt oder gar zuvor das entsprechende Schloß als Manufakturarbeiter oder Schlosser selbst gefertigt oder angebracht hatte. Einen weiteren, gleichfalls mit einer achtjährigen Kettenstrafe belegten Nebentatbestand erfaßte Art. 11, der den Einstiegsdiebstahl regelte. Auch hier erhöhte sich das Strafmaß gemäß Art. 12 bei Verwirklichung der insgesamt vier strafverschärfenden Tatbestandselemente um jeweils zwei weitere Jahre, so daß der bzw. die Täter eine bis zu achtzehn Jahren andauernde Kettenstrafe verwirken konnten, wenn sie den Diebstahl in einem Wohnhaus, zur Nachtzeit, bandenmäßig oder unter Mitführung von Schuß- oder anderen todbringenden Waffen begingen. Einen weiteren Nebentatbestand zum Einbruchdiebstahl beinhaltete Art. 13, der - in teilweise wortgleicher Anlehnung an den in Art. 3 geregelten Raub - den Hausgenossendiebstahl erfaßte. War der Diebstahl durch einen Mitbewohner, einen Gast oder durch eine Person begangen worden, die im Haus gewöhnlich Dienstleistungen versah, so verwirkte der Täter wiederum eine achtjährige Kettenstrafe. Eine Strafschärfung um jeweils zwei weitere Jahre hatte er zudem dann verwirkt, wenn er eines oder mehrere der in Art. 14 aufgeführten Qualifikationsmerkmale - die denen des Art. 4 entsprachen - verwirklichte. Eine entsprechende Anwendung in der Rechtsfolge fand Art. 13 darüber hinaus gemäß

Art. 15 Abs. 1 dann, wenn der Diebstahl in Gasthäusern, Wirtschaften, sonstigen Herbergen oder öffentlichen Bädern von den jeweiligen Betreibern oder Gästen verübt worden war. Davon nahm der Gesetzgeber jedoch nach Art. 15 Abs. 2 solche Diebstähle aus, die in Theatersälen, Läden und Geschäften sowie öffentlichen Gebäuden begangen worden waren und belegte die Verwirklichung dieser privilegierenden Tatbestandselemente lediglich mit einer vierjährigen Kettenstrafe. Ein milderes Strafmaß hatten nach Art. 16 auch der oder diejenigen Täter verwirkt, die - entweder zu mehreren unbewaffnet oder aber allein unter Mitführung von Schuß- oder anderen todbringenden Waffen einen einfachen Diebstahl in einem Wohnhaus begingen, ohne hierbei die Tatbestände des Einbruch- oder Hausgenossendiebstahls verwirklicht zu haben. Auch diesen, mit einer sechsjährigen Kettenstrafe belegten einfachen Hausdiebstahl bedachte der Gesetzgeber mit qualifizierenden Tabestandselementen, die eine Strafschärfung nach sich zogen. So erhöhte sich gemäß Art. 17 das Strafmaß um zwei Jahre, wenn der Diebstahl bandenmäßig verübt worden war und entweder alle oder auch nur ein Täter hierbei Schuß- oder andere todbringende Waffen mitgeführt hatten. Darüber hinaus sah Art. 18 für die in Art. 16 und 17 erfaßten Delikte eine Strafschärfung um zwei weitere Jahre Kettenhaft für den Fall vor, daß der Diebstahl zur Nachtzeit begangen worden war.

In den Art. 19ff erfaßte der Gesetzgeber darüber hinaus in reicher Kasuistik weitere Sonderformen des Diebstahls, die sich im wesentlichen auf Hausangestellte, Kutscher und deren Fahrgäste, umfriedete Grundstücke sowie auf landwirtschaftliche Güter und Erzeugnisse aller Art bezogen. Zunächst bedrohte er nach Art. 19 denjenigen mit einer vierjährigen Kettenstrafe, der als Hausangestellter die ihm zur Verrichtung seiner Tätigkeit anvertrauten Effekten oder Waren stahl. Die gleiche Strafe traf gemäß Art. 20 auch denjenigen, der als Kutscher oder anderweitig Angestellter einen Diebstahl an den ihm im Rahmen des öffentlichen Fuhr- bzw. Transportbetriebs anvertrauten Effekten beging. Stahl jedoch ein Fahrgast die besagten Gegenstände, so verwirkte er nach Art. 21 lediglich eine vierjährige Einsperrungsstrafe. Die gleiche Strafe verwirkten gemäß Art. 22 weiterhin sowohl mehrere unbewaffnete Täter als auch ein Schuß- oder anderen todbringende Waffen bei sich führender Dieb bei sonstigen Diebstählen, die keinen der genannten Tatbestände erfüllten. Die vergleichsweise milde Strafandrohung dieses Auffangtatbestandes konnte jedoch nach Art. 23 dann in eine gleich lange Kettenstrafe umgewandelt werden, wenn der Diebstahl zugleich bandenmäßig verübt worden war und entweder alle oder auch nur einer der Delinquenten hierbei Schuß- oder andere todbringende waffen mitgeführt hatten. Darüber hinaus konnte sich das in Art. 22 und 23 angedrohte Strafmaß gemäß Art. 24 zusätzlich nochmals um zwei Jahre erhöhen, wenn der Diebstahl zur Nachtzeit begangen worden war. Das in Art. 25 Abs. 1 erfaßte Stehlen aus umfriedeten Grundstücken belegte der Gesetzgeber mit einer vierjährigen Kettenstrafe, wenn das Grundstück unmittelbar an ein Wohnhaus angrenzte. Dieses Strafmaß erhöhte sich nach Art. 25 Abs. 2 nochmals um jeweils zwei weitere Jahre, wenn der Dieb ein oder mehrere der insgesamt drei qualifizierenden Tatbestandselemente verwirklichte. Beging er den Diebstahl also zur Nachtzeit, bandenmäßig zusammen mit anderen und zudem unter Mitführen von Schuß- oder anderen todbringenden Waffen, so hatte er die Maximalstrafe einer zehnjährigen Kettenstrafe zu verbüßen. Grenzte das besagte Grundstück jedoch nicht unmittelbar an ein Wohnhaus, so verwirkte der Dieb gemäß Art. 26 lediglich eine vierjährige Einsperrungsstrafe, die sich jedoch dann um zwei Jahre verlängerte, wenn er den Diebstahl zur Nachtzeit begangen hatte. Eine vierjährige Einsperrung drohte der Gesetzgeber in Art. 27 auch demjenigen an, der Ackerkarren und -geräte, Pferde sowie andere Last- und Zugtiere, Groß- und Kleinvieh, Bienenkörbe und andere Waren und Effekten stahl, die in irgendeiner Weise an öffentlichen Orten zum Verkauf ausgestellt waren. Auch hier wirkte sich eine Tatbegehung zur Nachtzeit strafverschärfend aus und erhöhte die Einsperrungsstrafe um zwei auf insgesamt sechs Jahre. Mit Art. 28 schloß der Gesetzgeber die Behandlung der Diebstahlsdelikte ab und verwies im übrigen auf das den *Code pénal* insoweit ergänzende *Décret relatif à l'organisation d'une police municipale et correctionnelle* vom 19./22. Juli 1791, das jedoch nur Diebstähle minderer Schwere erfaßte und mit Korrektionalstrafen belegte[531].

Während der Gesetzgeber auch den einfachen Betrug lediglich als minder schweres Delikt betrachtete und dementsprechend nur im vorgenannten Gesetz geregelt hatte[532], erfaßte er in Art. 29ff die Tatbestände der Veruntreuung von Vermögenswerten, die boshafte Vermögensschädigung sowie den betrügerischen Bankrott. Zunächst verwirkte derjenige nach Art. 29 die Aberkennung seiner staatsbürgerlichen Rechte, der zu seinem Vorteil entweder verschiedene bewegliche Vermögenswerte, die ihm zu dem Zweck der Rückgabe oder Wiedervorlage zuvor unentgeltlich anvertraut worden waren, unterschlug, vergeudete oder boshaft und in der Absicht, Dritten Schaden zuzufügen, verbrannte oder anderweitig zerstörte. Für den Fall, daß sich der Täter jedoch eines betrügerischen Bankrotts [*banqueroute faite frauduleusement et à dessein de tromper*] schuldig machte, hatte er gemäß Art. 30 eine sechsjährige Kettenstrafe zu verbüßen. Diese im Vergleich zur Veruntreuung oder boshaften Vermögensschädigung relativ harte Strafe drohte der Gesetzgeber dabei sowohl dem eigentlichen Täter als auch nach Art. 31 den Personen an, die ihm wissentlich Hilfe geleistet oder seinen betrügerischen Bankrott begünstigt hatten. Allerdings ließ er hierbei offen, was er unter dem Begriff des betrügerischen Bankrottes verstanden wissen wollte, denn ebensowenig wie für den Begriff des *vol* enthielt

---

531 Vergl. insbesondere Tit. II, Art. 31ff.

532 Vergl. Tit. II, Art. 35.

der *Code pénal* nähere Ausführungen zum Begriff des betrügerischen Bankrotts, die dessen Tatbestandselemente näher umschrieben.

Hinreichend klar definiert ist hingegen der in Art. 32 erfaßte Verbrechenstatbestand der Brandstiftung, dessen taugliche Objekte der Gesetzgeber genau auflistete. Hierin drohte der Gesetzgeber zunächst demjenigen die Kapitalstrafe an, der entweder aus Bosheit oder Rache und in der Absicht, einem Dritten Schaden zuzufügen Feuer an Wohnhäuser, Groß- und Kleingebäude, Schiffe, Läden, Baustellen, Wälder, Buschholz sowie an die Schober- und die noch nicht eingebrachte Ernte legte. Die gleiche Strafe verwirkte auch, wer aus gleicher Motivation Feuer an brennbare Stoffe gelegt hatte, die ihrerseits geeignet waren, das Feuer auf die aufgeführten Objekte zu übertragen. Der Wortlaut des Art. 32 erfaßte dabei auch den Fall, daß sich - trotz des Inbrandsetzens der brennbaren Stoffe - kein Feuer an den besagten Objekten entwickelt hatte. Der Gesetzgeber belegte demnach sowohl den Erfolg als auch bereits die Verursachung einer abstrakten Brandgefahr mit der Todesstrafe.

Auch bei den in Art. 33 erfaßten Sprengstoffdelikten belegte der Gesetzgeber neben dem tatbestandlichen Erfolg auch die bloße Vorbereitungs- und Versuchshandlung mit der Kapitalstrafe. Hiernach verwirkte nämlich derjenige nach Art. 33 die Todesstrafe, der entweder Wohnhäuser oder andere Gebäude sowie Schiffe mittels Sprengstoff zerstörte oder lediglich über Sprengstoff zum genannten Zweck verfügte. Darüber hinaus bedrohte er gemäß Art. 34 bereits die bloße Drohung, das Eigentum eines Dritten anzünden zu wollen, auch dann mit einer vierjährigen Kettenstrafe, wenn sie nicht in die Tat umgesetzt worden war.

Zerstörte hingegen einer oder mehrere Täter vorsätzlich aus Bosheit oder Rache sowie in der Absicht, einem Dritten Schaden zuzufügen Wohnhäuser oder sonstige Gebäude, Deiche oder Dämme, so verwirkte der Einzeltäter nach Art. 35 eine sechsjährige, mehrere Täter hingegen eine neunjährige Kettenstrafe. Davon unberührt blieb jedoch eine Verurteilung wegen Meuchelmordes dann, wenn ein Mensch aufgrund des Verbrechens sein Leben verlor.

Ebenfalls eine sechsjährige Kettenstrafe hatte gemäß Art. 36 ein Täter zu verbüßen, der sich aufgrund gleicher Motivation der Vergiftung von Pferden und anderen Zug- oder Lasttieren, Schafen, Schweinen sowie Nutztieren aus Fischteichen schuldig gemacht hatte.

Lediglich eine vierjährige Kettenstrafe hatte nach Art. 37 hingegen derjenige verwirkt, der aus den gleichen Beweggründen Eigentumstitel, Schuldscheine, Wechsel, Quittungen oder andere verpflichtende oder befreiende Schriftstücke oder Urkunden verbrannte oder auf sonstige Weise zerstörte, die von ihm zuvor durch List oder Gewalt entwendet worden waren. Das Strafmaß erhöhte sich allerdings gemäß Art. 38 dann um zwei Jahre, wenn das Verbrechen von zwei oder mehreren zusammenwirkenden Personen begangen worden war.

Ebenfalls mit einer sechsjährigen Kettenstrafe belegte Art. 39 jedwede Art der Plünderung oder Zerstörung von Waren, Effekten und beweglichen Gütern dann, wenn sie im Rahmen von Zusammenrottungen und mit offener Gewalt [*avec attroupements et à force ouverte*] verübt worden waren. Während der Begriff der *force ouverte* bereits aus sich selbst heraus hinreichend bestimmt war, unterließ es der Gesetzgeber jedoch zu verdeutlichen, was genau er unter dem Begriff *attroupement* verstanden wissen wollte. Ebenso wie bei den Begriffen des Diebstahls und des betrügerischen Bankrotts fehlte auch hier jede nähere Umschreibung der einzelnen Tatbestandselemente.

Nötigte oder erpresste der Täter einen anderen, entweder durch Zwang oder Gewalt, zur Unterzeichnung eines Schriftstückes oder einer verpflichtenden oder befreienden Erklärung, so wurde er gemäß Art. 40 - nach Maßgabe der ersten fünf Artikel dieses Abschnittes und der jeweiligen konkreten Tatumstände - wie ein Räuber bestraft. Der Gesetzgeber setzte hier die Nötigung mit dem räuberischen Diebstahl gleich. Er hatte das nötigende Gewalt- oder Zwangsmoment in den beiden zusammengesetzten Tatbeständen zwar erkannt, aber noch nicht klar begrifflich erfaßt und die Unterscheidungskriterien zwischen den sich nahestehenden Delikten Nötigung, Erpressung und Raub noch nicht deutlich herausgearbeitet[533].

Abschließend regelten Art. 41ff verschiedene Fälschungsdelikte sowie in Art. 47f. das Verbrechen der Falschaussage in bürgerlichen und Strafrechtssachen[534]. Zunächst erfaßte Art. 41 den Grundtatbestand des Fälschungsverbrechens [*crime de faux*], ohne jedoch näher zu bestimmen, was konkret unter einer Fälschung verstanden werden sollte. Dem Grundtatbestand folgten in Art. 42ff fünf Nebentatbestände, die insbesondere die tauglichen Fälschungsobjekte näher bezeichneten. Zunächst belegte Art. 42 das Fälschen von Privaturkunden mit einer vierjährigen Kettenstrafe, während die Fälschung von Wechseln oder anderen

---

533 Alkalay, *a.a.O.*, S. 107.

534 Die im Abschnitt über die *Crimes et délits contre les propriétés* abgehandelten Fälschungs- und Falschaussagedelikte berühren das Rechtsgut des Eigentums streng genommen nur am Rande. Daß diese Delikte nicht in einem eigenen Abschnitt zusammengefaßt wurden, läßt sich darauf zurückführen, daß das Strafgesetzbuch von 1791 in relativ kurzer Zeit geschaffen wurde und der Gesetzgeber hier zweifellos dem Zeitdruck Tribut gezollt hat. Darauf weist auch der Umstand hin, daß die im Abschnitt über die *Crimes contre la propriété publique* erfaßten Tatbestände - die nur geringfügig weniger Bestimmungen erfassen - ungleich stärker aufgegliedert sind. Vergl. Alkalay, *a.a.O.*, S. 107.

Wertpapieren nach Art. 43 die Verbüßung einer sechsjährige Kettenstrafe nach sich zog. Dieses Strafmaß erhöhte sich nach Art. 44 noch um weitere zwei Jahre, wenn der Täter öffentliche Beglaubigungen und Urkunden fälschte. Darüber hinaus belegte Art. 45 nicht nur den unmittelbaren Fälscher, sondern auch denjenigen mit gleicher Strafe, der wissentlich die jeweiligen gefälschten Schriftstücke gebrauchte. Ferner verwirkte derjenige Täter nach Art. 46 eine vierjährige Kettenstrafe, der für den absichtlichen Warenverkauf mit falschen Gewichten oder Maßen bereits zweimal zu einer Korrektionalstrafe verurteilt worden und nunmehr wiederum einschlägig straffällig geworden war. Eine sechsjährige Stockhausstrafe hingegen hatte nach Art. 47 verwirkt, wer sich des Verbrechens der Falschaussage [*crime de faux témoignage*] in einem Zivilprozeß schuldig machte. Ließ sich der Täter hingegen eine Falschaussage in einem Strafprozeß zuschulden kommen, so trug der Gesetzgeber den erheblichen Konsequenzen einer derartigen Falschaussage für den Angeklagten Rechnung und belegte dieses Verbrechen in Art. 48 mit einer zwanzigjährigen Kettenstrafe. Die Kapitalstrafe drohte dem falsch Aussagenden sogar dann, wenn der Angeklagte in dem besagten Prozeß zum Tode verurteilt worden war, wobei es nach dem Wortlaut von Art. 48 nicht darauf ankam, ob das Todesurteil auf der Falschaussage beruhte oder nicht.

VII. Die weitere Entwicklung bis zum Inkrafttreten des *Code pénal* von 1810

Der *Code pénal* von 1791 blieb knapp zwei Jahrzehnte in Kraft, und wurde erst 1810 durch das napoleonische Strafgesetzbuch abgelöst, das in seinen wesentlichen Zügen bis heute gilt. Während dieser von politischen Wirren gekennzeichneten Jahre traten aus einer Fülle von überwiegend die Sondergesetzgebung betreffenden Reformen insbesondere zwei Gesetze hervor, die unmittelbar auf den *Code pénal* übergriffen und das System des Strafgesetzbuches von 1791 sowie dessen grundlegende Prinzipien zwar grundsätzlich unangetastet beließen, aber dennoch eine Umgestaltung des Strafrechts einleiteten.

Obwohl der noch vom Konvent (1792-1795) verabschiedete *Code des délits et des peines* vom 3. Brumaire des Jahres IV (25. Oktober 1795)[535] im wesentlichen Verfahrensregeln beinhaltete, umfaßte er in seinem dritten Buch sowie in einem Anhang dennoch eine Anzahl materiell-rechtlicher Bestimmungen, die überwiegend den neuen politischen Verhältnissen unter dem Direktorium (1795-1799) Rechnung trugen. So erfolgte insbesondere eine Neuordnung der Materie der Landes- und Hochverratsdelikte, deren Neuerungen sich insgesamt jedoch auf die

---

535 Der Gesetzestext ist abgedruckt in: Duvergier, *a.a.O.*, Bd. VIII, S. 469ff.

Sondergesetzgebung beschränkten[536]. Gleiches galt für die im Anhang neugefaßten Amtsdelikte[537]. Im übrigen aber blieben - soweit der *Code des délits et des peines* nicht eingriff - die Regelungen des *Code pénal* auch weiterhin in Kraft[538].

Hatte das *Décret relatif à l'organisation d'une police municipale et correctionnelle* vom 19./22. Juli 1791 zunächst die strafbaren Handlungen geringerer Tragweite in Übertretungen sowie Vergehen unterteilt und der *Code pénal* anschließend die Verbrechen als dritte Deliktsform hinzugefügt, faßte der Gesetzgeber diese qualitative Dreiteilung der Strafen nunmehr im dritten Buch des *Code des délits et des peines* zusammen[539]. Hierbei differenzierte er zwischen einfachen Polizeistrafen [*peines de simple police*] für die Übertretungen [*délits de police municipale*][540], Korrektionalstrafen [*peines correctionnelles*] für die Vergehen [*délits de police correctionnelle*][541] sowie entehrenden und Leibesstrafen [*peines infamantes et afflictives*] für die Verbrechen [*crimes*][542] und nahm somit grundsätzlich die spätere Strafeinteilung des napoleonischen Strafgesetzbuchs vorweg. Im Fall der *délits de police municipale* und der *délits de police correctionnelle* wurden darüber hinaus zusätzlich die Strafgrenzen neu bestimmt, denn während der Gesetzgeber fortan die *délits de police municipale* überwiegend mit Geldstrafen und lediglich vereinzelt mit einer höchstens dreitägigen Gefängnisstrafe ahndete, bestrafte er die *délits de police correctionnelle* mit weitaus höheren Geld- und mehr als dreitägigen Gefängnisstrafen sowie mit der Einziehung[543]. Der Dreiteilung der strafbaren Handlungen entsprach darüber hinaus auch eine Dreiteilung der Gerichte, denn während für die Übertretungen das *tribunal de police* zuständig war, wurden die Vergehen vom *tribunal correctionnel* und die Verbrechen vom *tribunal criminel* abgeurteilt[544].

Unmittelbar auf den *Code pénal* griff auch die *Loi qui attribue aux tribunaux de police correctionnelle la connaissance de divers délits* vom 25. Frimaire des Jahres VIII (16. Dezember 1799) über[545]. Der Gesetzgeber strich darin einige Eigentumsdelikte geringeren Umfangs aus dem *Code pénal*, erklärte sie zu bloßen Vergehenstatbeständen und wies sie den für Vergehen zuständigen *tribunaux correctionnels* zu. Wenn mit dieser Vorgehensweise auch das System des *Code*

---

536 Vergl. *Code des délits et des peines*, Art. 612ff.
537 Vergl. *Code des délits et des peines*, Art. 641ff.
538 Vergl. *Code des délits et des peines*, Art. 610.
539 Vergl. *Code des délits et des peines*, Art. 599ff.
540 Vergl. *Code des délits et des peines*, Art. 605ff.
541 Vergl. *Code des délits et des peines*, Art. 609.
542 Vergl. *Code des délits et des peines*, Art. 610ff.
543 Vergl. *Code des délits et des peines*, Art. 600f.
544 Vergl. *Code des délits et des peines*, Art. 150.
545 Der Gesetzestext ist abgedruckt in: Duvergier, *a.a.O.*, Bd. XII, S. 35ff.

pénal gewahrt blieb, so stellte dieses Reformgesetz dennoch erstmalig eines der fundamentalen Prinzipien des *Code pénal* - nämlich das System der festen Strafen - in Frage, denn es räumte dem erkennenden Gericht bei der Strafzumessung innerhalb gesetzlich genau bestimmter Minimum- und Maximumvorgaben nunmehr einen bedeutenden Ermessensspielraum ein. Indem er also im Hinblick auf die Strafandrohung Ober- und Untergrenzen festschrieb, läutete der Gesetzgeber die Abkehr vom Prinzip der *peine fixe* zugunsten einer relativen Strafandrohung ein, deren konsequente Umsetzung nur ein Jahrzehnt später den *Code pénal* von 1810 kennzeichnen sollte.

C. Der *Code pénal* von 1810 und das materielle Strafrecht des Ersten Kaiserreichs

I. Die Entstehung des *Code pénal* von 1810

Das von der *Assemblée Constituante* 1791 geschaffene Strafrecht wurde bereits zwei Jahrzehnte später durch zwei neue Gesetzbücher ersetzt, die sowohl das Verfahrens- als auch das materielle Strafrecht neu kodifizierten. Während der Gesetzgeber das Strafprozeßrecht nunmehr im *Code d'instruction criminelle* von 1808 regelte, faßte er das materielle Strafrecht zwei Jahre später im *Code pénal* von 1810 zusammen und setzte beide Kodifikationen schließlich mit Wirkung zum 1. Januar 1811 in Kraft.

Die ersten konkreten Vorarbeiten zu einer umfassenden Neugestaltung des französischen Strafrechts hatte der durch den Staatsstreich vom 18. Brumaire des Jahres VIII (9. November 1799) an die Macht gelangte erste Konsul Napoleon Bonaparte (1769-1821) jedoch bereits ein knappes Jahrzehnt zuvor in die Wege geleitet. In einem Erlaß vom 7. Germinal des Jahres IX (28. März 1801) bestimmte er die Bildung einer aus Vieillard, Target[546], Oudard, Treilhard[547] und Blondel bestehenden Kommission mit dem Auftrag, sich zunächst mit der Ausarbeitung einer sowohl das Verfahrens- als auch das materielle Strafrecht beinhaltenden einheitlichen Strafrechtskodifikation zu befassen[548]. Dieser Kommissionsentwurf

---

546 Guy Jean-Baptiste Target (1733-1807), seit 1752 Pariser Parlamentsadvokat, 1789 Deputierter des *Tiers* und schließlich Mitglied des *Tribunal de Cassation*.

547 Jean-Baptiste Treilhard (1742-1810), seit 1761 Pariser Parlamentsadvokat, 1789 Deputierter des *Tiers*, 1792 Präsident des *Tribunal criminel* von Paris, 1792 Präsident des Konvents, 1802 Präsident des *Tribunal d'appel* von Paris und schließlich Staatsminster Napoleons.

548 Vergl. hierzu näher: Locré, *La législation civile, commerciale et criminelle de la France ou commentaire et complément des codes français*, Bd. I, S. 204ff; Höhn, *a.a.O.*, S. 67ff; Esmein, *Procédure*, S. 482. Jean-Guillaume Locré de Roissy war Generalsekretär des Staatsrats und als solcher für die Protokollierung der Debatten im Staatsrat verantwortlich.

sollte anschließend der Regierung vorgestellt und dann unter Anwesenheit der Kommissionsmitglieder im Staatsrat diskutiert werden[549]. Unter maßgeblicher Einflußnahme des ersten Konsuls, der selbst an vielen Sitzungen teilnahm, erarbeitete die Kommission schließlich einen Entwurf mit insgesamt 1169 Artikeln. Ihnen gingen allgemeine Bemerkungen voraus, deren materiellrechtlicher Teil von Target verfaßt worden war und seine kriminalpolitische Konzeption enthielten. Dieser Entwurf wurde zunächst sowohl dem Kassationsgerichtshof als auch den Appellationsgerichten zur Begutachtung und Stellungnahme zugesandt, deren kritische Verbesserungsvorschläge anschließend an die hierfür zuständige Kommission des Staatsrats zurückgingen, wo sie als Diskussionsgrundlage für die nunmehr anstehenden Beratungen des Kommissionsentwurfs herangezogen wurden[550].

Inzwischen hatte Napoleon in einem Erlaß vom 5. Ventôse des Jahres X (24. Februar 1802)[551] sowohl die *Cour de Cassation* als auch den Justizminister dazu verpflichtet, den Konsuln im Rahmen des *Conseil d'État* einmal jährlich über Unzulänglichkeiten des Justizwesens sowie über Mängel der bereits in Kraft gesetzten oder noch zu schaffenden Kodifikationen Bericht zu erstatten. Ein besonderer Augenmerk sollte dabei auf die zu erwartenden Gesetzgebungslücken, auf eine möglichst effektive Strafverfolgung sowie auf ein zur Abschreckung optimal geeignetes Strafmaß gerichtet werden. Darüber hinaus sollten die Berichte jedoch auch dazu dienen, die unterschiedlichen Gesetzbücher nach Möglichkeit zu verbessern und die Gerichte zur korrekten und disziplinierten Anwendung der Gesetze anzuhalten. Anläßlich ihrer ersten Berichte zum noch geltenden Strafrecht der Revolutionszeit am dritten Schalttag des Jahres XI (20. September 1803), äußerten sowohl der Justizminister als auch ein Sprecher des obersten Gerichtshofes übereinstimmend nicht nur erhebliche Bedenken an der Beibehaltung der Institution des Schwurgerichts[552], sondern bemängelten insbesondere das starre System der festen Strafen. Während sich ihre Kritik dabei weniger gegen das Schwurgericht als solches, sondern vielmehr gegen die Unfähigkeit der einzelnen Geschworenen richtete, die ihnen anvertraute Funktion angemessen auszuüben[553], regten beide Institutionen nachdrücklich insbesondere die Abschaffung der *peines fixes* zugunsten einer Einführung von Ober- und Untergrenzen und mithin die Rückkehr zu dem seit Inkrafttreten des *Code pénal*

Seine Textsammlung ist die wichtigste Quelle für die Gesetzesarbeiten während des Konsulats (1799-1804) und unter dem Ersten Kaiserreich (1804-1814).

549 Vergl. Locré, *a.a.O.*, Bd. I, S. 204.

550 Vergl. Locré, *a.a.O.*, Bd. I, S. 205.

551 Der Text ist abgedruckt in: Duvergier, *a.a.O.*, Bd. XIII, S. 388.

552 Vergl. Locré, *a.a.O.*, Bd. I, S. 206, 209.

553 Vergl. Locré, *a.a.O.*, Bd. I, S. 209f.

von 1791 völlig zurückgedrängten richterlichen Ermessensspielraum bei der Strafzumessung an[554].

Die Beratungen des Kommissionsentwurfs im Staatsrat begannen vier Tage nach der Proklamation des Kaiserreichs unter dem Vorsitz Napoleons und einer maßgeblichen Beteiligung der Kommissionsmitglieder am 2. Prairial des Jahres XII (22. Mai 1804)[555]. Bereits in seiner dritten Sitzung am 16. Prairial des Jahres XII (5. Juni 1804) entschied sich der *Conseil d'État* nach einigem Zögern für die Beibehaltung der Schwurgerichte und warf darüber hinaus auch die Frage auf, ob man den Richtern einen Ermessenspielraum bei der Strafzumessung einräumen sollte[556]. Die abschließende Erörterung dieser Frage am 30. Prairial des Jahres XII (19. Juni 1804) mündete dabei in der Entscheidung, den Richtern in Zukunft grundsätzlich ein allerdings im Vergleich zum *Ancien Régime* geringes Ermessen bei der Strafzumessung innerhalb von Ober- und Untergrenzen zuzugestehen[557]. Damit gab man das System der *peines fixes* nunmehr endgültig auf, nachdem es bereits zuvor durch die *Loi qui attribue aux tribunaux de police correctionnelle la connaissance de divers délits* vom 25. Frimaire des Jahres VIII (14./16. Dezember 1799) grundsätzlich in Frage gestellt worden war[558]. Hatte nämlich dieses Gesetz eine Anwendung des Prinzips von Ober- und Untergrenzen der Strafe bislang nur für Vergehen bestimmt, so dehnte der im *Conseil d'État* gefaßte Beschluß dieses Prinzip nunmehr auch auf die Verbrechenstatbestände aus. Nachdem sich der Staatsrat in der für die französische Strafgesetzgebung bedeutsamen Sitzung vom 30. Prairial des Jahres XII insbesondere noch für die Beibehaltung der Todesstrafe sowie für die Wiedereinführung sowohl der dem *Code pénal* von 1791 unbekannten lebenslangen Freiheitsstrafen als auch der zu Revolutionszeiten abgeschafften Vermögenskonfiskation ausgesprochen hatte[559], zogen sich seine weiteren Beratungen anschließend noch bis zum 29. Frimaire des Jahres XIII (20. Dezember 1804) hin[560], wurden dann aber aufgrund der angespannten politischen Situation unterbrochen und erst am 23. Januar 1808 - wiederum unter dem Vorsitz Napoleons - wiederaufgenommen[561].

Nachdem man zu Beginn des Jahres 1808 das ursprüngliche Vorhaben einer sowohl das materielle Straf- als auch das Verfahrensrecht umfassenden Kodifikation vor allem aus Praktikabilitätserwägungen endgültig aufgegeben hatte,

---

[554] Vergl. Locré, *a.a.O.*, Bd. I, S. 208, 214.
[555] Vergl. Locré, *a.a.O.*, Bd. XXIV, S. 8.
[556] Vergl. Locré, *a.a.O.*, Bd. XXIV, S. 10ff.
[557] Vergl. Locré, *a.a.O.*, Bd. XXIV, S. 73ff.
[558] Der Gesetzestext ist abgedruckt in: Duvergier, *a.a.O.*, Bd. XII, S. 35ff.
[559] Vergl. Locré, *a.a.O.*, Bd. XXIV, S. 73ff.
[560] Vergl. Locré, *a.a.O.*, Bd. XXIV, S. 562ff.
[561] Vergl. Locré, *a.a.O.*, Bd. I, S. 225f.; Bd. XXIV, S. 576.

beriet der Staatsrat zunächst in insgesamt 37 Sitzungen zügig das Strafprozeßrecht, das schließlich vom 17. November bis 16. Dezember 1808 als *Code d'instruction criminelle* in neun Gesetzen verabschiedet werden konnte[562]. Etwas mehr Zeit ließ sich der *Conseil d'État* bei den Beratungen der materiell-rechtlichen Bestimmungen, die man vom 4. Oktober 1808 bis zum 18. Januar 1810 zunächst in insgesamt 41 Sitzungen erörterte, anschließend vom 12. bis 20. Februar 1810 als *Code pénal* in sieben Gesetzen verabschiedete[563] und schließlich zusammen mit dem *Code d'instruction criminelle* mit Wirkung zum 1. Januar 1811 in Kraft setzte.

II. Die der Kodifikation zugrunde liegenden Prinzipien

Das zunehmende Fortschreiten der Revolution hatte Frankreich seit 1792 in eine immer tiefere politische und soziale Krise gestürzt und zugleich eine Ausweitung der Kriminalität bislang unbekannten Ausmaßes mit sich gebracht, der die Strafgesetzgebung und insbesondere der *Code pénal* von 1791 kriminalpolitisch nicht mehr gewachsen waren. Dies lag einerseits an den von der *Assemblée Constituante* verabschiedeten Gesetzen und den ihnen anhaftenden Mängeln, andererseits aber auch und vor allem an den politischen Gegebenheiten am Ausgang der Französischen Revolution von 1789. Während die Unvollkommenheit der Strafgesetzgebung in erster Linie auf dem enormen Ausmaß des Unternehmens, der fehlenden Erfahrung, der undifferenzierten Ablehnung aller Institutionen des *Ancien Régime* und nicht zuletzt auf der uneingeschränkten Verwirklichung der Forderungen der Aufklärungsphilosophie beruhten[564], verkam die französische Strafrechtspflege unter Konvent (1792-1795) und Direktorium (1795-1799) aufgrund des innerhalb der Justiz herrschenden Parteigeistes zu einem willkommenen Werkzeug der politischen Parteien. Diese mißbrauchten die Justiz einerseits zur Bekämpfung wirklicher oder vermeintlicher politischer Gegner und erwirkten andererseits für ihre Parteigänger auch in Fällen schwerster Kriminalität oftmals skandalöse Freisprüche[565].

Als Napoleon mit dem Staatsstreich vom 18. Brumaire des Jahres VIII (9. November 1799) zunächst als erster Konsul die Macht ergriff und die Epoche des Konsulats (1799-1804) einleitete, war Frankreich dabei, in völliger Anarchie zu versinken und verfügte über keinerlei funktionierende Strafjustiz mehr. Vorrangiges Ziel des neuen Herrschers war deshalb der nationale Wiederaufbau

---

562 Vergl. näher zu den Beratungen sowie den einzelnen Sitzungen des *Conseil d'État*: Locré, *a.a.O.*, Bd. XXV, XXVII, XXVIII.

563 Vergl. näher zu den Beratungen sowie den einzelnen Sitzungen des *Conseil d'État*: Locré, *a.a.O.*, Bd. XXIX, XXX, XXXI.

564 Hagedorn, *a.a.O.*, S. 110; Sabatier, *Napoléon et les Code criminels*, S. 906.

565 Hagedorn, *a.a.O.*, S. 110; Sabatier, *a.a.O.*, S. 908; Schmidt, *Strafrechtspflege*, S. 261.

und insbesondere die Wiederherstellung der öffentlichen Ordnung, für die sich Napoleon persönlich verantwortlich fühlte und die er auch durch eine durchgreifende Reform des Strafrechts zu verwirklichen gedachte[566]. Napoleon nahm daher selbst an vielen Sitzungen der von ihm 1801 eingesetzten Kommission teil, wo seine unmittelbare Mitwirkung und autoritäre Einflußnahme insbesondere zu einer erheblichen Verschärfung der Strafen beitrug[567]. Obwohl sich Napoleon durch eine harte Strafgesetzgebung zweifellos auch ein schnelles Zurückdrängen der immens gestiegenen Kriminalität und mithin die Wiederherstellung der öffentlichen Ordnung versprach[568], wohnte der Schaffung eines verschärften Strafgesetzbuchs auch ein politischer Aspekt inne, denn wie jedes autoritäre Regime beanspruchte auch die Diktatur Napoleons während des Konsulats und auch später während des Ersten Kaiserreichs (1804-1815) durchgreifende Gesetze zur Durchsetzung und Unterstützung ihrer Ziele. Die Konzeption eines neuen Strafgesetzbuchs war deshalb zugleich auch ein politischer Akt[569].

Betrachtet man die tragenden Prinzipien des *Code pénal* von 1810, so läßt sich zunächst feststellen, daß auch das napoleonische Strafgesetzbuch in wesentlichen Zügen von den während der Revolution proklamierten Prinzipien geprägt war und im großen und ganzen die Reformen bewahrte, die bereits der *Code pénal* von 1791 in die französische Strafgesetzgebung einführt hatte. Auch die napoleonische Kodifikation setzte die Gleichheit aller vor dem Gesetz voraus, anerkannte das Prinzip der Persönlichkeit der Strafe[570], wahrte zumindestens innerhalb seines Strafensystems im wesentlichen den Verhältnismäßigkeitsgrundsatz, favorisierte ebenso wie der Gesetzgeber von 1791 den Abschreckungsgedanken und verwirklichte insbesondere ein strenges Legalitätsprinzip, das die Richter eng an

---

566 Hagedorn, *a.a.O.*, S. 110f.

567 Vergl. ausführlicher zum Einfluß Napoleons auf den *Code pénal*: Sabatier, *a.a.O.*, S. 905ff.

568 Hagedorn, *a.a.O.*, S. 111. Vergl. Bonneville de Marsangy, *De l'amélioration de la loi criminelle*, S. 25, der folgende Äußerung Napoleons zitiert: "[...] cette indulgence envers le crime, moi je l'appelle cruauté envers la société."

569 Bérenger, *a.a.O.*, S. 21f.; Solimène, *De la réforme du Code pénal*, S. XIf.; Sessar, *a.a.O.*, S. 32; Paraquin, *Die französische Gesetzgebung*, S. 7. Das Staatsratsmitglied Miot de Melito warf Napoleon in seinen Memoiren sogar vor, er habe - absolutistischer Tradition folgend - sowohl im *Code pénal* als auch im *Code d'instruction criminelle* feudalistische und despotische Prinzipien verankert. Vergl. Miot de Melito, *Mémoires du comte Miot de Melito, ancien ministre, abassadeur, conseiller d'État et membre de l'Institut (1788-1815)*, Bd. II, S. 103.

570 Auch in der Wiedereinführung der unter dem *Ancien Régime* vielfach praktizierten, zu Revolutionszeiten jedoch abgeschafften Vermögenskonfiskation vermochte man keinen Widerspruch zu diesem aufklärerischen Postulat zu sehen. Nach den Ausführungen des Kommissions- und Staatsratsmitglieds Treilhard sollte diese Nebenstrafe jedenfalls moderat ausgestaltet werden und insbesondere nicht zu Lasten der Familie des Verurteilten gehen. Vergl. Locré, *a.a.O.*, Bd. XXIX, S. 199, 208.

das Gesetz band[571], die Sanktionierung der einzelnen Delikte mit absoluten bzw. engen Strafrahmen genau regelte und den Grundsatz *nullum crimen, nulla poena sine lege* erstmals in der neueren europäischen Strafrechtsgeschichte ausdrücklich zu einem maßgebenden Prinzip erhob[572]. Bei genauerer Betrachtung fällt jedoch auf, daß der autoritäre Gesetzgeber von 1810 andere Schwerpunkte als der Gesetzgeber der Revolutionszeit setzte und ein eindeutiges und nahezu ausschließliches Bekenntnis zum Prinzip der Nützlichkeit und Notwendigkeit der Strafe als Mittel eines effektiven Schutzes der Gesellschaft und ihrer Rechtsgüter erkennen ließ, hinter das insbesondere das von der *Assemblée Constituante* 1791 in das französische Strafrecht eingeführte aufklärerische Postulat einer humanen Strafgesetzgebung weitgehend zurücktrat. Der geistige Vater dieser vergleichsweise pragmatischen Straftheorie war der englische Philosoph und Jurist Jeremy Bentham (1748-1832), der - ganz auf dem Boden des Utilitätsprinzips stehend - glaubte, daß sich ein wirksamer Gesellschaftsschutz nur durch die Abschreckung der Allgemeinheit in Gestalt nützlicher und mithin auch notwendiger Strafen verwirklichen lasse. Zwar hatten bereits Beccaria und die Philosophen der französischen Aufklärung die Nützlichkeit der Strafe in den Vordergrund gestellt und zum alleinigen Strafgrund erhoben, aber während sie die Strafe noch als Schranke gegen einen rigorosen, der Theologie entlehnten Strafanspruch setzen wollten, leitete Bentham die Nützlichkeit der Strafe einzig aus der eudämonistischen Vorstellung ab, daß das höchste Ziel aller Menschen die Vermehrung der Lust- und die Verminderung der Unlustsumme in der Welt sein müsse. Er erhob so den Nutzen für die Gesellschaft zu einem allgemeinen, alles beherrschenden Prinzip, in dessen Dienst die Strafe stand[573].

---

[571] Vergl. Art. 484 C.P. 1810.

[572] Vergl. Art. 4 C.P. 1810: "Nulle contravention, nul délit, nul crime, ne peuvent être punis de peines qui n'étaient pas prononcées par la loi avant qu'ils fussent commis." Diese weitgefaßte Formulierung ist in Verbindung mit Art. 364 des *Code d'instruction criminelle* von 1808 zu sehen und umfaßt deshalb sowohl den Ausschluß der Gesetzes- als auch den der Rechtsanalogie.

[573] Sessar, *a.a.O.*, S. 33; Moehlmann, *Strafzweck und Amnestie nach französischem Strafrecht*, S. 16. Vergl. Bentham, *Traités de législation civile et pénale*, S. 1ff: "Le bonheur public doit être l'objet du législateur; *l'utilité génerale* doit être le principe du raisonnement en législation. Connaître le bien de la communauté dont les intérêts sont en question, voilà ce qui constitue la science; trouver les moyens de le réaliser, voilà ce qui constitue l'art. [...] La nature a placé l'homme sous l'empire du *plaisir* et de la *douleur*. Nous leur devons toutes nos idées; nous leur rapportons tous nos jugements, toutes les déterminations de notre vie. [...] Ces sentiments éternels et irrésistibles doivent être la grande étude du moraliste et du législateur. Le *principe de l'utilité* subordonne tout à ces deux mobiles. [...] Ce qui est conforme à l'utilité ou à l'intérêt d'une communauté, c'est ce qui tend à augmenter la somme totale du bien-être des individus qui la composent." Vergl. ausführlicher zu Benthams Strafrechtsphilosophie: Fischl, *a.a.O.*, S. 73ff.

Der für die napoleonische Strafgesetzgebung richtungsweisende Einfluß Benthams beruhte in erster Linie auf den 1802 in französischer Sprache herausgegebenen und verschiedene Abhandlungen zusammenfassenden *Traités de législation civile et pénale*[574], deren Thesen im diktatorisch regierten Frankreich insofern auf fruchtbaren Boden fielen, als in Krisenzeiten sowie unter autoritären Staatsformen der Gedanke einer verschärften Generalprävention stets besondere Bedeutung gewinnt. Wie sehr die Arbeit der von Napoleon eingesetzten Kommission von der utilitaristischen Straftheorie Benthams beinflußt wurde, belegen insbesondere die einleitenden Anmerkungen Targets zum materiell-rechtlichen Teil des Kommissionsentwurfs, die nicht nur Aufschluß über die kriminalpolitische Konzeption des *Code pénal* von 1810 geben, sondern insbesondere auch deutliche Parallelen zu Benthams Schriften erkennen lassen[575]. Ebenso wie für Bentham war auch für Target eine Strafe nur dann gerechtfertigt, wenn ihr eine größtmögliche Abschreckung für die Allgemeinheit innewohnte. Diesem generalpräventiven Aspekt hatten sich alle anderen Gesichtspunkte unterzuordnen[576]. Die Konsequenz eines derart reinen Nützlichkeitsdenkens mußte zu einer einseitigen Orientierung zur Straftat hin führen, aus deren Unrechtsgehalt die Maßnahmen zu schließen waren, die in Zukunft weitere Straftaten verhindern helfen sollten[577]. Zur Abschreckung genügte es daher auch nicht, den Straftäter bloß zum Tode zu verurteilen oder ihn mit einer ausreichend langen Freiheitsstrafe zu belegen, sondern man mußte über eine generelle Verschärfung der Sanktionen hinaus noch

---

574 Sessar, *a.a.O.*, S. 33.

575 Vergl. Locré, *a.a.O.*, Bd. XXIX, S. 7f: "Chaque jour cependant la société doit être conservée; et à des calamités présentes, il faut opposer des remèdes rapides: tel est le but des lois criminelles et du Code Pénal. L'humanité s'afflige de la nécessité de punir; elle fait au moins des voeux pour la modération et la douceur. D'un autre côté, l'expérience de la perversité humaine, l'horreur pour certains criminels, la pitié pour leurs victimes, ont dicté à des hommes sages et même sensibles, des systèmes de sévérité qui peuvent paraître excessifs. La vraie sagesse respecte l'humanité, mais ne lui sacrifie pas la sûreté publique; elle veut que les peines, aussi douces qu'il sera possible, soient en même temps efficaces. Il est certain, que la peine n'est pas une vengeance. Cette triste jouissance des âmes basses et cruelles n'entre pour rien dans la raison des lois. C'est la nécessité de la peine qui la rend légitime. Qu'un coupable souffre, ce n'est pas le dernier but de la loi: mais que les crimes soient prévenus, voilà ce qui est d'une haute importance. [...] La gravité des crimes se mesure donc, non pas tant sur la perversité qu'ils annonçent, que sur les dangers qu'ils entraînent. L'éfficacité de la peine se mesure moins sur sa rigueur que sur la crainte qu'elle inspire."

576 Besonders deutlich wird dieses nach reinen Nützlichkeitsgesichtspunkten ausgerichtete Denken dort, wo Target seine Auffassung über die Todesstrafe darlegt. Vergl. Locré, *a.a.O.*, Bd. XXIX, S. 9: "La peine de mort est-elle légitime? Est-elle nécessaire? Ces deux questions n'en sont qu'une. Sans nécessité, cette peine ne serait pas légitime; et si elle est nécessaire, la légitimité en est incontestable."

577 Vergl. Locré, *a.a.O.*, Bd. XXIX, S. 8: "La gravité des crimes se mésure donc, non pas tant sur la perversité qu'ils annonçent que sur les dangers qu'ils entraînent. L'efficacité de la peine se mesure moins sur sa rigueur que sur la crainte qu'elle inspire."

zusätzliche grausame Strafen ersinnen, die Furcht und Schrecken hervorrufen sollten[578]. Aus generalpräventiven Erwägungen verschärfte der Gesetzgeber von 1810 deshalb nicht nur die aus der Strafgesetzgebung der Revolutionszeit übernommenen Strafen, sondern griff zudem in einigen Bereichen auf die grausame, längst überholt geglaubte Strafpraxis des *Ancien Régime* zurück. Neben der Wiedereinführung der lebenslangen Zwangsarbeit[579], des bürgerlichen Todes[580] und der stets öffentlich zu vollstreckenden Brandmarkung[581] tauchte deshalb im Strafenkatalog des *Code pénal* sogar eine gleichfalls immer öffentlich zu vollstreckende Verstümmelungsstrafe wieder auf, die darin bestand, daß man dem Vatermörder vor der Hinrichtung stets noch die rechte Hand abhieb[582].

Diese dem reinen Nützlichkeitsprinzip untergeordnete kriminalpolitische Konzeption bewirkte gleichzeitig, daß man der Person des Straftäters nur wenig Bedeutung beimaß und ihn als Individuum kaum wahrnahm. Sieht man von den wenigen Bestimmungen ab, in denen der Gesetzgeber den Geisteszustand[583], die Minderjährigkeit[584] oder aber die Motivationslage[585] des Delinquenten berücksichtigte, so blieb der Straftäter im napoleonischen Strafgesetzbuch weitgehend außer Betracht. Auch die Ersetzung der inflexiblen *peines fixes* durch Strafrahmen bei den zeitigen (Verbrechens-) Strafen führte zu keiner nennenswerten Berücksichtigung des Straftäters oder der Tatumstände. Zwar eröffnete der Gesetzgeber den Richtern hier innerhalb der Strafrahmen die Möglichkeit, die Strafe der Täterpersönlichkeit anzupassen, aber deren Mindestgrenze von fünf Jahren sowie die Unmöglichkeit, sie bei Vorliegen mildernder Umstände zu unterschreiten, ließen auch hier nur eine begrenzte Berücksichtigung subjektiver Tatfaktoren zu[586]. Im übrigen wurden alle Täter

---

578 Sessar, *a.a.O.*, S. 34f.; Moehlmann, *a.a.O.*, S. 16f.

579 Art. 15f. C.P. 1810.

580 Art. 18 C.P. 1810. Dieses schon 1791 geächtete Institut wurde erstaunlicherweise allen politischen Umwälzungen und Liberalisierungen nach dem Sturz Napoleons zum Trotz erst durch die *Loi portant abolition de la mort civile* vom 31. Mai/3. Juni 1854 (abgedruckt in: Duvergier, *a.a.O.*, Bd. LIV, S. 282ff) abgeschafft.

581 Art. 7 C.P. 1810. Die 1791 abgeschaffte Brandmarkung wurde bereits vor Inkrafttreten des *Code pénal* durch die *Loi relative aux délits emportant peine de flétrissure, et aux tribunaux spéciaux qui en auront la connaissance* vom 23. Floréal des Jahres X (13. Mai 1802) und die *Loi contenant des dispositions pénales relativement aux menaces d'incendie* vom 12./22 Mai 1806 (abgedruckt in: Duvergier, *a.a.O.*, Bd. XIII, S. 429ff; Bd. XV, S. 441) wieder eingeführt und erst im Zuge der das gesamte Strafrecht reformierenden *Loi contenant des modifications au Code pénal et au Code d'instruction criminelle* vom 28. April 1832 (abgedruckt in: Duvergier, *a.a.O.*, Bd. XXXII, S. 215ff) endgültig beseitigt.

582 Art. 13 C.P. 1810.

583 Art. 64 C.P. 1810.

584 Art. 66f. C.P. 1810.

585 Art. 65 i.V.m. Art. 107f., 114, 137f., 163, 190, 248, 321f. C.P. 1810.

586 Sessar, *a.a.O.*, S. 35; Saleilles, *L'individualisation de la peine*, S. 55f.; Höhn, *a.a.O.*, S. 72ff.

gleich behandelt, und es kam nicht darauf an, welche inneren oder äußeren Umstände die Tat mitbestimmt hatten. Eine derartige Auffassung bedurfte allerdings der Rechtfertigung, die man in der uneingeschränkten Willensfreiheit [*libre arbitre*] des Menschen zu finden glaubte. Nach der zeitgenössischen klassischen Strafrechtslehre galt das Prinzip der moralischen Verantwortlichkeit, das die strafrechtliche Verantwortlichkeit auf die Vorstellung der Willensfreiheit gründete. Hiernach war der Mensch frei in allem, was er tat, d.h. jeder Akt des Willens war zugleich auch ein Akt der Freiheit, die ihm bei jeder seiner Handlungen voll zur Verfügung stand. Aus diesen Überlegungen zog man den Schluß, daß sich die verschiedenen Grade der Verantwortlichkeit allein aus den materiellen Umständen der Tat ergäben[587]. Diese objektive Auffassung vom Menschen kann hierbei als eine aus der Zeit heraus zu begreifende Fiktion verstanden werden, die insbesondere auch deshalb notwendig war, weil eine allzu weitreichende Berücksichtigung subjektiver Komponenten die vorrangig generalpräventive Konzeption des neuen Strafgesetzbuchs zweifellos verwässert hätte[588].

Während die vorgestellte, in erster Linie auf generalpräventiven Erwägungen beruhende kriminalpolitische Konzeption vor allem für die Verbrechen und ihre Strafen galt, enthielt der *Code pénal* von 1810 jedoch auch spezialpräventiv wirkende Elemente. Neben der zeitigen, ausnahmsweise auch lebenslang zu verhängenden Untersagung der Ausübung bestimmter staatsbürgerlicher, bürgerlicher oder familiärer Rechte, der Geldstrafe oder der besonderen Einziehung war vor allem die für Vergehen hauptsächlich vorgesehene zeitige Gefängnisstrafe rechtlich so ausgestaltet, daß sie nicht nur generalpräventiv, sondern auch bessernd und resozialisierend wirken konnte. Als mildeste der im napoleonischen Strafgesetzbuch vorgesehenen Freiheitsstrafen war sie als Arbeitsstrafe in einer Besserungsanstalt [*maison de correction*] abzubüßen und ließ bereits an der Bezeichnung des Vollstreckungsortes einen auf die Besserung des Delinquenten gerichteten Strafzweck erkennen[589].

III. Der Aufbau des Gesetzbuchs

Der *Code pénal* von 1810 setzte sich aus insgesamt vier einzelnen Büchern zusammen, denen unter der Überschrift *Dispositions préliminaires* fünf Artikel als einleitende Bestimmungen vorangestellt waren. In der ersten dieser Bestimmungen

---

587 Hagedorn, *a.a.O.*, S. 115; Varaut, *a.a.O.*, S. 102; Sessar, *a.a.O.*, S. 35; Sabourin, *a.a.O.*, S. 98f.; Saleilles, *a.a.O.*, S. 61ff.

588 Sessar, *a.a.O.*, S. 35.

589 Art. 40f. C.P. 1810. Vergl. Moehlmann, *a.a.O.*, S. 24; Bérenger, *a.a.O.*, S. 418ff; Sessar, *a.a.O.*, S. 46.

schrieb der Gesetzgeber in enger Anlehnung an die entsprechende Unterteilung des *Code des délits et des peines* vom 3. Brumaire des Jahres IV (25. Oktober 1795)[590] zunächst die vornehmlich zum Zweck gerichtlicher Kompetenzzuweisung ausgebildete qualitative Dreiteilung der strafbaren Handlungen in Verbrechen [*crimes*], Vergehen [*délits*] und Übertretungen [*contraventions*] fest, je nachdem, ob die Tat mit einer Leibes- oder entehrenden Strafe [*peine afflictive ou infamante*], einer Korrektionalstrafe [*peine correctionnelle*] oder einer einfachen Polizeistrafe [*peine de police*] belegt war[591] und gab so eine exakte Legaldefinition dieser Begriffe, die zuvor parallel gebraucht oder sogar miteinander verwechselt worden waren[592]. Weiterhin erfaßte er in den *Dispositions préliminaires* sowohl die Behandlung des Versuchs [*tentative*], dessen Strafbarkeit er der Vollendung bei Verbrechen immer, bei Vergehen nur in den im Gesetz aufgeführten Fällen gleichstellte[593], als auch den Rechtssicherheit gewährleistenden Grundsatz *nullum crimen, nulla poena sine lege*[594] und schloß darüber hinaus die Anwendbarkeit des *Code pénal* für alle militärischen Verbrechen, Vergehen oder Übertretungen aus[595].

Während sich das erste Buch des *Code pénal* sowohl mit dem System der Strafen für Verbrechen und Vergehen als auch mit den entsprechenden Vollstreckungsbestimmungen befaßte, enthielt das zweite Buch die Bestimmungen über Täterschaft und Teilnahme sowie die wenigen Bestimmungen über den Ausschluß und die Minderung der strafrechtlichen Verantwortlichkeit. Diese beiden, zusammen lediglich 69 Artikel umfassenden Bücher bildeten also den allgemeinen Teil des napoleonischen Strafgesetzbuchs. Demgegenüber erfaßte das dritte Buch mit seiner detaillierten Aufzählung der einzelnen Verbrechens- und Vergehenstatbestände in insgesamt 389 Artikeln den besonderen Teil der

---

590 Vergl. *Code des délits et des peines*, Art. 599ff.

591 Art. 1 C.P. 1810.

592 Auf den entsprechenden Klärungsbedarf wies auch der Berichterstatter Treilhard ausdrücklich hin. Vergl. Locré, *a.a.O.*, Bd. XXIX, S. 202.

593 Art. 2f. C.P. 1810.

594 Art. 4 C.P. 1810.

595 Art. 5 C.P. 1810. Hierbei ging der Gesetzgeber von dem Grundsatz aus, daß die Vorschriften der allgemeinen Strafgesetze auf Militärpersonen nur insoweit Anwendung finden sollten, als die Militärstrafgesetzgebung nichts anderes bestimmte. Die Militärdelikte sollten im übrigen eigentlich in einem einheitlichen Militärstrafgesetzbuch geregelt werden, das jedoch erst im Zweiten Kaiserreich zunächst als *Code de justice militaire pour l'armée de terre* vom 9. Juni/4. August 1857 für die Landstreitkräfte (abgedruckt in: Duvergier, *a.a.O.*, Bd. LVII, S. 305ff) und anschließend als *Code de justice militaire pour l'armée de mer* vom 4./13. Juni 1858 für die Seestreitkräfte (abgedruckt in: Duvergier, *a.a.O.*, Bd. LVIII, S. 324ff) in Kraft treten konnte. Bis dahin beschränkte sich die französische Militärstrafgesetzgebung auf eine Vielzahl von unterschiedlichen Gesetzen, Dekreten, Erlassen und Verordnungen. Vergl. eine vollständige Zusammenstellung aller einschlägigen Gesetze m.w.N. bei Foucher, *Commentaire sur le Code de justice militaire*, S. 6ff.

Kodifikation. Ein eigenes, allerdings höchst unvollkommenes Strafgesetzbuch stellte schließlich das vierte Buch des *Code pénal* dar, das in insgesamt 20 Artikeln nicht nur das Strafensystem für Übertretungen sowie einige Vollstreckungsbestimmungen enthielt, sondern auch die einzelnen, entsprechend der Höhe des Strafmaßes in drei Klassen unterteilten Übertretungstatbestände genau regelte. Seinen Abschluß fand der *Code pénal* schließlich mit der letzten, unter der Überschrift *Disposition générale* erfaßten Bestimmung, die die Richter auch bei lediglich spezialgesetzlich erfaßten Materien eng an das Gesetz binden sollte[596].

IV. Das Strafensystem und die Folgen der Verurteilung

Entsprechend der qualitativen Dreiteilung der strafbaren Handlungen in Verbrechen, Vergehen und Übertretungen differenzierte der Gesetzgeber zunächst grundsätzlich zwischen *peines infamantes ou afflictives*, *peines correctionnelles* und *peines de police*, je nach der Tragweite des begangenen Gesetzesverstoßes[597]. Darüber hinaus unterschied er zwischen Haupt- und Nebenstrafen, denn den Verbrechen und Vergehen, nicht aber den Übertretungen, gesellten sich über die Hauptstrafe [*peine principale*] hinaus noch akzessorische und komplementäre, oftmals die Folgen der Verurteilung konkretisierende Zusatzstrafen hinzu, von denen einige ihrerseits auch Hauptstrafen sein konnten[598]. Während die weitaus am häufigsten vorkommenden akzessorischen Nebenstrafen [*peines accessoires*] den Hauptstrafen *ipso iure* unmittelbar anhafteten und zusammen mit ihnen selbst dann zu vollstrecken waren, wenn sie das Urteil nicht aufführte, durften die komplementären Nebenstrafen [*peines complémentaires*] nur dann zusammen mit den Hauptstrafen vollstreckt werden, wenn sie diesen zuvor durch ausdrücklichen Richterspruch beigefügt worden waren. Innerhalb der den Hauptstrafen nur durch ausdrückliche Erwähnung im Urteil beigefügten Komplementärstrafen wurde darüber hinaus nochmals zwischen obligatorischen und fakultativen Strafen differenziert[599], d.h. erstere mußte, die anderen konnte der erkennende Richter verhängen[600].

---

596 Art. 484 C.P. 1810.

597 Art. 1 C.P. 1810.

598 So z.B. der Schandpfahl [*carcan*]. Vergl. Art. 8, 22 C.P. 1810.

599 Hiernach scheinen akzessorische Strafen und obligatorische Komplementärstrafen zwei Begriffe für ein und denselben Tatbestand zu sein. Zwischen beiden Nebenstrafen bestand jedoch ein grundlegender Unterschied, denn während eine im Urteil nicht ausdrücklich erwähnte akzessorische Strafe in jedem Fall zusammen mit der Hauptstrafe verwirkt war, durfte eine vom Richter nicht verhängte obligatorische Komplementärstrafe nicht mehr auf den Verurteilten angewendet werden. Vergl. Moehlmann, *a.a.O.*, S. 18.

600 Sessar, *a.a.O.*, S. 36; Moehlmann, *a.a.O.*, S. 17f. Allerdings waren nahezu alle Komplementärstrafen obligatorischer Natur. Erst im Zuge der Mitte des 19. Jahrhunderts

1. Die Strafen für Verbrechen

Im Hinblick auf die Verbrechen beinhaltete der *Code pénal* von 1810 ein nach der Schwere der Strafen abgestuftes System entweder von Leibes- und Ehrenstrafen [*peines afflictives et infamantes*] oder von Ehrenstrafen allein [*peines seulement infamantes*][601]. Hierbei umfaßten die entehrenden Leibesstrafen die Todesstrafe [*mort*][602], die lebenslange Zwangsarbeit [*travaux forcés à perpétuité*][603], die Deportation [*déportation*][604], die zeitige Zwangsarbeit [*travaux forcés à temps*][605] und die Einsperrung in ein Zuchthaus [*réclusion*][606], während als lediglich diffamierende Strafen der aus dem Strafrecht der Revolutionszeit übernommene Schandpfahl [*carcan*][607], die Verbannung [*bannissement*][608] und die Aberkennung der staatsbürgerlichen Rechte [*dégradation civique*][609] vorgesehen waren. Die von der *Assemblée Constituante* 1791 eingeführte Verbrechensstrafe des Stockhauses [*gêne*] enthielt das napoleonische Strafensystem hingegen nicht mehr, denn diese zeitige, als absolute Isolationshaft ausgestaltete Freiheitsstrafe hatte der Gesetzgeber von 1810 weniger aus humanitären, als vielmehr aus Nützlichkeits- und Praktikabilitätserwägungen wieder abgeschafft[610]. Zusätzlich zu den entehrenden Leibesstrafen konnten in einigen, vom Gesetz besonders bestimmten Fällen noch die als akzessorische Nebenstrafen wieder eingeführte Brandmarkung [*marque*] sowie die Vermögenskonfiskation [*confiscation générale*] verhängt werden[611], wobei letztere eine Gesamtvermögenseinziehung zugunsten des Staates

---

einsetzenden Liberalisierung des französischen Strafrechts wurde dem Richter ein größerer Spielraum bei der Strafzumessung eingeräumt.

601 Art. 6 bis 8 C.P. 1810.

602 Art. 7 Abs. 1 Ziff. 1 C.P. 1810.

603 Art. 7 Abs. 1 Ziff. 2 C.P. 1810.

604 Art. 7 Abs. 1 Ziff. 3 C.P. 1810.

605 Art. 7 Abs. 1 Ziff. 4 C.P. 1810.

606 Art. 7 Abs. 1 Ziff. 5 C.P. 1810.

607 Art. 8 Ziff. 1 C.P. 1810.

608 Art. 8 Ziff. 2 C.P. 1810.

609 Art. 8 Ziff. 3 C.P. 1810.

610 Wie sehr sich der Gesetzgeber hierbei vom Nützlichkeitsprinzip und generalpräventiven Erwägungen leiten ließ, belegen die von Treilhard dargelegten Motive. Vergl. Locré, *a.a.O.*, Bd. XXIX, S. 204f.: "Nous avons aussi supprimé la peine de la gêne. [...] Nous avouerons que nous n'avons pas reconnu, dans cette occasion les sentiments philanthropiques de l'Assemblée Constituante. Quel est donc le sort d'un homme enfermé pour vingt ans, sans espoir de communication ni à l'intérieur ni à l'extérieur? N'est-il pas plongé vivant dans son tombeau? Quelle peut être d'ailleurs l'utilité de cette peine? On ne peut pas dire qu'elle est établie pour l'exemple, puisque le condamné, soustrait à tous les yeux, est mort, pour ainsi dire à la société; d'ailleurs il est presque impossible qu'une disposition qui introduit une séquestration aussi sévère soit jamais exécutée."

611 Art. 7 Abs. 2 C.P. 1810.

beinhaltete[612] und diesen für den ihm vom Straftäter zugefügten Schaden entschädigen sollte[613].

a.) Die Todesstrafe

Nachdem der Konvent 1795 zwischenzeitlich sogar die Abschaffung der Todesstrafe *für die spätere Zukunft vom Tage des allgemeinen Friedens an* beschlossen hatte[614], was allerdings strafrechtlich ohne weitere Folgen geblieben war, sprach sich auch der napoleonische Gesetzgeber - ebenso wie zuvor schon die *Assemblée Constituante* - grundsätzlich für die Beibehaltung der einfachen, lediglich durch Enthauptung sowohl an männlichen als auch an weiblichen Delinquenten zu vollstreckenden Kapitalstrafe aus[615], die er allerdings in einem einzigen Fall - nämlich dem des Vatermordes [*parricide*] - qualifiziert vollstreckt wissen wollte[616]. Hatte sich der Delinquent nämlich des Vatermordes[617] schuldig gemacht, so hieb man ihm in Anlehnung an die Strafpraxis des *Ancien Régime* zusätzlich unmittelbar vor der Hinrichtung die rechte Hand ab. Die Exekution hatte dabei auf einem öffentlichen Platz stattzufinden, wobei ein Gerichtsdiener zuvor das Todesurteil sowie dessen Gründe verlas. Ähnlich wie der Gesetzgeber von 1791 sah auch der *Code pénal* von 1810 für den Vatermörder darüber hinaus insofern noch eine weitere Strafverschärfung vor, als er, barfüßig und nur mit einem Hemd bekleidet, mit einer schwarzen, bis zum Hals reichenden

---

612 Art. 37 Abs. 1 C.P. 1810. Der Kaiser konnte über das konfiszierte Vermögen jedoch zugunsten der Angehörigen des Verurteilten verfügen. Vergl. Art. 39 C.P. 1810. Nachdem zwar bereits die *Charte constitutionnelle* von 1814 (abgedruckt in: Duvergier, *a.a.O.*, Bd. XIX, S. 76ff) in Art. 66 die endgültige Abschaffung der Vermögenskonfiskation festgeschrieben hatte, verfügte erst Art. 103 des Reformgesetzes von 1832 die entsprechenden Streichung von Art. 37 bis 39 des *Code pénal.*

613 Vergl. Locré, *a.a.O.*, Bd. XXIX, S. 199. Die Vermögenskonfiskation war deshalb lediglich auf einige Fälschungs- sowie vor allem auf solche Delikte beschränkt, die die innere oder äußere Sicherheit des Staates beeinträchtigten. Vergl. Art. 75-77, 79-81, 86f., 91-95, 125, 132, 139 C.P. 1810.

614 Vergl. Art. 1 des *Décret contenant abolition de la peine de mort, à dater du jour de la publication de la paix générale, et des procédures pour faits purement relatifs à la révolution* vom 4. Brumaire des Jahres IV (26. Oktober 1795): "A dater du jour de la publication de la paix générale, la peine de mort sera abolie dans la République française." Der vollständige Gesetzestext ist abgedruckt in: Duvergier, *a.a.O.*, Bd. VIII, S. 540f.

615 Art. 12 C.P. 1810. Für nachweislich schwangere Frauen wurde die Exekution allerdings bis zur Entbindung ausgesetzt. Vergl. Art. 27 C.P. 1810.

616 Vergl. Locré, *a.a.O.*, Bd. XXIV, S. 73ff; Bd. XXIX, S. 206.

617 Der Begriff des Vatermordes umfaßte trotz seines engen Wortlauts sowohl den Vater- als auch den Muttermord sowie jeden Mord an Verwandten aufsteigender Linie. Auch den Kaisermord sah man als *parricide* an. Vergl. Art. 86, 299 C.P. 1810.

Kopfbedeckung zur Exekution geführt werden mußte[618]. Nach der Exekution konnte die Leiche zwar den Angehörigen auf deren Wunsch hin übergeben werden; die Familie war jedoch gehalten, für eine schlichte Bestattung zu sorgen[619]. Im übrigen erfolgte zu generalpräventiven Zwecken ein öffentlicher Aushang eines Urteilsauszugs in der Hauptstadt des Départements, am Ort des Verbrechens und dem der Strafvollstreckung sowie in der Wohngemeinde des zum Tode Verurteilten[620].

Trotz des Rückgriffs auf diese der Strafpraxis des *Ancien Régime* entlehnten Verstümmelungsstrafe und im Widerspruch zu seiner auf verschärfter Generalprävention beruhenden Kriminalpolitik hielt sich der napoleonische Gesetzgeber jedoch mit der Anordnung der Kapitalstrafe vergleichsweise zurück und drohte die Todesstrafe im *Code pénal* lediglich in insgesamt 30 Fällen an. Diese gerade bei einem diktatorischen Regime überraschende Zurückhaltung hatte im wesentlichen psychologische Gründe, denn die Todesstrafe war unter dem allgemeinen Eindruck der im *Ancien Régime* praktizierten barbarischen Strafen und insbesondere aufgrund des Einflusses der Aufklärungsphilosophie im Verlauf des 18. Jahrhunderts immer mehr in Verruf geraten und die Zahl ihrer Gegner beständig angewachsen[621]. Daß deren Einfluß als nicht gering eingeschätzt werden darf zeigt allein die Tatsache, daß die Todesstrafe sowohl 1791 von *Assemblée Constituante* als auch 1795 von der *Convention* beinahe gänzlich abgeschafft worden wäre. Abgesehen davon, daß der Zeitgeist allgemein auf eine restriktive Anwendung der Todesstrafe zielte[622], war auch im napoleonischen Frankreich die Zahl derjenigen sehr groß, die die Todesstrafe aus humanitären Erwägungen entweder gänzlich ablehnten oder aber deren Anwendung lediglich bei besonders schweren Verbrechen befürworteten. Der Gesetzgeber von 1810 sah sich deshalb wohl auch aus innenpolitischen Gründen gezwungen, den Anwendungsbereich der Kapitalstrafe auf ein Mindestmaß zu begrenzen. Dies führte in der Konsequenz dazu, daß die während des *Ancien Régime* als Sanktion noch weitgehend ungebräuchlichen, erst durch den *Code pénal* von 1791 zu einiger Bedeutung gelangten Freiheitsstrafen nunmehr zur tragenden Säule des napoleonischen Strafensystems wurden.

[618] Art. 13 C.P. 1810.

[619] Art. 14 C.P. 1810.

[620] Art. 36 C.P. 1810.

[621] Bérenger, *a.a.O.*, S. 36; Sessar, *a.a.O.*, S. 39.

[622] Bereits vor Ausbruch der Revolution war die Zahl der mit der Todesstrafe bedrohten Delikte auf etwa 115 zurückgegangen und auch der *Code pénal* von 1791 hatte anschließend ihre Anwendung in nurmehr 32 Fällen vorgesehen. Vergl. Bérenger, *a.a.O.*, S. 36.

b.) Die lebenslange Zwangsarbeit

In dem Maße, in dem der Gesetzgeber den Anwendungsbereich der Todesstrafe einschränkte, gewann die dem Strafrecht der Revolutionszeit unbekannte, jedoch im Grunde aus der Kettenstrafe des Strafgesetzbuchs von 1791 hervorgegangene[623] lebenslange Zwangsarbeit an Bedeutung, die in der Hierarchie des napoleonischen Strafensystems unmittelbar der Todesstrafe nachfolgte und insbesondere bei schweren oder schwersten Verbrechen, aber auch bei Delikten mit vergleichsweise geringem Unrechtsgehalt Anwendung fand[624]. Maßgeblicher Grund für ihre Einführung war das Bestreben des Gesetzgebers, die Schwerkriminalität auffangen zu können, denn gerade in den Fällen, in denen eine Androhung der Todesstrafe als nicht mehr opportun erschien, sollte dennoch die Möglichkeit bestehen, die Gesellschaft auf Dauer vor dem Straftäter zu schützen[625]. Diese wohl grausamste Strafe des napoleonischen Strafensystems konnte zwar sowohl über männliche, als auch über weibliche Delinquenten verhängt werden, die Art und Weise ihrer Vollstreckung wurde jedoch geschlechtsspezifisch gehandhabt. Die männlichen Zwangsarbeiter wurden - zweifellos aufgrund ihrer höheren physischen Belastbarkeit - zu den härtesten Arbeiten herangezogen und hatten hierbei entweder eine eiserne Kugel an den Füßen zu tragen oder mußten paarweise aneinander gekettet werden[626]. Zu lebenslanger Zwangsarbeit verurteilte weibliche

[623] Einziges Unterscheidungsmerkmal beider Strafen ist im Grunde nur die Strafdauer, denn während die gleichfalls mit harter Zwangsarbeit verbundene Kettenstrafe nur für maximal 24 Jahre verhängt werden durfte, bestimmte der Gesetzgeber von 1810 nunmehr eine Verhängung auf Lebenszeit.

[624] So z.B. bei der Urkundenfälschung im Amt, dem Diebstahl auf öffentlicher Straße, der Herstellung von Falschgeld, dem Entweichenlassen Gefangener durch Zurverfügungstellen von Waffen, dem Diebstahl unter Gewaltanwendung, wenn das Opfer Verletzungen erlitten hatte und der Freiheitsberaubung von mehr als einem Monat. Vergl. Art. 133, 145f., 243, 333, 342, 382f. C.P. 1810.

[625] Sessar, *a.a.O.*, S. 39. Wie sehr sich der Gesetzgeber hierbei von Aspekten der sozialen Verteidigung und dem Bestreben, den schwerkriminellen Täter auf Dauer unschädlich zu machen, hat leiten lassen, zeigt insbesondere der von Dhaubersart verfaßte und zur Vorlage beim *Corps Législatif* bestimmte Abschlußbericht. Vergl. Locré, *a.a.O.*, Bd. XXIX, S. 218: "La peine des travaux forcés peut [...] être perpétuelle. Le Code de 1791 en avait fixé à vingt-quatre ans la durée la plus longue; mais il est des coupables profondément corrompus, que la société doit tenir à jamais séparés d'elle; le tempérament d'une peine temporaire, quelque éloigné qu'en fût le terme, ne lui eût pas donné une garantie suffisante contre le danger de leur retour, et l'on a senti le besoin de rendre ce retour impossible."

[626] Art. 15 C.P. 1810. Die Art der von den Verurteilten geforderten Arbeit nannte der Gesetzestext hingegen nicht. Es oblag hier im wesentlichen den Vollstreckungsbehörden zu bestimmen, was als *travaux les plus pénibles* angesehen werden konnte. Hierbei diente die in Art. 6 des *Code pénal* von 1791 aufgeführte Liste der möglichen Betätigungen dem Gesetzgeber von 1810 zweifellos als Richtlinie. Ähnlich wie während des *Ancien Régime* wurden zu lebenslanger Zwangsarbeit verurteilte Männer jedoch meist in die in den

Straftäter hatten hingegen in enger Anlehnung an die 1791 analog zur Kettenstrafe geschaffene Spezialstrafe der *réclusion* leichtere Zwangsarbeiten in einem Zuchthaus [*maison de force*] zu verrichten[627].

Aus Gründen einer effektiveren Abschreckung hatte der Gesetzgeber noch eine Anzahl durchweg akzessorischer Nebenstrafen geschaffen, die neben die lebenslange Zwangsarbeit traten und die ohnehin schon grausame Hauptstrafe noch erheblich verschärften. Der in Art. 22ff des *Code civil* von 1804 geregelte, der Strafpraxis des *Ancien Régime* entlehnte und erst 1854 endgültig abgeschaffte bürgerliche Tod [*mort civile*][628] zog dabei für den Delinquenten all die Konsequenzen nach sich, die auch für den Fall seines natürlichen Todes vorgesehen waren. So verlor der Verurteilte sein Eigentum nach den Grundsätzen der Intestaterbfolge an seine gesetzlichen Erben, seine Geschäfts- und Prozeßfähigkeit wurden aufgehoben, seine Ehe wurde als aufgelöst betrachtet, er konnte sich nicht wieder verheiraten, durfte nicht mehr als Zeuge vor Gericht auftreten und konnte auch wirksam keinerlei Eigentum mehr erwerben[629]. Fand man zum Zeitpunkt seines natürlichen Todes dennoch Vermögenswerte in seinem Besitz, so trat grundsätzlich der Fiskus an die Stelle der gesetzlichen Erben[630]. Der bürgerliche Tod war somit als logische Ergänzung der Hauptstrafe auf den endgültigen Ausschluß des Verurteilten aus der Gesellschaft gerichtet[631], denn einmal zum bürgerlichen Tod verurteilt, konnte der Delinquent die ihm abgesprochenen Rechte niemals - auch nicht bei Verjährung der Hauptstrafe - wiedererlangen[632]. Die gleichfalls in enger Anlehnung an das alte Recht wiedereingeführte Brandmarkung [*marque*][633] bestand demgegenüber im Einbrennen der Buchstaben T.P. für *travaux* und *perpétuité* in die rechte Schulter mit Hilfe eines glühenden Eisens, wobei die Exekution - zweifellos zu Abschreckungszwecken - grundsätzlich öffentlich zu erfolgen hatte[634]. Ebenfalls

---

Hafenstädten eingerichteten *bagnes* verbracht, und dort zu Arbeiten in Hafen und Arsenal herangezogen. Vergl. Sessar, *a.a.O.*, S. 40; Carnot, *Commentaire sur le Code pénal*, Bd. I, Art. 15, IV.

627 Art. 16 C.P. 1810.

628 Art. 18 C.P. 1810.

629 Art. 25 C.C. 1804.

630 Art. 33 C.C. 1804.

631 Vergl. Locré, *a.a.O.*, Bd. XXIX, S. 18.

632 Art. 32 C.C. 1804.

633 Art. 20 Abs. 1, 3 C.P. 1810.

634 Wie sowohl Target in seinen allgemeinen Bermerkungen als auch Treilhard in den entsprechenden Motiven darlegen, sollte die Brandmarkung nicht nur abschreckend auf die Allgemeinheit wirken, sondern insbesondere auch die spätere Erkennbarkeit von Wiederholungstätern gewährleisten. Bei den zu lebenslanger Zwangsarbeit verurteilten Straftätern wird der Gesetzgeber aber vor allem an ein schnelles Ergreifen bei geglückter Flucht gedacht haben. Vergl. Locré, *a.a.O.*, Bd. XXIX, S. 23, 198.

generalpräventive Absichten verfolgte der Gesetzgeber nicht nur mit der bereits erörterten auszugsweisen Urteilsveröffentlichung[635], sondern auch mit der in Anlehnung an das gleichnamige Institut der Revolutionszeit geschaffenen infamierenden Nebenstrafe des Schandpfahls [*carcan*][636], bei der der Verurteilte für die Dauer einer Stunde auf einem zentralen öffentlichen Platz demütigend zur Schau gestellt wurde. Über seinem Kopf mußte zudem eine Tafel angebracht werden, auf der in Großbuchstaben deutlich lesbar sein Name, sein Beruf, seine Adresse, die verhängte Strafe sowie der Grund seiner Verurteilung vermerkt waren.

c.) Die Deportation

Weniger der Bekämpfung schwerer Kriminalität als vielmehr der Unschädlichmachung politischer Straftäter diente die gleichfalls lebenslängliche Deportationsstrafe[637], die der lebenslangen Zwangsarbeit in der Hierarchie des napoleonischen Sanktionensystems umittelbar nachfolgte und in Anlehnung an die gleichnamige Strafe des *Code pénal* von 1791 konzipiert worden war. Hierbei wurde der Verurteilte an einen außerhalb des kontinentalen Kaiserreichs gelegenen, von der Regierung zu bestimmenden Ort verbracht, den er Zeit seines Lebens nicht mehr verlassen durfte[638]. Kehrte er dennoch auf den Boden des Kaiserreichs zurück, so hatte er die Strafe der lebenslangen Zwangsarbeit mit all ihren Konsequenzen verwirkt[639]. Wurde er hingegen in einem von französischen Truppen besetzten Land aufgegriffen, so sollte er lediglich zu seinem ursprünglichen Deportationsort zurückverbracht werden[640].

Als akzessorische Nebenstrafen für die Deportation bestimmte der *Code pénal* lediglich den bürgerlichen Tod[641] sowie die auszugsweise Urteilsveröffentlichung[642] und sah dabei für den Verurteilten insofern sogar die Möglichkeit einer Straferleichterung vor, als ihm die Regierung entweder die volle oder teilweise Ausübung seiner bürgerlichen Rechte am Deportationsort gestatten konnte[643]. Diese im Vergleich zu anderen Hauptstrafen relativ milde

[635] Art. 36 C.P. 1810.
[636] Art. 22 C.P. 1810. Vergl. Locré, *a.a.O.*, Bd. XXIX, S. 220f.
[637] Sessar, *a.a.O.*, S. 41f. Hierauf weist auch Target in seinen allgemeinen Bemerkungen mehr oder weniger deutlich hin. Vergl. Locré, *a.a.O.*, Bd. XXIX, S. 16f.
[638] Art. 17 Abs. 1 C.P. 1810.
[639] Art. 17 Abs. 2 C.P. 1810.
[640] Art. 17 Abs. 3 C.P. 1810.
[641] Art. 18 C.P. 1810.
[642] Art. 36 C.P. 1810.
[643] Art. 18 Abs. 2 C.P. 1810.

Nebenstrafenregelung beruhte in erster Linie darauf, daß sich die politisch motivierte Straftat weniger gegen die Gesellschaft schlechthin als vielmehr gegen bestimmte Formen ihrer politischen Struktur richtete und somit im Gegensatz zur übrigen Schwerkriminalität als weniger antisozial galt, so daß man weitere Nebenstrafen mit diffamierendem und abschreckendem Charakter als nicht notwendig erachtete; der politische Straftäter sollte zwar auf Dauer aus der Gesellschaft entfernt, nicht aber moralisch diskriminiert werden[644].

Bemerkenswert ist, daß die Deportationsstrafe bis 1832 in Ermangelung eines geeigneten überseeischen Territoriums nicht entsprechend dem Gesetzeswortlaut vollstreckt werden konnte[645]. Dies hatte insbesondere Auswirkungen auf die Nebenstrafe des bürgerlichen Todes, denn dieser konnte nach Maßgabe zivilrechtlicher Bestimmungen erst nach Beginn der Strafvollstreckung - hier also nach Beginn der tatsächlichen Deportation - eintreten[646].

d.) Die zeitige Zwangsarbeit

Die nächstmildere der im *Code pénal* vorgesehenen Verbrechensstrafen war die zeitige Zwangsarbeit, für die der Gesetzgeber einen Strafrahmen von mindestens fünf und höchstens zwanzig Jahren bestimmte[647]. Mit dieser im napoleonischen Strafgesetzbuch besonders häufig vorkommenden, jedoch nur in einigen wenigen Fällen im Höchstmaß angedrohten Strafe[648] wurden in erster Linie Verbrechen mittlerer Schwere, aber auch Delikte mit erheblich geringerem Unrechtsgehalt geahndet[649]. Ihrem Strafcharakter nach entsprach diese Strafe - abgesehen natürlich

644 Saleilles, *a.a.O.*, S. 187ff; Moehlmann, *a.a.O.*, S. 23; Sessar, *a.a.O.*, S. 42.

645 Bis 1832 wurden die zu Deportation Verurteilten daher auf der Insel Mont Saint-Michel vor der nordfranzösischen Küste eingesperrt, was im Ergebnis einer lebenslangen Freiheitsstrafe gleichkam. Vergl. Boitard, *Leçons sur les Codes pénal et d'insstruction criminelle*, S. 78ff; Sessar, *a.a.O.*, S. 41; Moehlmann, *a.a.O.*, S. 23. Auch die Julimonarchie trug diesen Umständen Rechnung und und führte deshalb in Art. 14, 17 und 19 des bedeutsamen Reformgesetzes von 1832 eine als *détention* bezeichnete Ersatzfreiheitsstrafe ein, die in der Einkerkerung des Delinquenten innerhalb einer beliebigen Festung bestand und dann anzuwenden war, wenn die Deportation nicht vollzogen werden konnte.

646 Vergl. Art. 26 C.C. 1804: "Les condamnations contradictoires n'emportent la mort civile qu'à compter du jour de leur exécution, soit réelle, soit par effigie." Vergl. Boitard, *a.a.O.*, S. 78ff; Sessar, *a.a.O.*, S. 41f.

647 Art. 19 C.P. 1810.

648 So etwa die Wertzeichenfälschung oder die Fälschung der Unterschrift eines Amtsträgers dann, wenn sie eine verfassungswidrige Handlung nach sich zog. Vergl. Art. 118, 140 C.P. 1810.

649 Hier sind z.B. die Bigamie und die falsche uneidliche Aussage zu nennen. Vergl. Art. 340, 361 C.P. 1810.

von ihrer Dauer - im wesentlichen der lebenslangen Zwangsarbeit, von der sie sich jedoch im Hinblick auf ihren Nebenstrafenkatalog unterschied, der eine große Anzahl sowohl akzessorischer als auch komplementärer Sanktionen umfaßte.

Als akzessorische Nebenstrafe sah der *Code pénal* zunächst den Schandpfahl[650] vor, dessen Vollstreckungsmodus der für die lebenslange Zwangsarbeit vorgesehenen diffamierenden Zurschaustellung des Verurteilten vor dem eigentlichen Strafantritt entsprach. Abweichend hiervon bestimmte der Gesetzgeber jedoch, daß die Strafverbüßung erst vom Tage der öffentlichen Zurschaustellung an beginnen sollte[651]. Im Gegensatz zur lebenslangen Zwangsarbeit begrenzte er zudem den Anwendungsbereich der gleichfalls akzessorischen Nebenstrafe der Brandmarkung[652] auf einige wenige, vom Gesetz ausdrücklich genannte Fälle[653]. Als weitere, der Hauptstrafe *ipso iure* anhängende Nebenstrafe bestimmte der Gesetzgeber ferner die lebenslange Aberkennung der staatsbürgerlichen Rechte [*dégradation civique*][654]. Der Verurteilte durfte hiernach Zeit seines Lebens kein öffentliches Amt mehr bekleiden[655] und konnte vor Gericht weder als Geschworener, Sachverständiger noch als Zeuge auftreten[656]. Gleichzeitig wurde ihm die Fähigkeit aberkannt, Vormund oder Pfleger zu sein; diese Funktionen konnte er nur noch für seine eigenen Kinder und selbst dann nur im Einverständnis mit dem Rest der Familie ausüben[657]. Darüber hinaus verlor er das Recht, Waffen zu tragen und ging zudem des Ehrenrechts verlustig, in der kaiserlichen Armee zu dienen[658]. In Gestalt der zeitigen Aberkennung der Geschäftsfähigkeit [*interdiction légale*][659] statuierte der Gesetzgeber in enger Anlehnung an die Strafgesetzgebung der Revolutionszeit zudem eine weitere akzessorische Nebenstrafe, die dem Verurteilten für die Dauer der Strafverbüßung jedwede Vermögensverfügung unmöglich machen sollte. Für diesen Zeitraum wurde ihm nach Maßgabe zivilrechtlicher Bestimmungen ein Vermögenspfleger

[650] Art. 22 C.P. 1810.
[651] Art. 23 C.P. 1810.
[652] Art. 20 Abs. 2 C.P. 1810.
[653] Zu nennen sind hier insbesondere Geldfälscher sowie Vagabunden und Bettler. Während man ersteren neben dem Buchstaben T für *travaux* zusätzlich noch den Buchstaben F für *faussaire* einbrannte, wurden zu zeitiger Zwangsarbeit verurteilte Landstreicher und Bettler lediglich mit einem einfachen T gekennzeichnet. Vergl. Art. 20 Abs. 3f., 165, 280 C.P. 1810.
[654] Art. 28, 34 C.P. 1810.
[655] Art. 34 C.P. 1810.
[656] Art. 28 Abs. 1 C.P. 1810.
[657] Art. 28 Abs. 2 C.P. 1810. Diese Strafe wurde im patriarchalisch geordneten Frankreich Napoleons zweifellos als besonders demütigend empfunden.
[658] Art. 28 Abs. 3 C.P. 1810. Wie sehr man dieses Recht als Privileg auffaßte, machen insbesondere die entsprechenden Motive deutlich. Vergl. Locré, *a.a.O.*, Bd. XXIX, S. 207f.
[659] Art. 29 C.P. 1810.

bestellt[660], der dem Verurteilten insbesondere deshalb keinerlei Vermögenswerte zukommen lassen durfte, damit dieser sich hiervon keinerlei Hafterleichterungen erkaufen und somit den angestrebten Strafzweck unterlaufen konnte[661]. Nach Strafverbüßung wurde ihm sein Vermögen allerdings zurückerstattet und der Pfleger hatte ihm Rechenschaft über seine Tätigkeit abzulegen[662].

Lediglich als obligatorische Komplementärstrafe bestimmte der Gesetzgeber hingegen die bereits im Rahmen der lebenslangen Zwangsarbeit erörterte auszugsweise Urteilsveröffentlichung in der Départementshauptstadt, am Verbrechens- und Vollstreckungsort sowie in der Wohngemeinde des Delinquenten[663]. Gleichfalls als obligatorische Komplementärstrafe war auch die lebenslange Polizeiaufsicht [*surveillance de la haute police de l'État*][664] ausgestaltet, die allerdings durch die Stellung einer Kaution - deren Höhe im Urteil genau bestimmt werden mußte - abgewehrt werden konnte[665]. Diese neugeschaffene Nebenstrafe - von der man sich nicht nur eine weitere Straftaten verhütende Einschüchterung sondern vor allem einen schnellen Zugriff auf potentielle Wiederholungstäter versprach[666] - bestand darin, daß man dem Delinquenten nach der Strafverbüßung entweder den Ort nannte, von dem er sich auf Dauer fernzuhalten hatte, oder ihm einen ständigen Aufenthaltsort zuwies, den er ohne Genehmigung nicht wieder verlassen durfte[667]. Widersetzte sich der Verurteilte dieser Anordnung, so konnte ihn die Verwaltung ohne zeitige Beschränkung in Haft nehmen[668]. Die Richter konnten über den zu zeitiger Zwangsarbeit Verurteilten desweiteren noch die gleichfalls komplementäre Nebenstrafe der Geldbuße [*amende*][669] verhängen, die bei mangelnder Zahlungsfähigkeit oder -bereitschaft mittels Beugehaft [*contrainte par corps*]

---

660 Art. 29 C.P. 1810.

661 Art. 31 C.P. 1810. Wie ein Blick in die Gesetzesmaterialien zeigt, hatte der napoleonische Gesetzgeber hierbei zweifellos die Strafpraxis des *Ancien Régime* sowie die Zustände unter Konvent und Direktorium (1792-1799) vor Augen. Zu beiden Zeiten konnten sich Gefangene allein aufgrund ihres Vermögens allerlei Hafterleichterungen verschaffen. Vergl. Locré, *a.a.O.*, Bd. XXIX, S. 208.

662 Art. 30 C.P. 1810.

663 Art. 36 C.P. 1810.

664 Art. 11, 47 C.P. 1810.

665 Art. 44 C.P. 1810. Die Kaution mußte dabei nicht vom Verurteilten selbst stammen. War er etwa minderjährig oder geschäftsunfähig, so konnte die Kaution entweder von seinen Eltern oder einem Vormund bzw. Pfleger hinterlegt werden. Allerdings akzeptierte man auch jede andere zahlungsfähige Person als Bürgen. Vergl. Art. 44 Abs. 1 C.P. 1810.

666 Vergl. Locré, *a.a.O.*, Bd. XXIX, S. 205, 208f.

667 Art. 44 Abs. 2 C.P. 1810.

668 Art. 45 C.P. 1810.

669 Art. 11 C.P. 1810.

beizutreiben war[670]. So lief der zu einer Verbrechensstrafe Verurteilte bei den zugunsten der Staatskasse ausgesprochenen Geldstrafen und Kosten nach Strafverbüßung Gefahr, zunächst zwecks Zahlungserzwingung für ein Jahr in ein Gefängnis gesperrt und auch danach nur dann vorläufig wieder freigelassen zu werden, wenn seine Zahlungsunfähigkeit zweifelsfrei feststand[671]. Erlangte der Verurteilte danach zwar seine Zahlungsfähigkeit wieder, kam seiner Zahlungsverpflichtung aber dennoch nicht nach, so konnte die Beugehaft erneut angewendet werden[672]. Als letzte der möglichen obligatorischen Komplementärstrafen zog die *confiscation spéciale*[673] schließlich die Einziehung bestimmter Gegenstände nach sich. Diese bestand sowohl in der Einziehung der dem Täter gehörenden Gegenstände, mit denen das Delikt begangen worden war, als auch in der Einziehung derjenigen Gegenstände, die durch das Delikt hervorgebracht worden waren oder zu seiner Begehung gedient hatten oder dazu bestimmt gewesen waren.

e.) Die Zuchthausstrafe

In der Hierarchie des napoleonischen Strafensystems folgte unmittelbar auf die zeitige Zwangsarbeit die Zuchthausstrafe, für die der Gesetzgeber einen Strafrahmen von mindestens fünf und höchstens zehn Jahren bestimmte[674]. Diese insgesamt recht häufig angedrohte Leibes- und Ehrenstrafe erfaßte in erster Linie verschiedene Delikte der mittleren Kriminalität, daneben aber auch - allerdings in geringerem Umfang als die zeitige Zwangsarbeit - Verfehlungen mit vergleichsweise geringem Unrechtsgehalt[675]. Sie war in einer *maison de force* zu

---

670 Art. 52 C.P. 1810. Nach Art. 52 konnte nicht nur die Verurteilung zu einer Geldstrafe, sondern auch die Verurteilung zur Herausgabe, zum Schadenersatz sowie zu den Kosten mittels der *contrainte par corps* vollstreckt werden. Der Gesetzgeber bestimmte in Art. 55 zudem eine Solidarhaftung für solche Delinquenten, die wegen gemeinschaftlicher Verbrechensbegehung verurteilt worden waren. Hiernach konnte jeder einzelne Straftäter auch zwecks Beitreibung der über seine Mittäter verhängten Geldstrafen und Kosten in persönlichen Arrest genommen werden. Vergl. Art. 52, 55 C.P. 1810.

671 Art. 53 Abs. 1 C.P. 1810.

672 Art. 53 Abs. 2 C.P. 1810.

673 Art. 11 C.P. 1810.

674 Art. 21 Abs. 2 C.P. 1810. Einen eigenen Anwendungsbereich fand die Zuchthausstrafe auch bei dem Täter, der an sich Zwangsarbeit oder die Deportation verwirkt, aber zum Zeitpunkt des Urteils bereits sein 70. Lebensjahr vollendet hatte. Er war in ein Zuchthaus zu verbringen, wobei sich sein dortiger Aufenthalt nach der zu ersetzenden Strafe bemaß. Insofern waren also ausnahmsweise auch lebenslange Zuchthausstrafen denkbar. Vergl. Art. 70f. C.P. 1810.

675 Hier ist z.B. der Diebstahl von landwirtschaftlichen Nutztieren oder Geräten sowie das Verrücken von Grenzsteinen zu nennen. Vergl. Art. 388f. C.P. 1810.

vollstrecken, wo Verurteilte beiderlei Geschlechts zu Arbeiten herangezogen wurden, deren Erlös ihnen in Anlehnung an das Strafrecht der Revolutionszeit nach Maßgabe spezialgesetzlicher Bestimmungen teilweise auch selbst zugute kommen sollte[676].

Obwohl sie die mildeste der im *Code pénal* vorgesehenen Leibesstrafen darstellte, griffen auch bei der Zuchthausstrafe die meisten der bereits erörterten Nebenstrafen ein, denn der Gesetzgeber bestimmte als akzessorische Nebenstrafen sowohl die Brandmarkung[677] und den Schandpfahl[678] als auch die lebenslange Aberkennung der staatsbürgerlichen Rechte[679] sowie die zeitige Aberkennung der Geschäftsfähigkeit für die Dauer der Strafverbüßung[680]. Als obligatorische Komplementärstrafen traten zudem noch die auszugsweise Urteilsveröffentlichung[681], die lebenslange Polizeiaufsicht[682] sowie in einigen wenigen Fällen die Geldstrafe hinzu[683]. Während die übrigen Nebenstrafen denen der zeitigen Zwangsarbeit entsprachen, begrenzte der Gesetzgeber hingegen die Brandmarkung bei der Zuchthausstrafe lediglich auf einen einzigen Fall und ordnete sie nur für den zu Zuchthaus verurteilten Fälscher an[684], in dessen rechten Oberarm der Buchstabe F für *faussaire* einzubrennen war[685].

f.) Der Schandpfahl

Ebenso wie das Strafgesetzbuch von 1791 sah auch der napoleonische *Code pénal* in einigen wenigen Fällen den Schandpfahl als infamierende Hauptstrafe für solche Handlungen vor, denen zwar Verbrechensqualität beigemessen wurde, die aber

---

676 Art. 21 Abs. 1 C.P. 1810. Die Zuchthausstrafe des napoleonischen Strafensystems hat mit dem gleichnamigen Institut des *Code pénal* von 1791 allerdings nur die Bezeichnung *réclusion* gemein. Die Strafe der Revolutionszeit war eine nur für weibliche Delinquenten bestimmte, analog zur Kettenstrafe [*fers*] geschaffene Spezialstrafe, die darüber hinaus auch keinerlei entgeltliche Tätigkeit der Delinquentin vorsah. Zu dieser spezialpräventiven, weil zur Verhinderung einer erneuten Straffälligkeit aus wirtschaftlicher Not nach Strafverbüßung beitragenden Regelung hat sich der Gesetzgeber von 1810 wohl vielmehr durch die 1791 eingeführte, im napoleonischen Strafgesetzbuch nicht mehr vorgesehene Stockhausstrafe [*gêne*] anregen lassen.
677 Art. 20 Abs. 4 C.P. 1810.
678 Art. 22 C.P. 1810.
679 Art. 28, 34 C.P. 1810.
680 Art. 29 C.P. 1810.
681 Art. 36 C.P. 1810.
682 Art. 11, 47 C.P. 1810.
683 Art. 11 C.P. 1810.
684 Art. 165 C.P. 1810.
685 Art. 20 Abs. 4 C.P. 1810.

einen vergleichsweise geringen Handlungsunwert verwirklichten[686]. Zu dieser nach Maßgabe der für die Nebenstrafe geltenden Bestimmungen zu vollstreckenden Prangerstrafe[687] trat als akzessorische Nebenstrafe lediglich die lebenslange Aberkennung der staatsbürgerlichen Rechte[688], als obligatorische Komplementärstrafe zudem die auszugsweise Urteilsveröffentlichung[689] hinzu. In einem einzigen Fall - nämlich dem der Bestechlichkeit von Amtsträgern - bestimmte der Gesetzgeber zudem die obligatorische Verhängung einer Geldbuße[690], deren Höhe sich nach dem doppelten Wert des Bestechungsmittels bemaß, die Summe von 200 *Francs* aber nicht unterschreiten durfte[691].

g.) Die Verbannung

In enger Anknüpfung an die Strafpraxis des *Ancien Régime* sah der Gesetzgeber als weitere infamierende Hauptstrafe die Verbannung vor, bei der der Verurteilte für die Dauer von mindestens fünf und höchstens zehn Jahren des Landes verwiesen wurde und während seiner Strafverbüßung - die im übrigen erst mit der Unanfechtbarkeit des Urteils zu laufen begann[692] - nicht nach Frankreich zurückkehren durfte[693]. Ebenso wie das gleichnamige Institut alten Rechts diente die Verbannung auch im napoleonischen Strafgesetzbuch in erster Linie der Ahndung politischer Straftaten geringerer Tragweite[694] und zeigte insoweit Parallelen zur Deportationsstrafe, die allerdings schwerwiegenden politischen Verbrechen vorbehalten war. Dennoch drohte auch dem verbannten Delinquenten eine Verurteilung zu lebenslanger Deportation dann, wenn er entgegen dem Urteilsspruch vor Ablauf der Zeit auf französisches Territorium zurückkehrte[695].

---

686 Hier sind z.B. die Wahlfälschung, der unerlaubte Gebrauch staatlicher Siegel sowie die Bestechlichkeit von Amtsträgern zu nennen. Vergl. Art. 111, 143, 177 C.P. 1810.
687 Art. 22, 24 C.P. 1810.
688 Art. 28, 34 C.P. 1810.
689 Art. 36 C.P. 1810.
690 Art. 11 C.P. 1810.
691 Art. 177 C.P. 1810.
692 Art. 35 C.P. 1810.
693 Art. 32 Abs. 1f. C.P. 1810. Das alte Recht hatte die Verbannung hingegen als Kapitalstrafe betrachtet und deshalb in aller Regel auf Lebenszeit verhängt. Vergl. *Ordonnance criminelle 1670*, Tit. XVII, Art. XVI; Tit. XVII, Art. XXIX; Jousse, *Traité*, Bd. I, S. 65f.
694 Vergl. z.B. Art. 78, 85, 102 Abs. 2, 110, 115, 124 Abs. 2, 155 Abs. 2, 156 C.P. 1810. Hierauf wies Treilhard bei Darlegung der entsprechenden Motive ausdrücklich hin. Vergl. Locré, *a.a.O.*, Bd. XXIX, S. 205: "[...] nous avons rétabli [la peine] de la relégation ou du bannissement; elle nous a paru convenable pour certains crimes politiques qui, ne supposant pas toujours un dernier degré de perversité, ne doivent pas être punis des peines réservées aux hommes profondément corrompus."
695 Art. 33 C.P. 1810.

Neben die Verbannungstrafe traten als akzessorische Nebenstrafe die bereits erörterte lebenslange Aberkennung der staatsbürgerlichen Rechte[696], als obligatorische Komplementärstrafen hingegen die auszugsweise Urteilsveröffentlichung[697] und die Polizeiaufsicht hinzu, wobei letztere jedoch abweichend von der für die zeitige Zwangsarbeit sowie das Zuchthaus bestimmten lebenslangen Nebenstrafe lediglich von zeitiger Dauer war und sich nach dem Strafmaß der Hauptstrafe richtete[698].

h.) Die Aberkennung der staatsbürgerlichen Rechte

Ebenso wie die Prangerstrafe sah das napoleonische Strafgesetzbuch auch die lebenslange Aberkennung der staatsbürgerlichen Rechte in Anlehnung an das Strafgesetzbuch von 1791 nicht nur als Neben- sondern auch als Hauptstrafe für einzelne, insbesondere von Amtsträgern verwirklichte Verbrechenstatbestände geringerer Tragweite vor[699] und ordnete ihr als einzige obligatorische Komplementärstrafe lediglich die auszugsweise Urteilsveröffentlichung zu[700].

2. Die Strafen für Vergehen

Auch im Hinblick auf die Vergehen beinhaltete das napoleonische Strafgesetzbuch ein nach der Schwere der Strafe abgestuftes System von drei Hauptstrafen, das sowohl die Gefängnisstrafe [*emprisonnement*][701] als auch die zeitige, ausnahmsweise auch lebenslange Untersagung der Ausübung bestimmter staatsbürgerlicher, bürgerlicher oder familiärer Rechte [*interdiction à temps de certains droits civiques, civils ou de famille*] sowie die Geldstrafe [*amende*] umfaßte[702].

---

696 Art. 28, 34 C.P. 1810.

697 Art. 36 C.P. 1810.

698 Art. 11, 48 C.P. 1810.

699 Vergl. Art. 114 Abs. 1, 119, 121f., 126f., 130, 167, 183, 366 C.P. 1810.

700 Art. 36 C.P. 1810. Das Reformgesetz vom 28. April 1832 gewährte dem erkennenden Gericht in Art. 28 allerdings zudem die Möglichkeit, zusätzlich zur *dégradation civique* noch auf eine maximal fünfjährige Gefängnisstrafe zu erkennen. Diese Nebenstrafe war aber stets dann zwingend zu verhängen, wenn es sich bei dem Delinquenten um einen Ausländer oder aber um einen Franzosen handelte, der seine Bürgerrechte bereits verloren hatte.

701 Art. 9 Ziff. 1 C.P. 1810.

702 Art. 9 Ziff. 2f. C.P. 1810. Sowohl die Geldstrafe als auch die zeitige Untersagung der Ausübung bestimmter staatsbürgerlicher, bürgerlicher oder familiärer Rechte konnten auch als komplementäre Nebenstrafen verhängt werden.

a.) Die Gefängnisstrafe

Als die für Vergehen[703] mit Abstand wichtigste Strafe bestimmte der Gesetzgeber die in einer Besserungsanstalt zu vollstreckende und - in Anlehnung an die Strafgesetzgebung der *Assemblée Constituante* - stets mit einer entgeltlichen wahlweisen Betätigungsmöglichkeit verbundene Gefängnisstrafe[704]. Das von den Gefangenen während der Haftzeit erarbeitete Entgelt sollte ihnen hierbei aus spezialpräventiven Erwägungen selbst zugute kommen. So sollte ein Teil für die allen Häftlingen gemeinsamen Ausgaben aufgewendet werden, während sich der einzelne Häftling noch während der Strafverbüßung von einem weiteren Teil einige Hafterleichterungen - etwa eine bessere Verpflegung - verschaffen konnte. Der Rest des Entgeltes schließlich sollte eine finanzielle Reserve bilden und dem Verurteilten - zweifellos um seine Wiedereingliederung in die Gesellschaft zu erleichtern und eine erneute Straffälligkeit unmittelbar nach Strafverbüßung aufgrund materieller Not auszuschließen - erst bei der Haftentlassung ausgehändigt werden[705].

Für die Gefängnisstrafe sah der Gesetzgeber von 1810 zunächst einen allgemeinen Strafrahmen von mindestens sechs Tagen und höchstens fünf Jahren vor[706] und bestimmte darüber hinaus insofern eine genaue Berechnungsgrundlage der Haftdauer, als für einen Tag Gefängnishaft 24 Stunden und für einen Monat Gefängnis 30 Tage gerechnet werden sollten[707]. Dieser allgemeine Strafrahmen diente jedoch lediglich dazu, die äußersten Strafzumessungsgrenzen bei Vergehen zu markieren, fand jedoch selbst - im Gegensatz zu den Verbrechensstrafen - keine Anwendung. Der Gesetzgeber hatte vielmehr die Delikte und Strafen mit Hilfe individueller Strafrahmen aufeinander abgestimmt, wobei deren Ober- und Untergrenzen in den meisten Fällen bei gravierenden Vergehen zwischen einem oder zwei Jahren und fünf Jahren, bei Vergehen mittlerer Schwere zwischen drei oder sechs Monaten und ein bis zwei Jahren und bei Vergehen geringer Tragweite zwischen sechs Tagen und drei bis sechs Monaten lagen[708]. Darüber hinaus konnte der allgemeine Strafrahmen bei Rückfall bis zum Doppelten überschritten[709], bei

[703] Einen eigenen Anwendungsbereich auch bei Verbrechen fand die Gefängnisstrafe allerdings bei jugendlichen Delinquenten, die das 16. Lebensjahr noch nicht vollendet hatten. Dort trat die Gefängnisstrafe - zusammen mit der Einschließung in eine *maison de correction* - aus spezialpräventiven Erwägungen an die Stelle der an sich verwirkten Verbrechensstrafen. Vergl. Art. 67 C.P. 1810.

[704] Art. 40 Abs. 1 C.P. 1810.

[705] Art. 41 C.P. 1810.

[706] Art. 40 Abs. 2 C.P. 1810.

[707] Art. 40 Abs. 3 C.P. 1810.

[708] Sessar, *a.a.O.*, S. 44.

[709] Art. 57f. C.P. 1810.

Vorliegen von mildernden Umständen hingegen bis zur Mindeststrafe von einem Tag reduziert werden[710].

Zu der Gefängnisstrafe gesellten sich allgemein nur wenige, ausschließlich komplementäre Nebenstrafen, die keinen nennenswert diffamierenden und abschreckenden Charakter aufwiesen und sich auf die Geldstrafe[711], die besondere Einziehung[712], die zeitige Polizeiaufsicht[713] sowie die zeitige, ausnahmsweise auch lebenslang zu verhängende, stets erst nach Verbüßung der Gefängnisstrafe Wirkung entfaltende ganze oder teilweise Untersagung der Ausübung bestimmter staatsbürgerlicher, bürgerlicher oder familiärer Rechte[714] beschränkten. Als mit Abstand wichtigste obligatorische Komplementärstrafe konnte die Geldbuße bei mangelnder Zahlungsfähigkeit oder -willigkeit mittels der bereits im Rahmen der Verbrechensstrafen erörterten Beugehaft beigetrieben werden[715]. Abweichend hiervon waren allerdings die zu einer Vergehensstrafe verurteilten Straftäter lediglich für sechs Monate in Beugehaft zu halten[716]. Den bereits erörterten Nebenstrafen für Verbrechen entsprachen auch die besondere Einziehung und die zeitige Polizeiaufsicht, wobei letztere nur neben solche Delikte trat, die die innere oder äußere Sicherheit des Staates berührten und darüber hinaus nur dann verhängt werden durfte, wenn dies der Gesetzgeber im *Code pénal* ausdrücklich vorschrieb[717]. Ausschließlich als spezialpräventive Vergehensstrafe ausgestaltet war hingegen die fakultative Komplementärstrafe der zeitigen, ausnahmsweise auch lebenslangen Untersagung der Ausübung bestimmter staatsbürgerlicher, bürgerlicher oder familiärer Rechte, deren Anwendungsbereich der Gesetzgeber jedoch auf einige wenige Fälle beschränkte und die nur dann verhängt werden durfte, wenn dies ausdrücklich erlaubt oder aber gesetzlich angeordnet war[718]. Zu

---

[710] Art. 463 C.P. 1810.

[711] 11 C.P. 1810. Hier ist z.B. die Nichtanzeige bestimmter Verbrechen oder die Freiheitsberaubung im Amt zu nennen. Vergl. Art. 105, 120 C.P. 1810.

[712] Art. 11 C.P. 1810. Hier ist beispielsweise die Einziehung illegal hergestellter Waffen zu nennen. Vergl. Art. 314 Abs. 3 C.P. 1810.

[713] Art. 11 C.P. 1810. Diese Nebenstrafe kam etwa beim einfachen Diebstahl in Betracht. Vergl. Art. 401 Abs. 3 C.P. 1810.

[714] Art. 42 C.P. 1810. Ein lebenslanges Verbot der Ausübung öffentlicher Ämter sah der Gesetzgeber beispielsweise bei der durch Beamte begangenen Unterschlagung geringwertiger Gegenstände vor. Als zeitige Nebenstrafe war diese Sanktion hingegen z.B. bei der Kuppelei zu verhängen. Vergl. Art. 171, 334f. C.P. 1810.

[715] Art. 52f. C.P. 1810.

[716] Art. 53 Abs. 2 C.P. 1810.

[717] Art. 49f. C.P. 1810.

[718] Art. 43 C.P. 1810. Auf den spezialpräventiven Charakter dieser den Vergehen vorbehaltenen Haupt- und Nebenstrafe weist Treilhard in seinen Motiven ausdrücklich hin. Vergl. Locré, *a.a.O.*, Bd. XXIX, S. 201: "L'Assemblée Constituante punissait les délits par l'amende, la confiscation, en certains cas, de la matière du délit, et par l'emprisonnement. Nous avons cru devoir ajouter à ces peines celle de l'interdiction à temps, de certains droits civiques, civils,

den in einem Katalog abschließend zusammengefaßten Rechten gehörten dabei sowohl das aktive als auch das passive Wahlrecht, das Recht auf Bekleidung bestimmter öffentlicher Ämter, das Recht zum Tragen von Waffen, die Bestellung zum Vormund oder Pfleger, das Recht auf Mitwirkung im Familienrat, das Recht, Sachverständiger zu sein oder als Zeuge bei der Errichtung von Urkunden aufzutreten sowie das Recht, vor Gericht als Zeuge aussagen zu können[719].

Im Gegensatz zu den Verbrechensstrafen verfolgte der napoleonische Gesetzgeber mit der 1810 für Vergehen erstmals geschaffenen Gefängnisstrafe keine vorrangig generalpräventive Zielsetzung, sondern bemühte sich hier vielmehr, neben einer zunächst für Verbrechen noch aufrechterhaltenen strengen Repression konsequent auch spezialpräventive und auf die Besserung des Straftäters gerichtete Elemente in die Strafgesetzgebung einfließen zu lassen[720]. Gerade die an die jeweiligen Delikte gebundenen individuellen Strafrahmen sowie die den Richtern darüber hinaus eingeräumte Möglichkeit, diese Strafrahmen bei Vorliegen mildernder Umstände zu unterschreiten, gestatteten nämlich erstmals eine wesentlich differenziertere Abstufung, die nicht nur eine angemessenere Berücksichtigung der Täterpersönlichkeit gewährleistete[721], sondern insbesondere auch erkennen ließ, daß es zumindest bei der Gefängnisstrafe zukünftig nicht mehr nur auf eine blinde Repression sondern auch auf eine *auch gerechte* Ahndung des begangenen Unrechts sowie insbesondere auf die Besserung des Täters ankommen sollte[722]. Man kann also sagen, daß der napoleonische Gesetzgeber erst bei der Gefängnisstrafe die Konsequenz aus dem gescheiterten Versuch des *Code pénal* von 1791 gezogen hat, die Strafe nach ihrem rein objektiven Unrechtsgehalt einschätzen zu wollen[723].

---

ou de famille [...]. Quant à la privation temporaire de certains droits, je demanderai quelle peine plus convenable on peut infliger à celui qui, par exemple, aura troublée la paix et commis quelque délit dans une assemblée politique, que celle de lui en interdire l'entrée pendant un certain temps?"

[719] Art. 42 Ziff. 1 bis 8 C.P. 1810.

[720] Moehlmann, *a.a.O.*, S. 24.

[721] Allehaut, *Le Cent cinquantenaire du Code pénal*, S. 392.

[722] Darauf weist insbesondere auch die vom Gesetzgeber gewählte Bezeichnung *maisons de correction* für die Haftanstalten hin. Vergl. Moehlmann, *a.a.O.*, S. 24; Bérenger, *a.a.O.*, S. 418ff; Sessar, *a.a.O.*, S. 46.

[723] Sessar, *a.a.O.*, S. 46.

b.) Die zeitige Untersagung der Ausübung bestimmter staatsbürgerlicher, bürgerlicher oder familiärer Rechte

Die dem Strafrecht der Revolutionszeit unbekannte zeitige, ausnahmsweise aber auch lebenslang zu verhängende Untersagung der Ausübung bestimmter staatsbürgerlicher, bürgerlicher oder familiärer Rechte sah der *Code pénal* von 1810 nicht nur als Nebenstrafe, sondern in einigen wenigen Fällen auch als Hauptstrafe für einzelne Vergehen mit geringem Unrechtsgehalt vor[724]. Sie entsprach insgesamt der bereits im Rahmen der Gefängnisstrafe erörterten komplementären Nebenstrafe.

c.) Die Geldstrafe

Ebenso wie die Untersagung der Ausübung bestimmter staatsbürgerlicher, bürgerlicher oder familiärer Rechte bestimmte der napoleonische Gesetzgeber auch die Geldbuße nicht nur als komplementäre Neben- sondern auch als Hauptstrafe für eine Anzahl leichterer Vergehen[725]. Ihrem Strafcharakter nach entsprach sie der bereits erörterten Nebenstrafe und konnte wie sie durch das Zwangsmittel der *contrainte par corps* beigetrieben werden.

<u>3. Die Strafen für Übertretungen</u>

Ein ebenfalls nach der Schwere der einzelnen Strafen abgestuftes Sanktionensystem beinhaltete auch das vierte, die einzelnen Übertretungstatbestände regelnde Buch des *Code pénal*, das in enger Anlehnung an die entsprechenden Vergehensstrafen sowohl die Gefängnisstrafe als auch die Geldbuße sowie die besondere Einziehung beschlagnahmter Gegenstände [*confiscation de certains objets saisis*] umfaßte[726].

Für die Gefängnisstrafe bestimmte der Gesetzgeber einen Strafrahmen von mindestens einem bis zu höchstens fünf Tagen[727], wobei jeder Hafttag mit grundsätzlich 24 Stunden anzusetzen war[728]. Anders als bei den Vergehensstrafen konnte die Gefängnisstrafe allerdings bei Übertretungen nicht für sich allein

---

724 So ahndete der Gesetzgeber beispielsweise den Kauf und Verkauf von Wahlstimmen mit dem zeitigen Verlust des aktiven und passiven Wahlrechts. Vergl. Art. 113 Abs. 1 C.P. 1810.

725 Vergl. z.B. Art. 128f., 131, 135 Abs. 2, 172, 176, 184f., 187, 196, 199, 223, 292, 294 C.P. 1810.

726 Art. 464 C.P. 1810.

727 Art. 465 Abs. 1 C.P. 1810.

728 Art. 465 Abs. 2 C.P. 1810.

verhängt werden, sondern trat - ebenso wie die besondere Einziehung - lediglich in einzelnen Fällen neben die Geldbuße, die der Gesetzgeber als die für Übertretungen maßgebliche Strafe ausgestaltete. Für sie legte er zunächst einen allgemeinen Strafrahmen von mindestens einem und höchstens fünfzehn *Francs* fest und bestimmte darüber hinaus ihren Verwendungszweck insofern, als die entsprechenden Gelder nur zugunsten der Kommune verwendet werden sollten, in der die mit der Buße belegte Übertretung begangen worden war[729]. Der allgemeine Strafrahmen der Geldbuße markierte hingegen nur die äußersten Grenzen der Strafzumessung, fand aber selbst keine Anwendung. Der Gesetzgeber stimmte vielmehr die Übertretungen und die Strafe mit Hilfe dreier individueller Strafrahmen aufeinander ab, die insbesondere maßgeblich für die qualitative Einteilung der Übertretungen in drei unterschiedliche Klassen waren und deren Ober- und Untergrenzen bei geringfügigen Übertretungen zwischen einem und fünf *Francs*, bei Übertretungen mittlerer Schwere zwischen sechs und zehn *Francs* und bei schwerwiegenden Übertretungen zwischen elf und fünfzehn *Francs* lagen. Ebenso wie die entsprechende Nebenstrafe bei Verbrechen und die Haupt- und Nebenstrafe bei Vergehen konnte auch die für Übertretungen verhängte Geldbuße darüber hinaus mittels der Beugehaft zwangsweise beigetrieben werden. Allerdings durfte hier die Dauer der *contrainte par corps* fünfzehn Tage dann nicht überschreiten, wenn der Verurteilte seine Zahlungsunfähigkeit nachwies[730]. Die besondere Einziehung einzelner beschlagnahmter Gegenstände schließlich sollte in erster Linie dazu dienen, schädliche oder verbrecherisch erlangte Dinge aus dem Verkehr zu ziehen und stellte somit weniger eine strafrechtliche denn eine polizeiliche Maßregel dar.

V. Die allgemeinen Grundsätze zur Verbrechenslehre

Der napoleonische Gesetzgeber übernahm im großen und ganzen die im *Code pénal* von 1791 erstmals konsequent formulierten allgemeinen Grundsätze zur Verbrechenslehre, die er - ebenso wie die Kodifikation der Revolutionszeit - den einzelnen strafbaren Tatbeständen zwar systematisch voranstellte[731], zwischenzeitlich jedoch fortentwickelt und zum Teil so erheblich ergänzt hatte,

---

729 Art. 466 C.P. 1810.

730 Art. 467 C.P. 1810.

731 Eine Ausnahme von dieser Systematik bildeten nur die in Art. 328 im Rahmen der Tötungs- und Verletzungsdelikte geregelte Notwehr sowie die in Art. 463 erfaßten mildernden Umstände, die beide erst im dritten Buch des *Code pénal* aufgeführt waren. Für diese auf den ersten Blick systemwidrige Bestimmungsanordnung bestand aber insofern ein sachlicher Grund, als der Gesetzgeber ursprünglich die Notwehr nur auf tätliche, gegen Personen gerichtete Angriffe und die Anwendung der mildernden Umstände lediglich auf Vergehen begrenzen wollte.

daß dies insgesamt eine Neuordnung des allgemeinen Teils nach sich zog. Die noch im Strafgesetzbuch von 1791 enthalten gewesenen Materien der Vollziehung von Kontumazurteilen[732], der Rehabilitierung[733] sowie der Verjährung[734] nahm der napoleonische Gesetzgeber deshalb völlig aus der materiell-rechtlichen Kodifikation heraus und fügte sie - allerdings in erheblich erweiterter und stark modifizierter Form - nunmehr in den das Strafprozeßrecht erfassenden *Code*

---

[732] Vergl. Art. 465ff *Code d'instruction criminelle* 1808. Entsprechend des nunmehr exakt in Vor- und Hauptverfahren strukturierten Strafprozesses trat eine Reihe neuer verfahrensspezifischer Regelungen hinzu. Wurde schließlich nach Abschluß des Hauptverfahrens ein kondemnatorisches Urteil verkündet, so mußte dieses binnen drei Tagen nach seiner Verkündung auszugsweise veröffentlicht werden. Mit dem Zeitpunkt der Veröffentlichung begann gleichzeitig auch die Vollstreckungsverjährung zu laufen, die sich nach der Frist richtete, die auch für die im kontradiktorischen Verfahren verhängten Strafen galt. Erschien der Verurteilte jedoch vor Ablauf von fünf Jahren, erlosch das Kontumazurteil mit allen Folgen von Rechts wegen und das gewöhnliche Verfahren trat gegen ihn ein.

[733] Vergl. Art. 619ff *Code d'instruction criminelle* 1808. In Anlehnung an das Strafrecht der Revolutionszeit sicherte auch der *Code d'instruction criminelle* prinzipiell jedem zu einer Verbrechensstrafe verurteilten Delinquenten nach ordnungsgemäßer Strafverbüßung die Möglichkeit der Rehabilitierung zu. Anklänge an das Strafrecht des *Ancien Régime* beinhaltete die napoleonische Regelung aber insofern, als die Gewährung der Rehabilitierung als einem Akt der kaiserlichen Prärogative, mittels dessen die Wirkungen einer infamierenden Verurteilung beseitigt wurden, grundsätzlich von der Person des Monarchen abhing. Das entsprechende Gesuch war deshalb stets an den Kaiser zu richten, der es schließlich entweder durch eine *lettre de réhabilitation* genehmigen oder aber abweisen konnte. Es mußte jedoch zuvor stets in einem formalisierten Verfahren von den zuständigen Kriminalbehörden begutachtet werden. Um seine Rehabilitierung konnte jeder Delinquent dann nachsuchen, wenn seit der Strafverbüßung mindestens fünf Jahre verstrichen waren und er zudem die entsprechenden, von seiner Wohngemeinde auszustellenden Führungszeugnisse für den genannten Zeitraum beibrachte. Ausgenommen von jedweder Rehabilitierung waren allerdings Rückfalltäter, deren Gesuch grundsätzlich als unzulässig zu verwerfen war.

[734] Vergl. Art. 635ff *Code d'instruction criminelle* 1808. Der napoleonische Gesetzgeber traf in Anlehnung an die im *Code pénal* von 1791 erstmals formulierten Bestimmungen ebenfalls allgemein verbindliche, entsprechend der qualitativen Dreiteilung der Delikte gestaffelte Verjährungsregelungen. Während die Vollstreckungsverjährung in Kriminalsachen zwanzig und in Korrektionalsachen fünf Jahre betrug, verjährte eine aufgrund einer Übertretung verhängte einfache Polizeistrafe in nur zwei Jahren ab Rechtskraft des Urteils. Bei verjährten Kriminalstrafen durfte der Verurteilte zudem nicht in dem Département seinen ständigen Wohnsitz nehmen, in dem entweder derjenige, an dessen Person oder Eigentum er das entsprechende Verbrechen verübt hatte oder aber dessen Erben wohnten. Von der Vollstreckungsverjährung erfaßt wurden jedoch nur die Strafen, nicht aber etwa gleichzeitig ausgesprochene zivilrechtliche Verurteilungen, die ausschließlich nach den im *Code civil* festgelegten Bestimmungen verjährten. Die ebenfalls gestaffelten Fristen der Verfolgungsverjährung schließlich beliefen sich bei Kriminalsachen auf zehn, bei Korrektionalsachen auf drei sowie im Falle von Übertretungen lediglich auf ein Jahr und begannen nach jeder innerhalb der jeweiligen Frist vorgenommenen Verfolgungsmaßnahme erneut zu laufen.

d'instruction criminelle ein. Über die Weiterentwicklung und Umgestaltung anderer allgemeiner Grundsätze hinaus begründete er zudem in Gestalt der zunächst nur auf die Vergehenstatbestände beschränkten mildernden Umstände erstmals ein Strafmilderungsprinzip, das nicht nur für die weitere französische Strafgesetzgebung von richtungsweisender Bedeutung sein, sondern - allerdings in vielfältig modifizierter Form - auch Eingang in spätere Strafrechtskodifikationen finden sollte.

1. Der Versuch

Während noch das Strafgesetzbuch von 1791 einen strafbaren Versuch nur bei Gift- und Meuchelmord anerkannt hatte, generalisierte der napoleonische Gesetzgeber in enger Anlehnung an die allgemeinen Versuchsbestimmungen sowohl der *Loi portant des peines contre la tentative du crime* vom 22. Prairial des Jahres IV (10. Juni 1796) als auch der *Loi qui attribue aux tribunaux de police correctionnelle la connaissance de divers délits* vom 25. Frimaire des Jahres VIII (14./16. Dezember 1799) nunmehr dieses Prinzip und erfaßte den Versuch bereits in den einleitenden Bestimmungen des *Code pénal*[735]. Hiernach sollte jeder Versuch eines Verbrechens, der durch äußere Handlungen manifestiert worden, und worauf ein Anfang der Tatausführung erfolgt ist, dann der vollendeten Tat gleichgestellt werden, wenn er nur durch zufällige und vom Täterwillen unabhängige Umstände nicht vollendet worden ist[736]. Der Versuch eines Vergehens hingegen sollte dem vollendeten Delikt nur in den vom Gesetz gesondert aufgeführten Fällen gleichgestellt sein[737]. Die napoleonische Bestimmung des Versuchsbegriffs erfaßte also bloße Vorbereitungshandlungen

[735] Art. 2f. C.P. 1810.

[736] Vergl. Art. 2 C.P. 1810: "Toute tentative ce crime qui aura été manifestée par des actes extérieurs et suivie d'un commencement d'exécution, si elle n'a été suspendue ou n'a manqué son effet que par des circonstances fortuites ou indépendantes de la volonté de l'auteur, est considérée comme le crime même." Der Gesetzgeber bezog also ausdrücklich den fehlgeschlagenen Versuch in die Bestimmung mit ein.

[737] Art. 3 C.P. 1810. Wie aus den Sitzungsprotokollen hervorgeht, machte diese Differenzierung zwischen Verbrechen und Vergehen allerdings nicht für alle Mitglieder des Staatsrates Sinn. So wurde zunächst vorgeschlagen, die Regelung des Art. 3 auch auf versuchte Verbrechen auszudehnen, da sich *délits* und *crimes* nicht so grundlegend unterschieden, daß hierdurch eine unterschiedliche Strafbarkeit des Versuchs gerechtfertigt sei. Darüber hinaus wurde gleichfalls angeregt, die allgemeine Versuchsbestimmung des Art. 2 sinngemäß auch auf die Vergehen anzuwenden. Diese Anregungen scheiterten jedoch an der Unmöglichkeit einer weiteren Spezifizierung der Verbrechenstatbestände sowie an dem Argument, der Versuch eines Vergehens sei zumeist schwerer zu erkennen als der Versuch eines Verbrechens, und wurden schließlich nicht mehr berücksichtigt. Vergl. Locré, *a.a.O.*, Bd. XXIX, S. 103ff, 134, 203.

nicht und stellte objektiv nur auf den Anfang der Tatausführung ab[738]. Eines ausdrücklich geregelten strafbefreienden Rücktritts vom Versuch - einen solchen hatte der Gesetzgeber von 1791 noch bei dem erfolgsqualifizierten Delikt der Vergiftung vorgesehen - bedurfte das Strafgesetzbuch von 1810 im übrigen nicht mehr, denn dieser war durch die allgemeine, auf den Zufall oder die Willensrichtung des Täters abstellende Versuchsdefinition des neuen *Code pénal* nunmehr hinfällig geworden.

2. Der Rückfall

Ebenso wie der *Code pénal* von 1791 betrachte auch der napoleonische Gesetzgeber jedes erneute Straffälligwerden nach zwischenzeitlicher Verurteilung aufgrund der darin zum Ausdruck kommenden kriminellen Grundeinstellung des Wiederholungstäters als allgemeinen Strafschärfungsgrund[739]. Während aber das Strafrecht der Revolutionszeit den Rückfalltäter stets mit der gesetzlich für das jeweilige Verbrechen vorgesehenen Strafe belegt und strafverschärfend lediglich einheitlich die Verbannung des Verurteilten nach Strafverbüßung angeordnet hatte, entschied sich der Gesetzgeber von 1810 für eine differenzierende Betrachtungsweise, denn er erachtete eine einheitlich geregelte Rückfallstrafe als nicht mit dem unterschiedlichen Stellenwert der einzelnen Strafen innerhalb des Strafensystems für vereinbar[740]. Entsprechend der qualitativen Dreiteilung der Delikte unterschied das napoleonische Strafgesetzbuch deshalb zunächst grundsätzlich zwischen Rückfallbestimmungen bei Übertretungen[741] und solchen bei Verbrechen und Vergehen[742]. Während bei Übertretungen ein Rückfall begrifflich nur dann vorlag, wenn der Delinquent in einem Zeitraum von zwölf Monaten vor der zweiten Verurteilung bereits wegen einer Übertretung im gleichen Gerichtsbezirk verurteilt worden war, fanden sowohl bei Verbrechen als auch bei Vergehen die Rückfallvorschriften ungeachtet der Art des Deliktes und ungeachtet des Zeitraums zwischen der ersten Verurteilung und der Begehung der zweiten Straftat stets Anwendung. Darüber hinaus zog der Rückfall bei Übertretungen lediglich die bloße Erhöhung der Gefängnisstrafe nach sich, die dann - je nach der zugrunde liegenden Strafe - zwischen drei und fünf Tagen betragen konnte[743]. Von ausschlaggebender Bedeutung für die Bemessung der

---

738 Umstritten war in der Praxis allerdings, wo der Anfang der Ausführung beginnen sollte und ob die recht weite allgemeine Versuchsbestimmung auch den Versuch mit untauglichen Mitteln erfassen sollte. Vergl. hierzu m.w.N. Höhn, *a.a.O.*, S. 137ff.

739 Vergl. Locré, *a.a.O.*, Bd. XXIX, S. 207.

740 Vergl. Locré, *a.a.O.*, Bd. XXIX, S. 209.

741 Art. 483 C.P. 1810.

742 Art. 56 bis 58 C.P. 1810.

743 Art. 474, 478, 482 C.P. 1810.

Rückfallstrafe bei Verbrechen und Vergehen war hingegen, ob der Delinquent zwei aufeinanderfolgende qualitativ gleichrangige Delikte begangen hatte oder ob die Begehung eines Vergehens der eines Verbrechens nachfolgte[744]. Bei zwei aufeinanderfolgenden Verbrechen trat an die Stelle der zweiten, an sich verwirkten Strafe stets die nächst höhere der im Strafensystem für Verbrechen vorgesehenen Sanktionen[745]. Derjenige Straftäter also, der bereits wegen eines Verbrechens verurteilt worden war, und ein zweites Verbrechen beging, das das Strafgesetzbuch mit der Aberkennung der staatsbürgerlichen Rechte belegte, wurde demnach zur Prangerstrafe verurteilt[746]. Zog die Wiederholungstat jedoch den Schandpfahl oder die Verbannung nach sich, so mußte über den Wiederholungstäter die Zuchthausstrafe verhängt werden[747]. War die zweite Straftat jedoch mit der Zuchthausstrafe bedroht, so sollte der rückfällige Delinquent zu zeitiger Zwangsarbeit und Brandmarkung verurteilt werden[748]. Ein Straftäter jedoch, der eine mit zeitiger Zwangsarbeit oder mit Deportation bedrohte Tat im Rückfall begangen hatte, war zu lebenslanger Zwangsarbeit zu verurteilen[749]. Für den Fall aber, daß die Wiederholungstat mit lebenslanger Zwangsarbeit geahndet wurde, hatten die Richter schließlich auf die Todesstrafe zu erkennen[750]. Hatte sich der Rückfalltäter jedoch zunächst eines Verbrechens schuldig gemacht und nunmehr einen Vergehenstatbestand verwirklicht, war der Strafrahmen der Gefängnisstrafe voll auszuschöpfen und konnte zudem nochmals um das Doppelte - also auf insgesamt maximal zehn Jahre - angehoben werden[751]. Entsprechendes galt für den Fall zweier aufeinanderfolgender Vergehen. Hier führte der Rückfall allerdings nur dann zu einer Straferhöhung, wenn die erste Verurteilung mehr als ein Jahr betragen hatte. Darüber hinaus mußte der Täter nach seiner Haftentlassung zudem

---

[744] Nicht im *Code pénal* geregelt war hingegen der Fall, in dem ein Verbrechen einem Vergehen nachfolgte. Diese Regelungslücke schloß die *Cour de Cassation* erst 1818 dahingehend, daß dieser Fall zu keiner analogen Anwendung der für Verbrechen vorgesehenen Rückfallregel und mithin zu keiner Verschärfung der verwirkten Verbrechensstrafe führen dürfe. Vergl. Sessar, *a.a.O.*, S. 45; Carnot, *a.a.O.*, Bd. I, Art. 58, VI; Crim., 2. Oktober 1818, B. 133.

[745] Art. 56 C.P. 1810.

[746] Art. 56 Abs. 1 C.P. 1810.

[747] Art. 56 Abs. 2 C.P. 1810.

[748] Art. 56 Abs. 3 C.P. 1810. Die bei zeitiger Zwangsarbeit nur in einigen wenigen Fällen vorgesehene Brandmarkung erfolgte hier - wie sowohl Target in den allgemeinen Bemerkungen als auch Treilhard in den Motiven ausdrücklich betonen - weniger aus generalpräventiven Gründen als vielmehr deshalb, um die als besonders kriminell erachteten Rückfalltäter nachhaltig erkennbar zu machen. Vergl. Locré, *a.a.O.*, Bd. XXIX, S. 23, 198.

[749] Art. 56 Abs. 4 C.P. 1810.

[750] Art. 56 Abs. 5 C.P. 1810.

[751] Art. 57 C.P. 1810.

für mindestens fünf und höchstens zehn Jahre unter besondere Aufsicht gestellt werden[752].

3. Die Teilnahme

Die in enger Anlehnung an das Strafgesetzbuch von 1791 formulierten, insgesamt fünf Artikel umfassenden Bestimmungen zur Teilnahme erfaßte der napoleonische Gesetzgeber zusammen mit der Frage der strafrechtlichen Verantwortlichkeit im zweiten Buch des *Code pénal* unter dem Titel *Des personnes punissables, excusables ou responsables pour crimes ou pour délits*[753]. Ebenso wie schon das Strafgesetzbuch der Revolutionszeit unterschied auch der *Code pénal* von 1810 zwar zwischen dem Täter, dem Anstifter und dem Gehilfen, drohte aber prinzipiell den Teilnehmern dieselbe Strafe wie dem unmittelbaren Täter an[754]. Von diesem dem Strafrecht der Revolutionszeit entlehnten Grundprinzip waren jedoch diejenigen Fälle ausgenommen, für die das Gesetz ausnahmsweise abweichende Sondervorschriften eingeführt hatte[755]. Entsprechend der im Strafgesetzbuch von 1791 getroffenen Regelung umfaßte die Teilnahme auch nach dem *Code pénal* von 1810 sowohl die Anstiftung[756] als auch die Begünstigung in Form der Personen- sowie der Sachhehlerei[757] und war darüber hinaus ebenfalls streng akzessorischer Natur. Als geeignetes Hauptdelikt kam hierbei im Gegensatz zum Strafgesetzbuch von 1791 allerdings neben einem Verbrechen auch ein Vergehen in Betracht, während eine strafbare Teilnahme an einer bloßen Übertretung gleichfalls nicht vorgesehen war. In Anlehnung an die Strafgesetzgebung der Revolutionszeit wurde zudem stets die Teilnahme an einem versuchten Verbrechen, nicht aber der bloße Teilnahmeversuch unter Strafe gestellt.

---

752 Art. 57f. C.P. 1810. Problematisch war die Frage, ob die Strafschärfung bei Vergehen durch Anerkennung mildernder Umstände nach Art. 463 C.P. durch den Richter ganz oder teilweise aufgehoben werden konnte. Nachdem die *Cour de Cassation* eine Anwendung von Art. 463 auf die Art. 57f. zunächst abgelehnt, dann aber anerkannt hatte, wurde das Problem schließlich durch Inkrafttreten des Reformgesetzes von 1832 insofern gegenstandslos, als Art. 94 dieses Gesetzes Art. 463 C.P. in letzterem Sinn abänderte. Vergl. Sessar, *a.a.O.*, S. 45; Crim., 3. Februar 1814, B. 11; 2. Februar 1827, B. 25.

753 Art. 59 bis 62 C.P. 1810.

754 Dem Gericht blieb es allerdings unbenommen, im Rahmen der bestehenden Strafgrenzen differenzierende Wertungen zu treffen. Vergl. Carnot, *a.a.O.*, Bd. I, Art. 59, I.

755 Art. 59 C.P. 1810. Solche Ausnahmen enthielten die Art. 63, 67, 100, 107f., 114, 116, 138, 144, 190, 213, 267f., 284f., 288, 293, 415, 438, 441 C.P. 1810. Vergl. Locré, *a.a.O.*, Bd. XXIX, S. 273f.

756 Art. 60 C.P. 1810.

757 Art. 61f. C.P. 1810.

Auch in der Anordnung der einzelnen Teilnahmetatbestände folgte der napoleonische Gesetzgeber in grundlegenden Zügen den bereits 1791 in Anlehnung an das alte Recht aufgestellten Grundsätzen. Ebenso wie das Strafgesetzbuch der Revolutionszeit erfaßte auch der *Code pénal* von 1810 zunächst die zeitlich vor der Ausführung der Haupttat liegenden Teilnahmehandlungen und erörterte zuerst die Anstiftung, deren Mittel er gleichfalls abschließend aufzählte und darüber hinaus noch erweiterte. Als Teilnehmer wurde hiernach nicht nur bestraft, wer durch Zuwendungen [*dons*], Versprechungen [*promesses*], Drohungen [*menaces*] und den Mißbrauch eines Autoritäts- oder Gewaltverhältnisses [*abus d'autorité ou de pouvoir*][758], sondern auch durch arglistige Anschläge oder sträfliche Kunstgriffe [*machinations ou artifices coupables*][759] zur Begehung eines Verbrechens oder Vergehens angereizt oder aber entsprechende Anweisungen [*instructions*] erteilt hatte[760]. Während der Gesetzgeber von 1810 die Kollektivanstiftung als Spezialregelung nicht mehr erfaßte, bestrafte er jedoch ebenso wie der *Code pénal* von 1791 einen einfachen Ratschlag zu einem Verbrechen nicht als Anstiftung, was im Ergebnis zu erheblichen Regelungslücken führen mußte, die der Gesetzgeber erst später durch eine Reihe spezieller Bestimmungen schloß[761]. Im Gegensatz zu den Anstiftungsmitteln waren die Mittel der im Anschluß geregelten Beihilfe ebenso wie im *Code pénal* von 1791 nicht abschließend aufgezählt[762]. In gleicher Weise wie die von ihm ersetzte Kodifikation der Revolutionszeit differenzierte auch das napoleonische Strafgesetzbuch zunächst grundsätzlich zwischen Gehilfen niederen Grades und Gehilfen im eigentlichen Sinn, wobei diese Unterscheidung jedoch insofern praktisch ohne besondere Bedeutung war, als der Gesetzgeber ja für beide Beihilfeformen ein grundsätzlich identisches, an der Haupttat orientiertes Strafmaß bestimmt hatte. Als Gehilfe eines niederen Grades machte sich hiernach zunächst derjenige der Teilnahme strafbar, der dem Haupttäter vor der eigentlichen Deliktsausführung Waffen, Werkzeuge oder irgendein anderes bei Tatbegehung verwendetes Mittel in dem Bewußtsein verschafft hatte, daß sie bei Tatbegehung benutzt werden sollten[763]. Als Gehilfe im eigentlichen Sinn war schließlich derjenige als Teilnehmer zu bestrafen, der dem Haupttäter vorsätzlich Hilfe oder Beistand zu den Handlungen geleistet hatte, die die Haupttat vorbereitet, erleichtert

---

[758] Dieser Ausdruck trat zwecks erhöhter Klarheit an die Stelle der 1791 aufgeführten *ordres*. Vergl. Locré, *a.a.O.*, Bd. XXIX, S. 272f.; Höhn, *a.a.O.*, S. 135.

[759] Wie ein Blick in die entsprechenden Gesetzesmaterialien zeigt, sollten die nicht näher umschriebenen *machinations* und *artifices coupables* offensichtlich als Auffangtatbestand für solche Fälle dienen, die sich nicht unter die übrigen Anstiftungsmittel subsumieren ließen. Vergl. Locré, *a.a.O.*, Bd. XXIX, S. 272f.

[760] Art. 60 Abs. 1 C.P. 1810.

[761] Höhn, *a.a.O.*, S. 135f. m.w.N.

[762] Vergl. Art. 60 Abs. 2 C.P. 1810: "[...] ou tout autre moyen [...]."

[763] Art. 60 Abs. 2 C.P. 1810.

oder vollendet hatten. Eine mögliche weitergehende Strafbarkeit des Teilnehmers wegen Komplotts oder Gefährdung der äußeren oder inneren Sicherheit des Staates sollte hiervon jedoch unberührt bleiben[764]. Auch indem er schließlich solche Handlungen in die Teilnahmebestimmungen einbezog, die zeitlich erst nach der Ausführung der jeweiligen Haupttat vorgenommen werden konnten, folgte der napoleonische Gesetzgeber der bereits 1791 in Anlehnung an das alte Recht aufgestellten Anordnung der einzelnen Teilnahmetatbestände. Bei der zuerst erfaßten Personenhehlerei sollten diejenigen wie Teilnehmer bestraft werden, die Kenntnis von strafbarem Täterverhalten bei schwerem Bandenraub oder gewaltsamen Beeinträchtigungen der Staatssicherheit, der öffentlichen Ruhe, von Personen oder Eigentum hatten und den Tätern dennoch regelmäßig eine Wohnung, einen Zufluchts- oder Versammlungsort gaben[765]. Die gleichfalls als Delikt mit Teilnahmecharakter betrachtete Sachhehlerei schließlich setzte voraus, daß die in Frage stehende Sache nicht nur von irgendeinem Verbrechen oder Vergehen herstammte, sondern zudem noch ganz oder teilweise wissentlich in die Hände des Hehlers gelangt war[766]. Indem der Gesetzgeber von 1810 hier also allgemein auf die kriminelle Herkunft der verhehlten Sache abstellte, erweiterte er den Tatbestand der Hehlerei insofern ganz beträchtlich, als noch der *Code pénal* von 1791 nur die Hehlerei einer zuvor gestohlenen Sache mit Strafe belegt hatte. Um aber hier mögliche Härten gerade bei Delikten der schweren Kriminalität auszuschließen, bestimmte der Gesetzgeber ausnahmsweise für alle Verbrechen, die entweder die Todesstrafe, die lebenslange Zwangsarbeit oder die Verbannung nach sich zogen, daß der Hehler nur dann zu der gleichen Strafe wie der Haupttäter verurteilt werden durfte, wenn er über die Kenntnis der kriminellen Herkunft der verhehlten Sache hinaus auch noch Kenntnis von den konkreten Umständen des Verbrechens gehabt hatte, dessen Begehung erst zur Erlangung des Hehlgutes geführt hatte. Verfügte der Hehler über diese zusätzliche Kenntnis hingegen nicht, so war er unabhängig von der für die Begehung der Haupttat vorgesehenen Strafe lediglich zu zeitiger Zwangsarbeit zu verurteilen[767].

4. Die strafrechtliche Verantwortlichkeit

Der *Code pénal* von 1810 regelte die Frage der strafrechtlichen Verantwortlichkeit im Anschluß an die Teilnahmebestimmungen in insgesamt neun Artikeln in seinem zweiten, lediglich ein Kapitel umfassenden Buch unter dem Titel *Des personnes*

[764] Art. 60 Abs. 3 C.P. 1810. Die Wortwahl des Abs. 3 deutet bereits stark die Problematik der Mittäterschaft an. Vergl. Höhn, *a.a.O.*, S. 136.

[765] Art. 61 C.P. 1810.

[766] Art. 62. C.P. 1810.

[767] Art. 63 C.P. 1810. Vergl. Locré, *a.a.O.*, Bd. XXIX, S. 32.

punissables, excusables ou responsables pour crimes ou pour délits[768]. Im Gegensatz zu der Strafgesetzgebung von 1791, die eine entsprechende Regelung noch nicht vorgesehen hatte, nahm der napoleonische Gesetzgeber zunächst grundsätzlich diejenigen Delinquenten von jedweder Strafbarkeit völlig aus, die bei Tatbegehung entweder geisteskrank waren [*état de démence*] oder aber unter unwiderstehlichem Zwang [*contrainte*] gehandelt hatten, denn aufgrund deren fehlender verbrecherischer Absicht betrachtete er die von ihnen verwirklichten Verbrechens- oder Vergehenstatbestände nicht als strafwürdige Delikte[769]. Eine eingeschränkte strafrechtliche Verantwortlichkeit und die damit verbundene Straffreiheit nahm der Gesetzgeber unter bestimmten Umständen auch bei jugendlichen Straftätern an, die das sechzehnte Lebensjahr noch nicht vollendet hatten. Diese besondere strafrechtliche Behandlung von Jugendlichen unter sechzehn Jahren stellte neben der Einführung der mildernden Umstände den einzigen direkten, in unmittelbarer Anlehnung an die entsprechende Regelung des *Code pénal* von 1791 formulierten Individualisierungsversuch des napoleonischen Strafgesetzgebers dar. Ebenso wie im Strafgesetzbuch von 1791 war es auch nach der napoleonischen Kodifikation zunächst von entscheidender Bedeutung, ob der straffällig gewordene Jugendliche, der sein sechzehntes Lebensjahr noch nicht vollendet hatte, die Straftat mit oder ohne die erforderliche intellektuelle Einsichtsfähigkeit begangen hatte. Schloß das Gericht auf eine mangelnde intellektuelle Einsichtsfähigkeit, so war der Jugendliche zwar jedenfalls freizusprechen, mußte aber anschließend - je nach den jeweiligen Umständen des Einzelfalles - entweder seinen Eltern zurückgegeben oder für eine bestimmte Zeit in einer Besserungsanstalt verwahrt werden[770]. Dort sollte er erzogen und so lange festgehalten werden, wie dies zuvor im Urteil bestimmt worden war. Dabei durfte jedoch die Verwahrung das vollendete zwanzigste Lebensjahr nicht überschreiten[771]. Ging das erkennende Gericht jedoch von der intellektuellen Einsichtsfähigkeit des jugendlichen Missetäters aus, so wurden die entsprechenden

---

[768] Art. 64 bis 72 C.P. 1810. Die beiden letzten Bestimmungen des Kapitels beschäftigten sich ausschließlich mit der zivilrechtlichen Verantwortlichkeit und verwiesen auf entsprechende Bestimmungen des *Code civil* von 1804. So hatten beispielsweise Gastwirte unter bestimmten Umständen mit ihrem gesamten Vermögen für die von Dritten verursachten Vermögensschäden ihrer Gäste zu haften. Vergl. Art. 73f. C.P. 1810.

[769] Art. 64 C.P. 1810. Vergl. Locré, *a.a.O.*, Bd. XXIX, S. 264: "Tout crime ou délit se compose du fait et de l'intention: or dans les deux cas dont nous venons de parler, aucune intention criminelle ne peut avoir existé de la part des prévenus, puisque l'un ne jouissait pas de ses qualités morales, et qu'à l'égard de l'autre, la contrainte seule a dirigé l'emploi de ses forces physiques."

[770] Die Verwahrung in der Besserungsanstalt bei mangelnder intellektueller Einsichtsfähigkeit sah der Gesetzgeber nicht als Strafe im eigentlichen Sinne an. Sie sollte vielmehr erst dann zur Anwendung kommen, wenn das familiäre Umfeld des Jugendlichen keine ausreichende Gewähr für dessen Erziehung bzw. Besserung bot. Vergl. Locré, *a.a.O.*, Bd. XXIX, S. 265.

[771] Art. 66 C.P. 1810.

Strafen zugunsten des Jugendlichen zwecks Erleichterung seiner späteren Reintegration in die Gesellschaft weitgehend modifiziert und fielen insgesamt milder als die noch im *Code pénal* von 1791 vorgesehenen Sanktionen aus[772]. Hatte er nämlich die Kapitalstrafe, die lebenslange Zwangsarbeit oder aber die Deportation verwirkt, so wurde er lediglich zu einer vergleichsweise milden in einer Besserungsanstalt abzubüßenden zehn- bis zwanzigjährigen Gefängnisstrafe verurteilt[773]. Bedrohte das Gesetz die begangene Tat hingegen mit zeitiger Zwangsarbeit oder der Zuchthausstrafe, mußte der jugendliche Delinquent zur zeitigen Einsperrung in einer Besserungsanstalt verurteilt werden, wobei die Haftdauer wenigstens ein Drittel und höchstens die Hälfte der entsprechenden Strafe betragen durfte[774]. Darüber hinaus konnte der jugendliche Straftäter in allen genannten Fällen unter eine wenigstens fünf und höchstens zehn Jahre andauernde Polizeiaufsicht gesetzt werden[775]. Hatte der Jugendliche jedoch lediglich die Prangerstrafe oder die Verbannung verwirkt, so wurde er zu einer ein- bis fünfjährigen Einsperrung verurteilt, die ebenfalls in einer Besserungsanstalt zu vollstrecken war[776]. Darüber hinaus durfte der Jugendliche - wie noch im Strafgesetzbuch von 1791 vorgesehen - in keinem Fall mehr vor Strafantritt öffentlich am Pranger zur Schau gestellt werden, denn der Gesetzgeber befürchtete zu Recht, daß die demütigende Vollstreckung dieses infamierenden Instituts nicht nur ein Reintegrationshindernis, sondern letztlich auch den Auftakt zu einer kriminellen Karriere darstellen könnte[777]. Bei der Verwirkung einer Korrektionalstrafe konnte der jugendliche Delinquent darüber hinaus zu jeder gesetzlich vorgesehenen Korrektionalstrafe verurteilt werden, die für den konkreten Fall als angemessen erachtet wurde. Einzige Bedingung hierfür war, daß sie um die Hälfte geringer als diejenige Strafe ausfiel, zu der er verurteilt worden wäre, wenn er bei Tatbegehung bereits sechzehn Jahre alt gewesen wäre[778].

---

772 Art. 67 bis 69 C.P. 1810. Im Gegensatz zur bloßen Verwahrung in einer Besserungsanstalt besaßen die bei vorhandener intellektueller Einsichtsfähigkeit verhängten, wenn auch modifizierten Strafen hingegen Strafcharakter. Vergl. Locré, *a.a.O.*, Bd. XXIX, S. 265f.

773 Art. 67 Abs. 1 C.P. 1810. Der Gesetzgeber von 1791 hatte bei der Verwirkung der Maximalstrafe noch eine zwanzigjährige Einsperrung ohne Individualisierungsmöglichkeit vorgesehen. Diese zog als *peine afflictive et infamante* zudem noch die öffentliche Zurschaustellung nach sich, die der *Code pénal* von 1810 jedoch für jugendliche Delinquenten endgültig abschaffte.

774 Art. 67 Abs. 2 C.P. 1810. Auch hier unterschritt der *Code pénal* von 1810 das noch 1791 geforderte Strafmaß erheblich, denn die *Assemblée Constituante* hatte bei Verwirkung einer zeitigen Freiheitsstrafe noch eine ebensolange Einsperrung in einem Arbeitshaus vorgesehen.

775 Art. 67 Abs. 3 C.P. 1810.

776 Art. 67 Abs. 4 C.P. 1810.

777 Art. 68 C.P. 1810. Vergl. Locré, *a.a.O.*, Bd. XXIX, S. 279.

778 Art. 69 C.P. 1810.

Abgesehen von diesen ausdrücklich geregelten Sonderfällen ging aber auch die napoleonische Kodifikation ebenso wie bereits zuvor das Strafgesetzbuch von 1791 im übrigen prinzipiell von der vollen strafrechtlichen Verantwortlichkeit und Haftung eines jeden Delinquenten aus. Eine Ausnahme erfuhr dieser Grundsatz nur dann, wenn das Gesetz ausdrücklich einen die Strafe ausschließenden Entschuldigungs- oder Strafmilderungsgrund vorsah[779]. Legt man die Begriffe der heutigen Strafrechtsdogmatik zugrunde, so umfaßten diese stets spezialgesetzlich geregelten, nachfolgend im Rahmen der einzelnen strafbaren Tatbestände dargestellten Fälle[780], sowohl persönliche Strafausschließungs- und Strafaufhebungsgründe[781] als auch Rechtfertigungsgründe[782] sowie den Tatbestandsirrtum[783].

Privilegierend berücksichtigte der napoleonische Gesetzgeber aber nicht nur das jugendliche, sondern auch das fortgeschrittene Alter eines Delinquenten, ging dabei aber im Gegensatz zur besonderen Behandlung jugendlicher Straftäter nicht von einer auf das Alter gestützten Fiktion einer verminderten strafrechtlichen Verantwortlichkeit aus. In enger Anlehnung an das Strafgesetzbuch von 1791 bestimmte er, daß derjenige Delinquent, der zur Zeit der Verurteilung bereits das 70. Lebensjahr vollendet hatte, nicht mehr zu lebenslanger oder zeitiger Zwangsarbeit oder zur Deportation verurteilt werden durfte[784]. Entgegen den Regelungen des *Code pénal* von 1791, der die jeweilige Strafdauer lediglich um fünf Jahre verringert hatte, sollten die Strafen nunmehr durch die im Vollzug mildere lebenslange oder zeitige Einsperrung in einem Zuchthaus ersetzt werden, deren Dauer aber der eigentlich verwirkten Strafe zu entsprechen hatte, an deren Stelle sie trat[785]. Vollendete der zu lebenslanger oder zeitiger Zwangsarbeit verurteilte Straftäter während der Strafverbüßung sein 70. Lebensjahr, so mußte er von der Zwangsarbeit befreit und für die noch zu verbüßende Zeit in einem Zuchthaus eingesperrt werden. Dort war er so zu behandeln, als sei er nur zur Zuchthausstrafe verurteilt worden[786]. Die Möglichkeit einer vorzeitigen Entlassung

---

[779] Vergl. Art. 65 C.P. 1810: "Nul crime ou délit ne peut être excusé, ni la peine mitigée, que dans les cas et dans les circonstances où la loi déclare le fait excusable, ou permet de lui appliquer une peine moins rigoureuse."

[780] Vergl. Carnot, *a.a.O.*, Bd. I, Art. 65, VI; Sessar, *a.a.O.*, S. 38.

[781] Art. 107, 108, 137, 138, 248 C.P. 1810.

[782] Art. 114, 190, 321, 322 C.P. 1810.

[783] Art. 163 C.P. 1810.

[784] Art. 70 C.P. 1810. Insofern, als der *Code pénal* von 1791 die Altersgrenze auf noch 75 Jahre festgelegt hatte, milderte der Gesetzgeber von 1810 hier das Los betagter Straftäter ganz erheblich.

[785] Art. 71 C.P. 1810.

[786] Art. 72 C.P. 1810. Anhand dieser Bestimmung wird besonders deutlich, daß der Gesetzgeber nicht von einer auf fortgeschrittenes Alter gestützten Fiktion verminderter Schuld ausging. Wie ein Blick in die Gesetzesmaterialien zeigt, war im Gegensatz zu den für Jugendliche

sah die napoleonische Kodifikation im Gegensatz zum Strafgesetzbuch der Revolutionszeit allerdings nicht mehr vor.

5. Die Notwehr

Ebenso wie die Verfasser des *Code pénal* von 1791 konnte sich auch der napoleonische Gesetzgeber nicht zu einer umfassenden allgemeinen Regelung der Notwehrproblematik entschließen und erfaßte die Materie der Notwehr lediglich in zwei Bestimmungen im Zusammenhang mit den Tötungs- und Verletzungsdelikten im dritten Buch des *Code pénal* von 1810[787]. Nach dessen in engster Anlehnung an die entsprechende Legaldefinition des Strafgesetzbuchs von 1791 formulierten Begriffsbestimmung[788] konnte nur derjenige in legitimer Notwehr handeln, der aufgrund eines gegenwärtigen Angriffs in die Notwendigkeit versetzt wurde, sich oder einen Dritten zu verteidigen[789]. Genau wie das Strafgesetzbuch von 1791 erkannte also auch die napoleonische Kodifikation die eigene sowie die Person eines Dritten als notwehrfähig an, vermied es aber - wie noch der Gesetzgeber von 1791 - von einer Unumgänglichkeit der Verteidigung zu sprechen. Dem Gesetzeswortlaut nach oblag es also dem sich in einer Notwehrlage befindlichen Verteidiger nicht mehr abzuwägen, ob ihm zur Angriffsabwehr nicht etwa ein milderes Mittel zur Verfügung stand. Fraglich war jedoch, wo das gesetzlich anerkannte Selbstverteidigungsrecht an seine Grenzen stieß, denn ebenso wie im *Code pénal* von 1791 fehlten auch im Strafgesetzbuch von 1810 die den Notwehrexzeß regelnden Bestimmungen. Die napoleonische Begriffsbestimmung der Notwehr ließ gleichfalls offen, was genau der Gesetzgeber unter der Notwehrfähigkeit der eigenen oder der Person eines Dritten verstanden wissen wollte, in welchem Maß er diese das Leben und die körperliche Integrität umfassenden Rechtsgüter überhaupt als verteidigungsfähig erachtete und ob

---

getroffenen Bestimmungen allein die altersbedingt nachlassende physische Belastbarkeit des Delinquenten ausschlaggebend. Vergl. Locré, *a.a.O.*, Bd. XXIX, S. 267, 279f.

787 Art. 328f. C.P. 1810. Der Art. 329 enthielt jedoch nur zwei Regelbeispiele, die der Gesetzgeber mit zur Notwehr gerechnet haben wollte und die bei Nacht verübte Einstiegs- und Einbruchdiebstähle sowie mit Gewaltausübung ausgeführte Diebstähle und Plünderungen betrafen.

788 Der Gesetzgeber von 1810 bezog hier lediglich noch die anderen, durch Notwehrhandlungen in Frage kommenden Verletzungsmöglichkeiten des Angreifers in Gestalt von *blessures* und *coups* mit in die Begriffsbestimmung ein, die die Strafgesetzgebung der Revolutionszeit im *Décret relatif à l'organisation d'une police municipale et correctionnelle* vom 19./22. Juli 1791 gesondert geregelt hatte.

789 Art. 328 C.P. 1810. Der Begriff der Gegenwärtigkeit umfaßte dabei sowohl den bereits ausgeführten als auch den unmittelbar bevorstehenden Angriff. Vergl. Locré, *a.a.O.*, Bd. XXX, S. 513: "On peut légitimement se défendre, soit qu'on ait été frappé, soit qu'on se trouve dans un pressant danger de l'être."

darüber hinaus noch andere Rechtsgüter - wie etwa Angriffe auf die Ehre[790] oder das Vermögen[791] - als notwehrfähig in Betracht zu ziehen waren. Außerdem war unklar, ob der geführte Angriff widerrechtlich sein mußte und ob man sich insbesondere gegen ungesetzmäßige Akte von Beamten wehren durfte oder nicht. Insgesamt machten sich deshalb auch bei der napoleonischen Begriffsbestimmung der Notwehr dieselben Lücken bemerkbar, die auch schon die Legaldefinition des *Code pénal* von 1791 aufgezeigt hatte und die erst im Laufe der nächsten Jahrzehnte durch die von Rechtsprechung und Literatur entwickelten Prinzipien geschlossen werden sollten[792].

6. Die mildernden Umstände

Den neben der strafrechtlichen Behandlung von Jugendlichen zweiten direkten Individualisierungsversuch des napoleonischen Strafgesetzbuchs beinhaltete das dem *Code pénal* von 1791 noch unbekannte Institut der mildernden Umstände[793], deren Anwendung der Gesetzgeber jedoch nur bei Vergehen, nicht aber bei Verbrechen und Übertretungen vorsah[794] und die sämtliche in den Kreis der

---

790 Aus Locrés Protokollen geht hervor, daß der Gesetzgeber eine Ehrennotwehr nicht in Betracht gezogen hatte. Darauf wies Faure als zuständiger Berichterstatter ausdrücklich hin. Vergl. Locré, *a.a.O.*, Bd. XXX, S. 478: "Le citoyen qui repousse un outrage grave, n'est pas mis dans la nécessité d'opposer la force à la force."

791 Eine Notwehr gegen Angriffe auf Sachen ließ der *Code pénal* von 1810 nicht zu. Obwohl die beiden in Art. 329 aufgeführten Regelbeispiele vermuten lassen, daß dem Gesetzgeber grundsätzlich auch eine Notwehr gegen Angriffe auf Vermögenswerte denkbar erschien, wurden auch diese Fälle auf die Person zurückgeführt. Vergl. hierzu m.w.N. näher Höhn, *a.a.O.*, S. 131.

792 Vergl. hierzu ausführlicher und m.w.N.: Höhn, *a.a.O.*, S. 129ff.

793 Erste Ansätze zu einer Einführung von mildernden Umständen gab es bereits wenige Jahre nach Inkrafttreten des Strafgesetzbuchs von 1791, denn sowohl das *Décret qui établit un nouveau mode pour le jugement des délits militaires* vom 2. Schalttag des Jahres III (18. September 1795) als auch die *Loi portant des peines contre toute espèce de provocation à la dissolution du gouvernement républicain, et tout crime attentatoire à la sûreté publique et individuelle* vom 27. Germinal des Jahres IV (16. April 1796) hatten mildernde Umstände für eine Anzahl von Delikten vorgesehen. Die Gesetzestexte sind abgedruckt in: Duvergier, *a.a.O.*, Bd. VIII, S. 343ff; Bd. IX, S. 93ff.

794 Art. 463 C.P. 1810. Erstaunlich ist, daß der *Code pénal* allgemein mildernde Umstände nicht auch für Verbrechen eingeführt hat; dies umso mehr, als die vorgenannten Revolutionsgesetze auch für so schwere Delikte wie diejenigen, die sich gegen die Sicherheit des Staates richteten, mildernde Umstände vorgesehen hatten. Wie die Gesetzesmaterialien und insbesondere die von Faure dargelegten Motive zeigen, begründete der Gesetzgeber dies mit dem etwas fadenscheinigen Argument, die Herabsetzung bzw. Milderung der Verbrechensstrafen dem in Anlehnung an das *Ancien Régime* wieder eingeführten Begnadigungsrecht des Souveräns vorbehalten zu wollen. Vergl. Locré, *a.a.O.*, Bd. XXIX, S. 12; Bd. XXXI, S. 164f. Tatsächlich ließ sich die unterlassene Einführung allgemein

richterlichen Kognition fallenden tatsächlichen Momente sowohl im Hinblick auf den objektiven Tatbestand als auch hinsichtlich der Persönlichkeit und des Verschuldens des Täters umfaßten. Diese 1810 weniger zugunsten des Straftäters, als vielmehr im Sinne einer möglichst effektiven Strafverfolgung[795] erstmals geschaffene, eine Herabsetzungsmöglichkeit der verwirkten Strafe bei Vorliegen mildernder Umstände nach sich ziehende Bestimmung bezog sich allerdings nur auf solche Fälle, bei denen das Strafgesetzbuch die Verhängung einer Gefängnisstrafe vorschrieb. Sie fand also auf solche Vergehen keine Anwendung, die nicht im *Code pénal*, sondern lediglich spezialgesetzlich erfaßt worden waren. Hiernach konnte das erkennende Gericht, wenn seiner Überzeugung nach die Umstände das Vergehen zu mildern schienen und der durch die Straftat entstandene Schaden nicht mehr als 25 *Francs* betrug, die Höhe der an sich verwirkten Gefängnisstrafe auf weniger als die Mindestgrenze von sechs Tagen und die Geldstrafe auf weniger als sechzehn *Francs* beschränken. Wenn der Gesetzgeber beide Strafen nebeneinander androhte, war zudem auch die Verurteilung nur zu einer von ihnen denkbar. Die verhängte Strafe durfte jedoch niemals geringer sein als die Strafen der einfachen Polizei, so daß die Mindestgrenze der Gefängnisstrafe in allen Fällen bei einem Tag, die Geldstrafe hingegen bei einem *Franc* lag. Ein Ersatz der einen durch die andere Strafe war allerdings nicht möglich. Das dem Richter durch die Einführung der mildernden Umstände zugestandene Ermessen war demnach zunächst grundsätzlich auf Straftaten geringer Tragweite beschränkt und wurde auch innerhalb dieser Deliktsgruppe aufgrund der am verursachten Schaden orientierten Betrachtungsweise des Gesetzgebers nochmals auf deren leichteste Fälle beschnitten. Obwohl schon bald nach Inkrafttreten des *Code pénal* von 1810

---

mildernder Umstände auch für Verbrechen wohl eher auf das den Schwurgerichten entgegengebrachte Mißtrauen zurückführen. Hätte man nämlich mildernde Umstände allgemein auch für Verbrechen eingeführt, so hätte dies neben einer richterlichen Kompetenzerweiterung gleichzeitig auch eine Stärkung der Jury bedeutet, denn diese hätte - da mildernde Umstände zur Tat gehören - über ihr Vorliegen entscheiden müssen, bevor der Richter die Strafmilderung hätte vornehmen können. Letzteres wollte man aber tunlichst vermeiden. Vergl. Höhn, *a.a.O.*, S. 75ff; Esmein, *Procédure*, S. 493ff; Collard, *Système des circonstances atténuantes*, S. 22; Humbert, *Théorie des circonstances atténuantes*, S. 26f.; Locré, *a.a.O.*, Bd. XXIV, S. 10ff.

795 Zwar kam diese Regelung *auch* dem Straftäter zugute, aber ein Blick in die Gesetzesmaterialien zeigt, daß das staatliche Strafverfolgungsinteresse eindeutig überwog. Wie aus den von Faure dargelegten Motiven hervorgeht, hatte die Kommission nämlich geglaubt, daß der Richter dann, wenn ihm das Minimum einer Strafe zu hart erschien, den Angeklagten im Widerspruch zu seiner Pflicht lieber freisprechen als verurteilen würde. Vergl. Locré, *a.a.O.*, Bd. XXXI, S. 163: "[...] il pourrait dès lors en résulter que le minimum de la peine déterminée par la loi pour le cas général serait trop fort, et que les juges se troveraient placés dans l'alternative fâcheuse d'user envers le coupable d'une rigueur dont l'excés leur paraîtrait injuste, ou de le renvoyer absous, en sacrifiant le devoir du magistrat à un sentiment inspiré par l'humanité."

Forderungen nach einer Ausweitung der mildernden Umstände auch auf schwerwiegende Fälle und insbesondere nach einer Ausdehnung der mildernden Umstände auch auf Verbrechen laut geworden waren[796], sollte erst die fortschreitende Liberalisierung des französischen Strafrechts in den Jahren 1824 und 1832 die Einführung eines allgemeinen Systems der mildernden Umstände mit sich bringen.

VI. Die einzelnen strafbaren Tatbestände

Nach dem Vorbild des Strafgesetzbuchs von 1791 unterschied auch der *Code pénal* von 1810 innerhalb der strafbaren Tatbestände grundsätzlich danach, ob sich die jeweiligen strafbaren Handlungen gegen das Wohl der Allgemeinheit oder aber gegen Privatpersonen richteten. Während der Gesetzgeber von 1791 diese Differenzierung jedoch noch im wesentlichen den Verbrechenstatbeständen vorbehalten und Delikte minderer Schwere - sofern sie nicht ausdrücklich im *Code pénal* aufgeführt worden waren - hiervon ausgenommen und anderweitig geregelt hatte, erfaßte die napoleonische Kodifikation nunmehr entsprechend der qualitativen Dreiteilung der Delikte auch die Vergehen und regelte die gegen das Gemeinwohl gerichteten Verbrechen und Vergehen [*crimes et délits contre la chose publique*] im ersten, die gegen Privatpersonen gerichteten Verbrechen und Vergehen [*crimes et délits contre les particuliers*] hingegen im zweiten Titel des dritten Buchs des *Code pénal*. Eine entsprechende Differenzierung innerhalb der im vierten Buch erfaßten Übertretungen sah der Gesetzgeber von 1810 jedoch nicht vor, sondern beschränkte sich in Anbetracht der Vielfältigkeit der Übertretungstatbestände vielmehr auf eine am jeweiligen Strafmaß orientierte Einteilung der einzelnen Tatbestände in drei unterschiedliche Klassen.

1. Die Verbrechen und Vergehen gegen das Gemeinwohl

In prinzipieller Anlehnung an die Systematik des Strafgesetzbuchs von 1791 differenzierte auch der napoleonische Gesetzgeber bei den gegen das Gemeinwohl gerichteten Straftaten zunächst grundsätzlich zwischen solchen Verbrechen und Vergehen, die Angriffe auf die Sicherheit des Staates beinhielten und solchen Delikten, die sich - wie etwa die Amtsdelikte oder der Widerstand gegen Staatsgewalt - gegen die öffentliche Ruhe und Ordnung richteten.

---

[796] Höhn, *a.a.O.*, S. 77.

a.) Angriffe auf die Sicherheit des Staates[797]

Der napoleonische Gesetzgeber behielt die 1791 eingeführte Zweiteilung der Delikte gegen die Sicherheit des Staates bei und erfaßte die hoch- und landesverräterischen Unternehmungen in entfernter Anlehnung an das Strafgesetzbuch der Revolutionszeit vor allem im ersten Kapitel *Crimes et délits contre la sûreté de l'État*[798] in insgesamt drei Abschnitten. Während er die Materie des Landesverrats im Abschnitt *Crimes et délits contre la sûreté extérieure de l'État*[799] abhandelte, regelte er im folgenden Abschnitt *Crimes contre la sûreté intérieure de l'État*[800] insbesondere den Hochverrat. Ebenfalls die innere Staatssicherheit in einem weiteren Sinne betrafen auch die in einem besonderen Kapitel geregelten vielfältigen hochverräterischen Verbrechen und Vergehen gegen die Reichsverfassungen, die der Gesetzgeber unter der Überschrift *Crimes et délits contre les constitutions de l'Empire*[801] zusammenfaßte. Obwohl die Urheber der napoleonischen Kodifikation die wenigen unmittelbar aus dem Strafgesetzbuch der Revolutionszeit übernommenen Bestimmungen in der Regel erheblich modifiziert und den unter dem Kaiserreich herrschenden politischen Umständen - teilweise bis zur Unkenntlichkeit - angepaßt hatten, zeichnete sich auch der *Code pénal* von 1810 in gleichem Maße wie das von ihm ersetzte Strafgesetzbuch durch eine ausgesprochene Härte der für hoch- und landesverräterische Unternehmungen angedrohten Strafen aus. So beinhaltete allein der die Straftaten gegen die äußere und innere Staatssicherheit regelnde Teil neben der oftmaligen Verhängung der Deportations- und Verbannungsstrafe in siebzehn Fällen die zumeist durch Vermögenskonfiskation ergänzte Todesstrafe, und auch der Strafenkatalog für hochverräterische, gegen die Reichsverfassungen gerichtete Unternehmungen sah weitaus überwiegend die Androhung von Verbrechensstrafen vor. Dieser selbst für das napoleonische Strafgesetzbuch ungewöhnlich dichten Häufung von Todes- und Verbrechensstrafen lag vor allem eine politische Motivation zugrunde, die derjenigen des *Code pénal* von 1791 insofern ähnelte, als sich auch das nach

---

[797] Ebenso wie das Strafgesetzbuch der Revolutionszeit enthielt auch der *Code pénal* von 1810 keine entsprechend lautende Überschrift. Der napoleonische Gesetzgeber unterschied vielmehr in unmittelbarer Anlehnung an die Kodifikation von 1791 deutlich zwischen Verbrechen und Vergehen, die sich gegen die innere und die äußere Sicherheit sowie gegen die Reichsverfassungen richteten. Aus den bereits dargelegten begrifflichen Gründen sowie aufgrund der diesen Materien gemeinsamen Regelungsmotivation erscheint es jedoch auch hier angebracht, diese insbesondere den Hoch- und Landesverrat regelnden Bestimmungen unter einer einheitlichen Überschrift zusammenzufassen.

[798] Liv. III, tit. I, chap. I, sect. I-III, Art. 75ff C.P. 1810.

[799] Liv. III, tit. I, chap. I, sect. I, Art. 75 bis 85 C.P. 1810.

[800] Liv. III, tit. I, chap. I, sect. II, Art. 86 bis 102 C.P. 1810. Welche Bedeutung der napoleonische Gesetzgeber dieser Materie zumaß, wurde insbesondere auch daran deutlich, daß er alle Tatbestände dieses Abschnittes ausschließlich als *crimes* qualifizierte.

[801] Liv. III, tit. I, chap. II, sect. I-IV, Art. 109ff C.P. 1810.

europäischer Hegemonie strebende napoleonische Kaiserreich - ähnlich wie der noch zwei Jahrzehnte zuvor am Beginn der Revolutionswirren stehende Staat - zum Zeitpunkt der Konzeption des *Code pénal* in einer politischen Ausnahmesituation befand. Während sich der Gesetzgeber von 1791 aber vor allem noch gegen innenpolitische Hindernisse und insbesondere Umsturzversuche der reaktionären Exekutive zur Wehr zu setzen hatte, war der nunmehr innenpolitisch gefestigte Kaiserstaat beständig in Kriege verwickelt und dementsprechend an der Beibehaltung der für seine kriegerische Expansionspolitik unerläßlichen inneren Stabilität interessiert, die er insbesondere auch durch eine strenge Strafgesetzgebung zu gewährleisten gedachte.

aa.) Die Verbrechen und Vergehen gegen die äußere Sicherheit des Staates

In der gleichen Weise wie das Strafgesetzbuch der Revolutionszeit stellte auch der *Code pénal* von 1810 zunächst jedem Franzosen gemäß Art. 75 die Todesstrafe für den Fall in Aussicht, daß er landesverräterische Waffenhilfe geleistet hatte, sah aber zudem die wiedereingeführte Vermögenskonfiskation als obligatorische Nebenstrafe vor. Die gleiche Strafe verwirkte nach Art. 76 auch derjenige, der mit ausländischen Mächten oder deren Agenten Anschläge [*machinations*] verübt oder geheime Verbindungen [*intelligences*] mit dem Ziel unterhalten hatte, den Landesfrieden zu gefährden. Ebenfalls mit der durch die Vermögenskonfiskation ergänzten Todesstrafe hatte zudem gemäß Art. 79 zu rechnen, wer in gleicher Begehungsweise den Landesfrieden eines mit Frankreich verbündeten und mithin die gleiche politische Zielsetzung verfolgenden Landes bedrohte[802]. Der napoleonische Gesetzgeber lehnte sich in Art. 76 eng an die entsprechende Bestimmung des *Code pénal* von 1791 an, die er nahezu wortwörtlich übernahm. Der Tatbestand der napoleonischen Bestimmung war aber insofern enger gefaßt, als er nicht mehr auf den bloßen Hinweis auf die Angriffsmittel, sondern nunmehr auf die tatsächliche Beschaffung derselben abstellte. Ob aber aufgrund der landesverräterischen Betätigungen tatsächlich feindselige Handlungen eingeleitet wurden oder nicht, spielte für die Strafbarkeit keine Rolle, denn ebenso wie schon das Strafgesetzbuch von 1791 bestimmte auch die napoleonische Kodifikation ausdrücklich, daß bereits die bloße Gefährdung des Landesfriedens zur Verwirkung der Kapitalstrafe ausreichte. Darüber hinaus wurden aber auch hier die Grenzen der Begriffe *machinations* und *intelligences* nicht näher definiert und genauer voneinander unterschieden. Gegenüber dem Gesetzbuch der Revolutionszeit hatte der napoleonische Gesetzgeber aber die landesverräterische Friedensgefährdung insofern erheblich erweitert, als er nunmehr auch denjenigen mit Strafe bedrohte, der den Staat nach Art. 84 entweder zu einer Kriegserklärung veranlasste oder aber Franzosen gemäß Art. 85 fremden Repressalien aussetzte.

---

[802] Vergl. Locré, *a.a.O.*, Bd. XXIX, S. 460.

Voraussetzung für eine Strafverfolgung war jedoch, daß sowohl die Kriegserklärung als auch die Vergeltungsmaßnahmen gegen französische Staatsbürger auf von der Regierung nicht gebilligten Feindseligkeiten oder sonstigen ungenehmigten Handlungen beruhten. Für den Fall der bloßen Kriegserklärung ohne weitergehende Feindseligkeiten stellte der Gesetzgeber dem Täter hingegen lediglich die vergleichsweise milde Verbannungsstrafe in Aussicht; kam es allerdings daraufhin zum Krieg, so hatte er die lebenslange Deportationsstrafe verwirkt. Setzte der Täter jedoch Franzosen allgemein fremden Repressalien aus, so war er stets nur zur Verbannungsstrafe zu verurteilen.

Die landesverräterische Begünstigung erfaßte der napoleonische Gesetzgeber in Art. 77f. und bediente sich dabei derselben Kasuistik wie das Strafgesetzbuch von 1791. So drohte Art. 77 - dessen Wortlaut mit dem des Art. 4 C.P. 1791 nahezu völlig übereinstimmte - demjenigen die mit der Vermögenskonfiskation verbundene Todesstrafe an, der zum Nachteil des Staates dessen Feinde unterstützte. Dieselbe Strafe verwirkte nach Art. 79 darüber hinaus auch derjenige, der die gleichen Handlungen zum Nachteil von Bundesgenossen Frankreichs vornahm. Den herrschenden politischen Umständen entsprechend, ersetzte das Strafgesetzbuch von 1810 jedoch die allgemeine Treuepflicht gegenüber der französischen Nation durch diejenige, die Militär- und Zivilpersonen nunmehr dem Kaiser und dessen Staat schuldeten. Ebenso wie im *Code pénal* von 1791 tauchten auch im napoleonischen Strafgesetzbuch die Begriffe *manoeuvres* und *intelligences* auf, die der ansonsten um Klarheit bemühte Gesetzgeber wiederum nicht näher umschrieb. Aufgrund fehlender Legaldefinitionen räumte er dem erkennenden Gericht so eine verhältnismäßig große Ermessensfreiheit ein, denn anhand des Wortlauts von Art. 77 konnte auch hier auf die Bedeutung dieser Begriffe nur insoweit geschlossen werden, als die umfassende Aufzählung von Handlungen, die diese Begriffe verwirklichten, lediglich deren ungefähre Grenzen aufzeigten. Über die entsprechende Bestimmung des *Code pénal* von 1791 hinaus ging allerdings Art. 78, der in einer äußerst weiten Fassung den Tatbestand der einfachen landesverräterischen Begünstigung regelte. Hiernach waren bereits Briefwechsel mit Staatsangehörigen einer feindlichen Macht strafbar, wenn sie - ohne einen der in Art. 77 erfaßten Zwecke zu verfolgen - Informationen enthielten, die für die militärische oder politische Lage Frankreichs oder seiner Verbündeten von Nachteil sein konnten. War dies der Fall, so hatte der Verfasser der Briefe jedenfalls die Verbannungsstrafe verwirkt. Dies schloß jedoch die Verhängung von härteren Strafen dann nicht aus, wenn besagte Briefwechsel die Folge einer in der Militärstrafgesetzgebung als Spionage qualifizierten Betätigung waren.

Der napoleonische Gesetzgeber regelte in Art. 80ff anschließend die landesverräterische Verletzung von Staats- oder militärischen Geheimnissen. In ihrem überwiegend klaren Wortlaut lehnten sich die einzelnen Tatbestände -

soweit sie nicht erweitert oder neu aufgestellt worden waren - eng an die entsprechenden Bestimmungen des Strafgesetzbuchs von 1791 an. Zunächst verwirkte derjenige nach Art. 80 die mit der Vermögenskonfiskation verbundene Kapitalstrafe, der sich des Verrats von Staatsgeheimnissen schuldig gemacht hatte. Nicht in Art. 80 einbezogen waren allerdings der Verrat von militärischen Operationen sowie die besondere Art und Weise der Begehung, die noch Art. 6 C.P. 1791 vorgesehen hatte. Im Gegensatz zum entsprechenden Delikt des *Code pénal* von 1791 stellte Art. 80 auch kein lediglich von Beamten zu begehendes Sonderdelikt dar, sondern konnte von jedermann verwirklicht werden. Ein echtes Sonderdelikt beinhaltete hingegen Art. 81, der die Verletzung bestimmter militärischer Geheimnisse durch einen Beamten unter Strafe stellte und in seinem Wortlaut weitgehend mit Art. 7 C.P. 1791 übereinstimmte. Ähnlich wie in Art. 80 unterließ es der Gesetzgeber von 1810 auch hier, die besondere Art und Weise der Deliktsbegehung aus dem Strafgesetzbuch von 1791 zu übernehmen. So hatte gemäß Abs. 1 jeder Beamte oder Angestellte die mit der Vermögenseinziehung ergänzte Kapitalstrafe verwirkt, dem die Hinterlegung und Verwahrung der Pläne von Festungsanlagen, Zeughäusern, Häfen oder Reeden oblag und der die entsprechenden Pläne dem Feind zugänglich gemacht hatte. Übergab er die Pläne hingegen dem Agenten einer fremden, entweder neutralen oder aber mit Frankreich verbündeten Macht, so drohte ihm nach Abs. 2 aus naheliegenden Gründen lediglich die ungleich mildere Verbannungsstrafe. Zu Art. 81 bestimmte Art. 82 Abs. 1 zudem ergänzend, daß jede andere Person, die - ohne Beamter zu sein - aufgrund von Bestechung, Betrug oder Gewalt den Besitz an den genannten Plänen erlangt und diese an den Feind oder eine fremde Macht verraten hatte, nach Maßgabe der in Art. 81 getroffenen Bestimmungen zu bestrafen war. Hatte die betreffende Person diese Pläne hingegen rechtmäßig erlangt, so verwirkte sie gemäß Abs. 2 und 3 - ebenfalls nach Maßgabe der in Art. 81 aufgestellten Strafzumessungskriterien - schlimmstenfalls entweder die Deportation oder lediglich eine zwei- bis fünfjährige Gefängnisstrafe. Insofern, als der napoleonische Gesetzgeber den Tatbestand des Art. 82 auch auf Zivilpersonen ausdehnte, regelte er nunmehr in Erweiterung des Art. 7 C.P. 1791 auch die verräterische Preisgabe von militärischen Geheimnissen durch Nichtbeamte, die das Strafgesetzbuch von 1791 noch nicht unter Strafe gestellt hatte. Das Verbrechen der Spionage hingegen wurde von Art. 82 nicht erfaßt, sondern ausschließlich in der Militärstrafgesetzgebung mit Strafe bedroht.

Ein weiteres Verbrechen gegen die äußere Sicherheit des Staates regelte schließlich noch Art. 83, in dem der napoleonische Gesetzgeber demjenigen die Kapitalstrafe androhte, der absichtlich entweder Spione oder feindliche, zur Erkundung entsandte Soldaten verbarg oder verbergen ließ. Die Aufstellung dieses dem Strafgesetzbuch von 1791 noch unbekannten Tatbestandes läßt sich zweifellos auf die politische Situation des militärisch expandierenden und deshalb beständig in Kriege verwickelten Kaiserreichs zurückführen.

bb.) Die Verbrechen gegen die innere Sicherheit des Staates

Bei den Verbrechen gegen die innere Sicherheit des Staates unterschied der Gesetzgeber von 1810 zunächst - ähnlich wie das Strafgesetzbuch von 1791 - zwischen solchen Verbrechen, die gegen das Staatsoberhaupt und seine Familie gerichtet waren [*Des attentats et complots dirigés contre l'Empereur et sa famille*][803] und solchen Verbrechen, die entweder einen Bürgerkrieg hervorrufen konnten oder einen Mißbrauch der Streitkräfte oder öffentliche Verwüstungen und Plünderungen beinhalteten [*Des crimes tendant à troubler l'État par la guerre civile, l'illégal emploi de la force armée, la dévastation et le pillage public*][804].

Unter gleichzeitiger Verwendung des Begriffes alten Rechts *lèse-majesté* und der im *Code pénal* von 1791 aufgestellten Begriffe *attentat* und *complot* stellte das napoleonische Strafgesetzbuch in Art. 86 jedes Attentat oder Komplott gegen das Leben oder die Person des Kaisers in der Straffolge dem Verbrechen des Vatermordes gleich und bestimmte darüber hinaus die Vermögenskonfiskation als Nebenstrafe[805]. Die Begriffe *attentat* und *complot* fanden sich auch in Art. 87, in dem der Gesetzgeber jedes gegen das Leben oder die Person von Mitgliedern der kaiserlichen Familie sowie gegen die Regierungsform oder die Thronfolgeordnung gerichtete Attentat oder Komplott mit der einfachen Todesstrafe nebst Vermögenskonfiskation bedrohte. Dieselbe Strafe hatte zudem derjenige verwirkt, der ein Attentat oder Komplott mit dem Ziel verwirklichte, die Bürger oder Einwohner aufzureizen, sich gegen die kaiserliche Autorität zu bewaffnen.

Der napoleonische Gesetzgeber griff zwar die bereits im Strafgesetzbuch von 1791 verwendeten Begriffe *attentat* und *complot* wieder auf, ging aber insofern über das Strafrecht der Revolutionszeit hinaus, als er nunmehr für beide Begriffe exakte Legaldefinitionen aufstellte. So lag nach Art. 88 ein *attentat* nur dann tatbestandlich vor, wenn eine (Versuchs-) Handlung mit entsprechender verbrecherischer Zielsetzung entweder bereits beendet oder aber noch nicht beendet worden war. Der Begriff des Attentats umfaßte deshalb sowohl den

---

[803] Art. 86 bis 90 C.P. 1810.

[804] Art. 91 bis 101 C.P. 1810.

[805] Der der Terminologie des *Ancien Régime* entlehnte Begriff der *lèse-majesté* wurde erst durch Art. 42 des Reformgesetzes vom 28. April 1832 gestrichen, das Art. 86 zudem insofern ergänzte, als nunmehr die in der napoleonischen Kodifikation nicht vorgesehene Beleidigung der Person des Königs mit einer sechsmonatigen bis fünfjährigen Gefängnisstrafe geahndet werden sollte.

beendeten als auch den noch nicht beendeten Versuch[806]. Ein Komplott war hingegen gemäß Art. 89 erst dann gegeben, wenn mindestens zwei Täter den auf völliger Übereinstimmung beruhenden, festen Entschluß zur zielgerichteten Verbrechensbegehung gefaßt hatten. Erst von diesem Moment an lag ein Komplott im Sinne des Gesetzes vor, wobei sich der Entschluß nicht nach außen durch wie auch immer geartete Handlungen verwirklichen mußte[807]. Unabhängig von diesen Voraussetzungen konnte ein *complot* oder *attentat* aber nur dann vorliegen, wenn sie die im Gesetz aufgeführten Zielsetzungen beinhalteten, d.h. wenn sie gegen die in Art. 86f. und 91 C.P. genannten Schutzobjekte gerichtet waren. Darüber hinaus belegte der Gesetzgeber in Art. 90 auch den bloßen Vorschlag eines Komplotts, der jedoch abgelehnt und deshalb nicht Anlaß eines Komplottes wurde, dann mit der Zuchthausstrafe, wenn er sich nach Maßgabe des Art. 86 gegen das Leben oder die Person des Kaisers richtete. Derjenige hingegen, der einen entsprechenden Vorschlag im Hinblick auf die in Art. 87 genannten Schutzobjekte machte, hatte lediglich mit der Verbannungsstrafe zu rechnen.

Attentate oder Komplotte, die entweder auf die Erregung eines Bürgerkriegs durch Bewaffnung der Bürger oder Einwohner oder aber auf die Verbreitung von Verwüstungen, Metzeleien und Plünderungen in einer oder mehreren Gemeinden gerichtet waren, belegte der Gesetzgeber in Art. 91 stets mit der durch die Vermögenskonfiskation ergänzten Kapitalstrafe. Anschließend erfaßte er - ähnlich wie schon der Gesetzgeber von 1791 - in Art. 92ff eine Anzahl von Delikten, denen er die Qualität des Hochverrats beimaß. So hatten nach Art. 92 diejenigen die mit der Vermögenskonfiskation verbundene Todesstrafe verwirkt, die ohne Befehl oder Erlaubnis der rechtmäßigen Gewalt - entweder selbst oder durch andere - bewaffnete Truppen aufstellten, Soldaten anwarben oder ihnen Waffen verschafften. Die gleiche Strafe drohte nach Art. 93 auch denjenigen, die - ohne hierzu berechtigt zu sein - die Befehlsmacht über eine ganze Armee, eine Truppe, eine Flotte, ein Geschwader, ein Kriegsschiff, einen befestigten Ort, einen Posten, einen Hafen oder eine Stadt übernahmen. Gleichermaßen wurden zudem diejenigen bestraft, die entweder gegen den ausdrücklichen Befehl der Regierung an einem militärischen Kommando festhielten oder sich als Kommandanten weigerten, eine ihnen befohlene Armee- oder Truppenauflösung bzw. -trennung durchzuführen. Die ungleich mildere Deportationsstrafe nach Art. 94 Abs. 1 verwirkte hingegen jeder, der über die öffentliche Gewalt zu verfügen befugt war und in dieser Eigenschaft entweder selbst oder durch andere anregte oder befahl, daß sie gegen die rechtmäßige Aushebung von Soldaten zum Kriegsdienst

---

[806] Garraud, *a.a.O.*, Bd. III, S. 311; Höhn, *a.a.O.*, S. 119. Jedoch ließ der Wortlaut *un acte commis ou commencé par parvenir à l'exécution* auch die Deutung zu, daß der Begriff des Attentats auch jede Vorbereitungshandlung umfaßte. Vergl. Destriveaux, *Essai sur le Code pénal*, S. 4; Nypels, *Le Code pénal belge interprêté*, Bd. I, S. 254; Höhn, *a.a.O.*, S. 119.

[807] Garraud, *a.a.O.*, Bd. III, S. 308f.; Höhn, *a.a.O.*, S. 119.

gebraucht werden sollte. Zeitigte eine solche Aufforderung oder ein solcher Befehl die angestrebte Wirkung, so war allerdings nach Art. 94 Abs. 2 jedenfalls die mit der Vermögenskonfiskation verbundene Todesstrafe zu verhängen. Die gleiche Strafe hatte nach Art. 95 schließlich auch jeder zu gegenwärtigen, der durch Sprengstoff Gebäude, Magazine, Zeughäuser, Schiffe oder andere dem Staat gehörende Güter in Brand steckte oder zerstörte.

Mit der Bildung krimineller Banden und deren Organisation befaßte sich der napoleonische Gesetzgeber in Art. 96ff des Strafgesetzbuchs und bedrohte in Art. 96 Abs. 1 zunächst jeden, der sich entweder an die Spitze von bewaffneten Banden stellte oder dort eine wie auch immer geartete Funktion oder Autoritätsstellung einnahm, dann mit der durch die Vermögenseinziehung ergänzten Todesstrafe, wenn die Bande zur Verwirklichung eines die innere Sicherheit gefährdenden Ziels gebildet worden war[808]. Was der Gesetzgeber allerdings unter einer Bande verstanden wissen wollte, war dem Wortlaut des Gesetzestextes nicht direkt zu entnehmen[809]. Die abschließende Aufzählung der strafbaren Zielsetzungen beinhaltete dabei zunächst das Vorhaben, sich öffentlicher Domänen, öffentlichen Eigentums oder öffentlicher Gelder, dem Staat gehörender Plätze, Städte, Festungen, Posten, Magazine, Zeughäuser, Häfen, Schiffe oder Fahrzeuge mit Gewalt zu bemächtigen. Ferner erfaßte Art. 96 sowohl den Vorsatz, öffentliches oder Nationaleigentum sowie dasjenige Eigentum zu plündern oder zu verteilen, das einer Gesamtheit von Bürgern gehörte als auch das Ziel, die bewaffnete und gegen die Urheber der besagten Verbrechen vorgehende öffentliche Gewalt anzugreifen oder ihr Widerstand entgegenzusetzen. Die gleiche Strafe verwirkten nach Art. 96 Abs. 2 zudem auch diejenigen, die besagte Banden entweder selbst oder durch andere angeführt, angeworben, organisiert oder ihnen vorsätzlich Hilfsmittel verschafft oder mit ihren Anführern anderweitig einverständlich zusammengewirkt hatten. War darüber hinaus eines oder mehrere der in Art. 86f. und 91 aufgeführten Verbrechen entweder durch eine Bande verübt oder auch nur versucht worden, so hatte jedes Bandenmitglied, das gleichsam *in flagranti* noch am Sammelort des Aufruhrs ergriffen wurde nach Art. 97 Abs. 1 mit der durch die Gütereinziehung ergänzten Todesstrafe zu rechnen. Die gleiche Strafe gedachte der Gesetzgeber in Art. 97 Abs. 2 auch demjenigen zu, der - obwohl nicht selbst an Ort und Stelle ergriffen - den Aufruhr [*sédition*] entweder angeführt oder innerhalb der Bande irgendeine Funktion oder Befehlsgewalt ausgeübt hatte. Hatte die aufrührerische Vereinigung aber weder eines der in Art. 86f und 91 aufgeführten Verbrechen zum Ziel noch ein solches zur Folge, so belegte Art. 98 diejenigen an Ort und Stelle ergriffenen Bandenmitglieder lediglich mit der Deportationsstrafe,

---

808 Die Bildung von Banden mit anderer Zielsetzung fiel hingegen unter Art. 265 C.P. 1810.

809 Im Gegensatz zur bloßen Zusammenrottung [*attroupement*], die lediglich eine Ansammlung von Personen ohne Organisation darstellte, mußte unter *bande* hingegen bei lebensnaher Auslegung das Vorhandensein einer gewissen Organisation verstanden werden.

die innerhalb der Bande keine der genannten herausragenden Funktionen ausgeübt hatten. Der napoleonische Gesetzgeber drohte aber nicht nur Drahtziehern oder bloßen Bandenmitgliedern sondern auch Dritten eine strenge Bestrafung dann an, wenn sie die kriminellen Banden unterstützten. So mußten nach Art. 99 auch solche Personen mit der Verbüßung einer zeitigen Zwangsarbeitsstrafe rechnen, die um die kriminelle Zielsetzung und Natur besagter Banden wußten, ihnen aber dennoch, und ohne hierzu gezwungen worden zu sein, Wohn-, Zufluchts- oder Versammlungsstätten gaben. Ein erheblich geringeres Strafmaß hingegen hatten zunächst diejenigen Bandenmitglieder zu befürchten, die sich auf die erste Warnung der zuständigen Zivil- oder Militärkräfte sofort zurückzogen. Sie sollten nach Art. 100 nicht kollektiv aufgrund Aufruhrs sondern lediglich für solche Delikte bestraft werden, die sie persönlich auch tatsächlich begangen hatten. Hierbei konnte eine etwaige Strafe noch durch eine mindestens fünf und höchstens zehn Jahre andauernde Polizeiaufsicht ergänzt werden. Von dieser Privilegierung waren hingegen wiederum all diejenigen ausgenommen, die innerhalb der Bandenorganisation eine herausragende Rolle eingenommen hatten. Um auch hartnäckigeren Aufrührern einen Anreiz zur Aufgabe zu geben, privilegierte der Gesetzgeber darüber hinaus in der gleichen Art und Weise selbst diejenigen Bandenmitglieder, die sich erst zu einem späteren Zeitpunkt zurückzogen hatten, wenn sie außerhalb des aufrührerischen Versammlungsortes ergriffen wurden, den Ordnungskräften dabei keinerlei Widerstand entgegen setzten und zudem auch keine Waffen (mehr) bei sich führten[810]. Welche Werkzeuge und Geräte der Gesetzgeber dabei unter dem Begriff *armes* verstanden wissen wollte, legte die Legaldefinition des Art. 101 Abs. 1 fest. Hiernach umfaßte der Waffenbegriff grundsätzlich alle schneidenden, stechenden oder schlagenden Maschinen, Werkzeuge und Geräte, während nach Art. 101 Abs. 2 Taschenmesser und -scheren sowie einfache Stöcke nur dann als Waffen angesehen werden sollten, wenn sie der Täter als Waffe gebrauchte, um Dritte zu töten, zu verletzen oder zu schlagen[811].

Als letzte Bestimmung des Abschnitts richtete sich Art. 102 gegen solche Personen, die andere unmittelbar und direkt zur Begehung von gegen die innere Sicherheit des Staates gerichteten Verbrechen und Komplotte aufwiegelten und deshalb nach Abs. 1 als Schuldige für die infolge tatsächlich begangenen Verbrechen bestraft werden sollten[812]. Hierbei lag eine Aufwiegelung

810 Vergl. Locré, *a.a.O.*, Bd. XXIX, S. 429f.

811 Vergl. Locré, *a.a.O.*, Bd. XXIX, S. 396, 411.

812 Vergl. Locré, *a.a.O.*, Bd. XXIX, S. 430. Dieser vor allem auch gegen kritische Journalisten und Autoren gerichtete Artikel wurde bereits durch das Pressegesetz von 1819 gänzlich aufgehoben. Vergl. Art. 26 der *Loi sur la répression des crimes et délits commis par la voie de la presse, ou par tout autre moyen de publication* vom 17./18. Mai 1819 (abgedruckt in: Duvergier, *a.a.O.*, Bd. XXII, S. 205ff).

[*provocation*] tatbestandlich nur dann vor, wenn andere durch Reden an öffentlichen Orten oder in öffentlichen Versammlungen, mittels angeschlagener Zettel oder etwa durch gedruckte Schriften zur Verwirklichung der jeweiligen Straftat angereizt wurden. Waren die Aufwiegelungen hingegen ohne Folgen geblieben, so drohte ihren Urhebern als unliebsamen politischen Straftätern nach Art. 102 Abs. 2 jedenfalls die Verbannungsstrafe.

Die dem Strafgesetzbuch der Revolutionszeit noch unbekannte strafbare Nichtanzeige von Verbrechen gegen die innere und äußere Sicherheit des Staates erfaßte der napoleonische Gesetzgeber schließlich im Abschnitt *De la révélation et de la non-révélation des crimes qui compromettent la sûreté intérieure ou extérieure de l'État*[813] und stellte in Art. 103 zunächst allen Mitwissern von gegen die Staatssicherheit geschmiedeten Komplotten oder geplanten Verbrechen eine Strafverfolgung grundsätzlich dann in Aussicht, wenn sie diese Vorhaben entgegen ihrer staatsbürgerlichen Pflicht nicht zur Anzeige brachten[814]. Die Anzeige mußte hierbei jedenfalls binnen 24 Stunden ab Kenntnis entweder bei der Regierung, bei den Verwaltungsbehörden oder bei der gerichtlichen Polizei erstattet werden, wobei die Mitwisser auch die konkreten Umstände ihrer Kenntnisnahme darzulegen hatten. Erfolgte eine derartige Anzeige nicht, so mußten sie selbst dann, wenn sie erwiesenermaßen keinen Anteil an der Deliktsbegehung hatten, allein aufgrund der Nichtanzeige mit einer Strafverfolgung nach Maßgabe von Art. 104ff rechnen[815]. So war ein Mitwisser bei Nichtanzeige einer Majestätsbeleidigung nach Art. 104 mit der Zuchthausstrafe zu belegen, während er nach Art. 105 bei anderen Delikten gegen die Staatssicherheit eine zwei- bis fünfjährige Gefängnis- sowie eine Geldstrafe zwischen 200 und 500 *Francs* verwirkt hatte. Seine Schuld entfiel gemäß Art. 106 auch dann nicht, wenn er die Straftaten trotz positiver Kenntnis zwar nicht angezeigt, sie aber mißbilligt oder sich ihnen sogar entgegengestellt und versucht hatte, sie ihren Urheber auszureden. Aus humanitären Erwägungen gewährte ihm der Gesetzgeber in Art. 107 allerdings dann eine Privilegierung, wenn der Urheber der Delikte entweder sein gegenwärtiger oder geschiedener Ehegatte, mit ihm in auf- oder absteigender Linie verwandt, sein Bruder bzw. seine Schwester oder mit ihm ersten Grades verschwägert war[816]. In diesem Fall mußte der Mitwisser zwar nicht mit einer Strafverfolgung nach Maßgabe von Art. 104f. rechnen, konnte aber dennoch einer Polizeiaufsicht von bis zu zehn Jahren

---

813 Liv. III, tit. I, chap. I, sect. III, Art. 103 bis Art. 108 C.P. 1810.

814 Vergl. Locré, *a.a.O.*, Bd. XXIX, S. 449ff. Die Art. 103 bis 107 wurden durch Art. 103 des Reformgesetzes vom 28. April 1832 völlig aufgehoben, so daß die Nichtanzeige der dort geregelten Fälle keine Straftat mehr darstellte.

815 Diese für den Betroffenen überaus folgenschwere und unangemessen harte Regelung wurde erst durch Art. 103 des Reformgesetzes von 1832 aufgehoben, die eine ersatzlose Streichung von Art. 103 bis 107 vorsah.

816 Vergl. Locré, *a.a.O.*, Bd. XXIX, S. 31.

unterstellt werden. Eine weitere Privilegierung räumte der Gesetzgeber in Art. 108 Abs. 1 darüber hinaus Mitwissern ein, die den zuständigen Behörden entweder als erste, und noch bevor das Delikt sein Versuchsstadium erreicht oder gar überschritten hatte, Kenntnis von den Straftaten und deren Urhebern oder Mittätern verschafften oder - was auch noch nach der Einleitung von Strafverfolgungsmaßnahmen möglich war - zu deren Festnahme verhalfen. Auch ihnen drohte zwar aufgrund ihres dem staatlichen Interesse entsprechenden Wohlverhaltens grundsätzlich keine Verurteilung nach Art. 104f., sie konnten aber gleichwohl gemäß Art. 108 Abs. 2 entweder unter zeitige oder sogar unter lebenslange Polizeiaufsicht gestellt werden.

cc.) Die Verbrechen und Vergehen gegen die Reichsverfassungen

Im Kapitel *Crimes et délits contre les constitutions de l'Empire*[817] regelte die napoleonische Kodifikation in insgesamt vier Abschnitten diejenigen Tatbestände, die sich gegen die Verfassungen des Kaiserreichs richteten und mithin überwiegend hochverräterische und deshalb die innere Sicherheit betreffende Unternehmungen umfaßten. Obwohl sich der Gesetzgeber von 1810 in einigen Fällen eng an die Vorgaben des Strafgesetzbuchs der Revolutionszeit anlehnte, trug er insgesamt den nunmehr im napoleonischen Kaiserreich herrschenden, autoritär geordneten politischen Zuständen Rechnung und gestaltete über die Einführung neuer Tatbestände hinaus auch die aus dem *Code pénal* von 1791 entlehnten Bestimmungen entsprechend um.

Den Schutz der Ausübung der verfassungsmäßig garantierten bürgerlichen Ehrenrechte bezweckte der erste, insgesamt fünf Artikel umfassende Abschnitt *Crimes et délits relatifs à l'exercise des droits civiques*[818] und bedrohte in Art. 109 zunächst denjenigen mit einer Gefängnisstrafe von mindestens sechs Monaten und höchstens zwei Jahren, der andere durch Zusammenrottungen [*attroupements*], Tätlichkeiten [*voies de fait*] oder Drohungen [*menaces*] an der Ausübung ihrer staatsbürgerlichen Rechte hinderte. Als obligatorische Nebenstrafe sah der Gesetzgeber zudem die Entziehung des aktiven und passiven Wahlrechts für einen Zeitraum von mindestens fünf und höchstens zehn Jahren vor. War dieses Verbrechen jedoch aufgrund eines Planes und mit dem Ziel verübt worden, besagte Behinderung entweder auf das ganze Reich, einzelne Départements oder nur Arrondissements auszudehnen, so hatten der oder die Täter nach Art. 110 aufgrund der Tragweite ihres Gesetzesverstoßes hingegen die ungleich härtere Verbannungsstrafe verwirkt. Den Schutz der Wahlrechts bezweckte Art. 111, der jedem mit der Stimmauszählung beauftragten und deshalb mit einer besonderen

---

[817] Liv. III, tit. I, chap. II, sect. I-IV, Art. 109ff C.P. 1810.

[818] Liv. III, tit. I, chap. II, sect. I, Art. 109 bis 113 C.P. 1810.

Verantwortung betrauten Bürger die infamierende Schandpfahlstrafe für den Fall in Aussicht stellte, daß er Stimmzettel fälschte, unterdrückte oder gefälschte Stimmzettel der Auszählung hinzufügte. Gleiches galt auch, wenn er die Stimmzettel von Analphabeten nicht mit den von ihnen angegebenen, sondern mit anderen Kandidatennamen versah und somit das ihm von staatlicher Seite entgegengebrachte Vertrauen mißbrauchte[819]. Verwirklichte hingegen ein anderer Bürger diesen Tatbestand, so hatte er nach Art. 112 lediglich eine Gefängnisstrafe von sechs Monaten bis zu zwei Jahren sowie den Verlust des aktiven und passiven Wahlrechts für mindestens fünf und höchstens zehn Jahre zu gegenwärtigen. Den Kauf oder Verkauf von Wahlstimmen versuchte der Gesetzgeber von 1810 zudem dadurch zu unterbinden, daß er nach Art. 113 Abs. 1 sowohl dem Verkäufer als auch dem Käufer die Ausübung der Bürgerrechte und jedweder öffentlicher Tätigkeit für mindestens fünf und höchstens zehn Jahre untersagte. Darüber hinaus waren beide nach Art. 113 Abs. 2 obligatorisch zu einer Geldbuße in der doppelten Höhe der von ihnen erhaltenen oder zugesagten Vermögensvorteile zu verurteilen.

Den Schutz der verfassungsmäßig garantierten individuellen Freiheit gegen Eingriffe des Staates bezweckte der Gesetzgeber von 1810 mit dem zweiten, insgesamt neun Artikel umfassenden und in ferner Anlehnung an die entsprechenden Bestimmungen des *Code pénal* von 1791 konzipierten Abschnitts *Attentats à la liberté*[820]. Hierin drohte er zunächst jedem Beamten, Vertreter oder Angestellten der Regierung nach Art. 114 Abs. 1 den Verlust der staatsbürgerlichen Rechte für den Fall an, daß er irgendeine willkürliche Handlung befohlen oder selbst verrichtet hatte, die entweder die individuelle Freiheit, die staatsbürgerlichen Rechte eines oder mehrerer Bürger, oder aber die Reichsverfassungen verletzten. Der dem Autoritätsprinzip verpflichtete Gesetzgeber räumte dem besagten Personenkreis jedoch insofern eine Exkulpationsmöglichkeit ein, als er ihn nach Art. 114 Abs. 2 dann von einer Strafbarkeit befreite, wenn er auf Befehl eines zuständigen Vorgesetzten gehandelt hatte. War dies der Fall, so hatte nur der jeweilige Vorgesetzte den Entzug seiner staatsbürgerlichen Rechte verwirkt. Handelte es sich bei diesem Vorgesetzten hingegen um den zuständigen Minister, und verweigerte oder ignorierte dieser nach entsprechender formeller Aufforderung[821] die Aufhebung seiner Handlung, so mußte er nach Art. 115 mit der Verbannungsstrafe rechnen. Allerdings räumte der Gesetzgeber auch dem verantwortlichen Minister in Anlehnung an das Strafrecht der Revolutionszeit eine Exkulpationsmöglichkeit ein, denn wenn dieser behauptete, seine Unterschrift unter das entsprechende, den verfassungswidrigen Eingriff anordnende Dokument sei erschlichen worden, konnte er nach Art. 116

---

[819] Vergl. Locré, *a.a.O.*, Bd.XXIX, S. 451.

[820] Liv. III, tit. I, chap. II, sect. II, Art. 114 bis 122 C.P. 1810.

[821] Vergl. zum Verfahren näher die Art. 63, 67 des Senats-Konsults vom 28. Floréal des Jahres XII (18. Mai 1804). Der Gesetzestext ist abgedruckt in: Duvergier, *a.a.O.*, Bd. XV, S. 1ff.

seine Strafverfolgung dann abwenden, wenn er die rechtswidrige Handlung umgehend einstellen ließ und den Verfolgungsbehörden denjenigen angab, den er für den Urheber der Unterschriftserschleichung hielt. War die verfassungswidrige Handlung hingegen das Ergebnis einer gefälschten Unterschrift eines Ministers oder Beamten, so drohte den Urhebern der Fälschung sowie denjenigen, die wissentlich hiervon Gebrauch gemacht hatten nach Art. 118 die Belegung mit zeitiger Zwangsarbeit, wobei der Gesetzgeber angesichts der möglichen Tragweite dieses Verbrechens grundsätzlich die Verhängung der Maximaldauer forderte.

Einen dem Strafgesetzbuch von 1791 noch unbekannten grundsätzlichen Anspruch des Einzelnen auf Ersatz desjenigen Schadens, der ihm aufgrund des in Art. 114 genannten rechtswidrigen Eingriffs in seine verfassungsmäßig garantierten Rechte entstanden war, erkannte das napoleonische Strafgesetzbuch darüber hinaus in Art. 117 an. Dieser insbesondere auf Haftentschädigungen zugeschnittene Ersatzanspruch konnte sowohl noch im Strafverfahren als auch auf dem Zivilrechtsweg geltend gemacht werden und sollte sich grundsätzlich nach den konkreten Gegebenheiten des Einzelfalles bemessen. Hierbei bestimmte der Gesetzgeber jedoch insofern eine Bemessungsuntergrenze, als er den Ersatz allgemein auf mindestens 25 *Francs* für jeden rechtswidrig und willkürlich in Haft verbrachten Tag festlegte.

Für den Fall, daß sich die mit der Wahrnehmung der verwaltenden oder gerichtlichen Polizei beauftragten Beamten weigerten, rechtmäßige Beanstandungen von illegalen und willkürlichen Verhaftungen aufzunehmen oder diese ihnen obliegende Amtspflicht vernachlässigten, stellte Art. 119 besagten Beamten grundsätzlich den Verlust ihrer staatsbürgerlichen Rechte in Aussicht. Darüber hinaus waren sie gehalten, Schadenersatz nach Maßgabe von Art. 117 zu leisten. Die Beamten konnten sich jedoch dann exkulpieren, wenn ihnen der Nachweis gelang, daß sie die Beanstandungen an die zuständige höhere Behörde weitergeleitet hatten. Ein geringeres Strafmaß hatten nach Art. 120 hingegen Aufseher und Beschließer von Sequestrations-, Arrest-, Justiz- und Strafhäuser zu gegenwärtigen, die einen Gefangenen ohne Haft- bzw. Vorführbefehl, ohne Urteil oder ohne eine provisorische Anweisung der Regierung aufnahmen. Der Gesetzgeber erachtete sie der willkürlichen Verhaftung für schuldig und drohte ihnen eine Gefängnisstrafe von sechs Monaten bis zu zwei Jahren verbunden mit einer Geldbuße von sechzehn bis zu 200 *Francs* an. Gleiches galt für den Fall, daß sie den Gefangenen festhielten oder sich weigerten, ihn dem zuständigen Polizeioffizier oder dessen Beauftragten vorzuführen, ohne daß sie den Nachweis erbrachten, daß ihnen dies zuvor entweder vom Staatsanwalt oder dem Richter untersagt worden war. Darüber hinaus mußten sie mit der Verhängung der gleichen Strafe rechnen, wenn sie sich weigerten, dem zuständigen Polizeioffizier auf

Verlangen ihre Haftregister vorzulegen. Als der Amtspflichtverletzung[822] schuldig befand der Gesetzgeber von 1810 darüber hinaus jeden Beamten der gerichtlichen Polizei, jeden General- oder kaiserlichen Staatsanwalt bzw. deren Stellvertreter sowie jeden Richter, der - ohne hierzu verfassungsrechtlich ermächtigt zu sein - ein auf die persönliche Strafverfolgung eines Ministers, eines Mitgliedes des Senats, des *Conseil d'État* oder des *Corps Législatif* gerichtetes Urteil, eine entsprechende Ordonnanz oder einen diesbezüglichen Haft- bzw. Vorführbefehl gefällt, erlassen oder unterzeichnet hatte und belegte ihn in Art. 121 mit der Aberkennung der staatsbürgerlichen Rechte. Das gleiche Strafmaß hatte darüber hinaus auch derjenige verwirkt, der - ohne verfassungsmäßig dazu befugt zu sein - einen Befehl erteilte oder unterzeichnete, der darauf abzielte, einen oder mehrere Personen des besagten Kreises zu ergreifen oder zu verhaften. Hiervon ausgenommen waren lediglich diejenigen Fälle, in denen man den Täter entweder auf frischer Tat ertappt hatte oder einem öffentlichen Hilferuf nachgekommen war. Die staatsbürgerlichen Rechte entzog der Gesetzgeber nach Art. 122 aber auch demjenigen General- oder kaiserlichen Staatsanwalt bzw. deren Stellvertreter, Richter oder Beamten, der entweder eine Person an einem hierfür von Regierung oder Verwaltung nicht vorgesehenen Ort festhielt oder festhalten ließ, oder einen Bürger ohne ordnungsgemäße Anklage vor ein Schwur- oder außerordentliches Gericht stellte.

Die Vermeidung eines Zusammenwirkens von Beamten zu verfassungswidrigen Zwecken versuchte der napoleonische Gesetzgeber mit dem dritten, lediglich vier Artikel beinhaltenden Abschnitt *Coalition des fonctionnaires*[823] zu erreichen und belegte in Art. 123 zunächst jedes verabredete Zusammenwirken [*concert*] gesetzwidriger Maßnahmen mit der relativ milden Verhängung einer mindestens zwei und höchstens sechs Monate andauernden Gefängnisstrafe, die zudem durch die Untersagung der Ausübung der staatsbürgerlichen Rechte sowie jeden öffentlichen Amtes auf höchstens zehn Jahre verschärft werden konnte. Den Begriff des *concert* umschrieb der Gesetzgeber dabei insofern hinreichend deutlich, als er dessen mögliche Begehungsarten aufzählte. Eine entsprechende Verabredung konnte hiernach entweder aufgrund einer Versammlung von Personen oder Körperschaften, denen ein Teil der Staatsgewalt anvertraut war oder aber dadurch getroffen werden, daß zwischen ihnen mittels Abordnung oder Briefwechsel Absprachen stattfanden. Das Strafmaß erhöhte sich dann allerdings beträchtlich, wenn in besagter Weise rechtswidrige Absprachen gegen die Vollstreckung von Gesetzen oder gegen Befehle der Regierung getroffen wurden. War dies der Fall, so mußte nach Art. 124 Abs. 2 die ungleich härtere Verbannungsstrafe verhängt werden. Fanden derartige Absprachen gar zwischen

---

[822] Die Legaldefinition der als *forfaiture* bezeichneten Amtspflichtverletzung erfaßte der Gesetzgeber erst in Art. 166 C.P. 1810.

[823] Liv. III, tit. I, chap. II, sect. III, Art. 123 bis 126 C.P. 1810.

den Zivilbehörden und den Militärkorps statt, mußten nach Art. 124 Abs. 2 sowohl die unmittelbaren Täter als auch die Urheber mit ihrer Deportation, andere Schuldige hingegen lediglich mit der Verbannungsstrafe rechnen. Bezweckte die Absprache darüber hinaus zudem ein die innere Sicherheit des Staates bedrohendes Komplott oder hatte sie ein solches zur Folge, zog dies gemäß Art. 125 die Verhängung der mit der Vermögenskonfiskation verbundenen Todesstrafe nach sich. Beschlossen Beamte nach gemeinsamer Beratschlagung hingegen ihr Ausscheiden aus dem Amt zu dem Zweck oder mit der Folge, entweder die Rechtspflege oder die Erfüllung irgendeines Dienstes zu verhindern oder hinauszuzögern, drohte ihnen für die Verwirklichung dieses als Amtspflichtverletzung angesehenen Delikts nach Art. 126 lediglich die Aberkennung der staatsbürgerlichen Rechte.

Gegen Eingriffe von Exekutive und Judikative in den jeweils anderen sowie in den Gewaltbereich der Legislative wandte sich der Gesetzgeber von 1810 in dem insgesamt fünf Artikel umfassenden Abschnitt *Empiétements des autorités administratives et judiciaires*[824], der den Schutz des Gewaltenteilungsprinzips auch strafrechtlich verwirklichen sollte[825]. So machten sich nach Art. 127 Richter, General- oder kaiserliche Staatsanwälte bzw. deren Stellvertreter sowie Beamte der gerichtlichen Polizei einer mit dem Verlust der staatsbürgerlichen Rechte belegten Amtspflichtverletzung dann schuldig, wenn sie sich in die Ausübung der gesetzgebenden Gewalt einmischten. Diese Einmischung konnte entweder im Erlaß von Verordnungen, die gesetzliche Bestimmungen enthielten, oder aber darin bestehen, daß sie die Vollstreckung eines oder mehrerer Gesetze entweder ganz aussetzten oder auch nur vorübergehend hemmten. Darüber hinaus lag ein unzulässiger Eingriff in den Gewaltbereich der Legislative auch dann vor, wenn der genannte Personenkreis über die Frage beriet, ob die Gesetze überhaupt verkündet oder vollstreckt werden sollten. Die gerichtlichen Obrigkeiten konnten die ihnen gesetzten Gewaltgrenzen nach Art. 127 ferner auch dadurch überschreiten, daß sie sich in ausschließliche Angelegenheiten der Verwaltungsbehörden einmischten, indem sie entweder entsprechende Verordnungen erließen oder aber die Ausführung der von der Verwaltung erteilten Verfügungen untersagten. Schließlich war ein strafbarer Eingriff in Angelegenheiten der Exekutive auch dann gegeben, wenn die Repräsentanten der Judikative eine Erlaubnis oder Anordnung mit dem Inhalt erteilt hatten, Beamte der Verwaltung aufgrund der Ausübung ihrer Amtsverrichtungen vorzuladen, und auf der Vollstreckung ihrer Urteile und Anordnungen beharrten, obwohl diese entweder bereits für nichtig erklärt worden waren oder man ihren Urhebern zuvor mitgeteilt hatte, daß ein Kompetenzstreit über die Gerichtsbarkeit vor dem

---

824 Liv. III, tit. I, chap. II, sect. IV, Art. 127 bis 131 C.P. 1810.

825 Vergl. Locré, *a.a.O.*, Bd. XXIX, S. 455f.

Kompetenzkonflikthof eröffnet worden sei[826]. Ebenfalls gegen Eingriffe der Judikative in Belange der vollziehenden Gewalt richtete sich darüber hinaus auch Art. 128 Abs. 1, der denjenigen Richtern eine Geldbuße von mindestens sechzehn und höchstens 150 *Francs* in Aussicht stellte, die in einer bei ihnen anhängig gemachten, aber von der Verwaltungsbehörde formell an sich gezogenen Angelegenheit ein Urteil fällten, ohne die Entscheidung des für diesen Kompetenzstreit zuständigen *Tribunal des conflits* abgewartet zu haben. Wirkten Beamte der Staatsanwaltschaft hierbei insofern am Verfahren mit, als sie Schluß- oder andere Anträge zugunsten des Urteils gestellt hatten, so wurden auch sie nach Art. 128 Abs. 2 mit der besagten Geldstrafe belegt. Dieses Strafmaß erhöhte sich allerdings dann, wenn der Richter - trotz rechtmäßigen Widerspruchs der Betroffenen oder der jeweiligen Verwaltungsbehörde und ohne Erlaubnis der Regierung - Beschlüsse oder Haft- bzw. Vorführbefehle gegen Angestellte oder Beamte der Exekutive erließ, die beschuldigt wurden, bei der Ausübung ihrer Amtsverrichtungen Verbrechen oder Vergehen begangen zu haben. In diesem Fall mußte der Richter nach Art. 129 Abs. 1 mit der Verhängung einer Geldbuße zwischen 100 und 500 *Francs* rechnen. Die gleiche Strafe sah der Gesetzgeber in Art. 129 Abs. 2 ferner für denjenigen Beamten von Staatsanwaltschaft oder Polizei vor, der die besagte richterliche Maßnahme zuvor beantragt hatte.

Unzulässige Eingriffe der vollziehenden Gewalt in die Gewaltbereiche der Legislative und Judikative suchte der napoleonische Gesetzgeber durch die beiden letzten Artikel des Abschnitts zu verhindern und drohte in Art. 130 zunächst denjenigen Präfekten, Unterpräfekten, Bürgermeistern sowie anderen höheren Verwaltungspersonen die Aberkennung ihrer staatsbürgerlichen Rechte für den Fall an, daß sie sich entsprechend der in Art. 117 Nr. 1 umschriebenen Art und Weise in die Belange der gesetzgeben Gewalt einmischten. Die gleiche Strafe drohte ihnen darüber hinaus auch dann, wenn sie sich anmaßten, allgemeine Beschlüsse mit der Zielsetzung zu fassen, Gerichtshöfen oder einzelnen Gerichten Ge- oder Verbote zukommen zu lassen. Maßten sie sich hingegen an, über privatrechtliche und der Kompetenz der (Zivil-) Gerichte unterfallende Angelegenheiten zu entscheiden, obwohl zuvor entweder eine oder beide Parteien hiergegen Widerspruch erhoben hatten, so mußten sie nach Art. 131 mit der Verhängung einer Geldbuße von mindestens sechzehn und höchstens 150 *Francs* rechnen, wenn sie die Entscheidung des für solche Kompetenzkonflikte zuständigen *Tribunal des conflits* nicht abgewartet hatten.

[826] Der Kompetenzkonflikthof [*tribunal des conflits*] entschied über Kompetenzkonflikte zwischen Verwaltungsbehörden und ordentlichen Gerichten.

b.) Die Verbrechen und Vergehen gegen die öffentliche Ruhe und Ordnung

Mit den dem Strafgesetzbuch der Revolutionszeit zumindest begrifflich noch unbekannten Verbrechen und Vergehen gegen die öffentliche Ruhe und Ordnung beschäftigte sich der Gesetzgeber von 1810 im Kapitel *Crimes et délits contre la paix publique*[827], das er in insgesamt sieben Abschnitte unterteilte, die ihrerseits nochmals in eine Vielzahl von Unterabschnitten zerfielen. In oftmaliger Anlehnung an verschiedene Bestimmungen des *Code pénal* von 1791 erfaßte er hier so vielfältige Materien wie die Fälschungsdelikte, die Amtspflichtverletzungen, unerlaubte, weil mit dem Beamtenstatus unvereinbare wirtschaftliche Betätigungen, die Bestechlichkeit und den Mißbrauch der Amtsgewalt, einige bei der Führung von Personenstandsregistern zu begehende Delikte geringerer Schwere, den rechtswidrigen vorzeitigen Amtsantritt bzw. die rechtswidrige Fortsetzung der Amtsausübung über das Ende der Dienstzeit hinaus sowie die strafrechtliche Umsetzung des Staat und Kirche völlig trennenden, vor allem gegen eine politische Einflußnahme der katholischen Kiche und ihrer Priester gerichteten Prinzips der Laizität.

aa.) Die Fälschungsdelikte

Während der *Code pénal* von 1791 die insgesamt nur unzureichend erfaßten Fälschungsdelikte noch danach differenziert hatte, ob sie sich gegen das Staats- oder das Privateigentum richteten, beinhaltete das napoleonische Strafgesetzbuch im Abschnitt *Du faux*[828] nunmehr eine erschöpfende Aufzählung von Fälschungsdelikten in unterschiedlichsten Ausprägungen, die - in fünf Unterabschnitte untergliedert - insgesamt 31 Artikel füllten und - ungeachtet der überwiegend harten Strafen - schon aufgrund ihrer Anzahl auf die Bedeutung hinwiesen, die der Gesetzgeber gerade dieser Materie beimaß. Diesen ersten Abschnitt beschlossen zudem drei Artikel, die unter der Überschrift *Dispositions communes* allgemeine, dem Strafgesetzbuch von 1791 insgesamt unbekannte Bestimmungen für alle Fälschungsdelikte enthielten[829]. So schloß Art. 163 zunächst grundsätzlich die Strafbarkeit solcher Personen aus, die gutgläubig von nachgemachten oder verfälschten Sachen Gebrauch gemacht hatten. Darüber hinaus bestimmte Art. 164 für den Fall, daß das begangene Fälschungsdelikt nicht auch die Vermögenskonfiskation nach sich zog, eine zusätzlich zum verwirkten Strafmaß zu verhängende Geldbuße. Als Berechnungsmaßstab für die Bußgeldhöhe zog der Gesetzgeber hierbei den aufgrund der Straftat tatsächlich erlangten oder bloß angestrebten rechtswidrigen Vermögensvorteil heran, wobei die Buße allerdings ein Viertel dieses Vermögensvorteils nicht über- und eine

---

[827] Liv. III, tit. I, chap. III, sect. I-VII, Art. 132ff C.P. 1810.

[828] Liv. III, tit. I, chap. III, sect. I, Art. 132 bis 162 C.P. 1810.

[829] Art. 163 bis 165 C.P. 1810.

Summe von 100 *Francs* nicht unterschreiten durfte. Weiterhin bestimmte er in Art. 165, daß jeder zu zeitiger Zwangsarbeit oder auch nur zur Zuchthausstrafe verurteilte Fälscher jedenfalls die Brandmarkung verwirkt hatte[830].

Mit der Fälschung von in- sowie ausländischen (Münz-) Zahlungsmitteln befaßte sich der napoleonische Gesetzgeber im ersten Unterabschnitt *Fausse monnaie*[831]. Hatte das Strafgesetzbuch von 1791 das Fälschen von Münzzahlungsmitteln aller Art noch als Verbrechen gegen das Staatseigentum mit einer fünfzehnjährigen Kettenstrafe bedroht, so differenzierte der napoleonische Gesetzgeber das jeweilige Strafmaß nunmehr danach, ob es sich bei den Fälschungen um Edelmetall- oder Münzen aus weniger kostbaren Materialien oder aber um ausländische Zahlungsmittel handelte. So belegte er nach Art. 132 zunächst denjenigen mit der durch die Vermögenskonfiskation ergänzten Todesstrafe, der in Frankreich gültige Gold- oder Silbermünzen entweder selbst nachmachte oder verfälschte oder als Teilnehmer dazu beitrug, daß besagte Münzen entweder in Umlauf gesetzt, herausgegeben oder gar nach Frankreich eingeführt wurden[832]. Handelte es sich hierbei jedoch lediglich um nationale Scheide- oder Kupfermünzen, mußte der Delinquent gemäß Art. 133 lediglich mit lebenslänglicher, im Falle von ausländischen Münzen nach Art. 134 hingegen nur mit zeitiger Zwangsarbeit sowie seiner Brandmarkung rechnen[833]. Nicht als Teilnehmer war gemäß Art. 135 Abs. 1 allerdings derjenige zu verfolgen, der gutgläubig nachgemachte oder verfälschte Münzen nach Erhalt wieder in Umlauf setzte. Der Gesetzgeber drohte in Art. 135 Abs. 2 hingegen demjenigen aufgrund mangelnder Gutgläubigkeit die Verhängung einer Geldbuße an, der besagte Münzen wieder in den Verkehr brachte, obwohl er zuvor deren Mängel entweder aufgrund eigener oder durch Untersuchung anderer festgestellt hatte. Die Höhe der Geldbuße hatte hierbei mindestens das Dreifache und höchstens das Sechsfache des Nennwerts der in Umlauf gebrachten Münzen zu betragen, durfte aber in keinem Fall niedriger als sechzehn *Francs* sein. Diejenigen jedoch, die als Mitwisser Kenntnis von einer Fälschungs- oder Aufbewahrungsstätte für nachgemachte oder verfälschte, in Frankreich gangbarer Münzen jedweder Art hatten und dies nicht innerhalb von 24 Stunden den zuständigen Verwaltungs- oder Polizeibehörden anzeigten, belegte

---

[830] Diese erhebliche und für zeitige Strafen im allgemeinen unübliche Strafschärfung wurde in erster Linie mit der besondere Schwere der Fälschungsdelikte begründet. Vergl. Locré, *a.a.O.*, Bd. XXX, S. 242.

[831] Art. 132 bis 138 C.P. 1810.

[832] Nachdem die Vermögenskonfiskation bereits 1814 durch Art. 66 der *Charte constitutionelle* abgeschafft worden war, ersetzte das Reformgesetz von 1832 die Todesstrafe in seinem Art. 50 durch die allerdings letztlich nur geringfügig mildere lebenslängliche Zwangsarbeit.

[833] Wie Berlier in den entsprechenden Motiven darlegt, beruhte diese milde Strafandrohung auf einem vergleichsweise geringeren wirtschaftlichen Schaden sowie auf der Überlegung, daß die Bevölkerung in aller Regel nicht mit ausländischen Zahlungsmitteln vertraut und zudem nicht zu deren Entgegennahme verpflichtet sei. Vergl. Locré, *a.a.O.*, Bd. XXX, S. 237f.

der Gesetzgeber allein aufgrund der als Vergehen gegen ihre staatsbürgerliche Pflicht angesehenen Nichtanzeige selbst dann gemäß Art. 136 mit einer einmonatigen bis zweijährigen Gefängnisstrafe, wenn sie ansonsten in keinster Weise Anteil an der Straftat hatten[834]. Von dieser Strafandrohung nahm Art. 137 allerdings privilegierend den gegenwärtigen oder geschiedenen Ehegatten des Mitwissers, die mit ihm in auf- oder absteigender Linie verwandten Personen, seine Geschwister sowie diejenigen Personen aus, die mit ihm ersten Grades verschwägert waren. Ausgenommen von einer Strafverfolgung waren nach Art. 138 Abs. 1 ferner diejenigen Personen, die sich entweder als Täter oder Teilnehmer zwar eines der in Art. 132f. genannten Fälschungsverbrechen schuldig gemacht hatten, aber noch vor dessen Vollendung und noch vor der Einleitung von Verfolgungsmaßnahmen den zuständigen Behörden gleichsam in tätiger Reue hierüber und über die Urheber des Verbrechens Anzeige erstatteten. Aber auch nach der Einleitung von Verfolgungsmaßnahmen konnte derjenige noch auf Strafbefreiung hoffen, der den Behörden zur Festnahme der übrigen Schuldigen verhalf, allerdings mußte der genannte Personenkreis trotz Strafbefreiung nach Art. 138 Abs. 2 insgesamt damit rechnen, einer zeitigen oder gar lebenslangen Polizeiaufsicht unterworfen zu werden.

Die 1791 noch im Rahmen der Verbrechen gegen das Staatseigentum erfaßte Materie der Fälschung von Staatssiegeln, Papiergeld, Staatspapieren, Edelmetallpunzen und anderen Stempeln regelte der napoleonische Gesetzgeber in ferner Anlehnung an das Strafgesetzbuch der Revolutionszeit anschließend im Unterabschnitt *Contrefaction des sceaux de l'État, des billets de banque, des effets publics, et des poinçons, timbres et marques*[835] und drohte in Art. 139 zunächst denjenigen die mit der Vermögenskonfiskation verbundene Todesstrafe an, die das Staatssiegel fälschten oder von diesem gefälschten Siegel wissentlich Gebrauch machten[836]. Die gleiche Strafe verwirkten auch solche Personen, die entweder Papiere, die das Schatzamt mit seinem Stempel in Umlauf gesetzt hatte, oder aber gesetzlich autorisierte Banknoten nachmachten oder verfälschten oder sich dieser Fälschungen wissentlich bedienten oder sie gar nach Frankreich einführten. Trotz der Schwere dieser Verbrechen und der möglichen Tragweite des von ihnen verursachten wirtschaftlichen Schadens fanden vor allem aus Gründen einer effektiven Strafverfolgung nach Art. 144 auf sie die in Art. 136ff getroffenen Regelungen über die strafbare Nichtanzeige, die Privilegierung von Familienangehörigen sowie die in tätiger Reue handelnde Täter und Teilnehmer entsprechende Anwendung. Wohl weil man sich auch ohne Rückgriff auf

[834] Diese auf dem Gedanken totaler Repression beruhende Regelung wurde ebenso wie die des Art. 137 später durch Art. 103 des Reformgesetzes von 1832 ersatzlos gestrichen.

[835] Art. 139 bis 144 C.P. 1810.

[836] Diese harte Strafandrohung ersetzte der Gesetzgeber der Julimonarchie in Art. 52 des Reformgesetzes vom 28. April 1832 durch die lebenslange Zwangsarbeit.

Denunziationen Erfolg bei der Unterdrückung der Kriminalität versprach, fanden diese Bestimmungen auf die übrigen der in diesem Unterabschnitt geregelten, erfahrungsgemäß seltener verwirklichten Verbrechenstatbestände hingegen keine analoge Anwendung. So hatte derjenige Missetäter eine im Vergleich zur Todesstrafe letztlich nur geringfügig mildere Strafe zu erwarten, der entweder einen oder mehrere Nationalstempel, die zur Setzung von Forstzeichen gebrauchten Stempel oder aber Edelmetallpunzen nachmachte oder verfälschte oder von diesen Fälschungen wissentlich Gebrauch machte. Er war nach Art. 140 nämlich zu mit Brandmarkung verbundener zeitiger Zwangsarbeit zu verurteilen, wobei der Richter in Anbetracht der Schwere des Delikts stets deren zwanzig Jahre betragende Maximaldauer zu verhängen hatte. Lediglich mit der Zuchthausstrafe belegte der napoleonische Gesetzgeber hingegen gemäß Art. 141 jeden, der sich die echten Stempel und Punzen auf unerlaubte Art verschafft hatte und sie anschließend in einer Art und Weise verwendete oder gebrauchte, die für die Rechte und Interessen des Staates von Nachteil waren. Ebenfalls die allerdings mit der Brandmarkung kombinierte Zuchthausstrafe verwirkte nach Art. 142, wer entweder Zeichen nachmachte, die dazu bestimmt waren, im Namen der Regierung auf verschiedenen Arten von Lebensmitteln oder Waren angebracht zu werden oder aber das Siegel, den Stempel oder das Zeichen irgendeiner Behörde oder einer privaten Bank- oder Handelsanstalt fälschte oder von den genannten Fälschungen wissentlich Gebrauch machte[837]. Hatte der Delinquent hingegen die entsprechenden echten Siegel, Stempel oder Zeichen auf unerlaubte Art und Weise in seinen Besitz gebracht, und sich ihrer zum Nachteil des Staates, seiner Behörden oder zum Schaden einer privaten Anstalt bedient, so mußte er nach Art. 143 lediglich mit der Verhängung der zwar entehrenden, aber ungleich milderen Prangerstrafe rechnen.

Die 1791 noch unzureichend im Rahmen der gegen das Privateigentum gerichteten Delikte geregelte Fälschung von amtlichen oder beglaubigten Urkunden sowie die Fälschung von Handels- oder Bankbüchern regelte die napoleonische Kodifikation im dritten Unterabschnitt *Des faux en écritures publiques ou authentiques, et de commerce ou de banque*[838]. Im Gegensatz zu der entsprechenden Bestimmung des Strafgesetzbuchs von 1791 enthielt Art. 145 nunmehr eine mehr oder weniger vollständige Legaldefinition des "materiellen" Fälschungsbegriffs [*faux matériel*],

---

[837] Diese vergleichsweise hohe Strafandrohung wurde erst durch das lediglich einen Artikel beinhaltende Reformgesetz von 1863 auf eine zwei- bis fünfjährige Gefängnisstrafe herabgesenkt. Vergl. *Loi portant modification de plusieurs dispositions du Code pénal* vom 13. Mai/1. Juni 1863 (abgedruckt in: Duvergier, *a.a.O.*, Bd. LXIII, S. 416ff).

[838] Art. 145 bis 149 C.P. 1810. Hiervon nahm der Gesetzgeber jedoch ausdrücklich all die Handlungen aus, die sich auf das Fälschen oder Verfälschen von Reisepässen und Marschbefehlen richteten. Diese Delikte erfaßte er in einem gesonderten Unterabschnitt. Vergl. Art. 149 C.P. 1810.

den der Gesetzgeber nachdrücklich von der Falschbeurkundung im Amt nach Art. 146 abgegrenzt wissen wollte[839]. Als echtes Sonderdelikt stellte Art. 145 zunächst jedem Beamten die verhältnismäßig harte lebenslange Zwangsarbeit[840] in Aussicht, der in der Ausübung seines Amtes eine Urkundenfälschung dadurch beging, daß er entweder Unterschriften fälschte, Urkunden, Schriftstücke oder Unterschriften verfälschte, Personen unterschob oder etwas in öffentliche Register oder andere öffentliche Urkunden hineinschrieb oder schriftlich einfügte, nachdem diese bereits ausgefertigt oder geschlossen worden waren. Ebenfalls ein echtes Sonderdelikt erfaßte Art. 146, der jeden Beamten mit der Verhängung lebenslanger Zwangsarbeit bedrohte, der bei Abfassung von in seinen Aufgabenbereich fallenden Urkunden deren Wesen oder den ihnen zugrundeliegenden Sachverhalt in betrügerischer Weise veränderte[841]. Dies konnte sowohl dadurch geschehen, daß er wissentlich andere Vereinbarungen als jene niederschrieb, die ihm von den Parteien geschildert oder diktiert worden waren als auch dadurch, daß er falsche Tatsachen als wahr oder solche Tatsachen als zugestanden protokollierte, die nicht zugestanden worden waren. Nicht auf die Beamtenschaft beschränkte sich hingegen die Strafandrohung des folgenden Artikels, der grundsätzlich allen anderen Personen die Verbüßung der ungleich milderen zeitigen Zwangsarbeit kombiniert mit der Brandmarkung in Aussicht stellte, wenn sie nach Maßgabe von Art. 147 amtliche oder beglaubigte Urkunden oder Handels- oder Bankbücher fälschten. Die strafbare Handlung konnte dabei sowohl im Nachmachen oder Verfälschen von Schriftstücken oder Unterschriften als auch in der Herstellung von falschen Verträgen, Testamenten, Schuldscheinen oder Quittungen sowie deren Einfügung in die obengenannten Urkunden bestehen. Den Tatbestand des Art. 147 erfüllte darüber hinaus auch das Hinzufügen oder Verfälschen von Klauseln, Erklärungen oder Tatsachen, die durch solche Urkunden aufgenommen oder dargelegt werden sollten. In allen in diesem Unterabschnitt geregelten Fällen wurde zudem jedweder wissentlicher Gebrauch falscher Urkunden gemäß Art. 148 mit einer Verurteilung zu zeitiger Zwangsarbeit geahndet, die nach Art. 165 stets die Brandmarkung nach sich zog.

Die als weniger schweres Verbrechen angesehene Fälschung von privaten Schriftstücken erfaßte der napoleonische Gesetzgeber anschließend im vierten,

---

[839] Darauf wies Berlier bei Darlegung der entsprechenden Motive ausdrücklich hin. Vergl. Locré, *a.a.O.*, Bd. XXX, S. 239f.

[840] Diese im Vergleich zum Normalbürger erheblich härtere Bestrafung beruhte nicht nur auf der Auffassung, daß ein Beamter seine Pflichten besser als ein normaler Bürger zu kennen hatte, sondern auch darauf, daß er mit seiner Verfehlung das ihm als Amtsperson entgegengebrachte Vertrauen entäuschte und dadurch den Staat in Mißkredit brachte. Vergl. Locré, *a.a.O.*, Bd. XXX, S. 277.

[841] Eine fahrlässige Deliktsbegehung kam also hier nicht in Betracht. Vergl. Locré, *a.a.O.*, Bd. XXX, S. 240.

lediglich drei Bestimmungen umfassenden Unterabschnitt *Du faux en écriture privée*[842] und behielt insofern die bereits 1791 getroffene Differenzierung der Urkundenfälschungsdelikte bei. So belegte er in Art. 150 zunächst jeden mit der vergleichsweise milden Zuchthausstrafe sowie nach Art. 165 mit Brandmarkung, der sich nach Maßgabe von Art. 147 einer Fälschung oder Verfälschung eines privaten Schriftstückes schuldig gemacht hatte. Darüber hinaus stellte Art. 151 demjenigen die gleiche Strafe in Aussicht, der von diesem falschen Schriftstück wissentlich Gebrauch machte. Von diesen Bestimmungen waren gemäß Art. 152 jedoch solche Fälschungen ausgenommen, die sich auf amtlich erteilte Bescheinigungen bezogen.

Die Fälschung von Reisepässen, Marschbefehlen sowie amtlichen oder privaten Bescheinigungen behandelte der Gesetzgeber schließlich im fünften und letzten Unterabschnitt *Des faux commis dans les passe-ports, feuilles de route et certificats*[843] und beschäftigte sich in Art. 153 zunächst mit nachgemachten oder verfälschten Reisepässen. Hierbei belegte er jeden mit einer mindestens ein- und höchstens fünfjährigen Gefängnisstrafe, der einen falschen Reisepaß herstellte oder einen echten verfälschte oder einen falschen oder gefälschten Paß wissentlich in Gebrauch nahm[844]. Eine erheblich geringere Strafe hatte hingegen derjenige verwirkt, der in einem Reisepaß einen falschen Namen annahm oder als Zeuge dazu beitrug, daß ein Reisepaß mit falschem Namen an Dritte ausgegeben wurde, denn ihm drohte nach Art. 154 Abs. 1 lediglich eine Gefängnisstrafe von drei Monaten bis zu einem Jahr. Den Wirten kleinerer oder größerer Gasthäuser stellte der Gesetzgeber gemäß Art. 154 Abs. 2 zudem dann eine Gefängnisstrafe zwischen sechs Tagen und einem Monat in Aussicht, wenn sie die von ihnen beherbergten Gäste wissentlich unter falschem Namen in die von ihnen obligatorisch zu führenden Fremdenbücher eintrugen[845]. Stellten allerdings Beamte einer ihnen persönlich unbekannten Person einen Reisepaß aus, ohne daß sie sich deren Namen und Gewerbe von zwei ihnen bekannten Bürgern bezeugen ließen, so drohte ihnen aufgrund dieser bloßen Verletzung ihrer Dienstpflichten nach Art. 155 Abs. 1 eine Gefängnisstrafe von wenigstens einem und höchstens sechs Monaten. War dem Beamten die Namensunterschiebung hingegen bekannt, und stellte er den Paß dennoch unter dem falschen Namen aus, so beging er ein als Amtspflichtverletzung qualifiziertes Verbrechen[846] und hatte nach Art. 155 Abs. 2

---

842 Art. 150 bis 152 C.P. 1810.

843 Art. 153 bis 162 C.P. 1810.

844 Diese vergleichsweise empfindliche Strafe milderte erst das Reformgesetz von 1863 auf eine sechsmonatige bis dreijährige Gefängnisstrafe herab.

845 Führten sie hingegen die Fremdenregister nur nachlässig, so stellte ihnen der Gesetzgeber für diese Übertretung lediglich eine Geldbuße bis zu zehn *Francs* in Aussicht. Vergl. Art. 475 Nr. 2 C.P. 1810.

846 Vergl. Art. 166 C.P. 1810.

die Verbannungsstrafe verwirkt[847]. Im Hinblick auf ge- oder verfälschte Marschbefehle stellte der Gesetzgeber in Art. 156 entsprechend der Regelung des Art. 153 zunächst die Herstellung eines falschen oder die Verfälschung eines echten Marschbefehls sowie deren wissentlichen Gebrauch unter Strafe. Das jeweilige Strafmaß machte er jedoch von dem mit der Fälschung verfolgten Zweck sowie der Höhe des eingetretenen Schadens abhängig. So war der Delinquent lediglich zu einer Gefängnisstrafe zwischen einem und fünf Jahren zu verurteilen, wenn der falsche Marschbefehl lediglich auf die Täuschung der Aufsicht der öffentlichen Gewalt abzielte. Die Verbannungsstrafe drohte jedoch dann, wenn ihm der Fiskus aufgrund des falschen Befehls Marschkosten ausgezahlt hatte, die ihm nicht oder nicht in dieser Höhe zustanden und dadurch ein Schaden von weniger als 100 *Francs* entstanden war. Betrug besagter Schaden jedoch 100 *Francs* oder überstieg er gar diese Summe, so hatte der Delinquent das Zuchthaus sowie nach Art. 165 die Brandmarkung verwirkt. Diese Strafzumessungsregeln fanden darüber hinaus gemäß Art. 157 entsprechende Anwendung auf jeden, der sich von Beamten einen Marschbefehl unter einem untergeschobenen Namen aushändigen ließ. Handelte es sich bei dem Delinquenten hingegen um einen Beamten und hatte dieser zudem im Zeitpunkt der Aushändigung des Befehls Kenntnis von der Namensunterschiebung, so erhöhte der napoleonische Gesetzgeber in Art. 158 aufgrund der nun vorliegenden Amtspflichtverletzung das jeweilige Strafmaß zwar erheblich, behielt aber die grundsätzlichen Zumessungskriterien des Art. 156 bei. So hatte der Beamte im ersten Fall des Art. 156 seine Verbannung verwirkt, während er im zweiten Fall mit dem Zuchthaus und bei Vorliegen der dritten Alternative mit einer Verurteilung zu zeitiger Zwangsarbeit verbunden mit Brandmarkung rechnen mußte[848]. Was schließlich die Fälschung von amtlichen und privaten Bescheinigungen anbelangte, so belegte Art. 159 jeden mit einer vergleichsweise empfindlichen zwei- bis fünfjährigen Gefängnisstrafe, der unter dem Namen eines Arztes, Chirurgen oder sonstigen Gesundheitsbeamten eine falsche Gesundheits- oder Gebrechlichkeitsbescheinigung zu dem Zweck herstellte, sich selbst oder einen Dritten von einem wie auch immer gearteten öffentlichen Dienst freizustellen[849]. Die gleiche Strafe hatte darüber hinaus gemäß Art. 160 Abs. 1 der genannte Personenkreis verwirkt, wenn er - um einen Dritten zu begünstigen - entsprechend unzutreffende Atteste ausstellte, die zur Befreiung von einem öffentlichen Dienst geeignet waren. War er zur Austellung zudem durch Geschenke oder Versprechen

---

847 Diese relativ hohe Strafandrohung wurde erst unter dem Zweiten Kaiserreich durch das Reformgesetz von 1863 auf eine ein- bis vierjährige Gefängnisstrafe herabgesenkt.

848 Das Reformgesetz aus den Jahre 1863 milderte später diese empfindlichen Strafandrohungen auf eine ein- bis vierjährige bzw. eine zwei- bis fünfjährige Gefängnisstrafe ab und bestimmte auch für den dritten Fall nurmehr die Verhängung der Zuchthausstrafe.

849 Auch hier senkte das Reformgesetz von 1863 den entsprechenden Strafrahmen auf eine ein- bis dreijährige Gefängnisstrafe herab.

bewogen worden, so drohte sowohl ihm als Bestochenem als auch dem Bestechenden nach Art. 160 Abs. 2 die Verbannung[850]. Gegen die Fälschung amtlicher Zeugnisse richte sich auch Art. 161 Abs. 1 und belegte denjenigen mit einer sechsmonatigen bis zweijährigen Gefängnisstrafe, der unter dem Namen eines Beamten ein Führungs- oder Armutszeugnis sowie solche Bescheinigungen ausstellte, die dazu geeignet waren, die Regierung oder Privatpersonen zum Wohlwollen gegenüber der darin bezeichneten Person zu bewegen, und ihr Stellen, Kredit oder Unterstützung zu verschaffen. Die gleiche Strafe hatte nach Art. 161 Abs. 2 ferner sowohl derjenige verwirkt, der ein einsprechendes echtes Zeugnis verfälschte, um es einer anderen als der ursprünglich darin bezeichneten Person anzupassen als auch jeder, der sich des nach Maßgabe von Art. 161 Abs. 1 und 2 falschen oder verfälschten Zeugnisses bediente[851]. Falsche Zeugnisse jedweder anderen Art zogen hingegen nach Art. 162 nur dann eine Strafverfolgung nach sich, wenn sie dazu geeignet waren, Rechte privater Dritter zu verletzen oder der öffentlichen Hand Schaden zuzufügen. War dies der Fall, so sollten je nach den Umständen des Einzelfalles diejenigen Bestimmungen Anwendung finden, die sich gegen die Fälschung von Schriftstücken richteten.

bb.) Die Amtsdelikte

Der zweite Abschnitt *De la forfaiture et des crimes et délits des fonctionnaires dans l'exercise de leurs fonctions*[852] erfaßte in entfernter Anlehnung an die entsprechenden Bestimmungen des *Code pénal* von 1791 in insgesamt sieben Unterabschnitten und 29 Artikeln die in der Regel mit vergleichsweise hohen Strafen belegten Pflichtverletzungen, die Beamte sowie Angestellte der öffentlichen Hand in Ausübung ihrer Amtsverrichtungen begehen konnten. Der Gesetzgeber stellte den Straftatbeständen dabei in drei Artikeln allgemeine Bestimmungen voran[853] und erfaßte in Art. 166 zunächst die dem Strafgesetzbuch der Revolutionszeit noch unbekannte Legaldefinition der Amtspflichtverletzung [*forfaiture*]. Eine solche lag demzufolge begrifflich nur dann vor, wenn ein Beamter in Ausübung seiner Amtsverrichtungen ein als Verbrechen qualifiziertes

---

[850] Obwohl sich in den Gesetzesmaterialien kein näherer Hinweis auf die Motivation für diese Regelungen finden läßt, besteht in Anbetracht der beständigen kriegerischen Auseinandersetzungen durchaus Grund zur Annahme, daß der eigentliche Hintergrund für die Einführung dieser mit vergleichsweise harten Strafen belegten Tatbestände die politische Notwendigkeit war, es jedem waffenfähigen Franzosen so schwer wie möglich zu machen, sich seiner Dienstpflicht in der kaiserlichen Armee mit Hilfe falscher Atteste zu entziehen. Erst das Zweite Kaiserreich milderte diese Strafandrohungen im Reformgesetz von 1863 auf eine ein- bis dreijährige bzw. ein- bis vierjährige Gefängnishaft herab.

[851] Das Reformgesetz von 1863 verringerte auch hier die angedrohte Gefängnishaft auf eine nunmehr sechsmonatige bis zweijährige bzw. fünfzehntägige bis sechsmonatige Dauer.

[852] Liv. III, tit. I, chap. III, sect. II, Art. 166 bis 197 C.P. 1810.

[853] Art. 166 bis 168 C.P. 1810.

Delikt beging. Verwirklichte er hingegen lediglich ein Vergehen, so machte er sich grundsätzlich zwar auch strafbar, aber gemäß Art. 168 keiner für seine dienstliche Zukunft folgenschweren Amtspflichtverletzung schuldig, denn der napoleonische Gesetzgeber hatte in Art. 167 zudem einen generellen Strafrahmen für strafbare Amtspflichtverletzungen insofern festgelegt, als er bestimmte, daß jede *forfaiture*, die das Gesetz nicht ausdrücklich mit einer härteren Strafe belegte, grundsätzlich die Aberkennung der staatsbürgerlichen Rechte und mithin insbesondere die Unfähigkeit nach sich ziehen sollte, jemals wieder ein öffentliches Amt zu bekleiden. Über diese einleitenden Bestimmungen hinaus verfügte er in der ausdrücklich nicht auf die Amtsdelikte anzuwendenden Spezialregelung des Art. 198 zudem besondere Strafzumessungsregeln für den Fall, daß Beamte an Verbrechen oder Vergehen beteiligt waren, die sie Kraft ihres Amtes oder ihrer Funktion zu ahnden, zu bestrafen oder zu bekämpfen hatten. Hiernach zog eine derartige Beteiligung für den Beamten in den abschließend aufgezählten Fällen eine im Vergleich zu anderen Delinquenten erheblich höhere Strafandrohung nach sich, wobei der Gesetzgeber innerhalb des Strafensystems - die Todesstrafe allerdings ausgenommen - aufgrund der besonderen Unverfrorenheit und kriminellen Energie dieser Beamten in aller Regel die nächsthöhere Strafe zu verhängen bestimmte[854]. So war der straffällig gewordene Beamte bei einem Vergehen zunächst stets zu der hierfür vorgesehenen Maximalstrafe zu verurteilen. Handelte es sich hingegen um Verbrechen, die eine Leibesstrafe nach sich zogen, so hatte der Beamte dann die Zuchthausstrafe verwirkt, wenn gemeinhin auf Verbannung oder Schandpfahl zu erkennen war. Die zeitige Zwangsarbeit drohte ihm jedoch dann, wenn jeder andere zur Zuchthausstrafe verurteilt werden mußte. Schließlich hatte er mit einer Verurteilung zu lebenslanger Zwangsarbeit zu rechnen, wenn das verwirklichte Verbrechen gewöhnlich die Deportation oder die zeitige Zwangsarbeit nach sich zog.

Mit Unterschlagungen begangen durch öffentliche Verwahrer beschäftigte sich der napoleonische Gesetzgeber im ersten Unterabschnitt *Des soustractions commises par les dépositaires publics*[855] und stellte in Anlehnung an das Strafgesetzbuch der Revolutionszeit nach Art. 169 zunächst jedem Steuereinnehmer, jeder sonstigen zur Steuereinziehung bestellten Person sowie jedem öffentlichen Verwahrer oder Rechnungsführer die zeitige Zwangsarbeit in Aussicht, der sich der Unterschlagung oder Entwendung von öffentlichen oder privaten Geldern oder an deren Stelle tretender Wertpapiere sowie von Schriften, Rechtstiteln, Urkunden oder beweglichen Sachen schuldig machte, die er kraft seines Amtes in Besitz hatte. Anders als in den entsprechenden Bestimmungen des *Code pénal* von 1791 trat aus Proportionalitätsgesichtspunkten und in Anbetracht der relativ harten

---

[854] Vergl. Locré, *a.a.O.*, Bd. XXX, S. 249.
[855] Art. 169 bis 173 C.P. 1810.

Strafandrohung eine Strafverfolgung jedoch erst dann ein, wenn der Wert der unterschlagenen oder entwendeten Sachen 3000 *Francs* überstieg[856]. Allerdings hatte der verantwortliche Beamte nach Art. 172 jedenfalls eine Geldbuße zu zahlen, die sich nach den Rückerstattungen sowie dem zu leistenden Schadenersatz bemaß und hiervon ein Viertel nicht über- und ein Zwölftel nicht unterschreiten durfte. Ungeachtet des Wertes der unterschlagenen oder entwendeten Gegenstände verwirkte der Delinquent nach Art. 170 aber auch dann die zeitige Zwangsarbeit, wenn der Wert der unterschlagenen oder entwendeten Sachen mindestens ein Drittel desjenigen der ursprünglich empfangenen oder verwahrten Vermögenswerte betrug. Überstieg ihr Wert hingegen 3000 *Francs* nicht und machte er zudem weniger als ein Drittel der insgesamt empfangenen oder verwahrten Vermögenswerte aus, so war der Beamte gemäß Art. 171 lediglich zu einer zwei- bis fünfjährigen Gefängnisstrafe zu verurteilen und durfte darüber hinaus auf Lebenszeit kein öffentliches Amt mehr bekleiden. In beiden Fällen hatte er zudem mit der Verhängung einer Geldbuße nach Maßgabe von Art. 172 rechnen. Mit der Unterschlagung von für den Täter nicht unmittelbar vermögenswerten Schriftstücken beschäftigte sich der Gesetzgeber schließlich in Art. 173 Abs. 1 und bedrohte jeden Richter, Verwalter sowie jeden Beamten mit zeitiger Zwangsarbeit, der Urkunden und Rechtstitel vernichtete, unterdrückte, entwendete oder unterschlug, die ihm im Rahmen seiner Amtstätigkeit zuvor entweder anvertraut, zugestellt oder mitgeteilt worden waren. Die gleiche Strafe verwirkten darüber hinaus gemäß Art. 173 Abs. 2 alle einfachen oder höheren Angestellten von Regierung oder öffentlichen Verwahrern, die sich in vorbezeichneter Art und Weise schuldig gemacht hatten.

Die von der Strafgesetzgebung der Revolutionszeit ignorierte Materie der von Beamten in Ausübung ihrer Amtsverrichtungen begangenen Erpressung erfaßte anschließend der zweite, lediglich einen Artikel umfassende Unterabschnitt *Des concussions commises par des fonctionnaires publics* und stellte in Art. 174 Abs. 1 allen Beamten und Einnehmern von Gebühren, Taxen, Steuern, Geldern, Staats- oder Gemeindeeinkünften sowie deren Untergebenen empfindliche Freiheitsstrafen für den Fall in Aussicht, daß sie sich einer grundsätzlich als Verbrechen qualifizierten Erpressung [*crime de concussion*] schuldig machten. Was dabei unter einer Erpressung zu verstehen war, definierte der napoleonische Gesetzgeber insofern, als er die Art und Weise der Deliktsverwirklichung genau umschrieb. Demzufolge konnte der Tatbestand der Erpressung entweder dadurch verwirklicht werden, daß der Strafiäter wissentlich etwas zu erheben befahl, oder selbst etwas forderte oder entgegennahm, was nicht oder nicht in dieser Höhe an Gebühren, Taxen, Steuern, Geldern oder Einkünften sowie an Lohn oder Besoldung geschuldet wurde. Im Hinblick auf das zu verhängende Strafmaß unterschied der

---

[856] Vergl. Locré, *a.a.O.*, Bd. XXX, S. 243f.

Gesetzgeber darüber hinaus zwischen den eigentlichen Beamten sowie den ihnen untergeordneten Angestellten, denn während erstere aufgrund der ihnen zugedachten Vorbildfunktion mit der Einsperrung in einem Zuchthaus zu rechnen hatten, drohte den letztgenannten trotz Verwirklichung desselben Tatbestandes lediglich eine zwei- bis fünfjährige Gefängnisstrafe[857]. Ungeachtet ihrer Stellung hatten jedoch alle Schuldigen nach Art. 174 Abs. 2 eine Geldbuße zahlen[858].

Die 1791 gleichfalls noch nicht geläufige prinzipielle Unvereinbarkeit des Beamtenstatus mit bestimmten privatwirtschaftlichen Betätigungen und die damit verbundene Trennung von Amts- und Privatperson statuierte der napoleonische Gesetzgeber insbesondere aus politischen Erwägungen im dritten Unterabschnitt *Des délits des fonctionnaires qui se seront ingérés dans des affaires ou commerces incompatibles avec leur qualité*[859]. Insofern, als er Verstöße gegen dieses Prinzip insgesamt lediglich als Vergehen qualifizierte, stellten diese nach Art. 166ff keine eigentlichen Amtspflichtverletzungen mehr dar, was sich auch im vergleichsweise geringen Strafmaß widerspiegelte. So bestrafte der Gesetzgeber jeden Beamten oder Regierungsangestellten, der sich entweder offenkundig selbst, durch Scheinurkunden oder durch Mittelspersonen irgendeinen wirtschaftlichen Vorteil bei Geschäften, Versteigerungen, Unternehmungen oder Regieverwaltungen verschaffte, deren Verwaltung oder Aufsicht er zum Zeitpunkt der Handlung entweder ganz oder teilweise innehatte. Ihn belegten Art. 175 Abs. 1 und 2 mit einer Gefängnisstrafe von wenigstens sechs Monaten bis zu zwei Jahren, einer Geldbuße[860] sowie darüber hinaus mit dem Verbot, jemals wieder ein öffentliches Amt zu bekleiden. Die gleiche Strafe verwirkte darüber hinaus nach Art. 175 Abs. 3 auch derjenige Regierungsbeamte oder -angestellte, der einen vergleichbaren wirtschaftlichen Vorteil aus einem Geschäft zog, für das er Zahlungen anzuweisen oder mit dessen Liquidation er beauftragt war. Eine erheblich geringere Strafe drohte zudem jedem Militärdivisions-, Départements-, Festungs- oder Stadtkommandanten sowie allen Präfekten oder Unterpräfekten, die im Rahmen ihres Gewaltbereichs in der vorbezeichneten Weise Handel mit Getreide aller Art, Mehl, mehligen Substanzen, Weinen oder Getränken betrieben, sofern diese nicht von ihren eigenen Gütern stammten. Für diesen Handel mit Grundnahrungsmitteln

---

[857] Vergl. Locré, *a.a.O.*, Bd. XXX, S. 244.

[858] Vergl. zu deren Bemessungmaßstab sowie zu den Ober- und Untergrenzen die Ausführungen zu Art. 172 C.P. 1810.

[859] Art. 175 bis 176 C.P. 1810. Wie ein Blick in die Gesetzesmaterialien zeigt, legte der Gesetzgeber besonderen Wert darauf, das den Beamten von Seiten der Bevölkerung entgegengebrachte Vertrauen unter keinen Umständen zu erschüttern und verbot ihnen vor allem deshalb jede wirtschaftliche Betätigung, die geeignet war, auch nur den leisesten Verdacht eines möglichen Mißbrauchs ihres Amts zu erwecken. Vergl. Locré, *a.a.O.*, Bd. XXX, S. 244f.

[860] Vergl. zu deren Bemessungmaßstab sowie zu den Ober- und Untergrenzen die Ausführungen zu Art. 172 C.P. 1810.

stellte ihnen Art. 176 lediglich eine Geldbuße zwischen 500 und 10.000 *Francs* sowie die Konfiskation der entsprechenden Lebensmittel in Aussicht[861].

Die Materie der Bestechlichkeit von Beamten erfaßte der napoleonische *Code pénal* in entfernter Anlehnung an die entsprechenden Bestimmungen des Strafgesetzbuchs von 1791 im vierten Unterabschnitt *De la corruption des fonctionnaires publics*[862] und belegte die Verwirklichung der zumeist als Verbrechen qualifizierten Tatbestände aufgrund ihrer staatszersetzenden Wirkung mit vergleichsweise harten Strafen[863]. Unter Verwendung einer klaren Begrifflichkeit stellte der Gesetzgeber in Art. 177 Abs. 1 zunächst jedem Verwaltungs- oder Justizbeamten sowie jedem Angestellten der öffentlichen Hand, der Angebote oder Versprechen zuließ oder Geschenke oder Präsente dafür annahm, daß er eine seinem Amt oder seiner Anstellung obliegende Handlung verrichtete mit der durch eine Geldbuße ergänzten Prangerstrafe. Die Höhe der obligatorischen Geldstrafe bemaß sich dabei nach dem doppelten Wert des Bestechungsmittels, durfte jedoch die verhältnismäßig hohe Summe von 200 *Francs* nicht unterschreiten. Mit Verhängung der gleichen Strafe mußte der Beamte darüber hinaus auch dann rechnen, wenn seine Handlung an sich zwar rechtmäßig aber nur unentgeltlich vorzunehmen war. Aber auch derjenige Beamte, der aufgrund der Bestechung eine ihm obliegende Handlung unterließ verwirkte nach Art. 177 Abs. 2 den mit einer empfindlichen Geldbuße verbundenen Schandpfahl. Bezweckte die Bestechung allerdings die Begehung eine kriminellen Handlung, die ihrerseits eine härtere Strafe als den Schandpfahl nach sich zog, so mußten gemäß Art. 178 sowohl der Bestecher als auch der korrupte Beamte mit einer Verhängung dieser schärferen Strafe rechnen. Mit den gleichen Strafen wie für korrupte Beamte belegte der Gesetzgeber in Art. 179 Abs. 1 darüber hinaus jeden, der einen Beamten entweder durch Tätlichkeiten oder Drohungen zu einem bestimmten Verhalten zwang oder zu zwingen versuchte. Anders als nach dem *Code pénal* von 1791, der eine Strafverfolgung des Bestechers noch nicht vorgesehen hatte, hatte nach der napoleonischen Kodifikation die gleichen Strafen zudem auch derjenige verwirkt, der einen Beamten mittels Versprechen, Anerbieten, Geschenken oder Präsenten zu einem solchen Verhalten bewegte oder zu bewegen versuchte[864]. Die entweder bloß versuchten oder tatsächlich

[861] Dieser Regelung lag über die bereits gemachten Ausführungen hinaus insbesondere das Bemühen des Gesetzgebers zugrunde, etwaige Kriegsgewinnler innerhalb der Reihen von Militär und Beamtenschaft möglichst von vornherein auszuschalten. Vergl. Locré, *a.a.O.*, Bd. XXX, S. 245.

[862] Art. 177 bis 183 C.P. 1810.

[863] Vergl. Locré, *a.a.O.*, Bd. XXX, S. 245.

[864] Das Motiv für die grundsätzliche Strafbarkeit der versuchten Bestechung lag in den Augen des Gesetzgebers insbesondere in der damit verbundenen Beleidigung der kaiserlichen Justiz. Vergl. Locré, *a.a.O.*, Bd. XXX, S. 286.

verwirklichten Einflußnahmen mußten allerdings auf die Erreichung besonderer Ziele gerichtet sein, die der Gesetzgeber abschließend aufführte. Sie umfaßten sowohl die Erwirkung einer günstigen Meinung als auch die Erwirkung wahrheitswidriger Protokolle, Verzeichnisse, Bescheinigungen oder Schätzungen, konnten aber auch auf die Erwirkung von Stellen, Ämtern, Zuschlägen, Unternehmungen oder anderer Vorteile sowie auf jede andere Handlung gerichtet sein, die in den Kompetenzbereich des jeweiligen Beamten fiel. Blieb die versuchte Einflußnahme hingegen ohne Wirkung, so waren die Urheber des Versuchs nach Art. 179 Abs. 2 lediglich zu einer Gefängnisstrafe von wenigstens drei und höchstens sechs Monaten sowie zu einer verhältnismäßig hohen Geldbuße zwischen 100 und 300 *Francs* zu verurteilen. Darüber hinaus legte der Gesetzgeber in Art. 180 fest, daß dem Bestecher weder die von ihm aufgewandten Sachen noch deren Wert wieder zurückerstattet werden konnten; sie wurden zugunsten von Hospitälern derjenigen Orte eingezogen, in denen die Bestechung begangen worden war. Hatte sich allerdings ein in Kriminalsachen erkennender Richter oder gar ein Geschworener entweder zugunsten oder zum Nachteil des Angeklagten bestechen lassen, so verwirkte er in Anlehnung an die entsprechende Bestimmung des Strafgesetzbuchs von 1791 aufgrund dieses besonderen Vertrauensmißbrauchs gemäß Art. 181 neben einer Geldbuße nach Maßgabe von Art. 177 die vergleichsweise empfindliche Zuchthausstrafe[865]. War infolge der Bestechung allerdings jemand zu einer höheren Strafe als jener der Einsperrung in einem Zuchthaus verurteilt worden, so hatte der korrumpierte Richter oder Geschworene in Ansehung der damit für den Verurteilten verbundenen Härten entsprechend dem Talionsprinzip nach Art. 182 ebendiese Strafe - so hoch sie auch sein mochte - für sich selbst verwirkt. Darüber hinaus stellte der Gesetzgeber in Art. 183 jedem Richter oder Verwalter die Aberkennung der staatsbürgerliche Rechte in Aussicht, der sich bei seiner Entscheidung lediglich von Sympathien für oder Animositäten gegen eine Partei leiten ließ.

Die bereits im *Code pénal* von 1791 in Grundzügen geregelte Materie des Mißbrauchs der Amtsgewalt erfaßte der Gesetzgeber von 1810 nunmehr erheblich modifiziert und erweitert im fünften Unterabschnitt *Des abus d'autorité*[866]. Anders als das Strafgesetzbuch der Revolutionszeit, das noch einen einheitlichen Tatbestand mit identischer Strafandrohung vorgesehen hatte, unterschied die napoleonische Kodifikation nunmehr grundsätzlich zwischen einem Gewaltmißbrauch, der sich gegen Privatpersonen [*Des abus d'autorité contre les particuliers*][867] und einem solchem, der sich gegen den Staat richtete [*Des abus d'autorité contre la chose publique*][868]. Diese Differenzierung schlug sich

[865] Vergl. Locré, *a.a.O.*, Bd. XXX, S. 285f.
[866] Art. 184 bis 191 C.P. 1810.
[867] Art. 184 bis 187 C.P. 1810.
[868] Art. 188 bis 191 C.P. 1810.

inbesondere in der unterschiedlichen Härte der Strafandrohung nieder, denn während die gegen Privatpersonen verübten Mißbrauchsdelikte wegen des vorgeblichen regelmäßigen Fehlens einer kriminellen Motivation lediglich mit relativ geringfügigen Strafen geahndet wurden[869], belegte der autoritäre napoleonische Gesetzgeber den gegen das Gemeinwohl gerichteten Amtsmißbrauch aufgrund des ihm innewohnenden, stets gegen den Staat gerichteten Empörungscharakters mit durchweg harten Sanktionen[870]. So verwirkte nach Art. 184 zunächst jeder Richter, jeder General- oder kaiserlicher Staatsanwalt bzw. deren Stellvertreter, jeder Verwalter sowie jeder andere Justiz- oder Polizeibeamte lediglich eine Geldbuße zwischen sechzehn und 200 *Francs*, der - außer in den im Gesetz bestimmten Fällen und ohne die dort vorgeschriebenen Formalien - in die Wohnung eines Bürgers eindrang[871]. Gleichfalls nur eine - allerdings empfindliche - Geldbuße zwischen 200 und 500 *Francs* sowie die Untersagung der Bekleidung öffentlicher Ämter auf mindestens fünf und höchstens zwanzig Jahre drohte Art. 185 jedem Richter oder Gericht, jedem Verwalter oder jeder Verwaltungsbehörde an, die dem Bürger - unter welchem Vorwand auch immer - die ersuchte Gerechtigkeit versagten, obwohl sie hierzu bereits von höherer Stelle angehalten oder angewiesen worden waren. Wandte ein Beamter oder ein Verwalter, Vertreter oder höherer Angestellter von Regierung oder Polizei, ein Vollstrecker von Gerichtsbefehlen oder -urteilen oder ein Ober- oder Unterbefehlshaber der öffentlichen Gewalt in oder bei Ausübung seines Amtes ohne rechtmäßigen Grund allerdings selbst Gewalt gegen Personen an oder ließ sie gar von anderen anwenden, so war er insbesondere aus Gründen der Rechtssicherheit und zur Wahrung des Ansehens der staatlichen Behörden gemäß Art. 186 grundsätzlich nach der Art und Schwere seiner Gewalttätigkeiten zu bestrafen und das Strafmaß gegebenenfalls nach den in Art. 198 festgelegten Grundsätzen zu erhöhen[872].

Die 1791 noch allgemein im Rahmen der Verbrechen gegen die Staatsverfassung abgehandelte und mit relativ strengen Strafen belegte Verletzung des Postgeheimnisses ahndete der napoleonische Gesetzgeber schließlich wiederum nur mit verhältnismäßig geringfügigen Strafen und stellte in Art. 187 sowohl jede Postunterschlagung und als auch jedes Öffnen von der Post anvertrauten Briefen unter Strafe, die von einem Beamten oder Vertreter der Regierung sowie der Postverwaltung selbst begangen oder zumindest erleichtert worden waren. War dies der Fall, so hatte der Schuldige nicht nur mit einer Geldstrafe zwischen

---

869 Vergl. Locré, *a.a.O.*, Bd. XXX, S. 247.
870 Vergl. Locré, *a.a.O.*, Bd. XXX, S. 248.
871 Erst Art. 58 des Reformgesetzes von 1832 hob hier die Strafandrohung auf eine sechstägige bis einjährige Gefängnisstrafe sowie eine Geldbuße zwischen sechzehn und 500 *Francs* an.
872 Vergl. Locré, *a.a.O.*, Bd. XXX, S. 247.

sechzehn und 300 *Francs* sondern auch mit der Untersagung der Ausübung jedweder öffentlicher Tätigkeit zu rechnen[873].

Was den Mißbrauch der Amtsgewalt gegen den Staat anbelangte, so bestimmte Art. 188 in Anlehnung an die entsprechenden Bestimmungen des *Code pénal* von 1791 zunächst, daß jeder Beamte oder Regierungsangestellte unabhängig von Stand oder Dienstgrad zur Zuchthausstrafe zu verurteilen war, der entweder darum ersuchte oder befahl, oder ersuchen oder befehlen ließ, daß die öffentliche Gewalt gegen die Vollstreckung eines Gesetzes, gegen die Erhebung einer gesetzlichen Steuer, gegen die Vollziehung einer richterlichen Ordonnanz oder eines richterlichen Befehls oder gegen jede andere von der rechtmäßigen Gewalt erlassene Anordnung eingesetzt oder gebraucht wurde. Hatte das Ersuchen oder der jeweilige Befehl hingegen die beabsichtigte Wirkung gezeitigt, so hatte der jeweilige Beamte gemäß Art. 189 jedenfalls die Verbannungsstrafe verwirkt. Entgegen der 1791 getroffenen Regelung fanden diese Strafen nach Art. 190 grundsätzlich auch auf diejenigen Beamten oder Angestellten Anwendung, die auf Befehl ihrer Vorgesetzten gehandelt hatten. Ihre strafrechtliche Verantwortlichkeit entfiel nämlich nur dann, wenn der besagte Befehl wegen Angelegenheiten, die den Befehlsbereichen der jeweiligen Vorgesetzten unterfielen, erteilt worden war und ihm aufgrund der hierarchischen Gehorsamspflicht Folge geleistet werden mußte. War dies der Fall, belegte der napoleonische Gesetzgeber ähnlich wie schon das Strafgesetzbuch der Revolutionszeit nur diejenigen Vorgesetzten mit Strafe, die den Befehl als erste erteilt hatten. War die strafrechtliche Verantwortlichkeit des jeweiligen Beamten hingegen nicht nach Maßgabe von Art. 190 ausgeschlossen und kam es in Folge des Ersuchens oder Befehls darüber hinaus noch zur Verwirklichung anderer Verbrechen, die mit härteren Strafen als in Art. 188f. genannt zu verfolgen waren, so hatte der Beamte in Anlehnung an die entsprechende Bestimmung von 1791 nach Art. 191 ebenso wie der eigentliche Täter diese härteren Strafen verwirkt.

Im sechsten Unterabschnitt *De quelques délits relatifs à la tenue des actes de l'état civil*[874] erfaßte der napoleonische Gesetzgeber zudem einige Vergehen, die Standesbeamte bei der Führung der Personenstandsregister begehen konnten und belegte diese seiner Ansicht nach regelmäßig auf bloßer Nachlässigkeit beruhenden Delikte mit vergleichsweise geringfügigen Strafen[875]. So stellte er in Art. 192 zunächst denjenigen Standesbeamten eine ein- bis dreimonatige

[873] Auch hier erfolgte eine Anhebung der Strafandrohung erst durch das Reformgesetz von 1832, das dieses Vergehen in Art. 59 über die fünf- bis zehnjährige Untersagung der Bekleidung öffentlicher Ämter hinaus nicht nur mit einer Geldbuße zwischen sechzehn und 500 *Francs* sondern auch mit einer dreimonatigen bis fünfjährigen Gefängnisstrafe belegte.

[874] Art. 192 bis 195 C.P. 1810.

[875] Vergl. Locré, *a.a.O.*, Bd. XXX, S. 248.

Gefängnisstrafe sowie eine Geldbuße zwischen sechzehn und 200 *Francs* in Aussicht, die ihre Urkunden lediglich auf lose Blätter schrieben. Eine höhere Gefängnisstrafe zwischen sechs Monaten und einem Jahr verbunden mit einer Geldbuße bis zu 300 *Francs* verwirkte der Standesbeamte hingegen gemäß Art. 193 dann, wenn das Gesetz für die Gültigkeit einer Eheschließung die Einwilligung der Väter, Mütter oder anderer Personen vorschrieb[876], er es aber unterließ, das Vorliegen dieser Einwilligung zu überprüfen. Mit der gleichen Geldstrafe belegte ihn der Gesetzgeber darüber hinaus gemäß Art. 194 auch dann, wenn er vor dem Ablauf der dafür zivilrechtlich vorgeschriebenen Frist die Heiratsurkunde einer bereits verheiratet gewesenen Frau entgegennahm[877]. Alle genannten Strafen waren über die Standesbeamten im übrigen auch dann zu verhängen, wenn gegen ihre Akte keine Nichtigkeitsklage erhoben worden war oder eine solche Klage nicht mehr erhoben werden konnte. Davon unberührt blieben diejenigen härteren Strafen, die der Gesetzgeber im Zivilgesetzbuch insbesondere für kollusives Zusammenwirken vorsah[878].

Im siebten und letzten Unterabschnitt *De l'exercise de l'autorité publique illégalement anticipé ou prolongé*[879] erfaßte der napoleonische Gesetzgeber in Anlehnung an die entsprechenden Bestimmungen des *Code pénal* von 1791 sowohl den rechtswidrigen vorzeitigen Amtsantritt als auch die über ihre Dauer hinaus fortgesetzte Amtsausübung, belegte beide Delikte aber im Gegensatz zur weitaus strengeren Strafgesetzgebung der Revolutionszeit trotz des damit verbundenen Ungehorsams lediglich mit vergleichsweise milden Korrektionalstrafen[880]. So stellte er in Art. 196 zunächst jedem Beamten die Verhängung einer Geldstrafe zwischen sechzehn und 150 *Francs* in Aussicht, der sein Amt antrat, ohne zuvor einen Eid geleistet zu haben. Darüber hinaus hatte gemäß Art. 197 jeder von seinem Amt abberufene, abgesetzte, suspendierte oder zur Versehung eines Amts für unfähig erklärte Beamte eine Gefängnisstrafe von sechs Monaten bis zu zwei Jahren verwirkt, der sein Amt weiterhin ausübte, obwohl er hiervon bereits offiziell Kenntnis erlangt hatte. Die gleiche Strafe drohte ihm aber auch dann, wenn er als Wahlbeamter oder Beamter auf Zeit *sein* Amt noch ausübte, obwohl er bereits durch einen anderen Beamten ersetzt worden war. In beiden Fällen wurde ihm ferner für die Dauer von wenigstens fünf und höchstens zehn Jahren jedwede Bekleidung eines öffentlichen Amtes untersagt.

---

876 Vergl. Art. 145, 148ff, 159f., 164 C.C. 1804.

877 Nach der für diese Frist einschlägigen zivilrechtlichen Bestimmung konnte eine Frau eine neue Ehe erst nach Ablauf von zehn Monaten eingehen. Vergl. Art. 228 C.C. 1804.

878 Vergl. Art. 156f., 192 C.C. 1804.

879 Art. 196 bis 197 C.P. 1810.

880 Der Gesetzgeber begründete das relativ geringe Strafmaß insbesondere mit der vielfältigen, regelmäßig keine kriminellen Beweggründe beinhaltenden Motivation der Amtsträger. Vergl. Locré, *a.a.O.*, Bd. XXX, S. 248f.

Davon unberührt blieben allerdings diejenigen härteren Strafen, die der Gesetzgeber gemäß Art. 93 gegen Offiziere und Militärkommandaten aufgrund deren offen zutage tretender Rebellion zu verhängen bestimmte.

cc.) Die durch Priester in Ausübung ihres Amtes verursachten Störungen der öffentlichen Ordnung

Im dritten Abschnitt *Des troubles apportés à l'ordre public par les ministres des cultes dans l'exercice de leur ministère*[881] beschäftigte sich der Gesetzgeber von 1810 in vier Unterabschnitten und insgesamt zehn Artikeln insbesondere mit der strafrechtlichen Umsetzung des 1791 zwar bereits grundsätzlich anerkannten, aber im Strafgesetzbuch der Revolutionszeit noch nicht berücksichtigten Prinzips der Trennung von Kirche und Staat[882] und stellte im lediglich zwei Artikel umfassenden Unterabschnitt *Des contraventions propres à compromettre l'état civil des personnes*[883] zunächst in Art. 199 jedem Priester einer beliebigen Religionsgemeinschaft eine Geldstrafe zwischen sechzehn und 100 *Francs* in Aussicht, der eine religiöse Trauung vornahm, ohne sich zuvor darlegen zu lassen, daß die Ehe bereits auf dem Standesamt geschlossen worden war. Machte er sich dieser Übertretung wiederholt schuldig, so drohte ihm Art. 200 für den ersten Rückfall eine Gefängnisstrafe von zwei bis fünf Jahren, für den zweiten Rückfall hingegen die Deportation an. Gegen eine Einflußnahme insbesondere der katholischen Kirche auf staatliche Belange richteten sich auch die im Unterabschnitt *Des critiques, censures ou provocations dirigés contre l'autorité publique dans un discours pastoral prononcé publiquement*[884] enthaltenen Bestimmungen und bedrohten die jeweils verantwortlichen Priester aufgrund ihres nach wie vor großen Einflusses auf die überwiegend gläubige Bevölkerung mit verhältnismäßig harten, jeweils nach dem Grade der Schuld gestaffelten Strafen[885]. Zunächst belegte Art. 201 alle Priester mit einer relativ empfindlichen dreimonatigen bis zweijährigen Gefängnisstrafe, die in der Ausübung ihres Amtes und vor einer öffentlichen Versammlung eine Rede hielten, in der die Regierung, ein Gesetz, ein kaiserliches Dekret oder jedwede andere Verfügung der öffentlichen Gewalt kritisiert oder getadelt wurde. Enthielt besagte Rede darüber hinaus eine unmittelbare Aufforderung zum Ungehorsam gegenüber Gesetzen oder anderen Verfügungen der öffentlichen Gewalt oder zielte sie gar darauf ab, einen Teil der Bürger gegen die anderen aufzuwiegeln oder zu bewaffnen, so belegte Art. 202 den jeweiligen Priester dann mit einer zwei- bis dreijährigen Gefängnisstrafe, wenn die Aufwiegelung keinerlei Auswirkungen zeitigte. Hatte die Aufwiegelung

---

[881] Liv. III, tit. I, chap. III, sect. III, Art. 199 bis 208 C.P. 1810.
[882] Vergl. Locré, *a.a.O.*, Bd. XXX, S. 250.
[883] Art. 199 bis 200 C.P. 1810.
[884] Art. 201 bis 203 C.P. 1810.
[885] Vergl. Locré, *a.a.O.*, Bd. XXX, S. 251.

zwar Ungehorsam bewirkt, der sich jedoch nicht in Aufruhr oder Empörung ausgewachsen hatte, so mußte er hingegen mit seiner Verbannung rechnen. Hatte die Aufwiegelung aber einen Aufruhr oder eine Empörung zur Folge gehabt, die ihrem Wesen nach für einen oder mehrere Schuldige eine schwerere Strafe als die Verbannung nach sich zog, so belegte Art. 203 den schuldigen Priester als vermeintlichen Drahtzieher ebenfalls mit dieser schwereren Strafe. Nicht gegen mündliche Predigten sondern gegen kritische, tadelnde oder aufwieglerische Hirtenbriefe wandte sich auch der dritte Unterabschnitt *Des critiques, censures ou provocations dirigés contre l'autorité publique dans un écrit pastoral*[886], dessen Bestimmungen anhand noch härterer Strafandrohungen gleichfalls eine direkte Einflußnahme vor allem der katholischen Kirche verhindern helfen sollte[887]. So zog gemäß Art. 204 jede pastorale Instruktionen beinhaltende Schrift, in der sich ein Priester anmaßte, entweder die Regierung oder irgendeine Verfügung der öffentlichen Gewalt zu kritisieren oder zu tadeln, die Verbannungsstrafe für den die Schrift verbreitenden Priester nach sich. Enthielt der Hirtenbrief hingegen eine Aufforderung nach Maßgabe von Art. 202, so hatte der Priester gemäß Art. 205 die Deportation verwirkt. Führte die in der Pastoralschrift enthaltene Aufwiegelung jedoch entsprechend Art. 203 dazu, daß Dritte zu eine schwereren Strafe als der Deportation verurteilt wurden, so war auch der für die Aufwiegelung verantwortliche Priester gemäß Art. 206 mit dieser schwereren Strafe zu belegen. Auch der vierte und letzte Unterabschnitt *De la correspondance des ministres des cultes avec des cours ou puissances étrangères, sur des matières de religion*[888] beinhaltete eine konsequente Umsetzung des laizistischen Prinzips und sollte nicht nur eine Einflußnahme der katholischen Kirche und insbesondere des Papstes auf innen- und außenpolitische Belange verhindern helfen, sondern entsprechende Kontakte auch unter die unmittelbare Kontrolle des Staates stellen, der mithin gegebenenfalls aus diesen Kontakten politischen Nutzen ziehen konnte[889]. So drohte der Gesetzgeber in Art. 207 zunächst jedem Priester eine Geldbuße zwischen 100 und 500 *Francs* sowie eine Gefängnisstrafe zwischen einem Monat und zwei Jahren an, der einem Briefwechsel mit einem fremden Hof oder einer fremden Macht über religiöse Themen unterhielt, ohne zuvor den für die Aufsicht zuständigen kaiserlichen Kultusminister hiervon unterrichtet und dessen Erlaubnis erhalten zu haben. Für den Fall aber, daß die Korrespondenz von anderen Handlungen begleitet war oder solche zur Folge hatte, die den ausdrücklichen Verfügungen eines Gesetzes oder eines kaiserlichen Dekrets zuwiderliefen, so

---

[886] Art. 204 bis 206 C.P. 1810.

[887] Der laizistische Gesetzgeber begründete die Anhebung des Strafmaßes in erster Linie mit der eine besondere kriminelle Energie voraussetzenden schriftlichen Abfassung des Protestes sowie mit dem im Vergleich zur bloßen Predigt ungleich größeren Verbreitungsgrad von gedruckten Schriften. Vergl. Locré, *a.a.O.*, Bd. XXX, S. 251.

[888] Art. 207 bis 208 C.P. 1810.

[889] Vergl. Locré, *a.a.O.*, Bd. XXX, S. 251f.

stellte Art. 208 dem Priester jedenfalls die Verbannungsstrafe in Aussicht. Zog besagte Handlung hingegen eine schwerere Strafe als die der Landesverweisung nach sich, so hatte der Priester nur diese schwerere Strafe verwirkt.

dd.) Der Widerstand, der Ungehorsam und sonstige Verfehlungen gegen die Staatsgewalt

Im vierten Abschnitt *Résistance, désobéissance et autres manquements envers l'autorité publique*[890] regelte das napoleonische Strafgesetzbuch in acht Unterabschnitten und insgesamt 56 Artikeln die gegen die staatliche Autorität gerichteten Verbrechens- und Vergehenstatbestände. Diese umfaßten sowohl den Widerstand gegen die Staatsgewalt, die Beamtenbeleidigung, die gegen Beamte und andere Amtsträger gerichteten gewalttätigen Übergriffe, die Verweigerung gesetzlich geschuldeter Dienste von Militärpersonen, Zeugen und Geschworenen als auch die strafrechtlichen Folgen der Gefangenenflucht, die Verheimlichung von Schwer- und Schwerstkriminellen, den Siegelbruch, die Entwendung, Wegnahme und Zerstörung von hinterlegten Urkunden, die Sachbeschädigung öffentlicher Denkmäler, die Titel- und Amtsanmaßung sowie schließlich die Behinderung der verfassungsmäßig garantierten freien Religionsausübung. Insgesamt maß der auf die unbedingte Wahrung seiner Autorität bedachte napoleonische Gesetzgeber dieser Materie besondere Bedeutung bei, was nicht nur bereits an der vergleichsweise hohen Anzahl der Bestimmungen und der zumeist recht empfindlichen Strafandrohungen sondern insbesondere auch daran deutlich wurde, daß er sich nur sehr partiell an die entsprechenden Regelungen des Strafgesetzbuchs von 1791 anlehnte, diese selbst dann noch im Sinne einer vor allem repressiven und dem Nützlichkeitsprinzip verpflichteten kriminalpolitischen Konzeption erheblich modifizierte, im übrigen aber die überwiegende Anzahl der Tatbestände erstmalig und ohne nennenswerten Rückgriff auf die Strafgesetzgebungen von Revolutionszeit oder *Ancien Régime* systematisch kodifizierte.

Der erste Unterabschnitt *Rébellion*[891] erfaßte zunächst den Grundtatbestand des Widerstandes gegen die Staatsgewalt, den der Gesetzgeber von 1810 unter Anknüpfung an die Terminologie des alten Rechts als Empörung [*rébellion*] bezeichnete und der nur dann erfüllt war, wenn alle seine in Art. 209 aufgeführten Merkmale vorlagen. Während noch das Strafgesetzbuch der Revolutionszeit lediglich einen auf Gewalttaten oder Tätlichkeiten beruhenden Widerstand gefordert hatte, ergänzte der *Code pénal* von 1810 den entsprechenden Wortlaut nunmehr mit dem weitergehenden, aus sich selbst heraus hinreichend klaren

[890] Liv. III, tit. I, chap. III, sect. IV, Art. 209 bis 264 C.P. 1810.
[891] Art. 209 bis 221 C.P. 1810.

Begriff des Angriffs [*attaque*], so daß eine strafbare Empörung zunächst jedenfalls einen mit Gewalttätigkeit oder Tätlichkeiten geführten Angriff oder Widerstand gegen einen Beamten voraussetzte. Ebenso wie nach dem *Code pénal* von 1791 genügten demnach auch nach der napoleonischen Kodifikation sowohl ein bloßes Passivverhalten als auch ein mit Gewalt verbundener Ungehorsam außerhalb der Gegenwart eines Beamten nicht, um den Tatbestand der *rébellion* zu erfüllen[892]. Darüber hinaus versäumte es auch der Gesetzgeber von 1810 zu erläutern, was genau er unter den Begriffen *violences* und *voies de fait* verstanden wissen wollte, so daß der napoleonische Gesetzestext in gleichem Maße wie bereits das Strafgesetzbuch der Revolutionszeit keine genaueren Rückschlüsse auf den einfachen Gewaltbegriff erlaubte. Ein weiteres Tatbestandselement des Widerstandes gegen die Staatsgewalt stellten zudem die in Art. 209 aufgeführten Beamtengruppen dar, denn ein gewaltsamer Angriff oder Widerstand war nur dann als Widerstand gegen die Staatsgewalt im Sinne von Art. 209 anzusehen, wenn er sich gegen einen oder mehrere der limitativ aufgezählten Beamten - denen ja jeder Bürger in ihrer Eigenschaft als Träger staatlicher Gewalt unbedingten Respekt und Gehorsam schuldete - richtete[893]. Während der Wortlaut des Strafgesetzbuchs von 1791 noch jeden Vertreter von Exekutive und Judikative in seine entsprechende Regelung miteinbezogen hatte, definierte der napoleonische Gesetzgeber diesen Personenkreis nunmehr enger und beschränkte ihn auf Justizbedienstete, Feld- oder Waldhüter, Beamte der öffentlichen Gewalt, die zur Erhebung von Taxen und Steuern bestellten Personen sowie deren zur Zwangseintreibung bestellte Hilfskräfte, Zollbeamte, gerichtlich bestellte Zwangsverwalter sowie Beamte oder Vertreter der verwaltenden oder gerichtlichen Polizei. Ähnlich wie nach dem *Code pénal* von 1791 mußten diese Beamten darüber hinaus zum Zeitpunkt der Empörungshandlung grundsätzlich mit der Ausführung von Gesetzen, Befehlen oder Ordonnanzen der öffentlichen Gewalt oder einer ebensolchen Tätigkeit im Hinblick auf Justizbefehle oder Urteile befaßt gewesen sein, damit ein Widerstand gegen sie überhaupt als strafbar erachtet werden konnte[894].

---

[892] Höhn, *a.a.O.*, S. 124; Garraud, *a.a.O.*, Bd. III, S. 379.

[893] Vergl. Locré, *a.a.O.*, Bd. XXX, S. 293f.

[894] Ob die jeweilige Beamtentätigkeit jedoch rechtmäßig sein mußte oder ob die rechtswidrige Handlung eines Beamten möglicherweise sogar ein straffreies Widerstandsrecht des Bürgers gestattete, darüber schwieg sich der napoleonische Gesetzgeber allerdings aus. Im Gegensatz zu den Urhebern des *Code pénal* von 1791 ließ er jedenfalls das dort eingefügte Wort *légalement* aus. Daraus kann man schließen, daß der autoritäre Gesetzgeber von 1810 die Rechtmäßigkeit der Amtshandlung in Anlehnung an die Gepflogenheiten alten Rechts als unwesentlich für die Strafbarkeit der Empörung erachtete und es das 1791 anerkannte Widerstandsrecht gegen unrechtmäßige Handlungen des Fiskus nicht mehr geben sollte. Dies bedeutete einen erheblichen Rückschritt gegenüber dem Strafgesetzbuch von 1791 und damit eine empfindliche Beeinträchtigung der Rechtssicherheit des Bürgers. Möglicherweise handelte es sich bei der Auslassung aber auch um ein bloßes Redaktionsversehen, was allerdings im Hinblick auf den diktatorischen Charakter der napoleonischen Herrschaft und

Ebenso wie nach dem Strafgesetzbuch der Revolutionszeit war es auch nach der napoleonischen Kodifikation im Hinblick auf die Strafzumessung zunächst von ausschlaggebender Bedeutung, wieviele Personen Widerstand gegen die Staatsgewalt geleistet hatten und ob sie bei Deliktsverwirklichung bewaffnet waren oder nicht[895]. Verwirklichten mehr als zwanzig bewaffnete Personen den Tatbestand der *rébellion*, so waren sie gemäß Art. 210 in Ansehung des von ihnen ausgehenden Gefahrenpotentials jedenfalls zu zeitiger Zwangsarbeit zu verurteilen, während ihnen lediglich die Einsperrung in einem Zuchthaus drohte, wenn sie keinerlei Waffen bei sich geführt hatten. Auf die Zuchthausstrafe mußte nach Art. 211 auch dann erkannt werden, wenn die Empörung von einer bewaffneten Vereinigung [*réunion armée*] von drei bis einschließlich zwanzig Personen verübt worden war. Aber auch dieser kleinere Personenkreis wurde erheblich weniger hart bestraft, wenn bei Deliktsverwirklichung keinerlei Waffen mitgeführt worden waren, denn in diesem Fall schrieb der Gesetzgeber lediglich die Verhängung einer Gefängnisstrafe zwischen sechs Monaten und zwei Jahren vor. Diese Strafe verwirkten nach Art. 212 ferner auch diejenigen Personen, die sich entweder allein oder nur zu zweit bewaffnet gegen die Staatsgewalt aufgelehnt hatten. Auch hier verringerte sich die Strafandrohung auf eine lediglich sechstägige bis sechsmonatige Gefängnisstrafe, wenn der oder die Täter ohne Waffen Widerstand geleistet hatten. Für den Fall, daß die Empörung mittels einer Bande oder einer Zusammenrottung stattgefunden hatte, erklärte der Gesetzgeber - wohl vor allem um den Empörern Anreiz zum Aufgeben zu geben - darüber hinaus in Art. 213 die bereits erörterten privilegierenden Bestimmungen des Art. 100 im Hinblick auf bloße Mitläufer für entsprechend anwendbar[896]. Die verhältnismäßig weite, der Strafgesetzgebung der Revolutionszeit noch unbekannte Legaldefinition der bewaffneten Vereinigung statuierte der napoleonische Gesetzgeber anschließend in Art. 214 und sah dementsprechend jede zur Begehung eines Verbrechens oder Vergehens gebildete Vereinigung mehrerer Personen dann als *réunion armée* an, wenn mehr als zwei Personen sichtbar Waffen trugen. Eine Sonderregelung für solche Personen, die als Teil einer als unbewaffnet geltenden Vereinigung dennoch Waffen versteckt bei sich führten, traf der Gesetzgeber darüber hinaus in Art. 215, denn besagte Personen mußten bei der Strafzumessung stets so behandelt werden, als seien sie tatsächlich Teil einer bewaffneten Vereinigung gewesen. Insbesondere um Plünderungen und Gewaltverbrechen anläßlich von Empörungen entgegenzuwirken sollten zudem Urheber von Straftaten, die während und anläßlich einer *rébellion* verübt worden waren, gemäß Art. 216 grundsätzlich dann mit den für diese Delikte vorgesehenen Strafen belegt werden, wenn diese die auf

---

den nicht von ungefähr kommenden Rückgriff auf die Terminologie des *Ancien Régime* eher unwahrscheinlich sein dürfte. Insgesamt war diese Frage in der späteren französischen Literatur und Rechtsprechung äußerst umstritten. Vergl. hierzu näher: Höhn, *a.a.O.*, S. 126ff.

[895] Vergl. Locré, *a.a.O.*, Bd. XXX, S. 252f., 294f.

[896] Vergl. Locré, *a.a.O.*, Bd. XXX, S. 253.

Empörung stehenden Strafen überstiegen. Der Empörung machte sich darüber hinaus gemäß Art. 217 Abs. 1 aber auch derjenige gleichsam als intellektueller Urheber schuldig, der entweder durch an öffentlichen Orten oder in Versammlungen gehaltene Reden, durch Anschlagen von Plakaten oder aber mittels gedruckter Schriften zu einer tatsächlich stattgefundenen Empörung angereizt hatte. Zog seine Aufreizung allerdings keine *rébellion* nach sich, so drohte dem Aufwiegler nach Art. 217 Abs. 2 lediglich eine sechstägige bis einjährige Gefängnisstrafe. Zusätzlich zu allen wegen Empörung verwirkten Gefängnisstrafen konnten die nicht maßgeblich an der Empörung beteiligten Delinquenten gemäß Art. 218 mit einer Geldbuße zwischen sechzehn und 200 *Francs* belegt werden, während die als besonders gefährlich für die Gesellschaft angesehenen Rädelsführer der Empörung sowie diejenigen, die zur Empörung aufgereizt hatten, über die Hauptstrafe hinaus gemäß Art. 221 aus spezialpräventiven Erwägungen noch mit der Verhängung einer fünf- bis zehnjährigen Polizeiaufsicht rechnen mußten[897].

Wohl vor allem um Aufstände von Arbeitern, Ausbrüche von internierten Epidemiekranken sowie Meutereien in Strafvollzugsanstalten entgegenzuwirken, stellte der Gesetzgeber von 1810 in Art. 219 schließlich noch solche Versammlungen einer Vereinigung von Empörern gleich, die von einem genau bestimmten Personenkreis entweder mit oder ohne Waffen gebildet und von Gewalttätigkeiten oder Drohungen gegen die administrative Gewalt, gegen Polizeibeamte und -agenten oder gegen die öffentliche Gewalt begleitet worden waren. Zu diesem Personenkreis zählten Arbeiter oder Tagelöhner in öffentlichen Werkstätten oder Fabriken, Personen, die in Hospitälern Aufnahme gefunden hatten sowie beschuldigte, angeklagte oder bereits verurteilte Strafgefangene. Für den letztgenannten Personenkreis enthielt Art. 220 darüber hinaus insofern eine Sonderregelung, als er den Zeitpunkt des Strafantritts genau bestimmte. Hiernach hatten diejenigen, die aufgrund anderer Delikte weder zur Todes- noch zu einer lebenslangen Strafe verurteilt waren oder noch wurden, die Empörungsstrafe unmittelbar nach erfolgter Verbüßung dieser ersten Strafe anzutreten[898], während alle anderen die Strafe erst unmittelbar nach ihrem in letzter Instanz gefällten Freispruch oder ihrer Strafloserklärung verbüßen mußten.

Im zweiten Unterabschnitt *Outrages et violences envers les dépositaires de l'autorité et de la force publique*[899] beschäftigte sich der autoritäre napoleonische Gesetzgeber mit der Beamtenbeleidigung sowie mit den gegen Beamte und andere

---

[897] Vergl. Locré, *a.a.O.*, Bd. XXX, S. 295f.

[898] Eine Verschärfung einer lebenslangen Strafe oder gar eine Qualifizierung der Todesstrafe kam nicht in Betracht, so daß ein auf Lebenszeit oder gar zum Tode verurteilter Delinquent im Falle der *rébellion* letztlich straflos blieb.

[899] Art. 222 bis 233 C.P. 1810.

Amtsträger gerichteten Gewalttätigkeiten und belegte die Verwirklichung dieser Delikte insbesondere deshalb mit vergleichsweise empfindlichen Strafen, weil er die begangene Tat weniger als Verletzung einer Einzelperson sondern vielmehr als eine auf mangelndem Respekt vor staatlichen Behörden beruhende Beeinträchtigung der öffentlichen Ordnung begriff[900]. Während sich die strafbare Beamtenbeleidigung noch nach dem Strafgesetzbuch der Revolutionszeit lediglich auf Handgreiflichkeiten und Körperverletzungen beschränkt und nur das *Décret relatif à l'organisation d'une police municipale et correctionnelle* vom 19./22. Juli 1791 sowohl Verbalinjurien als auch beleidigende Gesten umfaßt hatte[901], regelte der nunmehr erheblich erweiterte Beleidigungstatbestand der napoleonischen Kodifikation neben der keinen konkreten Verletzungserfolg voraussetzenden, stets als besonders schwerwiegend erachteten Anwendung körperlicher Gewalt auch Verbalinjurien [*outrage par paroles*], beleidigende Gesten [*outrage par gestes*] sowie Drohungen [*outrages par menaces*]. In Anlehnung an die Strafgesetzgebung von 1791 waren allerdings sowohl der Verletzungs- als auch der eigentliche Beleidigungstatbestand nur dann erfüllt, wenn die Tat gegen einen Beamten während oder anläßlich der Ausübung seines Dienstes begangen wurde. War dies nicht der Fall, so sah der Gesetzgeber von 1810 das Delikt nicht als Verstoß gegen das Gemeinwohl an, sondern ahndete es nach den für Verbrechen und Vergehen gegen Privatpersonen geltenden, regelmäßig eine erheblich mildere Strafandrohung beinhaltenden Bestimmungen.

Anders als das Strafgesetzbuch der Revolutionszeit, das noch eine einheitliche, von Funktion und Rang des beleidigten Amtsträgers sowie vom Begehungsort unabhängige Strafandrohung für alle Beamtenbeleidigungen vorgesehen hatte, war es für die genau abgestufte Strafzumessung des *Code pénal* von 1810 von erheblicher Bedeutung, ob es sich bei dem beleidigten Amtsträger um einen Richter oder lediglich einen anderen Träger öffentlicher Gewalt handelte und ob das Delikt im Rahmen einer Gerichtssitzung oder andernorts verübt worden war, denn der napoleonische Gesetzgeber betrachtete sowohl den Rang des beleidigten bzw. verletzten Amtsträgers als auch die öffentlich im Gerichtssaal begangene und damit die Würde des Gerichts verletzende Tat grundsätzlich als schuld- und damit straferhöhende Elemente[902]. Darüber hinaus richtete sich die Höhe der angedrohten Strafen vor allem nach dem Grad der dem Amtsträger zugefügten Beleidigungen und körperlichen Verletzungen sowie bei letzteren auch danach, ob der Delinquent sein Opfer mit Vorbedacht verletzt oder ihm zuvor gar hinterhältig aufgelauert hatte[903]. Dementsprechend stellte Art. 222 Abs. 1 zunächst demjenigen eine vergleichsweise empfindliche Gefängnisstrafe zwischen einem Monat und zwei

---

900 Vergl. Locré, *a.a.O.*, Bd. XXX, S. 254f.
901 Vergl. Tit. II, Art. 19.
902 Vergl. Locré, *a.a.O.*, Bd. XXX, S. 158, 254f.
903 Vergl. Locré, *a.a.O.*, Bd. XXX, S. 255.

Jahren in Aussicht, der einen ordentlichen oder Verwaltungsrichter während dessen Amtsausübung verbal beleidigte[904]. Stieß der Beleidiger die Verbalinjurien allerdings während einer Gerichtssitzung aus, so hatte er gemäß Art. 222 Abs. 2 eine ungleich höhere zwei- bis fünfjährige Gefängnisstrafe verwirkt. Beleidigte er den Richter hingegen durch Gesten oder stieß sogar gegen ihn gerichtete Drohungen aus, so belegte ihn Art. 223 bereits mit einer ein- bis sechsmonatigen Gefängnisstrafe, die sich dann auf eine mindestens einmonatige bis höchstens zweijährige Haftzeit erhöhte, wenn dies im Rahmen einer Gerichtssitzung geschehen war. Richteten sich die beleidigenden Worte, Gesten oder Drohungen jedoch lediglich gegen Urkundsbeamte oder andere Vertreter der öffentlichen Gewalt, so war nach Art. 224 lediglich auf eine Geldbuße zwischen sechzehn und 200 *Francs* zu erkennen. Immerhin noch eine Gefängnisstrafe zwischen sechs Tagen und einem Monat hatte der Beleidiger gemäß Art. 225 dann zu gegenwärtigen, wenn er besagte Beleidigungen einem Befehlshaber der öffentlichen Gewalt zufügte. In allen mit Gefängnisstrafen belegten Fällen konnte der Beleidiger darüber hinaus nach Art. 226 zusätzlich dazu verurteilt werden, gegenüber dem beleidigten Beamten entweder mündlich am ersten Verhandlungstag oder aber schriftlich Abbitte zu tun. Für den Zeitpunkt des Strafantritts war die Abbitte dabei insofern von Bedeutung, als die erkannte Gefängnisstrafe erst von dem Zeitpunkt an gerechnet wurde, in dem der Delinquent die Abbitte auch tatsächlich geleistet hatte. Die komplementäre Nebenstrafe der Abbitte beschränkte sich jedoch nicht auf die Gefängnisstrafe, sondern konnte gemäß Art. 227 auch zur Geldbuße hinzutreten und dann mittels des persönlichen Arrestes erzwungen werden, wenn sie der Beleidiger verzögerte oder sogar ganz verweigerte.

Die unmittelbare Gewaltanwendung gegen Amtsträger erfaßte schließlich Art. 228 Abs. 1 und stellte grundsätzlich jedem eine vergleichsweise hohe Gefängnisstrafe zwischen zwei und fünf Jahren in Aussicht, der einen Richter schlug. Hierbei kam es nicht darauf an, ob der Angreifer bei Tatbegehung Waffen benutzte oder es bei einfachen Schlägen mit der bloßen Hand beließ. Ohne Einfluß auf die Strafzumessung war auch, ob der mißhandelte Richter tatsächlich Verletzungen davongetragen hatte. Waren die Tätlichkeiten allerdings während einer Gerichtssitzung begangen worden, hatte der Angreifer nach Art. 228 Abs. 2 die ungleich härtere und zudem entehrende Prangerstrafe verwirkt. Darüber hinaus konnte der Angreifer nach Art. 229 Abs. 1 und 2 in beiden Fällen dazu verurteilt werden, sich nach Strafverbüßung für die Dauer von mindestens fünf und höchstens zehn Jahren vom Amtssitz des Richters fernzuhalten und dabei eine Mindestentfernung von zwanzig Kilometern einzuhalten. Für den Fall, daß der

[904] Das Reformgesetz von 1863 setzte hier die untere Grenze des Strafrahmens auf nurmehr fünfzehn Tage Gefängnishaft herab.

Delinquent dieser Verfügung vor Ablauf des hierfür bestimmten Zeitraumes zuwiderhandelte, drohte ihm gemäß Art. 229 Abs. 3 schließlich die Verbannungsstrafe. Richteten sich diese Tätlichkeiten hingegen gegen einen sonstigen Beamten, einen beliebigen Vertreter der öffentlichen Gewalt oder aber gegen einen mit der Verrichtung öffentlicher Aufgaben beliehenen Bürger, hatte der Angreifer gemäß Art. 230 lediglich mit einer vergleichsweise milden ein- bis sechsmonatigen Gefängnisstrafe zu rechnen. Zogen die Gewalttätigkeiten jedoch einen Blutverlust, Körperverletzungen oder eine Krankheit des Amtsträgers nach sich, so ließ der Gesetzgeber in Ansehung dieses gewichtigen Verletzungserfolges die aufgezeigte Differenzierung zwischen den verschiedenen Amtsträgern hinsichtlich der Strafandrohung entfallen und der Delinquent war nach Art. 231 in jedem Fall zur Einsperrung in einem Zuchthaus zu verurteilen. Starb der Verletzte jedoch aufgrund der Gewalteinwirkung binnen 40 Tagen, so hatte der Delinquent allerdings die Todesstrafe verwirkt. Mit der Zuchthausstrafe war gemäß Art. 232 auch derjenige zu belegen, der einen beliebigen Amtsträger mit Vorbedacht [*préméditation*] schlug oder ihm die Schläge aufgrund eines eigens hierfür gelegten Hinterhalts [*guet-apens*] beibrachte. Hatten die dem Amtsträger zugefügten Körperverletzungen schließlich sogar ein Mordmerkmal verwirklicht, so war auf nach Art. 233 stets auf die Verhängung der Todesstrafe zu erkennen.

Der folgende Unterabschnitt *Refus d'un service dû légalement*[905] erfaßte schließlich die noch im *Code pénal* von 1791 unberücksichtigt gebliebene Materie der Verweigerung von gesetzlich geschuldeten Diensten durch Militärpersonen sowie Zeugen und Geschworene und stellte in Art. 234 zunächst demjenigen Befehlshaber, Offizier oder Unteroffizier der öffentlichen Gewalt eine ein- bis dreimonatige Gefängnisstrafe in Aussicht, der sich weigerte, die unter seinem Befehl stehenden Kräfte in Tätigkeit zu versetzen, obwohl er dazu von der zuständigen Zivilbehörde rechtmäßig aufgefordert worden war. Hiervon blieben nach Art. 235 allerdings diejenigen Strafgesetze und Verordnungen unberührt, die sich auf die allgemeine Wehrpflicht bezogen. Mit der gleichen Strafe mußten darüber hinaus nach Art. 236 auch Zeugen und Geschworene rechnen, die für falsch befundene Entschuldigungsgründe vorgeschützt hatten, um ihren Verpflichtungen nicht nachkommen zu müssen. Unbeschadet der für ihr Ausbleiben zu verhängenden Geldbußen waren sie zu einer sechstägigen bis zweimonatigen Gefängnisstrafe zu verurteilen.

Der vierte Unterabschnitt *Évasion de détenus, recèlement de criminels*[906] erfaßte anschließend sowohl die strafrechtlichen Folgen einer Gefangenenflucht als auch die strafbare Verheimlichung von Schwer- und Schwerstkriminellen. Während das

---

905 Art. 234 bis 236 C.P. 1810.
906 Art. 237 bis 248 C.P. 1810.

Strafgesetzbuch der Revolutionszeit sowohl das Verstecken als auch das Verheimlichen von Delinquenten noch straffrei belassen und auch bei der Gefangenenflucht im Rahmen der Amtsdelikte lediglich die vorsätzlich Fluchthilfe leistenden unmittelbaren Aufsichtspersonen, nicht aber den bloß flüchtenden Gefangenen oder gar Dritte mit Strafe belegt hatte, bedrohte der auf unbedingte Repression bedachte napoleonische Gesetzgeber nicht nur den Verbrecher verheimlichenden Dritten sondern auch das bloß fahrlässig Fluchthilfe leistende Aufsichtspersonal und Dritte sowie - allerdings nur unter bestimmten Voraussetzungen - auch den flüchtenden Gefangenen selbst mit genau nach der Tragweite des Delikts abgestuften, durchweg empfindlichen Strafen. Den 1791 seinem Wortlaut nach noch vergleichsweise eng gezogenen Kreis der unmittelbaren Aufsichtspersonen erweiterte der Gesetzgeber von 1810 zudem insofern beträchtlich, als daß letztlich alle Personen, die entweder direkt oder auch nur mittelbar mit dem Gefangenen in Kontakt kamen, nach Maßgabe von Art. 237 mit in die Strafandrohung einbezogen wurden, die sich nunmehr auf die Vollstreckungsbeamten, die Ober- oder Unterbefehlshaber von Gendarmerie oder Streitkräften, die den Gefangenen zu begleiten oder zu bewachen hatten, die Gefängnisaufseher, die Gefangenenwärter, die Kerkermeister sowie alle anderen Personen erstreckte, denen die Begleitung, der Transport oder die Bewachung des Gefangenen anvertraut worden war.

Im Hinblick auf die Art und Dauer der jeweils verwirkten Strafe kam es zunächst vor allem auf die Schwere des vom flüchtigen Gefangenen zuvor verwirklichten Delikts und mithin auf die ihm zugemessene Gefährlichkeit an. Weiterhin war bedeutsam, ob der jeweiligen Aufsichtsperson entweder Fahrlässigkeit [*négligence*] bei ihrer Pflichterfüllung oder gar ein heimliches Einverständnis [*connivence*] mit dem entwichenen Gefangenen vorgeworfen werden konnte. Darüber hinaus beruhte die jeweilige Strafzumessung insbesondere auch darauf, ob die Flucht entweder mittels Gewalttätigkeit [*violence*] oder durch einen letzlich gleichfalls (Sach-) Gewalt beinhaltenden Gefängnisausbruch [*bris de prison*] versucht oder tatsächlich verwirklicht worden war[907]. Beschuldigte man also den Entwichenen, Vergehen oder solche Verbrechen verübt zu haben, die lediglich entehrende Strafen nach sich zogen, oder handelte es sich um einen Kriegsgefangenen, so waren die mit seiner Bewachung oder Begleitung beauftragten Personen dann gemäß Art. 238 Abs. 1 mit einer bereits relativ harten sechstägigen bis zweijährigen Gefängnisstrafe zu belegen, wenn ihnen bei ihrer Pflichterfüllung lediglich Fahrlässigkeit vorgeworfen werden konnte. Hatten sie allerdings nachweislich in heimlichem Einverständnis mit dem Flüchtigen gehandelt, war stets auf eine ungleich empfindlichere sechsmonatige bis zweijährige Gefängnisstrafe zu erkennen. Alle anderen nicht mit der Bewachung

[907] Vergl. Locré, *a.a.O.*, Bd. XXX, S. 256f.

oder Begleitung betrauten Personen hatten hingegen nach Art. 238 Abs. 2 nur mit einer sechstägigen bis dreimonatigen Gefängnishaft zu rechnen, wenn sie dem Gefangenen entweder zur Flucht verholfen oder dieselbe anderweitig begünstigt hatten. Handelte es sich bei dem Flüchtigen jedoch um einen Gefangenen, der eines Verbrechens beschuldigt oder angeklagt war, dessen Verwirklichung eine zeitige Leibesstrafe nach sich zog, oder war er bereits wegen eines solchen Verbrechens verurteilt worden, so verwirkten nach Art. 239 Abs. 1 zunächst fahrlässig handelnde Bewachungs- oder Begleitpersonen bereits eine zwei- bis sechsmonatige Gefängnisstrafe. Hatten sie dem Gefangenen die Flucht sogar aufgrund eines heimlichen Einverständnisses ermöglicht, so belegte sie der Gesetzgeber mit der erheblich härteren Zuchthausstrafe. Dritten drohte darüber hinaus nach Art. 239 Abs. 2 eine mindestens dreimonatige und höchstens zweijährige Gefängnisstrafe, wenn sie Fluchthilfe geleistet oder das Entweichen anderweitig begünstigt hatten. Wurde der Entwichene schließlich eines Verbrechens beschuldigt oder angeklagt, dessen Verwirklichung entweder die Kapital- oder eine lebenslange Strafe nach sich zog, oder war er zu einer solchen Strafe bereits verurteilt worden, verwirkten seine Aufsichtspersonen bei Fahrlässigkeit gemäß Art. 240 Abs. 1 eine ein- bis zweijährige Gefängnisstrafe und im Fall eines heimlichen Einverständnisses jedenfalls die zeitige Zwangsarbeit. Allen anderen Personen drohte bei Fluchtermöglichung oder -erleichterung nach Art. 240 Abs. 2 jedoch eine empfindliche Gefängnisstrafe zwischen einem und fünf Jahren. Ebenfalls an der Schwere des dem entwichenen Gefangenen zur Last gelegten Delikts orientierte sich schließlich die Strafandrohung für den Fall, daß die Flucht entweder mittels Gewalttätigkeit oder durch einen Gefängnisausbruch versucht oder tatsächlich verwirklicht worden war. Entsprechend der in Art. 238ff festgelegten Differenzierung der Gefangenen belegte der Gesetzgeber gemäß Art. 241 deshalb all diejenigen Personen, die die Flucht durch das Herbeischaffen von geeignetem Werkzeug begünstigt hatten entweder mit Gefängnisstrafen von drei Monaten bis zu zwei bzw. von zwei bis zu fünf Jahren oder aber mit der Zuchthausstrafe[908]. In allen aufgeführten Fällen waren darüber hinaus gemäß Art. 242 auch Dritte, die entweder zur Flucht verholfen oder sie lediglich erleichtert hatten, dann zu den gleichen Strafen wie die Wächter oder Kerkermeister zu verurteilen, wenn sie diese entweder bestochen oder mit ihnen sogar einverständlich zusammengewirkt hatten. Nur geringfügig milder als für das Aufsichtspersonal fiel das Strafmaß für Dritte allerdings dann aus, wenn sie die auf Gewalttätigkeit oder Ausbruch beruhende Flucht durch die Übersendung von Waffen begünstigt hatten, denn während das hieran beteiligte Wachpersonal gemäß Art. 243 grundsätzlich die lebenslange Zwangsarbeit verwirkte, belegte der Gesetzgeber den Dritten mit zeitiger Zwangarbeit. Den Schutz der durch die Flucht

---

908 Das Reformgesetz von 1863 senkte diese Strafandrohung schließlich entsprechend auf eine dreimonatige bis zweijährige bzw. ein- bis vierjährige bzw. zwei- bis fünfjährige Gefängnisstrafe herab.

des Gefangenen geschädigten Dritten bezweckte der Gesetzgeber schließlich mit der folgenden Bestimmung, die die Schadenersatzpflicht des Entwichenen für Körper- und Vermögensschäden anderer auf diejenigen Personen übertrug, die die Flucht in heimlichem Einverständnis entweder ermöglicht oder begünstigt hatten. Sie waren nach Art. 244 gesamtschuldnerisch auf Ersatz desjenigen Schadens zu verurteilen, den der Entwichene zivilrechtlich zu leisten verpflichtet gewesen wäre.

Während auch der napoleonische Gesetzgeber Gefangene aus humanitären Erwägungen grundsätzlich dann straffrei beließ, wenn sich diese ihrer Haft ohne Anwendung verbrecherischer Mittel entzogen oder zu entziehen versuchten[909], stellte er ihnen hingegen in Art. 245 dann eine sechsmonatige bis einjährige Gefängnisstrafe in Aussicht, wenn sie ihre Freiheit mittels Gewalt oder durch einen Gefängnisausbruch zu erreichen versuchten. Diese Strafe war entweder unmittelbar nach Ablauf der bereits verhängten Strafe oder aber unmittelbar nach einem in letzter Instanz gefällten Freispruch bzw. einer Strafloserklärung zu verbüßen. Von dieser Regelung unberührt blieben allerdings schwerere Strafen für solche Verbrechen, die der Gefangene im Rahmen seiner Gewalttätigkeiten darüber hinaus noch beging. Alle an der Flucht beteiligten Personen sowie der Gefangene selbst konnten zudem gemäß Art. 246 dann mit einer Polizeiaufsicht zwischen fünf und zehn Jahren belegt werden, wenn sie eine mehr als sechsmonatige Gefängnisstrafe verwirkt hatten. Eine Privilegierung der wegen Fahrlässigkeit zu Gefängnisstrafe verurteilten Vollstreckungs- und Aufsichtspersonen enthielt darüber hinaus die folgende Bestimmung, denn die über diesen Personenkreis verhängten Gefängnisstrafen waren gemäß Art. 247 dann aufzuheben, wenn der entwichene Gefangene binnen vier Monaten wieder aufgegriffen werden konnte und seine Verhaftung nicht auf anderen zwischenzeitlich begangenen Verbrechen oder Vergehen beruhte[910].

Im Hinblick auf das stets nur vorsätzlich begehbare Delikt der dem *Code pénal* von 1791 unbekannten Verheimlichung von Schwer- und Schwerstkriminellen stellte Art. 248 Abs. 1 in Anlehnung an die Strafgesetzgebung des *Ancien Régime* schließlich demjenigen eine Gefängnisstrafe zwischen drei Monaten und zwei Jahren in Aussicht, der den zuständigen Behörden eine Person verheimlichte oder verheimlichen ließ, obwohl ihm bekannt war, daß diese Person mit Leibesstrafen belegte Verbrechen begangen hatte[911]. Von dieser Regelung waren allerdings

---

[909] Vergl. Locré, *a.a.O.*, Bd. XXX, S. 256.

[910] Diese Bestimmung ersetzte eine ähnliche, noch zu Revolutionszeiten getroffene Regelung, nach der die entsprechende Strafe bei Wiederaufgreifen des Gefangenen aber lediglich um die Hälfte herabgesetzt wurde. Vergl. Art. 13 der *Loi relative aux préposés à la garde des détenus* vom 4. Vendémiaire des Jahres VI (25. September 1797). Der Gesetzestext ist abgedruckt in: Duvergier, *a.a.O.*, Bd. X, S. 62ff.

[911] Vergl. Locré, *a.a.O.*, Bd. XXX, S. 300.

gemäß Art. 248 Abs. 2 unter Rücksicht auf familiäre Belange die mit dem verheimlichten Verbrecher in auf- oder absteigender Linie verwandten Personen, sein gegenwärtiger oder geschiedener Ehegatte, seine Geschwister sowie diejenigen Personen privilegierend ausgenommen, die mit ihm ersten Grades verschwägert waren[912].

Im fünften Unterabschnitt *Bris de scellés et enlèvement de pièces dans les dépôts publics*[913] erfaßte der napoleonische Gesetzgeber sowohl die im *Code pénal* der Revolutionszeit noch unberücksichtigt gebliebene Materie des Siegelbruchs[914] als auch die 1791 im Rahmen der Amtsdelikte allenfalls ansatzweise abgehandelte Entwendung, Wegnahme und Zerstörung von hinterlegten Urkunden. Für die Art und Höhe der hier zu verhängenden, zumeist recht empfindlichen Strafen war insbesondere von Bedeutung, ob der mit Strafe bedrohte Personenkreis fahrlässig oder aber mit Vorsatz gehandelt hatte und ob ihm die Verwahrung des Siegels oder der hinterlegten Urkunden ausdrücklich anvertraut worden war[915]. Unabhängig von diesen generellen Strafzumessungskriterien belegte allerdings Art. 256 ohne Ansehen der Person jedweden Siegelbruch sowie jede Entwendung, Wegnahme oder Zerstörung von Urkunden grundsätzlich stets dann mit zeitiger Zwangsarbeit, wenn diese Delikte mit Personengewalt begangen worden waren. Zunächst aber verwirkte jeder Verwahrer eines versiegelten Gegenstandes nach Art. 249 eine bereits vergleichsweise strenge sechstägige bis sechsmonatige Gefängnisstrafe, wenn ein auf Befehl der Regierung oder aufgrund richterlicher Verfügung angebrachtes Siegel durch Dritte erbrochen wurde und dem Verwahrer bei der Ausübung seiner Obhutspflichten lediglich Fahrlässigkeit vorgeworfen werden konnte. Handelte es sich bei den versiegelten Gegenständen jedoch um die Papiere und Effekten einer als Schwerverbrecher beschuldigten, angeklagten oder bereits mit der Todesstrafe, der lebenslangen Zwangsarbeit oder der Deportation verurteilten Person, so erhöhte sich das Strafmaß für den fahrlässig handelnden Verwahrer gemäß Art. 250 auf eine sechsmonatige bis zweijährige Gefängnisstrafe. Erbrach der Verwahrer allerdings absichtlich selbst das auf besagten Papieren und Effekten angebrachte Siegel oder nahm er auch nur daran teil, so verwirkte er nach Art. 251 bereits die zeitige Zwangsarbeit, während Dritte bei gleicher Begehensweise lediglich mit der Zuchthausstrafe belegt wurden[916].

---

912 Vergl. Locré, *a.a.O.*, Bd. XXX, S. 256.

913 Art. 249 bis 256 C.P. 1810.

914 Diese Lücke ist erst durch das in seiner Strafandrohung überaus strenge *Décret contenant des dispositions relatives aux gardiens des scellés* vom 20. Nivose des Jahres II (9. Januar 1794) geschlossen worden. Der Gesetzestext ist abgedruckt in: Duvergier, *a.a.O.*, Bd. VI, S. 476.

915 Vergl. Locré, *a.a.O.*, Bd. XXX, S. 301f.

916 Erst das Reformgesetz von 1863 milderte diese empfindliche Strafandrohung schließlich auf eine mit einer Geldbuße zwischen 50 und 2000 *Francs* verbundene ein- bis dreijährige bzw. zwei- bis fünfjährige Gefängnisstrafe herab.

Eine höhere Strafe drohte dem Verwahrer auch für den Bruch von Siegeln anderer Art, denn während Art. 252 Dritten hierfür lediglich eine Gefängnisstrafe zwischen sechs Monaten und zwei Jahren in Aussicht stellte, mußte der straffällig gewordene Verwahrer mit einer ebensolchen Strafe zwischen zwei und fünf Jahren rechnen. In Art. 253 stellte der Gesetzgeber darüber hinaus jeden mittels eines Siegelbruchs begangenen Diebstahl in der Straffolge einem Einbruchdiebstahl gleich. Wurden hingegen Kriminalaktenstücke oder -prozeßakten, oder andere Papiere, Register, Urkunden und Effekten entwendet, zerstört oder weggenommen, die sich in Archiven, Kanzleien oder öffentlichen Verwahrungsorten befanden oder einem öffentlichen Verwahrer zugestellt worden waren, so belegte der Gesetzgeber die betreffenden Gerichtsschreiber, Archivare, Notare oder Verwahrer dann mit Strafe, wenn ihnen zumindest eine fahrlässige Erfüllung ihrer Obhutspflichten nachgewiesen werden konnte. War dies der Fall, so mußten sie gemäß Art. 254 bereits mit der Verhängung einer vergleichsweise hohen Gefängnisstrafe zwischen drei Monaten und einem Jahr sowie einer überaus empfindlichen Geldbuße zwischen 100 und 300 *Francs* rechnen. Machte sich der jeweilige Verwahrer sogar selbst einer entsprechenden Entwendung, Wegnahme oder Zerstörung schuldig, so verwirkte er nach Art. 255 stets die zeitige Zwangsarbeit während ein Dritter mit der milderen Zuchthausstrafe belegt wurde.

Während der nur eine Bestimmung umfassende sechste Unterabschnitt *Dégradation de monuments* lediglich die von den Urhebern des *Code pénal* von 1791 noch ignorierte Materie[917] der Beschädigung öffentlicher, auch Kreuze oder andere religiöse Symbole beinhaltender Denkmäler erfaßte[918] und diese Akte gemäß Art. 257 mit einer Gefängnisstrafe von einem Monat bis zu zwei Jahren sowie einer recht empfindlichen Geldbuße zwischen 100 und 500 *Francs* ahndete[919], regelte der napoleonische Gesetzgeber im folgenden Unterabschnitt *Usurpation de titres ou fonctions*[920] die 1791 gleichfalls noch unberücksichtigt gebliebene Materie der Titel- und Amtsanmaßung[921] und stellte in Art. 258

[917] Allerdings stellte später das *Décret concernant la peine applicable pour dégradation de monuments nationaux* vom 6./16. Juni 1793 (abgedruckt in: Duvergier, *a.a.O.*, Bd. V, S. 396) jedem die Verhängung einer zweijährigen Kettenstrafe in Aussicht, der nationale Monumente beschädigte.

[918] Vergl. Locré, *a.a.O.*, Bd. XXX, S. 228f.

[919] Diese Bestimmung schloß im übrigen eine zivilrechtliche Inanspruchnahme des Täters auf Schadenersatz nicht aus. Vergl. Locré, *a.a.O.*, Bd. XXX, S. 162f.

[920] Art. 258 bis 259 C.P. 1810.

[921] Allerdings bedrohte bereits das *Décret relatif aux citoyens qui seraient revêtus d'une décoration qu'ils n'ont pas le droit de porter, et aux commissaires des municipalités, chargés de faire des visites domiciliaires* vom 15./16. September 1792 (abgedruckt in: Duvergier, *a.a.O.*, Bd. IV, S. 527) denjenigen mit einer zweijährigen Kettenstrafe, der unberechtigt Amtskleidung angelegt hatte. Hatte er darüber hinaus unberechtigt amtliche Funktionen ausgeübt, so mußte über ihn die Todesstrafe verhängt werden.

zunächst demjenigen eine zwei- bis fünfjährige Gefängnisstrafe in Aussicht, der sich unberechtigt entweder in öffentliche, zivile oder militärische Amtsverrichtungen einmischte oder gar selbst entsprechende Amtshandlungen vornahm und so in den Augen des Gesetzgebers einen mangelnden Respekt vor dem geltenden Recht zeigte[922]. Hiervon blieb allerdings eine etwaige Strafverfolgung wegen Fälschung unberührt. Eine lediglich sechsmonatige bis zweijährige Gefängnisstrafe verwirkte gemäß Art. 259 hingegen, wer entweder öffentlich lediglich eine ihm nicht zustehende Amtskleidung, Uniform oder Auszeichnung trug oder kaiserliche Titel führte, die ihm nicht rechtmäßig verliehen worden waren.

Die zwar nicht vom *Code pénal* von 1791, wohl aber vom *Décret relatif à l'organisation d'une police municipale et correctionnelle* vom 19./22. Juli 1791[923] grundsätzlich berücksichtigte Behinderung der freien Religionsausübung erfaßte der nunmehr laizistische Gesetzgeber von 1810 zwar im achten und zugleich letzten Unterabschnitt *Entraves au libre exercice des cultes*[924], belegte die entsprechenden Verstöße aber aufgrund ihrer lediglich mittelbaren Auswirkungen auf staatliche Belange lediglich mit vergleichsweise milden Strafandrohungen[925]. Allerdings traten diese Spezialbestimmungen dann gemäß Art. 264 hinter solche Regelungen des Strafgesetzbuchs zurück, die die gleiche Handlung mit härteren Strafen bedrohten. Zunächst belegte Art. 260 jede Privatperson mit einer sechstätigen bis zweimonatigen Gefängnisstrafe sowie einer Geldbuße von sechzehn bis zu 200 *Francs*, die einen anderen entweder durch Tätlichkeiten oder durch Drohungen an der Religionsausübung hinderte oder ihn zu derselben zwang. Dieser strafrechtlich gewährleiste Schutz vor Übergriffen von Privatpersonen umfaßte dabei nicht nur die Ausübung autorisierter Gottesdienste sowie die entsprechende Teilnahme daran, sondern gewährleistete darüber hinaus das Feiern bestimmter Feste und die Einhaltung bestimmter Ruhetage. Dementsprechend geschützt waren deshalb sowohl die Öffnung oder Schließung von Werkstätten, Läden oder Warenlagern als auch die Verrichtung bestimmter Arbeiten. Eine nur geringfügig höhere Strafe zog hingegen die Störung des eigentlichen Gottesdienstes nach sich. So stellte Art. 261 demjenigen eine sechstägige bis dreimonatige Gefängnisstrafe sowie eine Geldbuße zwischen sechzehn und 300 *Francs* in Aussicht, der einen Gottesdienst dadurch verhinderte, verzögerte oder unterbrach, daß er entweder im Gotteshaus oder an einem anderen zum Gottesdienst bestimmten Ort Unruhe stiftete. Eine empfindlichere, aber im Vergleich zur repressiv geahndeten Beamtenbeleidigung relativ milde fünfzehntägige bis sechsmonatige Gefängnishaft sowie eine Geldbuße zwischen

922 Vergl. Locré, *a.a.O.*, Bd. XXX, S. 304.
923 Vergl. Tit. II, Art. 11f.
924 Art. 260 bis 264 C.P. 1810.
925 Vergl. Locré, *a.a.O.*, Bd. XXX, S. 257f., 291.

sechzehn und 500 *Francs* verwirkte hingegen gemäß Art. 262 jeder, der durch Worte oder Gesten entweder religiöse Gegenstände an dem zum Gottesdienst bestimmten Ort oder aber einen Priester während des Gottesdienstes beleidigte. Schlug er während des Gottesdienstes sogar auf den Priester ein, war der Delinquent nach Art. 263 aber zur entehrenden Prangerstrafe zu verurteilen.

ee.) Die gegen Verbrechervereinigungen, Landstreicherei und das Bettelwesen gerichteten Bestimmungen

Im fünften Abschnitt *Association de malfaiteurs, vagabondage et mendicité*[926] erfaßte der napoleonische Gesetzgeber in drei Unterabschnitten und insgesamt siebzehn Artikeln erstmals die gegen Verbrechervereinigungen, gegen Landstreicherei sowie gegen das Bettelwesen gerichteten Bestimmungen und legte im ersten Unterabschnitt *Association de malfaiteurs*[927] zunächst fest, daß jede gegen Personen oder Eigentum gerichtete Vereinigung von Verbrechern gemäß Art. 265 als Verbrechen gegen die öffentliche Ruhe und Ordnung [*crime contre la paix publique*] anzusehen sei[928]. Dieser Verbrechenstatbestand wurde nach Art. 266 bereits durch die bloße Organisation von Banden sowie durch bloßen Briefwechsel zwischen diesen Banden und ihren jeweiligen Anführern verwirklicht. Auch das bloße Vorhandensein von Vereinbarungen, die auf die Abrechnung, Verteilung oder Teilung des aufgrund einer Straftat erlangten Ertrages abzielten, erfüllte bereits den Tatbestand der Verbrechervereinigung. Im Hinblick auf die Art und Dauer der zu verhängenden, meist überaus empfindlichen Strafen war in erster Linie von Bedeutung, ob dieses Verbrechen noch von anderen begleitet worden war oder aber die Verwirklichung anderer Verbrechen nach sich gezogen hatte. War dies der Fall, so bestimmte sich die Strafbarkeit der Mitglieder der *association de malfaiteurs* stets nach den hierfür im *Code pénal* getroffenen spezialgesetzlichen Regelungen. Andernfalls waren nur die Urheber, die Anführer sowie andere befehlende Mitglieder besagter Banden nach Art. 267 jedenfalls zu zeitiger Zwangsarbeit zu verurteilen. Anderen Bandenmitgliedern drohte hingegen nach Art. 268 dann die nur geringfügig mildere Zuchthausstrafe, wenn sie innerhalb der Bande bestimmte Funktionen wahrgenommen hatten. Die gleiche Strafe verwirkten darüber hinaus Dritte dann, wenn sie den Banden oder deren Abteilungen wissentlich und freiwillig entweder Waffen, Munition oder Werkzeuge für Verbrechen geliefert oder ihnen sogar Wohnung, einen Zufluchts- oder Versammlungsort gewährt hatten.

---

926 Liv. III, tit. I, chap. III, sect. V, Art. 265 bis 282 C.P. 1810.

927 Art. 265 bis 268 C.P. 1810.

928 Vereinigungen von Bettlern belegte der napoleonische Gesetzgeber allerdings aufgrund deren regelmäßig nicht krimineller Zielsetzung nicht mit Strafe. Vergl. Locré, *a.a.O.*, Bd. XXX, S. 104f.

Im zweiten Unterabschnitt *Vagabondage*[929] beschäftigte sich der Gesetzgeber anschließend mit der im Strafgesetzbuch von 1791 nicht erfaßten Landstreicherei, die er gemäß Art. 269 als Vergehen qualifizierte. Nach der in Art. 270 enthaltenen Legaldefinition waren diejenigen Personen als Landstreicher anzusehen, die weder über einen festen Wohnsitz noch über Mittel zum Lebensunterhalt verfügten und für gewöhnlich kein Handwerk oder Gewerbe betrieben. Bereits die bloße Einstufung einer - auch minderjährigen - Person von Rechts wegen als Landstreicher konnte für diese gemäß Art. 271 nicht nur eine drei- bis sechsmonatige Gefängnishaft nach sich ziehen, sondern gleichzeitig bedeuten, daß der *vagabond* nach Strafverbüßung für einen von der Regierung zu bestimmenden Zeitraum der besonderen Verfügungsgewalt derselben unterfiel[930]. Während durch Urteil zu Landstreichern erklärte Ausländer gemäß Art. 272 auf Befehl der Regierung abgeschoben werden konnten, bestand für französische Staatsbürger selbst nach einem rechtkräftig gewordenen Urteil gemäß Art. 273 Abs. 1 noch die Möglichkeit, vom Gemeinderat ihres Geburtsortes durch Beschluß zurückverlangt zu werden und mithin die über sie verhängte Gefängnisstrafe nicht antreten zu müssen. Darüber hinaus war es auch einem solventen Bürger gestattet, sich für einen wegen *vagabondage* verurteilten Delinquenten zu verbürgen und so dessen Gefängnishaft abzuwenden. Befürwortete die Regierung daraufhin das Gesuch der Geburtsgemeinde oder genehmigte sie die Bürgschaft, so wurde der wegen Landstreicherei verurteilte Delinquent gemäß Art. 273 Abs. 2 entweder in seine Geburtsgemeinde zurückgeschickt oder es wurde ihm eine vom Bürgen vorzuschlagende Gemeinde als ständiger Wohnort zugewiesen.

Der dritte und letzte Unterabschnitt *Mendicité*[931] regelte schließlich die Ahndung des von den Urhebern des *Code pénal* von 1791 noch ignorierten und nur im Rahmen des *Décret relatif à l'organisation d'une police municipale et correctionnelle* vom 19./22. Juli 1791 erfaßten[932], letztlich erst seit 1808 grundsätzlich untersagten Bettelwesens[933] und drohte in Art. 274 zunächst jedem

929 Art. 269 bis 273 C.P. 1810.

930 Eine - allerdings fragwürdige - Privilegierung minderjähriger Landstreicher unter sechzehn brachte erst das Reformgesetz von 1832, das in Art. 69 diesen Personenkreis zwar von jedweder Gefängnishaft befreite, aber gleichzeitig anordnete, daß die Minderjährigen bis zur Vollendung ihres zwanzigsten Lebensjahres dann der besonderen Polzeiaufsicht zu unterstellen seien, wenn sie sich nicht vorher freiwillig bei den Land- oder Seestreitkräften verpflichtet hatten.

931 Art. 274 bis 276 C.P. 1810.

932 Vergl. Tit. II, Art. 22ff.

933 Aufgrund des *Décret sur l'extirpation de la mendicité* vom 5. Juli 1808 (abgedruckt in: Duvergier, *a.a.O.*, Bd. XVI, S. 323f.) war das Bettelwesen im gesamten Kaiserreich ausdrücklich verboten worden. Allerdings hatte bereits der Nationalkonvent im *Décret contenant des mesures pour l'extinction de la mendicité* vom 24. Vendémiaire des Jahres II (15. Oktober 1793) ein zwar mit Sanktionen beschwertes, aber wenig praktikables

eine vergleichsweise empfindliche drei- bis sechsmonatige Gefängnishaft für den in den Augen des Gesetzgebers grundsätzlich unentschuldbaren Fall an, daß er bettelnd an einem Ort angetroffen wurde, der über eine dem Bettelwesen vorbeugende und den Bettler mithin mit dem Lebensnotwendigsten versorgende Anstalt verfügte[934]. Darüber hinaus sollte der wegen Bettelei verurteilte Delinquent in Anlehnung an entsprechende Bestimmungen alten Rechts nach Strafverbüßung wohl auch zwecks Reintregration, vor allem aber um einer erneuten Bettelei vorzubeugen in eine ausschließlich für Bettler bestimmte Verwahranstalt verbracht werden, wo man ihn mit einer seinen Fähigkeiten entsprechenden Arbeit beschäftigte und ihm so erlaubte, einen bescheidenen Lebensunterhalt zu fristen. Wurde der Bettler hingegen an einem Ort aufgegriffen, in dem es noch keine dem Bettelwesen entgegenwirkende staatliche Einrichtung gab, so bedrohte der Gesetzgeber in Art. 275 Abs. 1 lediglich die gesunden und starken Bettler mit Strafe, die in seinen Augen der Bettelei aufgrund ihrer körperlichen Konstitution nur aus Gewohnheit anhingen. Während alle anderen der Bettelei nachgehenden Personen in Ermangelung einer staatlichen Einrichtung straflos blieben, hatte dieser Personenkreis aufgrund der ihm *per se* unterstellten Arbeitsunwilligkeit eine recht strenge ein- bis dreimonatige Gefängnishaft verwirkt[935]. Dieses Strafmaß erhöhte sich dann nochmals erheblich, wenn der Bettler außerhalb des Kantons aufgegriffen wurden, in dem er seinen gewöhnlichen Wohnort hatte, denn in diesem Fall drohte ihm gemäß Art. 275 Abs. 2 eine Gefängnisstrafe zwischen sechs Monaten und zwei Jahren. Mit der gleichen Strafart und -dauer belegte der Gesetzgeber gemäß Art. 276 darüber hinaus alle Bettler, die sich Drohungen bedienten, ohne Erlaubnis in Wohnraum eindrangen, Wunden oder körperliche Gebrechen vorgaben oder aber zu mehreren der Bettelei nachgingen. Von letzterer Qualifikation waren jedoch Ehepaare, Vater oder Mutter mit Kleinkindern sowie Blinde mit ihren Führern wohl aus humanitären Erwägungen heraus ausdrücklich privilegierend ausgenommen.

Erhebliche Strafschärfungen sah der Gesetzgeber zudem in den sich anschließenden *Dispositions communes aux vagabonds et mendiants*[936] sowohl für Landstreicher als auch für Bettler vor, die er beide mit besonderem Argwohn stets als potentielle Kriminelle betrachtete und deshalb mit der Androhung besonders empfindlicher Strafen von einem möglichen kriminellen Tun von vornherein nachhaltig abzuschrecken gedachte[937]. Die Verwirklichung bzw. Erfüllung dieser strafschärfenden Bestimmungen zog deshalb gemäß Art. 282 auch nach erfolgter

---

Maßnahmepaket zur Zurückdrängung der Bettelei ins Leben gerufen. Der Gesetzestext ist abgedruckt in: Duvergier, *a.a.O.*, Bd. VI, S. 283ff.

934 Vergl. Locré, *a.a.O.*, Bd. XXX, S. 260.

935 Vergl. Locré, *a.a.O.*, Bd. XXX, S. 308f.

936 Art. 277 bis 282 C.P. 1810.

937 Vergl. Locré, *a.a.O.*, Bd. XXX, S. 261.

Strafverbüßung stets den Verbleib der Delinquenten unter der besonderen Verfügungsgewalt der Regierung nach sich[938]. Zunächst stellte Art. 277 jedoch jedem Landstreicher oder Bettler eine zwei- bis fünfjährige Gefängnisstrafe in Aussicht, wenn er zum Zeitpunkt seiner Ergreifung verkleidet gewesen war oder aber Waffen bei sich geführt hatte. Ohne Einfluß auf die Strafbarkeit war dabei, ob er sich dieser Waffen bereits bedient oder lediglich mit ihnen gedroht hatte, denn einzig und allein der Umstand des Beisichführens von Waffen zog bereits das höhere Strafmaß nach sich. Dies galt darüber hinaus auch dann, wenn der Bettler oder Landstreicher zwar keine Waffen, dafür aber letztlich so geläufige Gerätschaften wie Feilen, Hacken oder andere Werkzeuge bei sich führte, die entweder dazu geeignet waren, Diebstähle oder andere Verbrechen zu begehen, oder aber dem Delinquenten die Mittel zum Eindringen in Häuser zu verschaffen. Auch der Umstand, daß der Bettler oder Landstreicher zum Zeitpunkt seiner Ergreifung Wertsachen bei sich trug, konnte sich für ihn durchaus strafschärfend auswirken, denn er verwirkte gemäß Art. 278 dann eine Gefängnisstrafe zwischen sechs Monaten und zwei Jahren, wenn der Gesamtwert dieser Effekten 100 *Francs* überstieg und er deren Herkunft nicht hinreichend beweisen konnte. Darüber hinaus mußte der genannte Personenkreis gemäß Art. 279 unbeschadet einer Verwirkung härterer Strafen immer dann mit der Verhängung der Zuchthausstrafe rechnen, wenn er - in welcher Form auch immer - Gewalt gegen Personen ausübte[939]. Eine weitere, erhebliche Strafschärfung bestimmte der Gesetzgeber zudem dann, wenn ein Bettler oder Landstreicher zu zeitiger Zwangsarbeit verurteilt worden war, denn dieses Urteil zog nach Art. 280 stets die sonst für zeitige Strafen unübliche Nebenstrafe der Brandmarkung nach sich[940]. Darüber hinaus waren auch die gegen die Inhaber gefälschter Bescheinigungen, Reisepässe oder Marschbefehle gerichteten Bestimmungen stets mit voller Härte anzuwenden, denn während der Richter seinen Ermessensspielraum bei anderen Delinquenten voll ausschöpfen konnte, war ihm dies bei Bettlern und Landstreichern insofern ausdrücklich untersagt, als er gemäß Art. 281 immer auf die Maximalstrafe zu erkennen hatte.

[938] Das änderte sich erst mit dem Inkrafttreten des Reformgesetzes von 1832, das diesen Zeitraum in Art. 70 auf nunmehr zehn Jahre begrenzte.

[939] Das Reformgesetz von 1863 verringerte diese Strafandrohung schließlich auf eine zwei- bis fünfjährige Gefängnisstrafe und sah die Zuchthausstrafe nur noch dann vor, wenn der Delinquent in seiner Person die in Art. 277 aufgeführten Umstände verwirklichte.

[940] Diese überaus empfindliche Strafschärfung wurde erst durch Art. 103 des Reformgesetzes von 1832 ersatzlos abgeschafft.

ff.) Die gegen presserechtliche Bestimmungen gerichteten Vergehen

Der sechste Abschnitt *Délits commis par la voie d'écrits, images ou gravures, distribués sans noms d'auteur, imprimeur ou graveur*[941] regelte in insgesamt acht Artikeln die strafrechtlichen Konsequenzen von Delikten gegen presserechtliche Bestimmungen, deren Kodifikation der Gesetzgeber von 1791 noch nicht in Erwägung gezogen hatte, denen aber der autoritäre napoleonische Gesetzgeber unter dem Vorwand, neben politischen auch privatrechtliche Interessen schützen zu wollen, nunmehr naturgemäß besondere Bedeutung beimaß[942]. Er belegte deshalb in Art. 283 zunächst jeden mit einer sechstägigen bis sechsmonatigen Gefängnisstrafe, der wissentlich zur Veröffentlichung oder zum Vertrieb von solchen Druckerzeugnissen beitrug, die den Namen, das Gewerbe und den Wohnort des jeweiligen Verfassers oder Druckers nicht wahrheitsgemäß erkennen ließen. Ein Verstoß gegen diese Bestimmung wurde jedoch gemäß Art. 284 dann lediglich privilegierend mit einfachen Polizeistrafen und insoweit ungleich milder geahndet, wenn der Delinquent genaue zweckdienliche Angaben zur wahren Person des Vertreibers, Druckers oder Verfassers machte. Für den Verfasser kam allerdings die Verhängung einer einfachen Polizeistrafe nicht in Betracht, denn als intellektueller Drahtzieher stellte er für das napoleonische System den eigentlichen Gefahrenherd dar und war deshalb gemäß Art. 289 stets zum Höchstmaß der jeweils angedrohten Strafe zu verurteilen. Die am unmittelbaren Vertrieb beteiligten Ausrufer, Plakateure, Verkäufer oder Austeiler konnten hingegen die in Art. 283 angedrohte Strafe dann von sich abwenden, wenn sie die Person bezeichneten, von der sie die Druckerzeugnisse zum weiteren Vertrieb erhalten hatten und so zur Ausfindigmachung der intellektuellen Urheber und zu deren Strafverfolgung beitrugen. Aus den gleichen Gründen wirkten sich darüber hinaus auch die Nennung des Druckers sowie die Bekanntgabe des Verfassers durch den Drucker strafmildernd aus. Enthielt das Druckerzeugnis hingegen Aufforderungen zur Begehung eines Verbrechens oder Vergehens, so waren die unmittelbar am Vertrieb beteiligten Personen gemäß Art. 285 Abs. 1 grundsätzlich als Mitschuldige der Aufwiegler zu bestrafen und hatten deshalb die gleiche Strafe wie die eigentlichen Aufwiegler verwirkt. Eine Strafmilderung kam für sie wiederum

---

[941] Liv. III, tit. I, chap. III, sect. VI, Art. 283 bis 290 C.P. 1810.

[942] Vergl. Locré, *a.a.O.*, Bd. XXX, S. 262f. Durch verschiedene Verfassungsbestimmungen und spezielle Pressegesetze insbesondere aus den Jahren 1814, 1819, 1822, 1827, 1828, 1830, 1835 u.a.m. sowie vor allem durch das Reformgesetz von 1832 sind die Art. 283 bis 290 entweder ausdrücklich aufgehoben, erheblich modifiziert oder aber durch andere Regelungen ersetzt worden, so daß gerade diese politisch hochbrisante Materie die Abfolge der jeweils herrschenden Systeme deutlich widerspiegelt. Vergl. die verschiedenen Gesetzestexte in: Duvergier, *a.a.O.*, Bd. XIX, S. 76ff; Bd. XXII, S. 205ff, 212ff; Bd. XXIII, S. 612ff; Bd. XXVII, S. 195f.; Bd. XXVIII, S. 249ff; Bd. XXX, S. 127f., 181ff; Bd. XXXII, S. 215ff; Bd. XXXV, S. 269ff.

nur dann in Betracht, wenn sie den Behörden diejenigen Personen offenbarten, von denen sie die aufwiegelnden Schriften erhalten hatten. War dies der Fall, so stellte ihnen der Gesetzgeber in Art. 285 Abs. 2 lediglich die regelmäßig ungleich mildere Strafe einer Gefängnishaft zwischen sechs Tagen und drei Monaten in Aussicht. In allen aufgeführten Fällen unterlagen darüber hinaus alle vorgefundenen und beschlagnahmten Druckerzeugnisse nach Art. 286 der entschädigungslosen Konfiskation.

Weniger mit unmittelbar politisch brisanten Druckerzeugnissen als vielmehr mit den gegen das stets unscharfe Kriterium der guten Sitten [*bonnes moeurs*] verstoßenden Liedern, Pamphleten, Figuren oder Bildern befaßte sich der napoleonische Gesetzgeber schließlich in den letzten Bestimmungen des Abschnitts und stellte jedem gemäß Art. 287 sowohl eine Geldbuße zwischen sechzehn und 500 *Francs* als auch eine einmonatige bis einjährige Gefängnisstrafe in Aussicht, der besagte Erzeugnisse entweder vertrieb oder sogar öffentlich ausstellte. Zu dieser vergleichsweise empfindlichen Strafe trat zudem die akzessorische Nebenstrafe der Konfiskation, die sich zwecks Verhinderung weiterer Verbreitung nicht nur auf bereits gedruckte oder gestochene Exemplare sondern auch auf die zur Vervielfältigung notwendigen Druckstöcke und -platten erstreckte. Ebenso wie bei anderen Druckerzeugnissen und aus den gleichen Motiven heraus beschränkte der Gesetzgeber die Strafandrohung auch für gegen die guten Sitten verstoßende Werke dann auf bloße Polizeistrafen, wenn sich der Delinquent zur Bekanntmachung des mittelbaren Vertreibers, des Druckers bzw. Kupferstechers oder seines Auftraggebers entschloß. Diese mildere Strafandrohung betraf sowohl Ausrufer, Verkäufer oder unmittelbare Vertreiber, die ihre Bezugsperson verrieten, als auch jeden anderen, der den Namen des jeweiligen Druckers oder Stechers anzugeben bereit war. Selbst die Drucker oder Kupferstecher konnten die in Art. 288 angedrohte Strafe dann von sich abwenden, wenn sie den Verfasser preisgaben oder den Namen der Person nannten, die sie mit der Anfertigung des Drucks bzw. Stichs beauftragt hatte. Die Verhängung einer bloßen Polizeistrafe kam allerdings wiederum für den Verfasser insofern nicht in Betracht, als er gemäß Art. 289 als unmittelbarer intellektueller Drahtzieher stets zum Höchstmaß der jeweils angedrohten Strafe verurteilt werden mußte.

Gegen den Vertrieb von Druckerzeugnissen, Zeichnungen oder Stichen durch nicht autorisierte Ausrufer und Plakateure wandte sich der auf Zensur bedachte Gesetzgeber von 1810 schließlich in der letzten Bestimmung des Abschnitts und stellte in Art. 290 jedem die Verhängung einer Gefängnisstrafe zwischen sechs Tagen und zwei Monaten für den Fall in Aussicht, daß er einem derartigen Vertriebsgewerbe nachging, ohne hierzu von der Polizei ermächtigt worden zu sein. Dies galt selbst dann, wenn die vertriebenen Werke den Namen ihres Verfassers, Druckers, Zeichners oder Stechers erkennen ließen.

gg.) Die gegen unerlaubte Vereinigungen oder Zusammenkünfte gerichteten Bestimmungen

Im siebten und letzten Abschnitt *Des associations ou réunions illicites*[943] erfaßte der napoleonische Gesetzgeber schließlich in insgesamt vier Artikeln die Materie der offenkundig gegen unliebsame politische Zusammenkünfte gerichteten unerlaubten privaten Vereinigungen und Versammlungen[944]. Während die Gesetzgebung der Revolutionszeit noch grundsätzlich ein freies Vereins- und Versammlungsrecht gestattet hatte[945], das jedoch von den politischen Gesellschaften während der heftigsten Revolutionswirren in jeder Weise ausgebeutet und schon bald als Terrorinstrument mißbraucht worden war[946], bestimmte der *Code pénal* von 1810 in Art. 291 Abs. 1 nunmehr, daß sich eine private Vereinigung von mehr als zwanzig Personen nur mit Genehmigung der Regierung und unter Beachtung derjenigen Bedingungen bilden durfte, die ihr die Staatsgewalt auferlegte[947]. In der genannten Anzahl von Personen waren gemäß

---

[943] Liv. III, tit. I, chap. III, sect. VII, Art. 291 bis 294 C.P. 1810.

[944] Den mehr oder weniger ausschließlich gegen unerwünschte oder gar oppositionelle politische Zirkel gerichteten Charakter dieser Bestimmungen unterstrich selbst der zuständige Berichterstatter Berlier, indem er die Gewährung einer unbeschränkten Versammlungsfreiheit unverhohlen als nicht mit den gegenwärtigen politischen Umständen vereinbar bezeichnete. Vergl. Locré, *a.a.O.*, Bd. XXX, S. 265. Ebenso wie das Presserecht spiegelt deshalb auch diese sensible Materie die politischen Umschwünge nach dem Sturz Napoleons wider und hat insbesondere durch die *Charte constitutionnelle* vom 14./24 August 1830 (abgedruckt in: Duvergier, *a.a.O.*, Bd. XXX, S. 181ff) sowie durch ein eigenes Vereinsgesetz - nämlich die *Loi sur les associations* vom 10./11. April 1834 (abgedruckt in: Duvergier, *a.a.O.*, Bd. XXXIV, S. 49ff) erhebliche Modifikationen erfahren, die neben einer Lockerung der Genehmigungspraxis vor allem die Bestimmungen im Hinblick auf religiöse Gesellschaften und Vereine ganz aufhoben.

[945] Vergl. *Décret qui déclare que tous les citoyens ont droit de s'assembler et de former des sociétés libres* vom 13./19. November 1790 (abgedruckt in: Duvergier, *a.a.O.*, Bd. II, S. 22) und Tit. I der *Constitution française* vom 3./14. September 1791 (abgedruckt in: Duvergier, *a.a.O.*, Bd. III, S. 275ff).

[946] Man denke hier nur an die Jakobiner, die diese durch das *Décret relatif aux comités de salut public et aux sociétés populaires* vom 13. Juni 1793 (abgedruckt in: Duvergier, *a.a.O.*, Bd. V, S. 423) noch ergänzten Freiheiten zur Verfolgung ihrer politischen Gegner nutzten. Bereits der Gesetzgeber der Revolutionszeit schuf deshalb Prohibitivmaßregeln insbesondere gegen politische und religiöse Vereine, die ihm als mit dem öffentlichen Wohl unvereinbar erschienen. Vergl. *Loi qui défend provisoirement les sociétés particulières s'occupant de questions politiques* vom 7. Thermidor des Jahres V (25. Juli 1797). Der Gesetzestext ist abgedruckt in: Duvergier, *a.a.O.*, Bd. X, S. 3.

[947] Der einzig zulässige Zweck privater Vereinigungen wurde vom Gesetzgeber in Art. 291 Abs. 1 im Rahmen einer Legaldefinition zudem exakt umschrieben. Zielrichtung mußte demnach die entweder tagtägliche oder regelmäßig an bestimmten Tagen stattfindende Zusammenkunft zwecks Beschäftigung mit religiösen, literarischen, politischen oder anderen Gegenständen sein.

Art. 291 Abs. 2 allerdings solche Personen nicht inbegriffen, die im Hause der Zusammenkunft der Vereinigung ihren Wohnsitz hatten. Bildete sich eine mehr als zwanzig Personen zählende Vereinigung hingegen ohne über eine entsprechende Genehmigung der Regierung zu verfügen, oder handelte sie nach Erteilung dieser Genehmigung den ihr auferlegten Bedingungen zuwider, so zog dies gemäß Art. 292 Abs. 1 nicht nur ihre Auflösung sondern nach Art. 292 Abs. 2 auch eine Geldbuße zwischen sechzehn und 200 *Francs* für deren verantwortliche Führer, Direktoren oder Verwalter nach sich. Diese Strafandrohung erhöhte sich nach Art. 293 dann ganz erheblich, wenn in diesen Versammlungen Reden, Ermahnungen, Ausrufe oder Gebete laut geworden waren, die eine Aufforderung zur Begehung von Verbrechen oder Vergehen beinhalteten. Gleiches galt darüber hinaus für die Verlesung, das Anschlagen, die Veröffentlichung oder den Vertrieb entsprechender Schriften. In diesem Fall stellte der Gesetzgeber den hierfür grundsätzlich als strafrechtlich verantwortlich angesehenen Führern, Direktoren und Verwaltern zunächst nicht nur eine empfindliche Geldbuße zwischen 100 und 300 *Francs* in Aussicht, sondern bedrohte sie zudem mit einer unverhältnismäßig harten dreimonatigen bis zweijährigen Gefängnisstrafe. Hiervon blieb allerdings die Verhängung schwererer Strafen dann unberührt, wenn sieh der genannte Personenkreis unmittelbar selbst der Aufwiegelung schuldig gemacht hatte. In diesem Fall hatte er die gleiche Strafe wie jedes andere der Aufwiegelung persönlich schuldige Vereinigungsmitglied verwirkt, wobei die hierfür zu verhängenden Strafen keinesfalls diejenigen unterschreiten durften, die der Gesetzgeber den verantwortlichen Vereinigungsführern, -direktoren und -verwaltern in Aussicht stellte. Lediglich eine Geldstrafe zwischen sechzehn und 200 *Francs* drohte hingegen nach Art. 294 demjenigen, der sein Haus oder seine Wohnung als Versammlungsort für eine Vereinigung oder zur Ausübung eines Gottesdienstes zur Verfügung stellte, ohne zuvor die hierfür erforderliche Erlaubnis der Kommunalbehörde eingeholt zu haben. Dies galt vorbeugend selbst dann, wenn es sich hierbei um eine mit Genehmigung der Regierung gebildete Vereinigung handelte.

2. Die Verbrechen und Vergehen gegen Privatpersonen

In unmittelbarer Anlehnung an die Systematik des *Code pénal* von 1791 differenzierte auch die napoleonische Kodifikation bei den gegen Privatpersonen gerichteten Straftaten zunächst grundsätzlich zwischen solchen Verbrechen und Vergehen, die sich gegen das Leben, die körperliche Integrität oder andere immaterielle Rechtsgüter von Privatpersonen richteten [*crimes et délits contre les personnes*][948] und solchen Delikten, die lediglich das Eigentum betrafen [*crimes et délits contre les propriétés*][949].

a.) Die Verbrechen und Vergehen gegen Personen

aa.) Der Mord und andere Kapitalverbrechen sowie die Bedrohung

Im ersten Abschnitt *Meurtre et autres crimes capitaux, menaces d'attentats contre les personnes*[950] regelte das Strafgesetzbuch im ersten Unterabschnitt unter der Überschrift *Meurtre, assassinat, parricide, infanticide, empoisonnement*[951] zunächst diejenigen Verbrechen, die sich unmittelbar und mehr oder weniger zielgerichtet gegen das Leben Dritter richteten. Diese als Kapitalverbrechen bezeichnete Deliktsgruppe umfaßte sowohl den Mord, den Meuchel- und den Vatermord als auch den Kindsmord sowie die Vergiftung. Einen besonderen Augenmerk richtete der napoleonische Gesetzgeber dabei zunächst auf die möglichst genaue Umschreibung der jeweiligen Tatbestände, die von den Urhebern des *Code pénal* von 1791 noch weitestgehend vernachlässigt worden war, so daß deshalb die Strafandrohungen für die Kapitalverbrechen erst im Anschluß an den Definitionskatalog in Art. 302ff Erwähnung fanden. Er erfaßte in Art. 295 zunächst den Grundtatbestand des Mordes insofern, als er in enger Anlehnung an das Strafgesetzbuch der Revolutionszeit jeden vorsätzlich verübten Totschlag [*homicide commis volontairement*] als Mord verstanden wissen wollte. Ebenso wie der *Code pénal* von 1791 betrachtete er desweiteren jeden mit Vorbedacht [*préméditation*] und darüber hinaus zudem jeden durch Hinterhalt [*guet-apens*] verübten Mord gemäß Art. 296 als Meuchelmord und bemühte sich, die bislang undefiniert belassenen Begriffe *préméditation* und *guet-apens* möglichst genau zu bestimmen. Der in Art. 297 erfaßte Begriff des Vorbedachts setzte nunmehr einen vor der unmittelbaren Handlung gefaßten Vorsatz voraus, sich an einer bestimmten oder einer solchen Person zu vergreifen, die man anläßlich der Tathandlung antreffen oder der man hierbei begegnen würde. Dabei war es unerheblich, ob dieser Vorsatz vom Täter unbedingt gefaßt oder lediglich von einem bestimmten Umstand oder einer Bedingung abhängig gemacht worden war. Die in Art. 298 erfaßte Legaldefinition des *guet-apens* beinhaltete desweiteren das über längere oder kürzere Zeit hindurch andauernde Warten auf eine Person an einem oder verschiedenen Orten zu dem Zweck, ihr entweder das Leben zu nehmen oder an ihr gewalttätige Handlungen vorzunehmen. Weitere exakte Legaldefinitionen enthielten darüber hinaus die folgenden Artikel des Unterabschnitts. So umschrieb

[948] Liv. III, tit. II, chap. I, sect. I-VII, Art. 295ff C.P. 1810.

[949] Liv. III, tit. II, chap. II, sect. I-III, Art. 379ff C.P. 1810.

[950] Liv. III, tit. II, chap. I, sect. I, Art. 295 bis 308 C.P. 1810.

[951] Art. 295 bis 304 C.P. 1810.

Art. 299 den Begriff des Vatermordes insofern, als er jeden an legitimen, natürlichen oder Adoptivvätern und -müttern sowie an jedem anderen Verwandten in aufsteigender Linie verübten Mord als *parricide* definierte. Ganz dem alten Recht verhaftet, belegte der napoleonische Gesetzgeber dieses Delikt aufgrund seiner besonderen Abscheulichkeit - ebenso wie bereits zuvor die Urheber des *Code pénal* von 1791 - nicht nur mit der auch für den Meuchelmord vorgesehenen Kapitalstrafe, sondern ergänzte sie zudem noch mit einer wieder eingeführten Verstümmelungsstrafe, die im Abhacken der rechten Hand bestand und stets unmittelbar vor der Exekution zu vollstrecken war[952]. Diese äußerst harte Strafe verwirkte der Täter aufgrund der besonderen Verwerflichkeit des Delikts selbst dann, wenn er den Vatermord weder mit Vorbedacht noch mittels Hinterlist begangen hatte[953]. Den Mord an einem neugeborenen Kind bezeichnete der Gesetzgeber hingegen in Art. 300 als *infanticide* und stellte ihn aufgrund der besonderen Hilflosigkeit des Opfers sowie einer dem Täter immer unterstellten Tötungsabsicht in der Straffolge dem Meuchelmord gleich[954]. Aufgrund ihrer stets als hinterhältig angesehenen vorsätzlichen Begehensweise belegte das napoleonische Strafgesetzbuch aber auch die in Art. 301 legal definierte Vergiftung mit der gleichen Strafe wie den Meuchelmord[955], wobei als *empoisonnement* jeder Anschlag [*attentat*][956] auf das Leben einer Person mittels solcher Substanzen aufgefaßt werden sollte, die mehr oder weniger schnell zur Herbeiführung des Todes geeignet waren. Unerheblich war hierbei, auf welche Art und Weise diese Substanzen gebraucht oder dem Opfer beigebracht worden waren oder welche Folgen dies gezeitigt hatte. Die Definition der Vergiftung war demnach vollständiger als die des Strafgesetzbuchs von 1791, denn sie erfaßte alle Mittel, deren man sich zum Zwecke einer Vergiftung bedienen konnte und beschränkte den Versuch nicht auf den Fall, in dem das Gift Getränken oder Lebensmitteln beigegeben worden war. Darüber hinaus wurde auch die besondere Rücktrittsregelung des *Code pénal* von 1791 durch die Einfügung von Art. 2 in die napoleonische Kodifikation hinfällig. Einzig und allein die Tatsache der Vergiftung sollte nunmehr für die Strafbarkeit entscheidend sein, nicht aber der Eintritt des Vergiftungserfolgs. Der napoleonische Gesetzgeber betrachtete damit die Vergiftung nicht mehr als erfolgsqualifiziertes Delikt[957].

Die Strafandrohung für die tatsächliche Begehung oder den bloßen Versuch der zuvor legal definierten Kapitalverbrechen mit Ausnahme des Mordtatbestandes enthielt zunächst Art. 302, der jeden eines Meuchel-, Vater- oder Kindsmordes

---

[952] Vergl. Art. 302, 13 C.P. 1810.
[953] Vergl. Locré, *a.a.O.*, Bd. XXX, S. 470.
[954] Vergl. Locré, *a.a.O.*, Bd. XXX, S. 471.
[955] Vergl. Locré, *a.a.O.*, Bd. XXX, S. 469.
[956] Vergl. die Legaldefinition von *attentat* in Art. 88 C.P. 1810.
[957] Vergl. Locré, *a.a.O.*, Bd. XXX, S. 379f.

sowie einer Vergiftung Schuldigen mit der Todesstrafe belegte. Hiervon blieben allerdings die in Art. 13 festgelegten Strafschärfungen für den Vatermörder unberührt. Die Kapitalstrafe drohte gemäß Art. 303 aber auch all denjenigen Tätern, die sich zur Ausführung ihrer Verbrechen entweder der Folter [*torture*] bedienten oder aber barbarische Handlungen [*actes de barbarie*] begingen, denn aufgrund der besonders grausamen Begehensweise setzte der Gesetzgeber von 1810 auch diese Delikte aus Abschreckungsüberlegungen heraus in der Straffolge dem Meuchelmord gleich[958]. Allerdings unterließ er es, die Begriffe *torture* und *acte de barbarie* näher zu umschreiben, so daß hier trotz der relativen Deutlichkeit beider Begriffe die Rechtssicherheit nicht hinreichend gewahrt und dem Richter ein erheblicher Ermessenspielraum bei der Beurteilung der Frage einräumt wurde, ob in einem Täterverhalten Folter oder gar ein barbarischer Akt gesehen werden konnte. Mit der Strafandrohung für den Grundtatbestand des Mordes beschäftigte sich der Gesetzgeber anschließend in Art. 304 und bedrohte die Begehung eines Mordes gemäß Abs. 1 nur dann mit der Kapitalstrafe, wenn ihm ein anderes Verbrechen oder Vergehen entweder vorausgegangen oder er von ihm begleitet war, oder wenn dem Mord die Begehung eines solchen Deliktes nachfolgte. In allen anderen Fällen aber war der nicht durch besondere Merkmale der getöteten Person oder sonstige erschwerende Umstände begleitete Mord gemäß Abs. 2 nicht mit der Todesstrafe, sondern aufgrund seines im Vergleich zum Meuchelmord geringeren Unrechtsgehalts lediglich mit lebenslanger Zwangsarbeit zu ahnden[959].

Die Materie der Bedrohung eines Dritten mit der Begehung von Kapital- und anderen schweren Verbrechen regelte schließlich der zweite Unterabschnitt *Menaces*[960] und belegte gemäß Art. 305 aufgrund der mit dem Raub vergleichbaren Sachlage und der stets Vorbedacht voraussetzenden schriftlichen Abfassung der Drohung zunächst jeden mit der vergleichsweise empfindlichen zeitigen Zwangsarbeit, der einen anderen schriftlich entweder anonym oder aber unter Angabe seines Namens bedrohte und diese Bedrohung mit der Aufforderung verband, an einem näher bezeichneten Ort eine bestimmte Summe Geldes niederzulegen oder aber irgend eine andere Bedingung zu erfüllen[961]. Gegenstand

---

[958] Vergl. Locré, *a.a.O.*, Bd. XXX, S. 471f. Diese Bestimmung richtete sich vor allem gegen die Mörder und Räuber, die unter der Bezeichnung *chauffeurs* und *garotteurs* zu Beginn des 19. Jahrhunderts insbesonders die Landbevölkerung terrorisierten. Vergl. Paraquin, *a.a.O.*, S. 54f.

[959] Vergl. Locré, *a.a.O.*, Bd. XXX, S. 468f. Der napoleonische Gesetzgeber hatte demnach den Verdeckungsmord nicht explizit geregelt. Diese Regelungslücke schloß erst das Reformgesetz von 1832, das in Art. 71 Abs. 2 ausdrücklich nunmehr auch für diesen Mordtatbestand die Verhängung der Kapitalstrafe vorsah.

[960] Art. 305 bis Art. 308 C.P. 1810.

[961] Vergl. Locré, *a.a.O.*, Bd. XXX, S. 472f. Erst das Reformgesetz von 1863 senkte diese Strafandrohung auf eine zwei- bis fünfjährige Gefängnisstrafe verbunden mit einer Geldbuße zwischen 50 und 1000 *Francs* herab.

der Bedrohung mußte allerdings die in Aussicht gestellte Begehung eines Meuchelmordes, einer Vergiftung oder eines anderen Personendelikts sein, das entweder die Todesstrafe, die lebenslange Zwangsarbeit oder aber die Deportation nach sich zog. War diese Bedrohung hingegen von keinem Befehl und keiner Bedingung begleitet gewesen, so hatte der Täter aufgrund des von ihm verbreiteten Schreckens gemäß Art. 306 immerhin noch eine zwei- bis fünfjährige Gefängnisstrafe sowie eine Geldbuße zwischen 100 und 600 *Francs* verwirkt[962]. Zu dieser Strafe konnte allerdings nach Art. 308 noch eine fünf bis zehn Jahre andauernde Polizeiaufsicht hinzutreten. War die Bedrohung hingegen zwar mit einer Aufforderung oder einer Bedingung verbunden, aber lediglich mündlich formuliert worden, so verringerte sich das Strafmaß nach Art. 307 aufgrund der nunmehr gestiegenen Abwehrmöglichkeiten des Opfers und der nicht notwendigerweise Vorbedacht beinhaltenden verbalen Bedrohung auf eine allerdings noch immer empfindliche Gefängnisstrafe zwischen sechs Monaten und zwei Jahren sowie eine Geldstrafe zwischen 25 und 300 *Francs*[963]. Auch hier konnte der Täter nach Art. 308 zudem noch unter eine fünf- bis zehnjährige Polizeiaufsicht gestellt werden. Für den Fall allerdings, daß alle genannten Kapitalverbrechen und Bedrohungstatbestände im Rahmen einer aufrührerischen Zusammenrottung verwirklicht worden und zudem von Empörung oder Plünderung begleitet gewesen waren, traf der Gesetzgeber darüber hinaus in Art. 313 noch eine ergänzende Sonderregelung, indem er bestimmte, daß die Anführer, Urheber, Anstifter und Aufwiegler dieser Zusammenrottungen, Empörungen oder Plünderungen mit der gleichen Strafe wie die unmittelbaren Täter zu belegen waren.

bb.) Die vorsätzlichen Körperverletzungsdelikte sowie andere vorsätzlich begangene Verbrechen und Vergehen

Im folgenden Abschnitt *Blessures et coups volontaires non qualifiés meurtre, et autres crimes et délits volontaires*[964] beschäftigte sich der napoleonische Gesetzgeber in erster Linie zunächst mit solchen Körperverletzungsdelikten, die zwar vorsätzlich begangen worden waren, aber mangels Tötungsvorsatz nicht den Tatbestand des Mordes erfüllten, erfaßte aber darüber hinaus auch noch andere Verbrechens- und Vergehenstatbestände, die teilweise - wie etwa die Herstellung, der Verkauf und das Tragen verbotener Waffen - nur sehr mittelbar die körperliche Integrität Dritter bedrohten. Zunächst aber verzichtete die napoleonische Kodifikation hinsichtlich der Strafzumessung bei den eigentlichen Körperverletzungstatbeständen auf die noch im Strafgesetzbuch von 1791

[962] Vergl. Locré, *a.a.O.*, Bd. XXX, S. 473. Auch hier verringerte das Reformgesetz von 1863 die Strafandrohung auf eine ein- bis dreijährige Gefängnisstrafe.
[963] Vergl. Locré, *a.a.O.*, Bd. XXX, S. 473.
[964] Liv. III, tit. II, chap. I, sect. II, Art 309 bis 318 C.P. 1810.

getroffenen Unterscheidungen zwischen verschiedenen Verstümmelungsgraden, denn diese überaus umständliche Differenzierung war zwischenzeitlich insofern hinfällig geworden, als der Gesetzgeber den Richtern zur Beurteilung des Einzelfalls nunmehr einen Ermessensspielraum von fünf bis zehn Jahren für die Zuchthausstrafe und von fünf bis zwanzig Jahren für die zeitige Zwangsarbeit einräumte. So belegte er etwa in Art. 309 zunächst jeden, der einen anderen verwundete oder schlug für den Fall mit der Einsperrung in ein Zuchthaus, daß diese gewalttätigen Handlungen entweder eine Krankheit oder aber die persönliche Arbeitsunfähigkeit des Verletzten für mehr als zwanzig Tage nach sich zogen[965]. War dieses als Verbrechen qualifizierte Delikt hingegen schulderhöhend mit Vorbedacht oder gar mittels Hinterlist begangen worden, so mußte der Täter gemäß Art. 310 mit einer Verurteilung zu zeitiger Zwangsarbeit rechnen[966]. Hatte die vorsätzlich begangene Körperverletzung aber weder eine Krankheit noch eine Arbeitsunfähigkeit des Opfers für mehr als zwanzig Tage zur Folge, so war in Anlehnung an die entsprechende Bestimmung des *Décret relatif à l'organisation d'une police municipale et correctionnelle* vom 19./22. Juli 1791[967] nach Art. 311 Abs. 1 lediglich auf eine einmonatige bis zweijährige Gefängnisstrafe verbunden mit einer Geldbuße zwischen sechzehn und 200 *Francs* zu erkennen[968]. Handelte

[965] Nachdem bereits Art. 72 des Reformgesetzes von 1832 die Strafandrohung weitergehend danach differenziert hatte, ob aufgrund der Körperverletzung der Tod des Verletzten eingetreten war, und diesen Erfolgseintritt mit zeitiger Zwangsarbeit belegt hatte, fügte das Reformgesetz von 1863 gleichfalls erweiternd noch die dauerhafte körperliche Beeinträchtigung in Gestalt der Verstümmelung, Amputation oder dauerhaften Unbrauchbarkeit eines Glieds sowie durch Erblinden oder den Verlust eines Auges hinzu, die aber lediglich die Verhängung der Zuchthausstrafe nach sich zog. Gleichzeitig senkte der Gesetzgeber von 1863 die Strafandrohung im Hinblick auf den bloßen Krankheitsausbruch oder die zeitige Arbeitsunfähigkeit auf eine zwei- bis fünfjährige Gefängnistrafe verbunden mit einer Geldbuße zwischen 16 und 2000 *Francs* herab und bestimmte für den Fall des Todeseintritts wiederum die Verhängung zeitiger Zwangsarbeit.

[966] Entsprechend der 1832 bzw. 1863 durchgeführten Ergänzung des Art. 309 stuften die jeweiligen Gesetzgeber auch hier die Strafandrohung danach ab, ob der Verletzte lediglich kurzfristig daniederlag oder dauerhafte Beeinträchtigungen davontrug oder sogar an den zugefügten Verletzungen starb. Während noch Art. 73 des Reformgesetzes von 1832 allein danach differenzierte, ob der Tod des Verletzten eingetreten war oder nicht und dementsprechend die Verhängung lebenslanger oder bloß zeitiger Zwangsarbeit vorschrieb, sah das Reformgesetz von 1863 für den Todeseintritt gleichfalls die lebenslange Zwangsarbeit und in den beiden anderen Fällen abgestuft die zeitige Zwangsarbeit sowie die Zuchthausstrafe vor.

[967] Vergl. Tit. II, Art. 13. Allerdings bestimmte das Dekret im folgenden Art. 14 darüber hinaus eine 1810 nicht mehr übernommene Verdoppelung der Strafe für den Fall, daß die Körperverleztung entweder gegen Frauen, Personen über 70 oder unter sechzehn Jahren oder aber gegen Lehrlinge oder Dienstboten verübt worden war.

[968] Sowohl Art. 74 des Reformgesetzes von 1832 als auch das Reformgesetz von 1863 senkten hier später die untere Grenze des Strafrahmens auf eine sechstägige Gefängnisstrafe herab.

der Täter jedoch mit Vorbedacht oder sogar hinterlistig, so wirkte sich dies gemäß Art. 311 Abs. 2 auch hier strafschärfend aus, denn dann drohte dem Täter nicht nur eine zwei- bis fünfjährige Gefängnisstrafe sondern auch eine empfindliche Geldbuße zwischen 50 und 500 *Francs*[969]. Ähnlich wie das Strafgesetzbuch von 1791 beinhaltete Art. 312 darüber hinaus eine außerordentlich empfindliche Strafschärfungsregelung für den Fall, daß der Täter die genannten Körperverletzungen an seinen legitimen, natürlichen oder Adoptiveltern oder aber an anderen Verwandten in aufsteigender Linie beging. Während sich der Gesetzgeber von 1791 allerdings hierbei noch für die einheitliche Verhängung der Kettenstrafe auf zwanzig Jahre entschieden hatte, differenzierte das napoleonische Strafgesetzbuch aus Proportionalitätserwägungen nunmehr wie folgt: Bestimmte das Gesetz für eine Körperverletzung die Verhängung der mit einer Geldbuße zu verbindenden Gefängnisstrafe, so verwirkte derjenige Täter, der seine Hand gegen Eltern oder Großeltern erhoben hatte, jedenfalls die Zuchthausstrafe. Entsprechendes galt auch für die Einsperrung in einem Zuchthaus sowie für die Verwirkung zeitiger Zwangsarbeit, denn beide Strafen wurden innerhalb der Strafenskala in die jeweils nächsthöhere umgewandelt, so daß das Zuchthaus die zeitige Zwangsarbeit und diese die Verurteilung zu lebenslanger Zwangsarbeit nach sich zog[970].

Kein Körperverletzungs- sondern vielmehr ein Gefährdungsdelikt umfaßte hingegen Art. 314, der sowohl die Herstellung als auch den Verkauf von Stiletten, *tromblons* oder anderen verbotenen Waffen mit einer sechstägigen bis sechsmonatigen Gefängnisstrafe belegte[971]. Mit Strafe war ferner auch der Träger solcher Waffen bedroht, denn er mußte mit der Verhängung einer Geldbuße zwischen sechzehn und 200 *Francs* rechnen. Von beiden Strafandrohungen blieb allerdings die Verhängung schwererer Strafen sowie die Einziehung der Waffen unberührt. Für alle bislang genannten Tatbestände, deren Verwirklichung mit der Verhängung einer Korrektionalstrafe zu ahnden war, konnte der Täter darüber hinaus zusätzlich zur Korrektionalstrafe nach Art. 315 noch unter eine zwei- bis fünfjährige Polizeiaufsicht gestellt werden.

---

[969] Während das Reformgesetz von 1832 diese Strafandrohung noch unangetastet belassen hatte, ahndete der Gesetzgeber von 1863 dieses Delikt unter Beibehaltung der Geldbuße nurmehr mit einer zweijährigen Gefängnisstrafe.

[970] Vergl. Locré, *a.a.O.*, Bd. XXX, S. 474f.

[971] Im *Décret impérial qui interdit l'usage et le port des fusils et pistolets à vent* vom 22. Nivose des Jahres IV (23. Dezember 1805) sowie dem *Décret impérial qui ordonne l'impression de la déclaration du 23 mars 1728 concernant le port d'armes* vom 12. März 1806 waren unter teilweisem Rückgriff auf das alte Recht die einzelnen auch nach 1810 noch verbotenen Waffen explizit aufgeführt worden. Die Gesetzestexte sind abgedruckt in: Locré, *a.a.O.*, Bd. XXX, S. 541ff.

Ein echtes Körperverletzungsdelikt stellte hingegen der Verbrechenstatbestand der Entmannung dar, dessen Verwirklichung der napoleonische Gesetzgeber in Art. 316 unter Strafe stellte. Im Gegensatz zum Strafgesetzbuch von 1791 ahndete er dieses Deliktes allerdings nicht mehr uneingeschränkt mit der Kapitalstrafe, sondern differenzierte bei der Strafandrohung objektiv danach, ob infolge der Verletzung der Tod des Opfers innerhalb einer bestimmten Frist eingetreten war oder nicht. Während der Täter im letzteren Fall gemäß Abs. 1 jedenfalls mit einer Verurteilung zu lebenslanger Zwangsarbeit zu rechnen hatte, verwirkte er nach Abs. 2 jedoch nur dann die Todesstrafe, wenn der Verletzte nach Ablauf von 40 Tagen an den Folgen der Tat starb.

Mit der Abtreibung beschäftigte sich der Gesetzgeber schließlich in Art. 317. Hatte noch das Strafgesetzbuch von 1791 jeden an der Abtreibung Beteiligten mit der gleichen Strafe belegt und darüber hinaus eine Strafbarkeit für Ärzte gar nicht erst vorgesehen, so differenzierte der *Code pénal* von 1810 bei der Strafandrohung nunmehr danach, ob es sich bei dem Delinquenten um die Schwangere selbst, einen Dritten oder um einen Angehörigen eines medizinischen Berufsstandes handelte und bedrohte in Art. 317 Abs. 1 zunächst jeden mit der Zuchthausstrafe, der durch Nahrungsmittel, Getränke, Medikamente, Gewalteinwirkung oder jedes andere Mittel die Abtreibung bei einer Schwangeren vornahm. Dabei sollte es für die Strafbarkeit des Dritten nicht darauf ankommen, ob die Schwangere hierzu eingewilligt hatte oder nicht. Sie selbst aber verwirkte gemäß Abs. 2 die gleiche Strafe dann, wenn sie die Abtreibung selbst an sich vornahm. Gleiches galt, wenn sie eingewilligt hatte, von den ihr zu diesem Zweck aufgezeigten oder verschafften Mitteln Gebrauch zu machen und die Abtreibung daraufhin tatsächlich erfolgte. Eine strenge Strafverfolgung mußten darüber hinaus auch Ärzte, Chirurgen und sonstige Gesundheitsbeamten sowie Apotheker befürchten, die der abtreibungswilligen Schwangeren besagte Mittel entweder aufgezeigt oder sogar verschafft hatten und die Abtreibung daraufhin durchgeführt worden war, denn die napoleonische Kodifikation belegte diesen Berufsstand nach Abs. 3 nämlich grundsätzlich mit zeitiger Zwangsarbeit und bestrafte ihn somit härter als die Schwangere selbst oder jeden anderen unmittelbar an der Abtreibung beteiligten Dritten. Begründet wurde diese unterschiedlich hohe und zudem überaus empfindliche Strafandrohung mit dem besonders schuldhaften Verhalten der Ärzte, die ihrer Pflicht, Leben zu schützen nicht nur nicht nachkamen, sondern ihre Fähigkeiten im konkreten Fall sogar dazu nutzten, es zu zerstören[972].

Ein weiteres Gefährdungsdelikt erfaßte schließlich der letzte, in Anlehnung an die entsprechende Bestimmung des *Décret relatif à l'organisation d'une police*

---

[972] Vergl. Locré, *a.a.O.*, Bd. XXX, S. 475.

municipale et correctionnelle vom 19./22. Juli 1791[973] konzipierte Artikel des Abschnitts, der in Art. 318 jeden mit der Verhängung einer Gefängnisstrafe zwischen sechs Tagen und zwei Jahren sowie einer Geldbuße zwischen sechzehn und 500 *Francs* bedrohte, der als Groß- oder Einzelhändler vorsätzlich verfälschte Getränke verkauft hatte, die für die Gesundheit schädliche Mixturen enthielten. Darüber hinaus unterlagen diese Getränke der besonderen Einziehung[974]. Eine Sondervorschrift für alle in diesem Abschnitt erfaßten Körperverletzungs- und anderen Delikte enthielt darüber hinaus noch Art. 313, denn waren die besagten Verbrechen oder Vergehen nämlich anläßlich einer aufrührerischen Zusammenrottung begangen worden und zudem noch von Empörung oder Plünderung begleitet gewesen, so waren die Anführer, Urheber, Anstifter und Aufwiegler dieser Zusammenrottungen, Empörungen oder Plünderungen wiederum mit der gleichen Strafe zu belegen wie die Täter, die den jeweiligen Tatbestand unmittelbar selbst verwirklicht hatten.

cc.) Der fahrlässige Totschlag und die fahrlässige Körperverletzung

Der napoleonische Gesetzgeber beschäftigte sich im dritten Abschnitts *Homicide, blessures et coups involontaires; crimes et délits excusables, et cas où ils ne peuvent être excusés; homicide, blessures et coups qui ne sont ni crimes ni délits*[975] unter der Überschrift *Homicide, blessures et coups involontaires*[976] zunächst mit dem fahrlässig begangenen Totschlag sowie den fahrlässig begangenen Körperverletzungsdelikten und belegte in Art. 319 jeden, der entweder aufgrund von Ungeschicklichkeit [*maladresse*], Unvorsichtigkeit [*imprudence*], Unachtsamkeit [*inattention*], Nachlässigkeit [*négligence*] oder Mißachtung von Verordnungen [*inobservation des réglements*] selbst fahrlässig einen Totschlag beging oder hierfür fahrlässig die Ursache gesetzt hatte wegen des geringen Verschuldens lediglich mit einer dreimonatigen bis zweijährigen Gefängnisstrafe sowie einer Geldbuße zwischen 50 und 600 *Francs*[977]. Zog dieser Mangel an Geschicklichkeit oder Vorsicht [*défaut d'adresse ou de précaution*] jedoch lediglich eine Körperverletzung nach sich, so mußte der Täter gemäß Art. 320 hingegen nur mit der Verhängung einer sechstägigen bis zweimonatigen

---

973 Vergl. Tit. II, Art. 38.

974 Der bloße Verkauf von gefälschten ungefährlichen Getränken zog hingegen lediglich eine Geldbuße bis zu zehn *Francs* sowie die Einziehung und Vernichtung der betreffenden Getränke nach sich. Zu diesen Strafen konnte allerdings nach freiem richterlichen Ermessen noch eine bis zu dreitägige Gefängnisstrafe treten. Vergl. Art. 475 Nr. 6, 476f. C.P. 1810.

975 Liv. III, tit. II, chap. I, sect. III, Art. 319 bis 329 C.P. 1810.

976 Art. 319 bis 320 C.P. 1810.

977 Bereits der Gesetzgeber von 1791 hatte die fahrlässige Tötung lediglich mit Korrektionalstrafen belegt, wobei allerdings die Gefängnishaft die Dauer eines Jahres nicht überschreiten durfte. Vergl. Tit. II, Art. 15 des *Décret relatif à l'organisation d'une police municipale et correctionnelle* vom 19./22. Juli 1791.

Gefängnisstrafe sowie einer Geldbuße zwischen sechzehn und 100 *Francs* rechnen[978].

In den beiden weiteren Unterabschnitten *Crimes et délits excusables, et cas où ils ne peuvent être excusés*[979] und *Homicide, blessures et coups non qualifiés crimes ni délits*[980] erfaßte der Gesetzgeber von 1810 darüber hinaus im Zusammenhang mit den Tötungs- und Verletzungsdelikten und damit für heutige Begriffe teilweise systemwidrig neben lediglich eine Strafmilderung nach sich ziehenden Entschuldigungs- und die Strafbarkeit völlig ausschließenden Rechtfertigungsgründen auch die bereits im Rahmen der allgemeinen Lehren erörterten und in Art. 328f. erfaßten Bestimmungen zur Notwehr. Während Art. 321 in Anlehnung an die Strafgesetzgebung der Revolutionszeit einen Mord oder eine Körperverletzung dann jedenfalls als entschuldbar betrachtete, wenn der Täter objektiv durch schwere Schläge oder grobe Gewalttätigkeiten hierzu unvermittelt angereizt worden war[981], ließen sich nach Art. 322 die entsprechenden Verbrechen und Vergehen aus naheliegenden Gründen auch dann entschuldigen, wenn diese Verletzungen die Folgen einer bei Tag durchgeführten Abwehr eines Einstiegs oder Einbruchs in eingefriedete oder bewohnte Räumlichkeiten darstellten[982]. Niemals entschuldbar war hingegen sowohl nach Art. 323 der stets als besonders abscheulich angesehene Vatermord[983] als auch nach Art. 324 Abs. 1 der aufgrund der besonderen ehelichen Schutz- und Obhutspflichten gleichfalls als überaus verwerflich erachtete Gattenmord dann, wenn er nicht unmittelbar bei Tathandlung zur Verteidigung des eigenen Lebens gedient hatte[984] oder aber gemäß Art. 324 Abs. 2 im Affekt anläßlich eines auf frischer Tat im ehelichen Hause aufgedeckten Ehebruchs geschah[985]. Entsprechend war auch das an sich nicht zu entschuldigende Verbrechen der Entmannung nur dann entschuldbar, wenn es vom weiblichen Täter begangen wurde, um sich unmittelbar vor einem gewaltsamen sexuellen Übergriff zu schützen. Für den Fall, daß die als Entschuldigungsgrund dienende Tatsache auch bewiesen werden konnte, bestimmte die Strafzumessungsregel des Art. 326 in allen genannten entschuldbaren Fällen schließlich eine erhebliche Strafminderung, die der Gesetzgeber aus Proportionalitätsüberlegungen heraus stets nach der eigentlich verwirkten Strafe bemaß[986] und hierbei wie folgt

---

978 Vergl. Locré, *a.a.O.*, Bd. XXX, S. 476, 514. Das Reformgesetz von 1863 sah hier auch nur eine alternative Verhängung beider Strafen vor.

979 Art. 321 bis 326 C.P. 1810.

980 Art. 327 bis 329 C.P. 1810.

981 Vergl. Locré, *a.a.O.*, Bd. XXX, S. 476, 517.

982 Die bei Nacht durchgeführten Abwehrmaßnahmen erfüllten ihrerseits eines der beiden Regelbeispiele des Notwehrtatbestandes. Vergl. Art. 322 Abs. 3, 328, 329 Nr. 2 C.P. 1810.

983 Vergl. Locré, *a.a.O.*, Bd. XXX, S. 477, 514f.

984 Vergl. Locré, *a.a.O.*, Bd. XXX, S. 477f.

985 Vergl. Locré, *a.a.O.*, Bd. XXX, S. 476f., 515.

986 Vergl. Locré, a.a.O., Bd. XXX, S. 478.

differenzierte: Wenn das verwirkte Verbrechen sonst die Todesstrafe, die lebenslange Zwangsarbeit oder aber die Deportation nach sich zog, so verwirkte der entschuldbar handelnde Täter nurmehr eine ein- bis fünfjährige Gefängnisstrafe. Diese verringerte sich jedoch dann auf eine sechsmonatige bis zweijährige Haftzeit, wenn ein anderes entschuldbares Verbrechen verwirklicht worden war und konnte desweiteren dann sogar auf eine sechstägige bis sechsmonatige Dauer beschränkt werden, wenn es sich um ein bloßes Vergehen gehandelt hatte. In enger Anlehnung an die entsprechende Bestimmung des *Code pénal* von 1791 stellten darüber hinaus gemäß Art. 327 aus naheliegenden Gründen weder der Totschlag noch die Körperverletzung ein Verbrechen oder Vergehen dar, wenn sie - wie etwa eine Hinrichtung - gesetzlich angeordnet und von einer rechtmäßigen Autorität befehligt worden waren.

dd.) Die Verbrechen und Vergehen gegen die Sittlichkeit

Ähnlich wie schon das Strafgesetzbuch von 1791 erfaßte auch der napoleonische Gesetzgeber im Rahmen der Personendelikte im Abschnitt *Attentats aux moeurs*[987] diejenigen Verbrechen und Vergehen, die sich gegen die im übrigen nicht legal definierte und deshalb weit auslegbare Sittlichkeit richteten und bedrohte im Auffangtatbestand des Art. 330 zunächst jeden mit der Verhängung einer im Vergleich zur Strafgesetzgebung der Revolutionszeit empfindlicheren dreimonatigen bis einjährigen Gefängnisstrafe sowie einer Geldbuße zwischen sechzehn und 200 *Francs*, der die Sittlichkeit öffentlich verletzte [*outrage public à la pudeur*][988]. In Anlehnung an den *Code pénal* von 1791 zählten zu den Verfehlungen wider die Sittlichkeit insbesondere auch die Vergewaltigung sowie die sexuelle Nötigung, aber während der Gesetzgeber von 1791 lediglich die Vergewaltigung erfaßt und sich mit der sexuellen Nötigung mittels Gewalt gegenüber Personen beiderlei Geschlechts noch nicht beschäftigt und insoweit eine Regelungslücke gelassen hatte, regelte der *Code pénal* von 1810 diese Materie nunmehr umfassend[989] und stellte jedem nach Art. 331 die Zuchthausstrafe in Aussicht, der entweder eine Frau vergewaltigte[990] oder sich irgend eines anderen Verbrechens gegen die Sittlichkeit schuldig machte, das mit Gewalt gegen Personen beiderlei Geschlechts entweder tatsächlich vollzogen oder auch nur

---

987 Liv. III, tit. II, chap. I, sect. IV, Art. 330 bis 340 C.P. 1810.

988 Vergl. Locré, *a.a.O.*, Bd. XXX, S. 519. Der Gesetzgeber der Revolutionszeit hatte dieses Delikt in Tit. II, Art. 8f. des *Décret relatif à l'organisation d'une police municipale et correctionnelle* vom 19./22. Juli 1791 lediglich mit einer Geldbuße sowie einer höchstens sechsmonatigen Gefängnisstrafe belegt und es zudem unterlassen, deren Mindestdauer genau zu bestimmen.

989 Vergl. Locré, *a.a.O.*, Bd. XXX, S. 479.

990 Das Reformgesetz vom 28. April 1832 erhöhte allerdings in Art. 77 das Strafmaß für eine Vergewaltigung auf die zeitige Zwangsarbeit.

versucht worden war[991]. Wie schon der *Code pénal* von 1791 drohte auch die napoleonische Kodifikation dem Täter aus leicht nachvollziehbaren Gründen zudem eine erhebliche Strafschärfung dann an, wenn er dieses Verbrechen an einem Kind verübt hatte. Hatte das Strafgesetzbuch der Revolutionszeit aber noch eine bloße Verdoppelung der verwirkten Strafe vorgesehen, wenn der Delinquent ein noch nicht vierzehnjähriges Kind mißbrauchte, so erhöhte der napoleonische Gesetzgeber nunmehr die Altersgrenze des Opfers nicht nur um zwei weitere Jahre, sondern stellte dem Täter gemäß Art. 332 zudem eine noch erheblich empfindlichere Verurteilung zu zeitiger Zwangsarbeit in Aussicht. Ebenfalls in Anlehnung an die Strafgesetzgebung der Revolutionszeit sah der Gesetzgeber darüber hinaus aufgrund der regelmäßig besonderen Brutalität der Tatbegehung eine weitere Strafschärfung in Gestalt lebenslanger Zwangsarbeit gemäß Art. 333 dann vor, wenn der Täter hierbei von einer oder mehreren Personen unterstützt worden war[992]. Gleiches galt für den 1791 noch unberücksichtigt gebliebenen Fall, daß zwischen Täter und Opfer ein besonderes Autoritätsverhältnis bestand. Das Merkmal des Autoritätsverhältnisses wurde hierbei seitens des Gesetzgebers insofern hinreichend deutlich umschrieben, als er den hierfür in Frage kommenden Personenkreis genau bezeichnete, der sowohl Lehrer und Hausangestellte als auch Beamte sowie Priester umfaßte[993].

Mit der sowohl im Strafgesetzbuch von 1791 als auch im *Décret relatif à l'organisation d'une police municipale et correctionnelle* vom 19./22. Juli 1791[994] kaum erschöpfend behandelten Jugendprostitution befaßte sich der napoleonische Gesetzgeber im folgenden Artikel, der aus Jugendschutzzwecken sowohl das Verleiten von Minderjährigen zur Prostitution als auch die Förderung derselben unter Strafe stellte[995]. Eine Gefängnisstrafe zwischen sechs Monaten und zwei Jahren sowie eine noch vergleichsweise moderate Geldbuße von 50 bis 500 *Francs* verwirkte gemäß Art. 334 Abs. 1, wer die Sittlichkeit dadurch verletzte, daß er junge Personen beiderlei Geschlechts von weniger als 21 Jahren zu Ausschweifungen oder zur Sittenlosigkeit gewöhnlich anreizte oder ihre unzüchtige Lebensart oder Sittenlosigkeit ebenso begünstigte oder erleichterte. Waren die Minderjährigen hingegen hierzu sogar durch ihre Eltern, ihre Vormünder oder andere zu ihrer Aufsicht betraute Personen verleitet worden oder hatten diese die Prostitution begünstigt oder erleichtert, so drohte diesem Personenkreis nach Art. 334 Abs. 2 aufgrund ihrer als besonders verwerflichen erachteten Gesinnung nicht nur eine zwei- bis fünfjährige Gefängnisstrafe sondern auch die Verhängung eines empfindlichen Bußgeldes zwischen 300 und 1000

---

991 Vergl. Locré, *a.a.O.*, Bd. XXX, S. 520.
992 Vergl. Locré, *a.a.O.*, Bd. XXX, S. 520.
993 Vergl. Locré, *a.a.O.*, Bd. XXX, S. 520f.
994 Vergl. Tit. II, Art. 8ff.
995 Vergl. Locré, *a.a.O.*, Bd. XXX, S. 521f.

Francs. Alle nach Maßgabe von Art. 334 verurteilten Personen konnten zudem nicht nur gemäß Art. 335 Abs. 3 unter zeitige Polizeiaufsicht gestellt werden, sondern waren gemäß Art. 335 Abs. 1 darüber hinaus aus naheliegenden Gründen insbesondere zu jeder Vormund- und Pflegschaft sowie zu jeder Teilnahme an Familienräten für unfähig zu erklären. Hierbei differenzierte der Gesetzgeber wiederum danach, ob es sich bei dem Delinquenten um eine Person nach Maßgabe von Art. 334 Abs. 1 oder aber um eine des in Art. 334 Abs. 2 genannten Personenkreises handelte, denn während erstere nur für wenigstens zwei und höchstens fünf Jahre besagter Befugnis verlustig ging, verlor die andere diese Rechte für eine Dauer von zehn bis zu zwanzig Jahren. War das Delikt aber von Vater oder Mutter begangen worden, so verloren diese nach Art. 335 Abs. 2 aus unschwer nachvollziehbaren Gründen zudem alle ihnen aufgrund der elterlichen Gewalt zustehenden Rechte und Vorteile über die Person und das Vermögen ihres Kindes. Was darüber hinaus die Stellung der Eltern unter zeitige Polizeiaufsicht anbelangte, so sollte sich deren Dauer gemäß Art. 335 Abs. 3 nach derjenigen richten, die der Gesetzgeber für die Untersagung der genannten bürgerlichen und familiären Rechte vorsah.

Während das Strafgesetzbuch von 1791 noch keinerlei Bestimmungen über die strafrechtlichen Folgen des Verletzung der ehelichen Treue beider Ehegatten getroffen hatte, beschäftigte sich der napoleonische Gesetzgeber mit dieser Materie in den nachfolgenden Bestimmungen, paßte sich der entsprechenden Regelung des Zivilgesetzesbuches[996] an und schloß deshalb auch insoweit eine bestehende Regelungslücke[997]. Auf eine nähere Umschreibung des Ehebruchbegriffs [*adultère*] konnte dabei insofern verzichtet werden, als er nach allgemein überkommenem Verständnis nur den geschlechtlichen Verkehr einer Ehefrau mit einem anderen Mann voraussetzte. Diese aufgrund der Gefahr einer Kindsunterschiebung als besonders schwerwiegend beurteilte eheliche Verfehlung der Frau konnte aber gemäß Art. 336 nur vom Ehemann angezeigt und erst danach strafrechtlich verfolgt werden, denn in den Augen des napoleonischen Gesetzgeber machte sich eine Ehebrecherin nur gegenüber ihrem Mann, nicht aber gegenüber der Gesellschaft schuldig. Diese Befugnis verlor der Ehemann nur dann, wenn er gemäß Art. 339 selbst die Ehe dadurch brach, daß er eine Beischläferin [*concubine*] im gemeinsamen Wohnhaus auf Dauer unterhielt und aufgrund der Klage seiner Ehefrau dieser Verfehlung überführt und mithin von Seiten des Gesetzgebers keines Vertrauensschutzes mehr für würdig befunden wurde. Während also der Ehebruch einer Frau bereits bei der ersten Verfehlung

996 Vergl. Art. 298 Abs. 2 C.C. 1804. Hiernach war es dem über die Scheidung zu befindenden Zivilgericht gestattet, die Ehebrecherin auf die bloße Aufforderung der Staatsanwaltschaft hin zu einer dreimonatigen bis zweijährigen Zuchthausstrafe zu verurteilen. Diese Verurteilung konnte dabei in dem die Scheidung aussprechenden Urteil enthalten sein.

997 Vergl. Locré, *a.a.O.*, Bd. XXX, S. 480f., 522ff.

strafrechtlich geahndet wurde, konnte ein die Ehe brechender Mann nur dann mit Strafe belegt werden, wenn sein Ehebruch kein einmaliges Vorkommnis blieb, sondern sich zum Dauerzustand des Konkubinats entwickelte und die Konkubine im Haus des Ehemannes Aufnahme fand. Ebenso ungleich wie die strafrechtliche Verfolgbarkeit gestaltete sich auch die geschlechtsspezifische Strafandrohung, denn während die andauernde Verfehlung des Ehemannes lediglich mit einer bloßen, allerdings empfindlichen Geldbuße zwischen 100 und 2000 *Francs* zu belegen war, mußte die Ehebrecherin - entsprechend der Regelung des Art. 298 Abs. 2 des *Code civil* von 1804 - zu einer ungleich härteren Gefängnisstrafe von wenigstens drei Monaten und höchstens zwei Jahren verurteilt werden. Grund für diese unterschiedlich hohe Strafandrohung war vor allem die selbst heute durchaus noch nachvollziehbare Auffassung des Gesetzgebers, der von einer Frau begangene Ehebruch ziehe insofern schwerere Konsequenzen nach sich, als sie ihrem legitimen Gatten das Kind eines anderen unterschieben könne[998]. Allerdings blieb es dem Ehemann unbenommen, die Strafvollstreckung dadurch zu verhindern, daß er seiner Ehefrau verzieh und sie wieder zu sich nahm. Eine Strafverfolgung hatte desweiteren auch der am Ehebruch mitschuldige Mann, nicht aber die Beischläferin des Ehemannes zu befürchten, denn als Teilnehmer des Ehebruchs und damit potentieller Vater des möglicherweise später untergeschobenen Kindes verwirkte er nach Art. 338 nicht nur die gleiche Gefängnisstrafe wie die Ehebrecherin, sondern war darüber hinaus noch zu einer hohen Geldbuße zwischen 100 und 2000 *Francs* zu verurteilen. Abgesehen von solchen Fällen, in denen er auf frischer Tat betroffen wurde, durften für die Feststellung seiner Schuld allerdings keine anderen Beweise als Briefe oder sonstige von ihm geschriebene Schriftstücke herbeigezogen werden.

Den bereits 1791 mit einer harten Strafandrohung belegten Verbrechenstatbestand der Bigamie erfaßte der Gesetzgeber von 1810 anschließend in der letzten Bestimmung dieses Abschnitts. Während noch das Strafgesetzbuch von 1791 lediglich den Bigamisten mit Strafe bedroht hatte, belegte die napoleonische Kodifikation gemäß Art. 340 Abs. 1 aber nunmehr nicht nur denjenigen mit der unverhältnismäßigen zeitigen Zwangsarbeit, der sich wiederverheiratete, ohne daß seine zuvor wirksam geschlossene Ehe wieder aufgelöst worden war, sondern drohte auch dem die Eheschließung vollziehenden Beamten nach Art. 340 Abs. 2 die gleiche Strafe dann an, wenn er seinen Amtspflichten trotz Kenntnis des Bestehens der ersten Eheschließung nachkam. Hauptsächlicher Beweggrund dieser relativ harten Strafandrohung war, daß die Bigamie sowohl die Merkmale des Ehebruchs als auch die der Fälschung in sich vereinigte, was in den Augen des Gesetzgebers jedenfalls eine Belegung mit zeitiger Zwangsarbeit rechtfertigte[999].

---

[998] Vergl. Locré, *a.a.O.*, Bd. XXX, S. 480.
[999] Vergl. Locré, *a.a.O.*, Bd. XXX, S. 481.

ee.) Die Freiheitsberaubung

Die 1791 zwar noch im Rahmen der Verbrechen gegen die Staatsverfassung abgehandelte, aber nichtsdestoweniger nur mit einer vergleichsweise milden Strafandrohung belegte Materie der Freiheitsberaubung durch Privatpersonen[1000] erfaßte der Gesetzgeber von 1810 nunmehr im fünften Abschnitt unter der Überschrift *Arrestations illégales et séquestrations de personnes*[1001]. Ausgehend von der Auffassung, daß die Freiheit des einzelnen eines der höchsten von der Gesellschaft garantierten Rechtsgüter sei und jeder Verstoß deshalb umso nachdrücklicher verfolgt werden müsse[1002], ahndete er die Verwirklichung dieses Verbrechenstatbestandes jetzt mit außergewöhnlicher Härte und drohte in Art. 341 Abs. 1 zunächst jedem die zeitige Zwangsarbeit an, der einen anderen ohne eine entsprechende Anordnung der Behörden und ohne das Vorliegen eines gesetzlich geregelten Festnahmegebots festnahm, gefangenhielt oder dadurch seiner Freiheit beraubte, daß er ihn einem Dritten in Verwahrung gab. In enger Anlehnung an die Strafgesetzgebung von 1791 hatte nach Art. 341 Abs. 2 die gleiche harte Strafe aber auch derjenige Teilnehmer verwirkt, der vorsätzlich einen Ort zur Verfügung stellte, um die Gefangenhaltung oder Freiheitsberaubung zu gewährleisten. Hatte die Gefangenhaltung oder Freiheitsberaubung allerdings mehr als einen Monat angedauert, so wirkte sich dies insofern strafschärfend aus, als das Gericht gemäß Art. 342 nunmehr stets auf lebenslange Zwangsarbeit erkennen mußte. Das Strafmaß verringerte sich hingegen gemäß Art. 343 dann erheblich auf eine bloße zwei- bis fünfjährige Gefängnisstrafe, wenn der Täter die festgehaltene Person vor Ablauf von zehn Tagen seit ihrer Ergreifung wieder auf freien Fuß setzte, ohne daß es bis dahin seitens der Behörden zu konkreten Strafverfolgungsmaßnahmen gekommen war. In diesem Fall konnten die Delinquenten zudem noch unter eine fünf- bis zehnjährige Polizeiaufsicht gestellt werden. Die Kapitalstrafe hatten sie aber jedenfalls verwirkt, wenn sie die festgehaltene Person entweder mittels Tragens falscher Uniformen, unter Verwendung falscher Namen oder aufgrund eines gefälschten obrigkeitlichen Befehls ergriffen, sie mit dem Tode bedroht oder sogar gefoltert hatten, denn diese Qualifikationen setzte der Gesetzgeber insgesamt stets strafschärfend mit den schwersten Verbrechen gegen die öffentliche Ruhe und Ordnung gleich[1003].

[1000] Die von Amtsträgern begangenen rechtswidrigen Festnahmen und Freiheitsberaubungen hatte der Gesetzgeber bereits im ersten Titel des dritten Buches abgehandelt.

[1001] Liv. III, tit. II, chap. I, sect. V, Art. 341 bis 344 C.P. 1810.

[1002] Vergl. Locré, *a.a.O.*, Bd. XXX, S. 482.

[1003] Vergl. Locré, *a.a.O.*, Bd. XXX, S. 483.

ff.) Die Personenstandsdelikte zum Nachteil eines Kindes, die Kindesaussetzung, die Entführung Minderjähriger sowie Übertretungen der Beerdigungsvorschriften

Im folgenden sechsten Abschnitt *Crimes et délits tendant à empecher ou détruire la preuve de l'état civil d'un enfant, ou à compromettre son existence; enlèvement de mineurs; infraction aux lois sur les inhumations*[1004] faßte der Gesetzgeber von 1810 in drei Unterabschnitten so unterschiedliche und von den Urhebern des Strafgesetzbuchs von 1791 insgesamt noch weitgehend ignorierte Materien zusammen wie die Personenstandsdelikte zum Nachteil eines Kindes, die Kindesaussetzung, die Entführung Minderjähriger sowie die Verletzung von Beerdigungsvorschriften.

Im ersten Unterabschnitt *Crimes et délits envers l'enfant*[1005] beschäftigte sich der napoleonische Gesetzgeber zunächst mit solchen Delikten, die sich gegen den Personenstand oder die Person eines Kindes richteten und deren Erfassung die Urheber des Strafgesetzbuchs von 1791 noch versäumt hatten. So stellte Art. 345 Abs. 1 zunächst jedem die Zuchthausstrafe in Aussicht, der ein Kind entführte, verheimlichte, den Beweis seiner Existenz oder seines Personenstandes unterdrückte oder es Dritten oder einer nicht entbundenen Frau unterschob und es so seiner Erb- und anderer Rechte oder auch nur der Möglichkeit beraubte, zu einem späteren Zeitpunkt seine eigentliche Familie kennenzulernen[1006]. Die gleiche Strafe hatte nach Art. 345 Abs. 2 darüber hinaus aufgrund ähnlicher Motivation diejenige Person verwirkt, der ein Kind anvertraut worden war und die es denjenigen Personen nicht wieder übergab, die - wie etwa die Eltern oder der Vormund - zu seiner Rückforderung berechtigt waren. Lediglich mit einer Gefängnisstrafe zwischen sechs Tagen und sechs Monaten sowie einer Geldbuße von sechzehn bis zu 300 *Francs* mußte gemäß Art. 346 hingegen rechnen, wer einer Entbindung zwar beigewohnt, die ihm zivilrechtlich auferlegte Geburtsanzeige[1007] bei dem zuständigen Standesbeamten entweder gar nicht oder nicht innerhalb der geforderten Frist[1008] vorgenommen hatte. Zur gleichen

---

[1004]Liv. III, tit. II, chap. I, sect. VI, Art. 345 bis 360 C.P. 1810.

[1005]Art. 345 bis 353 C.P. 1810.

[1006]Vergl. Locré, *a.a.O.*, Bd. XXX, S. 484.

[1007]Vergl. Art. 56 C.C. 1804. Hiernach hatte die Geburtsanzeige grundsätzlich durch den Kindsvater zu erfolgen. War ein solcher - aus welchem Grund auch immer - nicht vorhanden, waren die der Entbindung beiwohnenden Ärzte, Chirurgen, Hebammen, Gesundheitsbeamten oder andere Personen verpflichtet, die Geburtsanzeige vorzunehmen. Kam die Schwangere allerdings an einem anderen Ort als ihrem Wohnsitz nieder, so war diejenige Person zur Geburtsanzeige verpflichtet, bei der die Schangere entbunden hatte.

[1008]Vergl. Art. 55 C.C. 1804. Die Kindsgeburt war dem zuständigen Standesamt binnen drei Tagen nach der Entbindung anzuzeigen, wobei das neugeborene Kind dem Standesbeamten zwecks Vermeidung von Verwechslungen und Falscheintragungen tatsächlich vorgeführt werden mußte.

vergleichsweise empfindlichen Strafe war nach Art. 347 Abs. 1 aber auch derjenige zu verurteilen, der ein neugeborenes Kind gefunden und es dem zuständigen Standesbeamten nicht in der hierfür vorgesehenen Art und Weise übergeben hatte[1009]. Hiervon waren aber nach Art. 347 Abs. 2 solche Personen ausgenommen, die sich bereit erklärt hatten, das Findelkind aufzunehmen und eine entsprechende Erklärung bei der Gemeindevertretung des Fundorts abgaben. Eine geringfügig höhere Strafe in Gestalt einer sechswöchigen bis sechsmonatigen Gefängnistrafe sowie einer Geldbuße zwischen sechzehn und 50 *Francs* drohte desweiteren gemäß Art. 348 Abs. 1 demjenigen, der ein noch nicht sieben Jahre altes Kind in ein Hospiz brachte, obwohl es ihm zuvor zur Pflege oder aus anderem Grunde anvertraut worden war. Seine Strafbarkeit entfiel nach Art. 348 Abs. 2 nur dann, wenn er entweder gesetzlich nicht dazu angehalten war oder sich selbst nicht dazu verpflichtet hatte, unentgeltlich für die Ernährung und den Unterhalt des Kindes zu sorgen und zudem niemand für ein entsprechendes Entgelt gesorgt hatte.

Die gleichfalls im *Code pénal* von 1791 noch nicht geregelte Materie der Kindesaussetzung erfaßte der napoleonische Gesetzgeber in den folgenden Bestimmungen und umschrieb den Tatbestand der Kindesaussetzung dabei insoweit hinreichend deutlich, als dessen Verwirklichung nicht nur die Aussetzung, sondern auch das anschließende Verlassen implizierende Preisgeben des Kindes voraussetzte. Hinsichtlich der Strafandrohung differenzierte er desweiteren nicht nur danach, ob die Aussetzung an einem einsamen oder belebten Ort stattgefunden und man das Kind mithin einer objektiv höheren oder weniger hohen Gefahr ausgesetzt hatte[1010], sondern berücksichtigte darüber hinaus aus naheliegenden Gründen insbesondere strafschärfend, ob das ausgesetzte Kind verletzt oder sogar von solchen Personen ausgesetzt worden war, denen man es zuvor ausdrücklich anvertraut hatte und die deshalb genaue Angaben zu seiner Herkunft machen konnten[1011]. So belegte Art. 349 zunächst denjenigen mit einer Gefängnisstrafe von sechs Monaten bis zu zwei Jahren sowie einer Geldbuße zwischen sechzehn und 200 *Francs*, der ein noch nicht siebenjähriges Kind entweder selbst an einem einsamen Ort ausgesetzt oder Dritten eine entsprechende Anweisung erteilt hatte. Im letzteren Fall machte sich der Anweisende im Sinne eines erfolgsqualifizierten

---

[1009] Vergl. Art. 58 C.C. 1804. Hiernach war jede Person, die ein neugeborenes Kind fand, nicht nur dazu verpflichtet, es mit allen bei ihm gefundenen Kleidungsstücken und Effekten dem zuständigen Standesbeamten zu übergeben. Sie war vielmehr auch dazu angehalten, genaue Auskunft über die Umstände des Fundes sowie über den Fundort zu erteilen. Dies sollte eine mögliche Identifizierung des Kindes erleichtern.

[1010] Vergl. Locré, *a.a.O.*, Bd. XXX, S. 485.

[1011] Vergl. Locré, *a.a.O.*, Bd. XXX, S. 485f. Entgegen dem Wortlaut der Art. 349ff, der eine Deliktsverwirklichung von Mutter und Vater nicht ausdrücklich erwähnte, sollten nach dem Willen des Gesetzgebers jedoch alle Strafen auch auf die Eltern angewendet werden. Vergl. Locré, *a.a.O.*, Bd. XXX, S. 388.

Delikts allerdings nur dann strafbar, wenn sein Auftrag auch tatsächlich ausgeführt worden war. Dieses Strafmaß erhöhte sich jedoch dann gemäß Art. 350 auf eine empfindliche zwei- bis fünfjährige Gefängnisstrafe sowie eine Geldbuße zwischen 50 und 400 *Francs*, wenn das Kind von seinen Vormündern oder Lehrern oder aber aufgrund deren Anweisung ausgesetzt worden war. Hatte die Aussetzung nach Maßgabe von Art. 349f. jedoch eine andauernde Verstümmelung oder Lähmung des Kindes zur Folge, so betrachtete Art. 351 die Aussetzung aufgrund ihrer grundsätzlichen Vermeidbarkeit als eine vom Aussetzenden vorsätzlich begangene Körperverletzung und stellte sie deshalb auch in der Straffolge diesem Verbrechen gleich. Zog die Aussetzung allerdings den Tod des Kindes nach sich, so war die Tat aus den gleichen Beweggründen heraus jedenfalls als Mord anzusehen und mit der hierfür vorgesehenen Strafe zu ahnden[1012]. Lediglich die vergleichsweise milde Strafe einer dreimonatigen bis zweijährigen Gefängnishaft verbunden mit einer Geldbuße zwischen sechzehn und 100 *Francs* verwirkte hingegen, wer ein noch nicht siebenjähriges Kind an einem belebten und mithin objektiv weniger gefährlichen Ort aussetzte. Eine Verdoppelung der Strafandrohung für dieses Vergehen auf eine sechsmonatige bis zweijährige Gefängnishaft verbunden mit einer Geldstrafe zwischen 25 und 200 *Francs* sah der Gesetzgeber allerdings wiederum für den Fall vor, daß das Kind am besagten Ort von seinen Vormündern oder Lehrern ausgesetzt worden war.

Die im *Code pénal* von 1791 lediglich in Zusammenhang mit dem sexuellem Mißbrauch oder der Prostitution ausschließlich weiblicher Entführungsopfer geregelte Materie der Entführung Minderjähriger erfaßte das napoleonische Strafgesetzbuch nunmehr geschlechtsneutral im folgenden Unterabschnitt *Enlèvement de mineurs*[1013]. Obwohl der Gesetzgeber hier den Entführungsbegriff nicht ausdrücklich definierte, war eine solche Umschreibung insofern nicht vonnöten, als der Begriff *enlèvement* nach allgemeinem Verständnis regelmäßig ein gegen den Willen des Opfers oder seiner Aufsichtspersonen durchgeführtes Verbringen an einen anderen als den bisherigen Ort beinhaltete. Allerdings beschrieb der Gesetzgeber in Art. 354 die verschiedenen Begehensweisen der Entführung, die entweder aufgrund von List oder mittels Gewalt durch den unmittelbaren Täter oder aber durch beauftragte Dritte verwirklicht werden konnte. Ergänzend und insoweit den Entführungsbegriff präzisierend führte er darüber hinaus aus, daß der Entführungstatbestand auch das Gewalt implizierende Fortreißen, das in bestimmtem Umfang List voraussetzende heimliche Entfernen oder das sonstige Verbringen an einen anderen Ort umfassen sollte. Dementsprechend belegte zunächst Art. 354 denjenigen mit der Zuchthausstrafe, der in listiger oder gewalttätiger Weise Minderjährige entweder selbst entführte

[1012]Vergl. Locré, a.a.O., Bd. XXX, S. 485.
[1013]Art. 354 bis 357 C.P. 1810.

oder entführen ließ. Die gleiche Strafe verwirkte aber auch derjenige, der die Minderjährigen von solchen Orten, an die sie von Personen gebracht worden waren, unter deren Gewalt sie standen oder deren Leitung sie anvertraut worden waren, entweder selbst oder durch andere gewaltsam fortriß, heimlich entfernte oder an einen anderen Ort verbrachte. Eine Strafschärfung in Gestalt zeitiger Zwangsarbeit sah der Gesetzgeber darüber hinaus in Art. 355 für den Fall vor, daß ein noch nicht sechzehnjähriges Mädchen Opfer dieser Entführung geworden war, denn dann unterstellte er dem Täter regelmäßig entweder eine unlautere sexuelle Motivation oder aber die in seinen Augen verwerfliche Zielsetzung, die Familie der Minderjährigen zwangsweise zur Bewilligung einer Eheschließung zu bewegen[1014]. Eine Herabsetzung dieser Strafe auf eine bloße zwei- bis fünfjährige Gefängnisstrafe war nach Art. 356 allerdings dann in Betracht zu ziehen, wenn das minderjährige Entführungsopfer entweder in seine Entführung eingewilligt hatte oder dem Entführer freiwillig gefolgt war und der Täter zudem sein 21. Lebensjahr noch nicht vollendet und somit möglicherweise die Tragweite seiner Tat noch nicht ganz erfaßt hatte. War der Entführer hingegen älter als 21 Jahre, so verfügte er in den Augen des Gesetzgebers jedenfalls über die entsprechende Reife und hatte daher grundsätzlich die zeitige Zwangsarbeit verwirkt[1015]. Hatte der Täter hingegen die von ihm entführte Minderjährige bereits geheiratet, so verfolgte der Gesetzgeber vor allem den Schutz der minderjährigen Ehefrau bzw. den der nunmehr geschlossenen Ehe und bestimmte, daß der Entführer nach Art. 357 nur auf Klage derjenigen Personen strafrechtlich verfolgt werden konnte, die zivilrechtlich berechtigt waren, die Feststellung der Nichtigkeit der Ehe zu betreiben. Seine Verurteilung war allerdings auch dann erst nach der wirksamen Nichtigkeitserklärung der Ehe möglich[1016].

Die im Rahmen des *Code pénal* von 1791 ebenfalls noch unberücksichtigt gebliebenen strafrechtlich relevanten Verstöße gegen Beerdigungsvorschriften[1017] faßte der napoleonische Gesetzgeber schließlich im letzten Unterabschnitt *Infraction aux lois sur les inhumations*[1018] zusammen. Ausschlaggebender Beweggrund für die Pönalisierung dieser ausschließlich als Vergehen qualifizierten Delikte war dabei die Überlegung, mit einer Strafandrohung nicht nur Interessen der Erben auch strafrechtlich schützen, sondern gleichzeitig auch das Interesse des Staates an einer geordneten Strafverfolgung im Hinblick auf die Tötungsdelikte

---

[1014]Vergl. Locré, *a.a.O.*, Bd. XXX, S. 486.

[1015]Vergl. Locré, *a.a.O.*, Bd. XXX, S. 486f.

[1016]Vergl. Locré, *a.a.O.*, Bd. XXX, S. 487. Hierzu zählten insbesondere die Eltern der Entführten. Vergl. Art. 180ff C.C. 1804.

[1017]Vergl. insbesondere die in Art. 77ff C.C. 1804 erfaßten Bestimmungen über die Erteilung von Sterbeurkunden, ohne die eine Bestattung grundsätzlich nicht durchgeführt werden durfte.

[1018]Art. 358 bis 360 C.P. 1810.

wahren zu können[1019]. Hierfür sprach auch der Umstand, daß der Gesetzgeber in jedem Tatbestand ausdrücklich darauf hinwies, daß eine darüber hinausgehende Strafverfolgung grundsätzlich gewährleistet sei und mithin deutlich machte, daß er diese Deliktsgruppe vor allem auch als potentielle Verdeckungstaten verstand. Darüber hinaus mögen gerade bei den gegen die Totenruhe gerichteten Vergehen aber auch Erwägungen der Pietät eine weitere Ursache für deren strafrechtliche Ahndung gesetzt haben. Mit einer sechstägigen bis zweimonatigen Gefängnisstrafe sowie einer Geldbuße zwischen sechzehn und 500 *Francs* bedrohte Art. 358 Abs. 1 deshalb zunächst jeden, der einen Verstorbenen ohne die grundsätzlich notwendige vorherige Erlaubnis des zuständigen Zivilbeamten bestatten ließ[1020]. Die gleiche Strafe hatte nach Art. 358 Abs. 2 darüber hinaus derjenige verwirkt, der in anderer Weise gegen Beerdigungsvorschriften oder gegen entsprechende Verordnungen verstieß. Mit der Verhängung einer bereits sechsmonatigen bis zweijährigen Gefängnisstrafe verbunden mit einer Geldbuße zwischen 50 und 400 *Francs* mußte gemäß Art. 359 hingegen rechnen, wer die Leiche einer ermordeten oder an den Folgen einer Körperverletzung verstorbenen Person verheimlichte oder versteckte. Die Störung der Totenruhe durch Grabmahls- oder Leichenschändung erfaßte schließlich die letzte Bestimmung des Abschnitts und belegte dieses gegen die Würde des Verstorbenen gerichtete Vergehen gemäß Art. 360 mit einer dreimonatigen bis einjährigen Gefängnisstrafe sowie einer Geldbuße zwischen sechzehn und 200 *Francs*[1021].

gg.) Die Falschaussage, die Verleumdung, die Beleidigung sowie der Geheimnisverrat

Mit der Falschaussage, der Verleumdung, der Beleidigung sowie dem Geheimnisverrat befaßte sich der napoleonische Gesetzgeber im siebten und letzten Abschnitt *Faux témoignage, calomnie, injures, révélation de secrets*[1022] und belegte zunächst die unter der Überschrift *Faux témoignage*[1023] zusammengefaßten Falschaussagedelikte - ebenso wie zuvor schon das Strafgesetzbuch von 1791, das die Aussagedelikte noch im Zusammenhang mit verschiedenen Fälschungsdelikten geregelt hatte - mit durchweg äußerst empfindlichen Strafen. Die ausschlaggebenden Beweggründe für diese strenge Strafandrohung waren einerseits die möglichen schweren Konsequenzen für den zu Unrecht Belasteten, andererseits aber auch die Befürchtung des Gesetzgebers, daß ein durch eine Falschaussage straffrei ausgehender Delinquent - insbesondere auch unter dem Eindruck seiner bisherigen Straflosigkeit - mangels Abschreckung möglicherweise

[1019]Vergl. Locré, *a.a.O.*, Bd. XXX, S. 487f.
[1020]Vergl. Art. 77 C.C. 1804.
[1021]Vergl. Locré, *a.a.O.*, Bd. XXX, S. 488.
[1022]Liv. III, tit. II, chap. I, sect. VII, Art. 361 bis 378 C.P. 1810.
[1023]Art. 361 bis 366 C.P. 1810.

auch zukünftig weitere Straftaten begehen könnte[1024]. Aus diesen Erwägungen heraus bedrohte er in Art. 361 Abs. 1 zunächst die in ihren Konsequenzen für Einzelpersonen und Gesellschaft am folgenschwerste Falschaussage in Kriminalsachen dann mit zeitiger Zwangsarbeit, wenn sie entweder zum Nachteil oder aber zu Gunsten des Angeklagten erfolgt war[1025]. Eine erhebliche Strafschärfung kam darüber hinaus nach Art. 361 Abs. 2 in Betracht, wenn der Angeklagte aufgrund dieser Aussage zu einer schwereren Strafe als der der zeitigen Zwangsarbeit verurteilt worden war, denn dann hatte der falsche Zeuge die gleiche Strafe wie der von ihm belastete Angeklagte verwirkt und konnte demnach auch mit der Kapitalstrafe belegt werden[1026]. Während Falschaussagen in Korrektional-, einfachen Polizei- sowie Zivilsachen gemäß Art. 362f. in ferner Anlehnung an die Strafgesetzgebung der Revolutionszeit grundsätzlich milder bestraft und unterschiedslos mit der Zuchthausstrafe geahndet wurden[1027], kam auch bei diesen als etwas weniger schwerwiegend angesehenen Verbrechen nach Art. 364 Abs. 1 dann eine Strafschärfung in Gestalt zeitiger Zwangsarbeit in Betracht, wenn der falsche Zeuge für seine Falschaussage entweder Geld, eine sonstige Belohnung oder aber Versprechungen angenommen und aus seinem Verbrechen mithin noch Vorteile gezogen hatte[1028]. Darüber hinaus unterlag all das, was der falsche Zeuge für seine Falschaussage erhalten hatte gemäß Art. 364 Abs. 2 aus naheliegenden Gründen der besonderen Einziehung. Während die

[1024] Vergl. Locré, *a.a.O.*, Bd. XXX, S. 489.

[1025] Das Reformgesetz von 1863 senkte hier die Strafandrohung auf die Verhängung der Zuchthausstrafe herab.

[1026] Das Reformgesetz von 1863 senkte auch diese Strafandrohung insofern ab, als es nunmehr bestimmte, daß der falsche Zeuge nur dann die gleiche Strafe wie der von ihm belastete Angeklagte verwirkt habe, wenn dieser zu einer höheren Strafe als der des Zuchthauses verurteilt worden sei.

[1027] Erst das Reformgesetz von 1832 brachte hier eine angemessen differenzierte Strafandrohung. Es belegte zwar in Art. 80f. Falschaussagen in Korrektional- und Zivilsachen nach wie vor einheitlich mit der Zuchthausstrafe, senkte die entsprechende Strafandrohung aber bei bloßen Polizeisachen nunmehr auf eine ein- bis fünfjährige Gefängnisstrafe herab. Eine nochmalige Herabsenkung der Strafandrohung auf in der Regel bloße mit Geldbußen verbundene Gefängnisstrafen brachte schließlich das Reformgesetz von 1863.

[1028] Das Reformgesetz von 1832 behielt in Art. 82 die Androhung zeitiger Zwangsarbeit für den bestechlichen Zeugen in Korrektional- und Zivilsachen zwar noch bei, senkte die entsprechende Strafandrohung bei einfachen Polizeisachen aber bereits auf die Zuchthausstrafe herab. Der Gesetzgeber von 1863 schließlich milderte die Strafandrohungen noch weiter ab, bezog zudem erstmals auch den bestechlichen Zeugen in Kriminalsachen mit in seine nunmehr exakt abgestufte Regelung ein und bedrohte ihn ungeachtet einer weitergehenden Strafbarkeit gemäß Art. 361 Abs. 2 stets mit zeitiger Zwangsarbeit. Die der Bestechung überführten Zeugen in Korrektional- und Zivilsachen belegte er fortan mit der Zuchthaus-, den bestechlichen Zeugen in einfachen Polizeisachen hingegen nurmehr mit einer zwei- bis fünfjährigen Gefängnisstrafe, zu der stets noch eine empfindliche Geldbuße zwischen 50 und 2000 *Francs* trat.

vorangegangene Bestimmung die Bestechlichkeit des Zeugen mit Strafe belegte, erfaßte Art. 365 anschließend die im Strafgesetzbuch von 1791 noch nicht geregelte Verleitung zur Falschaussage, deren Strafandrohung sich nicht nur nach der Härte des aufgrund der Falschaussage gefällten jeweiligen Strafurteils bestimmte, sondern in Ansehung ihrer besonderen Gefährlichkeit zusätzlich noch um jeweils einen Grad innerhalb der Strafenskala angehoben wurde[1029]. So hatte der zur Falschaussage Verleitende dann die zeitige Zwangsarbeit verwirkt, wenn die falsche Aussage zur Verhängung der Zuchthausstrafe geführt hatte. Zog sie jedoch die Deportation oder die zeitige Zwangsarbeit nach sich, so war auf lebenslange Zwangsarbeit zu erkennen, während die Todesstrafe ferner dann verhängt werden mußte, wenn ein Dritter aufgrund der Falschaussage entweder zu lebenslanger Zwangsarbeit oder aber zur Kapitalstrafe verurteilt worden war. Mit der 1791 gleichfalls noch ignorierten Materie des Meineides beschäftigte sich schließlich die letzte Bestimmung des Unterabschnitts und belegte denjenigen nach dem Talionsprinzip mit der Aberkennung seiner staatsbürgerlichen Rechte, der in Zivilsachen einen Meineid entweder dadurch leistete, daß er anläßlich einer gerichtlich angeordneten oder aber im Rahmen einer von der gegnerischen Partei begehrten Eidesleistung einen falschen Eid schwor[1030].

Die eng verwandten Materien der Verleumdung und Beleidigung sowie die des Geheimnisverrats regelte das Strafgesetzbuch von 1810 im folgenden Unterabschnitt *Calomnie, injures, révélation de secrets*[1031]. Während das alte Recht für Verleumdungen lediglich willkürliche Strafen vorgesehen und der Gesetzgeber von 1791 hinsichtlich dieser Materie keinerlei Regelung getroffen hatte, beinhaltete die napoleonische Kodifikation in Gestalt von Art. 367 Abs. 1 nunmehr eine Legaldefinition der als Vergehen qualifizierten Verleumdung. Hiernach machte sich derjenige einer *calomnie* schuldig, der einen anderen entweder an öffentlichen Orten, in öffentlichen Versammlungen, in einer beglaubigten öffentlichen Urkunde oder aber in einem gedruckten oder ungedruckten Schriftstück, das entweder angeschlagen, verkauft oder ausgeteilt worden war, solcher Tatsachen beschuldigte, die ihn, wenn sie denn wahr wären, entweder einem peinlichen oder Korrektionalverfahren oder aber der Verachtung oder dem Haß der Bürger aussetzen würden[1032]. Die Verwirklichung des

[1029] Vergl. Locré, *a.a.O.*, Bd. XXX, S. 490f. Das Reformgesetz von 28. April 1832 bedrohte das Verleiten zur Falschaussage gemäß Art. 83 nurmehr mit derselben Strafe wie den falschen Zeugen.

[1030] Vergl. Locré, *a.a.O.*, Bd. XXX, S. 490.

[1031] Art. 367 bis 378 C.P. 1810.

[1032] Die zur Unterdrückung unliebsamer Kritiker politisch überaus relevanten Bestimmungen über die Verleumdung mittels Druck- oder anderer Schriften an öffentlichen Orten oder in öffentlicher Art und Weise (Art. 367 bis 372) sowie die strengen gesetzlichen Beweisregeln

Verleumdungstatbestandes setzte demnach die öffentliche Beschuldigung eines anderen mit einer unwahren Tatsache sowie entweder die darauf beruhende hypothetische Möglichkeit einer Strafverfolgung oder eine gleichfalls hierauf beruhende hypothetische Herabminderung des Ansehens des Beschuldigten voraus. Nicht unter die Legaldefinition fielen nach Art. 367 Abs. 2 allerdings solche Tatsachen, deren Bekanntmachung das Gesetz erlaubte, sowie Tatsachen, zu deren Mitteilung oder Ahndung der Urheber der Beschuldigung aufgrund seiner Amtsverrichtungen oder -pflichten angehalten war[1033]. Eine ganz im Sinne des repressiven napoleonischen Systems gehaltene Erweiterung des Verleumdungstatbestandes beinhaltete hingegen Art. 369 für den Fall, daß Verleumdungen mittels ausländischer Zeitungen bekannt gemacht worden waren. Hiernach mußte jeder dann mit Strafverfolgung rechnen, wenn er den entsprechenden Artikel entweder eingesandt oder dessen Veröffentlichung angeordnet oder aber zur Einführung oder Verbreitung der Zeitungen in Frankreich beigetragen hatte. Grundsätzlich konnte sich der Urheber der Beschuldigung gemäß Art. 370 Abs. 1 zwar durch den gesetzlichen Wahrheitsbeweis vor Strafe bewahren, allerdings stellte der Gesetzgeber an diesen Beweis insofern äußerst strenge Anforderungen, als er nach Art. 370 Abs. 2 nur denjenigen Beweis zuließ, der entweder aus einem Urteil oder irgend einer anderen öffentlichen Urkunde hervorging. Im Rahmen der Vermutung des Art. 368 erachtete er darüber hinaus jede Beschuldigung dann für falsch, für die der gesetzliche Beweis nicht unverzüglich erbracht werden konnte. Demzufolge durfte der Verleumder im Rahmen des Strafverfahrens auch nicht damit gehört werden, daß der Beweis zu einem späteren Zeitpunkt erbracht werde. Gleichfalls konnte er nicht als Entschuldigungsgrund anführen, daß die Beweisstücke oder Tatsachen offenkundig oder die Beschuldigungen aus ausländischen Blättern oder sonstigen Druckschriften entweder gänzlich abgeschrieben oder bloß auszugsweise wiedergegeben worden seien. War der Verleumder demnach nicht in der Lage, unverzüglich den gesetzlichen Beweis für seine Beschuldigungen zu erbringen, so mußte er nach Art. 371 mit der Verhängung einer vergleichsweise empfindlichen, durch hohe Geldbußen ergänzten Gefängnisstrafe rechnen, deren Dauer und Höhe sich jeweils nach der Tragweite der geäußerten Beschuldigungen bestimmte. Beschuldigte er nämlich einen anderen zu Unrecht einer Tat, die mit der Kapitalstrafe, der lebenslangen Zwangsarbeit oder der Deportation zu ahnden war, so hatte der Verleumder eine zwei- bis fünfjährige Gefängnisstrafe sowie eine Geldbuße zwischen 200 und 5000 *Francs* verwirkt, während er in allen anderen Fällen mit der Verhängung einer ein- bis sechsmonatigen Gefängnishaft und einer Geldbuße zwischen 50 und 2000 *Francs* rechnen mußte. Von einer Strafverfolgung war hingegen gemäß Art. 372 derjenige zunächst privilegierend ausgenommen, der

wurden zusammen mit Art. 374f. und 377 bald nach dem Sturz Napoleons durch Art. 26 des Pressegesetzes vom 17./18. Mai 1819 gänzlich aufgehoben.

1033 Vergl. Locré, *a.a.O.*, Bd. XXX, S. 491ff.

seine Beschuldigungen nicht öffentlich, sondern im Rahmen einer Denunziation lediglich gegenüber der Obrigkeit äußerte. Für den Fall nämlich, daß die Beschuldigungen die Verwirklichung eines Straftatbestandes unterstellten, durfte der Denunziant für die Dauer der Ermittlungen wegen Verleumdung weder strafrechtlich verfolgt noch verurteilt werden. Erwiesen sich die Beschuldigungen allerdings dann als falsch, so mußte der Denunziant grundsätzlich dann mit strafrechtlichen Konsequenzen rechnen, wenn er im übrigen den Tatbestand der Verleumdung gemäß Art. 367f. erfüllt hatte. War der Verleumdungstatbestand hingegen zwar nicht verwirklicht worden, hatte der Denunziant seine falschen Anschuldigungen aber schriftlich gegenüber einem Justiz- oder Beamten der gerichtlichen oder Verwaltungspolizei geäußert, so zog diese falsche Anschuldigung nach Art. 373 die Verhängung einer einmonatigen bis einjährigen Gefängnisstrafe sowie ein empfindlich hohes Bußgeld zwischen 100 und 3000 *Francs* nach sich[1034]. In allen genannten Fällen ging der verurteilte Verleumder darüber hinaus gemäß Art. 374 für die Dauer von mindestens fünf und höchstens zehn Jahren nach Strafverbüßung der in Art. 42 aufgeführten und bereits erörterten Rechte verlustig.

Während das Strafgesetzbuch von 1791 noch keinerlei Regelungen im Hinblick auf die Beleidigung von Privatpersonen getroffen hatte, machte sich nach der napoleonischen Kodifikation derjenige einer Beleidigung gemäß Art. 375 strafbar, dessen Unbilden oder Verbalinjurien zwar keine Unterstellung konkreter Tatsachen, wohl aber die Unterstellung eines bestimmten Fehlers enthielten und die entweder an öffentlichen Orten oder in öffentlichen Versammlungen ausgestoßen oder aber in gedruckten oder anderen Schriften eingefügt und verbreitet worden waren. Während die Verwirklichung dieses Tatbestandes die Verhängung eines Bußgeldes zwischen sechzehn und 500 *Francs* nach sich zog, waren alle anderen Unbilden und Verbalinjurien, die dieses doppelte Merkmal von Schwere und öffentlicher Kundgabe nicht beinhalteten, gemäß Art. 376 lediglich mit einfachen Polizeistrafen zu ahnden. Eine Spezialregelung für solche Beschuldigungen oder Unbilden, die im Rahmen eines Zivilprozeßverfahrens entweder in Schriftsätzen oder Plaidoyers geäußert worden waren, enthielt schließlich die folgende Bestimmung und stellte in Art. 377 Abs. 1 dem erkennenden Richter anheim, im Urteil anzuordnen, daß die Unbilden oder beleidigenden Schriften entweder zu unterdrücken seien, oder daß sich deren Urheber zukünftig derartiger Äußerungen zu enthalten hätten. Darüber hinaus war der Richter aber auch befugt, die Täter vorerst ihrer Amtsverrichtungen zu entheben und konnte dem vor Gericht derart Angegangenen zudem in allen Fällen Schadenersatz für die erlittene Schmach zuerkennen. Allerdings durfte die

[1034] Art. 373 fand allerdings dann keine Anwendung, wenn die falschen Anschuldigungen gegenüber der Regierung getätigt worden waren. Vergl. Locré, *a.a.O.*, Bd. XXX, S. 406f.

Amtsenthebung gemäß Art. 377 Abs. 2 für nicht mehr als sechs Monate angeordnet werden und war lediglich im Wiederholungsfall auf eine ein- bis fünfjährigen Dauer zu erhöhen. Enthielten die Unbilden oder beleidigenden Schriften jedoch eine schwere Verleumdung und konnten darüber hinaus die erkennenden Richter, bei denen die Sache anhängig war, über das Vergehen nicht erkennen, so konnten sie den Beschuldigten nur provisorisch von seinen Amtsverrichtungen befreien und mußten ihn im übrigen zur Fällung einer endgültigen Entscheidung den hierfür zuständigen Richtern überliefern.

Die gleichfalls im *Code pénal* von 1791 noch nicht berücksichtigte Materie des Geheimnisverrats regelte schließlich die letzte Bestimmung des Abschnitts und belegte in Art. 378 jeden mit einer ein- bis sechsmonatigen Gefängnisstrafe sowie einer Geldbuße zwischen 100 und 500 *Francs*, der im Rahmen seines Berufsstandes ihm anvertraute Geheimnisse verriet, ohne daß er gesetzlich hierzu verpflichtet gewesen war. Diese Strafandrohung richtete sich nicht nur gegen Ärzte, Wundärzte und sonstige Gesundheitsbeamte, sondern auch gegen Apotheker, Hebammen sowie alle anderen Personen, die Kraft ihrer Stellung oder ihres Gewerbes Träger eines ihnen anvertrauten Geheimnisses waren.

b.) Verbrechen und Vergehen gegen das Eigentum

aa.) Der Diebstahl

Die Materie der Diebstahlsdelikte erfaßte der napoleonische Gesetzgeber in enger Anlehnung an die Strafgesetzgebung der Revolutionszeit unter dem Titel *Vols*[1035], stellte aber im Gegensatz zum *Code pénal* von 1791 in Gestalt von Art. 379 nunmehr allen Bestimmungen eine Legaldefinition des Diebstahls voran, nach der sich nur derjenige des Diebstahls schuldig machte, der eine ihm nicht gehörende Sache in arglistiger Weise [*frauduleusement*] entwendet hatte. Die besondere Begehensweise in Gestalt der Arglist sollte hierbei klar hervorheben, daß es sich bei der entwendeten Sache notwendigerweise um Eigentum eines Dritten, nicht aber um eine herrenlose Sache handeln mußte[1036]. Neu war ferner, daß der Gesetzgeber von 1810 über die Legaldefinition des Diebstahls hinaus überall dort, wo erschwerende Umstände Einfluß auf die Art und Dauer der Strafe hatten, nunmehr mit exakt umschriebenen Begriffen arbeitete. Während noch das Strafgesetzbuch von 1791 diese strafschärfenden Umstände zwar ebenfalls aufgeführt, aber unkommentiert belassen hatte, war dem napoleonischen Gesetzgeber durchaus bewußt, daß gerade das Fehlen von Legaldefinitionen zu

[1035]Liv. III, tit. II, chap. II, sect. I, Art. 379 bis 401 C.P. 1810.
[1036]Vergl. Locré, *a.a.O.*, Bd. XXXI, S. 140.

einer unerträglichen Rechtsunsicherheit führen mußte, zu der eine widersprüchliche Rechtsprechung und Rechtslehre nur noch beitragen würden[1037]. So bestimmte er in Art. 390 zunächst genau, was unter einem bewohnten Haus [*maison habitée*] verstanden werden wollte. Hiernach umfaßte dieser Begriff jedes Gebäude, jede Wohnung, jede Hütte und selbst jede bewegliche Strohhütte, die - ohne tatsächlich bewohnt zu sein - objektiv zur Wohnung bestimmt war. Hinzu zählten ferner alle dazugehörigen Höfe, Kutschenhäuser, Scheunen, Pferdeställe sowie andere eingeschlossene Nebengebäude, wobei unerheblich war, welchem Zweck diese Baulichkeiten dienten und ob sie innerhalb der allgemeinen Umfriedung nochmals einen besonders umfaßten Bereich bildeten oder nicht. Weiterhin legte der Gesetzgeber in Art. 391 genau fest, was er unter den inhaltlich im wesentlichen gleichbedeutenden Begriffen Einhegung [*parc*] und eingefriedetes Grundstück [*enclos*] verstanden wissen wollte. Unter diese Begriffe fiel jedes Grundstück, das mit Gräben, Pfählen, geflochtenen Zäunen, Brettern, lebenden oder toten Hecken oder mit Mauern umgeben war, wobei es nicht darauf ankam, aus welchem Material die Umfriedung bestand oder wie hoch, tief, alt oder beschädigt sie auch sein mochte, ob sie mit einer abschließbaren oder anderweitig zu schließenden Tür versehen war oder ob es sich um Tür aus Gitterwerk handelte, die für gewöhnlich offenstand. Unter dem Begriff *enclos* erfaßte der Gesetzgeber darüber hinaus nach Art. 392 Satz 1 noch alle beweglichen Einhegungen [*parc mobiles*], die in der Landwirtschaft zum Zusammenhalten von Vieh dienten. Grenzten diese Einhegungen hingegen an bewegliche Strohhütten oder sonstige für die Hüter bestimmte Schutzräume, so waren sie nach Art. 392 Satz 2 als Zubehör eines bewohnten Hauses anzusehen.

Weitere Legaldefinitionen enthielten die folgenden Bestimmungen, in denen der Gesetzgeber nicht nur den Grundbegriff des Einbruchs [*effraction*] umschrieb, sondern die Einbrüche in Art. 394 zudem in äußere [*effractions extérieures*] und innere [*effractions intérieures*] unterteilte, wobei diese Begriffe ihrerseits anschließend wiederum legal definiert wurden. So umfaßte der in Art. 393 geregelte Einbruchsbegriff jedes gewaltsame Erbrechen, Aufbrechen, Beschädigen, Abtragen oder Wegnehmen der Mauern, Dächer, Fußböden, Decken, Türen, Fenster, Schlösser, Vorhängeschlösser oder sonstiger Gerätschaften oder Werkzeuge, die zum Versperren oder Verhindern des Durchgangs dienten, sowie jeder wie auch immer beschaffenen Schließvorrichtung. Unter äußeren Einbrüchen verstand der Gesetzgeber gemäß Art. 395 ferner nur solche Einbrüche, anhand derer sich der Täter Zugang zu Häusern, Innen- und anderen Höfen, eingefriedeten Grundstücken, Nebengebäuden oder abgeteilten Zimmern oder Wohnungen

---

[1037]Diese Problematik legte das Staatsratsmitglied Faure der gesetzgebenden Körperschaft anhand des seit Inkrafttreten des *Code pénal* von 1791 umstrittenen Begriffs des äußeren Einbruchs [*effraction extérieure*] in aller Deutlichkeit dar. Vergl. Locré, *a.a.O.*, Bd. XXXI, S. 145.

verschaffen konnte. Als innere Einbrüche bezeichnete er in Art. 396 Abs. 1 hingegen solche Einbrüche, die der Täter an Innentüren oder -schließvorrichtungen, Schränken oder sonstigen verschlossenen Mobilien beging, nachdem er sich zuvor Zugang zu den in Art. 395 genannten Örtlichkeiten verschafft hatte. Als inneren Einbruch qualifizierte Art. 396 Abs. 2 aber auch jede bloße Wegnahme von Kisten, Schachteln, mit Tuch und Stricken umwickelter Ballen sowie sonstiger verschlossener Mobilien, die Gegenstände beliebiger Art enthielten, wenn deren Erbrechen nicht schon an Ort und Stelle erfolgt war.

Eine weitere Legaldefinition - nämlich die des Einsteigens [*escalade*] - legte der napoleonische Gesetzgeber in der folgenden Bestimmung fest und sah nach Art. 397 Abs. 1 jedes Betreten von Häusern, Gebäuden, Innen- und anderen Höfen, öffentlichen Gebäuden, Gärten, Einhegungen und eingefriedeten Grundstücken dann als Einsteigen an, wenn es über Mauern, Tore, die Bedachung oder jede andere Schließvorrichtung bewerkstelligt worden war. Nach Art. 397 Abs. 2 wurde darüber hinaus jeder Eintritt dann als *escalade* angesehen, wenn sich der Täter durch eine unterirdische Öffnung, die nicht zum Zwecke des Eingangs angebracht worden war, Zugang zu den besagten Örtlichkeiten verschafft hatte.

Die letzte längst überfällig gewordene Legaldefinition dieses Abschnitts enthielt schließlich Art. 398, in dem der Gesetzgeber erläuterte, was fortan unter dem Begriff der falschen Schlüssel [*fausses clefs*] verstanden werden sollte. Hierbei umfaßte der Begriff alle Haken, Dietriche, Hauptschlüssel, nachgemachten oder veränderten sowie auch solche Schlüssel, die der Eigentümer, Mieter, Gast- oder Herbergswirt nicht für die Schlösser, Vorhängeschlösser oder sonstigen Schließvorrichtungen vorgesehen hatte, für die der Täter sie dann gebrauchte[1038].

Anders als der Gesetzgeber von 1791, der die Diebstahlsmaterie je nach Schwere der Delikte noch getrennt sowohl im *Code pénal* als auch im *Décret relatif à l'organisation et d'une police municipale et d'une police correctionnelle* vom 19./22. Juli 1791 geregelt hatte[1039], kodifizierte das napoleonische Strafgesetzbuch die gegen Privateigentum gerichteten Diebstahlsdelikte nunmehr insofern einheitlich, als es auch alle einfachen, weil nicht von erschwerenden Umständen begleiteten Diebstähle sowie die diebstahlsähnlichen Verfehlungen in einem Auffangtatbestand zusammenfaßte und - ebenso wie der Gesetzgeber von 1791 -

[1038] Gerade im Hinblick auf die zwar nicht ge- oder verfälschten, aber bestimmungswidrig gebrauchten Schlüssel bestand ein Regelungsbedürfnis, denn die Rechtsprechung hatte die Frage, ob auch diese Schlüssel dem Begriff der *fausses clefs* unterfielen, bis zum Inkrafttreten des *Code pénal* von 1810 immer wieder widersprüchlich entschieden. Vergl. Locré, *a.a.O.*, Bd. XXXI, S. 146.

[1039] Vergl. Tit. II, Art. 31ff.

mit bloßen Korrektionalstrafen belegte[1040]. So bedrohte Art. 401 Abs. 1 alle im vorliegenden Abschnitt nicht näher bezeichneten Diebstähle, listigen Entwendungen [*larcins*] und Gaunereien [*filouteries*] sowie die Versuche dieser Vergehenstatbestände[1041] mit einer ein- bis fünfjährigen Gefängnisstrafe, die noch durch eine nach richterlichem Ermessen zu bestimmende Geldbuße zwischen sechzehn und 500 *Francs* ergänzt werden konnte. Darüber hinaus konnte der Verurteilte nicht nur gemäß Art. 401 Abs. 2 für die Dauer von mindestens fünf und höchstens zehn Jahren nach Strafverbüßung der in Art. 42 aufgeführten Rechte verlustig gehen, sondern zudem nach Art. 401 Abs. 3 für den gleichen Zeitraum unter zeitige Polizeiaufsicht gestellt werden.

Während der in Art. 380 Abs. 1 erfaßte privilegierende Familiendiebstahl mit Rücksicht auf den Familienfrieden zwar keine Strafverfolgung, wohl aber zivilrechtliche Schadenersatzansprüche nach sich ziehen konnte[1042], waren nach Art. 380 Abs. 2 alle anderen, über den Kreis der Familie hinausgehenden Personen nach Maßgabe der folgenden Bestimmungen zu bestrafen. Unter unmittelbarem Rückgriff auf die entsprechenden Bestimmungen des *Code pénal* von 1791 stufte der napoleonische Gesetzgeber hierbei die jeweilige Strafandrohung insbesondere danach ab, ob der betreffende Diebstahl mit oder ohne Gewaltanwendung begangen oder von weiteren erschwerenden Umständen begleitet worden war oder nicht. Gerade in dem gewaltsam verübten Diebstahl - also dem Raub - erkannte der Gesetzgeber dabei eine besonders schwere und deshalb mit harten Strafen zu ahndende Verfehlung, vereinte er in sich doch sowohl einen Angriff auf die Person als auch auf deren Eigentum[1043]. So mußte zunächst derjenige gemäß Art. 381 mit der Verhängung der Maximalstrafe rechnen, der einen Diebstahl begangen und zugleich die fünf in Art. 381 aufgeführten erschwerenden Umstände kumulativ verwirklicht hatte[1044]. Beweggrund für diese harte, dem Meuchelmord entsprechende Strafandrohung war dabei insbesondere die Auffassung, daß das kumulative Vorliegen der erschwerenden Umstände eine so erhebliche Verfehlung darstelle, daß hier einzig und allein die Kapitalstrafe für angemessen erachtet

---

[1040] Vergl. Locré, *a.a.O.*, Bd. XXXI, S. 142. Den bloßen Mundraub betrachtete er hingegen als bloße Übertretung und belegte ihn im vierten Buch des *Code pénal* lediglich mit einer geringfügigen Geldstrafe. Vergl. Art. 471 Nr. 9 C.P. 1810.

[1041] Der Gesetzgeber von 1810 ahndete demnach grundsätzlich jeden Diebstahlsversuch auch dann, wenn das vollendete Delikt lediglich eine Korrektionalstrafe nach sich zog, was auf den hohen Stellenwert hinwies, den er dem verfassungsmäßig garantierten Privateigentum einräumte. Vergl. Locré, *a.a.O.*, Bd. XXXI, S. 146.

[1042] Vergl. Locré, *a.a.O.*, Bd. XXXI, S. 141.

[1043] Vergl. Locré, *a.a.O.*, Bd. XXXI, S. 142.

[1044] Der Art. 84 des Reformgesetzes vom 28. April 1832 ersetzte hier allerdings im Zuge der allgemeinen Abmilderung der Strafandrohungen die Kapitalstrafe durch die lebenslange Zwangsarbeit.

werden könne[1045]. Was nun die ersten drei erschwerenden Umstände anbelangte, so mußte der Diebstahl zunächst zur Nachtzeit und von zwei oder mehreren Personen begangen worden sein, von denen zumindest eine Waffen bei sich geführt hatte. Viertens mußten die Täter weiterhin entweder durch äußeren Einbruch, durch Einsteigen oder mittels falscher Schlüssel in Wohnraum gelangt sein oder aber das Verbrechen dadurch begangen haben, daß die Täter bei Deliktsverwirklichung unberechtigt den Titel einer Amtsperson oder eines Zivil- oder Militärbeamten geführt, deren Uniformen getragen oder sich auf einen falschen Befehl der Zivil- oder Militärbehörden berufen hatten. Schließlich war als fünfte Voraussetzung noch erforderlich, daß sie das Verbrechen entweder in gewaltsamer Weise oder aber unter der Drohung begangen hatten, von den mitgeführten Waffen Gebrauch zu machen[1046].

Die nur wenig mildere Strafe der lebenslangen Zwangsarbeit sah der Gesetzgeber in Art. 382 Abs. 1 hingegen für den Täter vor, der zwar gleichfalls einen gewaltsamen Diebstahl begangen, aber lediglich zwei der in Art. 381 aufgeführten erschwerenden Umstände erfüllt hatte. Mit der gleichen Strafe war darüber hinaus gemäß Art. 382 Abs. 2 jeder gewaltsam verübte Diebstahl bereits dann zu ahnden, wenn die angewandte Gewalt beim Opfer sichtbare Spuren von Verletzungen hinterlassen hatte, denn in den Augen des Gesetzgebers war hier angesichts der Schwere des Delikts jede Belegung mit einer milderen Strafe nicht nur unzureichend, sondern sogar unvereinbar mit der auf strenge Repression abzielenden kriminalpolitischen Konzeption des Strafgesetzbuchs[1047]. Ebenfalls lebenslange Zwangsarbeit verwirkte nach Art. 383 darüber hinaus grundsätzlich der Täter, der einen Diebstahl auf öffentlichen Wegen begangen hatte, denn auch

---

[1045] Vergl. Locré, *a.a.O.*, Bd. XXXI, S. 143.

[1046] Die noch unter dem Direktorium erlassene *Loi contenant des dispositions pénales relativement aux crimes mentionnés aux articles 2 et 3 de la 2e section du titre II de la 2e partie du Code pénal du 6 octobre 1791* vom 26. Floréal des Jahres V (15. Mai 1797) hatte noch geringere Anforderungen an die Verwirkung der Todesstrafe gestellt und bereits jeden mit Personengewalt verübten Diebstahl innerhalb eines Hauses dann mit der Kapitalstrafe belegt, wenn die Gewalteinwirkung an den Opfern körperliche Spuren hinterlassen hatte. Zudem war nach diesem Gesetz auch stets dann auf die Todesstrafe zu erkennen, wenn sich die Räuber mit Waffengewalt Zugang zum besagten Haus verschafft hatten. Der Gesetzestext ist abgedruckt in: Duvergier, *a.a.O.*, Bd. IX, S. 416.

[1047] Vergl. Locré, *a.a.O.*, Bd. XXXI, S. 142f. Sowohl Art. 85 des Reformgesetzes von 1832 als auch das Reformgesetz von 1863 milderten die Strafandrohung für den einfachen Raub auf die zeitige Zwangsarbeit herab, behielten aber ansonsten die lebenslange Zwangsarbeit für das Hervorrufen sichtbarer Verletzungen bei. Der Gesetzgeber von 1863 verzichtete zudem auf das Vorliegen besonderer erschwerender Umstände nach Maßgabe von Art. 381.

diesem Delikt wohnte in den Augen des Gesetzgebers stets eine bestimmte Gewaltanwendung inne[1048].

Lediglich mit Verhängung zeitiger Zwangsarbeit mußte der Dieb hingegen gemäß Art. 384 rechnen, wenn er den Diebstahl nach Maßgabe des vierten in Art. 381 aufgeführten Erschwerungsumstandes begangen hatte. Im Gegensatz zu Art. 381 erfaßte Art. 384 aber nicht nur das unberechtigte Eindringen in Wohnraum, sondern auch das Eindringen in solche eingefriedeten Räume, die weder als Wohnung dienten noch zu bewohnten Häusern gehörten. Ähnlich wie das Strafgesetzbuch der Revolutionszeit ahndete die napoleonische Kodifikation ferner jeden gewaltsam verübten Diebstahl aufgrund der grundsätzlich als verwerflich erachteten Gewaltanwendung auch dann gemäß Art. 385 mit zeitiger Zwangsarbeit, wenn die Deliktsbegehung von keinem weiteren erschwerenden Umstand begleitet gewesen war und die Gewaltanwendung beim Opfer keinerlei Spuren in Gestalt sichtbarer Verletzungen hinterlassen hatte. Handelte es sich hingegen um einen nicht gewaltsam begangenen Diebstahl, so mußte der Täter nur dann mit Verhängung zeitiger Zwangsarbeit rechnen, wenn er die Tat zusammen mit mindestens einer weiteren Person unter Mitführung von Waffen zur Nachtzeit begangen hatte[1049].

Mit bloßer Einsperrung in einem Zuchthaus belegte das Strafgesetzbuch in Art. 386 hingegen solche Diebstähle, die entweder von mehreren Personen zur Nachtzeit oder aber nur zur Nachtzeit oder nur von mehreren Personen, dafür aber in einem Wohnraum begangen worden waren. Die gleiche Strafe hatte darüber hinaus jeder verwirkt, der bei Diebstahlsbegehung Waffen bei sich geführt hatte. Mit der Zuchthausstrafe mußten gemäß Art. 386 aber auch solche Personen rechnen, die zwar keinen der als erschwerend angesehenen Umstände verwirklicht, wohl aber ein ihnen entgegengebrachtes besonderes Vertrauen verletzt und deshalb eine höhere als die für den einfachen Diebstahl vorgesehene Strafe verwirkt hatten[1050]. So drohte zunächst demjenigen die Zuchthausstrafe, der Hausgenossen oder solche Personen bestahl, mit denen ihn ein Ausbildungs- oder Arbeitsverhältnis verband. Besagte Strafe hatte aber auch verwirkt, wer entweder als Gast- oder Herbergswirt, Fuhrmann oder Schiffer sowie als deren Angestellter

---

[1048]Vergl. Locré, *a.a.O.*, Bd. XXXI, S. 143f. Diese überaus harte und undifferenzierte Strafandrohung wurde von Art. 84 und 86 des Reformgesetzes von 1832 insofern modifiziert, als der Straßenraub nur noch dann mit lebenslanger Zwangsarbeit belegt werden sollte, wenn er mit Gewaltanwendung und mit Waffen, oder mittels Bedrohung, oder zur Nachtzeit oder aber von mehr als einer Person begangen wurde. Lag hingegen nur einer dieser Umstände vor, so war nurmehr auf zeitige Zwangsarbeit und in allen übrigen Fällen lediglich auf die Zuchthausstrafe zu erkennen.

[1049]Vergl. Locré, *a.a.O.*, Bd. XXXI, S. 144.

[1050]Vergl. Locré, *a.a.O.*, Bd. XXXI, S. 144.

ihm im Rahmen des geführten Gewerbes anvertraute Sachen entwendete oder aber als Gast in Wirtshaus oder Herberge einen Diebstahl beging. Die gleiche Strafe hatte gemäß Art. 387 Abs. 1 zudem derjenige Fuhrmann oder Schiffer sowie der zur Führung ihres Gewerbes Angestellte zu gegenwärtigen, der Weine oder andere flüssige Sachen sowie Handelswaren durch die Mischung mit schädlichen Substanzen verfälschte[1051]. Für den Fall, daß die genannten Sachen zwar verfälscht, aber nicht mit schädlichen Substanzen vermischt wurden, mußten sie nach Art. 387 Abs. 2 allerdings lediglich mit einer einmonatigen bis einjährigen Gefängnisstrafe sowie einer Geldbuße zwischen sechzehn und 100 *Francs* rechnen. Die Zuchthausstrafe verwirkte darüber hinaus derjenige, der gemäß Art. 388 entweder auf dem Feld befindliche landwirtschaftliche Gerätschaften, Last- oder Zugtiere, Groß- oder Kleinvieh sowie Ernteerträge oder aber bereits geschlagenes Holz, Steine aus Steinbrüchen sowie Nutztiere aus Fischteichen stahl[1052]. Mit der gleichen Strafe ahndete der *Code pénal* gemäß Art. 389 aber auch jedes Verrücken von Grenzsteinen, um Land zu stehlen[1053]. Ebenfalls mit der Zuchthausstrafe belegte der Gesetzgeber gemäß Art. 399 Abs. 2 jedes Fälschen oder Verfälschen von Schlüsseln dann, wenn der Fälscher dem Schlossergewerbe nachging[1054]. In allen anderen Fällen hatte der Täter hingegen nach Art. 399 Abs. 1 lediglich mit der Verhängung einer dreimonatigen bis zweijährigen Gefängnisstrafe sowie einer Geldbuße zwischen 25 und 150 *Francs* zu rechnen. Unberührt hiervon blieb allerdings nach Art. 399 Abs. 3 eine weitergehende Strafbarkeit wegen Teilnahme an einem Verbrechen.

Eine weitaus höhere Strafe - nämlich die der zeitigen Zwangsarbeit - hatte gemäß Art. 400 schließlich derjenige verwirkt, der einen anderen mittels körperlichem oder psychischem Zwang [*force* bzw. *contrainte*] oder Gewalt [*violence*] zur Unterzeichnung oder Herausgabe eines Schriftstücks, eines Dokumentes, einer Urkunde, eines Wertpapieres oder eines beliebigen anderen Papieres, das eine Verbindlichkeit, Verfügung oder Entlastung enthielt oder zu bewirken vermochte, nötigte.

[1051] Das Reformgesetz von 1863 verringerte diese Strafandrohung auf eine zwei- bis fünfjährige Gefängnisstrafe verbunden mit einer Geldbuße zwischen 25 und 500 *Francs*.

[1052] Das Reformgesetz von 1832 ersetzte in Art. 88 diese undifferenziert hohe Strafandrohung schließlich durch mit Geldbußen verbundene Gefängnisstrafen.

[1053] Während noch das Reformgesetz von 1832 in Art. 89 diese unangemessen hohe Strafandrohung beibehalten hatte, milderte das Reformgesetz von 1863 sie auf eine zwei- bis fünfjährige und mit einer Geldbuße zwischen sechzehn und 500 *Francs* verbundene Gefängnisstrafe ab.

[1054] Auch hier ersetzte das Reformgesetz von 1863 die Strafandrohung durcch eine zwei- bis fünfjährige Gefängnisstrafe sowie eine Geldbuße zwischen 25 und 500 *Francs*.

bb.) Die Betrugsdelikte

Mit dem weiten Feld der Betrugsdelikte beschäftigte sich der Gesetzgeber von 1810 im zweiten Abschnitt unter dem Titel *Banqueroutes, escroqueries et autres espèces de fraude*[1055] und erfaßte dort in sechs Unterabschnitten so unterschiedliche Materien wie den Bankrott, den Betrug, den Blankettmißbrauch, die Untreue, die Unterschlagung, die Vergehen gegen Vorschriften über Glücks- und Lotteriespiele sowie Pfandhäuser, die Vergehen gegen die Bestimmungen über öffentliche Versteigerungen, die Vergehen gegen die Bestimmungen über Handel, Manufakturen und Künste, die Arbeiterkonspiration sowie die Verbrechen und Vergehen von Armeelieferanten.

Die Materie der Bankrottdelikte sowie den Grundtatbestand des Betrugs erfaßte der napoleonische *Code pénal* im ersten Unterabschnitt *Banqueroute et escroquerie*[1056]. Zwar fehlten hier im Gegensatz zu den Diebstahlsdelikten entsprechende Legaldefinitionen der verwendeten Begriffe, dafür aber nahm der napoleonische Gesetzgeber ausdrücklich auf die entsprechenden Bestimmungen des bereits 1808 in Kraft gesetzten *Code de Commerce* Bezug, wo in Art. 440ff die einzelnen, den Tatbestand des Bankrottes erfüllenden Handlungen bereits exakt umschrieben worden waren. In enger Anlehnung an den *Code de Commerce* unterschied das napoleonische Strafgesetzbuch in Art. 402 zunächst zwischen dem einfachen, lediglich als Vergehen angesehenen Bankrott [*banqueroute simple*][1057] und dem als Verbrechen qualifizierten betrügerischen Bankrott [*banqueroute frauduleuse*][1058]. Während sich der einfache Bankrott in erster Linie durch eine fahrlässige Handlungsweise des in Konkurs gefallenen Kaufmanns auszeichnete, setzte der betrügerische Bankrott stets eine besondere betrügerische Absicht zu Lasten Dritter voraus. Diese unterschiedlichen Verschuldensgrade spiegelten sich auch in der jeweiligen Strafandrohung wider, denn während das napoleonische Strafgesetzbuch den einfachen Bankrott lediglich mit einer vergleichsweise milden einmonatigen bis zweijährigen Gefängnisstrafe belegte[1059], ahndete es den betrügerischen Bankrott in enger Anlehnung an die entsprechenden Bestimmungen des *Code pénal* von 1791 insbesondere aus wirtschafts- und sozialpolitischen Erwägungen stets mit der Verhängung der äußerst empfindlichen zeitigen Zwangsarbeit[1060]. Ebenso wie schon das Strafgesetzbuch der Revolutionszeit

[1055] Liv. III, tit. II, chap. II, sect. II, Art. 402 bis 433 C.P. 1810.
[1056] Art. 402 bis 405 C.P. 1810.
[1057] Vergl. Art. 586f. C.Com. 1808.
[1058] Vergl. Art. 593 C.Com. 1808.
[1059] Auf die Verhängung einer die Gefängnisstrafe in aller Regel ergänzenden Geldbuße verzichtete der Gesetzgeber allerdings mit Rücksicht auf den bankrotten Delinquenten. Vergl. Locré, *a.a.O.*, Bd. XXXI, S. 147.
[1060] Vergl. Locré, *a.a.O.*, Bd. XXXI, S. 147.

belegte auch die napoleonische Kodifikation zudem gemäß Art. 403 denjenigen aus naheliegenden Gründen mit der gleichen Strafe wie den betrügerischen Bankrotteur, der nach Maßgabe handelsrechtlicher Bestimmungen Mitverantwortlicher des betrügerischen Bankrottes war[1061]. Mit harten Strafen mußten darüber hinaus auch Börsen-, Handels- und andere Makler für den Fall rechnen, daß sie in Konkurs gingen. Ebenso wie die Kaufleute, belegte der Gesetzgeber zwar auch sie bereits für die bloße Tatsache des Konkurseintritts mit Strafe, hob aber hierbei die jeweilige Strafandrohung an. Grund dieser Strafschärfung war das Maklern geltende strenge Verbot, keine Handels- oder Bankgeschäfte auf eigene Rechnung entweder selbst oder durch andere zu tätigen oder sich an einem Handelsunternehmen direkt oder indirekt zu beteiligen. Auch waren sie ausdrücklich nicht befugt, Geschäfte für ihre Kommittenten wahr- oder die Gewährleistung für die Vollziehung von ihnen vermittelter Kaufgeschäfte zu übernehmen[1062]. Handelten die Makler diesen strengen handelsrechtlichen Bestimmungen jedoch zuwider und fielen dabei in Konkurs, so verwirkten sie aufgrund ihrer offensichtlichen, vom Gesetzgeber schulderhöhend gewerteten Gesetzesmißachtung für den einfachen Konkurs zunächst die gleiche Strafe wie der betrügerische Bankrotteur, für den Fall eines betrügerischen Bankrottes hingegen eine weitere Strafschärfung[1063]. Während ihnen also bei bloßem Konkurs die Verhängung zeitiger Zwangsarbeit drohte, mußten sie gemäß Art. 404 dann mit einer Verurteilung zu lebenslanger Zwangsarbeit rechnen, wenn sie sich nachweislich eines betrügerischen Bankrottes schuldig gemacht hatten.

Eine weitaus geringere Strafandrohung beinhaltete hingegen der 1791 lediglich im Rahmen des *Décret relatif à l'organisation d'une police municipale et correctionelle* vom 19./22. Juli 1791 erfaßte[1064], nunmehr in Art. 405 geregelte und zudem exakt definierte Grundtatbestand des Betrugs [*escroquerie*], dessen Erfüllung jedenfalls die Erregung eines Irrtums, eine darauf beruhende Vermögensverfügung sowie den tatsächlichen oder beabsichtigten Eintritt eines Vermögensschadens voraussetzte[1065]. So machte sich nach Art. 405 Abs. 1 derjenige des Betrugs strafbar, der einen anderen entweder mittels Gebrauchs falscher Namen oder falscher Eigenschaften oder aber mittels Anwendung betrügerischer Machenschaften entweder von der Existenz falscher Unternehmungen, einer eingebildeten Gewalt oder eines eingebildeten Kredits überzeugte oder aber in ihm die Hoffnung oder Besorgnis eines grillenhaften Erfolges, Zufalls oder irgend eines anderen solchen Ereignisses hervorrief, um sich

[1061] Diese zeichneten sich insbesondere durch ein einverständliches Zusammenwirken mit dem betrügerischen Bankrotteur aus. Vergl. Art. 597 C.Com. 1808.
[1062] Vergl. Art. 85f. C.Com. 1808.
[1063] Vergl. Art. 89 C.Com. 1808 und Locré, *a.a.O.*, Bd. XXXI, S. 148.
[1064] Vergl. Tit. II, Art. 35.
[1065] Vergl. Locré, *a.a.O.*, Bd. XXXI, S. 149.

daraufhin Gelder, Mobilien, Schuldverschreibungen, Verfügungen, Wechsel, Schuldanerkenntnisse, Quittungen oder Befreiungsscheine übergeben oder aushändigen zu lassen, und dadurch einen anderen entweder ganz oder teilweise um sein Vermögen prellte oder zu prellen versuchte. Neben dieser exakten Umschreibung der einzelnen Tatbestandselemente fiel insbesondere der weitgefaßte Strafrahmen ins Auge, der es dem urteilenden Richter ermöglichen sollte, das für den konkreten Fall jeweils angemessene Strafmaß zu finden. Dieser konnte nämlich je nach Schwere des Betrugs auf die Verhängung einer ein- bis fünfjährigen Gefängnisstrafe sowie auf eine Geldbuße zwischen 50 und 3000 *Francs* erkennen. In das richterliche Ermessen war darüber hinaus gemäß Art. 405 Abs. 2 der Verlust der in Art. 42 aufgeführten und bereits dargestellten Rechte für die Dauer von mindestens fünf und höchstens zehn Jahren nach Strafverbüßung gestellt. Die Verhängung schwererer Strafen blieb hiervon jedoch dann unberührt, wenn sich der Delinquent zudem eines Fälschungsverbrechens schuldig gemacht hatte.

Mit den nur unscharf voneinander abgegrenzten Materien der Untreue und der Unterschlagung, dem Blankettmißbrauch sowie der treuwidrigen Unterdrückung prozeßrelevanter Schriftstücke beschäftigte sich der napoleonische Gesetzgeber anschließend im zweiten Unterabschnitt *Abus de confiance*[1066] und gewährleistete zunächst den Schutz von Vermögenswerten Minderjähriger dadurch, daß er nach Art. 406 Abs. 1 denjenigen mit Strafe belegte, der die Bedürfnisse, Schwächen oder Leidenschaften eines Minderjährigen mißbrauchte, um sich zu dessen Nachteil Schuldverschreibungen, Quittungen oder Befreiungsscheine über Darlehen in Geld, Mobilien, Handels-, Warenwechsel- oder sonstigen verbindlichen Papieren unterzeichnen zu lassen. Für die Strafbarkeit war hierbei gleichgültig, in welcher Form dieses Geschäft getätigt worden oder worin es versteckt enthalten war. Grundsätzlich zog die Verwirklichung dieses hinreichend deutlich umschriebenen Tatbestandes nicht nur eine zweimonatige bis zweijährige Gefängnisstrafe, sondern auch die Verhängung einer Geldbuße nach sich, die sich nach den Rückerstattungen sowie dem zu leistenden Schadenersatz bemaß und hiervon ein Viertel nicht über- und 25 *Francs* nicht unterschreiten durfte. Darüber hinaus oblag es gemäß Art. 406 Abs. 2 dem freien Ermessen des Richters zu entscheiden, ob der Delinquent zudem für die Dauer von mindestens fünf und höchstens zehn Jahren nach Strafverbüßung der in Art. 42 aufgeführten Rechte verlustig ging. Einen weiteren Treuebruchtatbestand enthielt darüber hinaus die folgende Bestimmung, die jeden mit Strafe belegte, der ein ihm anvertrautes, mit einer Blankounterschrift versehenes Papier dahingehend mißbrauchte, daß er es in betrügerischer Weise mit einer Schuldverschreibung, einem Befreiungsschein oder irgend einer anderen Urkunde überschrieb, die entweder für die Person oder das

---

[1066] Art. 406 bis 409 C.P. 1810.

Vermögen des Unterzeichners von Nachteil sein konnte. Während Art. 407 Abs. 1 dieses Vergehen lediglich mit Verhängung der in Art. 405 aufgeführten, vergleichsweise milden Strafen ahndete, war der Delinquent gemäß Art. 407 Abs. 2 dann nach den für Fälscher geltenden, in der Straffolge erheblich strengeren Bestimmungen zu bestrafen, wenn ihm das Blankettpapier zuvor nicht anvertraut worden war, er es sich also anderweitig verschafft oder vermutlich gar gefälscht haben mußte[1067].

Der in Art. 408 Abs. 1 schließlich in grundsätzlicher Anlehnung an die entsprechende Bestimmung des *Code pénal* von 1791 legal umschriebene Tatbestand der Unterschlagung setzte zunächst den Besitz des Täters an den entsprechenden Mobilien sowie zudem seine Absicht voraus, über diese wie ein Eigentümer zum Nachteil des berechtigten Dritten zu verfügen. Hiernach war derjenige mit den in Art. 406 aufgeführten Strafen zu belegen, der Effekten, Gelder, Waren, Schuldscheine, Quittungen oder andere, eine Befreiung enthaltende oder bewirkende Schriftstücke, die ihm nur zur Verwahrung oder aufgrund einer Lohnarbeit unter der Auflage ausgehändigt worden waren, sie zurückzugeben oder auf Ersuchen vorzulegen, oder sie zu einem bestimmten Zweck zu gebrauchen oder zu verwenden, zum Nachteil des Eigentümers, Besitzers oder Inhabers unterschlug oder verschleuderte. Die Verhängung schwererer Strafen blieb hiervon jedoch gemäß Art. 408 Abs. 2 dann unberührt, wenn sich der Delinquent nach Maßgabe von Art. 254ff der Unterschlagung oder Entwendung von in öffentlichen Verwahrungsorten aufbewahrten Geldern, Effekten oder Papieren schuldig gemacht hatte.

Die Unterdrückung prozessual relevanter Schriftstücke erfaßte schließlich die letzte Bestimmung des Unterabschnitts und drohte demjenigen nach Art. 409 Abs. 1 lediglich eine Geldbuße zwischen 25 und 300 *Francs* an, der in einer gerichtlichen Streitsache zunächst irgend einen Titel, ein Aktenstück oder eine Denkschrift selbst vorbrachte, später aber in beliebiger Art und Weise unterschlug. Hierbei hatte gemäß Art. 409 Abs. 2 das Gericht die Strafe zu verhängen, bei dem der fragliche Rechtsstreit anhängig war.

Mit dem verbotenen Glücksspiel sowie Vergehen gegen die staatliche Kontrolle der Pfandhäuser beschäftigte sich der napoleonische Gesetzgeber im folgenden, lediglich zwei Artikel umfaßenden Unterabschnitt *Contravention aux réglements sur les maisons de jeu, les loteries, et les maisons de prêt sur gages*[1068] und belegte in Art. 410 Abs. 1 zunächst sowohl jedes Betreiben eines (Glücks-) Spielhauses, zu dem die Öffentlichkeit entweder freien oder nur auf Ersuchen oder aufgrund von

---

[1067] Vergl. Locré, *a.a.O.*, Bd. XXXI, S. 150f.
[1068] Art. 410 bis 411 C.P. 1810.

Mitgliedschaft Zutritt hatte[1069], als auch das entsprechende Errichten und Betreiben von illegalen Lotterien[1070] mit einer zwei- bis sechsmonatigen Gefängnisstrafe sowie einer Geldbuße zwischen 100 und 6000 *Francs*[1071]. Dabei richtete sich die Strafandrohung aus naheliegenden Gründen nicht nur gegen die jeweiligen Betreiber oder Initiatoren dieser Etablissements, sondern insbesondere auch gegen solche Personen, denen im Spielhaus die Führung der Bank oblag oder die als Verwalter, Angestellte oder Agenten Anteil an der Aufrechterhaltung des Spielbetriebs hatten. Darüber hinaus oblag es gemäß Art. 410 Abs. 2 dem freien richterlichen Ermessen, über die Schuldigen zudem die komplementäre Nebenstrafe des Verlustes der in Art. 42 aufgeführten Rechte für die Dauer von mindestens fünf und höchstens zehn Jahren nach Strafverbüßung zu verhängen.

[1069] Bereits zu Zeiten alten Rechts war das Unterhalten von Spielhäusern streng verboten und mit empfindlichen Strafen geahndet worden. Der Gesetzgeber der Revolutionszeit schloß sich dieser Haltung an, belegte in Tit. I, Art. 7 bzw. Tit. II, Art. 36f. des *Décret relatif à l'organisation d'une police municipale et correctionelle* vom 19./22. Juli 1791 das Halten von Spielhäusern jedoch lediglich mit bloßen Polizeistrafen. Nachdem das *Décret qui prohibe les maisons de jeux de hasard* vom 24. Juni 1806 (abgedruckt in: Duvergier, *a.a.O.*, Bd. XV, S. 475) dieses Verbot nochmals generell bestätigt, aber dennoch den Betrieb öffentlicher Spielhäuser in Badeorten sowie in der Hauptstadt autorisiert hatte, hob das Gesetz vom 14. Juli 1836 (abgedruckt in: Duvergier, *a.a.O.*, Bd. XXXVI, S. 423ff) schließlich alle Spielhäuser in Frankreich mit Wirkung vom 1. Januar 1838 an auf.

[1070] Die französische Strafgesetzgebung schwankte seit den Zeiten des *Ancien Régime* zwischen dem grundsätzlichen Verbot und der kontrollierten Gestattung von Lotterien, die den jeweiligen Machthabern zuweilen entweder als willkommene Einnahmequellen oder aber als Unterdrückungsinstrumente galten. So verbot beispielsweise das *Décret qui supprime toutes les loteries* vom 25./26. Brumaire des Jahres II (15./16. November 1793) die staatliche Lotterie und bezeichnete sie als "eine Erfindung des Despotismus, dazu bestimmt, das Volk über sein Elend verstummen zu lassen, indem man es mit einer Hoffnung narrt, die noch seinen traurigen Zustand erhöht" (abgedruckt in: Duvergier, *a.a.O.*, Bd. VI, S. 351). Die *Loi relative aux fonds nécessaires pour les dépenses générales, ordinaires et extraordinaires de l'an 6* vom 9. Vendémiaire des Jahres VI (30. September 1797) und die *Loi relative aux loteries particulières* vom 9. Germinal des Jahres VI (29. März 1798) hoben dieses Verbot jedoch schon bald wieder auf und stellten die Staatslotterie wieder her (abgedruckt in: Duvergier, *a.a.O.*, Bd. X, S. 65ff, 289f.). Die *Loi portant fixation du budget des recettes de l'exercise 1832* vom 21. April 1832 (abgedruckt in: Duvergier, *a.a.O.*, Bd. XXXII, S. 182ff) verfügte in Art. 48 schließlich zunächst die Aufhebung der staatlichen Lotterie in ganz Frankreich mit Wirkung vom 1. Januar 1836 an und wurde nur wenig später durch die *Loi portant prohibition des loteries* vom 21./23. Mai 1836 (abgedruckt in: Duvergier, *a.a.O.*, Bd. XXXVI, S. 79ff) ergänzt, die nunmehr alle Lotterien mit Ausnahme solcher verbot, die entweder karitativen Zwecken oder aber der Unterstützung von mittellosen Künstlern dienten.

[1071] Das Errichten oder Betreiben von Glücksspielen oder Lotterien auf öffentlichen Straßen und Plätzen betrachtete die napoleonische Kodifikation hingegen lediglich als Übertretung und ahndete sie nur mit Geldbußen bis zu zehn *Francs* sowie der besonderen Einziehung der entsprechenden Gerätschaften und Gewinne. Vergl. Art. 475 Nr. 5, 477 C.P. 1810.

Als akzessorische Nebenstrafe bestimmte der Gesetzgeber in Art. 410 Abs. 3 zudem die entschädigungslose Einziehung sowohl aller zum Spiel ausgelegten oder in das Lotto eingebrachten Gelder und Effekten, als auch aller zum Spielbetrieb gebrauchten oder bestimmten Mobilien, Werkzeuge und Gerätschaften sowie desweiteren die Konfiskation derjenigen Mobilien, mit denen die jeweiligen Spielorte eingerichtet oder dekoriert waren.

Verstöße gegen die staatliche Kontrolle von Pfandleihhäusern[1072] ahndete das napoleonische Strafgesetzbuch gemäß Art. 411 mit einer fünfzehntägigen bis dreimonatigen Gefängnisstrafe sowie einer vergleichsweise empfindlichen Geldbuße zwischen 100 und 2000 *Francs*. Als strafwürdig erachtete der Gesetzgeber von 1810 hierbei sowohl das Errichten und Betreiben eines Pfandleihhauses ohne entsprechende behördliche Erlaubnis als auch eine nicht den Vorschriften entsprechende, mithin von den zuständigen Behörden nur schwer nachvollziehbare Buchführung des autorisierten Pfandleihers. Die in Art. 411 genau umschriebene Registerpflicht erstreckte sich dabei auf die exakte sukzessive Auflistung der geliehenen Summen oder Gegenstände, Namen, Wohnorte und Gewerbe der Entleiher, sowie auf die Art, Beschaffenheit und den Wert der verpfändeten Gegenstände. Der Pfandleiher hatte - über die genaue Beachtung dieser vorgeschriebenen Eintragungsreihenfolge hinaus - zudem genau darauf zu achten, daß sich zwischen den einzelnen Angaben weder Freiraum noch Leerzeilen befanden, die ein späteres Hinzufügen von Eintragungen ermöglichen konnten.

Die Störung des freien Ablaufs von öffentlichen Versteigerungen ahndete der Gesetzgeber von 1810 anschließend in enger begrifflicher Anlehnung an die Strafgesetzgebung der Revolutionszeit[1073] im vierten, lediglich eine Bestimmung umfassenden Unterabschnitt *Entraves apportées à la liberté des enchères* und bedrohte jeden Störer gemäß Art. 412 Abs. 1 mit der Verhängung einer fünfzehntägigen bis dreimonatigen Gefängnisstrafe sowie einer Geldbuße

---

[1072] Die öffentlichen Pfandleihanstalten [*monts de piété*] waren bereits unter dem *Ancien Régime* formell eingeführt und zugleich ähnliche private Einrichtungen ausdrücklich verboten worden. Nachdem diese dem Wucher entgegenwirkenden staatlichen Institutionen während der Revolution eingegangen waren, wurden sie durch die *Loi relative aux maisons de prêt sur nantissement* vom 16. Pluviose des Jahres XII (6. Februar 1804) sowie durch das *Décret concernant les monts de piété et les maisons de prêt sur nantissement* vom 24. Messidor des Jahres XII (13. Juli 1804) und das *Décret contenant réglement sur l'organisation et les opérations du monts de piété* vom 8. Thermidor des Jahres XIII (27. Juli 1805) wieder hergestellt. Die Gesetzestexte sind abgedruckt in: Duvergier, *a.a.O.*, Bd. XIV, S. 480; Bd. XV, S. 41, 274ff.

[1073] Vergl. Tit. II, Art. 27 des *Décret relatif à l'organisation d'une police municipale et correctionnelle* vom 19./22. Juli 1791 sowie Art. 11f. des *Décret relatif à la vente des meubles et immeubles provenant des émigrés, et autres effets nationaux* vom 24. April/2. Mai 1793 (abgedruckt in: Duvergier, *a.a.O.*, Bd. V, S. 319ff)

zwischen 100 und 5000 *Francs*. Voraussetzung für die Verwirklichung dieses genau umschriebenen Übertretungstatbestandes war grundsätzlich eine auf Tätlichkeiten, Gewalttätigkeiten oder Drohungen beruhende Störung oder Behinderung von Versteigerungen des Eigentums, des Nießbrauches oder der Vermietung beweglicher oder unbeweglicher Gegenstände, einer Unternehmung, einer Lieferung, einer wirtschaftlichen Nutzung oder irgendeines Dienstes entweder vor oder während der Gebotsabgabe. Die gleiche Strafe hatten gemäß Art. 412 Abs. 2 auch diejenigen Personen verwirkt, die die Bieter mittels Geschenken oder Versprechen entfernten.

Im fünften Unterabschnitt *Violation des réglements relatifs aux manufactures, au commerce et aux arts*[1074] erfaßte das napoleonische Gesetzbuch insbesondere solche Vorschriften, die nicht nur den gesamten französischen Handel und die nationale Industrie sondern auch den einzelnen Käufer der entsprechenden Produkte sowie die Urheber geistiger Werke vor Nachahmung schützen sollten. So hatte gemäß Art. 413 zunächst derjenige mit einer Geldbuße zwischen 200 und 3000 *Francs* sowie der Einziehung der fraglichen Handelswaren zu rechnen, der Qualitäts-, Norm- und Fabrikationsvorschriften zuwiderhandelte, die staatlicherseits für in Frankreich produzierte und für den Export bestimmte Waren aufgestellt worden waren, und so dem Ansehen der französischen Industrie im Ausland erheblichen Schaden zufügte[1075]. Hierbei war es allerdings dem freien Ermessen des Richters überlassen, ob er die genannten Strafen je nach den Umständen des Einzelfalls entweder kumulativ oder aber lediglich einzeln verhing.

Ebenso wie der *Code pénal* von 1791 untersagte auch die napoleonische Kodifikation ganz im Sinne eines autoritären Staatswesens unter Androhung von Korrektionalstrafen alle Zusammenschlüsse von Arbeitgebern oder Arbeitnehmern, die sich darauf richteten, der jeweils anderen Seite Zugeständnisse abzuringen. Während aber Arbeitgebern nach Art. 414 lediglich eine sechstägige bis einmonatige Gefängnisstrafe sowie eine - allerdings überaus empfindliche - Geldbuße zwischen 200 und 3000 *Francs* für den Fall drohte, daß sie sich nicht nur zur Erzwingung einer rechtswidrigen Herabsetzung des Arbeitslohns zusammenschlossen, sondern darüber hinaus zumindest auch versuchten, diese Vereinbarung in Vollzug zu setzen, belegte der Gesetzgeber entsprechende Vereinbarungen seitens der Arbeiterschaft aufgrund der ungleich größeren wirtschaftlichen Auswirkungen mit einem nicht unerheblich höheren Strafmaß[1076]. Sie hatten gemäß Art. 415 Abs. 1 grundsätzlich eine ein- bis dreimonatige Gefängnisstrafe dann verwirkt, wenn sie sich zu dem Zweck zusammenschlossen, entweder zu ihren Gunsten Änderungen der Arbeitszeit und der

[1074] Art. 413 bis 429 C.P. 1810.
[1075] Vergl. Locré, *a.a.O.*, Bd. XXXI, S. 151f.
[1076] Vergl. Locré, *a.a.O.*, Bd. XXXI, S. 152.

Arbeitsbedingungen herbeizuführen oder aber allgemein den Arbeitsablauf aufhielten, verhinderten oder verteuerten. Eine noch höhere Strafe verwirkten zudem die Urheber oder Anstifter dieser gewerkschaftsähnlichen Zusammenschlüsse, denn ihnen drohte gemäß Art. 415 Abs. 2 nicht nur eine zwei- bis fünfjährige Gefängnisstrafe, sondern zudem gemäß Art. 416 Abs. 2 eine zwei- bis fünfjährige Polizeiaufsicht nach erfolgter Strafverbüßung. Mit den in Art. 415 genannten Strafen und anhand der dort aufgeführten Differenzierungsmerkmale waren darüber hinaus gemäß Art. 416 Abs. 1 auch diejenigen Arbeiter zu belegen, die sich anmaßten, gegen die Vorsteher der Werkstätten, gegen die Unternehmer oder sogar gegen ihresgleichen Geldbußen oder andere Sanktionen zu verhängen.

Eine sechsmonatige bis zweijährige Gefängnisstrafe verbunden mit einer Geldbuße zwischen 50 und 300 *Francs* verwirkte nach Art. 417 hingegen jeder, der Vorsteher, Angestellte oder Arbeiter eines Betriebs in der Absicht, der französischen Industrie Schaden zuzufügen, zum Verlassen des Landes veranlaßte. Den Verrat von Betriebsgeheimnissen hingegen erfaßte der napoleonische Gesetzgeber in der folgenden Bestimmung, wobei er hinsichtlich des Strafmaßes danach differenzierte, ob das Geheimnis und der daraus zu erzielende Gewinn der eigenen Volkswirtschaft erhalten blieb oder nicht. Während Art. 418 Abs. 1 nämlich jedem Vorsteher, Angestellten oder Arbeiter dann mit der Einsperrung in ein Zuchthaus sowie einer äußerst empfindlichen Geldstrafe zwischen 500 und 20.000 *Francs* drohte[1077], wenn besagte Geheimnisse entweder einem Ausländer oder einem Auslandsfranzosen preisgegeben wurden, zog der entsprechende Geheimnisverrat an einen in Frankreich lebenden französischen Staatsbürger gemäß Art. 418 Abs. 2 aufgrund des in diesem Falle in der Regel nicht zu erwartenden volkswirtschaftlichen Schadens lediglich eine dreimonatige bis zweijährige Gefängnisstrafe sowie eine Geldbuße zwischen sechzehn und 200 *Francs* nach sich[1078].

Gegen das Spekulantentum, die Bildung von Kartellen sowie gegen die Ausnutzung von Monopolstellungen wandte sich der napoleonische Gesetzgeber in Art. 419 und belegte zunächst jeden mit einer einmonatigen bis einjährigen Gefängnisstrafe verbunden mit einer obligatorischen Geldbuße zwischen 500 und 10.000 *Francs* sowie einer fakultativ auszusprechenden zwei- bis fünfjährigen Polizeiaufsicht, der der nationalen Wirtschaft dadurch Schaden zufügte, daß er auf unlautere Art und Weise Einfluß auf das Steigen und Fallen von Preisen für Handelswaren, Lebensmittel sowie Staatspapieren und -effekten nahm[1079]. Diese widerrechtliche Einflußnahme konnte sowohl im gezielten öffentlichen Streuen

---

[1077] Das Reformgesetz von 1863 behielt später zwar die hohe Geldbuße bei, ersetzte die unangemessene Zuchthausstrafe jedoch durch eine zwei- bis fünfjährige Gefängnisstrafe.

[1078] Vergl. Locré, *a.a.O.*, Bd. XXXI, S. 153.

[1079] Vergl. Locré, *a.a.O.*, Bd. XXXI, S. 154.

von falschen oder verleumderischen Gerüchten, im Fordern überhöhter Preise als auch in konspirativen Absprachen bestehen, die genannten Güter entweder nur zu bestimmten Preisen oder aber gar nicht zu verkaufen. Noch erheblich härter ahndete der *Code pénal* diese Manipulationen allerdings dann, wenn es sich bei den Handelsgütern um Getreide oder für die Versorgung der Bevölkerung unerläßliche Grundnahrungsmittel wie Brot, Mehl und Wein handelte, denn dann drohte dem Delinquenten nach Art. 420 eine mindestens zweimonatige bis maximal zweijährige Gefängnisstrafe, zu der zwingend noch eine überaus empfindliche Geldbuße zwischen 1000 und 20.000 *Francs* hinzutrat. Zudem konnte der Täter für die Dauer von mindestens fünf und höchstens zehn Jahren unter Polizeiaufsicht gestellt werden. Nach Maßgabe von Art. 419 wurde zudem jeder bestraft, der nach Art. 421f. entweder Wetten über das Steigen oder Fallen von Staatspapieren abschloß und damit wenig Zutrauen in die Staatsführung zeigte oder aber als deren Verkäufer zum Zeitpunkt des Vertragsschlusses nicht tatsächlich über diese Wertpapiere verfügte und somit möglicherweise nicht nur dem Käufer der genannten Papiere, sondern insgesamt auch der nationalen Wirtschaft Schaden zufügte[1080].

Mit der vorsätzlichen Täuschung des Käufers mittels unzutreffender Qualitäts- und Quantitätsangaben beschäftigte sich der napoleonische Gesetzgeber in den folgenden beiden Bestimmungen und belegte in Art. 423 Abs. 1 zunächst denjenigen Verkäufer mit Strafe, der entweder über den Edelmetallgehalt eines Gegenstandes, die Echtheit eines Edelsteins oder die Beschaffenheit einer Handelsware beliebiger Art oder dadurch in betrügerischer Absicht täuschte, daß er sich falscher Maße oder Gewichte bediente. Grundsätzlich zog die Verwirklichung dieses in unmittelbarer Anlehnung an die entsprechende Bestimmung des *Décret relatif à l'organisation d'une police municipale et correctionnelle* vom 19./22. Juli 1791[1081] exakt umschriebenen Tatbestandes aufgrund des ihm innewohnenden Betrugs nicht nur eine verhältnismäßig empfindliche dreimonatige bis einjährige Gefängnisstrafe, sondern auch die Verhängung einer Geldbuße nach sich, die sich nach den Rückerstattungen sowie dem zu leistenden Schadenersatz bemaß und hiervon ein Viertel nicht über- und 25 *Francs* nicht unterschreiten durfte. Darüber hinaus wurden die entsprechenden, noch beim Verkäufer befindlichen Gegenstände bzw. deren Gegenwert ebenso wie die falschen Maße und Gewichte nach Art. 423 Abs. 2 eingezogen, wobei letztere zudem zwecks Verhinderung ihres weiteren Gebrauchs sogleich zerstört werden mußten. Hatten sich Käufer und Verkäufer bei der Abwicklung ihrer Geschäfte hingegen anderer als der gesetzlich zugelassenen Maße oder Gewichte bedient[1082], so verwehrte der napoleonische

---

[1080] Vergl. Locré, *a.a.O.*, Bd. XXXI, S. 154f.

[1081] Vergl. Tit. II, Art. 39.

[1082] Dies wird zu Beginn des 19. Jahrhunderts noch relativ häufig vorgekommen sein, denn vor allem die Landbevölkerung konnte sich nur schwer an die erst im Zuge der Revolution

Gesetzgeber dem betrogenen Käufer nach Art. 424 Abs. 1 jedweden Rückgriff gegen den Verkäufer, behielt sich aber gemäß Art. 424 Abs. 2 dessen strafrechtliche Verfolgung nach Maßgabe von Art. 423 vor. Benutzte der Verkäufer die falschen oder nicht zulässigen Maße und Gewichte hingegen ohne betrügerische Absicht, so wurde ihm dies zugute gehalten, und er mußte gemäß Art. 424 Abs. 3 lediglich mit der Verhängung einfacher Polizeistrafen rechnen[1083].

Den Schutz geistigen Eigentums und insbesondere den Schutz vor rechtswidrigem Nachdruck gedruckter oder Nachstich gestochener Werke[1084] bezweckten die nun folgenden Bestimmungen, die der Gesetzgeber von 1810 zwar in erster Linie zur Sicherung der wirtschaftlichen Lebensgrundlage des jeweiligen Urhebers, vor allem aber auch deshalb in das Strafgesetzbuch eingefügt hatte, um sowohl den französischen Handel als auch die französische Kunst - beides eignete sich schließlich hervorragend zur Selbstdarstellung des napoleonischen Staatswesens nach außen - nachhaltig zu schützen und zu fördern[1085]. Im Rahmen der in Art. 425 enthaltenen Legaldefinition erläuterte er dabei zunächst, was er unter einer strafbaren Nachahmung [*contrefaçon*] verstanden wissen wollte. Hiernach war jede teil- oder auszugsweise Wiedergabe von Schriften, musikalischen Kompositionen, Zeichnungen, Gemälden oder anderen intellektuellen Erzeugnissen dann als *contrefaçon* und mithin als Vergehen zu betrachten, wenn sie den Gesetzen und Verordnungen zum Schutz des geistigen Eigentums zuwiderlief. Vor allem um ein Umgehen dieser Bestimmungen durch Auslandsimporte zu vermeiden, wurde nach Maßgabe von Art. 426 zudem nicht nur jeder Verkauf solcher Werke, sondern auch jeder Import von zwar im Ausland nachgeahmten, aber ursprünglich zuerst in

---

eingeführten neuen Maß- und Gewichtseinheiten gewöhnen und bediente sich noch lange der traditionellen Begriffe. Insoweit waren die Strafandrohungen des *Code pénal* auch ein effektives Mittel, um die Verwendung der neuen Maße und Gewichte endgültig durchzusetzen.

1083 Vergl. Locré, *a.a.O.*, Bd. XXXI, S. 155f. sowie Art. 479 Ziff. 5f., 480 Ziff. 2f., 481 Ziff. 1 C.P. 1810.

1084 Nachdem schon das alte Recht den nicht autorisierten Nachdruck ebenso wie die Herausgabe jedes neuen Werkes ohne ausdrückliche Genehmigung des Königs mit schweren Strafen geahndet hatte, wurde dieses Autorenprivileg - wie alle anderen Privilegien auch - durch das *Décret portant abolition du régime féodal, des justices seigneuriales, des dîmes, de la vénalié des offices, des privilèges, des annates, de la pluralité des bénéfices, etc.* vom 4. August 1789 zunächst aufgehoben, durch das *Décret relatif aux droits de propriété des auteurs écrits en tout genre, compositeurs de musique, peintres et dessinateurs* vom 19./24. Juli 1793 aber wieder hergestellt und schließlich durch das *Décret concernant les droits des propriétaires d'ouvrages posthumes* vom 1. Germinal des Jahres XIII (22. März 1805) und das *Décret contenant réglement sur l'imprimerie et la librairie* vom 5. Februar 1810 nicht nur nochmals bestätigt, sondern zudem u.a. auf die Erben und Nachkommen des Autoren ausgedehnt. Die Gesetzestexte sind abgedruckt in: Duvergier, *a.a.O.*, Bd. I, S. 39ff; Bd. VI, S. 35ff; Bd. XV, S. 201; Bd. XVII, S. 25ff.

1085 Vergl. Locré, *a.a.O.*, Bd. XXXI, S. 156.

Frankreich herausgegebenen intellektuellen Erzeugnissen ebenfalls als Vergehen angesehen und unter Strafe gestellt. Hinsichtlich der Strafandrohung differenzierte Art. 427 allerdings danach, ob der Delinquent die Nachahmungen entweder lediglich verkauft oder sie aber selbst nachgeahmt oder importiert hatte, denn während der bloße Verkäufer lediglich mit einer Geldbuße zwischen 25 und 500 *Francs* rechnen mußte, drohte dem letztgenannten Personenkreis aufgrund seiner unmittelbaren Verstrickung eine ungleich höhere Geldstrafe zwischen 100 und 2000 *Francs*. In beiden Fällen unterfielen aber sowohl die nachgeahmten Werke als auch die entsprechenden Druckplatten oder Matrizen aus naheliegenden Gründen stets der besonderen Einziehung. Eine spezielle Bestimmung zum Schutz von Urheberrechten an Theaterstücken enthielt schließlich noch Art. 428 und stellte jedem Theaterdirektor, jedem Impressario sowie jedem Zusammenschluß von Schauspielern dann eine vergleichsweise empfindliche Geldbuße zwischen 50 und 500 *Francs* verbunden mit der Beschlagnahme der erzielten Einnahmen in Aussicht, wenn er entgegen des gesetzlich garantierten Eigentumsrechts dramatischer Autoren[1086] deren Bühnenstücke zur Aufführung brachte. In allen genannten Fällen mußten dem Berechtigten nach Art. 429 unter Anrechnung auf den auf dem üblichen Rechtsweg zu begehrenden Schadenersatz zudem der durch die Einziehung erzielte Ertrag oder die beschlagnahmten Einnahmen als erste Entschädigung überlassen werden.

Im sechsten und letzten Unterabschnitt *Délits des fournisseurs*[1087] beschäftigte sich der Gesetzgeber vor allem mit den Verbrechen und Vergehen von Armeelieferanten und belegte die in seinen Augen regelmäßig auf Gewinnsucht beruhende Verwirklichung der jeweiligen Tatbestände aufgrund ihrer ausschließlich für das Staatswohl nachteiligen und im Kriegsfall unter Umständen sogar gefährlichen Auswirkungen insgesamt mit äußerst schweren Strafen[1088]. Zunächst stellte Art. 430 deshalb allen Privatpersonen oder Angehörigen von (Handels-) Gesellschaften jedenfalls dann die Zuchthausstrafe verbunden mit einer Geldbuße nicht unter 500 *Francs* sowie stets die Verpflichtung zum Schadenersatz in Aussicht, wenn sie sich zugunsten der Land- oder Seestreitkräfte zu Lieferungen oder Dienstleistungen verpflichtet hatten, aber dessenungeachtet ihren Verbindlichkeiten vorsätzlich nicht nachgekommen waren. Während er allerdings von dieser hohen Strafandrohung mangels Verschulden ausdrücklich alle Fälle höherer Gewalt [*force majeure*] ausnahm, behielt sich der napoleonische Gesetzgeber hingegen die Verhängung noch schwererer Strafen für den Fall vor,

---

[1086] Vergl. *Décret concernant les théâtres* vom 8. Juni 1806 (abgedruckt in: Duvergier, *a.a.O.*, Bd. XV, S. 457).

[1087] Art. 430 bis 433 C.P. 1810. Diese Deliktsgruppe hätte - logischen Gesichtspunkten folgend - eigentlich eher im Rahmen der gegen den Staat und dessen Sicherheit gerichteten Straftaten erfaßt werden müssen.

[1088] Vergl. Locré, *a.a.O.*, Bd. XXXI, S. 156f.

daß die Lieferanten im Einverständnis mit dem Feind gehandelt und sich mithin eines noch schwerwiegenderen Verbrechens gegen die Sicherheit des Staates schuldig gemacht hatten. Ließ sich eine Unterbrechung der Lieferungen oder Dienstleistungen jedoch ausschließlich auf ein Verschulden von Agenten der Lieferanten zurückführen, so war nach Art. 431 Abs. 1 als unmittelbarer Verursacher nur der hierfür verantwortliche Agent, nicht aber der eigentliche Vertragspartner mit besagten Strafen zu belegen. Hatten die Lieferanten aber hierbei nachweislich mit ihren Agenten zusammengewirkt, so stellte Art. 431 Abs. 2 aus naheliegenden Gründen beiden diese Strafen in Aussicht. Waren zudem Beamte oder Regierungsangestellte in die Verwirklichung dieses Verbrechenstatbestandes insofern verwickelt, als sie den Schuldigen - in welcher Form auch immer - Unterstützung gewährt hatten, so drohte ihnen aufgrund dieser schwerwiegenden Verletzung ihrer besonderen Funktion und Treuepflicht nach Art. 432 jedenfalls die Verhängung zeitiger Zwangsarbeit und darüber hinaus die Verurteilung zu einer noch schwereren Strafe dann, wenn sie zudem im Einverständnis mit dem Feind gehandelt und damit die Staatssicherheit gefährdet hatten[1089]. Wurden die Lieferungen oder Dienstleistungen aber entweder nur aus Nachlässigkeit verspätet oder bloß schlechter als vereinbart erbracht, so bestimmte Art. 433 Abs. 1 aufgrund des geringeren Verschuldensgrades für den jeweils Schuldigen lediglich die - allerdings immer noch vergleichsweise empfindliche - Verhängung einer sechsmonatigen bis fünfjährigen Gefängnisstrafe sowie einer Geldbuße, die 100 *Francs* nicht unter- und ein Viertel des gleichfalls zu leistenden Schadenersatzes nicht überschreiten durfte. Eine auffällige Besonderheit enthielt zudem Art. 433 Abs. 2, denn obwohl jedermann zur Anzeige aller aufgeführten Verbrechen und Vergehen befugt und als Staatsbürger sogar verpflichtet war, bedurfte die Strafverfolgung dieser Delikte nach Art. 433 Abs. 2 - wohl um gegebenenfalls korrupte hochrangige Staatsbeamte oder gar Regierungs- oder Mitglieder des Kaiserhauses schützen zu können - stets einer besonderen Aufforderung seitens der Regierung[1090].

cc.) Die Sachbeschädigungen

Das weite Feld der schwerwiegenderen Sachbeschädigungen und -zerstörungen[1091] regelte das napoleonische Strafgesetzbuch im dritten Abschnitt *Destructions, dégradations, dommages*[1092] und erfaßte dort so unterschiedliche Materien wie die

[1089] Vergl. Locré, *a.a.O.*, Bd. XXXI, S. 157.

[1090] Der Gesetzgeber rechtfertigte diesen Vorbehalt hingegen knapp damit, daß durch die Begehung dieser Delikte einzig und allein das Staatsinteresse betroffen sei. Vergl. Locré, *a.a.O.*, Bd. XXXI, S. 156.

[1091] Die minder schweren Sachbeschädigungen erfaßte die napoleonische Kodifikation als bloße Übertretungen in ihrem vierten Buch. Vergl. Art. 479 Nr. 1 bis 4, 480 Nr. 1 C.P. 1810.

[1092] Liv. III, tit. II, chap. II, sect. III, Art. 434 bis 462 C.P. 1810.

vorsätzliche und fahrlässige Brandstiftung, die Sprengstoffdelikte, die Bedrohung mit dem Inbrandsetzen von Eigentum Dritter, die vorsätzliche Zerstörung von Bauwerken, den tätlichen Widerstand gegen von der Regierung genehmigte Arbeiten, die vorsätzliche Zerstörung von öffentlichen sowie anderen Urkunden und Schriftstücken, die bandenmäßige Plünderung und Vernichtung von Lebensmitteln und anderen Mobilien, die vorsätzliche Zerstörung von Handelswaren und Produktions- bzw. Rohstoffen, die Vernichtung von Nutz- und anderen Planzen sowie deren Früchten, das Zerstören von landwirtschaftlichen Werkzeugen und Bauten, das mutwillige Töten von Nutz- und anderen Tieren, das Herbeiführen von Überschwemmungen sowie schließlich die Verstöße gegen die Gesetze und Verordnungen über Viehseuchen.

Die in Art. 434 unter Rückgriff auf die entsprechende Bestimmung des *Code pénal* von 1791 unter Strafe gestellte vorsätzliche Brandstiftung[1093] an Gebäuden, Schiffen, Lagerhäusern, Baustellen, Wäldern, Schlagholz oder Feldfrüchten sowie das Legen von Feuer an brennbare, objektiv zur Weitergabe des Brandes an besagte Objekte geeignete Stoffe[1094] betrachtete der napoleonische Gesetzgeber sowohl aufgrund ihrer als besonders feige und hinterhältig angesehenen Begehungsweise als auch wegen des regelmäßig immensen Personen- und Sachschadens als ein äußerst verwerfliches, in seinem Unrechtsgehalt nur mit dem Meuchel- oder Giftmord vergleichbares Verbrechen und belegte sie deshalb ebenso wie bereits der Gesetzgeber der Revolutionszeit undifferenziert stets mit der Todesstrafe[1095]. Dieselbe Motivation lag darüber hinaus auch der schweren Strafandrohung im Hinblick auf die der Brandstiftung wesensähnlichen Zerstörung von Gebäuden oder Schiffen mittels Sprengstoff zugrunde, für die der Gesetzgeber gemäß Art. 435 in engster Anlehung an die entsprechende Bestimmung des *Code pénal* von 1791 zwar gleichfalls stets die Verhängung der Kapitalstrafe vorsah,

---

[1093] Die fahrlässige Brandstiftung erfaßte der Gesetzgeber deutlich getrennt erst in Art. 458 C.P. 1810.

[1094] Wie schon das Strafgesetzbuch von 1791 belegte damit auch die napoleonische Kodifikation ihrem Wortlaut nach sowohl den Erfolg als auch die Verursachung einer abstrakten Brandgefahr mit der Kapitalstrafe.

[1095] Vergl. Locré, *a.a.O.*, Bd. XXXI, S. 158. Erst der Art. 92 des Reformgesetzes vom 28. April 1832 hat diese überaus strenge Strafandrohung modifiziert und den in seinem Wortlaut nicht ganz klaren Artikel verdeutlicht und erweitert. Während die Kapitalstrafe hiernach nur noch dann eintrat, wenn die besagten Räumlichkeiten tatsächlich bewohnt waren oder für gewöhnlich als Wohnung oder Versammlungsort dienten, wurde die Strafandrohung in allen anderen Fällen auf die lebenslange oder zeitige Zwangsarbeit sowie auf die Zuchthausstrafe herabgesenkt. Darüber hinaus machte der Gesetzgeber der Julimonarchie durch den Zusatz *qu'ils appartiennent ou n'appartiennent pas à l'auteur du crime* nunmehr unmißverständlich deutlich, daß er auch die Brandstiftung am eigenen Eigentum grundsätzlich als strafbares Verbrechen ansah und belegte zudem die bislang nicht geregelte Brandstiftung am eigenen Gut zum Schaden der Brandversicherung gleichfalls mit der Zuchthausstrafe.

deren Tatbestand er aber nunmehr insofern enger faßte, als er den bloßen Besitz des Sprengmittels nicht mehr unter Strafe stellte. Während aber die Strafgesetzgebung der Revolutionszeit die bloße Bedrohung eines anderen mit dem Inbrandsetzen seiner Wohnung oder jedes anderen seiner Güter noch undifferenziert mit einer vierjährigen Kettenstrafe belegt hatte, setzte die napoleonische Kodifikation auch dieses Verbrechen nunmehr konsequent mit der Meuchelmorddrohung gleich und ahndete es entsprechend seiner Begehensweise und Zielsetzung mit den in Art. 305 bis 307 angedrohten, allerdings nunmehr in Ansehung ihrer Schwere sorgsam abgestuften Strafen[1096]. Eine im Vergleich zur entsprechenden Strafandrohung des *Code pénal* von 1791 geringfügig mildere Strafe verwirkte hingegen, wer Gebäude, Brücken, Dämme oder Deiche in anderer Weise als durch Feuer oder Sprengstoff zerstörte, denn ihn belegte Art. 437 Abs. 1 aufgrund des in der Regel geringeren Personen- und Sachschadens lediglich mit der Zuchthausstrafe sowie einer Geldbuße von wenigstens 100 *Francs*, während das Strafgesetzbuch der Revolutionszeit hierfür noch eine mindestens sechsjährige Kettenstrafe vorgesehen hatte. Verlor hingegen ein Dritter dabei sein Leben oder wurde er auch nur verwundet, so erhöhte sich diese Strafandrohung in enger Anlehnung an die im *Code pénal* von 1791 getroffene Regelung gemäß Art. 437 Abs. 2 jedoch insofern, als der Gesetzgeber dem Delinquenten nunmehr unterstellte, den Tod oder die Verwundung des Dritten zumindest billigend in Kauf genommen zu haben und ihn deshalb mit den für Mord und vorsätzliche Körperverletzung vorgesehenen Strafen belegte[1097].

Einen zumindest in Ansehung seines Wortlauts eher nur entfernt als Eigentumsdelikt zu bezeichnenden und dem *Code pénal* von 1791 unbekannten Tatbestand erfaßte anschließend Art. 438, der den tätlichen Widerstand gegen von der Regierung genehmigte Arbeiten aufgrund des zumindest mittelbar beeinträchtigten öffentlichen Interesses grundsätzlich mit einer dreimonatigen bis zweijährigen Gefängnisstrafe sowie einer Geldbuße von wenigstens sechzehn *Francs* belegte und insbesondere für die Anstifter dieser Widersetzlichkeiten stets die Verhängung der Maximalstrafe anordnete[1098].

Mit der vom *Code pénal* von 1791 nur ungenügend und zu eng geregelten Vernichtung von Urkunden und anderen Schriftstücken beschäftigte sich der napoleonische Gesetzgeber in Art. 439 und stellte darin prinzipiell jede vorsätzliche, durch Feuer oder anderweitig bewirkte Zerstörung von öffentlichen sowie anderen Urkunden, von Schuldscheinen, Bank-, Handels- und anderen

[1096] Vergl. Locré, *a.a.O.*, Bd. XXXI, S. 158.
[1097] Vergl. Locré, *a.a.O.*, Bd. XXXI, S. 158f.
[1098] Vergl. Locré, *a.a.O.*, Bd. XXXI, S. 159. Offensichtlich richtete sich die Strafandrohung insbesondere gegen zerstörerische Übergriffe auf private Bau- sowie andere genehmigungspflichtige Privatvorhaben.

Wechseln unter Strafe. Anders als noch der Gesetzgeber von 1791 differenzierte er hierbei hinsichtlich der Strafandrohung danach, ob es sich bei den fraglichen Schriftstücken um von staatlichen Behörden ausgestellte Urkunden, Bank- oder Handelswechsel oder aber um sonstige Schriftstücke handelte. Während nämlich die Vernichtung privater Urkunden und Schriftstücke für den Delinquenten lediglich eine noch vergleichsweise milde zwei- bis fünfjährige Gefängnisstrafe sowie eine Geldbuße zwischen 100 und 300 *Francs* nach sich zog, drohte ihm andernfalls aufgrund der regelmäßig großen Bedeutung dieser Schriftstücke für deren Eigentümer und wohl auch wegen der offenkundigen Mißachtung der in der öffentlichen Urkunde zum Ausdruck kommenden staatlichen Autorität bzw. der durch die Urkundenvernichtung bewirkten Gefährdung des Wirtschafts- und Handelsverkehrs stets die äußerst empfindliche Zuchthausstrafe[1099].

Ebenso wie schon die Urheber des *Code pénal* von 1791 ahndete auch der napoleonische Gesetzgeber die von Banden oder von mehreren zusammen mit Waffengewalt begangene Plünderung und Vernichtung von Lebensmitteln, Handelswaren, Mobilien und Effekten mit besonderer Härte, denn in seinen Augen vereinte dieses Delikt in sich sowohl das Verbrechen der Plünderung und Vernichtung als auch das der Empörung gegen die staatliche Ordnung[1100]. Während deshalb prinzipiell jeder Beteiligte ohne Ansehen von Person und Funktion innerhalb der Bande oder der spontanen Zusammenrottung nach Art. 440 stets mit der Verhängung zeitiger Zwangsarbeit sowie einer überaus empfindlichen Geldbuße zwischen 200 und 5000 *Francs* belegt werden mußte, konnte allerdings derjenige gemäß Art. 441 dann eine zumindest geringfügige Strafmilderung erwarten, der beweisen konnte, daß er lediglich durch andere zur Deliktsbegehung verleitet worden war. Zwar hatte auch er die Verhängung zeitiger Zwangsarbeit verwirkt, ihm blieb jedoch aufgrund seines als etwas weniger schwerwiegend gewerteten Verschuldens zumindest die Zahlung der hohen Geldbuße erspart. Handelte es sich bei den geplünderten oder vernichteten Lebensmitteln hingegen um Getreide oder so wichtige Grundnahrungsmittel wie Brot, Mehl und Wein, so erhöhte der Versorgungsengpässe und möglicherweise damit verbundene politische Unruhen fürchtende Gesetzgeber sowohl für die Anführer der Bande als auch für alle anderen Personen, die zur Tatbestandsverwirklichung angestiftet oder angereizt hatten, die Strafandrohung nach Art. 442 stets auf die Maximaldauer der zeitigen Zwangsarbeit sowie auf die Maximalhöhe der Geldbuße[1101]. Mit erheblich weniger Härte ahndete der Gesetzgeber hingegen die 1791 noch nicht erfaßte, erst im Zuge der fortschreitenden Industrialisierung als eigenständiger Tatbestand in

---

[1099] Vergl. Locré, *a.a.O.*, Bd. XXXI, S. 159.

[1100] Vergl. Locré, *a.a.O.*, Bd. XXXI, S. 159f.

[1101] Vergl. Locré, *a.a.O.*, Bd. XXXI, S. 160. Der Gesetzgeber von 1810 hatte offensichtlich nicht vergessen, daß der Mangel an Grundnahrungsmitteln eine wesentliche Ursache für den Revolutionsausbruch von 1789 und den Sturz des *Ancien Régime* gewesen war.

Frage gekommene bloße Zerstörung von Waren oder von der Fabrikation dienender Stoffe mittels ätzender Substanzen oder beliebiger anderer Mittel, denn die Verwirklichung dieses vor allem die Privatwirtschaft schädigenden Vergehenstatbestandes zog nach Art. 443 Abs. 1 lediglich die Verhängung einer einmonatigen bis zweijährigen Gefängnisstrafe sowie eine Geldbuße nicht unter sechzehn *Francs* nach sich. Handelte es sich bei dem Delinquenten hingegen um einen Arbeiter der besagten Fabrik oder um einen Angestellten des geschädigten Handelshauses, so erhöhte sich das Strafmaß nach Art. 443 Abs. 2 aufgrund der als schulderhöhend gewerteten Verletzung der dem Arbeitgeber geschuldeten Treuepflicht auf eine zwei- bis fünfjährige Gefängnisstrafe.

Mit der für das Agrarland Frankreich zu Beginn des 19. Jahrhunderts wirtschaftlich noch überaus bedeutsamen Beschädigung bzw. völligen oder auch nur teilweisen Zerstörung vor allem von Agrarprodukten, landwirtschaftlichem Gerät sowie Nutzpflanzen- und -tieren beschäftigte sich die napoleonische Strafgesetzgebung in den folgenden Bestimmungen und stellte in enger Anlehnung an das vorrevolutionäre Recht zunächst demjenigen gemäß Art. 444 Abs. 1 eine vergleichsweise empfindliche zwei- bis fünfjährige Gefängnisstrafe in Aussicht, der noch auf dem Halm stehende Feldfrüchte sowie Nutzpflanzen jedweder Art und deren Setzlinge verwüstete[1102]. Darüber hinaus mußten die Delinquenten nach Art. 444 Abs. 2 zudem damit rechnen, für die Dauer von wenigstens fünf und höchstens zehn Jahren unter Polizeiaufsicht gestellt zu werden. Auch das anschließend in Art. 445f. erfaßte Abholzen oder nachhaltige Verstümmeln von Bäumen Dritter belegte der Gesetzgeber grundsätzlich mit der Gefängnisstrafe, staffelte hierbei jedoch deren Dauer entsprechend der Anzahl der in Mitleidenschaft gezogenen Bäume. Während demnach das Fällen oder Verstümmeln eines einzigen Baumes lediglich die Verhängung einer sechstägigen bis sechsmonatigen Gefängnisstrafe nach sich zog, verdoppelte sich deren Dauer bei jedem weiteren Baum, durfte insgesamt aber einen Zeitraum von höchstens fünf Jahren nicht überschreiten. Das gleiche Berechnungsprinzip galt auch für die Zerstörung von Pfropfreisern beliebiger Nutzpflanzen, für die Art. 447 eine Minimalstrafe zwischen sechs Tagen und zwei Monaten bestimmte, deren Erhöhung ihrerseits eine Gesamtdauer von zwei Jahren nicht überschreiten durfte. Für den Fall aber, daß die Bäume auf öffentlichen Plätzen, Landstraßen oder anderen Straßen und Wegen angepflanzt waren, hob Art. 448 allerdings die in Art. 445f. bzw. Art. 447 bestimmte Mindesthaftzeit aufgrund des nunmehr in Mitleidenschaft gezogenen öffentlichen Interesses nochmals strafschärfend auf zwanzig bzw. zehn Tage an. Eine Gefängnisstrafe zwischen sechs Tagen und zwei Monaten stellte Art. 449 zudem demjenigen in Aussicht, der vorsätzlich Getreide oder Viehfutter eines anderen abschnitt und diesen somit mithin wirtschaftlich

[1102] Vergl. Locré, *a.a.O.*, Bd. XXXI, S. 160.

schädigte. Handelte es sich bei dem Schnittgut sogar um unreifes Getreide, so erhöhte sich diese Strafandrohung in Ansehung dieser offensichtlichen Verschwendung und es war gemäß Art. 450 Abs. 1 nunmehr auf eine Gefängnisstrafe nicht unter zwanzig Tagen und höchstens vier Monaten zu erkennen. Eine besondere Strafschärfung für alle in Art. 444 bis 450 erfaßten Delikte bestimmte zudem 450 Abs. 2, der demjenigen stets die Verhängung der Maximalhöhe der gesetzlich vorgesehenen Strafe in Aussicht stellte, der das entsprechende Delikt aus Haß gegen einen in Ausübung seiner Amtsverrichtungen handelnden Beamten verwirklicht hatte. Ebenfalls entsprechend strafverschärfend wurde nach Art. 450 Abs. 3 darüber hinaus der Umstand gewertet, daß die entsprechende Tat zur Nachtzeit begangen worden war.

Während Art. 451 die Zerstörung von landwirtschaftlichem Gerät, Viehgehegen oder Hegehütten lediglich mit einer einmonatigen bis einjährigen Gefängnisstrafe belegte, hatte in grundsätzlicher Anlehnung an die Strafgesetzgebung von 1791 derjenige Delinquent nach Art. 452 eine ungleich empfindlichere ein- bis fünfjährige Gefängnisstrafe sowie eine Geldbuße zwischen sechzehn und 300 *Francs* verwirkt, der Pferde sowie größere landwirtschaftliche Nutztiere mittels Beibringung von Gift mutwillig tötete. Zu dieser Strafandrohung konnte nach Ermessen des erkennenden Gerichts noch eine mindestens zwei- und höchstens fünfjährige Polizeiaufsicht hinzutreten. Tötete der Täter die besagten Nutztiere hingegen ohne besondere Notwendigkeit in anderer Weise als durch Gift, so machte der Gesetzgeber nach Maßgabe von Art. 453 das jeweilige Strafmaß insbesondere vom Tatort sowie von den Umständen abhängig, unter denen der Täter auf dem Grundstück des Tiereigners oder -besitzers gelangt war. Während er nämlich zunächst demjenigen eine zwei- bis sechsmonatige Gefängnisstrafe in Aussicht stellte, der die Tiere innerhalb eines Gebäudes, eines eingefriedeten Grundstücks oder auf den sonstigen Ländereien des Eigentümers oder Besitzers getötet hatte, verringerte sich diese Strafandrohung dann auf eine nurmehr sechstägige bis einmonatige Gefängnishaft, wenn der Täter selbst Eigentümer, Mieter oder Pächter dieser Örtlichkeiten war. Eine nochmalige erhebliche Herabsetzung der Strafandrohung auf eine bloße fünfzehntägige bis sechswöchige Gefängnisstrafe kam darüber hinaus dann in Betracht, wenn der Delinquent die Tat an einem beliebigen anderen Ort begangen hatte. Allerdings mußte in allen Fällen stets dann auf die jeweilige Maximalstrafe erkannt werden, wenn der Täter widerrechtlich in das jeweilige befriedete Besitztum des Tierhalters eingedrungen war [*violation de clôture*]. In ähnlicher Weise staffelte Art. 454 auch die Strafandrohung bei der nicht gebotenen Tötung von Haustieren und stellte zunächst dem Täter dann eine sechstägige bis sechsmonatige Gefängnisstrafe für den Fall in Aussicht, daß der Eigentümer oder Besitzer des getöteten Tieres zugleich auch Eigentümer, Mieter oder Pächter des entsprechenden Tatortes war. Dieser Strafrahmen mußte wiederum stets dann voll ausgeschöpft werden, wenn anläßlich der Tötung eine Einfriedung mißachtet worden und der Täter somit widerrechtlich in ein Haus oder auf ein befriedetes Grundstück gelangt war. Nach Maßgabe von Art. 455 trat zu allen in Art. 444 bis 454 erfaßten Delikten zudem eine obligatorische Geldbuße von wenigstens sechzehn *Francs* hinzu, deren Maximalhöhe allerdings ein Viertel des zu leistenden Schadenersatzes nicht übersteigen durfte.

Eine ebenfalls vergleichsweise empfindliche einmonatige bis einjährige Gefängnisstrafe verbunden mit einer Geldbuße nicht unter 50 *Francs* stellte Art. 456 schließlich dem Delinquenten in Aussicht, der Gräben ganz oder teilweise auffüllte, Einfriedungen oder Hecken beliebiger Art zerstörte sowie Grenzsteine oder Markierungsbäume verrückte oder entfernte und somit die Grenzen zwischen unterschiedlichem Grundeigentum verschob. Gleichfalls eine Geldbuße von wenigstens 50 *Francs* hatte nach Art. 457 Abs. 1 zudem derjenige verwirkt, der als Eigentümer, Pächter oder sonstiger Nutznießer von Teichen oder mit Wasser betriebener Mühlen und Fabriken Überschwemmungen von Wegen oder von Eigentum anderer dadurch herbeiführte, daß er entgegen entsprechender behördlicher Auflagen die Auffangbecken für die Abwässer zu hoch angelegt hatte. Hatten besagte Überschwemmungen darüber hinaus zu Sachschäden geführt, so war nach Art. 457 Abs. 2 aufgrund des eingetretenen wirtschaftlichen Schadens zusätzlich zur jedenfalls verwirkten Geldbuße noch auf eine sechstägige bis einmonatige Gefängnisstrafe zu erkennen[1103].

Die Materie der fahrlässigen Brandstiftung erfaßte der napoleonische Gesetzgeber schließlich in Art. 458 und belegte dieses lediglich als minder schweres Vergehen erachtete Delikt in enger Anlehnung sowohl an die traditionelle als auch die Strafgesetzgebung der Revolutionszeit mit bloßen - allerdings vergleichsweise hohen - Geldstrafen[1104]. Nach dem in Begehungsweise und Tatobjekten exakt umschriebenen Tatbestand hatte zunächst derjenige eine Geldbuße zwischen 50 und 500 *Francs* verwirkt, der Öfen, Kamine, Schmieden, Wohnhäuser oder Fabrikationsanlagen verfallen, nicht reinigen oder reparieren ließ und durch diese Unterlassung in der Nähe befindliches Eigentum Dritter in Brand setzte. Die gleiche Strafe stellte der Gesetzgeber zudem demjenigen in Aussicht, der ein offenes Feuer auf Feldern entfachte, ohne einen Mindestabstand von 100 Metern zu Wohn- und anderen Gebäuden, zu forst- und landwirtschaftlichen Nutzungsflächen sowie zu jeder anderen Ansammlung brennbarer Materialien einzuhalten. Gleichermaßen bestraft wurde zudem derjenige Delinquent, der entweder Feuer oder offenes Licht ohne hinreichend absichernde Vorsichtsmaßnahmen unbeaufsichtigt belassen oder aber Feuerwerkskörper

---

[1103] Vergl. Locré, *a.a.O.*, Bd. XXXI, S. 160f.
[1104] Vergl. Locré, *a.a.O.*, Bd. XXXI, S. 161f.

fahrlässig, d.h. aus Nachlässigkeit oder Unvorsichtigkeit [*par négligence ou imprudence*] in Brand gesetzt hatte[1105].

Mit den bedeutsamen Verstößen gegen Gesetze und Verordnungen über Viehseuchen beschäftigte sich die napoleonische Strafgesetzgebung schließlich in den folgenden Bestimmungen und stellte in Art. 459 zunächst demjenigen eine sechstägige bis zweimonatige Gefängnisstrafe verbunden mit einer Geldbuße zwischen sechzehn und 200 *Francs* in Aussicht, der es als Eigentümer oder Hüter von vermutlich mit einer ansteckenden Krankheit behafteten Nutz- oder anderen Tieren unterließ, diese unter Verschluß zu halten und zudem unverzüglich die zuständigen Behörden von der Infektion zu unterrichten. Eine aufgrund der offensichtlichen Mißachtung obrigkeitlicher Verfügungen ungleich höhere zwei- bis sechsmonatige Gefängnishaft sowie eine Geldbuße zwischen 100 bis 500 *Francs* hatte nach Art. 460 darüber hinaus verwirkt, wer trotz entsprechender behördlicher Verbote infizierte Tiere mit anderen in Kontakt brachte. Hatte diese Mißachtung der behördlichen Anordnungen allerdings sogar das Ausbreiten einer Seuche über die bereits angesteckten Tiere hinaus zur Folge, so mußte der Delinquent nach Art. 461 unbeschadet einer Anwendung weiterer spezialgesetzlicher Sanktionen in Ansehung des durch ihn herbeigeführten, regelmäßig nicht absehbaren Schadens jedenfalls mit einer überaus empfindlichen zwei- bis fünfjährigen Gefängnisstrafe sowie einer hohen Geldbuße zwischen 100 und 1000 *Francs* rechnen.

Die letzte Bestimmung des Abschnitts beinhaltete schließlich eine nur auf Feld- und Forsthüter sowie Polizeibeamte zugeschnittene Strafzumessungsregel, die für diesen Personenkreis stets eine erhebliche Strafverschärfung nach sich zog. Für den Fall nämlich, daß die im gesamten dritten Abschnitt aufgeführten Vergehenstatbestände von ihnen verwirklicht worden waren, ordnete Art. 462 aufgrund des strafverschärfend gewerteten besonderen Status des Delinquenten stets die Verhängung einer Gefängnisstrafe nicht unter einem Monat sowie die Erhöhung jeder Strafe um maximal ein Drittel an.

3. Die Übertretungstatbestände

In teilweise enger Anlehnung an die beiden ersten, systematisch auch Übertretungstatbestände enthaltenden Gesetzestexte der französischen Strafgesetzgebung - nämlich das *Décret relatif à l'organisation d'une police municipale et correctionnelle* vom 19./22. Juli 1791[1106] und den *Code des délits et*

[1105] Das bloße Abbrennen von Feuerwerkskörpern an verbotenen Orten betrachtete der Gesetzgeber hingegen lediglich als Übertretung. Vergl. Art. 471 Nr. 2 C.P. 1810.

[1106] Vergl. insbesondere Tit. I, Art. 14ff.

des peines vom 3. Brumaire des Jahres IV (25. Oktober 1795)[1107] - faßte der napoleonische Gesetzgeber schließlich im vierten und letzten, lediglich aus zwei Kapiteln bestehende Buch des *Code pénal* unter der Überschrift *Contraventions de police et peines* sämtliche nicht spezialgesetzlich geregelten Übertretungstatbestände zusammen[1108]. Während das erste, nicht weiter untergliederte Kapitel *Des peines*[1109] im wesentlichen das bereits aufgezeigte Strafensystem für Übertretungen sowie einige Vollstreckungsbestimmungen enthielt und insofern gleichsam den allgemeinen Teil dieses Polizeistrafgesetzbuchs darstellte, erfaßte das zweite Kapitel unter der Überschrift *Contraventions et peines*[1110] die einzelnen, je nach Strafmaß in insgesamt drei Klassen eingeteilten Übertretungstatbestände sowie zudem für jede Klasse spezielle, bereits weiter oben dargestellte Rückfallregelungen. Die aufgrund ihrer inhaltlichen Vielfältigkeit mit keinerlei allgemeinen Überschriften versehenen Übertretungstatbestände beinhalteten dabei im wesentlichen solche Handlungen, die in aller Regel durch Nachlässigkeit oder Unachtsamkeit begangen wurden und deren Verwirklichung regelmäßig keinen Dolus voraussetzte[1111].

Als leichteste Zuwiderhandlungen erfaßte der *Code pénal* zunächst die in erster Linie lediglich mit einer Geldbuße zwischen einem und fünf *Francs* bewehrte erste Klasse der Übertretungstatbestände[1112]. Hier fanden sich so mannigfaltige Materien wie etwa die Vernachlässigung der Unterhaltung, Ausbesserung oder Reinigung von Kaminen, Öfen und Schmieden, das unzulässige Abbrennen von Feuerwerken

---

[1107] Vergl. Liv. III, tit. I, Art. 605ff.

[1108] Ein besonders wichtiges Feld der Spezialstrafgesetzgebung war vor allem die den Bürgermeistern nach Maßgabe des *Décret portant abolition du régime féodal, des justices seigneuriales, des dîmes, de la vénalité des offices, des privilèges, des annates, de la pluralité des bénéfices, etc.* vom 4. August 1789 und des *Décret relatif à la constitution des municipalités, suivi de l'instruction* vom 14. Dezember 1789 (abgedruckt in: Duvergier, *a.a.O.*, Bd. I, S. 39ff, 75ff) sowie aufgrund von Tit. XI, Art. 3f. des *Décret sur l'organisation judiciaire* vom 16./24. August 1790 (abgedruckt in: Duvergier, *a.a.O.*, Bd. I, S. 361ff) durch Tit. I, Art. 46 des *Décret relatif à l'organisation d'une police municipale et correctionnelle* vom 19./22. Juli 1791 eingeräumte Befugnis, vorbehaltlich einer etwaigen Abänderung durch höhere Verwaltungsbehörden autonom strafbewehrte Verordnungen in kommunalen Angelegenheiten zu erlassen. Dabei hatten sich die Strafen für die Zuwiderhandlungen stets nach den im vierten Buch des *Code pénal* eingeführten Strafrahmen zu richten.

[1109] Liv. IV, chap. I, Art. 464 bis 470 C.P. 1810.

[1110] Liv. IV, chap. II, sect. I-III, Art. 471ff C.P. 1810.

[1111] Eine einzige Ausnahme machte der Gesetzgeber allerdings bei der in Art. 479 Nr. 1 aufgeführten Sachbeschädigung geringeren Umfangs, denn diese erforderte zumindest ihrem Wortlaut nach stets eine vorsätzliche Tatbegehung.

[1112] Liv. IV, chap. II, sect. I, Art. 471 bis 474 C.P. 1810. Neben die stets zu verhängende Geldbuße konnten nach Maßgabe von Art. 472f. zudem die Einziehung bestimmter Gegenstände sowie in einigen wenigen Fällen auch eine fakultativ zu verhängende ein- bis dreitägige Gefängnisstrafe treten.

an verbotenen Orten, die Vernachlässigung der Straßenbeleuchtung und -reinigung sowie andere leichte, die Vorschriften der Straßenpolizei betreffende Verstöße. Zudem beinhaltete diese Klasse der Übertretungstatbestände weitere, zumeist in den Bereich der Landwirtschaft fallende Zuwiderhandlungen wie etwa den Mundraub, das Stoppeln, Nachlesen oder Nachrechen fremder Felder zur Nachtzeit oder dann, wenn diese noch nicht völlig abgeerntet waren, das nachlässige Entfernen von Raupenbefall aus Gärten und von Feldern, das Gehen bzw. Treiben und Laufenlassen von Vieh über fremde, noch nicht abgeerntete Grundstücke sowie andere minder schwere, gegen Bestimmungen der Feldpolizei [*police rurale*] gerichtete Zuwiderhandlungen. Darüber hinaus regelte der Gesetzgeber innerhalb der ersten Klasse die durch Schimpfworte geringerer Tragweite zugefügte, nicht auf Provokationen zurückzuführende Beleidigung[1113], das Werfen von Unrat auf Personen sowie das Ausgießen oder Herauswerfen von übelriechenden Stoffen auf die Straße[1114].

Die als geringfügig schwerer erachteten und deshalb stets mit einer Geldbuße zwischen sechs und zehn *Francs* zu belegenden Übertretungstatbestände der zweiten Klasse[1115] regelten anschließend neben einigen gröberen Zuwiderhandlungen gegen die Feld- und Straßenpolizei vor allem auch Verstöße gegen sicherheitspolizeiliche Bestimmungen. Hier waren in erster Linie zunächst feldpolizeilich relevante Verstöße gegen die durch Gemeindebeschlüsse zu verhängenden *bans de vendanges*[1116] oder ähnliche Verordnungen, das unberechtigte Betreten eingesäter Felder oder fruchttragender Gärten bzw. das Treiben von Vieh über diese Felder oder in diese Gärten sowie ferner verschiedentliche Zuwiderhandlungen zu nennen, die vor allem Fuhrleute oder Kutscher aufgrund ihres gefahrträchtigen Fahr- oder sonstigen Verhaltens gegen Vorschriften der Straßenpolizei begehen konnten. Im Hinblick auf die Verstöße gegen die Sicherheitspolizei kamen zudem insbesondere die nachlässige Führung von Fremdenregistern durch Gastwirte oder Hoteliers, die unzureichende Beaufsichtigung psychisch Kranker, wilder oder bösartiger Tiere sowie bissiger Hunde, die Verweigerung gesetzlich geschuldeter Hilfeleistungen u.a. bei Unglücksfällen, die Errichtung und das Betreiben von Lotterien und Glücksspielen an öffentlichen Orten, das Werfen von Steinen oder harten Körpern auf Personen,

---

[1113]Hiervon waren jedoch die in Art. 367 bis 378 erfaßten Verleumdungs- und groben Beleidigungstatbestände sowie der Geheimnisverrat ausdrücklich ausgenommen.

[1114]Vergl. Art. 471 Nr. 1-14 C.P. 1810.

[1115]Liv. IV, chap. II, sect. II, Art. 475 bis 478 C.P. 1810. Auch hier konnte nach Art. 476f. neben der Geldstrafe in Einzelfällen sowohl auf die besondere Einziehung als auch auf eine höchstens drei- bzw. fünftägige Gefängnishaft erkannt werden.

[1116]Mit dem sogenannten *ban de vendange* erfolgte die Freigabe der Weinlese durch den Bürgermeister. Las ein Winzer seine Ernte bereits früher, so machte er sich eines entsprechenden Verstoßes strafbar.

Gebäude, Fenster, in Gärten und umfriedete oder Innenräume, die Annahmeverweigerung von echtem, national gangbarem Papier- oder Münzgeld sowie jedweder Verkauf von zwar gefälschten, aber für die Gesundheit unschädlichen Getränken in Frage[1117].

Die schwersten, bereits mit einer Geldstrafe zwischen elf und fünfzehn *Francs* zu ahndenden Übertretungstatbestände der dritten Klasse[1118] enthielten schließlich vor allem die nicht als Vergehen betrachtete vorsätzliche Beschädigung von fremdem Mobiliareigentum sowie grobe Übertretungen der Vorschriften von Straßen- und Sicherheitspolizei. Zu diesen Übertretungstatbeständen zählten insbesondere die durch zu schnelles Fahren oder Reiten, durch schlechte Führung oder eine übermäßige Ladung bewirkte Tötung oder Verwundung fremder Tiere, die durch unvorsichtigen Waffengebrauch oder durch ungeschicktes Werfen von Steinen oder anderen harten Körpern sowie durch Nachlässigkeit bei der Instandhaltung von Gebäuden oder anderen Bauwerken verursachte Sachbeschädigung, der bloße Besitz von nicht zulässigen bzw. falschen Maßen und Gewichten, das Wahrsagen oder die Traumdeutung dann, wenn sie erwerbsmäßig betrieben wurden, sowie ferner die öffentliche Ruhestörung durch beschimpfenden oder nächtlichen Lärm[1119].

VII. Die weitere Entwicklung des *Code pénal* bis zur Mitte des 19. Jahrhunderts

Schon bald nach dem endgültigen Fall des Ersten Kaiserreichs machten sich unter dem nun folgenden Restaurationsregime (1814/15-1830) liberalere Tendenzen in der französischen Strafgesetzgebung bemerkbar, die dem *Code pénal* unter der Herrschaft Ludwig XVIII. (1814-1824) allerdings zunächst nur zögernd und insgesamt wenig systematisch einige seiner besonderen Härten nahmen. Nachdem man bereits in der *Charte constitutionelle* von 1814 die endgültige Abschaffung der dem alten Recht entlehnten Vermögenskonfiskation ausdrücklich festgeschrieben[1120] und darüber hinaus 1819 ein die strenge napoleonische Zensur

[1117] Vergl. Art. 475 Nr. 1-13 C.P. 1810.

[1118] Liv. IV, chap. II, sect. III, Art. 479 bis 482 C.P. 1810. Vereinzelt konnte auch hier der jeweilige Delinquent zusätzlich gemäß Art. 480f. zur besonderen Einziehung oder zu einer Gefängnisstrafe bis zu fünf Tagen verurteilt werden.

[1119] Vergl. Art. 479 Nr. 1-8 C.P. 1810.

[1120] Vergl. Art. 66 der *Charte constitutionnelle* vom 4./10. Juni 1814 (abgedruckt in: Duvergier, *a.a.O.*, Bd. XIX, S. 76ff).

im wesentlichen beseitigendes Pressegesetz[1121] in Kraft gesetzt sowie noch 1824 einen ersten zögerlichen Versuch unternommen hatte, ein umfassenderes, weil nunmehr auch einige Verbrechenstatbestände einbeziehendes System der mildernden Umstände einzuführen[1122], verstärkten sich jedoch unter der anschließenden Herrschaft Karl X. (1824-1830) zunehmend konservativ-autoritäre Strömungen, deren strafrechtliche Auswirkungen sich auf materiell-rechtlicher Ebene in erster Linie in Gestalt eines verfehlten, weil rückschrittlichen Gesetzes über die Gotteslästerung und Kirchenschädung aus dem Jahre 1825[1123], vor allem aber in den die verfassungsmäßig garantierte Pressefreiheit bis zur Unkenntlichkeit beschneidenden Ordonnanzen vom 25. Juli 1830[1124] äußerten, die ihrerseits letztlich entscheidend zum Ausbruch der Revolution von 1830 und damit zum Sturz des Restaurationsregimes beitrugen.

Die nunmehr durch die Revolution an die Macht getragene liberale Julimonarchie unter Louis-Philippe (1830-1848) schaffte unmittelbar nach ihrer Konsolidierung zunächst das Gesetz über die Gotteslästerung und die Kirchenschändung wieder

---

[1121] Vergl. *Loi sur la répression des crimes et délits commis par la voie de la presse, ou par tout autre moyen de publication* vom 17./18. Mai 1819 (abgedruckt in: Duvergier, *a.a.O.*, Bd. XXII, S. 205ff).

[1122] Vergl. *Loi contenant diverses modifications au Code pénal* vom 25. Juni 1824 (abgedruckt in: Duvergier, *a.a.O.*, Bd. XXIV, S. 515ff). Insgesamt beschränkten sich die zudem noch mit einer Reihe von Ausnahmefällen versehenen Strafmilderungsbestimmungen jedoch nur auf einige ausgewählte Verbrechenstatbestände von vergleichsweise minderer Schwere. Erfaßt waren etwa verschiedentliche Diebstahls- und schwere Körperverletzungsdelikte sowie die Kindstötung. Allerdings blieben Bettler, Vagabunden und Vorbestrafte von diesen Vergünstigungen grundsätzlich ausgeschlossen. Trotz seiner Schwächen blieb dieses die Härten des *Code pénal* immerhin erheblich abmildernde Gesetz noch bis 1832 in Kraft und wurde erst durch Art. 103 des Reformgesetzes vom 28. April 1832 aufgehoben und gleichzeitig nach Maßgabe von Art. 94, 102 durch eine nunmehr alle Deliktsgruppen umfassende Regelung ersetzt.

[1123] Vergl. *Loi pour la répression des crimes et des délits commis dans les édifices ou sur les objets consacrés à la religion catholique ou aux autres cultes légalement établis en France* vom 20. April 1825 (abgedruckt in: Duvergier, *a.a.O.*, Bd. XXV, S. 150ff). So belegte der Gesetzgeber etwa in Art. 4ff die Profanation von liturgischem Gerät unter bestimmten Umständen, die öffentlich begangene Hostienschändung hingegen stets mit der Todesstrafe. Auch der einfache Kirchendiebstahl zog nach Art. 7ff regelmäßig unverhältnismäßig harte Verbrechensstrafen nach sich.

[1124] Vergl. u.a. *Ordonnance du Roi qui suspend la liberté de la presse périodique et semi-périodique* vom 25. Juli 1830 und *Rapport au Roi, justificatif des ordonnances sur la presse et les élections* vom 25. Juli 1830 (abgedruckt in: Duvergier, *a.a.O.*, Bd. XXX, S. 127f. und 132ff) sowie Art. 8 der *Charte constitutionnelle* vom 4./10. Juni 1814 und Art. 1 der *Loi sur les journaux et écrits périodiques* vom 18./23. Juli 1828 (abgedruckt in: Duvergier, *a.a.O.*, Bd. XIX, S. 76ff; Bd. XXVIII, S. 249ff).

ab[1125] und wandte sich nur wenig später in Gestalt der *Loi contenant des modifications au Code pénal et au Code d'instruction criminelle* vom 28. April 1832[1126] einer längst überfällig gewordenen umfassenden Revision der französischen Strafgesetzgebung zu, die sich sowohl auf das materielle als auch auf das Strafprozeßrecht erstreckte und hier wie dort durchgreifende Verbesserungen vornahm. Hinsichtlich des materiellen Strafrechts stand hierbei zunächst eine zum Teil erhebliche Herabsetzung der einzelnen Strafrahmen im Vordergrund, denn die Vorstellung des napoleonischen Gesetzgebers, der Rechtsprechung mit der Einführung von Strafrahmen einen hinreichenden Ermessensspielraum eröffnet zu haben, hatte sich schon bald nach dem Inkrafttreten des *Code pénal* in der Praxis als folgenschwerer Irrtum erwiesen. Richter und Geschworene empfanden die Strafandrohungen der napoleonischen Kodifikation nämlich insgesamt als zu unbeugsam, denn man sah sich sowohl aufgrund fehlender Variierungs- und Herabsetzungsmöglichkeiten der Strafe als auch aufgrund der regelmäßig hohen Strafuntergrenzen oftmals außerstande, Einzelfällen gerecht zu werden. Unabdingbare Konsequenz dieses Mißstandes war, daß die Rechtsprechungsorgane - wie schon nach der Einführung der *peines fixes* durch die *Assemblée Constituante* - in den Fällen, in denen ihnen die Strafe als ungerecht, weil unangemessen hoch erschien, den Täter entweder entschuldigten oder aber auf seinen Freispruch erkannten[1127]. Mit der Herabsetzung der Strafrahmen und der gleichzeitigen Herabstufung von immer mehr Verbrechen zu Vergehen ging darüber hinaus zugleich eine deutliche Abmilderung des Strafensystems einher, die sich vor allem in der Abschaffung des Prangers[1128], der Verstümmelungsstrafen[1129] und der Brandmarkung[1130] sowie auch darin äußerte, daß sowohl die öffentliche Zurschaustellung[1131] als auch die Stellung unter Polizeiaufsicht[1132] zugunsten des Delinquenten nunmehr erheblich modifiziert

[1125] Vergl. *Loi qui abolit celle sur le sacrilège et sur le vol dans les églises* vom 11./14. Oktober 1830 (abgedruckt in: Duvergier, *a.a.O.*, Bd. XXX, S. 278).

[1126] Der Gesetzestext ist abgedruckt in: Duvergier, *a.a.O.*, Bd. XXXII, S. 215ff.

[1127] Hagedorn, *a.a.O.*, S. 116. Vergl. Garçon, *a.a.O.*, S. 93: "On ne fait impunément violence à la conscience des juges et des jurés. [...] Ainsi se vérifiait une fois de plus ce principe que l'exagération des peines légales conduit en réalité à l'énervement de la répression parce qu'on ne les applique plus."

[1128] Vergl. Art. 15 des Reformgesetzes vom 28. April 1832.

[1129] Vergl. Art. 14, 16 des Reformgesetzes vom 28. April 1832.

[1130] Vergl. Art. 19, 103 des Reformgesetzes vom 28. April 1832.

[1131] Vergl. Art. 20 des Reformgesetzes vom 28. April 1832. Das erkennende Gericht dufte - außer bei Rückfalltätern - nunmehr auf die Verhängung der öffentlichen Zurschaustellung dann verzichten, wenn der Delinquent lediglich die zeitige Zwangsarbeit oder aber die Zuchthausstrafe verwirkt hatte. Auch mußten fortan weder Straftäter unter achtzehn Jahren noch über 70 Jahre alte Delinquenten ihre öffentliche Zurschaustellung befürchten.

[1132] Vergl. Art. 30f. des Reformgesetzes vom 28. April 1832. So stand der Delinquent nach Strafverbüßung beispielsweise nicht mehr unter der besonderen Verfügungsgewalt der

wurden. Als systematischen Mittelpunkt des Reformgesetzes verfügte der Gesetzgeber zudem nunmehr auch die 1824 bereits ansatzweise in Angriff genommene Ausdehnung des Anwendungsbereichs der mildernden Umstände auf nahezu alle Delikte als Universalmittel gegen die noch verbliebenen Härten der napoleonischen Strafgesetzgebung[1133]. Während fortan also die Strafe bei Übertretungen und Vergehen durch die Annahme mildernder Umstände letztlich unbegrenzt bis auf einen Tag Freiheitsstrafe und einen *Franc* Geldbuße herabgemildert werden konnte, sah das Reformgesetz bei Verbrechen zunächst sowohl grundsätzlich die Herabsetzung der eigentlich verwirkten Strafe um eine Stufe als auch anschließend die dem freien Ermessen des Richters überlassene Möglichkeit einer nochmaligen Herabmilderung der Strafe um eine weitere Stufe vor[1134].

Nach dem Scheitern der innenpolitisch stets instabil gebliebenen und schließlich durch die Revolution von 1848 hinweggefegten Julimonarchie hielten die Reformbestrebungen auf dem Gebiet des Strafrechts auch unter der kurzen Zweiten Republik (1848-1852) an und führten nur wenige Wochen nach Ausrufung der Republik zunächst zur endgültigen Aufhebung der Todesstrafe für die vor allem im Kapitel *Crimes et délits contre la sûreté de l'État*[1135] erfaßten politischen Verbrechen[1136], zur endgültigen Aufhebung der öffentlichen Ausstellung[1137] und zur Ausdehnung der bislang auf Verbrechen beschränkten Rehabilitierung auch auf solche Delinquenten, die sich lediglich eines Vergehens schuldig gemacht und die entsprechende Strafe bereits verbüßt hatten[1138].

Regierung und konnte seinen künftigen Aufenthaltsort zudem in aller Regel selbst bestimmen.

1133 Vergl. Art. 94, 102 des Reformgesetzes von 1832. Eine Anwendung der mildernden Umstände auf spezialgesetzlich geregelte Materien schied jedoch dann aus, wenn dies vom Gesetzgeber zuvor nicht ausdrücklich angeordnet worden war. Vergl. hierzu näher: Duvergier, *a.a.O.*, Bd. XXXII, S. 245f.

1134 Vergl. hierzu näher: Sessar, *a.a.O.*, S. 63f.

1135 Vergl. Liv. III, tit. I, chap. I, sect. I-III, Art. 75ff C.P. 1810.

1136 Vergl. *Déclaration du gouvernement provisoire sur l'abolition de la peine de mort en matière politique* vom 26./29. Februar 1848 (abgedruckt in: Duvergier, *a.a.O.*, Bd. XLVIII, S. 60f.). Die endgültige Abschaffung der Todesstrafe für politische Verbrechen wurde zwar zudem durch Art. 5 der Verfassung von 1848 (abgedruckt in: Duvergier, *a.a.O.*, Bd. XLVIII, S. 560ff) bestätigt, aber bereits 1853 unter der Herrschaft Napoleons III. in Anlehnung an die traditionelle Strafgesetzgebung für Angriffe auf das Leben des Kaiser und seiner Familienmitglieder wieder eingeführt. Vergl. *Loi qui modifie les art. 86 et 87 du Code pénal* vom 10./15. Juni 1853 (abgedruckt in: Duvergier, *a.a.O.*, Bd. LIII, S. 213ff).

1137 Vergl. *Décret qui abolit la peine de l'exposition publique* vom 12./14. April 1848 (abgedruckt in: Duvergier, *a.a.O.*, Bd. XLVIII, S. 139).

1138 Vergl. *Décret relatif à la réhabilitation des condamnés* vom 18./22. April 1848 (abgedruckt in: Duvergier, *a.a.O.*, Bd. XLVIII, S. 148) und Art. 619ff *Code d'instruction criminelle* 1808. Dieses Dekret blieb bis 1852 in Kraft und wurde gleich zu Beginn des Zweiten Kaiserreichs

Auch nach der Errichtung des Zweiten Kaiserreichs (1852-1870) unter dem bereits 1848 zum Präsidenten der Republik gewählten und 1852 aufgrund einer Volksabstimmung zum Kaiser erhobenen Napoleon III. (1808-1873) hielten die Reformenbestrebungen auf dem Gebiet des Strafrechts trotz vereinzelter Rückgriffe auf die traditionelle Strafgesetzgebung napoleonischer Prägung weiter an. So gewährte die Verfassung von 1852 dem Kaiser in Anlehnung an die Begnadigungsprärogative des *Ancien Régime* einerseits zwar wieder ein unbeschränktes Begnadigungsrecht in Strafsachen[1139] und ein Spezialgesetz von 1853 führte sogar - allerdings beschränkt auf einen einzigen Fall - die nur wenige Jahre zuvor aufgehobene Todesstrafe für politisch motivierte Verbrechen wieder ein[1140], andererseits aber schaffte der Gesetzgeber 1854 nunmehr endgültig das inhumane Institut des bürgerlichen Todes ab und ersetzte es durch die lebenslange Aberkennung der staatsbürgerlichen Rechte sowie die zeitige Aberkennung der Geschäftsfähigkeit[1141]. Von größerer Bedeutung war gleichfalls ein noch im selben Jahr in Kraft getretenes Gesetz über die zukünftige Ausführung der Zwangsarbeitsstrafe, das den betroffenen Straftätern zwar einige Hafterleichterungen gewährte, aber den Vollzug der Zwangsarbeit in die überseeischen Gebiete verlegte und diese Strafe mithin insofern in den Dienst der Kolonisierung stellte, als es nicht nur eine Verbringung der Delinquenten in die Kolonien, sondern zudem deren teilweisen Verbleib auch nach Strafverbüßung vorschrieb[1142]. Nachdem es sich im Anschluß einer längst überfällig gewordenen

---

durch die formelle *Loi sur la réhabilitation des condamnés* vom 3./6. Juli 1852 (abgedruckt in: Duvergier, *a.a.O.*, Bd. LII, S. 447ff) ersetzt, die eine Rehabilitierung der Delinquenten nochmals erheblich erleichterte.

[1139] Vergl. Art. 9 der *Constitution faite en vertu des pouvoirs délégués par le peuple français à Louis-Napoléon Bonaparte, par le vote des 20 et 21 décembre 1851* vom 14./22. Januar 1852 (abgedruckt in: Duvergier, *a.a.O.*, Bd. LII, S. 17ff). Das von der Strafgesetzgebung der Revolutionszeit abgeschaffte, traditionell unbeschränkte Begnadigungsrecht der französischen Monarchen war bereits 1802 zugunsten des damaligen Ersten Konsuls Napoleon Bonaparte wieder eingeführt und seither ungeachtet der unterschiedlichen politischen Systeme sowohl in der Charten von 1814 und 1830 als auch in der Verfassung von 1848 stets beibehalten worden. Allerdings hatte der letztgenannte Verfassungstext das Begnadigungsrecht des Präsidenten jedoch insofern erheblich eingeschränkt, als dieser nunmehr zumindest einer beratenden Mitwirkung anderer Verfassungsorgane bedurfte. Vergl. die verschiedenen Gesetzes- bzw. Verfassungstexte in: Duvergier, *a.a.O*, Bd. XIII, S. 505ff; Bd. XIX, S. 76ff; Bd. XXX, S. 181ff; Bd. XLVIII, S. 560ff.

[1140] Vergl. *Loi qui modifie les art. 86 et 87 du Code pénal* vom 10./15. Juni 1853 (abgedruckt in: Duvergier, *a.a.O.*, Bd. LIII, S. 213ff). Dieses Gesetz änderte Art. 86f. insofern ab, als Attentate auf die Person des Kaisers und die Mitglieder der kaiserlichen Familie fortan wieder die Kapitalstrafe nach sich zogen.

[1141] Vergl. *Loi portant abolition de la mort civile* vom 31. Mai/3. Juni 1854 (abgedruckt in: Duvergier, *a.a.O.*, Bd. LIV, S. 282ff).

[1142] Vergl. *Loi sur l'exécution de la peine des travaux forcés* vom 30. Mai/1. Juni 1854 (abgedruckt in: Duvergier, *a.a.O.*, Bd. LIV, S. 269ff).

Reform der Militärgesetzgebung zugewandt und 1857 bzw. 1858 zwei Gesetzbücher jeweils für die Land- und Seestreitkräfte in Kraft gesetzt hatte[1143], brachte das Zweite Kaiserreich schließlich in Gestalt der *Loi portant modification de plusieurs dispositions du Code pénal* vom 13. Mai/1. Juni 1863 ein letztes strafrechtlich bedeutsames Reformgesetz auf den Weg, das die bereits 1832 begonnene Herabstufung von immer mehr Verbrechen zu Vergehen insofern konsequent fortsetzte, als es insgesamt 65 Artikel des *Code pénal* abänderte, dabei viele Strafandrohungen teilweise erheblich abmilderte und so der napoleonischen Kodifikation nunmehr auch die letzten nicht mehr als zeitgemäß empfundenen Härten nahm[1144].

[1143] Vergl. *Code de justice militaire pour l'armée de terre* vom 9. Juni/4. August 1857 (abgedruckt in: Duvergier, *a.a.O.*, Bd. LVII, S. 305ff) und *Code de justice militaire pour l'armée de mer* vom 4./13. Juni 1858 (abgedruckt in: Duvergier, *a.a.O.*, Bd. LVIII, S. 324ff). Eine Anwendung der im *Code pénal* enthaltenen Bestimmungen auch auf militärische Verbrechen, Vergehen und Übertretungen schloß Art. 5 der napoleonischen Kodifikation grundsätzlich aus, so daß sich die Militärstrafgesetzgebung bis 1857 bzw. 1858 lediglich auf eine Vielzahl spezialgesetzlicher Regelungen stützen konnte. Vergl. hierzu m.w.N. näher: Foucher, *a.a.O.*, S. 6ff.

[1144] Der Gesetzestext ist abgedruckt in: Duvergier, *a.a.O.*, Bd. LXIII, S. 418ff.

ZWEITER TEIL: DER EINFLUß DES *CODE PÉNAL* VON 1810 AUF DIE STRAFGESETZGEBUNG DER DEUTSCHEN PARTIKULARSTAATEN DES 19. JAHRHUNDERTS AM BEISPIEL BAYERNS UND PREUßENS (ALLGEMEINER TEIL)

A. Das materielle deutsche Strafrecht im ausgehenden 18. Jahrhundert und seine Konfrontation mit der französischen Strafgesetzgebung

Ebenso zersplittert wie die politische Landschaft Deutschlands war auch das deutsche Strafrecht im ausgehenden 18. Jahrhundert. Vielerorts galt noch gemeines, auf der Constitutio Criminalis Carolina von 1532 beruhendes, durch Gerichtsgebrauch oder die jeweiligen Landesherren vielfach abgeändertes Recht, das nur noch durch den Anspruch der Wissenschaft als übergreifendes "gemeines" Recht zusammengehalten wurde[1145]. Während sich alle übrigen Reichsstände und späteren deutschen Staaten noch bis weit über das Ende des Heiligen Römischen Reichs Deutscher Nation im Jahre 1806 hinaus an diesem gemeinen Recht orientieren sollten, schieden bereits ab Mitte des 18. Jahrhunderts drei bedeutende deutsche Territorien aus diesem lockeren Rechtsverbund aus. Zunächst löste in Bayern 1751 die Schaffung des Codex Iuris Criminalis Bavarici das gemeine Strafrecht ab, wenig später folgte Österreich mit seiner Constitutio Criminalis Theresiana von 1768 und schließlich ging auch Preußen mit seinem im wesentlichen auf dem aufgeklärten Absolutismus friderizianischer Prägung beruhenden Allgemeinen Landrecht für die Preußischen Staaten von 1794 eigene Wege.

Während aber noch der Codex Iuris Criminalis Bavarici[1146] ebenso wie die Constitutio Criminalis Theresiana[1147] von dem Geist mitleidloser Abschreckung geprägt und insbesondere aufgrund ihrer grausamen Strafensysteme sowie der Beibehaltung sowohl der Folter als auch der Hexerei- und Zaubereidelikte bereits bei Inkrafttreten nicht mehr auf der Höhe ihrer Zeit waren[1148], stellte das am 1. Juni 1794 in Kraft gesetzte und vor allem auf der vergleichsweise humanen, in erster Linie auch durch die französische Aufklärung beeinflußten Kriminalpolitik Friedrichs des Großen (1712-1786) beruhende Strafrecht des Allgemeinen

---

[1145] Volk, *Napoleon und das deutsche Strafrecht*, S. 281.

[1146] Vergl. zu diesem Gesetzbuch näher: Berner, *Die Strafgesetzgebung in Deutschland vom Jahre 1751 bis zur Gegenwart*, (nachfolgend abgekürzt: *Strafgesetzgebung*), S. 1ff.

[1147] Vergl. näher zu dieser Kodifikation, zum nachfolgenden Josephinischen Gesetzbuch von 1787 sowie zur weiteren Entwicklung der österreichischen Strafgesetzgebung: Berner, *Strafgesetzgebung*, S. 8ff, 18ff, 45ff, 273ff; Schmidt, *Einführung in die Geschichte der deutschen Strafrechtspflege* (nachfolgend abgekürzt: *Strafrechtspflege*), S. 256ff; v. Holtzendorff, *Handbuch des deutschen Strafrechts*, Bd. I, S. 121ff.

[1148] v. Holtzendorff, *a.a.O.*, Bd. I, S. 115, 121f.

Preußischen Landrechts[1149] trotz all seiner Schwächen jedenfalls bereits einen bedeutenden Fortschritt in der deutschen Strafgesetzgebung dar. Gemessen an den Ansprüchen der Zeit brachte zwar letztlich auch diese vom aufgeklärten Absolutismus geprägte Kodifikation nichts durchgreifend Neues mehr[1150], vermochte darüber hinaus als Spätgeburt des Aufklärungszeitalters[1151] den modernen Anforderungen des anbrechenden 19. Jahrhunderts schon wenige Jahre später nicht mehr zu genügen[1152] und blieb zudem auch weit hinter den revolutionären Errungenschaften des nur drei Jahre zuvor in Frankreich in Kraft gesetzten *Code pénal* von 1791 zurück. Sie wies aber dessen ungeachtet im Vergleich sowohl zum bayerischen als auch zum österreichischen Strafgesetzbuch insofern bedeutsame Vorzüge auf, als sie zumindest für den deutschsprachigen Raum bislang unbekannte Neuerungen mit sich brachte und allein schon deshalb als ein erheblicher Fortschritt in der deutschen Strafgesetzgebung gewertet werden muß. Abgesehen von seinen einzelnen Tatbestandsbestimmungen, die im Vergleich zum überlieferten gemeinen Recht aufgrund ihrer größeren Genauigkeit bereits eine gehörige Weiterentwicklung erkennen ließen, zeichnete sich der strafrechtliche Teil des Allgemeinen Preußischen Landrechts[1153] nämlich insbesondere durch eine bislang in Deutschland nicht gebräuchliche Sonderung des materiellen und formellen Strafrechts sowie durch die Ausscheidung eines allgemeinen Teils zur einleitenden Feststellung der bei der Verurteilung der einzelnen Verbrechen zu beachtenden leitenden Grundsätze aus. Gleichzeitig schrieb das Allgemeine Landrecht nicht nur eine erhebliche Einschränkung der Todesstrafe sowie die Beseitigung ihrer qualifizierenden Erscheinungsformen fest, sondern verzichtete darüber hinaus auch als erste deutsche Strafrechtskodifikation überhaupt auf alle verstümmelnden Leibesstrafen und rückte statt dessen die Freiheitsstrafe in den Mittelpunkt seines Strafenkatalogs, was insgesamt zu einer bedeutenden Humanisierung der bisherigen materiellen Strafgesetzgebung führte. Damit einher ging zudem eine erhebliche Zurückdrängung der zum gleichen Zeitpunkt in Bayern und Österreich noch sehr ausgedehnten Strafbarkeit von religionswidrigen Delikten, deren Ahndung vom preußischen Gesetzgeber fortan als nicht mehr zeitgemäß erachtet und die nur noch dort mit Strafe belegt wurden,

---

[1149] Vergl. näher zum strafrechtlichen Teil des Allgemeinen Preußischen Landrechts, seiner Entstehung sowie überhaupt zur Kriminalpolitik Friedrichs des Großen: Berner, *Strafgesetzgebung*, S. 25ff; Schmidt, *Strafrechtspflege*, S. 247ff; v. Holtzendorff, *a.a.O.*, Bd. I, S. 92ff; Temme, *Lehrbuch des Preußischen Strafrechts* (nachfolgend abgekürzt: *Lehrbuch*), S. 38ff.

[1150] Volk, *a.a.O.*, S. 281f.

[1151] Blasius, *Strafrechtsreform und Kriminalpolitik in Preußen 1794-1848*, S. 223.

[1152] Berner, *Strafgesetzgebung*, S. 213; Volk, *a.a.O.*, S. 281; Müller, *Das Preußische Strafgesetzbuch nebst dem Einführungsgesetz* (nachfolgend abgekürzt: *Strafgesetzbuch*), S. 3f.

[1153] Vergl. Teil II, Tit. 20, §§ 1 bis 1577 ALR 1794.

wo sie vor allem das staatliche Interesse an öffentlicher Ruhe und Ordnung berührten[1154].

Trotz all dieser bedeutsamen Vorzüge und des mit ihm erstmals in einem Strafgesetzbuch des deutschsprachigen Raums Fuß fassenden Geistes der Humanität, stellte der strafrechtliche Teil des Allgemeinen Landrechts für die Preußischen Staaten vor allem aber auch ein Produkt des Absolutismus friderizianischer Prägung dar, das bei der Strafauswahl die Standesverhältnisse der Delinquenten berücksichtigte, die Staatsbürger in allen - auch den nach heutigen Begriffen persönlichsten - Lebensbereichen belehrend zu bevormunden und zum Wohl des Staats zu Tugend und Religion zu erziehen versuchte[1155], insbesondere Angriffe auf die Staatsgewalt mit übermäßiger Härte verfolgte[1156], dabei auch den eigenen Beamten nicht vertraute[1157] und dementsprechend - ähnlich wie der französische Gesetzgeber der Revolutionszeit - konsequent bestrebt war, dem richterlichen Ermessen bei der Urteilsfindung engste Grenzen zu setzen, um Willkürentscheidungen der Richter von vornherein auszuschalten[1158]. Mit den nicht weniger als 1577 Paragraphen des strafrechtlichen Teils des Allgemeinen Landrechts wollte der preußische Gesetzgeber am Ende des 18. Jahrhunderts die Prävention zur Perfektion führen und - ganz im Sinne eines *ängstlich wohlmeinenden Polizeistaats*[1159] - möglichst nichts übersehen, was in nur irgend einer Weise die Ruhe und Ordnung stören konnte. Dabei verkannte er jedoch nicht nur, daß seine Kodifikation aufgrund dieser Zielsetzung zwangsläufig zu schwerfällig geraten mußte und sich mithin in der Praxis nur als eingeschränkt brauchbar erweisen sollte, sondern setzte sich zugleich auch in Widerspruch zum Geist des anbrechenden 19. Jahrhunderts, das - nunmehr von einem selbstbewußt

---

[1154] v. Holtzendorff, *a.a.O.*, Bd. I, S. 94; Hälschner, *Das preußische Strafrecht*, Bd. I, S. 207ff; Berner, *Strafgesetzgebung*, S. 43; Volk, *a.a.O*, S. 282; v. Bar, *Handbuch des deutschen Strafrechts*, Bd. I: *Geschichte des deutschen Strafrechts und der Strafrechtstheorien*, S. 101.

[1155] Vergl. etwa Teil II, Tit. 20, § 1308 ALR 1794: "Wer aus eigennützigen Absichten, durch Verläumdung, Uneinigkeiten unter nahen Verwandten oder Ehegatten stiftet, soll nach Verhältniß der zum Grunde liegenden boshaften Absicht, und des daraus entstandenen Schadens, mit nachdrücklicher Geld- oder Leibesstrafe belegt werden."

[1156] Hier sind vor allem die im zweiten und dritten Abschnitt aufgeführten und mit äußerst harten Strafen belegten Staatsverbrechen zu nennen. Vergl. Teil II, Tit. 20, §§ 91 bis 148 ALR 1794.

[1157] So enthielt insbesondere der achte Abschnitt des strafrechtlichen Teils unter der Überschrift *Verbrechen der Diener des Staates* nicht nur eine Aufstellung der vielfältigen Amtsdelikte, sondern in §§ 348 bis 351 zugleich auch eine Anzahl von entsprechenden Vorbeugungsmitteln, zu denen zudem noch Bestimmungen über die konkrete Lebensführung der Beamten traten. Vergl. Teil II, Tit. 20, §§ 323 bis 508 ALR 1794.

[1158] Berner, *Strafgesetzgebung*, S. 43.

[1159] v. Bar, *Handbuch des deutschen Strafrechts, Bd. I: Geschichte des deutschen Strafrechts und der Strafrechtstheorien*, S. 101.

gewordenen Bürgertum getragen - das Jahrhundert des liberalen Rechtsstaats werden und später auch den preußischen Polizeistaat durch den konstitutionellen Staat ersetzen sollte. Die sittlichen Daseinszwecke dieser zunehmend bürgerlichen Welt waren aber mit polizeilicher Bevormundung und moralischer Gängelung nicht mehr vereinbar, sondern bedurften vielmehr einer scharfen Differenzierung zwischen der aus sittlichen Gründen notwendigen und staatlich zu garantierenden Freiheitssphäre des einzelnen und der auf den bloßen Schutz der Rechtsordnung einzuschränkenden Macht des Staats[1160]. Wie sehr die Strafgesetzgebung des Allgemeinen Landrechts aber an diesen Erfordernissen und dem herrschenden, auch zunehmend von den Idealen der Französischen Revolution beeinflußten Zeitgeist vorbeiging, zeigte sich bereits kurz nach seinem Erlaß zu einem Zeitpunkt, als vor allem das weite Umsichgreifen einer zunehmend schweren Eigentumskriminalität den preußischen Gesetzgeber zu Neuregelungen veranlaßte, die den ohnehin polizeilichen Geist des preußischen Strafrechts zunächst noch auf Jahre erheblich verschärften[1161]. Die außenpolitischen Auswirkungen der Revolution von 1789 bewegten den preußischen Gesetzgeber jedoch schon bald nach dem endgültigen militärischen und moralischen Zusammenbruch des friderizianischen Staates im Oktober 1806 bei Jena und Auerstedt auf allen Gebieten zu umfangreichen Reformplänen[1162], die im Hinblick auf das materielle Strafrecht allerdings erst nach einem halben Jahrhundert mit dem Inkrafttreten des Preußischen Strafgesetzbuchs von 1851 zu einem befriedigenden und für Deutschland fortan Maßstäbe setzenden Ergebnis führen sollten[1163].

In dieser Situation wurden die deutschen Territorien nunmehr mit dem bereits auf vielen Gebieten weiterentwickelten, weil im Zuge der Revolution von 1789

[1160] Schmidt, *Strafrechtspflege*, S. 315.

[1161] Von größter Bedeutung für das materielle Strafrecht war hierbei die aus 32 Einzelbestimmungen sowie einer umfangreichen Einleitung bestehende *Zirkularverordnung wegen Bestrafung der Diebstähle und ähnlicher Verbrechen* vom 26. Februar 1799 (abgedruckt in: *Corpus Constitutionum Marchicarum oder Königlich Preußische und Churfürstlich Brandenburgische, in der Chur- und Marck Brandenburg publizierte und ergangene Ordnungen, Edikta, Mandata, Rescripta* (nachfolgend abgekürzt: *CCM*) 1799, Nr. IX, S. 2249ff). Diese Verordnung führte insofern zu einer heillosen Verwirrung, als sie die einschlägigen landrechtlichen Bestimmungen nicht zugleich aufhob und zudem härteste, dem an sich humanen Geist des Allgemeinen Landrechts zuwiderlaufende Strafandrohungen enthielt, die das angestrebte Ideal der strafenden Gerechtigkeit zugunsten eines unbedingten Abschreckungsprinzips völlig in den Hintergrund drängten. Vergl. Berner, *Strafgesetzgebung*, S. 213ff; Schmidt, *Strafrechtspflege*, S. 253, 315ff; Volk, *a.a.O.*, S. 282f.

[1162] Man denke hier nur - neben anderen tiefgreifenden Neuerungen - an die vor allem von Karl Freiherr vom Stein (1757-1831) angeregten und koordinierten Verwaltungs-, Heeres- und Steuerreformen der Jahre 1807/1808 sowie an die den Städten Selbstverwaltung gewährende preußische Städteordnung von 1808.

[1163] Schmidt, *Strafrechtspflege*, S. 253, 315f.

grundlegend reformierten französischen Recht konfrontiert. Während nämlich in den Ländern rechts des Rheins die traditionellen Rechtsordnungen zunächst noch unverändert beibehalten werden konnten, wurden insbesondere die ehemals deutschen, im Rahmen des Ersten Koalitionskrieges (1793-1797) nunmehr französisch besetzten Gebiete links des Rheins seit 1798 nicht nur nach modernen französischen Maßstäben und Gesetzen regiert, sondern wiesen - anders als die meisten der überwiegend noch nach Prinzipien feudalistischer Prägung verwalteten deutschen Länder - zugleich durchweg effektiv funktionierende Organisationsstrukturen nach französischem Muster auf[1164]. In diesen, der ersten Französischen Republik als integrale Bestandteile angeschlossenen Gebieten wurden zunächst die Feudalrechte und Adelsprivilegien außer Kraft gesetzt sowie die Gerichte und ihre Verfahren entsprechend der französischen Gesetzgebung neu geordnet. Hier wurden 1804 zunächst der allseits als überaus fortschrittlich empfundene *Code Napoléon*, anschließend 1808 zusammen mit dem *Code d'instruction criminelle* auch die Schwurgerichte sowie 1811 auch der *Code pénal* von 1810 eingeführt. Während sich aber die fortschrittliche napoleonische Zivilgesetzgebung aufgrund der von ihr garantierten bürgerlichen Freiheitsrechte in Gestalt der Freiheit von Person und Eigentum, der Vertrags- und wirtschaflichen Betätigungsfreiheit, der Rechtsgleichheit aller Bürger sowie der Laizität des Staates hervorragend als Propagandainstrument zugunsten der französischen Expansionspolitik eignete und aufgrund ihrer vielfältigen Vorzüge später in vielen deutschen Staaten mehr oder weniger vorlagengetreu rezipiert wurde[1165], traf dies zumindest für das materielle Strafrecht des Ersten Kaiserreichs weit weniger zu. Trotz seiner anerkanntermaßen fortschrittlichen Systematik stand man dem *Code pénal* von 1810 aufgrund seines in Deutschland als außerordentlich unbeugsam empfundenen, aus dem Abschreckungs- und Generalpräventionsgedanken geborenen und oftmals als Terrorinstrument begriffenen Strafensystems[1166] weitaus kritischer gegenüber. Von weit größerem Interesse für die deutsche Strafrechtspflege war hingegen das im *Code d'instruction criminelle* von 1808 kodifizierte Strafprozeßrecht, das nicht nur in den unmittelbar unter französischer Herschaft stehenden Gebieten, sondern auch in den nominell zwar souveränen, tatsächlich aber spätestens seit 1806 der französischen Einflußspähre zugehörigen

[1164]Preußen hatte sich bereits 1795 - also noch während des Ersten Koalitionskriegs - im Sonderfrieden von Basel bereit erklärt, der Abtretung aller linksrheinischen Territorien an Frankreich zuzustimmen. Nach dem Ersten Koalitionskrieg erklärte sich auch Österreich in einem geheimen Artikel des Friedensvertrages von Campo Formio vom 17. Oktober 1797 hierzu bereit. Im Rahmen des Reichsfriedenskongresses von Rastatt gelang es den französischen Deputierten am 4. April 1798 schließlich, die endgültige Abtretung des linken Rheinufers an Frankreich durchzusetzen. Vergl. Volk, *a.a.O.*, S. 281.

[1165]Vergl. hierzu insbesondere: Fehrenbach, *Traditionale Gesellschaft und revolutionäres Recht: Die Einführung des Code Napoléon in den Rheinbundstaaten*, 3. Auflage, Göttingen 1983.

[1166]Vergl. Schmidt, *Strafrechtspflege*, S. 261: "[...] sein Strafensystem, ganz und gar aus dem Gedanken terroristischer Abschreckung geboren, ist von außerordentlicher Härte."

Rheinbundstaaten und selbst in Preußen und Österreich allseits geschätzt wurde[1167]. Im napoleonischen Strafprozeßrecht hatte sich nämlich eine von der Französischen Revolution von 1789 ausgehende, den bislang in Deutschland herrschenden spätabsolutistischen Strukturen grundlegend widersprechende neue Ansicht vom Staate und von dessen Verhältnis zu seinen Bürgern niedergeschlagen, die - anders als die letztlich nur für Experten wahrnehmbaren Vorzüge und Fortschritte des materiellen Strafrechts - selbst für juristische Laien unverkennbar war und sich in erster Linie in der Öffentlichkeit und Mündlichkeit des Verfahrens, der im Schwurgerichtsprozeß zum Ausdruck kommenden Laienbeteiligung, der Einrichtung von Staatsanwaltschaften und mithin der Einführung des Anklageprozesses sowie in der Trennung von Justiz und Verwaltung äußerte - Prinzipien also, die auch heute noch die wesentlichsten Züge des bundesdeutschen Strafprozeßrechts prägen.

Während das französische Recht nach dem endgültigen Fall Napoleons im Zuge der mit dem Wiener Kongreß 1814/1815 eingeleiteten Restauration nahezu überall in Deutschland als fremdes Recht wieder außer Kraft gesetzt wurde[1168], bestand es jedoch in den jetzt wieder unter deutsche Herrschaft gelangten linksrheinischen Territorien unmittelbar weiter fort, denn hier waren seine Errungenschaften schon nach nicht einmal zwei Jahrzehnten nicht nur unverzichtbar, sondern darüber hinaus auch zum Ausdruck eines unter der französischen Herrschaft angewachsenen bürgerlichen Selbstbewußtseins geworden, an dem man auch nach der Rückkehr der alten Machthaber gleichsam als *Verfassungsersatz* festzuhalten gedachte[1169]. Im Hinblick auf die Strafrechtspflege hatte dieses, vor allem auf den anerkannten Vorzügen des effektiv arbeitenden französischen Justizwesens sowie auf der fortschreitenden politischen Emanzipation des rheinischen Bürgertums beruhende Beharren auf Beibehaltung des französischen Rechts zur Folge, daß es in Deutschland - von einer Handvoll kleinerer Exklaven deutscher Kleinstaaten im Rheinland abgesehen - nunmehr drei Länder gab, die mit einem geteilten Strafrecht leben mußten, weil ihnen ihre vormaligen linksrheinischen Gebiete 1814/15 auf dem Wiener Kongreß wieder zurückerstattet worden waren. Neben dem Großherzogtum Hessen-Darmstadt und seiner wiedergewonnenen Provinz

---

[1167]Vergl. hierzu m.w.N. näher: Volk, *a.a.O.*, S. 284f.

[1168]Lediglich das Großherzogtum Baden behielt eine 1809 in die deutsche Sprache übertragene, allerdings im Hinblick auf die lokalen Verhältnisse modifizierte und 1810 als Badisches Landrecht in Kraft gesetzte Fassung des *Code civil* von 1804 auch weiterhin bei. Ähnliches galt für das Kerngebiet des aufgelösten Großherzogtums Berg, in dem der *Code civil* 1810 eingeführt worden war. Vergl. hierzu näher: Fehrenbach, *a.a.O.*, S. 79ff, 104ff, 146.

[1169]Volk, *a.a.O.*, S. 284; Faber, *Recht und Verfassung: Die politische Funktion des rheinischen Rechts im 19. Jahrhundert*, S. 11ff.

Rheinhessen[1170] waren dies das erst 1806 von Napoleon zum Königreich erhobene ehemalige Kurfürstentum Bayern mit der als *Rheinbayern* bezeichneten Pfalz sowie das nun erheblich vergrößerte Königreich Preußen mitsamt seiner Rheinprovinz. Während also fortan der in Rheinbayern nach wie vor geltende *Code pénal* von 1810 mit dem in einigen Bereichen selbst schon unter dem Einfluß der französischen Strafgesetzgebung stehenden, maßgeblich von Feuerbach konzipierten Bairischen Strafgesetzbuch von 1813 konkurrierte, blieb das napoleonische Strafgesetzbuch auch in der preußischen Rheinprovinz in Kraft und trat deshalb innerhalb Preußens nunmehr neben das in den meisten übrigen Landesteilen geltende, bereits vielfach modifizierte Allgemeine Landrecht von 1794.

In den Jahren nach der Restauration machten sich allerdings erwartungsgemäß sowohl in Bayern als auch in Preußen auf die Schaffung eines die jeweilige Rechtseinheit wiederherstellenden Strafgesetzbuchs gerichtete Tendenzen bemerkbar, die ihrerseits mehr oder weniger stark dem Einfluß der letztlich überlegenen, weil den Anforderungen eines modernen Staatswesens eher entsprechenden zeitgenössischen französischen Strafgesetzgebung unterlagen. Diese Reformbestrebungen waren dabei umso notwendiger geworden, als das in den linksrheinischen Provinzen mit nur geringfügigen Änderungen in Kraft verbliebene napoleonische Strafrecht von der in Frankreich fortschreitenden Rechtsentwicklung natürlich völlig isoliert sowie namentlich vom bedeutsamen Reformgesetz vom 28. April 1832 nicht berührt worden war und deshalb auch weiterhin die jetzt als nicht mehr zeitgemäß empfundene Härte des napoleonischen Strafgesetzgebung ungemildert fortgeschrieben hatte. Im Ergebnis führten diese Reformbestrebungen in Preußen aber erst nach knapp vier Jahrzehnten zum Preußischen Strafgesetzbuch von 1851 und in Bayern schließlich noch ein weiteres Jahrzehnt später zur letzten deutschen Partikularstrafgesetzgebung in Gestalt des Bayerischen Strafgesetzbuchs von 1861.

[1170] Vergl. näher zur Entwicklung des materiellen Strafrechts im Großherzogtum Hessen: Berner, *Strafgesetzgebung*, S. 172ff; Christ, *Entstehung und Grundgedanken des Strafgesetzbuchs für das Großherzogtum Hessen vom 1. April 1842*, Diss. Marburg 1968; Volk, *a.a.O.*, S. 282; v. Holtzendorff, *a.a.O.*, Bd. I, S. 109f.; Schmidt, *Strafrechtspflege*, S. 321f.

B. Das Bairische[1171] Strafgesetzbuch von 1813

I. Die Entstehungsgeschichte

Obwohl Bayern bereits seit 1751 mit dem von Aloys Viguläus Kreittmayr (1705-1790) konzipierten Codex Iuris Criminalis Bavarici über ein Strafgesetzbuch verfügte, das zwar die schlimmsten Mängel richterlicher Willkür beseitigt hatte, dessen grausames Strafensystem aber nun nicht mehr den herrschenden Rechtsauffassungen entsprach, veranlaßte der reformfreudige bayerische Kurfürst Maximilian IV. Joseph und spätere König Maximilian I. von Bayern (1756-1825) schon im Jahre 1800 eine erneute Reform der bayerischen Strafgesetzgebung, die - unter maßgeblicher Förderung der verantwortlichen Minister von Montgelas (1759-1838) und von Hertling sowie des General-Kreiskommissärs von Stichauer - schließlich zum Erlaß des Bairischen Strafgesetzbuchs von 1813 führte[1172]. Zu diesem Zweck wurde im Januar 1800 zunächst der Würzburger Hofrat und Professor Gallus Alois Kleinschrod (1762-1824) mit der Ausarbeitung eines ersten Entwurfs beauftragt, den dieser bereits im Juni des Jahres 1801 fertiggestellt hatte. Nach einer ersten Begutachtung dieses Entwurfs durch den Justizhofrat von Schieber und den Landshuter Professor von Socher gab man den nunmehr mit verschiedenen Verbesserungsvorschlägen und Kommentaren versehenen Entwurf am 1. Juli 1801 an Kleinschrod zurück, der ihn daraufhin unter Berücksichtigung dieser Verbesserungsvorschläge nochmals überarbeitete. Die Redaktionsarbeiten Kleinschrods gingen auch hier wiederum bemerkenswert zügig voran, so daß dessen nunmehr verbesserter Entwurf bereits 1802 unter dem Namen seines Verfassers publiziert[1173] und anschließend im Rahmen einer öffentlichen Preisausschreibung der allgemeinen Diskussion zugänglich gemacht werden konnte. Gleichzeitig rief man alle Justiz- und administrativen Kollegien sowie die Universitäten des Landes dazu auf, hierzu entsprechende Bemerkungen und Verbesserungsvorschläge einzureichen. Mit der Auswertung der in Folge aus allen Teilen Deutschlands zahlreich eingehenden kritischen Anmerkungen, Vorschläge und Gutachten wurde nur wenig später der bereits weithin bekannte und äußerst

[1171] Diese Schreibweise entspricht den zeitgenössischen Schreibgewohnheiten und soll deshalb im folgenden beibehalten werden. Die Schreibweise "Bayern" und "bayerisch" anstatt "Baiern" und "bairisch" ist erst seit der Regierungszeit König Ludwigs I. (1786-1868) üblich.

[1172] Vergl. im folgenden näher zur Entstehungsgeschichte des Bairischen Strafgesetzbuchs von 1813: *Anmerkungen zum Strafgesetzbuche für das Königreich Baiern nach den Protokollen des königlichen Geheimen Raths* (nachfolgend abgekürzt: *Anmerkungen*), Bd. I, S. 8ff; Berner, *Strafgesetzgebung*, S. 78ff; Baumgarten, *Das bayerische Strafgesetzbuch von 1813 und Anselm von Feuerbach*, S. 110ff; Geisel, *Der Feuerbachsche Entwurf von 1807 - sein Strafensystem und dessen Entwicklung*, S. 8ff; Vatel, *Code Pénal du Royaume de Bavière*, S. 1ff.

[1173] Kleinschrod, *Entwurf eines peinlichen Gesetzbuchs für die kurpfalzbairischen Staaten*, München 1802.

renommierte Rechtsgelehrte Johannes Paul Anselm Feuerbach (1775-1833) beauftragt, dessen eigener Beitrag[1174] aber deshalb aus naheliegenden Gründen keine Berücksichtigung mehr bei der Preisverleihung finden konnte[1175]. Anläßlich der Auswertung wurde allerdings schon bald deutlich, daß sich eine große Mehrheit der eingegangenen Gutachten für eine nochmalige Umarbeitung des Kleinschrodschen Entwurfs ausgesprochen hatte, so daß man wegen der darin zum Ausdruck kommenden überwiegenden Ablehnung des Kleinschrodschen Entwurfs nunmehr glaubte, Abstand von einer erneuten Beauftragung Kleinschrods nehmen zu müssen. Aufgrund seines überzeugenden eigenen Beitrags wurde am 19. August 1804 vielmehr Feuerbach selbst - der zwischenzeitlich eine Professur an der Universität Landshut angenommen und den Kleinschrodschen Entwurf ohnehin von Anfang an als nicht mehr zeitgemäß abgetan hatte - mit der Ausarbeitung eines gänzlich neuen Entwurfs betraut. Hierbei konnte Feuerbach sowohl auf die Materialien als auch auf die Kritiken des Kleinschrodschen Entwurfs zurückgreifen, so daß er bereits im Dezember 1807 in der Lage war, den ersten Teil seines eigenen Entwurfs vorzulegen. Auf eine nochmalige Einholung von entsprechenden Voten seitens der Landeskollegien wurde allerdings nunmehr insbesondere deshalb verzichtet, weil diese bereits im Rahmen der Vorstellung des Kleinschrodschen Entwurfs angefordert und auch ausgewertet worden waren. Zudem war zwischenzeitlich das Bedürfnis nach Erlaß einer neuen einheitlichen Strafrechtskodifikation insofern stetig angewachsen, als Bayern seit 1803 verschiedene neue Gebiete mit unterschiedlichster eigener Strafgesetzgebung angegliedert worden waren[1176] und eine nochmalige Anforderung dieser Gutachten

---

[1174]Feuerbach, *Kritik des Kleinschrodischen Entwurfs zu einem peinlichen Gesetzbuche für die Chur-Pfalz-Bayerischen Staaten* (nachfolgend abgekürzt: *Kritik*), Giessen 1804.

[1175]Radbruch, *Paul Johann Anselm Feuerbach - ein Juristenleben*, S. 76; Schweisthal, *Das bayerische Strafgesetzbuch von 1861 - Die letzte bayerische Strafgesetzgebung im Schatten Preußens?*, S. 4.

[1176]Auf maßgebliches Betreiben Frankreichs hin konnte Bayern seit 1803 seinem Staatsgebiet im Rahmen der Säkularisation und Mediatisierung zunächst nicht nur die Territorien zahlreicher geistlicher Fürsten und Hochstifte, sondern auch die Gebiete von fünfzehn Reichsstädten eingliedern. Dieser insbesondere als Kompensation für den Verlust linksrheinischer Gebiete an Frankreich gedachte und vom Reichsdeputationshauptschluß von 1803 reichsrechtlich sanktionierte Gebietszuwachs setzte sich auch nach der Erhebung Bayerns zum Königreich und dessen Beitritt zum französisch dominierten Rheinbund fort und ließ sich im wesentlichen auf die Niederlagen Österreichs gegen das mit Bayern seit 1805 verbündete französische Kaiserreich zurückführen. Nachdem es bereits durch die Friedensschlüsse von Brünn und Preßburg 1805 einige weitere territoriale Zugewinne erzielt und sich seit 1806 auch noch die verbliebenen Gebiete der kleineren weltlichen Fürsten- und Grafenhäuser und die Reichsstadt Nürnberg einverleibt sowie 1810 das Fürstentum Bayreuth von Frankreich käuflich erworben hatte, erhielt Bayern im Pariser Vertrag von 1810 insbesondere auf Kosten Österreichs schließlich noch weitere umfangreiche Territorien zugesprochen. Vergl. hierzu näher: Treml, *Geschichte des modernen Bayern*, S. 24ff; Junkermann, *Napoleon und Bayern: Von den Anfängen des Königreiches*, S. 57ff.

die Einführung einer als dringend notwendig empfundenen, weil die Rechtseinheit erneut herstellenden Strafgesetzgebung wiederum erheblich verzögert hätte[1177]. In Anbetracht dieser Sachlage beschränkte man sich schließlich auf die Bildung einer besonderen Kommission, der die Prüfung des ersten, lediglich das materielle Strafrecht umfassenden Entwurfteils überantwortet wurde. Diese Kommission - der neben anderen Mitgliedern auch Feuerbach selbst sowie der Justizminister von Morawitzky angehörten[1178] - prüfte und verbesserte in der Zeit vom 13. Juni 1808 bis zu ihrer Auflösung im November 1808 den ihr vorliegenden ersten Teil des Entwurfs, so daß dieser nach einer umfassenden Überarbeitung schon 1810 bekanntgemacht werden konnte[1179]. Da sich aber abzeichnete, daß aller Wahrscheinlichkeit nach noch geraume Zeit bis zur Sanktion dieses Gesetzvorhabens durch den König verstreichen würde, ging man zwischenzeitlich daran, die gravierendsten Mängel des noch geltenden Strafrechts zu beseitigen und setzte hierbei die dringendsten Reformen auf dem bloßen Verordnungsweg durch. So wurden zunächst nicht nur die Folter[1180] abgeschafft sowie die unverhältnismäßig hohen Strafandrohungen für einzelne Delikte teilweise erheblich abgemildert[1181], sondern auch erstmals in Bayern Rechtsmittel gegen Strafurteile zugelassen[1182]. In der Zwischenzeit hatte Feuerbach allerdings bereits den zweiten Teil seines Entwurfs ausgearbeitet und vorgelegt, der sich im Gegensatz zum ersten, ausschließlich das materielle Strafrecht umfassenden Teil nur mit dem Strafprozeß beschäftigte[1183] und bislang noch gar nicht geprüft worden war. Mit beiden Teilen des als einheitliches Ganzes konzipierten Entwurfs hatte sich nach Maßgabe der oktroyierten Konstitution vom 25. Mai 1808 nunmehr zunächst der königliche Geheime Rat zu befassen, dem als für die Beratung und Begutachtung von Gesetzen zuständigen Kollegium die Prüfung des

---

[1177] Vergl. *Anmerkungen*, Bd. I, S. 13.

[1178] Vergl. näher zur Zusammensetzung der Kommission: *Anmerkungen*, Bd. I, S. 13ff.

[1179] Feuerbach, *Entwurf des Gesetzbuches über Verbrechen und Vergehen für das Königreich Baiern*, München 1810.

[1180] Das königliche *Edikt über die Abschaffung der peinlichen Frage und das gegen leugnende Inquisiten zu beobachtende Verfahren* vom 7. Juli 1806 erging lediglich als interne Instruktion an die Gerichte und wurde nicht im Königlich-Bairischen Regierungsblatt veröffentlicht. Vergl. Schweisthal, *a.a.O.*, S. 5. Dem Geist der Zeit entsprechend hatte man die Folter allerdings seit längerem kaum mehr angewandt. Vergl. Junkelmann, *a.a.O.*, S. 158.

[1181] Vergl. hierzu näher: Berner, *Strafgesetzgebung*, S. 82.

[1182] Vergl. *Konstitution für das Königreich Baiern* vom 25. Mai 1808, 5. Titel: Von der Justiz (abgedruckt in: *Königlich-Bairisches Regierungsblatt* (nachfolgend abgekürzt: *KBR*) 1808, S. 997f.); *Organisches Edikt, die Gerichtsverfassung betreffend* vom 24. Juli 1808 (abgedruckt in: *KBR* 1808, S. 1785ff); *Allgemeine Verordnungen, die Rechtsmittel in Kriminalsachen betreffend* vom 31. Dezember 1808 (abgedruckt in: *KBR* 1809, S. 55ff); *Verschiedene Anstände rücksichtlich der Rechtsmittel in Kriminalsachen betreffend* vom 26. Juni 1810 (abgedruckt in: *KBR* 1810, S. 524f.).

[1183] Dieser zweite Teil des Feuerbachschen Entwurfs ist niemals im Druck erschienen.

Gesetzesvorhabens oblag[1184]. Zu diesem Zweck setzte der König eine besondere, dem Geheimen Rat unterstellte Kommission ein, der neben anderen Mitgliedern auch Feuerbach selbst, der Geheimrat von Zentner sowie der Hofrat und Landshuter Professor von Gönner (1764-1827) angehörten[1185]. Nachdem diese Kommission in ihren vom 10. September 1810 bis Ende Dezember 1812 andauernden Sitzungen den Entwurf Feuerbachs geprüft, beraten sowie in einigen Punkten maßgeblich verbessert hatte, wurde der nunmehr verbesserte Entwurf einer Strafrechtskodifikation am 7. Januar 1813 in Anwesenheit des Königs, des Kronprinzen sowie der beiden Staatsminister von Montgelas und von Reigersberg (1770-1865) dem versammelten Geheimen Rat vorgetragen. Dort wurde das Gesetzesvorhaben nochmals erörtert und erhielt - im wesentlichen unverändert - noch im Januar 1813 die Sanktion durch König Maximilian I., so daß das neue Strafgesetzbuch bereits am 16. Mai 1813 durch ein königliches Edikt promulgiert und schließlich am 1. Oktober 1813 in Kraft gesetzt werden konnte[1186]. Mit diesem Gesetzbuch erhielt das Königreich Bayern nunmehr eine Strafrechtskodifikation, die dem damaligen neuesten Stand der Rechtswissenschaft entsprach und so in vielen Punkten richtungsweisend für das moderne deutsche Strafrecht werden sollte. Ihr wurde darüber hinaus noch ein dreibändiger Kommentar[1187] beigegeben, der nach der Bestimmung des königlichen Publikationspatentes vom 19. Oktober 1813[1188] nicht nur alle anderen Kommentare entbehrlich machen, sondern auch die

---

[1184] Dem Geheimen Rat fiel nach der Konstitution vom 25. Mai 1808 die Aufgabe der Beratschlagung der wichtigsten inneren Angelegenheiten des Reichs zu. Ihm gehörten alle Minister sowie eine Anzahl eigens ernannter Räte an, zu denen für die Sektion Justiz auch Feuerbach selbst zählte. Wichtigste Aufgabe des Geheimen Rats war es, alle Gesetze und wichtigen Verordnungen zu entwerfen und zu diskutieren. Allerdings sollte ihm lediglich eine beratende Funktion und insbesondere kein Initiativrecht zukommen. Vergl. *Konstitution für das Königreich Baiern* vom 25. Mai 1808, 3. Titel, §§ 2f. (abgedruckt in: *KBR* 1808, S. 993); *Organisches Edikt die Bildung des Geheimen Raths betreffend* vom 4. Juni 1808 (abgedruckt in: *KBR* 1808, S. 1329ff).

[1185] Vergl. näher zur Zusammensetzung dieser Kommission: *Anmerkungen*, Bd. I, S. 16ff.

[1186] *Patent über die Verkündung des allgemeinen Strafgesetzbuches für das Königreich Baiern* (abgedruckt in: *KBR* 1813, S. 665ff).

[1187] Es handelte sich hierbei um die bereits angeführten *Anmerkungen zum Strafgesetzbuche für das Königreich Baiern nach den Protokollen des königlichen Geheimen Raths*, deren Bände I und II zeitgleich mit dem Strafgesetzbuch 1813 publiziert wurden. Die Veröffentlichung des dritten und letzten Bandes erfolgte 1814.

[1188] Dieses Publikationspatent war dem ersten Band der *Anmerkungen* vorausgeschicht worden. Vergl. *Anmerkungen*, Bd. I, S. III: "[...] Hierbei ist es auch Unser ausdrücklicher Befehl, daß außer dieser von Uns selbst angeordneten Darstellung von keinem anderen Staatsdiener oder Privatgelehrten ein Kommentar über das Strafgesezbuch in Druck gegeben werde, und daß sich die Gerichte in Behandlung und Beurtheilung der Strafsachen, sodann die Lehrer Unserer Landesuniversitäten in ihren Lehrvorträgen, ausschließend an den Text des Gesezbuchs mit Benutzung der Anmerkungen halten, damit das Strafgesetzbuch in allen

Gerichte sowie die Universitätsprofessoren in die Lage versetzen sollte, die Bestimmungen des neuen Strafgesetzbuchs korrekt aufzufassen und anzuwenden.

II. Die der Kodifikation zugrunde liegenden Prinzipien

Das Bairische Strafgesetzbuch von 1813 zeichnete sich insbesondere durch eine im wesentlichen konsequente Umsetzung der Feuerbachschen Strafrechtstheorie des psychologischen Zwangs aus[1189], die im Ergebnis nicht nur zum modernen Straftatbestand und zur Einführung des Grundsatzes *nulla poena, nullum crimen sine lege*, sondern auch damit einhergehend zu einer erheblichen Einschränkung des zuvor in der bayerischen Strafgesetzgebung exzessiv gehandhabten richterlichen Ermessens führte[1190].

Der philosophische Ausgangspunkt der Feuerbachschen Strafrechtstheorie des psychologischen Zwangs war zunächst die strenge, zur Autonomie des Rechts gegenüber der Sittlichkeit führende Abgrenzung des Rechts von der Moral. In Anlehnung an aufklärerische, insbesondere auch von der französischen Philosophie des 18. Jahrhunderts formulierte und geprägte Prinzipien sind Aufgabe und Zweck des Staates auch nach Feuerbachs Auffassung nicht die Vollstreckung sittlicher Gebote, sondern vielmehr die Gewährleistung und Sicherung der größtmöglichen

Theilen Unseres Königreichs in gleichem Geiste, und nach dem, was Wir zu verordnen und zu erläutern für gut gefunden haben, angewendet und gelehrt werde."

1189 In diesem Zusammenhang bleibt allerdings anzumerken, daß sich der bayerische Gesetzgeber trotz des überall spürbaren und überragenden Einflusses Feuerbachs niemals offiziell ausschließlich nach dessen Straftheorie ausgerichtet hatte. Dies ist unschwer der dem Strafgesetzbuch beigefügten Kommentierung zu entnehmen. Vergl. *Anmerkungen*, Bd. I, S. 65f.: "Das Strafrecht des Staats gründet sich, der verschiedenen Theorien und Streitigkeiten der Rechtslehrer ungeachtet, so tief in der Vernunft, daß man es für eben so überflüßig als zweckwidrig erachtete, darüber im Gesezbuche etwas zu sagen. Sogar wurde jede Andeutung irgend einer Strafrechtstheorie sorgfältig vermieden, damit sich der Gesezgeber nicht in doctrinelle Streitigkeiten einmische, die wissenschaftlichen Fortschritte nicht hemme, und seine Bestimmungen von irgend einer Theorie nicht abhängig mache. Aus diesem Grunde hielt man für räthlich, aus dem Art. 1 (Entwurf Art. 6.) die Worte *dem Übertreter zur Abschreckung* hinweg zu lassen."

1190 Vergl. im folgenden näher zur Feuerbachschen Strafrechtstheorie: Schmidt, *Strafrechtspflege*, S. 232ff, 261ff; Meyer, *Der Einfluß der Feuerbachschen Strafrechtstheorie auf die vor 1848 veröffentlichten deutschen Strafgesetzbücher*, S. 4ff; Schweisthal, *a.a.O.*, S. 12f.; Feuerbach, *Revision der Grundsätze und Grundbegriffe des positiven peinlichen Rechts* (nachfolgend abgekürzt: *Revision*), Bd. I, S. 29ff; Geisel, *a.a.O.*, S. 38ff; Fischl, *a.a.O.*, S. 146ff; Vatel, *a.a.O.*, S. XXVIIIff; Berner, *Lehrbuch des deutschen Strafrechtes* (nachfolgend abgekürzt: *Lehrbuch*), S. 10f. Vergl. auch die zusammenfassende Darstellung der Straftheorie des psychologischen Zwangs in: v. Holtzendorff, *a.a.O.*, Bd. I, S. 257ff.

Freiheit seiner Bürger[1191]. Diese Freiheit schließt dabei zwar auch die Möglichkeit des einzelnen Bürgers ein, sich grundsätzlich frei von staatlicher Bevormundung auch gegen das Sittengesetz zu bestimmen, findet aber jedenfalls dort ihre Grenzen, wo die Handlung eines Bürgers die Freiheit anderer beschränkt[1192]. In diesen Kollisionsbereich muß nun der Staat als Träger der Zwangsrechte eingreifen, damit Beeinträchtigungen Dritter vermieden werden können. Die Aufgabe des Staates, den einzelnen in seiner Freiheit gegen die Übergriffe anderer zu schützen, nötigt ihn deshalb dazu, dafür Sorge zu tragen, daß keine Rechtsverletzungen geschehen[1193]. Der Staat ist demnach berechtigt und auch verpflichtet, Zwangsanstalten dahingehend zu treffen, daß Rechtsverletzungen überhaupt unmöglich gemacht werden. Dieses Ziel kann er jedoch nur dann optimal erreichen, wenn er ein Zwangsmittel einführt, das in jedem Einzelfall in Wirksamkeit treten kann. Das Zwangsmittel besteht dabei in der im Strafgesetz verwirklichten Androhung eines Übels, denn da dem Verbrechen, das in dem psychologischen Grund der Sinnlichkeit, in der Lust an Begehung der Handlung wurzelt, durch physische Prävention - wie etwa durch Tod oder Freiheitsverlust - nicht beizukommen ist, muß es nach Feuerbachs Auffassung mit dem psychologischen Zwang dahingehend bekämpft werden, daß jeder Bürger gewiß weiß, daß auf die Übertretung ein größeres Übel folgen werde, als dasjenige ist, welches aus der Nichtbefriedigung des Bedürfnisses nach der Handlung als einem Objekt der Lust entspringt[1194]. Hierbei muß das Übel grundsätzlich jedem

[1191] Vergl. *Anmerkungen*, Bd. I, S. 66: "Nur dasjenige ist strafbar, was in einem Geseze unter Strafe verboten worden. Rechtswidrige, unmoralische, unsittliche Handlungen, ob sie gleich als verboten anzusehen sind, haben keine Strafe zur Folge, wenn nicht ein Gesetz mit denselben ein gewisses äusseres Uebel als Strafe verbietet; denn darauf beruhet die Sicherheit des Staats und aller Individuen, daß für jede an sich strafbare Handlung die Strafe im Voraus gesezlich bestimmt, aber auch jeder Bürger, solange er kein Strafgesez übertritt, gegen Strafe sicher sey."

[1192] Vergl. Feuerbach, *Revision*, Bd. I, S. 26: "Das höchste Princip für alles, was äusserlich recht ist, ist nur, daß die Freiheit eines jeden mit der Freiheit aller bestehe, daß jeder die freye Ausübung seines Rechts habe, und keiner die Rechte des andern beeinträchtige." Im Bairischen Strafgesetzbuch von 1813 waren daher Hexerei, Sodomie, Unzucht und Unglaube, Ketzerei und Blasphemie nur dann Gegenstände des Strafrechts, wenn sich damit eine Verletzung des die Gesamtheit aller Bürger darstellenden Staates oder aber die einer Privatperson verband.

[1193] In seinen Schriften umschreibt Feuerbach die nach heutigem Sprachgebrauch als Rechtsverletzungen bezeichneten Gesetzesverstöße mit *Beleidigungen*. Vergl. Feuerbach, *Revision*, Bd. I, S. 39: "Der Zweck des Staats ist die wechselseitige Freiheit aller Bürger, oder, mit anderen Worten, der Zustand, in welchem jeder seine Rechte völlig ausüben kann, und vor Beleidigungen sicher ist. Jede Beleidigung widerspricht daher der Natur und dem Zweck des bürgerlichen Vereins, und um dieses Zwecks willen ist es nothwendig, daß überhaupt keine Beleidigungen im Staate geschehen."

[1194] Vergl. Feuerbach, *Lehrbuch des gemeinen in Deutschland gültigen peinlichen Rechts*, S. 38: "Alle Übertretungen haben ihren psychologischen Entstehungsgrund in der Sinnlichkeit,

Staatsbürger in Aussicht gestellt werden, da unbestimmt viele Täter sein können. Insbesondere aber muß die Sanktion vor der Tat angedroht werden, weil sie den Täter natürlich nur dann von der Tatbegehung abhalten kann[1195]. Allerdings vermag die Strafandrohung allein den Täter nicht von der Begehung seiner Tat abzuhalten. Hierzu ist es vielmehr notwendig, das angedrohte Übel auch unnachsichtig zu vollstrecken, weil die Strafdrohung nur dann Wirksamkeit entfaltet, wenn sie auch mit der Gewißheit tatsächlicher Vollstreckung einhergeht und nur so der Zweck der Strafdrohung erreicht werden kann[1196]. Der Staat hat deshalb auch dafür Sorge zu tragen, daß die Vollstreckung darüber hinaus in jedem Fall gewiß erfolgt[1197]. In der Konsequenz sind daher in den Augen Feuerbachs sowohl die Begnadigung[1198] als auch die Kriminalverjährung[1199] streng abzulehnen.

---

inwiefern das Begehrungsvermögen des Menschen durch die Lust an oder aus der Handlung zur Begehung derselben angetrieben wird. Dieser sinnliche Antrieb kann dadurch aufgehoben werden, dass Jeder weiss, auf seine That werde unausbleiblich ein Uebel folgen, welches grösser ist, als die Unlust, die aus dem nicht befriedigten Antrieb zur That entspringt."

1195 Feuerbach, *Revision*, Bd. I, S. 49f.

1196 Feuerbach, *Revision*, Bd. I, S. 52.

1197 Vergl. Feuerbach, *Kritik*, Teil II, S. 241: "Das stärkste Hinderniß der Wirksamkeit der Strafgesetze, ist die Hoffnung der Straflosigkeit. Wenn alle wüßten, daß die Verheißung des Gesetzgebers unbezweifelt in Erfüllung gehe, die Strafe unausbleibliche Wirkung des Verbrechens seyn würde, so wäre die Begehung des Verbrechens nach psychologischen Gesichtspunkten ganz unmöglich."

1198 Vergl. Feuerbach, *Kritik*, Teil II, S. 247: "In einem Staat, wo noch barbarische Criminalgesetze herrschen, wo die gesetzgebende Gewalt zu schläfrig ist, um blutige Gesetze vergangener Jahrhunderte abzuschaffen [...], da ist die Begnadigung zu entschuldigen, da ist sie beynahe nothwendig, als eine traurige Nachhülfe der Gesetze, als ein trübseeliges Surrogat der schlafenden Gesetzgebung. Aber in einem Staat, wo die Strafen mild und in gerechtem Ebenmaße mit dem Verbrechen sind, da kann Begnadigung keinen andern Zweck haben, als die Strafgesetzgebung zu schwächen und zu entnerven, da erscheint sie blos als ein Act der oberherrlichen Willkühr, der auch nothwendig der Justiz selbst den Schein der Willkührlichkeit giebt und gegen sie empört, sobald sie in andern Fällen ihre Strenge beobachtet." Obwohl Feuerbach also aus prinzipiellen Erwägungen gegen die Begnadigung eingenommen war, beinhaltete das Bairische Strafgesetzbuch von 1813 allerdings in Art. 96 dennoch eine - wenn auch enge - Begnadigungsregelung. Feuerbach akzeptierte nämlich dieses Institut notgedrungen insofern, als ihm zweifellos bewußt war, daß die gegen die Richterwillkür gerichteten, und deshalb äußerst eng bemessenen Strafrahmen des neuen Strafgesetzbuchs im Einzelfall besondere Härten nach sich ziehen konnten, die sich nur auf dem Gnadenweg vermeiden ließen. Vergl. Meyer, *a.a.O.*, S. 78ff.

1199 Feuerbach erkannte auch die Verjährung nicht als ursprüngliches Recht an, sondern ließ sie lediglich aus Zweckmäßigkeitserwägungen heraus bestehen. Vergl. Meyer, *a.a.O.*, S. 78ff. Das Bairische Strafgesetzbuch von 1813 sah dementsprechend auch nur eine Verfolgungs- nicht aber eine Vollstreckungsverjährung vor. Vergl. Art. 139 bair. StGB 1813.

Die Feuerbachsche Straftheorie des psychologische Zwangs stellt sich demnach als eine *modifizierte Abschreckungstheorie* dar, die insofern den Abschreckungsschwerpunkt von der Strafverwirklichung in die Strafandrohung verlegt, als Feuerbach auf den potentiellen Delinquenten präventiv schon vor Begehung der Tat einwirken will. Der im Gesetz möglichst exakt und klar umschriebene Tatbestand sowie die für dessen Verwirklichung nach Art und Dauer genau bestimmte Strafandrohung soll den Täter zu einer Abwägung des Vorteils der Tat mit dem Nachteil der damit verbundenen Strafe zwingen und schließlich zu der Erkenntnis gelangen lassen, daß der Nachteil aufgrund des der Tat unweigerlich folgenden Übels jedenfalls größer ist, als der daraus gewonnene Vorteil[1200]. Der psychologische Zwang stand damit im Zentrum der Straftheorie Feuerbachs und führte sowohl zur Entwicklung des modernen Straftatbestandes als auch zur Einführung des 1813 in der deutschen Strafgesetzgebung erstmals formulierten Grundsatzes *nulla poena, nullum crimen sine lege*[1201].

Wenn nach der Feuerbachschen Straftheorie also die wesentliche Funktion der Strafe in der generalpräventiven Wirkung ihrer Androhung im Gesetz liegen sollte, so ergab sich hieraus in der Konsequenz, daß auch nur dann im Einzelfall eine Strafe verhängt werden durfte, wenn sie zuvor auch im Strafgesetz angedroht worden war. Ebenso wie die Urheber der französischen Strafgesetzbücher von 1791 und 1810 konnte deshalb auch der im Feuerbachschen Geist denkende bayerische Gesetzgeber von 1813 - wollte er konsequent sein und das angestrebte aufklärerische Ideal vom Gesetzesstaat verwirklichen - nicht umhin, diesen fundamentalen Gedanken in die neue Kodifikation aufzunehmen, so daß das Bairische Strafgesetzbuch von 1813 als erste deutsche Partikularstrafgesetzgebung überhaupt den Grundsatz *nulla poena, nullum crimen sine lege* in dieser Weite beinhaltete[1202]. Ob dieses grundlegende Prinzip jeder modernen Strafgesetzgebung

1200 Feuerbach, *Revision*, Bd. I, S. 45f. Insofern, als die konsequente Umsetzung der Feuerbachschen Theorie vom psychologischen Zwang allerdings notwendigerweise die genaue Kenntnis des Staatsbürgers von den Strafgesetzen voraussetzt - andernfalls liefe die Abschreckung ja ins Leere -, forderte Feuerbach neben dem eigentlichen Strafgesetzbuch auch ein *Volksgesetzbuch*, das nach Form und Inhalt so eingerichtet sein sollte, daß auch der gemeine Mann den Sinn der Strafgesetze erfassen konnte. In diesem Volksgesetzbuch sollten deshalb weder das Prozeßrecht noch die allgemeinen Grundsätze des Verbrechens oder gar die Vorschriften über die Zurechnung enthalten sein. Dieser insbesondere im Hinblick auf die zeitgenössische Bildungssituation durchaus nachvollziehbare Gedanke Feuerbachs ist jedoch bei den Verhandlungen über das Strafgesetzbuch von 1813 völlig unbeachtet geblieben. Vergl. Feuerbach, *Kritik*, Teil I, S. 2ff; Meyer, *a.a.O.*, S. 17ff.

1201 Vergl. Art. 1 Satz. 1 bair. StGB 1813: "Wer eine unerlaubte Handlung oder Unterlassung verschuldet, für welche ein Gesez ein gewisses Uebel gedrohet hat, ist diesem gesezlichen Uebel als seiner Strafe unterworfen." Vergl. auch Feuerbach, *Revision*, Bd. I, S. 148f.

1202 Meyer, *a.a.O.*, S. 95f.; Schottlaender, *Die geschichtliche Entwicklung des Satzes nulla poena sine lege*, S. 49, 61f. Allerdings waren zuvor bereits für Österreich im Josephinischen

aber lediglich als konsequente Schlußfolgerung der Feuerbachschen Straftheorie Eingang in das deutsche Strafrecht fand, oder ob sich hier auch mögliche Einflüsse des französischen Strafrechts auf die Feuerbachsche Straftheorie bemerkbar machen, läßt sich heute jedoch im einzelnen nicht mehr belegen. Ungeachtet eines zwar möglichen, aber kaum nachweisbaren entsprechenden Einflusses der französischen Strafgesetzgebung bleibt nichtsdestoweniger festzuhalten, daß dieser fundamentale, im Strafgesetzbuch von 1813 schließlich ganz in Feuerbachs Sinn formulierte Grundsatz jedenfalls als eine logische Folge von dessen Strafrechtstheorie betrachtet werden muß.

In engem Zusammenhang mit dem Grundsatz *nulla poena sine lege* ist auch die von Feuerbach angestrebte und vom bayerischen Gesetzgeber im Strafgesetzbuch von 1813 gleichfalls konsequent umgesetzte enge Bindung des Richters an das Gesetz zu sehen[1203], die nach Feuerbachs Auffassung allein die Rechtssicherheit des Bürgers gegenüber der allmächtigen Gewalt des Staates zu gewährleisten vermochte[1204]. Während nämlich nur dem Gesetzgeber die Aufgabe der Fortbildung des Rechts zukommen sollte, durfte Aufgabe des Richters lediglich sein, das positiv im Strafgesetzbuch vorgegebene Recht zur Anwendung zu bringen[1205]. Hierbei hatte sich der Richter jeglicher Berücksichtigung solcher individuellen Merkmale zu enthalten, die durch den Gesetzgeber zuvor nicht selbst im Gesetz berücksichtigt worden waren[1206]. Die Notwendigkeit, dem Täter aus generalpräventiven Gesichtspunkten eine möglichst genaue Vorstellung über die Konsequenz seines strafbaren Tuns zu geben, hielt dabei den im Feuerbachschen Geist denkenden Gesetzgeber dazu an, das dem potentiellen Missetäter von Seiten des Staates im Strafgesetzbuch in Aussicht gestellte Übel im Voraus nach festen

Gesetzbuch von 1787 sowie für Preußen im Allgemeinen Landrecht von 1794 Teile des Prinzips *nulla poena sine lege* gesetzlich fixiert worden. So verbot das Josephinische Gesetzbuch dem Richter vor allem die Anwendung von Analogie und Gewohnheitsrecht sowie zunächst jede Gesetzesauslegung, während das Allgemeine Landrecht ein Rückwirkungsverbot von Gesetzen positiv festschrieb.

1203 Art. 90 bis 95 bair. StGB 1813.

1204 Feuerbach, *Revision*, Bd. I, S. 334.

1205 Vergl. Feuerbach, *Revision*, Bd. II, S. 14: "[...] jede That, die gestraft werden soll, muß durch Gesetze der Strafe unterworfen worden seyn. Nur der Gesetzgeber kann eine rechtswidrige Handlung zu einer in concreto strafbaren Handlungen machen; hat er eine That, wenn sie auch eine Läsion seyn sollte, nicht mit Strafen bedroht, so kann sie auch kein Richter bestrafen; hat er aber eine That, wenn sie gleich keine Läsion wäre und ihre Bestrafung der Vernunft widersprechen sollte, einem Strafgesetz unterworfen, so darf sie der Richter nicht von der Strafe ausnehmen, und blos darum, weil ihre Bestrafung der Philosophie des Criminalrechts nicht gemäß ist, ungestraft lassen."

1206 Feuerbach, *Revision*, Bd. I, S. 192ff.

Grundsätzen anzudrohen[1207] und hierbei alle strafbaren Handlungen in einem so klaren und deutlichen Text erschöpfend aufzuzählen, daß der Richter - anders als nach altem Recht - auf keinerlei Interpretationen des Gesetzestextes mehr zurückzugreifen gezwungen war. Erklärtes Ziel des im Feuerbachschen Geist denkenden Gesetzgebers war es also, dem Gesetz selbst die wesentlichen strafrechtlichen Grundentscheidungen vorzubehalten, ohne dem Richter hierbei einen gesetzgeberischen Entscheidungsspielraum einzuräumen[1208]. Ebenso wie die Urheber des *Code pénal* von 1810 strebte somit auch der bayerische Gesetzgeber von 1813 unter Feuerbachs Einfluß eine konsequent enge Bindung des Richters an das Gesetz an[1209]. Trotz aller Bestrebungen, den unter der alten Strafgesetzgebung noch sehr weit gehandhabten richterlichen Ermessensspielraum zu reduzieren, war man sich jedoch bewußt, daß man keinesfalls völlig auf die Einräumung eines richterlichen Ermessensspielraums verzichten durfte, wenn im Einzelfall fortan unbillige Härten vermieden werden sollten. Ebenso wie zuvor schon der napoleonische Gesetzgeber - der seinerseits ja bereits aus den im *Code pénal* von 1791 begangenen Fehlern gelernt und deshalb den zu Revolutionszeiten nahezu auf Null reduzierten richterlichen Ermessenspielraum im Jahre 1810 innerhalb genau festgelegter Grenzen wieder eingeführt hatte - war nämlich auch der bayerische Gesetzgeber von 1813 zu der Erkenntnis gelangt, daß ein völliger Ausschluß des richterlichen Ermessens ein ebenso grundlegender Fehler sein mußte, wie die Einräumung eines zu großen Ermessensspielraums. Unter maßgeblichem Feuerbachschen Einfluß und zweifellos auch unter dem Eindruck der napoleonischen Strafgesetzgebung schlug er daher den Mittelweg zwischen beiden in ihrer Konsequenz letztlich zu Gesetzlosigkeit führenden Extremen ein und entschied sich somit - wie zuvor schon die Urheber der napoleonischen Kodifikation - sowohl für eine möglichst genaue Bestimmung aller wesentlichen Begriffe der Strafgesetzgebung, als auch für eine systematische Gliederung der einzelnen Delikte nach Gattung und allgemeinem Charakter in Hauptart und Hauptgrade ihrer Verwirklichung[1210]. Hierbei vermied er eine unübersichtliche

[1207] Vergl. Feuerbach, *Kritik*, Teil III, S. 121: "Der Gesezgeber muß die Strafe, die er androht, nach Art und Dauer bestimmt und deutlich aussprechen."

[1208] Schweisthal, *a.a.O.*, S. 10; Meyer, *a.a.O.*, S. 33.

[1209] Vergl. *Anmerkungen*, Bd. I, S. 66f.: "Die Strafe darf in jedem vorkommenden Falle nur nach dem Geseze abgemessen werden. Willkührliche Strafen würden die Sicherheit aller Individuen vernichten; die Richter sind nur Diener des Gesezes, welchen es nicht zukommt, über die Zweckmäßigkeit eines Gesezes zu urtheilen; ihr Amt ist beschränkt auf die Anwendung des bestehenden Gesezes auf eine zur Entscheidung vorliegende Handlung. Selbst in jenen Fällen, wo das Gesez die Strafbestimmung dem richterlichen Ermessen überläßt, muß der Richter die Strafe nach den gesezlichen Vorschriften, und wenn diese nicht bestimmt genug seyn sollten, nach der Analogie des Gesezes abmessen."

[1210] Geisel, *a.a.O.*, S. 43ff. Vergl. auch *Anmerkungen*, Bd. I, S. 44: "Der richterlichen Willkühr sind durchaus die nötigen Schranken gesezt, jede [...] Strafe muß eine gesezliche seyn, da die Gerichte aus keinen andern Gründen, als welche das Gesez ausdrücklich enthält, und nur

Kasuistik, denn ihm war - zweifellos auch angesichts der entsprechend nur eingeschränkten Brauchbarkeit des *Code pénal* von 1791 und der des Allgemeinen Preußischen Landrechts von 1794 - bewußt, daß er nicht jeden möglichen Einzelfall voraussehen und eigens mit Strafe belegen konnte. Ebenso wie die Urheber des napoleonischen *Code pénal* gestand deshalb auch der im Feuerbachschen Geist denkende bayerische Gesetzgeber von 1813 den Richtern bei der Strafzumessung insofern einen ihm notwendig erscheinenden Ermessensspielraum zu, als er in Anlehnung an die Prinzipien der napoleonischen Strafgesetzgebung gesetzlich genau bestimmte Strafrahmen festlegte, innerhalb derer die Richter unter Berücksichtigung der besonderen Umstände des Einzelfalles die Strafe individuell zumessen konnten[1211]. Bei der Festsetzung der entsprechenden Strafrahmen hatte der bayerische Gesetzgeber allerdings zwei wesentliche Punkte zu beachten, denn einerseits durfte der Unterschied zwischen dem Maximum und dem Minimum nicht zu groß, andererseits aber auch nicht zu klein sein, da im ersteren Fall der richterlichen Willkür alle Schranken geöffnet, im zweiten Fall hingegen das gewünschte richterliche Ermessen zu sehr eingeschränkt worden wäre. Ganz im Sinne Feuerbachs[1212] wurden dem Richter aber fortan innerhalb eines bestimmten Maximums und Minimums angemessen erscheinende

---

nach dem gesezlichen Maßstab die Strafe mildern oder schärfen können. Ueberall ist Sorge getragen worden, die Merkmale jeder Klasse und jedes Grades von Verbrechen oder Vergehen genau und mit juristischer Schärfe anzugeben, denn wenn auch Definitionen in Schulform der Gesezgebung nicht anpassen, so sind doch genaue Bestimmungen der Gegenstände, von welchen das Gesezbuch handelt, überhaupt und besonders in einem Strafgesezbuche von höchster Wichtigkeit. Wo sich an einem Verbrechen Hauptmomente unterscheiden lassen, welche einen festen Anhaltspunkt für die Abstufungen mit einem bestimmten Einfluß auf die oft generische Verschiedenheit der Strafbarkeit darbiethen, da sind besondere Grade des Verbrechens mit besondern Strafbestimmungen ausgezeichnet worden. Auf genaue und jede Willkühr entfernende Bestimmung aller Strafen wurde stets Bedacht genommen."

[1211] Bezeichnend ist allerdings, daß das gesamte Strafgesetzbuch - abgesehen von zwei in Art. 243 und Art. 249 geregelten Ausnahmen - keinerlei Bestimmungen enthielt, die dem Richter fakultativ die Verhängung mehrerer Strafarten erlaubten. In Art. 243 erfaßte der Gesetzgeber die Erpressung durch Brandbriefe und drohte dem Täter eine mindestens zehnjährige Zuchthausstrafe an, die *nach dem Verhältniß der daraus wirklich bevorstehenden Gefahr* bis zur unbestimmten Zuchthausstrafe erhöht werden konnte. Die qualifizierte Brandstiftung im Hinblick auf Wohnraum behandelte Art. 249, dessen Verwirklichung regelmäßig die Kettenstrafe, in minder schweren Fällen jedoch nur die Verhängung einer mindestens sechzehnjährigen Zuchthausstrafe nach sich zog. Vergl. Art. 243, 249 bair. StGB 1813.

[1212] Vergl. Feuerbach, *Kritik*, Teil III, S. 124f.: "Das Maximum und Minimum der bestimmten Strafe dürfen nicht zu weit von einander abstehen; sonst geben sie dem Richter einen zu großen Spielraum. Ein Spatium von 10 bis 20, von 20 bis 30, welches hier zuweilen vorkommt, ist offenbar viel zu groß. Die Differenz darf, nach meiner Ueberzeugung, sechs Jahre nicht überschreiten."

Grenzen gesetzt[1213] und ihm darüber hinaus zudem Richtlinien für die Strafzumessung innerhalb der Strafrahmen vorgegeben, die man in Anlehnung an die entsprechenden Bestimmungen des nur drei Jahre zuvor in Kraft gesetzten *Code pénal* in Art. 90 bis 95 des Allgemeinen Teils des neuen Strafgesetzbuchs niedergelegt hatte[1214]. Denn ebenso wie nach der hier als Vorbild fungierenden napoleonischen Strafgesetzgebung sollte der Richter in Zunkunft auch in Bayern außer den im Gesetzbuch aufgestellten Milderungs- und Schärfungsgründen aus keinen Ursachen mehr über das festgelegte Minimum und Maximum der gesetzlichen Strafe hinausgehen dürfen[1215].

[1213]Entsprechend Feuerbachs Vorstellungen beeinhaltete der Strafrahmen etwa bei Verbrechen regelmäßig nur einen vierjährigen Zeitraum. Nur in wenigen Ausnahmefällen sah der Gesetzgeber auch einen höheren, entweder sechs- oder achtjährigen Strafrahmen vor. Vergl. Art. 188, 291, 305f., 321, 347 bair. StGB 1813. Vergl. auch *Anmerkungen*, Bd. I, S. 45f.: "Es giebt zwar einige Handlungen, deren Strafbarkeit nach ihren schon im Allgemeinen erkennbaren Merkmalen, und jedesmal so überwiegend groß ist, daß sie den äussersten Punkt erreicht, daher dem Verbrechen nur der physische oder bürgerliche Tod folgen kann. Hier ist die Strafe absolut und ohne veränderliche Grade bestimmt; dagegen nimmt die Strafbarkeit anderer und zwar der meisten Handlungen so viele individuelle Abstufungen an, daß der Gesezgeber den Gerichten in Zumessung der gesezlichen Strafe einen angemessenen Spielraum überlassen muß. Ein und dasselbe Verbrechen oder Vergehen ist gewiß mehr oder weniger strafbar, je nachdem es mit mehr oder weniger Bosheit beschlossen und ausgeführt, je mehr oder weniger Gefahr dadurch bereitet, je mehr oder je weniger Pflichten verlezt worden. Um diesen Zweck zu erreichen, ist die ordentliche Strafe für jeden gesezlich ausgezeichneten Grad des Verbrechens oder Vergehens, sowohl in Ansehung der Gattung als des Grades der Strafe, lezterer aber der Dauer nach so bestimmt, daß hierfür ein Minimum im Geseze ausgesprochen ist, innerhalb dessen der Richter nach Erwägung der besondern Umstände eines jeden Falls die Strafe mehren oder mindern kann; und selbst hier sind den Gerichten die nothwendigen Grenzen gesezt, indem sie nicht nur die Strafe, ausser der besonders im Geseze ausgezeichneten Milderungs- oder Schärfungsursachen, niemals über das Maximum erhöhen, oder unter das Minimum herabsezen dürfen, sondern auch die Strafe selbst innerhalb des gesezlichen Raums nicht nach Willkühr, sondern lediglich genauen gesezlichen Vorschriften zufolge, nach der individuellen Strafbarkeit des Uebeltäters ausmessen müssen. Für außerordentliche Fälle ist den Gerichten verstattet, bei dem König auf Milderung im Begnadigungswege anzutragen. Jenes Minimum und Maximum darf weder einen zu engen noch zu weiten Raum umschliessen, eine Strafbestimmung von zehn bis zwanzig Jahren würde der Willkühr die Schranken öffnen, ein zu eng gemessener Raum würde das vernünftige Ermessen des Richters gegen den Zweck dieser relativen Strafbestimmung zu sehr beschränken."

[1214]Vergl. insbesondere Art. 463 C.P. 1810.

[1215]Vergl. Art. 95 Abs. 1 bair. StGB 1813: "Aus keiner der voranstehenden Ursachen ist das Gericht befugt, von der gesezlichen Strafe selbst abzugehen, die gedrohte Strafgattung zu verändern, oder die gesezlich bestimmte Dauer derselben zu verkürzen, oder zu verlängern."

III. Der Aufbau des Gesetzbuchs

In ähnlicher Weise wie die beiden napoleonischen Strafgesetzbücher wies auch das Bairische Strafgesetzbuch von 1813 einen streng methodischen Aufbau auf und gliederte sich in enger Anlehnung an die zeitgenössischen französischen Kodifikationen zunächst in zwei deutlich voneinander geschiedene Hauptteile, wobei der erste Teil das dem Inhalt des *Code pénal* von 1810 entsprechende materielle Strafrecht, der zweite Teil hingegen das dem Inhalt des *Code d'instruction criminelle* von 1808 entsprechende Strafprozeßrecht behandelte. Der materiell-rechtliche Teil zerfiel seinerseits in allerdings nur noch entfernter Anlehnung an die Systematik des selbst in vier Bücher gegliederten *Code pénal* wiederum in insgesamt drei Bücher, deren erstes zunächst allgemeine Bestimmungen über Verbrechen und Vergehen enthielt, während das zweite Buch ausschließlich die Verbrechen und das dritte Buch nur die Vergehen erfaßte. In gleicher Weise wie der *Code pénal* von 1810 - der dem bayerischen Gesetzgeber insoweit zweifellos als Vorlage gedient hat[1216] - zeichnete sich jedoch auch das Bairische Strafgesetzbuch von 1813 grundlegend durch die Unterteilung der Straffälle in drei unterschiedliche Kategorien aus, wobei diese Dreiteilung der Delikte - ebenso wie nach der napoleonischen Strafgesetzgebung - nicht nur für die Strafe und die Strafart, sondern auch für die Zuständigkeit der Gerichte von ausschlaggebender Bedeutung war[1217]. Entsprechend der zeitgenössischen französischen Strafgesetzgebung und deren in Art. 1 des *Code pénal* geregelter qualitativer Differenzierung der Straffälle in *crimes*, *délits* und *contraventions* gliederten sich die Deliktstatbestände auch nach der bayerischen Kodifikation grundsätzlich in Verbrechen, Vergehen und Polizeiübertretungen, wobei Verbrechen und Vergehen legal ausdrücklich als Rechtsverletzungen, die Polizeiübertretungen hingegen nur als Rechtsgefährdungen definiert wurden und man in der gleichen Weise wie in Frankreich zudem zwischen Verbrechen und Vergehen lediglich anhand der Art der zu verhängenden (Haupt-) Strafe unterschied[1218]. Obwohl diese grundsätzliche Dreiteilung der Delikte zweifellos in

---

[1216] Vatel, *a.a.O.*, S. XXXIII; Fischl, *a.a.O.*, S. 148. Vergl. Art. 1 C.P. 1810: "L'infraction que les lois punissent de peines de police est une *contravention*. L'infraction que les lois punissent de peines correctionnelles est un *délit*. L'infraction que les lois punissent d'une peine afflictive ou infamante est un *crime*."

[1217] Vergl. Art. 3 bair. StGB 1813: "Die Untersuchung und Bestrafung der Verbrechen gehört den Kriminalgerichten; die Untersuchung und Bestrafung der Vergehen den Zivilstrafgerichten; die Untersuchung und Bestrafung der Polizeiübertretungen den Polizeibehörden nach den näheren Bestimmungen der Geseze über das gerichtliche und polizeiliche Verfahren in Strafsachen." Vergl. insbesondere auch Art. 150 *Code des délits et des peines*.

[1218] Vergl. Art. 2 bair. StGB 1813: "Strafbare Handlungen sind entweder Verbrechen, Vergehen oder Polizeiübertretungen.

Alle vorsäzlichen Rechtsverlezungen, welche wegen Beschaffenheit und Grösse der Uebelthat mit Todesstrafe, Kettenstrafe, Zuchthaus, Arbeitshaus, Festungsstrafe, mit

erster Linie auf französischem Einfluß beruhte[1219] und jedenfalls als Grundlage für die Entwicklung des Strafensystems des Bairischen Strafgesetzbuchs von 1813 gedient hat, legte der im Feuerbachschen Geist denkende bayerische Gesetzgeber in dogmatischer Hinsicht jedoch anders als die Urheber des *Code pénal* erkennbar mehr Gewicht auf eine über die napoleonische Kodifikation hinausgehende Differenzierung nach Strafart und nach der jeweils strafenden Behörde, wobei diese schärfere Differenzierung ihrerseits als völlig eigenständige Entwicklung Feuerbachs angesehen werden kann[1220]. Im Gegensatz zum napoleonischen Strafgesetzbuch erfaßte der bayerische Gesetzgeber von 1813 deshalb die von Kriminalgerichten abzuurteilenden Verbrechen und die von Zivilgerichten zu ahndenden Vergehen[1221] in jeweils eigenen Büchern und nicht - wie dies zuvor die Urheber des *Code pénal* von 1810 praktiziert hatten - zusammen mit den Verbrechen und legte insoweit eine der napoleonische Strafgesetzgebung völlig unbekannte starre Trennung von Verbrechen und Vergehen fest, die sich durch das gesamte Bairische Strafgesetzbuch zog und auch konsequent eingehalten wurde[1222]. Während man demzufolge sämtliche Verbrechen im zweiten Buch und alle Vergehen im dritten Buch zusammenfaßte, hatte man jedoch von einer Eingliederung der von den jeweiligen Polizeibehörden zu ahndenden Polizeiübertretungen in das Strafgesetzbuch Abstand genommen und war somit auch insoweit deutlich erkennbar von der als Vorlage genommenen

---

Dienstentsezung oder Unfähigkeitserklärung zu allen Würden, Staats- und Ehrenämtern bedroht sind, heissen Verbrechen.
Unter Vergehen werden verstanden alle unvorsäzlichen, wie auch alle diejenigen vorsäzlichen Rechtsverlezungen, welche wegen ihrer geringeren Strafbarkeit mit Gefängnis, körperlicher Züchtigung, Geldstrafe und anderen geringeren Uebeln geahndet werden.
Handlungen oder Unterlassungen, welche zwar an und für sich selbst Rechte des Staats oder eines Untertans nicht verlezen, jedoch wegen der Gefahr für rechtliche Ordnung und Sicherheit unter Strafe verboten oder geboten sind, desgleichen diejenigen geringeren Rechtsverlezungen, welche durch besondere Geseze den Polizeibehörden zur Untersuchung und Bestrafung überwiesen werden, heissen Polizeiübertretungen."
Das Bairische Strafgesetzbuch von 1813 zählte also ebenso wie der *Code pénal* von 1810 alle diejenigen strafbaren Handlungen zu den Polizeiübertretungen, die das Gesetz weder als Verbrechen noch als Vergehen qualifiziert hatte.

[1219] Hier ist allerdings anzumerken, daß bereits der bayerische Gesetzgeber von 1751 - insoweit ähnlich dem vorrevolutionären französischen Strafrecht - im Codex Iuris Criminalis Bavarici eine Dreiteilung der Delikte ihrer Schwere nach in *delicta leviora*, *graviora* und *atrocissima* vorgenommen hatte.

[1220] Schweisthal, *a.a.O.*, S. 32.

[1221] Art. 3 bair. StGB 1813.

[1222] Diese starre Trennung zwischen Verbrechen und Vergehen wurde jedoch schon bald als unnatürlich empfunden, weil lediglich die Art der zu verhängenden Strafe als Unterscheidungsmerkmal zwischen Verbrechen und Vergehen diente und deshalb tatbestandsverwandte Delikte oft nicht im Zusammenhang abgehandelt werden konnten. Vergl. Schweisthal, *a.a.O.*, S. 6.

zeitgenössischen französischen Strafgesetzgebung abgewichen, welche die *contraventions* im vierten Buch des *Code pénal* noch als integralen Bestandteil der Kodifikation umfaßt hatte. Allerdings gedachte auch der bayerische Gesetzgeber die Regelung der Polizeiübertretungen einem besonderen Polizeistrafgesetzbuch vorzubehalten, das sich gleichsam als dritter Teil an die Gesetzgebung über das materielle Strafrecht und das Strafprozeßrecht anschließen sollte[1223].

IV. Das Strafensystem und die Folgen der Verurteilung

Die Notwendigkeit, dem Täter eine möglichst genaue Vorstellung über das ihn im Falle der Begehung einer Straftat unausweichlich treffende Übel zu geben, hielt den im Feuerbachschen Geist denkenden bayerischen Gesetzgeber von 1813 in ähnlicher Weise wie die Urheber des napoleonischen *Code pénal* insbesondere auch dazu an, die Strafandrohungen so übersichtlich wie möglich zu gestalten und dabei die einzelnen Strafarten nicht nur möglichst streng voneinander zu trennen, sondern sie nach außen hin zudem durch eine konsequente Abstufung der Strafmaßgrenzen scharf voneinander abzugrenzen[1224]. Ganz in diesem Sinn und insoweit mit dem napoleonischen Strafensystem übereinstimmend unterschied das Strafensystem des Bairischen Strafgesetzbuchs von 1813 zunächst grundlegend nicht nur zwischen Kriminalstrafen[1225], Zivilstrafen[1226] und bloßen Polizeistrafen[1227], sondern wies in ebenfalls engster systematischer Anlehung an das Strafensystem des *Code pénal* zudem eine Strafenskala auf, die - entsprechend der als Ziel verfolgten Abschreckung - nicht nur empfindliche Strafen, sondern zudem auch eine konsequente Abstufung der einzelnen Strafarten dergestalt beinhaltete, daß das Maximum der niederen Strafart stets das Minimum der nächsthöheren unmittelbar berührte. Während die den *peines afflictives ou infamantes* der napoleonischen Kodifikation entsprechenden Kriminalstrafen dabei ebenso wie in Frankreich nur der Ahndung von Verbrechen und die den *peines en matière correctionnelle* gleichzusetzenden Zivilstrafen ausschließlich der Verfolgung von Vergehen vorbehalten waren, belegte der bayerische Gesetzgeber die außerhalb des eigentlichen Strafgesetzbuchs geregelten Polizeiübertretungen mit Polizeistrafen, die ihrerseits den *peines de police* der napoleonischen Kodifikation entsprachen. In offensichtlich enger Anlehnung an den Strafenkatalog des *Code pénal* von 1810 und sein System von Haupt- und Nebenstrafen waren zudem auch die einzelnen Strafarten entsprechend der Mannigfaltigkeit der Strafbarkeitsgrade stets so eingerichtet, daß sie bedarfsgemäß ausreichend

---

[1223] Vergl. *Anmerkungen*, Bd. I, S. 23f.
[1224] Meyer, *a.a.O.*, S. 25ff.
[1225] Art. 2 Abs. 2 bair. StGB 1813.
[1226] Art. 2 Abs. 3 bair. StGB 1813.
[1227] Art. 2 Abs. 4 bair. StGB 1813.

modifiziert werden konnten. So traten zu den Freiheitsstrafen als bloße Nebenstrafen sowohl die körperliche Züchtigung als auch eine Anzahl von Ehren- und Vermögensstrafen, die ganz nach französischem Vorbild ihrerseits zuweilen wieder als Hauptstrafen für weniger schwerwiegende Delikte vorgesehen waren. Neben den Hauptmodifikationen der Hauptstrafen im Hinblick auf deren Dauer sah der Gesetzgeber gleichfalls nach französischen Vorbild darüber hinaus noch verschiedene Nebenmodifikationen durch äußere Schärfungen der Strafe vor. Welche Schärfungsmittel dabei bei welcher Art der Freiheitsstrafe zulässig waren, wurde schließlich wiederum in prinzipieller Anlehnung an die napoleonischen Strafgesetzgebung ausdrücklich und stets nur durch das Gesetz bestimmt.

Anders als die auf unbedingte Abschreckung gerichtete napoleonische Strafgesetzgebung und deren teilweise barbarischer Strafenkatalog - man denke hier nur an die Brandmarkung[1228] oder die Verstümmelungsstrafe des Handabschlagens[1229] - sowie auch erheblich abweichend von der traditionellen Strafpraxis des Codex Iuris Criminalis Bavarici[1230] hatte der im Feuerbachschen Geist denkendende bayerische Gesetzgeber jedoch aus humanitären sowie Zweckmäßigkeitserwägungen heraus auf alle unnötig grausam erscheinenden Sanktionen verzichtet und stattdessen den Schwerpunkt des Strafenkatalogs auf die Freiheitsstrafen gelegt[1231]. Das Strafensystem des Bairischen Strafgesetzbuchs von 1813 beruhte dementsprechend im wesentlichen auf einem exakt gegliederten und aufeinander abgestimmten System von Freiheitsstrafen und beinhaltete weder qualifizierte Todes-, Verstümmelungs- noch infamierende Strafen. Allerdings sah es verschiedene Körperstrafen vor, die in ihrer Anwendung jedoch insgesamt sehr beschränkt waren.

[1228] Vergl. Art. 20 C.P. 1810.

[1229] Vergl. Art. 13 Abs. 2 C.P. 1810.

[1230] Vergl. zum Strafenkatalog des Codex Iuris Criminalis Bavarici näher: Berner, *Strafgesetzgebung*, S. 1ff.

[1231] Vergl. *Anmerkungen*, Bd. I, S. 34f.: "Der Karakter jedes Strafgesezbuches muß verhältnißmäßige Strenge, ohne alle unnöthige Härte oder Grausamkeit seyn. Keine martervollen, oder wäre es auch nur scheinbar quälende Todesarten, keine Verstümmelungen, keine Strafe, welche Mitleid oder Ekel erregen, durften mehr in diesem Strafgesezbuch erscheinen. Es kennt nur die einfache Todesstrafe, die Strafen an der Freiheit, auf welche hauptsächlich das System aufgebaut ist, sind nach den Rücksichten der Humanität sorgsam abgemessen, ohne dadurch den Hauptzweck der Bestrafung zu verrücken. Bei allen Strafen, welche das physische oder bürgerliche Leben nicht entziehen, ist auf Schonung der allgemeinen Menschenehre des Sträflings, und auf dessen Besserung Rücksicht genommen [...]. Die verschiedenen Strafgattungen folgen nach Verhältniß der Größe des Uebels in gehöriger Stufenreihe und einander so, daß sich die Grenzen derselben berühren, ohne sich in einander zu verlieren."

1. Die Kriminalstrafen

Als Kriminalstrafen sah der bayerische Gesetzgeber von 1813 die einfache oder geschärfte Todesstrafe[1232], die Kettenstrafe[1233], im Zucht- oder Strafarbeitshaus zu verbüßende Freiheitsstrafen[1234], in Sonderfällen die Festungsstrafe[1235] sowie die sogenannten Ehrenstrafen[1236] vor. Zwingende Folge der Verhängung einer Kriminalstrafe in Gestalt der Ketten-, Zuchthaus- oder Arbeitshausstrafe war darüber hinaus stets der Verlust des Adels, sämtlicher Würden sowie der Ehren- und öffentlichen Ämter[1237]. Zudem wurde der zu einer Kriminalstrafe verurteilte Delinquent als Verbrecher für die Dauer seiner Strafverbüßung zur Ablegung eines Eides oder eines vollgültigen Zeugnisses für unfähig erklärt[1238].

a.) Die Todesstrafe

Der im Feuerbachschen Geist denkende bayerische Gesetzgeber von 1813 ging - insoweit ähnlich wie zuvor schon die Urheber des napoleonischen *Code pénal* - zwar aus Abschreckungsgründen[1239] noch von einer grundsätzlichen

---

[1232] Art. 5f. bair. StGB 1813.

[1233] Art. 7 bis 9 bair. StGB 1813.

[1234] Art. 10 bis 18 bair. StGB 1813.

[1235] Art. 19 bis 21 bair. StGB 1813.

[1236] Art. 22 Abs. 1 bair. StGB 1813.

[1237] Art. 23 bair. StGB 1813.

[1238] Vergl. *Anmerkungen*, Bd. I, S. 109: "Der Verbrecher ist während seiner Strafzeit zur Ablegung eines Eides oder eines vollgültigen Zeugnisses unfähig." Allerdings konnte auch ein Verbrecher stets ohne Eid vernommen werden. Vergl. *Anmerkungen*, Bd. I, S. 109f.

[1239] Trotz seiner aufgeklärten und zum Liberalismus neigenden Grundeinstellung entschied sich Feuerbach aus Gründen einer effektiven Abschreckung für die grundsätzliche Beibehaltung der Todesstrafe, die er als das größte Übel und die abschreckendste Strafe begriff. Vergl. Feuerbach, *Kritik*, Teil III, S. 168f.: "Ich kann mich nicht überzeugen, daß eine andere als Todesstrafe der Größe der obengenannten Verbrechen angemessen sey; daß eine andere Furcht, ausser der Furcht vor dem Tode, von dem keine Rückkehr und keine Erlösung ist, die zu solchen Verbrechen aufgewachten Begierden, deren Heftigkeit, Stärke und Herrschaft mit der Größe des Verbrechens selbst im Verhältnisse steht, zu bekämpfen und zu überwinden fähig sey; daß den Menschen, dem z.B. jetzt der Eigennutz all die Vortheile von dem Tode seines reichen Verwandten vorspiegelt, dem sein böser Wille jetzt den Gedanken eingiebt: morde! vor dessen tobender Sinnlichkeit nun schon Pflicht und Gewissen verstummt sind; der, um seinen Entschluß zur vollen Reife zu bringen, nur noch schwankt bey der Frage: was werden die Folgen seyn? was wird dein Lohn seyn? wenn man dich entdeckt? - daß diesen noch irgend eine andere Vorstellung, ausser dem Gedanken: du mußt unter dem Beile des Henkers sterben! zurückhalten und bändigen könne. Dieser Gedanke wird wirken, wenn noch irgend einer zu wirken im Stande ist. Schwerlich wird dies die Furcht vor dem Verlust der Freyheit. Daseyn ist mehr als Freyheit, und Tod schrecklicher als Sclaverey. Diese verliert an

Notwendigkeit der Todesstrafe aus[1240], schränkte aber im Vergleich zum französischen Strafgesetzbuch nicht nur deren Anwendungsbereich ganz erheblich ein, sondern sah im Gegensatz zum zeitgenössischen Strafrecht Frankreichs insbesondere auch von jeder Qualifizierung der Todesstrafe in Gestalt einer zuvor zu vollstreckenden Verstümmelungsstrafe ab[1241]. Während der *Code pénal* von 1810 die Todesstrafe noch in insgesamt 30 Fällen angedroht hatte, stellte das Bairische Strafgesetzbuch nur drei Jahre später diese Kapitalstrafe lediglich noch in elf Fällen in Aussicht[1242], darunter auch für qualifizierte Delikte bei Todesfolge oder Lebensgefährdung[1243], und verzichtete darüber hinaus aufgrund humanitärer, auf aufklärerischen Einflüssen beruhenden Erwägungen auf die Einführung bzw. Beibehaltung jedweder Verstümmelungsstrafen[1244]. In ähnlicher Weise wie die auch stets nur öffentlich zu vollziehende[1245] und mit weitreichenden Publikationserfordernissen[1246] ausgestaltete *peine de mort* des napoleonischen Strafensystems, unterlag aber auch die Vollstreckung der entsprechenden

---

ihren Schrecknissen selbst durch ihre Dauer und sie verspricht Linderung, Befreyung oder Flucht."

1240 Vergl. *Anmerkungen*, Bd. I, S. 35f.: "Die Todesstrafe, welche das höchste Gut des Menschen, sein Leben, angreift, ist beibehalten, jedoch auf solche schwere Verbrechen beschränkt worden, bei welchen die innere Stimme jedes vernünftigen Menschen den Tod des Verbrechers fordert. Hat derjenige, welcher mit kaltem Vorbedacht seinen Vater, seinen Gatten, seinen Freund mordet, oder einen verrätherischen Angriff gegen sein Vaterland wagt, nicht das Recht auf sein Leben verloren? Auch haben Erfahrungen aller Zeiten und aller Staaten, selbst die gemachten Versuche, an die Stelle der Todesstrafe eine andere zu sezen, bei der Unvollkommenheit menschlicher Anstalten die Nothwendigkeit der Todesstrafe erprobt."

1241 Der französische Gesetzgeber hatte für Vater- bzw. Kaisermord noch das Abhauen der rechten Hand vor Vollstreckung der Todesstrafe vorgesehen. Vergl. Art. 13 Abs. 2 C.P. 1810.

1242 Auch der Codex iuris criminalis bavarici von 1751 hatte die Todesstrafe zuvor noch in 33 Fällen angedroht. Vergl. Arnold, *Die Ohnmacht der Todesstrafe*, S. 457; Geisel, *a.a.O.*, S. 48. Verglichen mit dem napoleonischen *Code pénal* - der ja im Vergleich zum Strafrecht des *Ancien Régime* und zum *Code pénal* von 1791 selbst schon eine erkennbar restriktivere Anwendung der Todesstrafe mit sich gebracht hatte - ging die bayerische Kodifikation also viel zurückhaltender mit der Androhung der Todesstrafe um. Vergl. hierzu näher: Vatel, *a.a.O.*, S. XXXIIIff.

1243 So wurden Raub, Erpressung und Brandstiftung dann mit der Kapitalstrafe belegt, wenn sie die Todesfolge oder eine Lebensgefährdung nach sich zogen. Auch die Abtreibung durch einen Dritten, die Notzucht sowie das falsche Zeugnis zogen bei Todesfolge die Kapitalstrafe nach sich. Vergl. eine Zusammenstellung der todeswürdigen Verbrechen in: *Anmerkungen*, Bd. I, S. 36f.

1244 Vergl. *Anmerkungen*, Bd. I, S. 82: "[...] sonst sind alle verschiedenen Todesarten durch Galgen, Rad und Scheiterhaufen, so wie alle entweder grausame oder unnöthige Schärfungen der Todesstrafe abgeschafft. Das Leben des Menschen ist sein höchstes Gut, mehr als dieses kann man ihm nicht nehmen."

1245 Vergl. Art. 12f. C.P. 1810.

1246 Vergl. Art. 36 C.P. 1810.

bayerischen Kapitalstrafe bestimmten, in der Regel für den Verurteilten sehr demütigenden Formalien. So sollte auch in Bayern der gleichfalls regelmäßig zum Tode durch Enthaupten[1247] verurteilte Delinquent nicht nur mit entblößtem Kopf und in einen grauen Kittel gekleidet auf den Richtplatz geführt werden, sondern bekam zudem eine Tafel sowohl auf seiner Brust als auch auf seinem Rücken angebracht, auf der das von ihm begangene Verbrechen genau bezeichnet sein mußte[1248].

Obgleich der bayerische Gesetzgeber also aus humanitären Gründen auf eine qualifizierte Todesstrafe in Gestalt einer Verstümmelung des Delinquenten vor der Hinrichtung verzichtet hatte, beinhaltete aber auch das bayerische Strafensystem von 1813 nichtsdestoweniger eine qualifizierte Form der Todesstrafe. Diese bestand in einer halbstündigen öffentlichen Ausstellung vor dem eigentlichen Strafvollzug[1249], wurde aber bereits wenige Jahre nach dem Inkrafttreten des Gesetzbuchs kaum mehr vollstreckt und regelmäßig vom König im Gnadenweg erlassen[1250]. Sie war der Ahndung bestimmter, als besonders schwerwiegend empfundener Verbrechen vorbehalten, durfte aber nur dann verhängt werden, wenn das Gesetz ausdrücklich die Verurteilung zu *geschärfter Todesstrafe* anordnete[1251].

Nach offensichtlich französischem Vorbild zog die Todesstrafe darüber hinaus - ebenso wie die ihr im Strafensystem unmittelbar nachfolgende Kettenstrafe - ab

---

1247 Ebenso wie der napoleonische Gesetzgeber sah auch der bayerische Gesetzgeber von 1813 die Enthauptung als einzige Todesart vor. Vergl. Art. 5 Abs. 1 bair. StGB 1813 und Art. 12 C.P. 1810. Eine Ausnahme von diesem Grundsatz wurde nur bei der standrechtlichen Erschießung gemacht. Vergl. *Anmerkungen*, Bd. I, S. 82. Obwohl im Bairischen Strafgesetzbuch neutral nur von "enthauptet" die Rede ist, wurde die Hinrichtung - wohl nach nach französischem Vorbild und namentlich aufgrund der Anregungen Feuerbachs - nicht durch das ungleich grausamere Schwert, sondern vielmehr mittels eines Fallbeils bewirkt. Vergl. Feuerbach, *Kritik*, Teil II, S. 184; Geisel, *a.a.O.*, S. 49.

1248 Art. 5 Abs. 1 bair. StGB 1813.

1249 Art. 6 bair. StGB 1813. Der Entwurf Feuerbachs hatte nach dem Vorbild des *Code pénal* von 1791 eine weitere, zusätzliche Strafschärfung in Gestalt der Einkleidung des Delinquenten in ein blutrotes Hemd vorgesehen. Hierin war ihm die Kommission allerdings nicht gefolgt. Gleichermaßen wurden auch Anregungen verworfen, dem Königs- oder Vatermörder in Anlehnung an Art. 13 des *Code pénal* von 1810 vor der Hinrichtung noch die rechte Hand abzuhauen Vergl. *Anmerkungen*, Bd. I, S. 82f.; Geisel, *a.a.O.*, S. 52ff. Strafschärfend war wohl auch die letztlich am Widerstand des Königs gescheiterte Forderung Feuerbachs gedacht, den Delinquenten ohne Begleitung eines Geistlichen zur Richtstätte zu führen. Vergl. Meyer, *a.a.O.*, S. 87; Geisel, *a.a.O.*, S. 49f.

1250 Schweisthal, *a.a.O.*, S. 18.

1251 Hier sind etwa der erste Grad des Hochverrats oder aber der Mord zu nennen. Vergl. Art. 146f. und 301 bair. StGB 1813.

Rechtskraft des Urteils *per se* stets den bürgerlichen Tod des Delinquenten[1252] und mithin bis zur Strafvollstreckung auch dessen rechtlichen Ausschluß aus der bürgerlichen Gesellschaft nach sich[1253]. Der zum Tode verurteilte Verbrecher konnte also von diesem Zeitpunkt an rechtswirksam weder Eigentum erwerben, noch eine letztwillige Verfügung oder eine Verfügung unter Lebenden treffen, denn ab Rechtskraft des Todesurteils ging sein gesamtes Vermögen von Gesetzes wegen auf seine Erben über[1254]. Allerdings sollten hierbei solche Verfügungen, die der Delinquent vor Verkündung des rechtskräftigen Urteils getroffen hatte, aufgrund rechtsstaatlicher Bedenken grundsätzlich ihre Gültigkeit behalten[1255].

b.) Die Kettenstrafe

Auch bei der in der Skala der Strafarten der Todesstrafe unmittelbar nachfolgenden, stets mit dem bürgerlichen Tod verbundenen und den Humanisierungstendenzen der Aufklärung offensichtlich zuwiderlaufenden, jedoch nur in insgesamt neun Fällen angedrohten Kettenstrafe hatte sich der bayerische Gesetzgeber von 1813 offensichtlich an französischen Vorbildern orientiert[1256]. Ebenso wie die ihr im großen und ganzen entsprechende lebenslange Zwangsarbeit der französischen Strafgesetzgebung[1257] bedeutete diese gänzlich auf dem Abschreckungsgedanken beruhende, in Anlehnung an ihr napoleonisches Vorbild ausschließlich lebenslang[1258] zu verhängende und ebenso wie die Todesstrafe als Kapitalstrafe[1259] angesehene Strafe für den Verurteilten, daß man ihn beliebig zu jeder Art von beschwerlicher öffentlicher Arbeit - etwa zur Trockenlegung von

[1252] Der napoleonische Gesetzgeber hatte die *mort civile* allerdings nur für die lebenslange Zwangsarbeit sowie die Deportation, nicht aber ausdrücklich für die Todesstrafe vorgesehen. Hier war sie ihm wohl als überflüssig erschienen. Vergl. Art. 18 C.P. 1810 sowie Art. 22 C.C. 1804.

[1253] Vergl. *Anmerkungen*, Bd. I, S. 83f.

[1254] Art. 5 Abs. 2 bair. StGB 1813.

[1255] Vergl. *Anmerkungen*, Bd. I, S. 83.

[1256] Schmidt, *Strafrechtspflege*, S. 264; Schweisthal, *a.a.O.*, S. 7; Geisel, *a.a.O.*, S. 54f. Vergl. Art. 15f., 18 C.P. 1810. Auf einen unmittelbaren Einfluß der napoleonischen Strafgesetzgebung kann hier auch schon insofern geschlossen werden, als die zwangsweise öffentliche Arbeit bis dahin in Bayern unbekannt gewesen war. Lediglich in München hatte man zuvor Straftäter zuweilen zur Reinigung der öffentlichen Straßen herangezogen. Vergl. Geisel, *a.a.O.*, S. 54.

[1257] Abgesehen von einigen abweichenden Details im Hinblick auf den Vollstreckungsmodus, bestand letztlich der einzige gravierende Unterschied zwischen beiden Strafen darin, daß der bayerische Gesetzgeber von 1813 im Gegensatz zu den Urhebern der napoleonischen Kodifikation auf die Brandmarkung des verurteilten Verbrechers verzichtet hatte. Vergl. Art. 20 Abs. 1 C.P. 1810.

[1258] Art. 8 bair. StGB 1813.

[1259] Vergl. *Anmerkungen*, Bd. I, S. 33.

Sumpf- und Moorgebieten, zum Festungsbau oder zur Arbeit in Steinbrüchen - heranziehen konnte[1260]. In Ermangelung einer geeigneten öffentlichen Arbeit sollte er jedoch in einem Zuchthaus verwahrt werden, wo er - nach französischem Vorbild isoliert von den übrigen Insassen - die schwersten Zuchthausarbeiten zu leisten hatte und dabei stets an beiden Füßen mit Ketten an eine eiserne Kugel zu fesseln war[1261]. Handelte es sich bei dem Verurteilten hingegen um eine Frau, einen gebrechlichen oder schwächlichen Menschen oder aber um eine mehr als sechzigjährige Person, so sollte er in ähnlicher Weise wie nach den entsprechenden Bestimmungen des *Code pénal* von schwerer öffentlicher Arbeit grundsätzlich verschont bleiben und stattdessen auf eine seinen Kräften entsprechende Art und Weise beschäftigt werden[1262]. In gleichfalls engster Anlehnung an den der lebenslangen Zwangsarbeit in Frankreich als infamierende Nebenstrafe zugeordneten Schandpfahl[1263] war jeder Verurteilte vor Strafvollzug zudem möglichst noch am Verbrechensort eine Stunde lang in seinen Ketten öffentlich zur Schau zu stellen, wobei eine Tafel auf seiner Brust Auskunft über das begangene Verbrechen und die zuerkannte Strafe geben sollte[1264].

Als zwingende Folge seiner Verurteilung verfiel der Delinquent in weiterer unmittelbarer Anlehnung an die napoleonische Straf- und Zivilgesetzgebung[1265] darüber hinaus dem bürgerlichen Tod und war ab Rechtskraft des Urteils zivilrechtlich nunmehr so zu behandeln, als sei er tatsächlich gestorben. So verlor er sein gesamtes Vermögen zugunsten seiner Erben, seine Geschäfts- und Prozeßfähigkeit erlosch, seine schon geschlossene Ehe wurde rechtlich als aufgelöst betrachtet, er konnte sich nicht wieder verheiraten, durfte nicht mehr als Zeuge vor Gericht auftreten und konnte keinerlei Eigentum mehr erwerben[1266].

1260 Nicht von ungefähr wurde diese Strafart sowohl in der Feuerbachschen Terminologie als auch im Entwurf von 1807 zunächst mit "Sklaverey" umschrieben und erst auf eine königliche Entschließung hin euphemistisch in "Kettenstrafe" umbenannt. Vergl. Feuerbach, *Kritik*, Teil II, S. 186ff; Geisel, *a.a.O.*, S. 54ff.

1261 Art. 7 Abs. 2 bair. StGB 1813. Bereits nach der französischen Strafgesetzgebung der Revolutionszeit hatte der zur Kettenstrafe Verurteilte am Fuß stets eine mit einer Eisenkugel verbundene Kette zu tragen. Gleiches galt für die der Kettenstrafe entsprechenden lebenslangen Zwangsarbeit nach Maßgabe des *Code pénal* von 1810. Vergl. Art. 15 C.P. 1810.

1262 Art. 9 bair. StGB 1813. Vergl. Art. 16 und 70ff C.P. 1810.

1263 Vergl. Art. 22 C.P. 1810.

1264 Art. 7 Abs. 3 bair. StGB 1813.

1265 Vergl. Art. 18 C.P. 1810 sowie Art. 23ff C.C. 1804.

1266 Art. 7 Abs. 1 bair. StGB 1813. Der Gesetzgeber rechtfertigte die Einführung des bislang unbekannten Instituts des bürgerlichen Todes in erster Linie mit Praktikabilitätserwägungen. Vergl. *Anmerkungen*, Bd. I, S. 85f.: "[...] es wäre widersprechend, wenn das Gesez einem Menschen auf Lebenszeit die Freiheit entziehen, ihn ganz aus der menschlichen Gesellschaft entfernen und die Erfüllung der heiligsten Pflichten als Gatte und Vater auf seine ganze Lebenszeit unmöglich machen, und dennoch denselben als bürgerlich lebend und als

Ebenso wie bei der Todesstrafe behielten jedoch auch bei Verhängung der Kettenstrafe alle vor Verkündigung des rechtskräftigen Strafurteils getätigten Vermögensverfügungen ihre Gültigkeit[1267].

c.) Die Freiheitsstrafen

Im Rahmen der zur Ahndung der Verbrechen bestimmten Kriminalstrafen sah der Gesetzgeber von 1813 sowohl die Zuchthaustrafe[1268] als auch das Strafarbeitshaus[1269] sowie in Sonderfällen die Festungsstrafe[1270] als Freiheitsstrafen vor.

aa.) Die Zuchthausstrafe

Keine unmittelbare Entsprechung im napoleonischen Strafensystem fand die neben dem Hauptzweck der Abschreckung vor allem auch auf die Verbesserung des Delinquenten gerichtete Zuchthausstrafe[1271], die im Gegensatz zur Kettenstrafe niemals lebenslang verhängt, sondern stets entweder auf bestimmte oder aber unbestimmte Zeit ausgesprochen werden mußte[1272] und mit der nur die schweren Verbrechen geahndet wurden[1273]. Während die Zuchthausstrafe auf bestimmte Zeit acht Jahre nicht unter- und zwanzig Jahre nicht überschreiten durfte[1274] und sich insoweit erheblich von der gleichnamigen Strafe der napoleonischen

---

rechtsfähig betrachten wollte. Welche schädlichen Folgen würde dieser Widerspruch über die Gattin und Kinder des Verbrechers, welche Verwirrungen über seine Familie bei anfallenden Erbschaften verbreiten?"

1267 Vergl. *Anmerkungen*, Bd. I, S. 83, 87.

1268 Art. 10 bis 14 sowie 18 bair. StGB 1813.

1269 Art. 15 bis 17 sowie 18 bair. StGB 1813.

1270 Art. 19 bis 21 bair. StGB 1813.

1271 Vergl. *Anmerkungen*, Bd. I, S. 89f.: "[...] wenn auch Besserung der Grund des Strafrechts nicht ist, so muß doch der Staat seine Strafanstalten so einrichten, daß man hoffen darf, der Mensch werde nach überstandener zeitlicher Strafe als ein gebesserter Mensch der bürgerlichen Gesellschaft zurückgegeben."

1272 Art. 11 bair. StGB 1813. Die Zuchthausstrafe bayerischer Prägung wies allerdings deutliche Parallelen vor allem zu der als *réclusion* bezeichneten Zuchthausstrafe der napoleonischen Strafgesetzgebung auf. Vergl. Art. 21f. C.P. 1810.

1273 So belegte der bayerische Gesetzgeber von 1813 etwa die Brunnenvergiftung oder den von der Mutter begangenen Kindsmord mit Zuchthaus unbestimmter Dauer. Vergl. Art. 150, 157 bair. StGB 1813. Vergl. eine Auflistung der wichtigsten mit Zuchthausstrafe bedachten Delikte in den *Anmerkungen*, Bd. I, S. 38f.

1274 Art. 13 Abs. 1 bair. StGB 1813. Trotz dieser vergleichsweise hohen Maximaldauer überstieg die Zuchthausstrafe in den meisten Fällen eine Dauer von zwölf Jahren jedoch nicht.

Strafgesetzgebung abhob[1275], wurde dem zu einer unbestimmten Zuchthausstrafe verurteilten Missetäter gleichsam als Besserungsanreiz[1276] die Möglichkeit eröffnet, aufgrund guter Führung bereits nach Ablauf von sechzehn Jahren[1277] begnadigt und somit in Freiheit entlassen zu werden[1278]. Voraussetzung der Begnadigung war eine wenigstens zehn Jahre hindurch beständig bewiesene Arbeitsamkeit des Häftlings, der sich zudem keine auf Bosheit oder Ungehorsam beruhenden körperlichen Züchtigungen zu Schulden kommen lassen durfte und auch sonst eine gebesserte Gemütsart an den Tag legen mußte[1279]. Unter den

---

[1275] Für die Strafe der *réclusion* hatte der französische Gesetzgeber von 1810 allerdings nur einen Strafrahmen von mindestens fünf und höchstens zehn Jahren bestimmt. Vergl. Art. 21 Abs. 2 C.P. 1810.

[1276] Vergl. *Anmerkungen*, Bd. I, S. 93: "Der Grund dieser humanen Bestimmung liegt am Tage; der Verbrecher soll dadurch einen Antrieb erhalten, sich ernstlich zu bessern, und unverwerfliche Proben seiner gebesserten Gemüthsart ablegen, wonach denn die Strafe in ihrer ganzen Schwere nur den unverbesserlichen Verbrecher trifft."

[1277] Abgesehen von den vollständig voneinander abweichenden Vollstreckungsbedingungen fand die bayerische Zuchthausstrafe auf unbestimmte Dauer also - zumindest was die Strafdauer anbelangte - in etwa eine Entsprechung in der zeitigen Zwangsarbeit der napoleonischen Kodifikation, für die der Gesetzgeber einen Strafrahmen von mindestens fünf und höchstens zwanzig Jahren vorgesehen hatte. Vergl. Art. 19 C.P. 1810. Wichtigstes Unterscheidungsmerkmal zwischen den *travaux forcés à temps* und der Zuchthausstrafe auf unbestimmte Dauer war jedoch, daß der Delinquent in Bayern vor allem deshalb nicht zu öffentlichen Arbeiten herangezogen werden durfte, weil man den angestrebten Besserungszweck nicht durch eine öffentliche, mithin also demütigende Strafvollstreckung gefährenden wollte. Vergl. *Anmerkungen*, Bd. I, S. 89: "Zu Arbeiten ausser dem Straforte darf der Züchtling nicht gebraucht werden; nicht nur die Beschwerde, eine größere Anzahl von Sträflingen bei öffentlichen Arbeiten gehörig zu bewachen, sondern noch höhere legislative Gründe haben den Gesezgeber bewogen, die öffentlichen Arbeiten nur bei der Kettenstrafe zu verordnen, bei allen übrigen Strafen aber ausdrücklich zu untersagen. Durch öffentliche Arbeiten wird in den Sträflingen alles Ehrgefühl und jeder Trieb zur Besserung erstickt, denselben im Voraus die Rückkehr zu einem ordentlichen Gewerbe und Lebenswandel nach ausgestandener Strafe erschwert, die Aufsicht über das Betragen der Sträflinge und die Disciplin geschwächt, und selbst bei dem Publikum durch den täglichen Anblick solcher Sträflinge ein nachteiliger Eindruck hervorgebracht."

[1278] Bezeichnend für die vergleichsweise Härte der unbedingt auf Abschreckung bedachten napoleonischen Strafgesetzgebung iat, daß die *réclusion* dem Straftäter keinen entsprechenden Besserungsanreiz bot. Als einzige auf Besserung des Delinquenten ausgerichtete Sanktion des *Code pénal* von 1810 konnte allenfalls die als *emprisonnement* bezeichnete Gefängnisstrafe gelten, die also insoweit - obwohl nur für Vergehen bestimmt - der bayerischen Zuchthausstrafe entsprach.

[1279] Art. 12 bair. StGB 1813. Trotz Besserung durfte jeder Delinquent grundsätzlich nur auf seine Begnadigung *hoffen*, hatte hierauf jedoch keinerlei Rechtsanspruch. Allerdings waren die zuständigen Gerichte gehalten, ein Begnadigungsgesuch des Sträflings nicht abzuwarten, sondern hatten dem König vielmehr unaufgefordert die Begnadigung anzutragen. Vergl. *Anmerkungen*, Bd. I, S. 94f. Anders als in Frankreich, wo der Monarch traditionell über ein im wesentlichen uneingeschränktes Begnadigungsrecht in Strafsachen verfügte, war in

gleichen Voraussetzungen und mit der gleichen Zielrichtung konnte aber auch der zu einer bestimmten Zuchthausstrafe verurteilte Delinquent seine Haftzeit verkürzen. Allerdings durfte er auf Begnadigung erst dann hoffen, wenn er wenigstens dreiviertel der ihm auferlegten Strafe verbüßt hatte und nicht nach einer bereits verbüßten Zucht- oder Strafarbeitshaustrafe als Rückfalltäter erneut einsaß[1280].

Anders als die Urheber der napoleonischen Strafgesetzgebung, die sich diesbezüglich regelmäßig nur mit Verweisen auf die Spezialgesetzgebung begnügt hatten, regelte der bayerische Gesetzgeber von 1813 auch die Folgen einer Verurteilung zur Zuchthausstrafe sowie die konkreten Umstände des Strafvollzugs bis hin zur Kleidung und Ernährung des Häftlings in minutiöser, oftmals pedantisch anmutender Art und Weise[1281]. So hob sich der zu Zuchthaus verurteilte Delinquent vom Kettensträfling zunächst dadurch ab, daß er grundsätzlich nicht nur Eigentümer seines Vermögens blieb[1282], sondern darüber hinaus auch weiterhin seine volle Prozeß- und Geschäftsfähigkeit behielt. Allerdings war er während der Haftzeit insofern in seiner Verfügungsgewalt beschränkt, als er weder testamentarisch noch anderweitig über sein Vermögen verfügen durfte[1283]. Seine Strafe hatte er innerhalb des Zuchthauses abzubüßen, wo er entsprechend der Zuchthausordnung zu bestimmten Arbeiten herangezogen wurde. Beim Eintritt in das der *maison de force* der napoleonischen Strafgesetzgebung im wesentlichen entsprechende Zuchthaus bekam er - zweifellos zwecks Fahndungserleichterung im Fluchtfalle[1284] - eine besondere, schwarz-graue Zuchthausbekleidung zugewiesen, wurde kurzgeschoren und - vorbehaltlich einer notwendigen stärkeren

---

Bayern also bereits die *Möglichkeit* des Straferlasses im Gnadenweg an bestimmte Formalien gebunden. Im Verlauf der entsprechenden Beratungen sind diese Formalien deshalb auch als zu große Beschränkung des landesherrlichen Begnadigungsrechts gerügt worden. Vergl. Geisel, *a.a.O.*, S. 63f.

1280 Art. 13 Abs. 2 bair. StGB 1813.

1281 Die Aufnahme eines Teils dieser Bestimmungen ist dementsprechend auch im Verlauf der Beratungen als überflüssig kritisiert worden. Vergl. Geisel, *a.a.O.*, S. 59f.

1282 Diese Regelung entsprach im wesentlichen der *interdiction légale* des napoleonischen Strafensystems. Nach Maßgabe dieser stets akzessorischen Nebenstrafe blieb der Straftäter sowohl bei Verhängung der *travaux forcés à temps* als auch bei Verhängung der *réclusion* prinzipiell Eigentümer seines Vermögens. Ihm wurde für die Dauer der Strafverbüßung jedoch ein Vermögenspfleger bestellt, der nach Strafverbüßung das Vermögen zurückzuerstatten und über seine Tätigkeit Rechenschaft abzulegen hatte. Vergl. Art. 29f. C.P. 1810.

1283 Auch insoweit entsprach die bayerische Zuchthausstrafe der Nebenstrafe der *interdiction légale*, die nach napoleonischer Strafgesetzgebung stets neben die zeitige Zwangsarbeit und die *réclusion* trat. Vergl. Art. 29 C.P. 1810.

1284 Zu diesem Zweck erhielten die umliegenden Polizeibehörden auch stets den Namen und die genaue Personenbeschreibung des jeweiligen Zuchthaushäftlings mitgeteilt. Vergl. Art. 18 bair. StGB 1813; *Anmerkungen*, Bd. I, S. 100.

Fesselung - mit leichten Fußketten versehen, die eine Flucht verhindern helfen sollten. Was die Verpflegung anbelangte, so sollte der Zuchthaushäftling täglich eine warme Mahlzeit, zweimal in der Woche ein Pfund Fleisch und - mit Ausnahme von Krankheitsfällen - ansonsten stets nur Wasser erhalten[1285].

Über die eigentliche Zuchthausstrafe hinaus beinhaltete das Strafensystem des Bairischen Strafgesetzbuchs von 1813 zum Zweck der individuellen Graduierung der Strafe[1286] auch qualifizierte Formen der Zuchthausstrafe, die der Gesetzgeber abschließend aufzählte und die nach freiem richterlichen Ermessen[1287] entweder jede für sich allein oder in beliebiger Kombination miteinander verhängt werden durften[1288]. So konnte die Zuchthausstrafe bei Verurteilung zu einer zwanzigjährigen bestimmten oder generell bei Verhängung einer unbestimmten Haftdauer - möglicherweise in Anlehnung an die entsprechende napoleonische Strafgesetzgebung - dadurch geschärft werden, daß man den Delinquenten durch den Gerichtsdiener öffentlich und an einen Schandpfahl gebunden ausstellte[1289]. Eine andere Strafschärfung bestand in der dem *Code pénal* von 1810 allerdings völlig unbekannten körperlichen Züchtigung, deren Streiche im Urteil genau zu bestimmen und im Beisein des Zuchthauskommissärs stets bei Strafantritt[1290] zu vollziehen waren. Als weitere Strafschärfungsvariante sah der bayerische Gesetzgeber ferner die der zeitgenössischen französischen Strafgesetzgebung gleichfalls nicht geläufige alljährliche Einsperrung des Häftlings für drei bis acht Tage abwechselnd bei Wasser und Brot in einem einsamen finsteren Keller - dem

---

1285 Art. 10 bair. StGB 1813. Diese Regelungen waren in Frankreich nicht Gegenstand der eigentlichen Strafgesetzgebung, sondern - wie auch heute allgemein üblich - spezialgesetzlichen Bestimmungen vorbehalten.

1286 Vergl. *Anmerkungen*, Bd. I, S. 96: "Aeussere Schärfungen der Freiheitsstrafen, wenn sie [...] auf eine der Humanität entsprechende Weise bestimmt sind, dienen zu einem sehr zweckmässigen Mittel, bei besonderer Strafbarkeit einer Handlung die Strafe in das gehörige Verhältniß zu bringen, ohne eben die Strafzeit selbst zu verlängern, und in eine andere Strafgattung überzugehen."

1287 Vergl. *Anmerkungen*, Bd. I, S. 96f.: "Die Auswahl der anpassenden Schärfungsart hängt nach den Umständen, nach den persönlichen Eigenschaften des Schuldigen und nach den Motiven seiner strafbaren That vom richterlichen Ermessen ab."

1288 Art. 14 Abs. 1 Nr. 1 bis 4 bair. StGB 1813.

1289 Die Annahme, daß die Einführung dieser Strafschärfungsmöglichkeit auf entsprechenden Einflüssen der napoleonischen Strafgesetzgebung beruht, erscheint insofern als naheliegend, als der *Code pénal* den als *carcan* bezeichneten Schandpfahl als akzessorische Nebenstrafe sowohl für die *réclusion* als auch für die zeitige Zwangsarbeit vorsah. Vergl. Art. 22 C.P. 1810.

1290 Darauf wies der Gesetzgeber insofern unmißverständlich hin, als er ausdrücklich festschrieb, daß die Züchtigungen bei Haftantritt, aber nie am Ende der Strafzeit zu vollziehen seien. Ihm war wohl durchaus bewußt, daß eine Züchtigung des Delinquenten unmittelbar vor Haftentlassung dessen Widerstand nur fördern und eine etwaig gelungene Besserung zunichte machen würden.

sogenannten *Zuchtgefängnis* - vor, wobei diese Einsperrung aus erzieherischen bzw. psychologischen Motiven immer dann zu vollstrecken war, wenn sich der Tag der Verbrechungsbegehung abermals jährte. Sowohl bei der Verhängung als auch bei der Vollstreckung der verschärften Zuchthausstrafe in Gestalt der Kostschmälerung oder der körperlichen Züchtigung war zuvor jedoch stets ein ärztliches Gutachten über den Gesundheitszustand des Zuchthäftlings einzuholen[1291].

bb.) Das Strafarbeitshaus

Ebenfalls keine unmittelbare Entsprechung im napoleonischen Strafenkatalog fand die der Zuchthausstrafe im bayerischen Strafensystem als letzte der kriminellen Freiheitsstrafen unmittelbar nachfolgende Arbeitshausstrafe[1292]. Diese durfte die Dauer von acht Jahren nicht über- und die eines Jahres nicht unterschreiten[1293] und war vorrangig zur Ahndung minder schwerer Verbrechen - wie etwa Diebstahl, Unterschlagung sowie Betrug - bestimmt[1294]. Ebenso wie bei der auf bestimmte Zeit zu verhängenden Zuchthausstrafe - auf deren entsprechende Begnadigungsbestimmungen er im übrigen verwies - sah der bayerische Gesetzgeber von 1813 auch hier die im napoleonischen Strafgesetzbuch nicht erfaßte Möglichkeit einer vorzeitigen Haftentlassung dann vor, wenn der nicht bereits einschlägig rückfällig gewordene Delinquent mindestens drei Viertel seiner Strafe verbüßt und zudem während seiner Haftzeit Arbeitsamkeit bewiesen sowie im übrigen Wohlverhalten an den Tag gelegt hatte[1295].

In der täglichen Behandlung waren die zu Arbeitshaus verurteilten Delinquenten den Zuchthäftlingen zwar grundsätzlich gleichgestellt, genossen aber verschiedentliche mildere Haftbedingungen, die im wesentlichen in etwa denjeninigen der napoleonischen Gefängnisstrafe entsprachen[1296]. So hatten sie

---

[1291] Art. 14 Abs. 2 bair. StGB 1813.

[1292] Die Arbeitshausstrafe vereinigte in sich allerdings sowohl grundlegende Züge der napoleonischen Zuchthaus- als auch solche der Gefängnisstrafe [*emprisonnement*]. Vergl. vor allem Art. 21, 29 sowie Art. 40 bis 43 C.P. 1810.

[1293] Art. 16 Abs. 1 bair. StGB 1813. Obwohl als Kriminalstrafe der Ahndung von Verbrechen vorbehalten, entsprach die bayerische Arbeitshausstrafe also hinsichtlich ihrer Dauer bezeichnenderweise weniger der *réclusion* als vielmehr der im wesentlichen für Vergehen einschlägigen napoleonischen Gefängnisstrafe [*emprisonnement*]. Anders als die auf mindestens fünf und höchstens zehn Jahre zu erkennende Verbrechensstrafe der *réclusion*, sah das *emprisonnement* nämlich lediglich einen allgemeinen Strafrahmen von mindestens sechs Tagen und höchstens fünf Jahren vor. Vergl. Art. 21 Abs. 2, 40 Abs. 2 C.P. 1810.

[1294] Vergl. eine knappe Charakterisierung der mit dem Strafarbeitshaus belegten Delikte in: *Anmerkungen*, Bd. I, S. 39.

[1295] Art. 16 Abs. 2 i.V.m. Art. 12f. bair. StGB 1813.

[1296] Vergl. Art. 40 bis 43 C.P. 1810.

ihre Freiheitsstrafe nicht im Zuchthaus, sondern in einem hiervon abgesonderten Strafgebäude - dem sogenannten *Strafarbeitshaus* - zu verbüßen[1297], wurden aber dort ebenfalls mit Strenge zur Arbeit angehalten[1298] und mußten wie die Zuchthaushäftlinge eine besondere, hier jedoch einfarbig graue Häftlingsuniform tragen[1299]. Im Gegensatz zu den Zuchthaushäftlingen behielten die Insassen des Strafarbeitshauses jedoch auch während der Haftzeit alle ihnen zivilrechtlich zustehenden Rechte bei und konnten insbesondere testamentarisch über ihr Vermögen verfügen[1300]. Zudem wurde ihnen die alltägliche Fesselung erspart, die nur im Fall einer besonderen Fluchtgefahr vorgenommen werden sollte[1301].

Ebenso wie für die Zuchthausstrafe sah der bayerische Gesetzgeber von 1813 auch für die Strafe des Arbeitshauses eine Anzahl von Strafschärfungen vor, die ebenfalls nach freiem richterlichen Ermessen angeordnet werden konnten[1302]. So kam auch hier zunächst wieder die dem Strafensystem des *Code pénal* nicht geläufige körperliche Züchtigung in Betracht, deren einzelne Streiche ebenfalls genau im Strafurteil zu bestimmen waren und die stets bei Strafantritt in

---

[1297] Diese deutliche Absonderung der Strafarbeitshausinsassen von den Zuchthäftlingen erinnert an die von der napoleonischen Strafgesetzgebung vorgenommene Differenzierung zwischen der *maison de force* und der *maison de correction*. Während aber in Bayern sowohl das Zucht- als auch das Strafarbeitshaus ausschließlich Straforte für Verbrechen waren, behielten die Urheber des *Code pénal* die *maison de force* den Verbrechen, die *maison de correction* hingegen den Vergehen vor. Ähnlich wie in Frankreich läßt sich aber diese Absonderung vor allem dadurch erklären, daß man eine Einflußnahme von Schwerkriminellen auf die als weniger kriminell angesehenen Arbeitshaushäftlinge möglichst zu unterbinden suchte. Vergl. *Anmerkungen*, Bd. I, S. 97: "Sträflinge sollen von Züchtlingen abgesondert werden, damit sie, die sich nur eines geringeren Verbrechens schuldig machten, und in kürzerer Zeit wieder ihre Freiheit erlangen, durch die Vermischung mit groben Verbrechern nicht Schaden leiden." Die Unterhaltung zweier gesonderter Straforte für Verbrechen ist allerdings in erster Linie aus finanziellen Erwägungen Gegenstand kritischer Bemerkungen gewesen. Vergl. hierzu näher: Geisel, *a.a.O.*, S. 67f.

[1298] Insoweit entsprach die Arbeitshausstrafe also eher der Zuchthaus- als der Gefängnisstrafe des napoleonischen Strafensystems, denn während man in Frankreich die Zuchthäftlinge zu bestimmten harten Arbeiten zwang, wurde den zu einer bloßen Gefängnisstrafe verurteilten Delinquenten die Auswahl ihrer Tätigkeit im Rahmen eines bestimmten anstaltsspezifischen Angebots im wesentlichen selbst überlassen. Vergl. Art. 21 Abs. 1, 40 Abs. 1 C.P. 1810.

[1299] Den Insassen der Strafarbeitshäuser wurden jedoch die Haare nicht geschoren, was im Fluchtfalle eine Fahndung erheblich erschweren konnte. Bei Haftantritt teilte man den umliegenden Polizeibehörden allerdings sowohl die Namen der Häftlinge als auch deren genaue Personenbeschreibung mit. Vergl. Art. 18 bair. StGB 1813.

[1300] Anders als die *réclusion* und insoweit im wesentlichen übereinstimmend mit dem *emprisonnement*, zog die bayerische Arbeitshausstrafe also keinen zeitigen Verlust der Prozeß- und Geschäftsfähigkeit für die Dauer der Strafverbüßung nach sich. Vergl. Art. 29, 42f. C.P. 1810.

[1301] Art. 15 bair. StGB 1813.

[1302] Art. 17 Nr. 1 bis 5 bair. StGB 1813.

Anwesenheit des Zuchthauskommissärs vollstreckt werden mußte[1303]. Als weitere Strafschärfung bestimmte der Gesetzgeber ferner die Kostschmälerung insofern, als dem Häftling für die Dauer von höchstens einem Monat lediglich jeden dritten Tag eine warme Mahlzeit gereicht werden durfte[1304]. Desweiteren konnte dem Delinquenten sowohl eine isolierte Einsperrung in das *Zuchtgefängnis*[1305] als auch eine öffentliche Ausstellung vor Strafantritt in den vom Gesetz ausdrücklich bestimmten Fällen auferlegt werden[1306]. Als letzte Strafschärfungsart bestimmte das Bairische Strafgesetzbuch von 1813 darüber hinaus auch die beliebige Kombination der drei erstgenannten Schärfungsarten[1307].

cc.) Die Festungsstrafe

Eine der französischen Strafgesetzgebung seit den Tagen des *Ancien Régime* aufgrund der 1789 konsequent durchgeführten Umsetzung des Gleichheitsprinzips nicht mehr geläufige Form der Freiheitsstrafe schuf der bayerische Gesetzgeber von 1813 in Gestalt der Festungsstrafe, die gleichsam als Surrogat an die Stelle von regulären Freiheitsstrafen treten konnte. Je nach der Schwere des verwirklichten Delikts unterteilte das Strafgesetzbuch die Festungsstrafe zunächst in drei unterschiedliche Grade. Während hierbei der Kettenstrafe die Festungsstrafe ersten Grades und dem Zuchthaus die Festungsstrafe zweiten Grades entsprach, wurde das Strafarbeitshaus schließlich der Festungsstrafe dritten Grades gleichgesetzt. Voraussetzung für die Verhängung dieser gesonderten Form der Freiheitsstrafe war die dem erkennenden Gericht überlassene und im Gesetzestext nicht näher bezeichnete *Erwägung besonderer Umstände*[1308]. Diese lediglich äußerst vage formulierte und nicht durch eine Legaldefinition aufgefüllte Bestimmung mußte aber unter den damaligen gesellschaftlichen Bedingungen zwangsläufig zu einem seit der Konstitution von 1808 nicht mehr verfassungsgemäßen Adelsprivileg führen[1309], denn mit den zeitgenössischen Vorstellungen einer entgegen der anderslautenden Verfassung noch immer

---

[1303] Art. 17 Nr. 1 i.V.m. Art. 14 Abs. 1 Nr. 2 bair. StGB 1813.

[1304] Art. 17 Nr. 2 bair. StGB 1813.

[1305] Art. 17 Nr. 3 i.V.m. Art. 14 Abs. 1 Nr. 3 bair. StGB 1813.

[1306] Art. 17 Nr. 4 bair. StGB 1813. Wie bereits im Rahmen der Zuchthausstrafe dargelegt, beruht die Einführung dieser Strafschärfungsvariante in das Bairische Strafgesetzbuch von 1813 möglicherweise auf einer Übernahme der napoleonischen Nebenstrafe des Schandpfahls. Vergl. Art. 22 C.P. 1810.

[1307] Art. 17 Nr. 5 bair. StGB 1813.

[1308] Vergl. Art. 19 bair. StGB 1813: "Statt der in diesem Gesezbuche verordneten Kettenstrafe, Zuchthaus- oder Arbeitshausstrafe darf von dem Gerichte, nach Erwägung besonderer Umstände, auch auf Festungsstrafe erkannt werden [...]."

[1309] Die oktroyierte Verfassung vom 25. Mai 1808 hatte bereits ausdrücklich die Gleichheit aller vor dem Gesetz bestimmt. Vergl. 1. Titel, § 4 der *Konstitution für das Königreich Baiern* vom 25. Mai 1808 (abgedruckt in: *KBR* 1808, S. 985ff).

ständisch geprägten Gesellschaftsordnung erschien es nicht vereinbar, einen Delinquenten höheren Standes zusammen mit gewöhnlichen Verbrechern zu verwahren und zur Arbeit anzuhalten oder im Rahmen der Kettenstrafe gar zunächst öffentlich als Verbrecher auszustellen und anschließend zu lebenslangen Zwangsarbeiten heranzuziehen[1310].

Unbesehen des jeweiligen Grades der Festungsstrafe waren alle Verurteilten auf einer Festung ohne menschlichen Umgang streng zu verwahren und grundsätzlich zur Arbeit anzuhalten[1311]. Die ihnen auferlegten Tätigkeiten richteten sich allerdings nach dem jeweiligen Grad der Festungsstrafe. Während für die Festungsstrafe ersten Grades die für die Kettenstrafe geltenden Bestimmungen mit Ausnahme der öffentlichen Arbeiten und der vorherigen einstündigen öffentlichen Zurschaustellung entsprechende Anwendung fanden[1312], galten für die Festungsstrafe zweiten und dritten Grades die jeweils für das Zuchthaus[1313] bzw. das Strafarbeitshaus[1314] getroffenen Bestimmungen. Eine dem richterlichen

---

[1310]Die dem Feuerbachschen Entwurf von 1807 noch völlig unbekannte Bestimmung war gegen dessen Widerstand von reformfeindlichen Kräften in der Kommission durchgesetzt worden. Vergl. hierzu näher: Schubert, *Feuerbachs Entwurf zu einem Strafgesetzbuch für das Königreich Bayern aus dem Jahre 1824*, S. 65ff; Rottmann, *Das bayerische Strafrecht in seiner gegenwärtigen Gestaltung*, S. 8ff; Schweisthal, *a.a.O.*, S. 8; Geisel, *a.a.O.*, S. 69ff. Bemerkenswert ist auch, daß der Gesetzgeber den Verlust des Adelsprädikats in Art. 23 bair. StGB 1813 zwar als zwingende Folge einer Verurteilung zur Todes-, Ketten-, Zuchthaus- oder Arbeitshausstrafe vorschreibt, hierbei aber bezeichnenderweise die Festungsstrafe nicht erwähnt. Dem Gesetzgeber war zwar die Fragwürdigkeit dieser besonderen Haftstrafe unter Gleichheitsaspekten bewußt, allerdings wies er den Vorwurf des Privilegs mit der Begründung zurück, ein Mensch höheren Standes und höherer Bildung sowie unter Umständen auch dessen Familie (!) litten unter der normalen Freiheitsstrafe bzw. deren Vollzug mehr als andere. Schweisthal, *a.a.O.*, S. 19 sieht hierin ein frühes Beispiel dafür, wie das Argument der Gleichbehandlung unter Rückgriff auf das Differenzierungsgebot ausgehebelt werden kann. Vergl. *Anmerkungen*, Bd. I, S. 101f.: "Wenn gleich von der einen Seite jeder Unterthan nach gleichen Gesezen gerichtet werden soll, und eine im Wesentlichen oder in den juristischen Folgen verschiedene Strafart nach Standesverschiedenheit in ein rechtswidriges Privilegium einer wenigstens relativen Ungestraftheit übergehen würde, auch mit Grund behauptet werden kann, daß ein Mensch desto strafbarer sey, je mehr ihn sein höherer Stand oder seine vorzügliche Geistesbildung von Begehung unerlaubter Handlungen abhalten sollte, so ist doch auf der andern Seite nicht zu läugnen, daß die Strafübel in den allgemeinen Strafanstalten in vielen Fällen auf die unschuldige Familie und Verwandten des Sträflings auf vielfache Weise nachtheilig zurückwirken könnten, und zugleich den Mann von höherem Stande oder höherer Bildung bei weitem härter treffen, als denjenigen, der in denselben an Umgebungen, Lebensart, Arbeit und dergleichen keine auffallende Aenderung seines vorigen Zustandes findet."

[1311]Art. 20 Abs. 1 bair. StGB 1813.

[1312]Art. 20 Abs. 2 i.V.m. Art. 7f. bair. StGB 1813.

[1313]Art. 20 Abs. 3 i.V.m. Art. 10 bis 13 bair. StGB 1813.

[1314]Art. 20 Abs. 3 i.V.m. Art. 15f. bair. StGB 1813.

Ermessen anheimgestellte Strafschärfung sah der bayerische Gesetzgeber jedoch lediglich für die Festungsstrafen zweiten und dritten Grades vor[1315]. Sie konnte entweder in der alljährlichen Einsperrung in einem dunklen Keller bei Wasser und Brot[1316], der Zuweisung einer harten, lediglich aus Brettern bestehenden Lagerstätte[1317] oder aber im Entzug warmer Kost an wöchentlich ein oder zwei Tagen bestehen[1318], wobei jede Strafschärfung entweder für sich allein oder aber in beliebiger Kombination miteinander verbunden verhängt werden konnte[1319].

d.) Die Ehrenstrafen

Der Katalog der im ersten Buch des Bairischen Strafgesetzbuchs abschließend[1320] aufgeführten und augenfällig an die *dégradation civique* der napoleonischen Strafgesetzgebung[1321] erinnernden Ehrenstrafen[1322] beinhaltete neben der Kassation[1323] sowohl die Verwehrung des Zugangs zu Ehren- und öffentlichen Ämtern[1324] als auch den Verlust des Adels, aller Würden sowie der bereits ausgeübten Staats- und Ehrenämter[1325]. Der im Feuerbachschen Geist denkende bayerische Gesetzgeber wollte allerdings diese Strafen anders als noch die Urheber des *Code pénal* von 1810 nicht mit dem Institut der Infamie nach Maßgabe des alten Rechts gleichgesetzt wissen, das den Delinquenten vormals gleichsam in den Zustand der Rechtlosigkeit versetzt und mithin auf Dauer jeder Reintegrationsmöglichkeit beraubt hatte[1326]. Er differenzierte deshalb

---

1315 Art. 21 Nr. 1 bis 4 bair. StGB 1813.

1316 Art. 21 Nr. 1 i.V.m. Art. 14 Abs. 1 Nr. 3 bair. StGB 1813.

1317 Art. 21 Nr. 2 bair. StGB 1813.

1318 Art. 21 Nr. 3 bair. StGB 1813.

1319 Art. 21 Nr. 4 bair. StGB 1813.

1320 Vergl. Art. 24 Abs. 1 bair. StGB 1813. Lediglich bei Hochverrat sah das Strafgesetzbuch noch eine weitere, den Ehrenstrafen im Grunde völlig entsprechende Sanktion vor. Hiernach verfiel der Name des zu enthauptenden Hochverräters der Schande und mußte jedenfalls ausgetilgt werdet. Auf seinem Grab wurde eine Schandsäule aufgestellt und seine Familie gezwungen, ihren Namen zu ändern. Vergl. Art. 301 bair. StGB 1813. Der Gesetzgeber von 1813 sah es im übrigen viel mehr als "Schonung" denn als Strafe für die Familie des Hochverräters an, daß sie ihren Namen ändern mußte. Vergl. *Anmerkungen*, Bd. I, S. 109.

1321 Vergl. Art. 28, 34 C.P. 1810.

1322 Bemerkenswert ist, daß im Verlauf der Beratungen angeregt wurde, die Ehrenstrafen des Feuerbachschen Entwurfs gänzlich aus dem Gesetzestext zu streichen und an ihre Stelle unverändert das napoleonische Institut der *dégradation civique* treten zu lassen. Vergl. hierzu näher: Geisel, *a.a.O.*, S. 92.

1323 Art. 22 Abs. 1 Nr. 1 bair. StGB 1813.

1324 Art. 22 Abs. 1 Nr. 2 bair. StGB 1813.

1325 Art. 23 bair. StGB 1813.

1326 Dem napoleonischen Gesetzgeber kam es im Gegensatz dazu aus Abschreckungsgesichtspunkten heraus gerade auf den infamierenden Charakter der Strafen

nachdrücklich zwischen einer allgemeinen Menschen- und Bürgerehre, die jedem zustand und nicht angetastet werden durfte, und einer spezifischen Standes- und Amtsehre, über die nur ein bestimmter Personenkreis - etwa Adelige oder Staatsbeamte bzw staatliche Hoheitsträger - verfügte, der den übrigen Bürgern aufgrund seiner exponierten Stellung gleichsam als Vorbild dienen sollte[1327]. Die Ehrenstrafen richteten sich demnach deutlich abweichend von der zeitgenössischen französischen Strafgesetzgebung nur gegen solche Personen, die sich entweder aufgrund ihrer Herkunft oder aber aufgrund der von ihnen ausgeübten Funktion von den Durchschnittsbürgern abhoben[1328]. Insbesondere von Mitgliedern dieses Personenkreises erwartete man nämlich ein gesetzkonformes Verhalten und erkannte ihnen dementsprechend die privilegierte Stellung dann ab, wenn sie entgegen dieser Erwartungen straffällig wurden[1329]. Obwohl die Wirkungen der Strafe nach dem ausdrücklichen Willen des Gesetzgebers mit Ablauf der Strafzeit grundsätzlich enden sollten[1330], galt dieses Prinzip jedoch nicht für den Verlust der Standes- oder Amtsehre, denn wer diese Ehre erst einmal entweder aufgrund einer

---

an. Dies wird bereits anhand der zweifellos bewußt gewählten Bezeichnung der entsprechenden Strafen als *peines afflictives et infamantes* bzw. *peines seulement infamantes* hinreichend deutlich. Vergl. Art. 6 bis 8 C.P. 1810.

1327 Vergl. *Anmerkungen*, Bd. I, S. 40f.: "Das Gesez darf zwar [...] eine solche juristische Infamie nicht aussprechen, welche die allgemeine Menschen- und Bürgerehre zerstört, daher den Ehrlosen in den Zustand der Rechtlosigkeit versezt; die eigentlichen Ehrenstrafen als gesezliche Uebel konnten daher nur die bevorzugte Standes- oder Amtsehre zum Gegenstand nehmen. Allein hierdurch wollte der Gesezgeber der öffentlichen Meinung und dem allgemeinen Zartgefühle nicht zu nahe treten, er wollte Achtung, Zutrauen, Annäherung für Menschen nicht erzwingen, welche durch eine schädliche Handlung sich der Achtung und des Zutrauens guter Bürger unwürdig gemacht haben. Sie dürfen also keinen rechtlichen Nachtheil an der allgemeine Ehre leiden, sie behalten alle Rechte, die mit jener allgemeinen Ehre verbunden sind, ihre Gewerbe und alle Mittel zu einem ordentlichen Gewerbe, sie können und werden durch nachfolgendes Wohlverhalten selbst die Achtung und das Zutrauen ihrer Mitbürger wieder erringen; aber der öffentlichen Meinung legt das Gesez keinen Zwang an, und die hieraus für einen Verbrecher entstehenden Nachtheile sind keine juristischen Folgen; sie liegen vielmehr als natürliche Folge gerade so, wie die physische Krankheit, welche den Schwelger trifft, ausser der Sphäre des Gesezgebers, der sich auf die juristischen Folgen der Strafen und Uebelthaten einschränkt, aber gar keinen Grund hat, zum Vortheile der Straffälligen das feinere Ehrgefühl und die edelsten Triebe der guten Bürger durch Geseze gegen die öffentliche Meinung zu ersticken."

1328 Die infamierenden Strafen der zeitgenössischen französischen Strafgesetzgebung waren im Sinne einer konsequenten Umsetzung des Gleichheitsprinzips grundsätzlich gegen alle Bürger ungeachtet ihrer Herkunft und der von ihnen ausgeübten Funktion gerichtet.

1329 Vergl. *Anmerkungen*, Bd. I, S. 106f.: "[...] mit Recht fordert das Gesez von demjenigen, welcher einen Vorzug vor anderen Mitbürgern genießen will, daß er keines Verbrechens sich schuldig gemacht habe; diese bevorzugte Standes- oder Amtsehre kann und muß also zur Strafe solcher unerlaubter Handlungen, womit jene Ehre nicht vereinbar ist, jedoch unbeschadet der allgemeinen Bürger- und Menschenehre, entzogen werden."

1330 Art. 137 bair. StGB 1813.

selbständigen Strafe[1331] oder aber in Folge der Begehung eines beliebigen Verbrechens[1332] verloren hatte, erhielt sie - ebenso wie nach der entsprechenden napoleonischen Strafgesetzgebung[1333] - trotz erfolgter Strafverbüßung auf Lebenszeit nicht zurück[1334].

aa.) Die Kassation

Die ausschließlich gegen Staatsbeamte gerichtete Strafe der Kassation[1335] zog als qualifizierte Dienstentsetzung stets die Entfernung des straffällig gewordenen Beamten aus dem Dienst nach sich. In ähnlicher Weise wie die *dégradation civique* der napoleonischen Strafgesetzgebung hatte sie nicht nur den Verlust des Dienstranges und des Gehaltes zur Folge, sondern war zudem mit der lebenslangen Unfähigkeit verbunden, Ehren- und öffentliche Ämter zu bekleiden[1336].

bb.) Verwehrung des Zugangs zu Ehren- und öffentlichen Ämtern

Die Erklärung der Unfähigkeit zu Ehrenstellen und öffentlichen Ämtern[1337] kam insbesondere für solche Personen in Betracht, die bislang noch kein Ehren- oder öffentliches Amt bekleidet hatten. Ebenso wie die Kassation war auch diese Strafe stets auf Lebenszeit zu erkennen, so daß ein hierzu verurteilter Delinquent - ähnlich wie ein nach Maßgabe des zeitgenössischen *Code pénal* mit der *dégradation civique* belegter Verbrecher[1338] - Zeit seines Lebens niemals mehr darauf hoffen konnte, eine bedeutendere Stellung im öffentlichen Leben einnehmen zu dürfen.

cc.) Der Würdenverlust

Die ebenfalls stets auf Lebenszeit auszusprechende Strafe des Verlusts des verliehenen oder ererbten Adels sowie der gleichfalls lebenslange Verlust aller Staats- und Ehrenämter[1339] entsprach im Grunde der auch immer lebenslang zu erkennenden *dégradation civique* und fand insbesondere auf jene Personen

---

[1331] Vergl. Art. 269, 295f. sowie 351 bis 365 bair. StGB 1813.

[1332] Vergl. Art. 23 bair. StGB 1813: "Verlust des Adels und aller Würden, Staats- und Ehrenämter ist eine nothwendige rechtliche Folge der Verurtheilung auf die Todes-, Ketten-, Zuchthaus- oder Arbeitshausstrafe."

[1333] Vergl. Art. 28, 34 C.P. 1810.

[1334] Vergl. *Anmerkungen*, Bd. I, S. 110.

[1335] Art. 22 Abs. 1 Nr. 1 bair. StGB 1813.

[1336] Vergl. Art. 28, 34 C.P. 1810.

[1337] Art. 22 Abs. 1 Nr. 2 bair. StGB 1813.

[1338] Vergl. Art. 28, 34 C.P. 1810.

[1339] Art. 23 bair. StGB 1813.

Anwendung, die entweder dem Adel angehörten oder aber bereits ein Ehren- oder öffentliches Amt innehatten[1340].

2. Die Zivilstrafen

Hinsichtlich der lediglich für Vergehen vorgesehenen, systematisch den *peines en matière correctionnelle* des napoleonischen *Code pénal* entsprechenden Zivilstrafen unterschied der bayerische Gesetzgeber von 1813 zwischen Freiheitsstrafen[1341], demütigenden Strafen[1342], der körperlichen Züchtigung[1343] sowie verschiedenen Vermögensstrafen[1344]. Anders als die zu Kriminalstrafen verurteilten und deshalb als Verbrecher angesehenen Delinquenten durften zu Zivilstrafen verurteilte Missetäter auch während ihrer Strafverbüßung Eide sowie vollgültige Zeugnisse ablegen[1345].

a.) Die Freiheitsstrafen

Anders als die zeitgenössische napoleonische Strafgesetzgebung, die für Vergehen lediglich eine einheitliche Freiheitsstrafe in Gestalt des *emprisonnement* kannte[1346], sah das Bairische Strafgesetzbuch von 1813 im Hinblick auf die Zivilstrafen zwei Arten von Freiheitsstrafen vor, nämlich die Gefängnisstrafe[1347] und den Festungsarrest[1348].

aa.) Die Gefängnisstrafe

Als härteste der den Vergehen vorbehaltenen Zivilstrafen durfte die in Zielsetzung und Ausgestaltung in wesentlichen Zügen dem *emprisonnement* der napoleonischen Strafgesetzgebung[1349] entsprechende Gefängnisstrafe[1350] nur für

---

[1340] Vergl. Art. 28, 34 C.P. 1810. Anders als die bayerische Strafgesetzgebung enthielt der *Code pénal* von 1810 allerdings keine ausdrückliche Bestimmung über den Verlust des Adels.

[1341] Art. 27 bis 31 bair. StGB 1813.

[1342] Art. 22 Abs. 2 bair. StGB 1813.

[1343] Art. 25f. bair. StGB 1813.

[1344] Art. 33 bair. StGB 1813.

[1345] Vergl. *Anmerkungen*, Bd. I, S. 109: "Der Verbrecher ist während seiner Strafzeit zur Ablegung eines Eides oder eines vollgültigen Zeugnisses unfähig. Da das Gesez nur von Verbrechern redet, so kann es auf diejenigen, welche wegen eines Vergehens verurtheilt worden, nicht ausgedehnt werden [...]."

[1346] Vergl. Art. 9 Nr. 1 C.P. 1810.

[1347] Art. 27 bis 31 bair. StGB 1813.

[1348] Art. 27 bair. StGB 1813.

[1349] Vergl. Art. 40f. C.P. 1810.

eine Dauer von bis zu zwei Jahren verhängt werden[1351]. Möglicherweise in prinzipieller Anlehnung an die gleichnamige Strafe des napoleonischen Strafensystems wurden die zur Gefängnisstrafe verurteilten Delinquenten - ebenso wie die Insassen des Strafarbeitshauses - grundsätzlich nicht in ihren Privatrechten beschnitten[1352]. Allerdings waren sie in ähnlicher Weise wie nach der entsprechenden französischen Strafgesetzgebung in einem vom Strafarbeitshaus getrennten Ortsgefängnis unterzubringen[1353], wo sie ihre Strafe bei einfacher Kost

---

[1350]Sowohl das *emprisonnement* als auch die Gefängnisstrafe bayerischer Prägung sind von den Urhebern des jeweiligen Strafgesetzbuches zweifellos auf Besserung und Reintegration der Straftäter ausgerichtet worden. Hierauf wiesen bereits die Bezeichnungen der jeweiligen Haftanstalten als *maison de correction* bzw. das im bayerischen Gesetzestext deutlich vom *Strafarbeitshaus* differenzierte *Ortsgefängnis* hin. Vergl. Art. 40 Abs. 1 C.P. 1810 und Art. 27 bair. StGB 1813. Anders als das im wesentlichen nach dem Abschreckungsgedanken ausgerichtete napoleonischen Strafgesetzbuch, in dessen Strafenkatalog letztlich nur das *emprisonnement* einen erkennbaren Besserungs- und Reintegrationszweck beinhaltete, waren allerdings alle Strafen der bayerischen Kodifikation, die dem Täter nicht das physische oder - in Gestalt des bürgerlichen Todes - das bürgerliche Leben nahmen, letztlich auf Besserung und mithin auf Reintegration ausgerichtet. Vergl. *Anmerkungen*, Bd. I, S. 89f.: "[...] wenn auch Besserung der Grund des Strafrechts nicht ist, so muß doch der Staat seine Strafanstalten so einrichten, daß man hoffen darf, der Mensch werde nach überstandener zeitlicher Strafe als ein gebesserter Mensch der bürgerlichen Gesellschaft zurückgegeben." Vergl. auch *Anmerkungen*, Bd. I, S. 34f.: "Bei allen Strafen, welche das physische oder bürgerliche Leben nicht entziehen, ist auf [....] Besserung des Sträflings Rücksicht genommen."

[1351]Art. 28 Abs. 1 bair. StGB 1813. Im Hinblick auf die Dauer der Gefängnisstrafe wich die bayerische Kodifikation also erheblich von der entsprechenden französischen Strafgesetzgebung ab. Die Urheber des *Code pénal* von 1810 hatten nämlich für das *emprisonnement* einen allgemeinen Strafrahmen von mindestens sechs Tagen und höchstens fünf Jahren vorgesehen, der zwar selbst keine Anwendung fand und nur dazu diente, die äußersten Strafzumessungsgrenzen bei Vergehen aufzuzeigen, der aber gleichwohl die vergleichsweise größere Härte der napoleonischen Strafgesetzgebung aufzeigt. Vergl. Art. 40 Abs. 2 C.P. 1810. In Art. 25 seines Entwurfs von 1807 hatte Feuerbach im übrigen in konsequenter Abstufung zum mindestens einjährigen Aufenthalt im Strafarbeitshaus allerdings noch eine Höchststrafe von lediglich einem Jahr vorgesehen. Vergl. Geisel, *a.a.O.*, S. 46, 79; Meyer, *a.a.O.*, S. 26f.

[1352]Vergl. Art. 27 bair. StGB 1813: "[...] unbeschadet aller seiner Privatrechte." Wie bereits der Gesetzeswortlaut hinreichend andeutet, ging der bayerische Gesetzgeber allerdings hier noch weiter als die Urheber der napoleonischen Kodifikation. Diese hatte in einigen seltenen Fällen nämlich noch die zeitige, ausnahmsweise auch lebenslang mit dem *emprisonnement* zu verhängende Komplementärstrafe der ganz oder teilweise auszusprechenden Untersagung der Ausübung bestimmter Rechte [*interdiction de certains droits civiques, civils ou de famille*] vorgesehen. Vergl. Art. 42 C.P. 1810. Die bayerische Strafgesetzgebung zeigte sich also auch hier im Vergleich zum zeitgenössischen *Code pénal* als vergleichsweise milde.

[1353]Ebenso wie der bayerische Gesetzgeber von 1813 hatten bereits die Urheber der napoleonischen Kodifikation großen Wert auf eine Unterbringung in einer vom Zuchthaus [*maison de force*] deutlich getrennten Besserungsanstalt [*maison de correction*] gelegt, um

abzubüßen hatten[1354]. Hierbei waren sie wie die französischen Gefängnisinsassen zu einer angemessenen Beschäftigung anzuhalten, die nach Maßgabe der jeweiligen Umstände möglichst der gewöhnlichen beruflichen Tätigkeit des Gefängnishäftlings entsprechen sollte[1355]. Dies galt insbesondere dann, wenn das erkennende Gericht den Strafrahmen ausgeschöpft und der Delinquent deshalb eine längere Gefängnisstrafe zu verbüßen hatte[1356].

Wie bei allen anderen Freiheitsstrafen sah der Gesetzgeber auch für die Gefängnisstrafe die Möglichkeit der Strafschärfung vor. Diese dem napoleonischen Strafgesetzbuch unbekannten, sich ausschließlich auf den konkreten Strafvollzug beschränkenden Schärfungsmaßnahmen sollten jedoch nur bei Vorliegen *beschwerender Umstände*[1357] ausgesprochen werden und bestanden entweder in der Zuweisung einer aus bloßen Brettern bestehenden Lagerstätte, einer jeden dritten Tag zu vollziehenden Kostschmälerung mittels Fleischentzug bzw. der entsprechenden Entziehung aller warmen Speisen. Darüber hinaus sah der Gesetzgeber als dritte Möglichkeit der Strafschärfung die Verbindung beider Schärfungsvarianten vor[1358].

Anders als bei den Kriminalfreiheitsstrafen bestimmte der bayerische Gesetzgeber für die Gefängnisstrafe in Ansehung ihres geringen Strafrahmens keine Begnadigungsmöglichkeit. Allerdings konnte der Delinquent dann auf eine der napoleonischen Strafgesetzgebung prinzipiell unbekannte Verkürzung seiner Haftzeit hoffen, wenn über ihn eine nicht mehr als einjährige Gefängnisstrafe verhängt worden war, deren Dauer entweder seinen Erwerbsstand oder aber den Unterhalt und das Fortkommen seiner Familie in Gefahr brachte. Waren diese Voraussetzungen erfüllt, so konnte die eigentlich verwirkte Gefängnisstrafe durch die Anwendung der genannten Schärfungsarten in ihrer Dauer verhältnismäßig verkürzt werden[1359], wobei die Verbindung beider Schärfungsvarianten einer doppelt so langen Strafzeit gleichzusetzen war[1360].

Eine weitere Verkürzung der Gefängnisstrafe bzw. vielmehr deren Ersatz bestimmte das Strafgesetzbuch darüber hinaus für ausländische Bettler und

---

Kontakte zwischen Klein- und Schwerkriminellen sowie die damit verbundenen Risiken von vornherein auszuschließen.

[1354] Art. 27 bair. StGB 1813.

[1355] Vergl. Art. 40 C.P. 1810.

[1356] Art. 28 Abs. 2 bair. StGB 1813.

[1357] Art. 29 Halbsatz 1 bair. StGB 1813. Eine Legaldefinition der *beschwerenden Umstände* fand sich im Gesetzestext jedoch nicht, so daß die Entscheidung hierüber ausschließlich dem richterlichen Ermessen oblag.

[1358] Art. 29 Nr. 1 bis 3 bair. StGB 1813.

[1359] Art. 30 Abs. 1 bair. StGB 1813.

[1360] Art. 30 Abs. 2 bair. StGB 1813.

Vaganten in entfernter Anlehnung an die napoleonische Verbannungsstrafe [*bannissement*][1361] dann, wenn diese eine nicht mehr als einjährige Gefängnisstrafe verwirkt hatten[1362]. Überstieg die verwirkte Strafe eine sechsmonatige Haftzeit nämlich nicht, so wurden Angehörige dieses Personenkreises nach einer zweifellos auf spezialpräventive Abschreckung gerichteten körperlichen Züchtigung über die Landesgrenze verbracht, nach Möglichkeit dort ihrer Obrigkeit übergeben und für den Fall ihrer Rückkehr mit einer bis zu vierjährigen Arbeitshausstrafe verbunden mit erneuter Landesverweisung nach Strafverbüßung bedroht[1363]. Verwirkten sie hingegen eine mehr als sechsmonatige Gefängnisstrafe, so wurde zusätzlich die Landesverweisung mit der öffentlichen Ausstellung verbunden und die körperliche Züchtigung zudem auch öffentlich vollzogen[1364].

bb.) Der Festungsarrest

Der dem napoleonischen Strafgesetzbuch unbekannte Festungsarrest unterschied sich von der Gefängnisstrafe lediglich in der Art und Weise der Häftlingsunterbringung, denn anstatt seine Strafe in einem Ortsgefängnis abzubüßen, wurde der zu Festungsarrrest verurteilte Delinquent auf eine Festung verbracht und dort bei einfacher Kost eingesperrt[1365]. Anders als die ihr namensähnliche Festungsstrafe war der Festungsarrest jedoch nicht für den privilegierten Strafvollzug von Mitgliedern gehobener Stände bestimmt, sondern vielmehr nur deshalb vom bayerischen Gesetzgeber als möglicher (Alternativ-) Vollstreckungsort in den Gesetzestext aufgenommen worden, weil es zum Zeitpunkt der Konzeption des Strafgesetzbuches und auch noch längere Zeit nach dessen Einführung an einer ausreichenden Anzahl von Ortsgefängnissen bzw. an entsprechenden Mitteln für deren Errichtung fehlte[1366].

[1361] Vergl. Art. 32f. C.P. 1810.

[1362] Art. 31 i.V.m. Art. 331 bair. StGB 1813.

[1363] Im Gegensatz zur napoleonischen Strafgesetzgebung kannte das Bairische Strafgesetzbuch von 1813 allerdings die Landesverweisung für Untertanen nicht mehr und beschränkte diese dem *bannissement* ansonsten insgesamt entsprechende Sanktion ausschließlich auf Ausländer. Vergl. Art. 36 Abs. 1 bair. StGB 1813: "Gegen einen Unterthan findet keine Landesverweisung als Strafe Anwendung."

[1364] Die Landesverweisung war darüber hinaus nicht nur nach Maßgabe von Art. 31 über ausländische Bettler und Vaganten, sondern gemäß Art. 36 Abs. 2 auch nach jeder von einem Ausländer abgebüßten Kriminalstrafe auszusprechen und kann dementsprechend kaum noch als Kriminalstrafe für einen besonderen Täterkreis angesehen werden. Sie war deshalb in erster Linie Maßregel der Fremdenpolizei. Vergl. Art. 36 Abs. 2 bair. StGB: "Ausländer hingegen sollen nicht nur in dem in Art. 31 bestimmten Falle, sondern auch jedesmal nach einer überstandenen Kriminalstrafe des Landes verwiesen, und ihrer Obrigkeit, so ferne dieses geschehen kann, überliefert werden."

[1365] Art. 27 bair. StGB 1813.

[1366] Vergl. hierzu näher: Geisel, *a.a.O.*, S. 81.

b.) Die demütigenden Strafen

Der gleichfalls im Bairischen Strafgesetzbuch von 1813 abschließend[1367] erfaßte Katalog der demütigenden Strafen beinhaltete schließlich neben der Dimission[1368], die Degradation[1369], den Widerruf und die Abbitte[1370] sowie den gerichtlichen Verweis[1371]. Diese Strafen - die entfernt an die Strafe der *interdiction de certains droits civiques, civils ou de famille* der napoleonischen Strafgesetzgebung erinnern[1372] und in etwa deren Funktion im bayerischen Strafensystem einnahmen[1373] - sollten anders als die Ehrenstrafen nicht als Beeinträchtigung der Standes- oder Amtsehre oder gar der Bürgerehre aufgefaßt werden, sondern sich vielmehr gegen das Ehrgefühl des einzelnen Delinquenten richten und diesen im Rahmen der durch die Strafverhängung verursachten Scham zu Einkehr und Besserung veranlassen[1374].

aa.) Die Dimission

Als zweite Art der Dienstentsetzung neben der Kriminalstrafe der Kassation bestimmte der bayerische Gesetzgeber von 1813 die einfache Dienstentlassung in Gestalt der sogenannten Dimission[1375]. Diese ausschließlich gegen Staatsdiener gerichtete und der entsprechenden napoleonischen Strafgesetzgebung augenfällig

---

1367 Vergl. Art. 24 Abs. 1 bair. StGB 1813.

1368 Art. 22 Abs. 1 Nr. 3 bair. StGB 1813.

1369 Art. 22 Abs. 2 Nr. 1 bair. StGB 1813.

1370 Art. 22 Abs. 2 Nr. 2 bair. StGB 1813.

1371 Art. 22 Abs. 2 Nr. 3 bair. StGB 1813.

1372 Vergl. Art. 42 C.P. 1810: "Le tribunaux jugeant correctionnellement, pourront, dans certains cas, interdire en tout ou en partie, l'exercice des droits civiques, civils et de famille suivants:
1. De vote et d'élection;
2. D'éligibilité;
3. D'être appelé ou nommé aux fonctions de juré ou autres fonctions publiques, ou aux emplois de l'administration, ou d'exercer ces fonctions ou emplois;
4. De port d'armes;
5. De vote et de suffrage dans les délibérations de famille;
6. D'être tuteur, curateur, si ce n'est de ses enfants et sur l'avis seulement de la famille;
7. D'être expert ou employé comme témoin dans les actes;
8. De témoignage en justice, autrement que pour y faire de simples déclarations.

1373 In ähnlicher Weise wie nach der entsprechenden napoleonischen Strafgesetzgebung waren die demütigenden Strafen auch von den Urhebern der bayerischen Kodifikation ausschließlich als Vergehensstrafen vorgesehen. Wie die einzelnen Sanktionen der *interdiction de certains droits civiques, civils ou de famille* konnten zudem auch die demütigenden Strafen sowohl jede für sich als auch gemeinsam verhängt sowie gleichsam als Nebenstrafen neben andere Korrektionalstrafen treten.

1374 Geisel, *a.a.O.*, S. 92f.

1375 Art. 22 Abs. 1 Nr. 3 bair. StGB 1813.

ähnelnde Sanktion[1376] hatte ebenso wie die Kriminalstrafe der Kassation zwar sowohl den Verlust des Dienstes als auch den des Gehaltes, anders als diese aber keineswegs die dauernde Unfähigkeit zur Bekleidung von Staats- und Ehrenämtern sowie zum Würdenerwerb zur Folge. Als Vergehensstrafe war die Dimission darüber hinaus nicht mit dem Verlust der Ehre, des Adels sowie aller Würden verbunden[1377], beschränkte sich aber ebenso wie die Kassation nicht nur auf bloße Amtsdelikte, sondern erstreckte sich vielmehr auch auf solche vorsätzlich begangenen Vergehen, die nach ihrer Beschaffenheit und Schwere als nicht mehr vereinbar mit der vom Delinquenten ausgeübten Hoheitsfunktion angesehen wurden[1378].

bb.) Die Degradation

Die dem Strafenkatalog des napoleonischen *Code pénal* prinzipiell unbekannte Degradation[1379] zog anders als die Dimission nicht die völlige Enfernung des Beamten aus dem Staatsdient ohne Fortzahlung seiner Bezüge nach sich, sondern stellte eher eine disziplinarische Maßnahme dergestalt dar, daß man den straffällig gewordenen Staatsdiener in seinem Rang herabsetzte, was natürlich auch eine entsprechende Schmälerung seines Gehaltes nach sich zog. Ebenso wie die Dimission war auch die Verhängung der Degradation keineswegs nur auf im Amt begangene Vergehen beschränkt, sondern konnte gleichfalls auch dann ausgesprochen werden, wenn sich der Beamte außerhalb seines Dienstes eines schwerwiegenden vorsätzlichen Vergehens schuldig gemacht hatte, dessen Tragweite im Widerspruch zu seiner Funktion als Repräsentant der Obrigkeit stand

---

[1376] Vergl. insbesondere Art. 42 Nr. 3 C.P. 1810.

[1377] Vergl. Art. 23 bair. StGB 1813.

[1378] Vergl. Art. 437 bair. StGB 1813. Vergl. auch *Anmerkungen*, Bd. I, S. 42f.: "Dienstentlassung, Herabsetzung auf eine an Rang und Gehalt geringere Stelle sind [...] auf Amtsvergehen nicht eingeschränkt; vielmehr kann gegen einen öffentlichen Beamten, welcher sich eines vorsätzlichen gemeinen Vergehens schuldig machte, nach Beschaffenheit und Schwere der Uebertretung mit der Hauptstrafe des Vergehens auch die Dienstentlassung oder Degradation verbunden werden; denn oft ist ein ungeregeltes ordnungswidriges Betragen des Staatsbeamten dem Staatsdienste selbst viel zu nachtheilig, als daß die Regierung ohne Gefahr einem solchen Manne das Amt fernerhin anvertrauen, oder verbunden sein könnte, demselben, der sich seines Amtes unwürdig und verlustig machte, eine Pension zu reichen. Hat wohl ein Mensch, der ein Staatsamt bekleidet, und fähig ist, einen Diebstahl oder Betrug zu begehen [...], Anspruch auf das zum Staatsdienst nöthige Vertrauen? Ist es nicht seine Schuld, wenn er vom Amte entfernt wird, und kann er eine Pension fordern? Je großmüthiger und gerechter der Staat gegen die Staatsdiener handelt, desto mehr ist er berechtigt, von ihnen sowohl in als ausser dem Amte ein Pflichtmässiges und würdiges Betragen zu fordern."

[1379] Art. 22 Abs. 2 Nr. 1 bair. StGB 1813. Der Wortlaut der zeitgenössischen französischen Kodifikation verlangte offensichtlich stets die Entfernung des Delinquenten aus dem Staatsdienst. Vergl. Art. 42 Nr. 3 C.P. 1810.

und ein Verbleiben in der bislang bekleideten Position als nicht mehr opportun erscheinen ließ[1380].

cc.) Der Widerruf und die Abbitte

Die auch dem napoleonischen Strafensystem als komplementäre Nebenstrafe prinzipiell bekannte Sanktion des Widerrufs und der Abbitte[1381] sahen die Urheber des Bairischen Strafgesetzbuchs von 1813 ausschließlich dort vor, wo Angriffe auf die Ehre eines anderen geführt worden waren[1382]. Dem Delinquenten wurde hierbei insofern der Vollzug seiner Strafe selbst auferlegt, als er öffentlich zumindest mündlich sein Bedauern kundtun und den in seiner Ehre Verletzten um Verzeihung bitten mußte. Ebenso wie nach der entsprechenden französischen Strafgesetzgebung[1383] sollte die Androhung dieser vor allem aufgrund der herbeigezogenen Öffentlichkeit augenfällig als Demütigung konzipierten Strafe auch nach dem Willen des bayerischen Gesetzgebers nicht nur ein wirksames Mittel der Abschreckung sein, sondern zugleich auch dazu dienen, die in Mitleidenschaft gezogene Ehre des Verletzten - notfalls mit tatkräftiger staatlicher Mitwirkung[1384] - für alle erkennbar wiederherzustellen[1385]. Anders als bei der entsprechenden Nebenstrafe des zeitgenössischen *Code pénal* beschränkte sich der Anwendungsbereich von Widerruf und Abbitte in Bayern allerdings nicht nur auf die Ahndung von an Amt- und anderen Würdenträgern begangenen Ehrverletzungen, sondern erfaßte über Ehrenkränkungen des Königs sowie hoher Staatsbeamter[1386] hinaus generell auch solche Fälle, in denen die Ehre von Privatpersonen verletzt worden war.

[1380] Vergl. Art. 437 bair. StGB sowie *Anmerkungen*, Bd. I, S. 42f.

[1381] Art. 22 Abs. 2 Nr. 3 bair. StGB 1813.

[1382] Vergl. *Anmerkungen*, Bd. I, S. 43.

[1383] Nach dem zeitgenössischen *Code pénal* konnte ein wegen Beamtenbeleidigung zu Gefängnis- oder Geldstrafe verurteilter Delinquent zusätzlich noch dazu verurteilt werden, dem beleidigten Beamten gegenüber Abbitte zu leisten. Vergl. Art. 226f. C.P. 1810.

[1384] Insofern, als der Widerruf und die Abbitte letztlich nur mit dem Einverständnis des Delinquenten vollzogen werden konnten, stellte sich hier die Frage nach Zwangsmitteln für den Fall, daß der Verurteilte zu diesen Äußerungen nicht bereit war. Da das Gesetz hierzu aber keine Regelung enthielt, stützte man sich in der Praxis auf eine Vorschrift des Codex Civilis Bavaricus, nach der eine Hilfsperson des Gerichts in Anwesenheit des Delinquenten besagte Erklärungen abgab. Vergl. Arnold, *Erfahrungen aus dem bayerischen Strafgesetzbuch vom Jahre 1813 und Betrachtungen hierüber* (1843), S. 278f.; Schweisthal, *a.a.O.*, S. 20.

[1385] Meyer, *a.a.O.*, S. 31.

[1386] Vergl. Art. 311, 404, 406 bair. StGB 1813. In den beiden ersten Fällen hatte die öffentliche Abbitte noch in besonders demütigender Form - nämlich knieend vor dem Bild des Königs - zu erfolgen.

dd.) Der gerichtliche Verweis

Keine Entsprechung im napoleonischen Strafensystem fand jedoch die mildeste der demütigenden Strafen in Gestalt des gerichtlichen Verweises[1387], dessen Anwendungsbereich der Gesetzgeber lediglich auf Vergehenstatbestände mit vergleichsweise geringem Unrechtsgehalt beschränkte und der im wesentlichen darin bestand, daß dem Delinquenten von Seiten des erkennenden Gerichts öffentlich ein Tadel zum Zeichen der obrigkeitlichen Mißbilligung seines Tuns ausgesprochen wurde.

c.) Die körperliche Züchtigung

Die dem französischen Strafgesetzbuch von 1810 gleichfalls nicht geläufige körperliche Züchtigung[1388] bestimmte der bayerische Gesetzgeber zwar in nur wenigen Fällen als selbständige Strafe[1389], sah sie jedoch als regelmäßiges Schärfungsmittel von Zucht- und Arbeitshausstrafe vor[1390]. Die körperliche Züchtigung war dementsprechend integraler Bestandteil des bayerischen Strafvollzugs und wurde - trotz ihrer schmerzhaften und demütigenden Vollstreckungsweise - als übliche Begleitstrafe insgesamt in ihren Auswirkungen milder eingeschätzt als die eigentlichen demütigenden Strafen[1391]. Sie war in erster Linie dort angedroht, wo *Muthwillen* und *auffallende Rohheit* des Delinquenten ihre Anwendung nach Ansicht des Gesetzgebers unerläßlich machten[1392] und sollte bei Straftätern beiderlei Geschlechts mit einer aus Birkenreisern gebundenen Rute auf dem entblößten Rücken des Verurteilten vollzogen[1393], aber nur dann öffentlich vollstreckt werden, wenn das Gesetz ausdrücklich eine öffentliche Züchtigung des Delinquenten vorsah. Andernfalls war diese Körperstrafe innerhalb des Gefängnisses von dem Gerichtsknecht in Anwesenheit einer Gerichtsperson zu vollziehen[1394]. In allen Fällen aber war die körperliche Züchtigung auf maximal 50 Streiche beschränkt[1395], wobei der Richter zuvor im Strafurteil die Anzahl der zu

---

[1387] Art. 22 Abs. 2 bair. StGB 1813.

[1388] Art. 25f. bair. StGB 1813.

[1389] Vergl. Art. 98 Abs. 2, 99 Abs. 1 Nr. 5, 187, 188, 320, 321 Nr. 6, 333 Abs. 2 Nr. 3, 381, 382, 385 Nr. 5, 404, 409, 413 Nr. 2, 415, 418, 436 bair. StGB 1813.

[1390] Vergl. Art. 14 Abs. 1 Nr. 2, 17 Nr. 1 bair. StGB 1813.

[1391] Schweisthal, *a.a.O.*, S. 9.

[1392] Vergl. *Anmerkungen*, Bd. I, S. 43: "Die körperliche Züchtigung ist selten, und nur da angewendet, wo Muthwillen oder auffallende Rohheit ihren Eindruck anrathen."

[1393] Art. 25 Abs. 3 bair. StGB 1813.

[1394] Art. 25 Abs. 4 bair. StGB 1813.

[1395] Art. 25 Abs. 1 bair. StGB 1813. Die maximale Anzahl der Rutenstreiche ist während der Beratungen allerdings wiederholt Gegenstand heftiger Diskussionen gewesen. In Anlehnung an die entsprechenden Bestimmungen des österreichischen Strafgesetzbuchs entschied man

führenden Streiche genau zu bestimmen hatte[1396]. Darüber hinaus durfte die körperliche Züchtigung nur nach vorheriger ärztlicher Untersuchung vollzogen werden. Ergab diese vom Gerichtsarzt zu besorgende Untersuchung, daß bei Vollziehung der Züchtigung Gefahr für Leib und Leben des Delinquenten bestand, so mußte diese Körperstrafe entweder in eine entsprechende Gefängnisstrafe oder in eine anderweitige Strafschärfung umgewandelt werden, je nachdem ob die körperliche Züchtigung als Hauptstrafe oder als bloße Strafschärfung verhängt worden war[1397].

d.) Die Vermögensstrafen

Die den entsprechenden Sanktionen der napoleonischen Strafgesetzgebung[1398] auffallend ähnelnden Vermögensstrafen der bayerischen Kodifikation[1399] umfaßten ebenso wie der hier möglicherweise zum Vorbild genommene *Code pénal* von 1810 sowohl die Geldbuße[1400] als auch die Konfiskation einzelner Gegenstände[1401] sowie den dauerhaften oder auch bloß zeitigen Verlust vermögenswerter Rechte oder Privilegien[1402]. Ähnlich wie nach der entsprechenden französischen Strafgesetzgebung wurden diese Strafen auch in Bayern nur dort verhängt, wo körperliche Strafen unzweckmäßig erschienen und die Einziehung der Sache, mit der die strafbare Handlung begangen wurde bzw. der Verlust des mißbrauchten Rechts als notwendige Folge der Handlung angesehen werden mußte[1403].

---

sich aber schlußendlich für ein Maximum von 50 Streichen. Vergl. hierzu näher: Geisel, *a.a.O.*, S. 86f.

1396 Art. 25 Abs. 2 bair. StGB 1813.

1397 Art. 26 bair. StGB 1813.

1398 Vergl. Art. 11 C.P. 1810.

1399 Art. 33f. bair. StGB 1810. Anders als der napoleonische Strafenkatalog, der zusammen mit den Vermögensstrafen noch die lebenslange oder bloß zeitige Polizeiaufsicht erfaßt hatte, stellte die besondere Polizeiaufsicht nach zeitgenössischer bayerischer Strafgesetzgebung keine Strafe im eigentlichen Sinn mehr dar, sondern wurde nurmehr als bloße polizeiliche Maßregel aufgefaßt. Vergl. Art. 36 Abs. 3 bair. StGB 1813: "Die Begrenzung an einen bestimmten Aufenthaltort ist nur als polizeiliche Maasregel wesentlicher Bestandtheil der über eine Person verfügten besonderen Polizeiaufsicht." Vergl. Art. 11, 44ff C.P. 1810.

1400 Art. 33 Abs. 2 Nr. 1 bair. StGB 1813.

1401 Art. 33 Abs. 2 Nr. 2 bair. StGB 1813.

1402 Art. 33 Abs. 2 Nr. 3 bair. StGB 1813.

1403 Vergl. *Anmerkungen*, Bd. I, S. 43, 117f.

aa.) Die Geldbuße

Die regelmäßig vor allem für leichtere Straffälle einschlägige Geldbuße[1404] durfte - ebenso wie nach der entsprechenden napoleonischen Strafgesetzgebung - auch nach dem Bairischen Strafgesetzbuch von 1813 niemals als selbständige Strafe zur Ahndung von Verbrechen verhängt, sondern als Hauptstrafe nur bei Vergehen und Polizeiübertretungen ausgesprochen werden. Als Nebenstrafe trat sie hingegen sowohl neben Verbrechens- als auch neben Vergehensstrafen und war als selbständige Zivilstrafe vor allem dort angeordnet, wo es galt, auf Gewinnsucht beruhende Straftaten zu ahnden, deren geringe Tragweite andere Strafen als unzweckmäßig erscheinen liessen[1405]. Ebenso wie der napoleonische *Code pénal* kannte darüber hinaus auch die bayerische Kodifikation keinerlei allgemeine Ober- oder Untergrenzen im Hinblick auf die Maximal- und Minimalhöhe der Geldstrafe, deren Höhe im Strafgesetzbuch von den Urhebern der Kodifikation jeweils individuell auf das mit ihr belegte Delikt abgestimmt worden war, wobei die höchste Geldbuße nur 300 Taler betrug[1406]. Grundlegend anders als nach der napoleonischen Strafgesetzgebung konnte die Geldstrafe allerdings in Bayern nicht mit einer der französischen *contrainte par corps* entsprechenden Beugehaft[1407] zwangsweise beigetrieben werden. Unter bestimmten Umständen mußte jedoch eine Geldstrafe zwingend in eine Gefängnisstrafe umgewandelt werden, die dann die Geldbuße abweichend von der napoleonischen Beugehaft allerdings nicht erzwingen, sondern vielmehr völlig ersetzen sollte. Während nach dem ausdrücklichen Willen des bayerischen Gesetzgebers prinzipiell keine der im Strafgesetzbuch bestimmten Freiheits- oder Körperstrafen in eine Geldstrafe umgewandelt werden durfte[1408], räumte er eine entgegengesetzte Umwandlungsmöglichkeit jedoch Minderjährigen bis zum vollendeten sechzehnten Lebensjahr[1409], unter Kuratel stehenden Verschwendern[1410] sowie solchen mittellosen Delinquenten ein, die entweder die ihnen auferlegte Geldbuße nicht zahlen konnten oder von sich aus um eine Strafverwandlung nachgesucht hatten[1411]. Für diese Strafverwandlung gab der bayerische Gesetzgeber dem

---

[1404] Art. 33 Abs. 2 Nr. 1 bair. StGB 1813.

[1405] Vergl. *Anmerkungen*, Bd. I, S. 118.

[1406] Vergl. Art. 444 bair. StGB 1813.

[1407] Vergl. Art. 52f. C.P. 1810.

[1408] Vergl. Art. 34 Abs. 1 bair. StGB 1813: "Keine im Geseze bestimmte Freiheits- oder körperliche Strafe darf in Geldstrafe verwandelt werden." Auch der napoleonischen Strafgesetzgebung war eine Umwandlung von Freiheits- oder anderen Strafen in Geldbußen grundsätzlich unbekannt. Anders als der bayerische Gesetzgeber verzichteten die Urheber des *Code pénal* von 1810 aber auf eine ausdrückliche Festlegung dieses selbstverständlichen Prinzips im Gesetzestext.

[1409] Art. 34 Abs. 2 Nr. 1 bair. StGB 1813.

[1410] Art. 34 Abs. 2 Nr. 2 bair. StGB 1813.

[1411] Art. 34 Abs. 2 Nr. 3 bair. StGB 1813.

erkennenden Gericht insofern einen verbindlichen Umrechnungsmaßstab vor, als er eine Summe von 25 *Gulden* einer achttägigen Gefängnishaft gleichsetzte. Allerdings durfte die als bloßer Freiheitsentzug ausgestaltete Inhaftierung dabei eine Dauer von drei Monaten nicht überschreiten[1412].

bb.) Die Sachkonfiskation

Grundlegend anders als die zeitgenössische französische, noch die Konfiskation des Gesamtvermögens eines Delinquenten beinhaltende Strafgesetzgebung[1413], hatte der im Feuerbachschen Geist denkende bayerische Gesetzgeber von 1813 diese auch dem Codex Iuris Criminalis Bavarici von 1751 noch recht geläufige Sanktion nach Maßgabe verfassungsrechtlicher Bestimmungen auf die bloße Einziehung einzelner Gegenstände beschränkt[1414]. Diese an die *confiscation spéciale* des napoleonischen Strafgesetzbuches erinnernde Sanktion konnte - obwohl im wesentlichen selbständige Hauptstrafe bei Vergehen - auch mit Kriminalstrafen gleichsam als Nebenstrafe verbunden werden, war allerdings als selbständige Hauptstrafe vom bayerischen Gesetzgeber lediglich als Zivilstrafe vorgesehen[1415]. In ähnlicher Weise wie die *confiscation spéciale* der napoleonischen Kodifikation[1416] zog auch die Sachkonfiskation bayerischer Prägung die Einziehung derjenigen Gegenstände nach sich, die zur Begehung einer Straftat entweder gebraucht, durch sie hervorgebracht oder zu ihrer Begehung bestimmt worden waren[1417].

1412 Art. 35 bair. StGB 1813.

1413 Vergl. Art. 7 Abs. 2 C.P. 1810.

1414 Die gänzliche oder teilweise Konfiskation des Vermögens eines Verbrechers war hingegen gemäß der Konstitution von 1808 grundsätzlich ausgeschlossen und durfte weder als selbständige Strafe noch als Ergänzung anderer Strafen verhängt werden. Ausgenommen war hiervon allerdings das Vermögen von Deserteuren sowie insbesondere das Vermögen von Personen, die Bayern ohne Einwilligung des Königs zur Auswanderung verlassen hatten. Vergl. *Konstitution für das Königreich Baiern* vom 25. Mai 1808, 5. Titel, § 6 (abgedruckt in: *KBR* 1808, S. 998); *Edikt über die Konfiskationen* vom 29. August 1808 (abgedruckt in: *KBR* 1808, S. 1937ff).

1415 Vergl. Art. 33 Abs. 1 bair. StGB 1813: "Konfiskation des Vermögens eines Verbrechers findet Kraft der Konstitution des Reichs [...] weder als selbständige Strafe, noch als Anhang anderer Hauptstrafen statt."

1416 Vergl. Art. 11 C.P. 1810: "[...] la confiscation spéciale, soit du corps du délit quand la propriété en appartient au condamné, soit des choses produites par le délit, soit de celles qui ont servi ou qui ont été destinées à le commettre, sont des peines communes aux matières criminelle et correctionnelle."

1417 Allerdings ließ weder der Wortlaut des Gesetzes noch derjenige der Kommentierung auf einen derart weiten Anwendungsbereich der Sachkonfiskation schließen. Dieser dürfte sich allerdings aus der Natur der Sache ergeben. Vergl. *Anmerkungen*, Bd. I, S. 117f.: "Mit der Vermögens-Konfiskation hat die Konfiskation einzelner Sachen nichts gemein, indem nur bei jenen, womit eine strafbare Handlung begangen worden, diese Konfiskation eintritt, und eben

cc.) Der Einzelrechtsverlust

Der entweder bloß zeitig oder aber lebenslang auszusprechende Einzelrechtsverlust mußte schließlich überall dort verhängt werden, wo der Verlust des vom Delinquenten mißbrauchten Rechts als notwendige Folge der Handlung angesehen wurde[1418]. Diese spezifischste aller bayerischer Vermögensstrafen fand zwar keinerlei unmittelbare Entsprechung in der napoleonischen Strafgesetzgebung, ähnelte jedoch von Ferne der gleichfalls als Vergehensstrafe konzipierten *interdiction de l'exercice des droits civiques, civiles et de famille* des *Code pénal*, die dem Delinquenten gleichfalls für gewisse Dauer, ausnahmsweise auch auf Lebenszeit die Ausübung bestimmter, allerdings im Gesetzestext genau umrissenener Rechte untersagte[1419].

V. Die allgemeinen Grundsätze zur Verbrechenslehre

Abgesehen von einigen augenfälligen Ähnlichkeiten im Hinblick auf Strafensystem und Strafenkatalog, zeichnete sich ein spürbarer Einfluß der zeitgenössischen französischen Strafgesetzgebung vor allem aber auch bei den allgemeinen Grundsätzen zur Verbrechenslehre ab. Besonders augenfällig ist dies bei den Bestimmungen zu Versuch[1420] und Teilnahme[1421], darüber hinaus aber auch bei verschiedenen Strafmilderungsgründen[1422], hier vor allem in Gestalt der strafrechtlichen Behandlung jugendlicher Straftäter[1423]. Eine deutliche Orientierung der Urheber des Bairischen Strafgesetzbuchs von 1813 nach der entsprechenden napoleonischen Strafgesetzgebung schlug sich zudem auch bei den Strafschärfungsgründen[1424] nieder, wo vor allem die Bestimmungen zum stets strafschärfenden Rückfall[1425] offensichtlich überwiegend dem französischen Vorbild nachgebildet worden waren. Gleiches gilt auch hinsichtlich einiger

darin ihre vollkommene Rechtfertigung findet. Sollte wohl der Münzfälscher ein Recht haben, die Werkzeuge seines Verbrechens zurückzufordern?"

1418 Vergl. *Anmerkungen*, Bd. I, S. 118: "Oder sollte man, um ein Beispiel von der Nothwendigkeit des zeitlichen oder beständigen Verlustes nutzbarer Rechte zu geben, einem Vater, der seine Tochter verkuppelt, die väterliche Gewalt und die Nuznießung des Vermögens der Tochter, oder einem Gastwirthe, der wissentlich dem Diebsgesindel Aufenthalt giebt, die Wirthschaft, oder einem treulosen Advokaten die Anwaltschaft, oder einem Arzte, der sich zum Kinderabtreiben herleihet, die Praxis ferner belassen können?"

1419 Vergl. Art. 42 C.P. 1810.

1420 Art. 57 bis 63 bair. StGB 1813.

1421 Art. 45f., 73 bis 89 bair. StGB 1813.

1422 Art. 98 bis 106 bair. StGB 1813.

1423 Art. 98 bis 102 bair. StGB 1813.

1424 Art. 108 bis 117 bair. StGB 1813.

1425 Art. 111 bis 117 bair. StGB 1813.

Strafaufhebungsgründe[1426], wo sich insbesondere bei der Notwehr[1427] sowie der Verjährungsproblematik[1428] augenfällige Parallelen zwischen beiden Kodifikationen ziehen lassen, die mit hoher Wahrscheinlichkeit auf Einflüsse der napoleonischen Strafgesetzgebung zurückzuführen sind.

1. Vorsatz und Fahrlässigkeit

Grundlegend anders als das gemeine Recht[1429] und die napoleonische Strafgesetzgebung - letztere hatte weder eine Legaldefinition des Vorsatzes noch eine Umschreibung der Fahrlässigkeit gekannt[1430] - gedachte der bayerische Gesetzgeber keineswegs, die Lehren von *dolus* und *culpa* der Doktrin zu überlassen und hatte daher beschlossen, im Rahmen der neuen Kodifikation allgemeine Begriffsbestimmungen für Vorsatz[1431] und Fahrlässigkeit[1432] aufzustellen[1433]. Dementsprechend beinhaltete das Bairische Strafgesetzbuch von 1813 sowohl eine Definition des rechtswidrigen Vorsatzes[1434] als auch eine entsprechende Definition der Fahrlässigkeit[1435], wobei beide Legaldefinitionen durch eine Anzahl weiterführende, neben Strafzumessungs- auch

[1426] Art. 120f., 125 bis 133, 139f. bair. StGB 1813.

[1427] Art. 125 bis 136 bair. StGB 1813.

[1428] Art. 139f. bair. StGB 1813.

[1429] Das gemeine Recht hatte die subjektive Seite der Tat zwar mit vielfältigen Einzelbegriffen zu umschreiben versucht, jedoch niemals eine exakte allgemeine Begriffsbestimmung des Vorsatzes oder der Fahrlässigkeit hervorgebracht. Vergl. hierzu näher: Achenbach, *Historische, dogmatische Grundlagen der strafrechtssystematischen Schuldlehre*, Berlin 1974; His, *Das Strafrecht des deutschen Mittelalters*, Bd. I, S. 68ff; Berner, *Lehrbuch*, S. 150ff. Obwohl die Carolina zwar noch keinen allgemeinen Fahrlässigkeitsmaßstab gekannt hatte, war es ihr jedoch hinsichtlich der Tötungsdelikte gelungen, die Fahrlässigkeit von Zufall und Vorsatz abzugrenzen. Vergl. Art 146 C.C.C. 1532: "So einer ein ziemlich unverbothen Werck an einem Ende oder Ort, da solche Werck zu üben ziemlich ist, thut, und dadurch von ungeschickten gantz ungefährlicher Weiß, wider des Thäters Willen, iemand entleibet, derselbige wird in viel Weg, die nicht müglich zu benennen seyn, entschuldigt." Vergl. auch Art. 134 und 180 C.C.C. 1532.

[1430] Allerdings enthielt der napoleonische *Code pénal* in Art. 297 eine sehr lückenhafte Definition des als *préméditation* umschriebenen *dolus*. Eine entsprechende Definition der Fahrlässigkeit fand sich in der zeitgenössischen französischen Strafgesetzgebung hingegen nicht, denn die Urheber des *Code pénal* hatten sich darauf beschränkt, die Fahrlässigkeit in den entsprechenden Tatbeständen mit verschiedentlichsten Begriffen wie *négligence*, *maladresse*, *imprudence*, *défaut de précaution* sowie *inobservation* zu bezeichnen, hatten diese jedoch nicht näher umschrieben. Vergl. Art. 297, 319f. C.P. 1810.

[1431] Art. 39 bis 44 bair. StGB 1813.

[1432] Art. 64 bis 72 bair. StGB 1813.

[1433] Vergl. *Anmerkungen*, Bd. I, S. 137ff, 188ff.

[1434] Art. 39 Abs. 1 bair. StGB 1813.

[1435] Art. 64 bair. StGB 1813.

Beweisregelungen beinhaltende Bestimmungen ergänzt wurden. Bemerkenswert ist hierbei, daß der bayerische Gesetzgeber im Rahmen der Fahrlässigkeitsbestimmungen bereits deutlich zwischen zwei Fahrlässigkeitsgraden in Gestalt einer groben[1436] sowie einer geringen Fahrlässigkeit[1437] differenzierte[1438], an die jeweils wieder unterschiedliche Strafandrohungen gekoppelt waren[1439].

Nach der Feuerbachschen Theorie vom psychologischen Zwang konnte einem Täter eine Straftat nur dann zugerechnet werden, wenn er sie willentlich begangen hatte, denn andernfalls konnte ihn die Strafandrohung ja nicht abschrecken und mithin von der Begehung der strafbaren Handlung abhalten. Der im Feuerbachschen Geist denkende bayerische Gesetzgeber von 1813 konnte demnach gar nicht umhin, eine Bestimmung in das Strafgesetzbuch aufzunehmen, die sich mit dem Vorsatz befaßte und diesen hinlänglich brauchbar umschrieb. Obwohl jede gesetzliche Definition des Vorsatzes letztlich nur eine leere Umschreibung und Tautologie sein kann[1440], erachtete der bayerische Gesetzgeber den Vorsatz unter besonderer Berücksichtigung der auf den Eintritt des strafbaren Erfolgs gerichteten rechtswidrigen Willensrichtung[1441] dann als gegeben, *wenn eine Person die Hervorbringung des aus ihrer Handlung enstandenen Verbrechens sich als Zweck und Absicht dieser ihrer Handlung vorgesezt hat, und sich dabei der Rechtswidrigkeit und Strafbarkeit dieses Entschlusses bewußt gewesen ist*[1442]. Vor allem *um den Vorwänden zu begegnen, womit manche Verbrecher ihren bösen Vorsaz entschuldigen wollen*, bestimmte der bayerische Gesetzgeber hierbei ergänzend, daß weder der Erlaubnis- oder Verbotsirrtum[1443] noch die *actio libera in causa*[1444] unter keinen Umständen den rechtswidrigen Vorsatz und mithin die

[1436] Art. 65 bis 67 bair. StGB 1813.

[1437] Art. 68 bair. StGB 1813.

[1438] Vergl. hierzu ausführlich: *Anmerkungen*, Bd. I, S. 192ff.

[1439] Art. 69f. bair. StGB 1813.

[1440] Diesem Umstand hat der bayerische Gesetzgeber schließlich später insofern Rechnung getragen, als das Bayerische Strafgesetzbuch von 1861 - ebenso wie das moderne, auf dem Reichsstrafgesetzbuch von 1871 beruhende Strafgesetzbuch unserer Tage - keine Vorsatzdefinition mehr beinhaltete. Vergl. Berner, *Lehrbuch*, S. 151.

[1441] Vergl. *Anmerkungen*, Bd. I, S. 138f.

[1442] Vergl. Art. 39 Abs. 1 bair. StGB 1813.

[1443] Vergl. Art. 39 Abs. 2 bair. StGB 1813: "Dabei schließt weder die Meinung, was unter bürgerlicher Strafe verboten ist, sey nach dem Gewissen oder der Religion erlaubt gewesen, noch der Irrthum oder die Unwissenheit bloß über Art und Grösse der Strafe, noch die Beschaffenheit des Endzwecks oder Beweggrundes, um dessentwillen der Entschluß zum Verbrechen gefaßt worden, den rechtswidrigen Vorsaz aus." Den Tatbestandsirrtum nahm der Gesetzgeber also erkennbar von Strafe aus. Vergl. *Anmerkungen*, Bd. I, S. 140f.

[1444] Vergl. Art. 40 bair. StGB 1813: "Wer mit rechtswidrigem Vorsaze ein Verbrechen beschlossen, und, um dasselbe auszuführen, sich in den Zustand von Geistesabwesenheit, durch Trunk oder andere Mittel, absichtlich versezt, auch in diesem Zustande kein

Strafbarkeit des Täters auszuschließen vermochten[1445]. Grundsätzlich von der Vermutung ausgehend, daß jeder durch eine Handlung bewirkte Erfolg dem Handelnden auch zugerechnet werden mußte[1446], bestimmte der Gesetzgeber darüber hinaus auch ausdrücklich für den Fall, daß sich mehrere Erfolge derselben strafbaren Handlung aneinanderreihten, von denen allerdings der nähere vom Täter unbedingt, der entferntere hingegen von ihm nur bedingt beabsichtigt worden war, wenn also der bedingte sowie der unbedingte Vorsatz zusammentrafen, daß der Einwand des Täters nicht gelten könne, daß seine rechtswidrige Absicht nur auf den geringeren Erfolg gerichtet gewesen war[1447] und erteilte mithin einer strafrechtlichen Berücksichtigung des *dolus indeterminatus* eine deutliche Absage[1448]. Hatte der vorsätzlich handelnde Täter allerdings *aus Irrthum oder Unwissenheit über gewisse Thatsachen diejenige Eigenschaft seiner Handlung nicht gekannt, welche die Strafbarkeit vermehrt*, und daraufhin eine schwerere als die eigentlich beabsichtigte Straftat begangen, so durfte ihm seine Tat nur insoweit straferhöhend zugerechnet werden, als sie auch von seinem Vorsatz gedeckt gewesen war[1449]. Eine besondere Vermutung in Gestalt des Grundsatzes *in dubio dolus non praesumitur*[1450] stellte der bayerische Gesetzgeber darüber hinaus bei Personendelikten auf, denn hier mußte der rechtswidrige Tatvorsatz stets dann vermutet werden, wenn sich aus den besonderen Umständen nicht mit *Gewiß- oder Wahrscheinlichkeit* das Gegenteil ergab[1451]. Eine weitere Vermutung traf der Gesetzgeber schließlich dergestalt, daß er einem erwiesenermaßen vorsätzlich handelnden Täter jeden kausalen rechtswidrigen Erfolgseintritt dann als beabsichtigt unterstellte, wenn dieser *nach allgemein bekannter Erfahrung unmittelbar und nothwendig* aus der strafbaren Handlung *zu entstehen pflegte*. Wollte der Täter diese Vermutung entkräften, so war ihm dies nur durch die Darlegung einen *klaren*, also (Voll-) *Beweises* möglich[1452]. Gelang ihm diese oftmals schwierige Beweisführung jedoch nicht, so mußte ihm der Eintritt des rechtswidrigen Erfolges jedenfalls zugerechnet werden[1453].

Verbrechen anderer Art, als das beabsichtigte, wirklich ausgeführt hat, soll als ein vorsäzlicher Verbrecher bestraft werden."

[1445] Vergl. *Anmerkungen*, Bd. I, S. 140ff.

[1446] Vergl. *Anmerkungen*, Bd. I, S. 144: "Von einem jeden Menschen, dem eine Handlung zugerechnet werden kann, muß man als gewiß annehmen, daß er wollte, was er in einem zurechnungsfähigen Zustande that."

[1447] Art. 41 bair. StGB 1813.

[1448] Vergl. *Anmerkungen*, Bd. I, S. 139f., 151f. Dies hat allerdings zu ungerechten Härten geführt, die schon bald nach Inkrafttreten des Strafgesetzbuchs zum Gegenstand deutlicher Kritik wurden. Vergl. hierzu näher: Arnold, *a.a.O.*, (1843), S. 530.

[1449] Vergl. Art. 42 bair. StGB 1813.

[1450] Vergl. *Anmerkungen*, Bd. I, S. 144f.

[1451] Vergl. Art. 43 bair. StGB 1813.

[1452] Vergl. Art. 44 bair. StGB 1813.

[1453] Vergl. *Anmerkungen*, Bd. I, S. 145ff.

Folgt man der Feuerbachschen Theorie vom psychologischen Zwang und dem mit ihr einhergehenden Abschreckungsprinzip, so konnte dem Täter eine strafbare Handlung grundsätzlich nur dann zugerechnet werden, wenn er diese auch vorsätzlich begangen hatte, denn andernfalls vermochte ihn die im Strafgesetzbuch enthaltene Strafandrohung auch nicht von der Tatverwirklichung abzuschrecken. Das Wesen der Fahrlässigkeit besteht aber nun einmal gerade darin, daß der fahrlässig handelnde Täter den strafbaren Erfolg anders als der Vorsatztäter eben gerade nicht herbeiführen will. Strenggenommen hätte der fahrlässig handelnde Täter also nach der Lehre vom psychologischen Zwang eigentlich mangels Vorsatz freigesprochen werden müssen. Um dieses zwar konsequente, unter dem Gesichtspunkt einer effektiven Abschreckung aber äußerst unerwünschte Ergebnis zu vermeiden, hatte der bayerische Gesetzgeber deshalb im Rahmen der Legaldefinition der Fahrlässigkeit allgemein zur *gehörigen Aufmerksamkeit und Bedachtsamkeit* verpflichtet[1454] und mithin eine Sorgfaltspflicht konstruiert, die bereits vor Begehung der eigentlichen Tat bestand und über die sich der Täter allein durch die objektive Tatbestandsverwirklichung nun vorsätzlich hinweggesetzt hatte, so daß auch die zuvor gemeinrechtlich keineswegs regelmäßig strafbare unbewußte Fahrlässigkeit[1455] nunmehr als eine vorsätzliche Verletzung der Sorgfaltspflicht aufgefaßt werden mußte und mithin die Verletzung eines Strafgesetzes prinzipiell sowohl *dolos* als auch *culpos* möglich war[1456].

Vor allem um dem Richter möglichst konkrete Anhaltspunkte dahingehend vorzugeben, wann auf ein grob und wann lediglich auf ein gering fahrlässiges Handeln geschlossen werden mußte, hatte der auf die Zurückdrängung des richterlichen Ermessenspielraums bedachte bayerische Gesetzgeber von 1813

[1454] Vergl. Art. 64 bair. StGB 1813: "Jeder Unterthan ist schuldig, gefährliche Handlungen zu unterlassen, und in jedem Unternehmen mit gehöriger Aufmerksamkeit und Bedachtsamkeit zu verfahren, damit er auch nicht absichtlich Andere an ihren Rechten verleze, oder Geseze des Staats übertrete. Wer dieser Verbindlichkeit zuwider etwas gethan oder unterlassen hat, woraus ohne seine Absicht eine in diesem Gesezbuche enthaltene Übertretung entstanden ist, wird deshalb wegen Vergehen aus *Fahrlässigkeit* verantwortlich."

[1455] Beispielsweise kannte die Carolina lediglich die Strafbarkeit der (allgemeinen) fahrlässigen Tötung, der fahrlässigen Tötung durch einen Arzt *aus Unfleiß oder Unkunst* sowie des Entweichenlassens eines Gefangenen. Vergl. Art. 134, 146, 180 C.C.C. 1532.

[1456] Meyer, *a.a.O.*, S. 75ff; Feuerbach, *Revision*, Bd. II, S. 52ff; Grünhut, *Anselm von Feuerbach und das Problem der strafrechtlichen Zurechnung*, S. 102f. Vergl. *Anmerkungen*, Bd. I, S. 188ff. Auf die von Anbeginn an heftig umstrittene prinzipielle Strafbarkeit der Fahrlässigkeit hat der bayerische Gesetzgeber jedoch später verzichtet und dies im Strafgesetzbuch von 1861 auch deutlich klargestellt. Vergl. Art. 6 bayr. StGB 1861: "Die Strafbestimmungen des gegenwärtigen Gesetzbuches sind nur auf vorsätzlich begangene Handlungen, dann auf jene fahrlässigen Rechtsverletzungen anzuwenden, bezüglich welcher dieses ausdrücklich vorgeschrieben ist."

jeweils einen besonderen Katalog mit spezifischen Merkmalen entwickelt[1457], die das Gericht bei der Beurteilung des Täterverhaltens jedenfalls zu berücksichtigen hatte. Hiernach war *grobe Fahrlässigkeit*[1458] zunächst dann gegeben, wenn der fahrlässig Handelnde die Gefährlichkeit seiner Handlung zwar selbst eingesehen, diese aber *in unbesonnenem Leichtsinne* nicht unterlassen hatte[1459]. Eine grob fahrlässige Handlungsweise mußte zudem bei dem angenommen werden, der bei geringer Aufmerksamkeit hätte einsehen müssen, daß seine Handlung so hochgradig gefährlich war, daß der rechtswidrige Erfolg wenigstens ebenso leicht hätte eintreten wie nicht eintreten können[1460]. Gleichfalls grob fahrlässig verhielt sich, wer aufgrund seines besondereren Wissens oder einer besonderen Kenntnis der Umstände im Stande gewesen war, die Gefährlichhkeit seiner Handlungsweise ein- oder aber deren schadensverursachende Folgen vorauszusehen[1461]. Auf ein grob fahrlässiges Handeln war zudem dann zu schließen, wenn die fahrlässige Handlung selbst bereits aus anderen Gründen verboten und rechtswidrig gewesen[1462] oder der Handelnde im Rahmen seiner über die allgemein verpflichtende *gehörige Aufmerksamkeit und Bedachtsamkeit*[1463] hinaus aufgrund einer besonderen Berufs- oder Standespflicht *zu vorzüglichen Sorgfalt und Ueberlegung gefodert war*[1464]. Grob fahrlässig handelte darüber hinaus auch, wer ohne staatliche Zulassung und *ohne dringende pflichtmäßige Veranlassung* eine Handlung vornahm, die besondere Kenntnnisse oder Fertigkeiten voraussetzte[1465] oder aber zwar über eine entsprechende staatliche Approbation verfügte, jedoch *aus Mangel oder Vernachlässigung der zu jener Wissenschaft, Kunst oder Profession gehörenden gemeinen Erkenntnisse oder Fertigkeiten eine Rechtsverletzung verursacht hatte*[1466].

Was die Strafbarkeit einer grob fahrlässigen Deliktsverwirklichung anbelangte, so sollte diese zwar lediglich als Vergehen qualifiziert und mithin nur mit der Gefängnisstrafe geahndet werden[1467], jedoch hatte der bayerische Gesetzgeber deren Haftdauer in Ansehung der jeweiligen Schwere und Tragweite des als Maßstab genommenen Vorsatzdelikts dergestalt gestaffelt, daß das Strafminimum des schwerwiegenderen zugleich auch das Strafmaximum des nächstleichteren

---

[1457] Art. 65 bis 68 bair. StGB 1813.
[1458] Art. 65 bis 67 bair. StGB 1813.
[1459] Art. 65 Nr. 1 bair. StGB 1813.
[1460] Art. 65 Nr. 2 bair. StGB 1813. Hier stelle der Gesetzgeber also deutlich auf den *dolus eventualis* des Straftäters ab.
[1461] Art. 65 Nr. 3 bair. StGB 1813.
[1462] Art. 65 Nr. 4 bair. StGB 1813.
[1463] Vergl. Art. 64 bair. StGB 1813.
[1464] Art. 65 Nr. 5 bair. StGB 1813.
[1465] Art. 66 bair. StGB 1813.
[1466] Art. 67 bair. StGB 1813.
[1467] Vergl. *Anmerkungen*, Bd. I, S. 198ff.

Fahrlässigkeitsdelikts darstellte[1468]. Handelte es sich also bei der entsprechenden vorsätzlichen Straftat um ein Kapitalverbrechen, so mußte der Delinquent bei lediglich fahrlässiger Begehung mit einer Haftdauer zwischen achtzehn Monaten und zwei Jahren rechnen[1469]. Bei mit der nächsthöheren Kettenstrafe belegten Verbrechen war dementsprechend auf eine Gefängnisstrafe zwischen einem Jahr und achtzehn Monaten[1470], bei lediglich mit der Zuchthausstrafe zu ahndenden Straftaten hingegen nur noch auf eine sechsmonatige bis einjähriger Haft zu erkennen[1471]. Mit ein- bis sechsmonatiger bzw. nicht mehr als einmonatiger Haft mußte der fahrlässig Handelnde schließlich dann rechnen, wenn die vorsätzliche Tatbegehung mit der Verbringung in das Strafarbeitshaus[1472] bzw. mit einer Gefängnisstrafe von mehr als sechs Monaten geahndet werden mußte[1473].

Ebenso wie für die grobe hatte der Gesetzgeber auch für die geringe Fahrlässigkeit einen spezifischen Katalog von Anhaltspunkten entwickelt, bei deren Vorliegen stets nur auf eine *geringe Fahrlässigkeit* geschlossen werden durfte[1474]. Hiernach war eine gering fahrlässige Tatbegehung zunächst dann gegeben, wenn die fahrlässige Handlung mit dem Erfolgseintritt dergestalt entfernt in Zusammenhang stand, daß dieser zwar als mögliche, jedoch nur als ungewöhnliche und unwahrscheinliche Folge der Handlung vorausgesehen werden konnte[1475]. Auf leichte Fahrlässigkeit mußte ferner dann erkannt werden, wenn der Handelnde zwar in hohem Grade vorwerfbar gefährlich und mithin grob fahrlässig gehandelt hatte[1476], *aber entweder aus Schwäche und Stumpfheit des Verstandes, oder wegen eines die Aufmerksamkeit und Ueberlegung störenden unverschuldeten Gemüthszustandes, oder wegen ungünstiger äusserer Umstände die hohe Gefährlichkeit seiner Handlung nicht leicht einzusehen vermochte, oder aber ihren schädlichen Erfolg nur mit besonderer Anstrengung geistiger oder körperlicher Kräfte verhindern konnte*[1477]. Schließlich lag geringe Fahrlässigkeit auch dann vor, wenn der Handelnde entweder bedingt *durch unverschuldete dringende Umstände* eine unverzügliche Entscheidung hatte treffen müssen[1478] oder sich aber als Amtsträger in Ausübung seiner Funktion *aus blossem Uebermaße des Pflichteifers* zu einer gefährlichen Handlung hatte hinreißen lassen[1479].

[1468] Art. 69 bair. StGB 1813.
[1469] Art. 69 Nr. 1 bair. StGB 1813.
[1470] Art. 69 Nr. 2 bair. StGB 1813.
[1471] Art. 69 Nr. 3 bair. StGB 1813.
[1472] Art. 69 Nr. 4 bair. StGB 1813.
[1473] Art. 69 Nr. 5 bair. StGB 1813.
[1474] Art. 68 bair. StGB 1813.
[1475] Art. 68 Nr. 1 bair. StGB 1813.
[1476] Vergl. Art. 65 Nr. 2 bair. StGB 1813.
[1477] Art. 68 Nr. 2 bair. StGB 1813.
[1478] Art. 68 Nr. 3 bair. StGB 1813.
[1479] Art. 68 Nr. 4 bair. StGB 1813.

Ebenso wie die grob fahrlässige sollte auch die bloß gering fahrlässige Deliktsverwirklichung nur mit Gefängnisstrafe geahndet werden, wobei der Gesetzgeber auch hier die jeweilige Haftdauer wiederum im Verhältnis zur Schwere der Vorsatzstraftat sowie dergestalt bestimmt hatte, daß das Strafminimum des schwerwiegenderen stets zugleich auch das Strafmaximum des nächstleichteren Fahrlässigkeitsdelikts darstellte[1480]. Während dementsprechend die bei vorsätzlicher Tatbegehung mit Todes- oder Kettenstrafe belegten Verbrechen bei lediglich fahrlässigem Handeln eine drei- bis sechsmonatige Gefängnisstrafe nach sich zogen[1481], durfte bei den eigentlich mit der Zuchthausstrafe zu ahndenden Straftaten nurmehr auf eine vierzehntägige bis dreimonatige Haft erkannt werden[1482]. Hatte die Vorsatztat schließlich die Verurteilung zur Arbeitshausstrafe zur Folge, war eine entsprechend fahrlässige Deliktsverwirklichung nur mit einer zwei- bis vierzehntägigen Gefängnisstrafe zu bestrafen[1483].

Zwei besondere, letztlich eher der Irrtumsproblematik als dem Problemkreis der Fahrlässigkeit zugehörige Bestimmungen traf der bayerische Gesetzgeber schließlich im Anschluß an die Bestimmungen zur Fahrlässigkeit unter der amtlichen Überschrift *Von fahrlässiger Unwissenheit der Strafbarkeit der Handlung*[1484]. Hiernach konnte sich grundsätzlich derjenige Täter nicht auf eine fehlende Kenntnis über die Existenz eines Strafgesetzes berufen, *wenn nicht Blödsinn, große Dummheit und andere Gemüthsfehler* des Täters darüber hinaus auf dessen mangelnde Kenntnis hindeuteten[1485]. Aber auch wenn Täter das Gericht von seiner Unwissenheit über das Dasein eines Strafgesetzes überzeugen konnte, durfte er nicht etwa freigesprochen, sondern mußte wegen fahrlässiger Begehung des Delikts bestraft werden[1486]. War dem Straftäter die Strafbarkeit seiner

---

1480 Art. 70 bair. StGB 1813.
1481 Art. 70 Nr. 1 bair. StGB 1813.
1482 Art. 70 Nr. 2 bair. StGB 1813.
1483 Art. 70 Nr. 3 bair. StGB 1813.
1484 Art. 71f. bair. StGB 1813.
1485 Vergl. Art. 71 bair. StGB 1813: "Wer bei einer in diesem Gesezbuche als strafbar erklärten Handlung seine Unwissenheit über das Daseyn eines Strafgesezes vorschüzt, wird mit diesem Vorgeben nicht gehört, wenn nicht Blödsinn, große Dummheit und andere dergleichen Gemüthsfehler dieses Vorgeben unterstüzen." Der bayerische Gesetzgeber hatte also anhand dieser Bestimmung eine Präsumtion der Kenntnis des Straftäters von der Strafbarkeit seiner Handlung gesetzlich festgeschrieben. Diese wurde damit begründet, *daß jene Handlungen, welche als Verbrechen oder Vergehen strafbar sind, die besondere Eigenschaft in sich tragen, daß Kraft des in das Herz eines jeden Menschen von der Natur geschriebenen Gesezes ein jeder Mensch, dem es an Geisteskräften nicht mangelt, ihre Rechtswidrigkeit und Strafbarkeit wissen muß*. Vergl. *Anmerkungen*, Bd. I, S. 141.
1486 Dies ergab sich aus der Stellung des Art. 71 im Gesetz sowie aus seiner amtlichen Überschrift. Vergl. hierzu näher: Meyer, *a.a.O.*, S. 22f.

Handlung hingegen lediglich *aus Unwissenheit eines Tatumstandes* unbekannt geblieben, so war er nur dann aufgrund dieses Tatsachenirrtums wegen fahrlässiger Deliktsverwirklichung mit Strafe zu belegen, wenn er seine Unkenntnis *durch Unterlassung der erfoderlichen Erkundigung oder Bedachtsamkeit selbst verschuldet* hatte[1487]. Hatte der Täter hingegen nach Maßgabe seiner individuellen *Verhältnisse, Umständen und Kräfte* alles getan, um von dem Tatumstand Kenntnis zu erlangen oder war ihm eine Kenntniserlangung schlichtweg nicht möglich gewesen, so durfte ihm seine Unwissenheit nicht zum Nachteil gereichen[1488].

2. Der Versuch

Während sich die Strafbarkeit des Versuchs nach dem gemeinen deutschen Recht noch weitgehend auf die peinlichen Verbrechen beschränkt hatte[1489], erklärte der bayerische Gesetzgeber von 1813 nunmehr den Versuch allgemein für strafbar[1490] und dehnte dessen Strafbarkeit mithin auch auf weniger schwerwiegende Gesetzesverstöße aus[1491]. Hierbei wich er zunächst insoweit von den entsprechenden Bestimmungen der hier ausnahmsweise milderen napoleonischen Kodifikation[1492] ab, als diese zwar generell die Strafbarkeit eines versuchten *crime*[1493], nicht aber zugleich auch die generelle Strafbarkeit eines lediglich versuchten *délit* bestimmt hatten, denn nach dem *Code pénal* durfte ein versuchtes Vergehen nur dann mit Strafe belegt werden, wenn dies durch eine ausdrückliche Spezialbestimmung im besonderen Teil des Strafgesetzbuchs auch eigens angeordnet worden war[1494]. Ebenfalls grundlegend von den Vorgaben der französischen Strafgesetzgebung abweichend, bemühte sich der im Feuerbachschen Geist denkende bayerische Gesetzgeber von 1813 darüber hinaus darum, die verbrecherische Handlung in einem möglichst frühen Stadium bekämpfen zu können und dehnte deshalb die Strafbarkeit des Versuchs auch auf bloße Vorbereitungshandlungen des Täters aus. Ganz der Feuerbachschen Straftheorie und dem Grundsatz der unbedingten Prävention verpflichtet[1495] setzte

[1487] Art. 72 Satz 1 bair. StGB 1813.

[1488] Art. 72 Satz 2 bair. StGB 1813.

[1489] Vergl. hierzu m.w.N. näher: Berner, *Lehrbuch*, S. 160ff.

[1490] Art. 57 bis 63 bair. StGB 1813.

[1491] Die allgemeine Strafbarkeit des Versuchs sowohl hinsichtlich der Verbrechen als auch im Hinblick auf die Vergehen ergab sich aus der allgemeinen Bestimmung des Art. 141 bair. StGB 1813.

[1492] Vergl. Art. 2f. C.P. 1810.

[1493] Vergl. Art. 2 C.P. 1810.

[1494] Vergl. Art. 3 C.P. 1810.

[1495] Vergl. Feuerbach, *Kritik*, Teil II, S. 101f.: "Soll daher der Staat durch Strafgesetze dem Verbrechen zuvorkommen, so muß er auch von denjenigen Handlungen durch

das Bairische Strafgesetzbuch daher abweichend von deutsch-rechtlichen Maximen[1496] und im Gegensatz zur insoweit fortschrittlicheren napoleonischen Strafgesetzgebung - deren Begriffsbestimmung des Versuchs hatte bloße Vorbereitungshandlungen nicht mehr erfaßt und nurmehr objektiv auf den Beginn der eigentlichen Tatausführung abgestellt[1497] - mit Strafandrohungen schon dort ein, wo nach objektiven Maßstäben eine kriminelle Betätigung des Delinquenten noch gar nicht erfolgt sein konnte. Dementsprechend umfaßte die Legaldefinition der bayerischen Kodifikation bloße Vorbereitungshandlungen beliebiger Art[1498], die unter der Bezeichnung *entfernter Versuch* allerdings lediglich mit einer im Vergleich zu den eigentlichen Versuchshandlungen recht geringen Strafe belegt werden mußten[1499]. Von dieser letztlich verfehlten Einbeziehung bloßer Vorbereitungshandlungen abgesehen[1500], ging die bayerische Strafgesetzgebung aber mit den entsprechenden Bestimmungen des napoleonischen *Code pénal* im wesentlichen konform und stellte keineswegs auf die ohnehin kaum beweisbare innere Motivation des die Straftat lediglich versuchenden Täters[1501], sondern vielmehr lediglich auf dessen nach außen erkenn- und wahrnehmbare Handlungen ab[1502]. Ein letzter fundamentaler Unterschied zwischen der bayerischen und der zeitgenössischen französischen Strafgesetzgebung bestand schließlich in der Straffolge des lediglich versuchten Delikts, denn während der Versuch in Bayern in Anlehnung an deutsch-rechtliche Prinzipien stets eine geringere Strafe als die tatsächlich verwirklichte Straftat nach sich zog[1503], hatte der napoleonische Gesetzgeber zumindest hinsichtlich der Verbrechen ausdrücklich bestimmt, daß

Strafdrohungen abschrecken, die zwar noch nicht das Verbrechen selbst, aber doch die Vorbereitung oder der Anfang des Verbrechens sind. Er sucht dadurch gleichsam dem Verbrecher den Weg abzugraben; die Keime des Verbrechens, in ihrer ersten Entwickelung zu ersticken."

[1496] Nach gemeinem Recht hatte die Straflosigkeit bloßer Vorbereitungshandlungen die Regel gebildet. Vergl. Art. 178 C.C.C. 1532.

[1497] Vergl. Art. 2 C.P. 1810: "Toute tentative de crime qui aura été manifestée par des actes extérieurs et suivie d'un commencement d'exécution, si elle n'a été suspendue ou n'a manqué son effet que par des circonstances fortuites ou indépendantes de la volonté de l'auteur, est considérée comme le crime même."

[1498] Vergl. Art. 57 bair. StGB 1813: "Ein Versuch ist vorhanden, wenn eine Person, in der Absicht ein Verbrechen zu begehen, äusserliche Handlungen vorgenommen hat, welche auf Vollbringung oder Vorbereitung desselben gerichtet sind."

[1499] Vergl. Art. 60, 62 bair. StGB 1813.

[1500] Der bayerische Gesetzgeber erkannte erst im Strafgesetzbuch von 1861 - also erheblich später als die Urheber der meisten anderen deutschen Strafgesetzbücher - die Straflosigkeit bloßer Vorbereitungshandlungen an. Vergl. Art. 51 bayr. StGB 1861.

[1501] In konsequenter Anwendung der Feuerbachschen Straftheorie hätte man ja bereits die Entschlußfassung des Täters zur Begehung der Straftat oder aber einen gedanklich bereits völlig erstellten Tatplan unter den Begriff der Vorbereitungshandlung subsumieren können.

[1502] Vergl. *Anmerkungen*, Bd. I, S. 177.

[1503] Vergl. Art. 60 bis 63 bair. StGB 1813. Vergl. hierzu näher: *Anmerkungen*, Bd. I, S. 175f.

der Versuch eines Verbrechens in der Straffolge stets und ohne Ausnahme dem vollendeten Verbrechen gleichgestellt werden mußte[1504].

Anders als die Urheber der napoleonischen Kodifikation differenzierte der bayerische Gesetzgeber ausdrücklich zwischen zwei unterschiedlichen Arten des Versuchs, nämlich dem strafbaren sowie dem straflosen Versuch[1505]. Der gänzlich straflose Versuch zeichnete sich hierbei dadurch aus, daß der Täter *freiwillig aus Gewissensregung, Mitleid oder auch Furcht vor Strafe* von dem Versuch zurückgetreten und nicht durch äussere Hindernisse, durch Unvermögenheit oder Zufall an der Tatbegehung gehindert worden war[1506]. Das Vorliegen eines straflosen Versuchs bzw. die Freiwilligkeit des Rücktritts durften hierbei allerdings nicht bloß zugunsten des Täters vermutet, sondern mußten vom diesem stets konkret dargelegt werden[1507]. War der Täter hingegen freiwillig nur deshalb vom Versuch zurückgetreten, weil er für sich selbst den Entschluß gefaßt hatte, die Tat zu einem späteren Zeitpunkt, an einem anderen Ort, an einer anderen Person oder auf andere Art und Weise zu begehen, so mußte er in der Straffolge dem Täter gleichgestellt werden, der gegen seinen Willen an der Vollendung des Versuchs gehindert worden war[1508]. Für den Fall, daß der straflose Versuch allerdings auf die Verwirklichung eines mit der Todesstrafe oder Freiheitsentzug belegten Verbrechens gerichtet gewesen war, mußte trotz der prinzipiellen Straflosigkeit des Versuchs gleichwohl auf die besondere persönliche Polizeiaufsicht erkannt werden[1509].

[1504] Vergl. Art. 2 C.P. 1810. Etwas anderes galt nach Maßgabe von Art. 3 für die lediglich versuchten Vergehen, denn diese zogen die für das vollendete Vergehen bestimmte Strafe nur dann nach sich, wenn dies ausdrücklich im Strafgesetzbuch vorgesehen war. Allerdings mußte auch dann exakt die gleiche Strafe wie für das vollendete Vergehen verhängt werden, so daß hier - unbeschadet der Ausnahmeregelung - letztlich dennoch das Prinzip der identischen Strafe für versuchtes und vollendetes Delikt galt. Vergl. Art. 3 C.P. 1810.

[1505] Art. 58f. bair. StGB 1813. Die napoleonische Strafgesetzgebung hatte einer solchen, letztlich auf dem strafbefreienden Rücktritt beruhenden Differenzierung nicht bedurft, da ihre Legaldefinition des Versuchs - grundlegend anders als die bayerische Begriffsbestimmung - bereits auf den Zufall sowie die Willensrichtung des Täters abgestellt hatte. Einen ausdrücklich geregelten strafbefreienden Rücktritt sucht man daher im *Code pénal* von 1810 auch vergebens. Vergl. Art. 2 C.P. 1810 und Art. 57 bair. StGB 1813.

[1506] Vergl. Art. 2 C.P. 1810: "[...] si elle n'a été suspendue ou n'a manqué son effet que par des circonstances fortuites ou indépendantes de la volonté de l'auteur [...]".

[1507] Art. 58 Abs. 1, 253 Abs. 1 bair. StGB 1813.

[1508] Art. 58 Abs. 2 bair. StGB 1813. Diese Regelung beruhte auf der Auffassung des Gesetzgebers, daß die Straflosigkeit des Versuchs nicht nur die Aufgabe des Versuchs selbst, sondern vielmehr auch die völlige Aufgabe des entsprechenden Vorsatzes voraussetzte. Vergl. *Anmerkungen*, Bd. I, S. 182f.

[1509] Art. 59 bair. StGB 1813. Diese Polizeiaufsicht wollte der Gesetzgeber allerdings nicht als Strafe, sondern vielmehr als *nothwendige Maßregel* verstanden wissen. Vergl. *Anmerkungen*, Bd. I, S. 183.

Was den strafbewehrten Versuch anbelangte, so unterschied das Bairische Strafgesetzbuch unter besonderer Berücksichtigung der Nähe zur Tatvollendung[1510] zwischen dem *nächsten* und dem *entfernten* Versuch[1511] sowie dem *zusammengesetzten* bzw. *qualifizirten Versuch*[1512]. Nach Maßgabe seiner spezifischen Legaldefinition zeichnete sich der *nächste Versuch* hierbei dadurch aus, daß der Täter über die bloßen Vorbereitungshandlungen hinaus der Deliktsvollendung so nahe gekommen war, daß die Tatbestandsverwirklichung *sogleich und unmittelbar* bevorstand[1513]. Entsprechend dem deutsch-rechtlichen Maximen entlehnten Grundsatz, daß der Versuch stets weniger bestraft werden müsse, als das vollendete Delikt, richtete sich die Bemessung der Strafbarkeit des *nächsten Versuchs* zwar nach der des vollendeten Delikts, dies jedoch nur insoweit, als über das versuchte Delikt in Ansehung der Strafbarkeit der vollendeten Straftat stets nur die nächstniedrigere bzw. eine entsprechend verkürzte Freiheitsstrafe verhängt werden durfte. Dementsprechend war dann entweder auf die Ketten- oder die Zuchthausstrafe auf unbestimmte Zeit zu erkennen, wenn das vollendete Verbrechen selbst die Todesstrafe nach sich zog[1514]. Mußte die Vollendung des Delikts allerdings nur mit der Verhängung der Ketten- oder der Zuchthausstrafe auf unbestimmte Zeit oder aber mit der Verhängung einer anderen, mindestens zwanzigjährigen Freiheitsstrafe bestraft werden, so war das lediglich versuchte Verbrechen seinerseits nur mit einer zehn- bis fünfzehnjährigen Zuchthausstrafe zu ahnden[1515]. In allen anderen Fällen einer mit einer zeitlich begrenzten Freiheitsstrafe belegten Straftat, mußte die Dauer der für das vollendete Delikt einschlägigen Mindestfreiheitsstrafe hinsichtlich des Versuchs jedenfalls um ein Viertel gekürzt, hierbei aber nicht um mehr als die Hälfte herabgemindert werden[1516]. Diese Strafzumessungsregeln waren darüber hinaus auch bei erfolgsqualifizierten Delikten dann zu beachten, wenn der Täter den Tatbestand

---

[1510] Vergl. *Anmerkungen*, Bd. I, S. 184.

[1511] Art. 60 bis 62 bair. StGB 1813. Auch einer solchen Differenzierung bedurfte die napoleonische Strafgesetzgebung nicht, da ihre Legaldefinition bloße Vorbereitungshandlungen nicht einbezog, sie dementsprechend also auch nicht zwischen den eigentlichen, d.h. der Straftat am *nächsten* stehenden Versuchshandlungen sowie solchen Handlungen unterscheiden mußte, die *entfernt* von der Straftat als bloße Vorbereitungshandlungen getätigt worden waren. Vergl. Art. 2 C.P. 1810.

[1512] Art. 63 bair. StGB 1813. Auch eine solche Versuchsform kannte das napoleonische Strafgesetzbuch nicht.

[1513] Vergl. Art. 60 Abs. 1 bair. StGB 1813: "Wenn ein strafbarer Versuch der Vollbringung des Verbrechens oder Vergehens so nahe gekommen, daß der Uebertreter schon in derjenigen Handlung begriffen war, durch welche das Verbrechen oder Vergehen sogleich und unmittelbar in Wirklichkeit gebracht werden sollte, so ist ein nächster Versuch vorhanden [...]." Vergl. *Anmerkungen*, Bd. I, S. 185f.

[1514] Art. 60 Nr. 1 bair. StGB 1813.

[1515] Art. 60 Nr. 2 bair. StGB 1813.

[1516] Art. 60 Nr. 3 bair. StGB 1813.

des vollendeten Delikts zwar zur Gänze erfüllt, der tatbestandliche Erfolg aber ohne sein Zutun aufgrund äusserer Umstände zufällig nicht eingetreten war[1517].

Nach Maßgabe der entsprechenden Legaldefinition mußte unter einem *entfernten Versuch* hingegen ein Versuch verstanden werden, *welcher bei solchen Handlungen stehen geblieben war, die nur als Vorbereitungen zu der das Verbrechen vollführenden Haupthandlung zu betrachten waren*[1518]. Aufgrund seiner im Vergleich zum *nächsten Versuch* grösseren Entfernung zur vollendeten Straftat zog der *entfernte Versuch* erheblich mildere Strafen nach sich, als sie der Gesetzgeber zuvor für den *nächsten Versuch* bestimmt hatte[1519]. Diese bemaßen sich jedoch gleichfalls nach den Sanktionen, deren Verhängung jeweils für die vollendeten Delikte vorgeschrieben waren. Zog dementsprechend das vollendete Verbrechen eine Verurteilung zur Todesstrafe nach sich, mußte die durch bloße Vorbereitungshandlungen lediglich versuchte Straftat nur mit einer drei- bis fünfjährigen Arbeitshausstrafe belegt werden[1520]. War das vollendete Verbrechen hingegen mit der Ketten- oder der Zuchthausstrafe zu ahnden, hatte der eines entfernten Versuch schuldige Täter selbst lediglich eine Arbeitshausstrafe von mindestens einem und höchsten drei Jahren verwirkt[1521]. Zog allerdings das vollendete Verbrechen seinerseits bereits die Verhängung der Arbeitshausstrafe nach sich, mußte bei entferntem Versuch auf eine achttägige bis dreimonatige Gefängnisstrafe erkannt werden[1522]. War die Vollendung des Delikts hingegen lediglich mit der Gefängnisstrafe bedroht, mußte auch der eines entfernten Versuchs schuldige Täter immerhin noch mit der Erteilung eines öffentlichen Verweises rechnen[1523].

Unter einem *zusammengesetzten* bzw. *qualifizierten Versuch* wollte der Gesetzgeber schließlich den Versuch verstanden wissen, der selbst schon die Verwirklichung eines vollendeten Verbrechens beinhaltete[1524]. War dies der Fall, so mußte auf die für den *nächsten* bzw. *entfernten Versuch* bestimmten Strafen nebst ihrer gesetzlichen Schärfungen dann erkannt werden, wenn die Strafe des im Versuch enthaltenen Delikts diese Sanktion nicht ihrerseits an Härte übertraf. Sah das Strafgesetzbuch jedoch für das im Versuch enthaltene vollendete Delikt eine

1517 Art. 61 bair. StGB 1813.
1518 Vergl. Art. 62 bair. StGB 1813.
1519 Vergl. *Anmerkungen*, Bd. I, S. 187f.
1520 Art. 62 Nr. 1 bair. StGB 1813.
1521 Art. 62 Nr. 2 bair. StGB 1813.
1522 Art. 62 Nr. 3 bair. StGB 1813.
1523 Art. 62 Nr. 4 bair. StGB 1813.
1524 Die hier letztlich einschlägige Konkurrenzenproblematik hatte die napoleonische Strafgesetzgebung durch die Aufstellung der strafprozessualen Regel *poena major absorbet minoram* zu lösen versucht. Vergl. Art. 365 Abs. 2 *Code d'instruction criminelle* 1808.

höhere Strafe vor, so war diese stets dergestalt zu verhängen, daß zu ihr jedenfalls auch die entsprechenden Schärfungen hinzutreten mußten[1525].

3. Die Teilnahme

Wohl in enger Anlehnung an die entsprechenden Bestimmungen der zeitgenössischen französischen Kodifikation[1526] differenzierte nunmehr auch die bayerische Strafgesetzgebung von 1813 deutlich zwischen dem Täter, dem Anstifter, dem Gehilfen sowie dem Begünstiger[1527] und dehnte somit die Strafbarkeit des eigentlichen Täters systematisch auch auf die Teilnehmer der Straftat aus, da diese am strafbaren Erfolg jedenfalls mitgewirkt hatten. In ähnlicher Weise wie die Urheber des napoleonischen Strafgesetzbuchs vermied es aber auch der bayerische Gesetzgeber, eine allgemeine, alle Teilnahmeformen umfassende Legaldefinition der im übrigen streng akzessorischen Teilnahme in das Strafgesetzbuch einzufügen, sondern versuchte vielmehr - wohl gleichfalls in teilweiser Anlehnung an die entsprechenden Bestimmungen des *Code pénal* - sowohl die im Rahmen der Bestimmungen zur Urheberschaft[1528] erfaßte Anstiftung in Form der intellektuellen Urheberschaft[1529], als auch die im Zusammenhang mit den eigentlichen Teilnahmebestimmungen[1530] erfaßte einfache tätige Beihilfe[1531] sowie die gleichfalls als Teilnahme nach der eigentlichen Tatbegehung aufgefaßte Begünstigung[1532] jeweils gesondert legal zu umschreiben. Hierbei wich er allerdings zunächst insofern von den Vorgaben der napoleonischen Kodifikation ab, als er anders als die Urheber des *Code pénal* - die noch nicht mit hinreichender Deutlichkeit zwischen der physischen Beihilfe und der Anstiftung in Form der intellektuellen Urheberschaft differenziert und darüber hinaus beide Formen der Teilnahme lediglich innerhalb einer einzigen Bestimmung erfaßt sowie zudem noch mit identischen Strafen belegt hatten[1533] - nunmehr beide Teilnahmeformen

---

[1525] Art. 63 bair. StGB 1813.

[1526] Vergl. Art. 59 bis 63 C.P. 1810.

[1527] Art. 45f., 73 bis 89 bair. StGB 1813. Vergl. *Anmerkungen*, Bd. I, S. 156: "Wenn mehrere Personen zu einem Verbrechen zusammenwirken, so können sie nach der Art ihrer Theilnahme entweder als Miturheber oder als Gehülfen oder nur als Begünstiger betrachtet werden [...]."

[1528] Art. 45 bis 56 bair. StGB 1813.

[1529] Art. 46 Abs. 1 bair. StGB 1813.

[1530] Art. 73 bis 89 bair. StGB 1813.

[1531] Art. 73 bair. StGB 1813.

[1532] Art. 84 bair. StGB 1813.

[1533] Vergl. Art. 59f. C.P. 1810. Nach der zeitgenössischen französischen Strafgesetzgebung hatten - bis auf einige, gesondert geregelte Ausnahmebestimmungen - alle Teilnehmer ungeachtet ihres Tatbeitrags prinzipiell die gleiche Strafe wie der Täter selbst verwirkt.

nicht nur systematisch an unterschiedlichen Stellen des Strafgesetzbuchs regelte, sondern zudem auch hinsichtlich der Strafzumessung dergestalt zwischen Anstiftung und tätiger Beihilfe unterschied, daß der Anstifter - abgesehen von dem ihm und dem Täter in der Straffolge völlig gleichgestellten Hauptgehilfen[1534] - stets mit höheren Strafen belegt werden mußte als der einfache Gehilfe[1535]. Ähnliches galt darüber hinaus auch für die Begünstigung, die der bayerische Gesetzgeber ebenso wie zuvor bereits die Urheber der napoleonischen Kodifikation[1536] als selbständiges Delikt ausschied und unter besondere, von den übrigen Teilnahmebestimmungen nicht nur räumlich getrennte, sondern auch hinsichtlich ihrer Straffolgen abweichende Strafbestimmungen stellte[1537]. Im Rahmen der Bestimmungen zur Urheberschaft erfaßte der bayerische Gesetzgeber - wohl wiederum in prinzipieller Anlehnung an die entsprechende napoleonische Strafgesetzgebung - neben dem letztlich als Mittäter agierenden Hauptgehilfen[1538], dem mittelbaren, weil hinter dem eigentlichen Täter stehenden Täter[1539] und dem Anstifter[1540] darüber hinaus noch das *Komplott*[1541] sowie die *Bande*[1542] als zwei

---

Allerdings konnte das französische Gericht innerhalb der jeweiligen Strafrahmen den unterschiedlichen Tatbeiträgen der Teilnehmer in geringem Maße Rechnung tragen.

1534 Art. 45 Nr. 2 bair. StGB 1813. Der einzige Unterschied zwischen dem Haupt- und dem einfachen Gehilfen bestand letztlich nur darin, daß der Hauptgehilfe dem Täter in Tatverwirklichungsabsicht *eine solche Hülfe geleistet hat, ohne welche diesem die That nicht möglich gewesen wäre*. Beim einfachen Gehilfen kam es hingegen nicht auf die Unerläßlichkeit der Hilfeleistung zur Tatbestandsverwirklichung an.

1535 Art. 45 Nr. 1 und 3, 46, 74 bis 83 bair. StGB 1813.

1536 Vergl. Art. 61 bis 63 C.P. 1810.

1537 Art. 84 bis 89 bair. StGB 1813.

1538 Art. 45 Nr. 2 bair. StGB 1813.

1539 Art. 45 Nr. 3 bair. StGB 1813. Sowohl der im heutigen Sinne als Mittäter agierende Hauptgehilfe als auch der nach heutigem Sprachgebrauch eher als mittelbarer Täter bezeichnete und im Hintergrund maßgeblich Mitwirkende wurden vom bayerischen Gesetzgeber ohne erkennbaren graduellen Unterschied stets als *Urheber* der Straftat angesehen und dem unmittelbar eigenhändig handelnden Täter gleichgestellt. Vergl. Art. 45 Nr. 2 und 3 bair. StGB 1813.

1540 Art. 46 Abs. 1 bair. StGB 1813. Zu den in Art. 45 aufgeführten *Urhebern* waren nach Auffassung des Gesetzgebers noch diejenigen Personen als lediglich *mittelbare Urheber* zu rechnen, die den eigentlichen Täter durch Anstiftung vorsätzlich zur Tatausführung bestimmt hatten. Den Begriff der intellektuellen Urheberschaft verwendete der bayerische Gesetzgeber allerdings nicht. Vergl. Art. 45 Nr. 3 i.V.m. 46 Abs. 1 bair. StGB 1813.

1541 Art. 50 bis 53 bair. StGB 1813. Unter *Komplott* war die der Begehung der Straftat vorangegangene Verabredung eines oder mehrerer einzeln bestimmter Straftaten zu verstehen, wobei die Komplottanten im Gesetzestext als *Miturheber* bezeichnet wurden. Während die gemeinrechtlichen Gesetze die Beteiligungsform des *Komplotts* nicht gekannt und nur zwischen Urhebern und Gehilfen unterschieden hatten, hatte sich dementgegen die gemeinrechtliche Doktrin ausführlich mit dem sich vorzüglich als Instrument politischer Repression eignenden Komplottbegriff befaßt, der über die Dogmatik wohl letztlich auch Eingang in das Bairische Strafgesetzbuch von 1813 gefunden hatte. Möglicherweise schlugen

weitere, der unmittelbaren Täterschaft weitgehend gleichgestellte Teilnahmeformen[1543].

Nachdem die Carolina von 1532 zuvor noch keinen allgemeinen Begriff der Anstiftung entwickelt, sondern diese lediglich am Rande im Zusammenhang mit dem Meineid erwähnt[1544], sich im übrigen aber lediglich mit einer allgemeinen, die Strafbarkeit des Teilnehmenden völlig in das Ermessen des Richters stellenden Bestimmung begnügt hatte[1545] und auch das ältere deutsche Recht[1546] ebenso wie die napoleonische Strafgesetzgebung regelmäßig noch von einer identischen Strafbarkeit von Anstifter und Täter ausgegangen war[1547], bemühte sich der bayerische Gesetzgeber hiervon abweichend zunächst um die Erfassung einer spezifischen Definition der Anstiftung im allgemeinen Teil des Strafgesetzbuchs,

---

sich hier aber auch starke Einflüsse der napoleonischen Strafgesetzgebung nieder, denn auch dem *Code pénal* war der Begriff des *complot* gleichfalls durchaus geläufig und trat regelmäßig dort in Erscheinung, wo der französische Gesetzgeber hochverräterische Betätigungen unter Strafe gestellt hatte. Bemerkenswert und für die politische Brisanz der entsprechenden bayerischen Bestimmungen bezeichnend ist im übrigen, daß nach Art. 50 der bayerischen Kodifikation jeder Komplottant dann bereits als Urheber bestraft werden mußte, wenn er nur vor oder nach Tatausführung mitgewirkt hatte. Hierfür sprach auch, daß die Strafbarkeit der sogenannten *Komplotthäupter* - ähnlich wie die des Hauptgehilfen - nach Art. 52 stets über das Maximum der auf das Verbrechen gesetzten Strafe hinausgehen mußte, die Strafbarkeit dieses Personenkreises also wohl aus Abschreckungserwägungen heraus sehr hoch angesetzt worden war. Außerdem zog selbst der Rücktritt eines Komplottanten nach Art. 53 nur dann dessen Straflosigkeit nach sich, wenn er das Komplott gänzlich zur Anzeige gebracht hatte. Vergl. Art. 50 bis 53 bair. StGB 1813 sowie Art. 86f., 91 C.P. 1810. Vergl. m.w.N. näher zur Geschichte des Komplottbegriffs: Berner, *Lehrbuch*, S. 181ff.

1542 Art. 54 bis 56 bair. StGB 1813. Eine *Bande* setzte eine auf die Wiederholung einzeln noch nicht bestimmter Straftaten gerichtete Verbindung mehrerer, gleichfalls als *Miturheber* bezeichneter Täter voraus. Weder die gemeinrechtlichen Gesetze noch die französische Strafgesetzgebung kannten einen allgemeinen Begriff der *Bande*. Allerdings hatten sich sowohl die gemeinrechtliche Doktrin als auch der napoleonische Gesetzgeber intensiv mit diesem Problemkreis beschäftigt, so daß - ähnlich wie bei den Bestimmungen zum *Komplott* - auch hier sowohl gemeinrechtliche als auch Einflüsse des französischen Rechts angenommen werden können, letzteres umso mehr, als das Bairische Strafgesetzbuch in Übereinstimmung mit der hier sehr detaillierten napoleonischen Strafgesetzgebung den Begriff der *Bande* vor allem im Zusammenhang mit Gewalt- sowie hochverräterischen Verbrechen gebrauchte. Anders als der zeitgenössische *Code pénal* beinhaltete die bayerische Kodifikation in Art. 54 jedoch eine Legaldefinition der *Bande*. Vergl. Art. 54 bis 56 bair. StGB 1813 sowie insbesondere Art. 96ff C.P. 1810. Vergl. m.w.N. näher zum Bandenbegriff: Berner, *Lehrbuch*, S. 183f.

1543 Vergl. *Anmerkungen*, Bd. I, S. 162ff, 170ff.

1544 Vergl. Art. 107 C.C.C. 1532.

1545 Vergl. Art. 177 C.C.C. 1532.

1546 Vergl. hierzu m.w.N. näher: Berner, *Lehrbuch*, S. 177ff.

1547 Vergl. Art. 59f. C.P. 1810.

die er allerdings in auffälliger Ähnlichkeit zu der entsprechenden Bestimmung des napoleonischen Strafgesetzbuchs[1548] gleichfalls auf die kasuistische Aufzählung der Anstiftungsmittel beschränkt hatte[1549]. Die als *mittelbare Urheberschaft* bezeichnete Anstiftung in Form der intellektuellen Urheberschaft hatte er hierbei der eigentlichen Täterschaft gleichgestellt[1550] und unmißverständlich festgelegt, daß nicht nur derjenige als Täter bestraft werden sollte, der *das Verbrechen durch eigene körperliche Kraft und That unmittelbar bewirkt* hatte[1551], sondern neben dem Hauptgehilfen[1552] zudem auch derjenige als *mittelbarer Urheber* angesehen und gleich dem Täter als *Urheber* bestraft werden mußte, der *durch ausdrückliche Rathertheilung, durch Auftrag, durch Versprechen oder Geben eines Lohns, durch Gewalt, Drohung oder Befehl, oder endlich durch absichtliche Erregung eines Irrthums den Vollbringer der That zur Ausführung derselben bestimmt*, d.h. dessen Tatentschluß hervorgerufen hatte[1553]. Hatte jemand hingegen unabsichtlich im Täter den Tatentschluß hervorgerufen, so mußte er sich - anders als nach zeitgenössischem französischen Recht, wo eine Strafbarkeit des unabsichtlich Anstiftenden mangels Vorliegens einer entsprechenden Bestimmung gar nicht erst in Frage kam - lediglich wegen Fahrlässigkeit verantworten[1554]. Für den im napoleonischen Recht gleichfalls nicht erfaßten, dort aber eine bedenkliche Regelungslücke[1555] darstellenden Fall, daß der Handelnde allerdings den vom Täter bereits gefaßten Tatentschluß lediglich *durch Rath, Auftrag und dergleichen - also*

[1548] Vergl. Art. 60 Abs. 1 C.P. 1810: "Seront punis comme complices d'une action qualifiée crime ou délit, ceux qui par dons, promesses, menaces, abus d'autorité ou de pouvoir, machinations ou artifices coupables, auront provoqué à cette action, ou donné des instructions pour la commettre."

[1549] Vergl. Art. 46 Abs. 1 bair. StGB 1813: "[...] wer durch ausdrückliche Rathertheilung, durch Auftrag, durch Versprechen oder Geben eines Lohns, durch Gewalt, Drohung oder Befehl [...] den Vollbringer der That zur Ausführung derselben bestimmt hat." Auffällig ist neben der Übereinstimmung der einzelnen Anstiftungsmittel vor allem, daß sowohl der napoleonische als auch der bayerische Gesetzgeber diese Mittel limitativ aufgezählt haben.

[1550] Art. 45 Nr. 1 und 3, 46 Abs. 1 bair. StGB 1813.

[1551] Art. 45 Nr. 1 bair. StGB 1813.

[1552] Art. 45 Nr. 2 bair. StGB 1813.

[1553] Art. 46 Abs. 1 bair. StGB 1813. Vergl. *Anmerkungen*, Bd. I, S. 158: "[...] nicht jede moralische Mitwirkung, nicht jeder ertheilte Rath, nicht jedes Zureden, nicht jede Bestärkung in dem Entschlusse, ein Verbrechen zu begehen, sondern nur jene moralische Zuwirkung zum Urheber qualificirt, welche den Vollbringer des Verbrechens zu der That bestimmt, d.h. seinen Entschluß, das Verbrechen zu begehen, und so das Verbrechen selbst mittelbar hervorgebracht hat."

[1554] Art. 46 Abs. 2 1. Halbsatz bair. StGB 1813.

[1555] Ebenso wie das Strafgesetzbuch der Revolutionszeit hatte auch der napoleonische *Code pénal* den einfachen Ratschlag zu einem Verbrechen nicht ausdrücklich mit Strafe belegt. Diese offenkundige Regelungslücke wurde jedoch schon bald nach Inkrafttreten der Kodifikation durch spezielle Bestimmungen geschlossen. Vergl. m.w.N. hierzu näher: Höhn, *a.a.O.*, S. 135f.

durch moralische Beihülfe[1556] - *bestärkt* hatte, war dieser selbst nicht als Urheber, sondern lediglich als Gehilfe nach Maßgabe der hierfür einschlägigen Bestimmungen[1557] zu bestrafen[1558].

Ebenfalls grundlegend von der entsprechenden napoleonischen Strafgesetzgebung abweichend legte der bayerische Gesetzgeber zudem exakt fest, in welchem Umfang die vom unmittelbaren Täter verübten strafbaren Handlungen dem intellektuellen Urheber selbst zugerechnet werden mußten, denn dieser sollte nur im Rahmen seiner Anstiftung mit Strafe belegt, nicht jedoch für eigenmächtige Handlungen des unmittelbaren Täters (mit-) verantwortlich gemacht werden[1559]. Dementsprechend mußte einem Anstifter zunächst grundsätzlich jede Tat angelastet werden, auf die sich die vorsätzliche Hervorrufung des Tatentschlusses bezogen hatte. Darüber hinaus waren ihm zudem all diejenigen strafbaren Handlungen zuzurechnen, deren Verwirklichung er bei der Anstiftung nicht ausdrücklich ausgeschlossen und die der unmittelbare Täter anschließend zum Zwecke der Ausführung der angestifteten Tat begangen hatte[1560]. Zudem mußten dem Anstifter prinzipiell auch die strafbaren Handlungen des unmittelbaren Täters zugerechnet werden, die dieser in Folge der Ausführung der angestifteten Straftat noch begangen hatte; dies jedoch nur insoweit, als sie von der Anstiftung tatsächlich auch gedeckt waren und deren Grenzen nicht überschritten[1561]. Hatte der Angestiftete jedoch statt der angestifteten eine andere Straftat verübt, die ihrerseits weder zum Zweck der Ausführung noch als zurechenbare Folge der angestifteten Straftat begangen worden war, so mußte der Anstifter hinsichtlich des angestifteten Straftat lediglich nach Maßgabe der Bestimmungen über den *nächsten Versuchs*[1562] bestraft werden[1563]. Hatte der Anstifter die vom unmittelbaren Täter zum Zweck der Ausführung verübte Straftat hingegen ausdrücklich von seiner Anstiftung ausgenommen, so durfte ihm keinesfalls die

---

[1556] Vergl. *Anmerkungen*, Bd. I, S. 158.

[1557] Art. 73 bis 83 bair. StGb 1813.

[1558] Art. 46 Abs. 2 2. Halbsatz bair. StGB 1813.

[1559] Art. 47f. bair. StGB 1813. Vergl. *Anmerkungen*, Bd. I, S. 160: "Die Natur des Mandats zeiget, daß der Auftraggeber für Alles, was in seinem Auftrage wirklich, es sey ausdrücklich oder stillschweigend, enthalten ist, eben so, als ob es seine eigene Handlung wäre, verantwortlich ist, daß ihm aber eine Ueberschreitung des Auftrags, deren sich der Vollbringer schuldig machte, in der Regel nicht zur Last fallen kann." Wie schon der Wortlaut *in der Regel* zeigt, waren hiervon allerdings bestimmte, regelmäßig mit erheblicher Gewaltanwendung verbundene Straftaten ausgenommen, bei denen sich die Strafbarkeit des Anstifters - wie etwa beim Raub oder Aufstand - ausschließlich nach dem Eintritt des tatbestandlichen Erfolgs bemaß. Vergl. z.B. Art. 240, 322 bair. StGB 1813.

[1560] Art. 47 Nr. 1 bair. StGB 1813.

[1561] Art. 47 Nr. 2 bair. StGB 1813.

[1562] Vergl. Art. 60f. bair. StGB 1813.

[1563] Art. 48 Nr. 1 bair. StGB 1813.

vom unmittelbaren Täter tatsächlich ausgeführte Straftat, sondern lediglich die angestiftete Tat selbst zugerechnet werden. War diese jedoch vom Täter nicht ausgeführt worden, so mußte der Anstifter in Ansehung der angestifteten Straftat wiederum nur nach den Bestimmungen über den *nächsten Versuch* mit Strafe belegt werden[1564]. Hatte die Anstiftung schließlich zugleich eine bestimmte Art der Tatausführung zum Gegenstand, deren Grenzen der unmittelbare Täter jedoch überschritten und die Tat dabei unter erschwerenden Umständen ausgeführt hatte, so durfte dem Anstifter lediglich die Begehung der angestifteten Straftat, nicht aber die einzig und allein vom Täter erfüllten erschwerenden Umstände zugerechnet werden[1565].

Die Urheber des Bairischen Strafgesetzbuchs teilten die wohl in entfernter Anlehnung an die entsprechende Bestimmung des *Code pénal* von 1810 legal definierte einfache physische Beihilfe[1566] - deutlich von dem bereits zuvor erfaßten, letztlich mittäterschaftlichen, weil unerläßlichen Tatbeitrag des Hauptgehilfen[1567] abgegrenzt - in drei unterschiedliche, der zeitgenössischen französischen Strafgesetzgebung mehr oder weniger unbekannte Grade der Beihilfe ein[1568], die ihrerseits mit unterschiedlichen, in sich abgestuften Strafandrohungen bewehrt waren. Grundlegend abweichend von den Vorgaben des napoleonischen Strafgesetzbuchs - dieses hatte dem Teilnehmer regelmäßig die gleiche Strafe wie dem Täter in Aussicht gestellt[1569] - galt nach bayerischer Kodifikation prinzipiell, daß der Teilnehmer stets eine geringere Strafe als der unmittelbare Täter zu gegenwärtigen hatte. Übereinstimmend mit der zeitgenössischen französischen Strafgesetzgebung bemaß sich daher zwar auch in

[1564] Art. 48 Nr. 2 bair. StGB 1813.

[1565] Art. 48 Nr. 3 bair. StGB 1813.

[1566] Art. 73 bis 83 bair. StgB 1813. Vergl. Art. 73 bair. StGB 1813: "Wer die Ausführung des von einem Andern schon beschlossenen Verbrechens wissentlich und vorsäzlich befördert, durch Worte oder Werke, durch Thun oder pflichtwidriges Unterlassen, ist Gehülfe, wenn nicht der von ihm geleistete Beistand so wesentlich nothwendig war, daß ohne diese Mitwirkung das Verbrechen nicht hätte vollführt werden können." Vergl. Art. 60 Abs. 2f. C.P. 1810. Bemerkenswert ist im übrigen, daß die bayerische Kodifikation ebenso wie der napoleonische *Code pénal* die Beihilfemittel nicht abschließend aufzählt, sondern sich vielmehr auf eine allgemeine Formulierung beschränkt. Vergl. Art. 60 Abs. 2 C.P. 1810: "[...] ou tout autre moyen [...]."

[1567] Vergl. Art. 45 Nr. 2 bair. StGB 1813.

[1568] Streng genommen hatte auch der *Code pénal* von 1810 zwischen Gehilfen niederen Grades - diese hatten dem Täter nach Maßgabe von Art. 60 Abs. 2 vorsätzlich die zur Tatbegehung verwendeten Tatmittel verschafft - sowie Gehilfen im eigentlichen Sinne - diese leisteten dem Täter gemäß Art. 60 Abs. 3 hinsichtlich der Tatbegehung unmittelbar Hilfe - differenziert. Diese Differenzierungen waren allerdings insofern ohne Bedeutung, als das napoleonische Strafgesetzbuch für beide Beihilfeformen grundsätzlich ein gleiches, an der Haupttat orientiertes Strafmaß bestimmt hatte. Vergl. Art. 59, 60 Abs. 2f. C.P. 1810.

[1569] Vergl. Art. 59 C.P. 1810.

Bayern die Strafe des Teilnehmers nach der des Täters, jedoch spielten anders als nach dem *Code pénal* bei der konkreten Bemessung der Teilnahmestrafe sowohl die Nähe des Teilnehmers zur Tathandlung als auch der Umfang der dem Täter geleisteten Hilfe eine maßgebliche Rolle[1570]. Während dementsprechend ein Gehilfe ersten Grades aufgrund seines Tatbeitrages dem Täter und der für ihn bestimmten Strafe noch am nächsten stand und mithin in der Regel mit der nächstniedrigeren Strafe nach dem Täter belegt werden mußte[1571], zog der zweite Grad der Beihilfe[1572] bereits eine geringere und der dritte Beihilfegrad[1573] schließlich im Vergleich zu der vom Täter verwirkten Sanktion die vergleichsweise geringste Strafe nach sich[1574].

Im Rahmen einer alle Teilnehmer ungeachtet ihres jeweiligen Beihilfegrades erfassenden, der napoleonischen Strafgesetzgebung völlig unbekannten *Allgemeinen Verfügung über die Bestrafung der Gehülfen* bestimmte der bayerische Gesetzgeber zudem, daß sich der Gehilfe im übrigen dann darauf berufen konnte, er habe Beihilfe nur zu einer geringeren als der vom Urheber tatsächlich verübten Straftat leisten wollen, wenn er selbst nachweisen konnte, daß ihn der Urheber ausdrücklich nur für das geringere Verbrechen aufgefordert hatte[1575]. Gelang ihm dieser Nachweis, so durfte seine Strafe nur nach der weniger schwerwiegenden Straftat bemessen werden. Gelang ihm diese Beweisführung jedoch nicht, so bemaß sich seine eigene Strafe in Ansehung seines Tatbeitrages jedenfalls nach der vom Urheber verwirkten Strafe[1576].

Der bayerische Gesetzgeber von 1813 hatte darüber hinaus das Verhältnis zwischen der Strafbarkeit des Urhebers und der Strafbarkeit des jeweiligen Gehilfen grundsätzlich dem Verhältnis der Strafbarkeit des Versuchs zur Strafbarkeit der Vollendung gleichgestellt[1577]. Konsequenterweise war daher auch für den Fall, daß die Straftat, zu der der Gehilfe Beihilfe geleistet hatte, nicht vollendet worden war, die Strafe des Gehilfen nach Maßgabe des vom Täter versuchten Delikts auszumessen[1578]. Allerdings schloß hier ein strafloser Versuch

[1570] Vergl. *Anmerkungen*, Bd. I, S. 202ff.

[1571] Art. 74f. bair. StGB 1813. Vergl. *Anmerkungen*, Bd. I, S. 207.

[1572] Art. 76f. bair. StGB 1813.

[1573] Art. 78 bair. StGB 1813.

[1574] Vergl. *Anmerkungen*, Bd. I, S. 207f.

[1575] Art. 80 1. Halbsatz bair. StGB 1813.

[1576] Art. 80 2. Halbsatz bair. StGB 1813.

[1577] Art. 75, 77f. bair. StGB 1813. Vergl. *Anmerkungen*, Bd. I, S. 215. Unter anderen Vorzeichen hatte dies letztlich bereits der napoleonische Gesetzgeber getan, denn einerseits mußte ein Teilnehmer stets mit der gleichen Strafe wie der Täter belegt und auch der Versuch - zumindest bei Verbrechen - prinzipiell mit der gleichen Strafe wie das vollendete Delikt geahndet werden. Vergl. Art. 2f., 59 C.P. 1810.

[1578] Art. 81 Abs. 1 bair. StGB 1813.

des Täters die Strafbarkeit des jeweiligen Gehilfen nur insoweit aus, als der rechtliche Grund für den Strafausschluß nach Maßgabe der hierfür einschlägigen allgemeinen Bestimmung[1579] auch in der Person und Handlung des Gehilfen eingetreten sein mußte[1580]. Für den Fall aber, daß der Gehilfe die von ihm versprochene Hilfe entweder gar nicht geleistet oder aber bereits abgebrochen hatte, bevor sie dem Täter überhaupt von Nutzen gewesen sein konnte, mußte jeder Gehilfe ungeachtet des von ihm verwirkten Beihilfegrades dann wegen versuchter Beihilfe verurteilt werden, wenn er sich nach Maßgabe der allgemeinen Bestimmungen[1581] selbst strafbar gemacht hatte. Hierbei sollten zwar die Bestimmungen über den Versuch angewandt[1582], die Strafe aber nicht wie bei versuchten Delikten im Verhältnis zur vollendeten Straftat, sondern vielmehr nach Maßgabe der für die Teilnahme geltenden Regelungen bestimmt werden[1583]. Hatte der Teilnehmer dem Urheber allerdings noch während der Tatbegehung seine erst nach der Vollendung des Delikts zu leistende Hilfe versprochen, so konnte er sich auf die Nichteinhaltung seines Hilfeversprechens nach Deliktsvollendung nicht berufen, wenn er dem Urheber gegenüber nicht noch vor Deliktsvollendung die Zurücknahme seines Versprechens ausdrücklich kundgetan hatte[1584].

Als Teilnehmer ersten Grades und mithin den Urhebern der Straftat - abgesehen vom gesondert mit Strafe belegten Hauptgehilfen[1585] - am nächsten stehend waren zunächst diejenigen Gehilfen anzusehen, die dem eigentlichen Täter über Art, Mittel oder Gelegenheit der Tatausführung Informationen erteilt hatten, aufgrund derer die Straftat anschließend auch begangen worden war[1586]. Als Gehilfen ersten Grades waren darüber hinaus ferner - möglicherweise in Anlehnung an die ähnlich lautende Bestimmung der entsprechenden napoleonischen Strafgesetzgebung[1587] - diejenigen Teilnehmer der strafbaren Handlung zu bestrafen, die dem Täter die unmittelbar zur Durchführung der Straftat dienenden Mittel und Werkzeuge verschafft hatten[1588]. Gleichermaßen machten sich auch solche Personen der Beihilfe ersten Grades strafbar, die dem Täter entweder durch ihre unmittelbare Teilnahme an der strafbaren Handlung selbst oder aber durch unterstützende Weise in beliebiger Form - etwa in Form von *Spähestehen* oder *Kundschaftgeben* - bei der

[1579] Vergl. Art. 58 bair. StGB 1813.
[1580] Art. 81 Abs. 2 bair. StGB 1813.
[1581] Art. 58 bis 81 bair. StGB 1813.
[1582] Art. 60, 62f. bair. StGB 1813.
[1583] Art. 82 bair. StGB 1813. Vergl. Art. 75, 77f. bair. StGB 1813.
[1584] Art. 83 bair. StGB 1813.
[1585] Vergl. Art. 45 Nr. 2 bair. StGB 1813.
[1586] Art. 74 Nr. 1 bair. StGB 1813.
[1587] Anders als in Bayern hatten die Urheber des *Code pénal* die eigentlichen Beihilfemittel allerdings nicht abschließend aufgezählt. Vergl. Art. 60 Abs. 2 C.P. 1810: "Ceux qui auront procuré des armes, des instruments, ou tout autre moyen qui aura servi à l'action [...]."
[1588] Art. 74 Nr. 2 bair. StGB 1813.

Vollbringung der Straftat Beistand geleistet hatten[1589]. Einer Beihilfe ersten Grades machte sich zudem derjenige Beamte oder in öffentlichen Diensten Stehende schuldig, der - obwohl aufgrund seines Amtes zur Strafverfolgung oder Aufdeckung von Straftaten verpflichtet - dem Straftäter entweder vor oder zum Zeitpunkt der Tatbegehung versprochen hatte, nicht von Amts wegen gegen ihn tätig zu werden. Gleiches galt auch dann, wenn der Amtsträger dem Täter ohne vorherige Verabredung entweder vor oder bei Tatbegehung auf andere Weise tätige Beihilfe geleistet hatte[1590]. Entsprechend der eingangs dargelegten Grundsätze mußte ein Gehilfe ersten Grades dann entweder mit der Zuchthausstrafe auf unbestimmte Zeit oder aber mit der Kettenstrafe belegt werden, wenn das Strafgesetzbuch den Urheber der Straftat mit der Todesstrafe bedrohte[1591]. Hatte jedoch der Urheber selbst lediglich die zeitlich unbestimmte Zuchthausstrafe oder die Kettenstrafe verwirkt, so mußte über den Gehilfen lediglich die im Strafsystem nächstniedrigere Strafe des fünfzehn- bis zwanzigjährigen Zuchthauses verhängt werden[1592]. Bestand die gegen den Urheber gerichtete Strafe hingegen aus einer zeitlich begrenzten Freiheitsstrafe, so mußte der Gehilfe zwar mit dem geringsten Grad der auch für den Urheber einschlägigen Freiheitsstrafe belegt, diese aber darüber hinaus noch um mindestens ein Viertel und höchstens um die Hälfte der jeweiligen Strafdauer vermindert werden[1593]. Hatte schließlich der Urheber lediglich eine Geldbuße verwirkt, war zwar auch bei dem Gehilfen eine Geldstrafe zu verhängen, diese allerdings im Vergleich zu der über den Urheber verhängten Geldbuße um mindestens ein Viertel und höchstens um die Hälfte zu kürzen[1594]. Mußte der Urheber hingegen die demütigenden Zivilstrafen des Widerrufs, der Abbitte und des Verweises gegenwärtigen, so waren diese ungemindert auch auf den Gehilfen ersten Grades anzuwenden[1595].

Als Gehilfen zweiten Grades machten sich zunächst all diejenigen Personen strafbar, deren tatbezogener Ratschlag zwar nicht alle Erfordernisse des Ratschlages eines Gehilfen ersten Grades erfüllte[1596], der aber dennoch als so schwerwiegend befunden wurde, daß er eine - wenn auch im Vergleich zum

---

[1589] Art. 74 Nr. 3 bair. StGB 1813.

[1590] Art. 74 Nr. 4 bair. StGB 1813. Die entsprechenden, den Regelungen des Bairischen Strafgesetzbuchs nur entfernt ähnelnden Bestimmungen des *Code pénal* hatte der napoleonische Gesetzgeber allerdings ausschließlich im Rahmen des besonderen Teils und dort im Zusammenhang mit den Amtsdelikten erfaßt. Vergl. u.a. Art. 166 bis 197 sowie insbesondere die Strafzumessungsvorschriften beinhaltende Spezialbestimmung des Art. 198 C.P. 1810.

[1591] Art. 75 Nr. 1 bair. StGB 1813.

[1592] Art. 75 Nr. 2 bair. StGB 1813.

[1593] Art. 75 Nr. 3 bair. StGB 1813.

[1594] Art. 75 Nr. 4 bair. StGB 1813.

[1595] Art. 75 Nr. 5 bair. StGB 1813.

[1596] Vergl. Art. 74 Nr. 1 bair. StGB 1813.

Gehilfen ersten Grades geringere - Strafbarkeit des Ratschlagenden nach sich zog[1597]. Darüber hinaus machte sich auch derjenige Teilnehmer einer Beihilfe zweiten Grades schuldig, der dem Urheber der Straftat - ähnlich wie nach der entsprechenden napoleonischen Strafgesetzgebung[1598] - solche Mittel und Werkzeuge verschafft hatte, die nur zu vorbereitenden oder Nebenhandlungen der Haupttat oder aber zu Unternehmungen nach Vollbringung der Haupttat dienen sollten[1599]. Gleichfalls in wesentlicher Übereinstimmung mit dem zeitgenössischen *Code pénal* war als Gehilfe zweiten Grades ein Teilnehmer zudem dann anzusehen, wenn er dem Urheber vor Tatbegehung in beliebiger Form entweder Hilfe geleistet oder aber die Tatbegehung anderweitig gefördert hatte[1600]. Einer Beihilfe zweiten Grades machten sich schließlich zudem Beamte sowie in öffentlichen Diensten Stehende dann schuldig, wenn sie - obwohl aufgrund ihres Amtes zur Strafverfolgung oder Aufdeckung von Straftaten verpflichtet - dem Straftäter zwar nicht versprochen hatten, von Amts wegen nicht gegen ihn tätig zu werden, die Begehung der Straftat aber dennoch durch Unterlassung der Ausübung ihrer Amtspflicht vorsätzlich vor deren Verwirklichung gefördert hatten[1601]. Einer Beihilfe zweiten Grades machte sich schließlich auch derjenige strafbar, der dem Straftäter entweder vor oder bei Tatbegehung die Verheimlichung der Straftat oder für die Zeit nach Tatbegehung Hilfe oder Unterstützung zu leisten versprochen hatte[1602]. Was nun die Strafzumessung anbelangte, so mußte ein wegen Beihilfe zweiten Grades schuldiger Delinquent entsprechend der bereits dargelegten Grundsätze dann mit einer Verurteilung zu zwölf- bis sechzehnjähriger Zuchthausstrafe rechnen, wenn der Urheber selbst ein Kapitalverbrechen begangen hatte[1603]. Verwirkte der Urheber hingegen lediglich entweder eine zwanzigjährige Zuchthaus- oder eine noch schwerere Freiheitsstrafe, so war der Gehilfe mit einer acht- bis zwölfjährigen Zuchthausstrafe zu belegen[1604]. In allen anderen Fällen aber, in denen der Urheber lediglich eine zeitige Freiheitsstrafe geringerer Dauer verwirkt hatte, mußte der wegen Beihilfe zweiten Grades schuldige Teilnehmer hingegen zwar mit der gleichen Strafart wie der Urheber belegt, diese jedoch hinsichtlich ihrer Dauer dergestalt modifiziert werden, daß der Teilnehmer nicht mehr als die Hälfte und nicht weniger als ein Viertel des entsprechenden

---

[1597] Art. 76 Nr. 1 bair. StGB 1813.

[1598] Vergl. Art. 60 Abs. 3 C.P. 1810: "Ceux qui auront [...] aidé ou assisté l'auteur ou les auteurs de l'action, dans les faits qui l'auront préparée ou facilitée, ou dans ceux qui l'auront consommée [...]."

[1599] Art. 76 Nr. 2 bair. StGB 1813.

[1600] Art. 76 Nr. 3 bair. StGB 1813. Vergl. Art. 60 Abs. 3 C.P. 1810.

[1601] Art. 76 Nr. 4 bair. StGB 1813. Vergl. Art. 166 bis 197 sowie insbesondere Art. 198 C.P. 1810.

[1602] Art. 76 Nr. 5 bair. StGB 1813.

[1603] Art. 77 Nr. 1 bair. StGB 1813.

[1604] Art. 77 Nr. 2 bair. StGB 1813.

Strafmaßes des Urhebers zu gegenwärtigen hatte[1605]. Die gleiche Berechnungsmethode fand schließlich auch bei der Verhängung von Geldstrafen Anwendung, denn auch hier war der Gehilfe zur Zahlung von nicht mehr als der Hälfte, wenigstens aber von einem Viertel der auf den Urheber entfallenden Geldbuße zu verurteilen[1606].

Als Gehilfe dritten Grades machte sich in den Augen des bayerischen Gesetzgebers schließlich jeder dann schuldig, der es im Rahmen der ihm auferlegten, überaus weitgefaßten *allgemeine Bürgerpflicht*[1607] trotz Kenntnis von der bevorstehenden Straftat unterließ, entweder die Obrigkeit einzuschalten oder aber den von der Straftat unmittelbar Betroffenen zu warnen. War eine Warnung der gefährdeten Person jedoch nicht mehr möglich, so mußte jeder einzelne seiner Bürgerpflicht dadurch gerecht werden, daß er entweder andere Personen als Helfer herbeizog oder alle ihm gefahrlos zur Verfügung stehenden Mittel ausschöpfte, um die Begehung der Straftat zu verhindern[1608]. Kam er dieser, der napoleonischen Strafgesetzgebung in dieser Weite völlig unbekannten Bürgerpflicht[1609] jedoch nicht nach, so mußte er jedenfalls mit der demütigenden Zivilstrafe des gerichtlichen Verweises oder aber in Ansehung der Gesamtumstände stattdessen mit einer mindestens eintägigen und höchsten einmonatigen Gefängnisstrafe belegt werden[1610]. Galt es jedoch als erwiesen, daß er seiner Bürgerpflicht nur aufgrund eines entweder unmittelbaren oder auch nur mittelbaren eigenen Interesses an der Begehung der Straftat zuwider gehandelt hatte, so stellte der Gesetzgeber hinsichtlich der Strafzumessung auf die Qualität der jeweiligen Straftat ab, deren Verwirklichung aber jedenfalls mindestens die Verhängung einer Kriminalfreiheitsstrafe nach sich ziehen mußte, um eine über die Verletzung der allgemeinen Bürgerpflicht hinausgehende Strafbarkeit des Gehilfen dritten Grades zu begründen. Hatte die Straftat nämlich ein Kapitalverbrechen zum Gegenstand,

---

1605 Art. 77 Nr. 3 bair. StGB 1813.

1606 Art. 77 Nr. 4 bair. StGB 1813.

1607 Vergl. *Anmerkungen*, Bd. I, S. 209f.

1608 Vergl. Art. 78 Abs. 1 Satz 1 bair. StGB 1813: "Jeder Unterthan ist schuldig, Verbrechen oder Vergehen, welche in seiner Gegenwart vorbereitet oder angefangen werden, oder von welchen er sonst weiß, daß sie geschehen sollen, entweder durch schleunige Anzeige bei der nächsten Obrigkeit, oder durch Warnung der dadurch gefährdeten Person, und im Fall der Unthunlichkeit des Vorigen, durch Herbeirufen oder Herbeiholen Anderer, oder durch sonstige in seiner Macht habende Mittel, so weit es ohne Gefahr für ihn selbst oder einen Dritten geschehen kann, zu verhindern."

1609 Obwohl die napoleonische Strafgesetzgebung keine den immens weiten Regelungen des Bairischen Strafgesetzbuchs entsprechende allgemeine Bürgerpflicht der Anzeige oder Verhinderung von geplanten Straftaten kannte, hatte sie vor allem bei hoch- bzw. landesverräterischen Straftaten sowie bei Fälschungsverbrechen eine Denunziationspflicht des kenntnisnehmenden Bürgers bestimmt. Vergl. Art. 103ff, 132ff C.P. 1810.

1610 Art. 78 Abs. 1 Satz 2 bair. StGB 1813.

so hatte der Gehilfe dritten Grades eine vier- bis sechsjährige Arbeitshausstrafe verwirkt[1611]. Handelte es sich bei dem Verbrechen hingegen um eine Straftat, die die Verhängung der Zuchthaus- oder gar der Kettenstrafe zur Folge hatte, so mußte der Teilnehmer lediglich mit seiner Verurteilung zu einer mindestens ein- und höchstens dreijährigen Arbeitshausstrafe rechnen[1612]. Zog die Straftat hingegen selbst lediglich die Verhängung der Arbeitshausstrafe nach sich, so mußte bei dem Teilnehmer auf eine ein- bis sechsmonatige Gefängnisstrafe erkannt werden[1613].

Hinsichtlich der allgemeinen Bürgerpflicht der Anzeige oder der Verhinderung geplanter Straftaten berücksichtigte der bayerische Gesetzgeber - möglicherweise in enger Anlehnung an ähnlich lautende Bestimmungen der napoleonischen Strafgesetzgebung[1614] - hingegen aus humanitären Gründen privilegierend das enge Verwandtschaftsverhältnis zwischen dem kenntnisnehmenden Bürger und dem potentiellen Straftäter[1615], denn sowohl Blutsverwandte in auf- und absteigender Linie als auch Geschwister, Ehegatten und im ersten Grad miteinander verschwägerte Personen waren untereinander weder zur obrigkeitlichen Anzeige noch zur Verhinderung von bevorstehenden Straftaten verpflichtet[1616]. Von dieser Privilegierung waren allerdings Ehegatten sowie Verwandte aufsteigender Linie dann ausgenommen, wenn sie zwar entsprechende Kenntnis von der geplanten Tatbegehung durch die Ehefrau bzw. durch einen unter ihrer Gewalt stehenden Minderjährigen hatten, sich aber dennoch nicht zur Verhinderung der Tatbegehung hatten entschließen können[1617]. War dies erwiesenermaßen der Fall, so mußten diese Angehörigen dennoch nach Maßgabe der für den Gehilfen dritten Grades geltenden Strafzumessungsbestimmungen als Teilnehmer verurteilt werden[1618].

Wohl in enger systematischer Anlehnung an die entsprechende napoleonische Strafgesetzgebung[1619] erfaßte auch der bayerische Gesetzgeber die einem Straftäter

---

[1611] Art. 78 Abs. 2 Nr. 1 bair. StGB 1813.

[1612] Art. 78 Abs. 2 Nr. 2 bair. StGB 1813.

[1613] Art. 78 Abs. 2 Nr. 3 bair. StGB 1813.

[1614] Der napoleonische *Code pénal* sah namentlich bei den hoch- bzw. landesverräterischen Straftaten sowie den Fälschungsverbrechen eine strafbefreiende Privilegierung naher Angehöriger vor. Vergl. insbesondere Art. 107, 137 C.P. 1810 sowie Art. 30 *Code d'instruction criminelle* 1808.

[1615] Vergl. *Anmerkungen*, Bd. I, S. 212.

[1616] Art. 79 Abs. 1 bair. StGB 1813.

[1617] Diese Einschränkung begründete der Gesetzgeber damit, daß der Ehegatte bzw. Vormund die Begehung der Straftat aus eigener Kraft hätte verhindern können und somit gar nicht erst in einen Gewissenskonflikt hinsichtlich der Anzeige der Straftat geraten wäre. Vergl. *Anmerkungen*, Bd. I, S. 212. Eine entsprechende Regelung war der napoleonischen Strafgesetzgebung völlig fremd.

[1618] Art. 79 Abs. 2 bair. StGB 1813.

[1619] Vergl. Art. 61 bis 63 C.P. 1810.

nach der Verübung der strafbaren Handlung vorsätzlich geleistete Hilfe nicht nur im Anschluß an die Teilnahmebestimmungen[1620], sondern betrachtete diese als Begünstigung bezeichnete und abweichend von den Vorgaben des *Code pénal* legal definierte Form der Teilnahme[1621] gleichfalls als eigenständiges Delikt, für das er von den übrigen Strafbestimmungen der Teilnahme abweichende Strafbestimmungen aufstellte. Ebenso wie die einfache Teilnahme war auch die regelmäßig mit weniger harten Strafen geahndete Begünstigung[1622] in drei verschiedene Grade dergestalt eingeteilt, daß alle Grade mit unterschiedlichen, im wesentlichen graduell aufeinander abgestimmten Strafandrohungen bewehrt waren[1623]. Anders als nach der entsprechenden napoleonischen Strafgesetzgebung, die den Begünstiger sowohl im Fall der Personen- als auch im Fall der Sachhehlerei prinzipiell mit der gleichen Strafe wie den Täter belegt[1624] und hierbei nur dem Sachhehler bei Vorliegen bestimmter Umstände eine geringere Strafandrohung in Aussicht gestellt hatte[1625], bestimmte das Bairische Strafgesetzbuch generell, daß der Begünstiger stets zu einer erheblich geringeren Strafe als der unmittelbare Täter verurteilt werden mußte. Im Einklang mit den entsprechenden Regelungen des *Code pénal* richtete sich zwar auch hier die Strafe

---

[1620] Art. 84 bis 89 bair. StGB 1813.

[1621] Vergl. Art. 84 bair. StGB 1813: "Wer nach vollbrachter Uebertretung einem Uebelthäter durch pflichtwidriges Thun oder Unterlassen in Bezug auf die begangene Uebertretung, beförderlich ist, ohne ihm jedoch vor Vollendung der That solche Unterstüzung versprochen zu haben, macht sich der Begünstigung schuldig." Ebenso wie die Urheber des *Code pénal* von 1810 grenzte also auch der bayerische Gesetzgeber die Begünstigung durch den Zeitpunkt der Unterstützungshandlung deutlich von der Beihilfe ab. Vergl. *Anmerkungen*, Bd. I, S. 215. Eine entsprechende allgemeine Legaldefinition kannte die napoleonische Strafgesetzgebung jedoch nicht. Sie hatte im Rahmen der gleichfalls im allgemeinen Teil erfaßten Begünstigung lediglich zwischen der Personen- und der Sachhehlerei unterschieden, wobei beide Begriffe allerdings exakt umschrieben worden waren. Vergl. Art. 61f. C.P. 1810.

[1622] Begründet wurde dies seitens des Gesetzgebers damit, daß die Begünstigung anders als die Anstiftung oder die tätige Beihilfe keinen Einfluß mehr auf das Vorliegen der bereits verwirklichten Straftat habe. Vergl. *Anmerkungen*, Bd. I, S. 218.

[1623] Art. 85 bis 87 bair. StGB 1813.

[1624] Vergl. Art. 61f. i.V.m. Art. 59 C.P. 1810.

[1625] Vergl. Art. 63 C.P. 1810. Der napoleonische Gesetzgeber hatte hier ausnahmsweise für alle Verbrechen, die entweder die Todesstrafe, die lebenslange Zwangsarbeit oder die Verbannung nach sich zogen, angeordnet, daß der Sachhehler nur dann zu der gleichen Strafe wie der Täter verurteilt werden durfte, wenn er über das generelle Wissen von der kriminellen Herkunft der verhehlten Sache hinaus zudem noch von den konkreten Umständen des die verhehlte Sache hervorbringenden Verbrechens gewußt hatte. Verfügte der Hehler über diese genaue Kenntnis der Tatumstände nicht, so hatte er lediglich die vergleichsweise milde zeitige Zwangsarbeit verwirkt. Das Motiv für diese vom napoleonischen Grundprinzip der einheitlichen Strafe für Täter und Teilnehmer abweichende Sonderregelung kann in der tunlichen Vermeidung von möglichen Härten gesehen werden, die sich gerade bei zuvor verübten Gewalttaten für den Sachhehler ergeben konnten.

des Begünstigers prinzipiell nach der des Täters[1626], jedoch hatten - insoweit abweichend von den Vorgaben der napoleonischen Strafgesetzgebung - insbesondere die gewerbsmäßige Vornahme der Begünstigung, die Schwere der Haupttat sowie die Amtsträgereigenschaft des Begünstigers maßgeblichen Einfluß auf die konkrete Bemessung der Begünstigerstrafe[1627].

Einer Begünstigung ersten Grades[1628] machte sich schuldig, wer gewerbsmäßig Straftäter bei sich aufnahm oder verbarg, ihnen zur Flucht verhalf oder ihnen bei der Unterdrückung von Spuren oder Beweismitteln behilflich war[1629]. Über diese gewerbsmäßig ausgeübte Personenhehlerei hinaus machte sich zudem derjenige des ersten Grades der Begünstigung in Form der Sachhehlerei schuldig, der durch ein Verbrechen erlangte Gegenstände gewerbsmäßig bei sich aufbewahrte oder verbarg, oder aber diese Gegenstände entweder selbst an- oder gar an Dritte weiterverkaufte[1630]. Ungeachtet der Form der ausgeübten Hehlerei mußte der Begünstiger in beiden Fällen aufgrund der damit verbundenen *Gefährdung für die öffentliche Ordnung und Sicherheit* ebenso wie ein Beihilfe zweiten Grades leistender Teilnehmer bestraft werden[1631]. Im Hinblick auf die gewerbliche Begünstigung sowohl in Form der Personen- als auch in Form der Sachhehlerei beinhaltete die bayerische Kodifikation zudem eine ergänzende, der napoleonischen Strafgesetzgebung völlig unbekannte Beweisregel, derzufolge ein Verdächtiger dann einer gewerbsmäßigen Begünstigung als überführt galt, wenn er sich bereits zuvor aus eigennützigen Motiven mindestens zweimal zu verschiedenen Zeitpunkten einer gewerbsmäßigen Begünstigung schuldig gemacht hatte[1632]. War eine gewerbsmäßige Begünstigung jedoch nicht gegeben, so richtete sich die Strafzumessung des nunmehr lediglich als Begünstiger zweiten Grades angesehenen Teilnehmers nach den Bestimmungen, die auch für den Gehilfen dritten Grades Anwendung fanden. Hatte der eigentliche Urheber des Delikts hierbei allerdings die bloße Gefängnis- oder eine noch geringere Strafe verwirkt, durfte auch der Begünstiger nur mit einer Geldbuße zwischen zehn und 100 *Gulden* oder aber mit Gefängnisstrafe zwischen vier und vierzehn Tagen belegt werden[1633]. Wer hingegen als anzeigepflichtige Amtsperson von einer Straftat nach

[1626]Dies wird vor allem daran deutlich, daß die Bestimmungen über die Begünstigung direkte Verweise auf die entsprechenden Bestimmungen über die Beihilfe mit der Maßgabe enthielten, die dort genannten, nach den Strafen für den Urheber ausgerichteten Sanktionen auch auf den Begünstiger anzuwenden. Vergl. Art. 85 Abs. 1, 86f. bair. StGB 1813.

[1627]Vergl. *Anmerkungen*, Bd. I, S. 219ff.

[1628]Art. 85 bair. StGB 1813.

[1629]Art. 85 Abs. 1 1. Halbsatz bair. StGB 1813. Vergl. Art. 61 C.P. 1810.

[1630]Art. 85 Abs. 1 2. Halbsatz bair. StGB 1813. Vergl. Art. 62 C.P. 1810.

[1631]Art. 85 Abs. 1 i.V.m. 77 bair. StGB 1813. Vergl. *Anmerkungen*, Bd. I, S. 219. Vergl. Art. 59, 61 bis 63 C.P. 1810.

[1632]Art. 85 Abs. 2 bair. StGB 1813.

[1633]Art. 86 i.V.m. 78 Nr. 1 bis 3 bair. StGB 1813.

deren Vollendung Kenntnis erlangte und es entgegen der ihm obliegenden Amtspflicht unterließ, die Obrigkeit entsprechend zu informieren, wurde als Begünstiger dritten Grades erachtet und im Hinblick auf die Strafzumessung einem Gehilfen dritten Grades gleichgestellt[1634]. Allerdings mußte hier in Ansehung der Amtspflichtverletzung stets noch die Degradation oder die Dienstentlassung des Begünstigers als Strafe hinzutreten[1635]. Andere als die genannten Personen durften hingegen als Begünstiger nur dann wegen unterlassener Anzeige mit Strafe belegt werden, wenn das Verbrechen entweder die Todes- die Ketten- oder aber die Zuchthausstrafe nach sich zog und die Strafverfolgung hierdurch entweder erschwert oder aber gänzlich vereitelt worden war. Über diesen Personenkreis mußte dann jedenfalls die demütigende Zivilstrafe des gerichtlichen Verweises sowie - je nach Schwere der Begleitumstände - eine Gefängnisstrafe bis zu drei Monaten verhängt werden[1636]. Ähnlich wie im Fall der vor oder bei Tatbegehung geleisteten Beihilfe berücksichtigte der bayerische Gesetzgeber auch bei der Begünstigung das enge Verwandtschaftsverhältnis zwischen dem Teilnehmer und dem Straftäter, denn eine Begünstigung Blutsverwandter in auf- und absteigender Linie, von Geschwistern, Ehegatten sowie im ersten Grad miteinander verschwägerten Personen durch unterlassene Anzeige oder entsprechende Schutzmaßnahmen zog dann keine Bestrafung nach sich, wenn die Begünstigung ihrerseits nicht mit einer Straftat verbunden war[1637].

4. Die Strafzumessung

Mit den nur beispielhaft[1638] und keineswegs abschließend aufgeführten allgemeinen Strafzumessungsgründen[1639] sowie den unmittelbar im Anschluß exakt erfaßten Grenzen der richterlichen Strafzumessung[1640] lehnte sich der bayerische Gesetzgeber von 1813 zumindest systematisch eng an die

---

[1634] Die Beschränkung der Begünstigung dritten Grades lediglich auf Amtsträger beruhte im wesentlichen darauf, daß der Gesetzgeber dem Umstand Rechnung tragen wollte, daß die Denunziation von Dritten in Form von Strafanzeigen allgemein verabscheut wurde. Vergl. *Anmerkungen*, Bd. I, S. 221f.

[1635] Art. 87 i.V.m. 78 bair. StGB 1813. Entsprechende, dieser Regelung entfernt ähnelnde Bestimmungen beinhaltete der besondere Teil des napoleonischen *Code pénal* vor allem im Rahmen der Amtsdelikte. Vergl. Art. 166 bis 197 sowie insbesondere den einen speziellen Strafenkatalog für an Straftaten teilnehmende Beamte enthaltenden Art. 198 C.P. 1810.

[1636] Art. 88 bair. StGB 1813.

[1637] Art. 89 i.V.m. 79 bair. StGB 1813. Diese Privilegierung galt ausdrücklich auch für den in Art. 79 Abs. 2 genannten, dort im Rahmen der Beihilfe hingegen noch strafbedrohten Personenkreis.

[1638] Vergl. hierzu m.w.N. näher: Berner. *Lehrbuch*, S. 226.

[1639] Art. 90 bis 94 bair. StGB 1813.

[1640] Art. 95f. bair. StGB 1813.

entsprechenden Prinzipien der napoleonischen Strafgesetzgebung an, die ihrerseits allerdings keine vergleichbar ausführlich geregelten allgemeinen Strafzumessungsbestimmungen kannte[1641]. In grundlegender Übereinstimmung mit den Prinzipien des *Code pénal* hatte auch der im Feuerbachschen Geist denkende bayerische Gesetzgeber für jedes Delikt gesetzlich genau bestimmte Strafrahmen festlegt, innerhalb deren Ober- und Untergrenzen die Richter unter Berücksichtigung der besonderen Umstände des Einzelfalles die Strafe individuell zuzumessen befugt waren. Allerdings hatte man dem richterlichen Ermessen hierbei insofern enge Grenzen gesetzt, als diese festen Strafrahmen in aller Regel nicht nur knapp bemessen[1642], sondern zudem über ihre engen Ober- und Untergrenzen hinaus noch mit konkreten Strafzumessungsrichtlinien ergänzt worden waren, die das Gericht bei der Urteilsfindung jedenfalls zu berücksichtigen hatte[1643]. Dementsprechend galt zunächst für den Fall, daß das Strafgesetzbuch den Strafgrad einer strafbaren Handlung unbestimmt gelassen hatte, grundsätzlich die Regel, daß der erkennende Richter befugt war, die Strafe nach eigenem Ermessen innerhalb der hierfür vorgesehenen Strafrahmen sowie innerhalb der gesetzlichen Strafzumessungsgrenzen auszumessen. Hierbei sollte allerdings sowohl die objektive Beschaffenheit der strafbaren Handlung als auch der subjektive Grad des Tätervorsatzes und mithin dessen kriminelle Energie besondere Berücksichtigung finden[1644]. Hinsichtlich der Beschaffenheit der strafbaren Handlung war der Richter bei der Strafzumessung zunächst gehalten, nicht nur der Größe und Tragweite der zu jeweiligen Rechtsverletzung[1645], sondern darüber hinaus auch dem Umstand Rechnung zu tragen, wie groß sich der durch die Straftat betroffene Personenkreis gestaltete. Hierbei war insbesondere darauf zu achten, ob die Straftat etwa den ganzen Staat, ganze Gemeinden oder eine unbestimmte Menge von Personen oder aber lediglich bestimmte Einzelpersonen in Mitleidenschaft gezogen bzw. in ihren Rechten verletzt hatte[1646].

Hinsichtlich der *Gemüths- und Willenseigenschaft* d.h. der kriminellen Energie des Straftäters hatte der bayerische Gesetzgeber darüber hinaus jeweils einen

[1641] Über die Regelung der zunächst lediglich auf Vergehen beschränkten *circonstances atténuantes* hinaus enthielt der zeitgenössische *Code pénal* keine allgemeingültigen Strafzumessungsgründe oder gar -richtlinien. Vergl. Art. 463 C.P. 1810.

[1642] Bei den relativ bestimmten Strafen lagen das Maximum und das Minimum grundsätzlich nicht mehr als vier Jahre auseinander. Nur in einigen Ausnahmefällen - etwa bei den sog. *Staatsverbrechen* - hatte der Gesetzgeber einen sechs- oder achtjährigen Strafrahmen für sinnvoll gehalten. Vergl. Art. 188, 291, 305f., 321, 337, 347 bair. StGB 1813.

[1643] Vergl. *Anmerkungen*, Bd. I, S. 231f.: "Die Gründe, welche [...] die Strafbarkeit erhöhen oder vermindern, sind durch sich selbst gerechtfertiget, und so genau angegeben, daß die Gerichte bei deren Anwendung nicht auf Abwege gerathen können."

[1644] Art. 90 bair. StGB 1813. Vergl. *Anmerkungen*, Bd. I, S. 228.

[1645] Art. 91 Nr. 1 bair. StGB 1813.

[1646] Art. 91 Nr. 2 bair. StGB 1813.

spezifischen Katalog mit strafbarkeitserhöhenden[1647] bzw. strafbarkeitsmindernden[1648] Strafzumessungsgründen erstellt. Eine Erhöhung der Strafbarkeit kam hiernach zunächst dann in Betracht, je mehr und je gewichtigere Beweggründe für die Beachtung der Gesetze vorgelegen hatten, je größer und bedeutsamer die vom Straftäter verletzten Pflichten gewesen waren und je mehr der Straftäter selbst im Stande gewesen war, diese Beweggründe und Pflichten klar und deutlich zu erkennen[1649]. Der jeweilige Strafbarkeitsgrad erhöhte sich darüber hinaus auch dann, je größer die Hindernisse waren, die der Ausführung der Straftat entgegengestanden hatten, je mehr *Dreistigkeit und Muth* der Täter hierbei an den Tag gelegt hatte und je größer der zur Tatvorbereitung oder -verwirklichung erforderliche *Aufwand von Verstand, List oder Körperkräften* gewesen war[1650]. Die Erhöhung des Strafbarkeitsgrads bemaß sich zudem danach, *je geringfügiger die äusseren zufälligen Veranlassungen waren*, die den Straftäter zur Begehung *angereizt, verleitet oder verführt* hatten und je mehr der Täter *aus eigenem innern Antriebe heraus die Uebertretung beschlossen und die Gelegenheit zu dem Verbrechen selbst aufgesucht*, sich diese für ihn also nicht bloß zufällig ergeben hatte[1651]. Gleichfalls mußte straferhöhend Berücksichtigung finden, je mehr der Straftäter *durch fortgesetzte Uebung, durch Angewöhnung, schlechte Lebensart und dergleichen verwildert und zu Verbrechen aufgelegt* war[1652]. Schließlich spielte bei der Strafzumessung auch die besondere Verwerflichkeit der Beweggründe des Täters eine Rolle, denn *je bösartiger und gefährlicher die Begierden und Leidenschaften gewesen waren*, die der Tatbegehung als Motiv zugrundegelegen hatten, desto höher mußte auch die jeweilige Strafe ausfallen[1653].

Im Rahmen der allgemeinen strafmildernden Umstände hatte das Gericht hingegen zunächst die mangelnde Bildung sowie eine Geistesschwäche des Straftäters zu berücksichtigen, aufgrund derer er weder die Gefährlichkeit noch die Strafwürdigkeit seiner Handlung einzusehen in der Lage gewesen war[1654]. Allgemein strafmildernd mußte darüber hinaus auch der Umstand gewertet werden, daß der Täter *durch Ueberredung, arglistige Versprechungen, durch Befehl oder Drohung zu dem Verbrechen verleitet* worden und seine Strafbarkeit nicht bereits durch das Vorliegen von allgemeinen Strafaufhebungsgründen ausgeschlossen war[1655]. Gleichermaßen strafmildernd wirkten sich ferner sowohl

[1647] Art. 92 bair. StGB 1813.
[1648] Art. 93 bair. StGB 1813.
[1649] Art. 92 Nr. 1 bair. StGB 1813.
[1650] Art. 92 Nr. 2 bair. StGB 1813.
[1651] Art. 92 Nr. 3 bair. StGB 1813.
[1652] Art. 92 Nr. 4 bair. StGB 1813.
[1653] Art. 92 Nr. 5 bair. StGB 1813.
[1654] Art. 93 Nr. 1 bair. StGB 1813.
[1655] Art. 93 Nr. 2 bair. StGB 1813. Vergl. *Anmerkungen*, Bd. I, S. 232.

der Umstand, daß der Täter *durch drückende Armuth oder andere Noth* zur Tatbegehung verleitet worden war[1656] als auch die Tatsache aus, daß *durch eine ungesuchte unerwartet aufgestossene Gelegenheit seine Begierde gereizt und* ihn *schnell zur Ausführung fortgerissen* hatte[1657]. Auf Strafmilderung konnte der Straftäter darüber hinaus aber auch dann hoffen, *wenn er in einer zufällig entstandenen und an sich zu entschuldigenden Leidenschaft oder Gemüthsbewegung gehandelt* hatte, dieser Umstand aber im Rahmen der einer ausdrücklichen gesetzlichen Bestimmung noch keine Berücksichtigung gefunden hatte[1658]. Schließlich kam eine Strafmilderung für den Straftäter dann in Betracht, *wenn aus seinem vorigen Lebenswandel oder aus seinem Benehmen bei oder nach der That mit Grund auf einen noch geringeren Grad von Verdorbenheit und Verwilderung geschlosssen werden* konnte[1659]. Im Rahmen eines vom Gesetzgeber eigens bestimmten, insgesamt sechs enumerativ aufgeführte Milderungsgründe umfassenden Katalogs[1660] konnte das erkennende Gericht hierbei zunächst nur dann *mit Grund* auf einen *geringeren Grad von Verdorbenheit und Verwilderung* schließen, wenn der Täter die Gelegenheit gehabt hatte, einen noch größeren als den tatsächlich entstandenen Schaden zu stiften, sich aber dessenungeachtet freiwillig auf eine geringere Schadensverursachung beschränkt hatte[1661]. Eine Strafmilderung kam ferner dann in Betracht, wenn er sich bemüht hatte, den Schadenseintritt entweder ganz zu verhindern[1662] oder aber aus freien Stücken versucht hatte, den bereits entstanden Schaden rückgängig zu machen[1663]. *Mit Grund* konnte das Gericht darüber hinaus eine Strafmilderung dann erkennen, wenn sich der Straftäter im Rahmen einer Selbstanzeige den Behörden freiwillig gestellt[1664] oder aber im Rahmen des ersten oder zweiten Verhörs ein umfassendes Geständnis abgelegt hatte[1665]. Im gleichen Maße mußte schließlich auch die Tatsache strafmildernd Berücksichtigung finden, daß der Täter andere Delinquenten verriet oder aber aus eigenem Antrieb zu deren Verhaftung beigetragen hatte[1666].

Trotz dieser Aufzählung der allgemein straferhöhenden und strafmildernden Zumessungsgründe verpflichtete das Strafgesetzbuch den Richter zur Beachtung des gesetzlich vorgegebenen Strafrahmens, denn das Gericht war grundsätzlich

[1656] Art. 93 Nr. 3 bair. StGB 1813.
[1657] Art. 93 Nr. 4 bair. StGB 1813.
[1658] Art. 93 Nr. 5 bair. StGB 1813. Vergl. *Anmerkungen*, Bd. I, S. 232.
[1659] Art. 93 Nr. 6 bair. StGB 1813.
[1660] Art. 94 bair. StGB 1813.
[1661] Art. 94 Nr. 1 bair. StGB 1813.
[1662] Art. 94 Nr. 2 bair. StGB 1813.
[1663] Art. 94 Nr. 3 bair. StGB 1813.
[1664] Art. 94 Nr. 4 bair. StGB 1813.
[1665] Art. 94 Nr. 5 bair. StGB 1813.
[1666] Art. 94 Nr. 6 bair. StGB 1813.

weder befugt, von der gesetzlich bestimmten Strafe noch von der angedrohten Strafgattung abzuweichen oder gar die gesetzlich bestimmte Strafdauer zu verkürzen bzw. zu verlängern[1667]. Eine Verlängerung oder Verkürzung einer Freiheitsstrafe kam deshalb auch in Ansehung der allgemeinen Strafzumessungsgründe nur innerhalb der Grenzen des hierfür jeweils vorgesehenen Minimums und Maximums in Betracht[1668]. Bei Vorliegen erschwerender Umstände räumte der bayerische Gesetzgeber dem Richter allerdings die Befugnis ein, die Strafe durch die jeweils für die zu verhängende Strafgattung besonders bestimmten Strafschärfungen entsprechend zu verschärfen[1669]. Entsprechendes galt für das Vorliegen mildernder Umstände, denn auch hier ermächtigte der Gesetzgeber den Richter, in Ansehung dieser Umstände aufgrund eigenen Ermessens von einer zusammen mit der Hauptstrafe angedrohten Strafschärfung abzusehen[1670]. Gelangte das Gericht allerdings aufgrund der Anzahl und Gewichtigkeit der zusammentreffenden mildernden Umstände zu der Auffassung, daß die gesetzlich bestimmte Strafe in einem Mißverhältnis zu der strafbaren Handlung stand, mußte es sich an den König wenden und diesem entsprechenden Bericht erstatten[1671]. Im übrigen aber war das Gericht ausdrücklich nur aus den im Strafgesetzbuchs eigens aufgeführten allgemeinen Strafmilderungs- und -schärfungsgründen[1672] zur Abweichung von der gesetzlich bestimmten Strafe ermächtigt[1673].

5. Die Strafmilderungsgründe

Als Strafmilderungsgründe anerkannte die bayerische Strafgesetzgebung von 1813 sowohl das jugendliche[1674] als auch das fortgeschrittene Alter[1675] des Delinquenten, das langwierige (Untersuchungs-) Gefängnis[1676] sowie die Tatbestandsmängel[1677].

[1667] Vergl. Art. 95 Abs. 1 bair. StGB 1813: "Aus keiner der voranstehenden Ursachen ist das Gericht befugt, von der gesezlichen Strafe selbst abzugehen, die gedrohte Strafgattung zu verändern, oder die gesezlich bestimmte Dauer derselben zu verkürzen oder zu verlängern." Vergl. *Anmerkungen*, Bd. I, S. 233ff.

[1668] Art. 95 Abs. 2 Nr. 1 bair. StGB 1813.

[1669] Art. 95 Abs. 2 Nr. 2 bair. StGB 1813.

[1670] Art. 95 Abs. 2 Nr. 3 bair. StGB 1813.

[1671] Art. 96 bair. StGB 1813.

[1672] Art. 98 bis 118 bair. StGB 1813.

[1673] Art. 97 bair. StGB 1813.

[1674] Art. 98 bis 102 bair. StGB 1813.

[1675] Art. 103 bair. StGB 1813.

[1676] Art. 104f. bair. StGB 1813.

[1677] Art. 106 bair. StGB 1813.

Hierbei kamen die strafmildernden Umstände aber stets nur demjenigen zugute, in dessen Person sie auch begründet waren[1678].

a.) Das jugendliche Alter

In wesentlichen Zügen nach zeitgenössischem französischem Vorbild behandelte der bayerische Gesetzgeber zunächst die Strafunmündigkeit minderjähriger Delinquenten aufgrund ihres jugendlichen Alters[1679], denn ebenso wie nach der entsprechenden napoleonischen Strafgesetzgebung[1680] mußte das jugendliche Alter des Delinquenten bis zum vollendeten sechzehnten Lebensjahr auch in Bayern seitens des erkennenden Gerichts stets als ein allgemeiner Strafmilderungsgrund in Betracht gezogen werden. Während aber die französische Strafgesetzgebung seit den Tagen des *Code pénal* von 1791 keinerlei Fixierung einer absoluten Strafunmündigkeit mehr gekannt und nurmehr auf die Vollendung des sechzehnten Lebensjahres abgestellt hatte[1681], wich der bayerische Gesetzgeber insofern bedeutsam von den Vorgaben sowohl des französischen Strafgesetzbuchs der Revolutionszeit als auch von denen des napoleonischen *Code pénal* ab, als er nicht nur das Alter einer absoluten Strafunmündigkeit nunmehr auf das vollendete achte Lebensjahr festlegte, sondern darüber hinaus im Rahmen der relativen Strafunmündigkeit entgegen der ausschließlich auf die Vollendung des sechzehnten Lebensjahres abstellenden Bestimmungen des *Code pénal* nochmals danach differenzierte, ob der jugendliche Straftäter zwar bereits das achte, aber noch nicht das zwölfte Lebensjahr oder aber bereits das zwölfte, aber noch nicht sein sechzehntes Lebensjahr vollendet hatte.

In wohl nur sehr entfernter Anlehnung an das entsprechende französische Jugendstrafrecht[1682] bestimmte auch die bayerische Kodifikation zunächst, daß ein strafunmündiges Kind in Anbetracht seines überaus jugendlichen Alters und der damit einhergehenden, von Seiten des Gesetzgebers stets unterstellten mangelnden

---

[1678] Art. 118 bair. StGB 1813.

[1679] Art. 98 bis 102 bair. StGB 1813.

[1680] Vergl. Art. 66 bis 69 C.P. 1810.

[1681] Vergl. Part. I, tit. V, Art. 1 bis 4 C.P. 1791.

[1682] Auch nach Maßgabe des *Code pénal* von 1810 war ein noch nicht sechzehnjähriger Straftäter für den Fall, daß er noch nicht über die notwendige intellektuelle Einsichtsfähigkeit verfügte, nach erfolgtem Freispruch entweder seinen Eltern zu überantworten oder aber für eine bestimmte Dauer in einer Besserungsanstalt unterzubringen. Eine im wesentlichen übereinstimmende Regelung hatte bereits der *Code pénal* von 1791 enthalten. Vergl. Part. I, tit. V, Art. 2 C.P. 1791 sowie Art. 66 C.P. 1810.

Einsichtsfähigkeit[1683] zwar nicht durch Urteil mit Strafe belegt werden durfte, forderte jedoch gleichwohl, daß es dessenungeachtet im Rahmen der den Eltern obliegenden Aufsichts- und Erziehungspflichten dennoch einer auf Vermeidung weiterer Fehltritte gerichteten Sanktion unterworfen werden mußte[1684]. Dementsprechend überließ der bayerische Gesetzgeber die ausschließlich in Form einer körperlichen Züchtigung[1685] vorzunehmende Bestrafung des noch nicht achtjährigen Kindes stets dessen Eltern oder dem jeweiligen Vormund[1686], behielt sich hierbei allerdings für den Fall, daß eine häusliche Züchtigung entweder gar nicht oder aber nur unzureichend erfolgte, sowohl eine Mitwirkung bei der Bestrafung als auch deren unmittelbare Beaufsichtigung vor[1687].

Hatte der jugendliche Straftäter hingegen zwar bereits sein achtes, aber noch nicht das zwölfte Lebensjahr zurückgelegt, so stellte der bayerische Gesetzgeber bei nachgewiesener vorsätzlicher Tatbegehung in deutlich erkennbarer Anlehnung an die entsprechende französische Strafgesetzgebung[1688] auf die dem *discernement* des napoleonischen *Code pénal* in allen Punkten entsprechende und vom Gesetzgeber als *Zurechnungsfähigkeit* bezeichnete intellektuelle Einsichtsfähigkeit des jugendlichen Delinquenten ab[1689]. Kam das erkennende Gericht hiernach zu

---

[1683] Vergl. *Anmerkungen*, Bd. I, S. 240: "[...] Kinder unter acht Jahren haben weder Einsicht noch Ueberlegung genug, um gegen sie eine eigentliche Strafe anzuwenden[...]." Vergl. auch Art. 120 Nr. 1 bair. StGB 1813.

[1684] Vergl. *Anmerkungen*, Bd. I, S. 240.

[1685] Nach dem ausdrücklichen Willen des Gesetzgebers mußten Kinder unter acht Jahren stets und ausnahmslos körperlich gezüchtigt werden. Vergl. *Anmerkungen*, Bd. I, S. 240.

[1686] Diese Regelung beruhte wohl in erster Linie auf dem Bestreben des Gesetzgebers, nicht in den innersten Bereich der Familie einzugreifen und damit die Autorität des Familienoberhauptes in Frage zu stellen. Möglicherweise sollte die väterliche Autorität auch gerade durch den häuslichen Vollzug der Züchtigung zwecks bessernder Einflußnahme auf den minderjährigen Delinquenten gestärkt werden.

[1687] Art. 98 Abs. 1 bair. StGB 1813.

[1688] Vergl. Art. 66f. C.P. 1810. Letztlich bestand hier der einzige Unterschied zwischen der bayerischen und der zeitgenössischen französischen Kodifikation darin, daß der bayerische Gesetzgeber abweichend von der im *Code pénal* getroffenen Einheitsregelung innerhalb der relativen Strafunmündigkeit weitgehender differenziert und den zulässigen Anwendungsbereich der Strafen bei der Gruppe der zwischen acht- bis zwölfjährigen Missetäter auf lediglich zwei Korrektionalstrafen beschränkt hatte. Ob er damit aber - wie er dies in der Kommentierung zum Strafgesetzbuch ausdrücklich anführte - den besonderen Anforderungen bei der Behandlung jugendlicher Delinquenz gerechter wurde als die entsprechende napoleonischen Strafgesetzgebung, sei dahingestellt, denn gerade aufgrund seines hier enormen Ermessensspielraums konnte ein französisches Gericht möglicherweise den Gegebenheiten des Einzelfalles eher Rechnung tragen. Vergl. *Anmerkungen*, Bd. I, S. 242.

[1689] Vergl. sowohl Art. 98 Abs. 2 als auch Art. 99 Abs. 1 bair. StGB: "[...] wenn sie der Zurechnung fähig erkannt worden [...]."

dem Schluß, der Minderjährige habe ohne diese Einsichtsfähigkeit gehandelt, so war er in Anlehnung an das französische Recht[1690] zwar nicht mit Strafe zu belegen, mußte sich aber ebenso wie das absolut strafunmündige Kind gleichwohl jedenfalls einer demütigenden häuslichen Züchtigung unterziehen, an der Vertreter staatlicher Behörden entweder als Vollzugspersonen oder aber bloß als Aufsichtführende gegebenenfalls auch Anteil haben konnten[1691]. Stellte das Gericht hingegen die intellektuelle Einsichtsfähigkeit des jugendlichen Missetäters fest, so trat zu dessen Gunsten eine der zeitgenössischen französischen Strafgesetzgebung so nicht geläufige pauschale Strafmilderung dergestalt ein, daß der jugendliche Delinquent ungeachtet der Art und Schwere des begangenen Delikts entweder nur mit der Strafe der körperlichen Züchtigung[1692] oder aber lediglich mit einer zweitägigen bis sechsmonatigen Gefängnisstrafe belegt werden durfte, wobei die Gefängnisstrafe ihrerseits allerdings je nach den konkreten Umständen zudem noch entweder mit körperlicher Züchtigung oder aber mittels Kostschmälerung verbunden und mithin individuell geschärft werden konnte[1693].

Hatte der jugendliche Straftäter hingegen bereits das zwölfte, aber noch nicht sein sechzehntes Lebensjahr vollendet, so stellte der bayerische Gesetzgeber bei nachgewiesener vorsätzlicher Tatbegehung in nunmehr engster Anlehnung an die zeitgenössische französische Strafgesetzgebung[1694] abermals auf die intellektuelle Einsichtsfähigkeit des Delinquenten ab. Hatte dieser nach Überzeugung des Gerichts nämlich ohne die Einsichtsfähigkeit, Unrecht zu tun, gehandelt, durfte er - ebenso wie die nicht über die erforderliche intellektuelle Einsichtsfähigkeit verfügenden acht- bis zwölfjährigen Missetäter - zwar nicht mit einem Strafurteil belegt werden, mußte aber trotz Freispruchs jedenfalls mit einer häuslichen Züchtigung entweder durch die Eltern bzw. den Vormund oder aber mit einem entsprechenden Vollzug durch zuständige Amtspersonen rechnen[1695]. Sprach sich das Gericht in Erwägung aller relevanten Umstände hingegen für die Zurechnungsfähigkeit des jugendlichen Delinquenten aus, so trat zu dessen Gunsten eine auf den gesamten Strafenkatalog bezogene und in sich detailliert abgestufte Strafmilderung der jeweils verwirkten Strafen ein, die in nunmehr

---

[1690] Vergl. Art. 66 C.P. 1810.

[1691] Vergl. *Anmerkungen*, Bd. I, S. 242.

[1692] Die körperliche Züchtigung war hier allerdings anders als bei den absolut strafunmündigen bzw. den nicht über die intellektuelle Einsichtsfähigkeit verfügenden acht- bis zwölfjährigen Delinquenten als gewöhnliche Korrektionalstrafe stets von den hierfür zuständigen Behörden zu vollstrecken. Vergl. *Anmerkungen*, Bd. I, S. 241f.

[1693] Art. 98 Abs. 2 bair. StGB 1813.

[1694] Vergl. Art. 66f. C.P. 1810. Für die enge Anlehnung an das damals jedenfalls auf dem Gebiet des Jugendstrafrechts ungemein fortschrittliche französische Recht sprach bereits die Wahl des vollendeten sechzehnten Lebensjahres als oberste zeitliche Begrenzung der relativen Strafunmündigkeit.

[1695] Vergl. *Anmerkungen*, Bd. I, S. 242.

unmittelbarer Anlehnung an die entsprechende Bestimmung des napoleonischen Strafgesetzbuchs[1696] auch in Bayern nicht bloß eine Verringerung der Strafdauer, sondern darüber hinaus auch eine Veränderung der Strafqualität nach sich zog[1697]. Um die durch die Einführung eines speziellen Jugendstrafrechts angestrebte und in der entsprechenden Kommentierung mehrfach deutlich hervorgehobene Zielrichtung der Besserung und Reintegration des jugendlichen Straftäters[1698] nicht zu unterlaufen, hatte der bayerische Gesetzgeber - ebenso wie zuvor bereits die Urheber der napoleonischen Kodifikation - hierbei die Anwendung all derjenigen Strafen von vornherein ausgeschlossen, die - wie etwa die Todesstrafe, die lebenslange Kettenstrafe, die zeitlich unbestimmte Zuchthausstrafe sowie alle Ehrenstrafen - den Verurteilten entweder physisch vernichten oder aber auf Dauer aus der bürgerlichen Gesellschaft auszuschließen vermochten. Stattdessen sollte vielmehr auf Strafen erkannt werden, die - wie etwa mit Beschäftigung verbundene zeitige Freiheitsstrafen - als geeignet angesehen wurden, das angestrebte Besserungs- und Reintegrationsziel zu unterstützen. Während dementsprechend die Todesstrafe stets in eine zwölf- bis sechzehnjährige Zuchthausstrafe umgewandelt werden mußte[1699], war anstatt der Ketten- sowie der Zuchthausstrafe auf unbestimmte Zeit lediglich auf eine acht- bis zwölfjährige Zuchthausstrafe zu erkennen[1700]. Die zeitlich bestimmte Zuchthausstrafe mußte ihrerseits wieder in eine ein- bis achtjährige Arbeitshausstrafe[1701], diese wiederum in eine Gefängnishaft von drei bis zwölf Monaten umgewandelt werden[1702]. An die Stelle der lediglich bei Verstößen gegen Korrektionaldelikte auszusprechenden Gefängnisstrafe trat schließlich die körperliche Züchtigung[1703]. Anders als die

[1696] Vergl. Art. 67 C.P. 1810.

[1697] Art. 99 Abs. 1 Nr. 1 bis 5 bair. StGB 1813.

[1698] Vergl. *Anmerkungen*, Bd. I, S. 240ff.

[1699] Art. 99 Abs. 1 Nr. 1 bair. StGB 1813. Nach der entsprechenden napoleonischen Strafgesetzgebung mußte hier lediglich auf eine zehn- bis zwanzigjährige Gefängnisstrafe erkannt werden, die in einer *maison de correction* zu vollstrecken war und an die sich nach Strafverbüßung eine fünf- bis zehnjährige Polizeiaufsicht knüpfen konnte. Der ansonsten regelmäßig strengere *Code pénal* erwies sich also hier - abgesehen von Haftdauer und Polizeiaufsicht - als erheblich milder. Vergl. Art. 67 Abs. 1 und 3 C.P. 1810.

[1700] Art. 99 Abs. 1 Nr. 2 bair. StGB 1813. Während die der bayerischen Kettenstrafe entsprechende Sanktion der *travaux forcés à perpétuité* in eine zehn- bis zwanzigjährige Gefängnisstrafe umgewandelt werden mußte, war anstatt der der Zuchthausstrafe auf unbestimmte Zeit entsprechenden *réclusion* auf eine Einsperrung in einer *maison de correction* zu erkennen. Zu beiden Sanktionen konnte zudem noch die eine fünf- bis zehnjährige Polizeiaufsicht hinzutreten. Auch insoweit zeigte sich die napoleonische Strafgesetzgebung also im Vergleich zum Bairischen Strafgesetzbuch vergleichsweise milde. Vergl. Art. 67 Abs. 1, 2 und 3 C.P. 1810.

[1701] Art. 99 Abs. 1 Nr. 3 bair. StGB 1813.

[1702] Art. 99 Abs. 1 Nr. 4 bair. StGB 1813.

[1703] Art. 99 Abs. 1 Nr. 5 bair. StGB 1813. Nach der entsprechenden napoleonischen Strafgesetzgebung konnte der jugendliche Delinquent hingegen zu jeder gesetzlich

Urheber der napoleonischen Kodifikation erteilte der bayerische Gesetzgeber dem Gericht im Hinblick auf die konkrete Strafzumessung hierbei allerdings insofern Vorgaben, als er einen beispielhaften Katalog von verbindlichen, sich letztlich aber von selbst verstehenden und daher überflüssigen Anhaltspunkten zusammengestellt hatte, die der Richter bei der Urteilsfindung jedenfalls zu berücksichtigen hatte. Hiernach war in allen Fällen jugendlicher Delinquenz insbesondere *auf die Beschaffenheit der Uebertretung selbst, auf das mehr oder weniger vorgerückte Alter des Uebertreters, so wie auf dessen Gemüthsbeschaffenheit, den Grad seiner Bildung und die von ihm geäußerten gefährlichen Neigungen* abzustellen[1704]. Um den angestrebten Besserungzweck der Strafe nicht zu gefährden und um möglichst auch erzieherisch auf den straffällig gewordenen Jugendlichen einzuwirken, sollten jugendliche Straftäter in zweifellos enger Anlehnung an die für die damalige Zeit überaus fortschrittliche napoleonische Strafgesetzgebung[1705] darüber hinaus nach Möglichkeit bei einer Verurteilung zu Zucht- oder Strafarbeitshaus in den jeweiligen Strafvollzugsanstalten stets abgesondert von den übrigen Insassen verwahrt und soweit wie nur irgend möglich jedweder Umgang mit erwachsenen Straftätern vermieden werden[1706]. Zugleich schrieb der Gesetzgeber über den Regelungsgehalt der napoleonischen Kodifikation hinausgehend zudem fest, daß die abgesonderte Verwahrung der jugendlichen Straftäter nicht nur mit angemessener Arbeit, sondern darüber hinaus auch mit einem zweckmäßigen religiösen und moralischen Unterricht verbunden werden und mithin die Besserung sowie die damit angestrebte Wiedereingliederung in die Gesellschaft sowohl durch Arbeit, als auch mittels einer unmittelbaren Einflußnahme auf die Gedankenwelt des jugendlichen Straftäters gewährleistet werden sollte[1707].

Betrafen die vorgenannten strafmildernden Bestimmungen ausschließlich die Vorsatzdelikte, so beinhaltete das Bairische Strafgesetzbuch von 1813 grundlegend

---

bestimmten Korrektionalstrafe verurteilt werden, die das Gericht für angemessen erachtete. Hierbei durfte die Strafe jedoch maximal nur die Hälfte derjenigen Strafe betragen, die der Jugendliche verwirkt hätte, wenn er bei Tatbegehung bereits sechzehn Jahre alt gewesen wäre. Vergl. Art. 69 C.P. 1810.

1704 Art. 100 bair. StGB 1813.

1705 Anders als der bayerische Gesetzgeber hatten die Urheber des napoleonischen *Code pénal* jedoch festgelegt, daß alle Freiheitsstrafen ausnahmslos stets in einer ausschließlich zur Aufnahme von jugendlichen Straftätern bestimmten *maison de correction* und mithin an einem einheitlichen Vollzugsort zu vollstrecken waren. Vergl. Art. 66, 67 Abs. 1, 2 und 4 C.P. 1810.

1706 Art. 101 Nr. 1 bair. StGB 1813. Vergl. *Anmerkungen*, Bd. I, S. 242f.: "Sträflinge von solchem jugendlichen Alter sollen in den Straforten von andern Sträflingen ganz abgesondert werden, denn nichts verdirbt die Jugend mehr, als eine solche Gemeinschaft."

1707 Art. 101 Nr. 2 bair. StGB 1813. Vergl. *Anmerkungen*, Bd. I, S. 243: "[...] auch sollen junge Leute zur Arbeit angehalten werden, damit sie nach geendigter Strafzeit gebessert und zu einem Erwerbe befähiget in die bürgerliche Gesellschaft zurückkehren."

anders als die insoweit unvollständige napoleonische Strafgesetzgebung darüber hinaus auch eine spezifische strafmildernde Bestimmung für die Fälle, in denen der jugendliche Delinquent die Deliktsverwirklichung bloß fahrlässig im Rahmen einer *Nachlässigkeit* bewirkt hatte[1708]. Ungeachtet der Art und Schwere des jeweils verwirklichten Straftatbestandes sowie ungeachtet des jeweils verwirklichten Fahrlässigkeitsgrades wurde der jugendliche Missetäter nämlich bis zur Vollendung seines sechzehnten Lebensjahres nach Maßgabe eines insoweit einheitlichen Milderungsprinzips bei einer bloß fahrlässigen Verwirklichung von Straftatbeständen regelmäßig sowohl vor als auch nach Vollendung seines achten Lebensjahres lediglich der *häuslichen Züchtigung* durch Eltern oder Vormund überantwortet, wobei jedoch auch hier die konkrete Maßregelung je nach Umständen wiederum nach obrigkeitlicher Anordnung und unter behördlicher Aufsicht erfolgen konnte[1709]. Eine Strafmilderung nach Vollendung des sechzehnten Lebensjahres allein aufgrund der Tatsache, daß der jugendliche Straftäter seine sich lediglich nach zivilrechtlichen Grundsätzen bestimmende Volljährigkeit noch nicht erreicht hatte, kam allerdings in Anlehnung an die entsprechende napoleonische Strafgesetzgebung[1710] sowohl bei vorsätzlicher als auch bei fahrlässiger Deliktsverwirklichung nicht in Betracht[1711], so daß der nach heutigen Begriffen noch heranwachsende Straftäter über sechzehn Jahre mangels Vorliegens anderer Strafmilderungsgründe stets die für erwachsene Straftäter bestimmte Strafe zu gegenwärtigen hatte.

b.) Das hohe Alter

In ebenfalls wohl unmittelbarer Anlehnung an die entsprechenden Bestimmungen der napoleonischen Kodifikation[1712] berücksichtigte der bayerische Gesetzgeber neben dem jugendlichen auch das fortgeschrittene Alter eines Straftäters. Im Gegensatz zur besonderen Behandlung jugendlicher Delinquenz ging er hierbei in grundsätzlicher Übereinstimmung mit der napoleonischen Strafgesetzgebung keineswegs von einer auf das Alter gestützten Fiktion einer verminderten strafrechtlichen Verantwortlichkeit des betagten Straftäters aus. Seiner Auffassung nach hatte nämlich gerade das fortgeschrittene Alter eines Delinquenten vielmehr

---

1708 Art. 102 bair. StGB 1813.

1709 Die häusliche Züchtigung des absolut strafunmündigen Kindes ergab sich hier bereits aus Art. 98 Abs. 1 bair. StGB 1813.

1710 Eine ausdrückliche Bestimmung hierzu enthielt der *Code pénal* zwar nicht, jedoch bedurfte es einer solchen Regelung insofern letztlich nicht, als der Gesetzgeber unmißverständlich erklärte, daß eine Strafmilderung nur in den vom Gesetz ausdrücklich genannten Fällen erfolgen dürfe. Vergl. Art. 65 C.P. 1810.

1711 Art. 99 Abs. 2 bair. StGB 1813.

1712 Vergl. Art. 70 bis 72 C.P. 1810.

eher als strafschärfendes Element ins Gewicht zu fallen, da einem betagten Missetäter stets der Vorwurf gemacht werden müsse, daß ihn eine im Vergleich zum jugendlichen Straftäter *grössere Erfahrung und kältere Überlegung von der Begehung eines Verbrechens* eigentlich hätte abhalten sollen und ihm mithin - sofern er nicht an altersbedingter Demenz litt[1713] - keine altersbedingt verminderte strafrechtliche Verantwortlichkeit zugute kommen könne[1714]. Dementsprechend bestimmte das Bairische Strafgesetzbuch, daß das vollendete 60. Lebensjahr[1715] eines Straftäters nur insoweit als Strafmilderungsgrund aufgefaßt werden könne, als es den betagten Verbrecher im Falle der Verbüßung der Kettenstrafe zwar vor öffentlichen oder schweren Arbeiten verschonte, dieser aber ansonsten wie jeder andere Kettenzüchtling auch verwahrt werden mußte[1716]. Die Strafmilderung bezog sich also lediglich auf die konkreten Strafvollzugsbedingungen, die zweifellos ebenso wie nach der entsprechenden napoleonischen Strafgesetzgebung ausschließlich aus humanitären Gründen in Ansehung der Gebrechlichkeit des Delinquenten modifiziert wurden. Sie hatte aber weder eine Verringerung der Strafdauer noch eine Veränderung der Strafqualität zur Folge und sollte mithin die Natur der Strafe nicht in ihrem Wesensgehalt verändern[1717]. Diese Zielrichtung des bayerischen Gesetzgebers wurde hierbei nicht nur anhand der im Gesetzestext getroffenen Wortwahl, sondern auch aufgrund der ausschließlichen Beschränkung der Strafmilderung auf die stets lebenslang zu verhängende Kettenstrafe so hinreichend deutlich, daß sie auch im Rahmen der staatlichen *Anmerkungen* zu keinem weiteren Kommentierungsbedarf mehr Anlaß bot[1718].

[1713] Vergl. Art. 120 Nr. 4 bair. StGB 1813.

[1714] Vergl. *Anmerkungen*, Bd. I, S. 243: "Hohes Alter, soferne nicht die Altersschwäche in einen die Zurechnung ausschließenden Blödsinn übergegangen ist, mildert keine Strafe, vielmehr erscheint ein bejahrter Mann strafbarer, weil ihn grössere Erfahrung und kältere Überlegung von Begehung eines Verbrechens abhalten sollten."

[1715] Im Vergleich zur zeitgenössischen französischen Strafgesetzgebung - die das milderungsrelevante Alter noch auf das vollendete 70. Lebensjahr festgelegt hatte - zeigte sich die entsprechende bayerische Strafgesetzgebung also als ganz erheblich milder. Vergl. Art. 70, 72 C.P. 1810.

[1716] Vergl. Art. 103 bair. StGB 1813: "Hohes Alter wirkt nur nach zurückgelegtem sechzigsten Jahre und zwar bloß bei der Kettenstrafe in so ferne eine Milderung, daß der Verbrecher mit den öffentlichen oder schweren Arbeiten verschont, und sonst wie ein gemeiner Züchtling gehalten wird."

[1717] Vergl. *Anmerkungen*, Bd. I, S. 243.

[1718] Die entsprechende Kommentierung in den *Anmerkungen* war im Vergleich zu anderen Ausführungen von bemerkenswerter Kürze und umfaßte nur wenige Zeilen.

c.) Das langwierige Gefängnis

Auch das dem napoleonischen *Code pénal* als Strafmilderungsgrund unbekannte langwierige (Untersuchungs-) Gefängnis[1719] sollte nach dem Willen des bayerischen Gesetzgebers bei der Festsetzung der Strafe Berücksichtigung finden[1720], stellte aber von seinem Sinn und Zweck her weniger einen Strafmilderungsgrund als vielmehr ein bloßes Moment der Strafberechnung dar[1721]. Eine übermäßig lang andauernde Untersuchungshaft wurde dementsprechend von der Dauer der verwirkten Strafhaft ohne Rücksicht auf deren Schwere einfach abgezogen[1722], wobei das Strafgesetzbuch allerdings sowohl für die Todes- und die Kettenstrafe, als auch für die auf unbestimmte Zeit verhängte Zuchthausstrafe Sonderbestimmungen vorsah, die dieses Berechnungsprinzip ganz erheblich modifizierten. Während nämlich die stets lebenslang auszusprechende Kettenstrafe ein solche strafmildernde Berücksichtigung der Untersuchungshaft aus naheliegenden Gründen prinzipiell ausschloß, bewirkte sie bei einer auf unbestimmte Zeit verhängten Zuchthausstrafe lediglich, daß die Zeit bis zur Stellung eines Begnadigungsgesuches entsprechend der Dauer der Untersuchungshaft verhältnismäßig verkürzt werden mußte, der Delinquent also bei guter Führung bereits früher als nach Ablauf von sechzehn Jahren um seine Begnadigung nachsuchen und auf Freilassung hoffen durfte[1723]. Darüber hinaus hob der allgemeine Milderungsgrund einer übermäßig langandauernden Untersuchungshaft bei Kapitalverbrechen nicht nur die mit der Hauptstrafe obligatorisch verbundenen Strafschärfungen auf, sondern wandelte darüber hinaus sogar die an sich nicht abzumildernde Todesstrafe dann in Kriminalfreiheitsstrafen um, wenn die Dauer der Untersuchungshaft zuvor mehr als zwei Jahre betragen hatte. In diesem Fall war anstatt auf Todesstrafe entweder regelmäßig auf die stets lebenslang zu verhängende Kettenstrafe oder aber - je *nach Umständen* - auf die unbestimmte Zuchthausstrafe zu erkennen[1724].

d.) Die Tatbestandsmängel

Letztlich eine Form der zuvor im gemeinen Recht geläufigen Verdachtsstrafe begründete der bayerische Gesetzgeber von 1813 mit dem der napoleonische Strafgesetzgebung völlig unbekannten Institut des *Mangels an dem*

[1719] Art. 104f. bair. StGB 1813.
[1720] Vergl. *Anmerkungen*, Bd. I, S. 244f.
[1721] Berner, *Lehrbuch*, S. 228.
[1722] Art. 104 Abs. 1 bair. StGB 1813.
[1723] Art. 104 Abs. 2 bair. StGB 1813. Vergl. Art. 12 bair. StGB 1813.
[1724] Art. 105 bair. StGB 1813.

Thatbestande[1725], das im Sinne einer effektiven Generalprävention vor allem dazu dienen sollte, keinen hinlänglich überführten Straftäter seiner gerechten Strafe entgehen zu lassen[1726]. Anhand dieser dem Grundsatz *in dubio pro reo* eklatant widersprechenden[1727] und bereits von Zeitgenossen scharf kritisierten Bestimmung[1728] kam eine Milderung der eigentlich verwirkten Strafe dann in Betracht, wenn man dem hinlänglich verdächtigen, aber nicht vollends überführten Straftäter die Begehung einer bestimmten Straftat zwar nicht in vollem Umfang nachweisen, dessenungeachtet aber dennoch - warum auch immer - sicher sein konnte, daß er das ihm zur Last gelegte Delikt auch tatsächlich begangen hatte. War dies der Fall, durfte der mutmaßliche Straftäter nicht mit der jeweils gesetzlich bestimmten, sondern lediglich mit einer geringeren Strafe belegt werden, deren Höhe nach der Schwere und Anzahl der nicht vollends erwiesenen rechtlichen Voraussetzungen seiner Strafbarkeit bemessen werden sollte[1729].

1725 Vergl. Art. 106 bair. StGB 1813: "Wenn zwar ein Verbrechen gegen die beschuldigte Person rechtlich erwiesen, jedoch der Thatbestand in dem einen oder andern wesentlichen Punkte ungewiß oder mangelhaft ist, dann soll (wenn nicht schon durch ausdrückliches Gesez der Fall vorgesehen und entschieden ist) eine geringere Strafe als die gesezliche in Anwendung gebracht werden, und zwar nach Verhältniß der Wichtigkeit und Zahl der zur vollen gesezlichen Strafe erforderlichen, aber in dem besonderen Falle nicht erwiesenen rechtlichen Voraussetzungen."

1726 Vergl. *Anmerkungen*, Bd. I, S. 245ff.

1727 Wie die Anmerkungen zeigen, war sich der bayerische Gesetzgeber des Vorwurfs der Verdachtsstrafe allerdings vollauf bewußt. Vergl. *Anmerkungen*, Bd. I, S. 246f.: "Man würde sehr irren, wenn man glaubte, durch diesen Artikel sey die ausserordentliche Bestrafung wegen unvollständigen Beweises oder die Verurtheilung wegen Verdachts wieder eingeführt. Diese Verdachtsstrafen (*condemnation ex indiciis*) traten ein, wenn der Thatbestand hergestellt, aber der Angeschuldigte nicht vollkommen überwiesen war, daß er die angeschuldigte That begangen habe. Der gegenwärtige Artikel sezt gerade das Gegentheil voraus, es sey rechtlich erwiesen, daß die beschuldigte Person die angeschuldigte That wirklich begangen habe, und nur in dieser Voraussezung wird auf den Fall, daß der Thatbestand, irgend etwas, was zum Begriffe des vollendeten Verbrechens gehört, ungewiß oder mangelhaft ist, der Richter verbunden, auf eine außerordentliche mildere Strafe zu erkennen. Ein Fall, den man ohne Verwirrung der Begriffe mit den ehemaligen Verdachtsstrafen, d.h. den Strafen bei unvollkommenem Beweise [...] nicht verwechseln kann."

1728 Vergl. hierzu näher: Schweisthal, *a.a.O.*, S. 16; Arnold, *a.a.O.* (1843), S. 109ff, 240ff.

1729 Trotz all ihrer Fragwürdigkeit erfüllte diese Bestimmung jedoch schon bald einen - vom Gesetzgeber zweifellos nicht gewollten - praktischen Zweck. Um Härten bei der Strafzumessung im Fall verminderter Zurechnungsfähigkeit - hier mußte stets auf das oftmals unverhältnismäßig hohe Strafminimum erkannt werden - zu vermeiden, griffen die Gerichte regelmäßig insofern auf Art. 106 zurück, als sie hierunter den Vorsatz subsumieren und mithin zu einer erheblich milderen Strafe gelangen konnten. Vergl. m.w.N. Schweisthal, *a.a.O.*, S. 16.

6. Die Strafschärfungsgründe

Als Strafschärfungsgründe kamen sowohl die vom bayerischen Gesetzgeber als *Zusammenfluß mehrerer Verbrechen* bezeichneten Konkurrenzen[1730] als auch der Rückfall[1731] in Betracht[1732]. Ebenso wie bei den Strafmilderungsgründen galt auch hier der allgemeine Grundsatz, daß strafschärfende Umstände nur demjenigen zum Nachteil gereichen durften, in dessen Person sie auch selbst begründet waren[1733].

a.) Das Zusammentreffen mehrerer Verbrechen

Während die napoleonische Strafgesetzgebung das Problem der Konkurrenzen noch durch die Aufstellung des prozessualen Grundsatzes *poena major absorbet minorem* zu lösen versucht, sich also für die Umsetzung des absoluten Absorptionsprinzips entschieden und mithin nicht zwischen Ideal- und Realkonkurrenz differenziert hatte[1734], unterschied der bayerische Gesetzgeber bei der Strafausmessung der von ihm als *Zusammenfluß von Verbrechen* umschriebenen und im Strafgesetz legal definierten Konkurrenzen[1735] nunmehr deutlich zwischen einem idealen und einem realen Zusammentreffen strafbarer Handlungen. Dementsprechend stellte das Bairische Strafgesetzbuch von 1813 - wie nach ihm fast alle neueren deutschen Partikularkodifikationen auch[1736] - für den Fall der Idealkonkurrenz den Grundsatz der Strafaufzehrung auf[1737] und ging im Hinblick auf die Realkonkurrenz grundsätzlich vom Strafhäufungsprinzip aus[1738], das der Gesetzgeber im Sinne des Strafaufzehrungsprinzips jedoch mit der Zielrichtung modifiziert hatte, unzumutbare und mit dem Geist des Strafgesetzbuchs unvereinbare Härten tunlichst zu vermeiden[1739].

Hinsichtlich der Idealkonkurrenz unterschied der bayerische Gesetzgeber im Rahmen der Kommentierung des Strafgesetzbuchs grundsätzlich zunächst zwar

---

[1730] Art. 108 bis 110 bair. StGB 1813.
[1731] Art. 111 bis 117 bair. StGB 1813.
[1732] Vergl. Art. 107 Abs. 2 bair. StGB 1813.
[1733] Art. 118 bair. StGB 1813.
[1734] Vergl. Art. 365 Abs. 2 *Code d'instruction criminelle* 1808: "En cas de conviction de plusieurs crimes ou délits, la peine la plus forte sera seule prononcée."
[1735] Vergl. Art. 108 bair. StGB 1813: "Wenn mehrere noch nicht bestrafte Verbrechen eines und desselben Uebelthäters dergestalt zusammentreffen, daß darüber von demselben Gerichte und in einem und demselben Urtheile zu erkennen ist, so heißt dieses ein *Zusammenfluß von Verbrechen.*"
[1736] Vergl. eine Zusammenstellung dieser Partikulargesetze in: Berner, *Lehrbuch*, S. 237.
[1737] Art. 110 Abs. 2 bair. StGB 1813.
[1738] Art. 109 Abs. 1 bair. StGB 1813.
[1739] Art. 109 Abs. 2 und 3, 110 Abs. 1 bair. StGB 1813.

zwischen drei verschiedenen Erscheinungsformen eines idealen Zusammentreffens strafbarer Handlungen[1740], stellte diese unterschiedlichen Formen jedoch einander hinsichtlich der Frage der Strafzumessung prinzipiell gleich. So konnte seiner Auffassung nach ein ideales Zusammentreffen strafbarer Handlungen zunächst dadurch gegeben sein, daß - wie etwa bei einem Zusammentreffen von vorsätzlicher Körperverletzung und fahrlässiger Tötung - ein und dieselbe Handlung bei ein und demselben Zweck mehrere strafbare Handlungen unterschiedlicher Qualität in sich barg[1741]. Einen weiteren Fall idealer Konkurrenz erkannte er zudem darin, daß dann, wenn der Straftäter ein und dieselbe Handlung zugleich aus mehreren verbrecherischen Absichten heraus unternommen und mithin eine einzige Handlung aufgrund ihrer mehrfachen Zielsetzung mehrere Straftaten in sich vereinigt hatte[1742]. Schließlich trat nach Ansicht des Gesetzgebers ein ideales Zusammentreffen auch dann ein, wenn mehrere Handlungen zu einem bestimmten Zweck begangen worden waren, die jeweilige Handlung nach Maßgabe ihres Zwecks bereits eine Straftat, darüber hinaus aber an sich und ungeachtet ihres Zwecks zugleich bereits ein eigenständiges Verbrechen darstellte[1743]. All diesen Fällen war aber gemein, daß der Täter ungeachtet seiner Motivation und Zielsetzung objektiv mit ein und derselben Handlung gleichzeitig mehrere Straftatbestände verwirklicht hatte, so daß nach Ansicht des bayerischen Gesetzgebers in allen vorgenannten Formen idealer Konkurrenz - abgesehen von einigen gesondert geregelten Ausnahmefällen[1744] - regelmäßig *nur die Strafe der jeweils schwersten Uebertretung in Anwendung gebracht werden* durfte[1745]. Im Rahmen einer Ermessensentscheidung war das erkennende Gericht hierbei allerdings befugt, diese Strafe wegen Vorliegens erschwerender Umstände - zur Beurteilung kamen hier insbesondere die Art der Begehung, der angestrebte Zweck sowie das angewandte Mittel in Betracht - durch die jeweils für die zu verhängende Strafgattung gesondert bestimmten Strafschärfungen teilweise empfindlich zu modifizieren[1746].

[1740] Vergl. hierzu ausführlicher: *Anmerkungen*, Bd. I, S. 256ff.

[1741] Vergl. *Anmerkungen*, Bd. I, S. 256.

[1742] Eine solche Konstellation lag beispielsweise dann vor, wenn ein Straftäter sowohl zum Zweck der Beseitigung einer bestimmten Person als auch zwecks Verleitung eines Soldaten zur Fahnenflucht einen Menschenraub beging und mithin zugleich das Verbrechen des Staatsverrats sowie das des Menschenraubs beging. Vergl. *Anmerkungen*, Bd. I, S. 256f.

[1743] Der Gesetzgeber führte hier das Beispiel des Straftäters an, der zur Ausführung eines Betrugs an einer Privatperson öffentliche Urkunden verfälscht. Vergl. *Anmerkungen*, Bd. I, S. 257f.

[1744] Diese Ausnahmeregelungen umfaßten all diejenigen Fälle, in denen das Strafgesetzbuch - wie etwa bei der Unterschlagung anvertrauter Gelder durch Staatsbeamte oder dem einen Vermögensschaden verursachenden Betrug am Familienstand - die Verbindung einer Verbrechensstrafe mit einer anderen zuließ. Vergl. z.B. Art. 362 und 282 bair. StGB 1813. Vergl. hierzu ausführlicher: *Anmerkungen*, Bd. I, S. 258f.

[1745] Art. 110 Abs. 2 bair. StGB 1813. Vergl. *Anmerkungen*, Bd. I, S. 257f.

[1746] Art. 110 Abs. 2 i.V.m. 95 Nr. 2 bair. StGB 1813. Vergl. *Anmerkungen*, Bd. I, S. 259f.

Während der bayerische Gesetzgeber also bei der Idealkonkurrenz möglicherweise auch in Anlehnung an die Doktrin des gemeinen Rechts[1747] und insoweit grundsätzlich auch mit der entsprechenden Behandlung dieser Materie im *Code d'instruction criminelle* konform gehend[1748] die Auffassung vertrat, daß hier in Ansehung der Einheit der Handlung nur auf die Strafe des schwereren Verbrechens erkannt werden und hierbei das zugleich begangene leichtere Delikt regelmäßig lediglich einen Strafzumessungsgrund innerhalb dieser Grenzen bilden könne[1749], stellte er im Hinblick auf die Strafzumessung bei Vorliegen realer Konkurrenz sowohl auf praktische Erwägungen als auch auf den Sinn und Zweck der Strafe ab, denn einerseits waren weder alle Sanktionen des bayerischen Strafensystems uneingeschränkt wiederholbar oder gar miteinander kompatibel, noch eine sich über die festgelegte Höchstdauer erstreckende Ausdehnung der zeitigen Strafen gewünscht[1750].

Im Rahmen der staatlichen Kommentierung des Strafgesetzbuchs machte der bayerische Gesetzgeber von 1813 zudem auch im Hinblick auf die Realkonkurrenz drei verschiedene Fälle eines realen Zusammentreffens mehrerer strafbarer Handlungen aus[1751] und erfaßte hierbei zunächst den Fall, in dem die

---

[1747]Die Doktrin des gemeinen deutschen Rechts hatte sich bereits seit dem 18. Jahrhundert eingehend mit der Konkurrenzenlehre befaßt, es aber bis weit in die Mitte des 19. Jahrhunderts hinein weder zu einer einheitlichen Terminologie noch zu sicheren Rechtsregeln über die Strafzumessung gebracht. Vergl. m.w.N. näher zur gemeinrechtlichen Konkurrenzenlehre: Geerds, *Zur Lehre von den Konkurrenzen im Strafrecht*, S. 5ff; Ziegler, *Die gemeinrechtliche Lehre von der Verbrechens-Concurrenz, mit Rücksicht auf die neueren Theorien und deutschen Gesetzgebungen seit 1813*, Diss. Rostock 1873.

[1748]Vergl. Art. 365 Abs. 2 *Code d'instruction criminelle* 1808.

[1749]Vergl. *Anmerkungen*, Bd. I, S. 256ff.

[1750]Vergl. *Anmerkungen*, Bd. I, S. 254f.: "[...] so richtig der Grundsatz auch ist, die Strafe eines Verbrechens wird durch die Konkurrenz eines anderen Verbrechens nicht aufgehoben, vielmehr sind die Strafen sämtlicher zusammentreffender Verbrechen oder Vergehen zu kombiniren, so lassen sich dennoch viele Fälle denken, wo eine Verbindung sämtlicher Strafen für alle konkurrirenden Verbrechen entweder an sich z.B. der Todesstrafe mit einer Freiheitsstrafe, oder bei Strafen, die man wie die Todesstrafe nur einmal oder wie die körperliche Züchtigung nur in einem bestimmten Maße leiden kann, überhaupt nicht möglich, oder, wie bei Strafen, welche nur temporär seyn sollen, aber durch die Zusammensezung in eine andere Strafgattung oder in lebenslänglichen Freiheitsverlust übergehen würden, nicht politisch seyn würde." Im Entwurf zum Strafgesetzbuch hatte man jedoch noch ungeachtet der jeweiligen Maximaldauer der zeitigen Strafen beim Zusammentreffen zwanzigjähriger oder unbestimmter Zuchthausstrafe die Kettenstrafe vorgesehen sowie zusammentreffende zeitige Freiheitsstrafen gleicher Art ohne Rücksicht auf ihr jeweiliges Maximum miteinder verbunden. Allerdings durfte im letztgenannten Fall die Gesamthaftdauer das für die Zuchthausstrafe festgelegte Maximum von zwanzig Jahren nicht überschreiten. Vergl. hierzu näher: *Anmerkungen*, Bd. I, S. 255.

[1751]Vergl. hierzu näher: *Anmerkungen*, Bd. I, S. 259ff.

zusammentreffenden Handlungen - wie etwa bei fortgesetzter Bigamie unter denselben Personen - allesamt gleichartig und dabei so beschaffen waren, daß dadurch an demselben Gegenstand oder derselben Person nur ein und dieselbe strafbare Handlung fortgesetzt wurde[1752]. In Ansehung der Tatsache, daß er diese mehreren Handlungen nur als ein einziges, aber durch eine längere Zeit und durch mehrere Handlungen fortgesetztes Verbrechen betrachtete, bestrafte sie der Gesetzgeber nur als ein einziges Verbrechen[1753]. Allerdings waren die verschiedenen Handlungen von Seiten des Gerichts jedoch stets als erschwerender Umstand bei der Strafzumessung zu berücksichtigen[1754]. Desweiteren regelte das Strafgesetzbuch noch den Fall, daß die zusammentreffenden mehreren Handlungen mehrere, zwar gleichartige, jedoch an verschiedenen Personen wiederholte strafbare Handlungen betrafen sowie schließlich noch die Fallkonstellation, daß mehrere strafbare Handlungen mehrere Verbrechen verschiedener Art beinhalteten. Auf diese beiden Erscheinungsformen der Realkonkurrenz wandte der Gesetzgeber schließlich ohne Rücksicht darauf, ob es sich bei den abzuurteilenden strafbaren Handlungen um gleichartige oder ungleichartige Straftaten handelte, den Grundsatz der Strafhäufung an[1755]. Hatte also der Täter ein und dasselbe Verbrechen an verschiedenen Gegenständen oder Personen wiederholt oder in mehreren Handlungen Verbrechen unterschiedlicher Art begangen, so mußten die Strafen aller Verbrechen miteinander verbunden werden[1756]. War eine solche Strafverbindung allerdings aus den vorgenannten Gründen entweder *per se* unmöglich oder überstieg sie bei zeitigen (Freiheits-) Strafen den für jede Strafart gesondert fixierten zeitlichen Maximalrahmen, so durfte nicht etwa auf eine schwerere Strafgattung erkannt werden, sondern es war - möglicherweise in ferner Anlehnung an die entsprechende Regelung des französischen Strafprozeßrechts - vielmehr die schwerste der zusammentreffenden Strafen allein zu verhängen, die dann allerdings abweichend vom Regelungsgehalt des napoleonischen *Code d'instruction criminelle* nach Maßgabe der gesetzlichen Bestimmungen ihrerseits zudem noch geschärft werden mußte[1757]. Nach gleichem Prinzip mußte ferner dann verfahren werden, wenn zwei Freiheitsstrafen dergestalt zusammentrafen, daß bei einer Strafverbindung die Dauer der für jede einzelne Gattung der zeitigen Freiheitsstrafen besonders festgelegte Höchsthaftdauer[1758] überschritten wurde[1759].

[1752] Vergl. *Anmerkungen*, Bd. I, S. 259.
[1753] Art. 110 Abs. 1 bair. StGB 1813.
[1754] Art. 95 bair. StGB 1813.
[1755] Vergl. *Anmerkungen*, Bd. I, S. 260f.
[1756] Art. 109 Abs. 1 bair. StGB 1813.
[1757] Art. 109 Abs. 2 bair. StGB 1813. Vergl. Art. 365 Abs. 2 *Code d'instruction criminelle* 1808.
[1758] Vergl. Art. 13, 16 und 28 bair. StGB 1813.
[1759] Art. 109 Abs. 3 bair. StGB 1813.

Über die allgemeinen, für alle strafbaren Handlungen geltenden Konkurrenzbestimmungen hinaus beinhaltete das Bairische Strafgesetzbuch von 1813 zudem im Rahmen seines besonderen Teils im Hinblick auf einzelne Verbrechenstatbestände noch einige besondere, das normale Strafmaß stets erheblich erhöhende Regelungen, die nur dort Anwendung fanden, wo entweder ein und dieselbe Handlung zwei nicht verwandte Verbrechenstatbestände erfüllte[1760] oder aber eine mehrmalige Begehung der Straftat dergestalt vorlag, daß hierdurch der Anwendungsbereich der Rückfallbestimmungen nicht berührt wurde[1761].

b.) Der Rückfall

Ebenso wie andere deutsche Partikulargesetzbücher des 19. Jahrhunderts[1762] enthielt auch das Bairische Strafgesetzbuch von 1813 - wohl nach französischem Vorbild[1763] - den allgemeinen Strafschärfungsgrund des Rückfalls[1764]. Während der Rückfall dem gemeinen deutschen Recht in dieser Weite als Strafschärfungsgrund noch unbekannt gewesen[1765] und darüber hinaus noch nicht hinreichend von der Konkurrenzproblematik unterschieden worden war[1766], differenzierte der

[1760] So beinhaltete etwa der Menschenraub zum Schiffs- oder Kriegsdienst einer auswärtigen Macht sowohl den allgemein strafbaren Tatbestand des Menschenraubs als auch den des Staatsverrats. Gleiches galt für den mit unmittelbarer Personengewalt durchgeführten Raub, der sowohl den Tatbestand des Raubes als auch den der Körperverletzung erfüllte, die Brandstiftung mit Todesfolge sowie für die Tatbestand der Münzfälschung dann, wenn der Fälscher zuvor bereits einen Gußabdruck mittels echter Münzen hergestellt und diesen zur Fertigung der Fälschungen gebraucht hatte. Vergl. Art. 306 Nr. 4, 238f., 248 und 342 bair. StGB 1813.

[1761] Dies war etwa dann der Fall, wenn sich der Täter zu verschiedenen Zeitpunkten mehrerer Brandstiftungen schuldig gemacht hatte, die alle zugleich abgeurteilt wurden. Vergl. Art. 248 Nr. 9 bair. StGB 1813.

[1762] Vergl. eine Zusammenstellung der entsprechenden Kodifikationen in: Berner, *Lehrbuch*, S. 242ff.

[1763] Vergl. Art. 56 bis 58 C.P. 1810.

[1764] Art. 111 bis 117 bair. StGB 1813. Anders als das zeitgenössische französische Strafgesetzbuch beinhaltete die bayerische Kodifikation neben dem allgemeinen Strafschärfungsgrund des Rückfalls bei einigen als besonders verwerflich angesehenen Delikten darüber hinaus noch spezielle, das Strafmaß stets enorm erhöhende Rückfallstrafen. Diese über die allgemeine Strafschärfung noch hinausgehenden besonderen Härten des Gesetzbuchs bezogen sich vor allem auf die Brandstiftung, das Falschspielen sowie den Betrug im Wiederholungsfall. Vergl. Art. 248 Abs. 2 Nr. 9, 265 Nr. 3f. bair. StGB 1813.

[1765] Das gemeine Recht hatte den Rückfall noch nicht als allgemeinen Strafschärfungsgrund anerkannt und eine verschärfte Rückfallstrafe lediglich bei einzelnen Delikten - wie etwa beim Diebstahl - vorgesehen. Vergl. z.B. Art. 161f. C.C.C. 1532.

[1766] Vergl. hierzu näher: Berner, *Lehrbuch*, S. 234ff, 242ff.

bayerische Gesetzgeber - möglicherweise gleichfalls in Anlehnung an die napoleonische Strafgesetzgebung[1767] - nunmehr deutlich zwischen der Konkurrenz- und der Rückfallproblematik[1768] und anerkannte den Rückfall nunmehr als einen für alle strafbaren Handlungen im Wiederholungsfall eingreifenden allgemeinen Strafschärfungsgrund. Obwohl zeitlich und in der Härte der Strafschärfung von allen deutschen Kodifikationen des 19. Jahrhunderts den Vorgaben des *Code pénal* von 1810 am nächsten stehend, wies die spezifische Behandlung der Rückfallmaterie im Bairischen Strafgesetzbuch jedoch eine Anzahl von der napoleonischen Strafgesetzgebung abweichender Besonderheiten auf, die - vor allem wohl auf deutsch-rechtlichen Prinzipien beruhend - nicht nur die Härte und Weite der entsprechenden französischen Bestimmungen deutlich herabmildernten und einschränkten, sondern darüber hinaus auch Eingang in spätere deutsche Strafgesetzbücher finden sollten. Während nämlich der Rückfall nach der napoleonischen Strafgesetzgebung stets noch ohne besondere Rücksicht auf die Art des zuvor verwirklichten Delikts bereits nach einer ersten Verurteilung[1769] zwingend eine Straferhöhung nach sich gezogen hatte, verlangte der bayerische Gesetzgeber nunmehr abweichend von dieser überaus strengen Regelung nach Maßgabe der Legaldefinition des Rückfalls[1770] sowohl die Gleichartigkeit der Delikte[1771] als auch eine jedenfalls angefangene Vorverbüßung der Ersttat[1772] und schränkte mithin den enormen Anwendungsbereich der französischen Rückfallbestimmungen ganz erheblich ein. Ebenso wie nach den entsprechenden Bestimmungen des *Code pénal*[1773] mußte aber auch nach der bayerischen Kodifikation dem Rückfall stets eine rechtskräftige Verurteilung des erneut straffällig gewordenen Delinquenten vorausgegangen sein[1774]. Wohl in

---

[1767] Vergl. Art. 365 Abs. 2 *Code d'instruction criminelle* 1808 sowie Art. 56 bis 58 C.P. 1810.

[1768] Vergl. etwa *Anmerkungen*, Bd. I, S. 263: "[...] die höhere Strafbarkeit des Rückfalls noch über die Grenze des Zusammenflusses erhellet daraus, daß eben der Rückfall einen beharrlich bösen Willen erprobt, den nicht einmal die erlittene Strafe zu beugen vermag. Der Rückfall ist daher als ein beharrlicher Troz gegen das Strafgesez, in weit höherem Grade strafbar, als die Wiederholung oder Fortsezung gleichartiger, noch nicht bestrafter Verbrechen." Vergl. auch *Anmerkungen*, Bd. I, S. 251ff, 263ff.

[1769] Auf eine vollständige oder auch nur teilweise Verbüßung der Ersttat kam es nach der napoleonischen Strafgesetzgebung nicht an. Vergl. den lediglich auf die Verurteilung abstellenden Wortlaut von Art. 56 Abs. 1 C.P. 1810: "Quiconque ayant été condamné pour crime [...]." Vergl. auch Art. 57 Abs. 1, 58, 483 C.P. 1810.

[1770] Vergl. Art. 111 bair. StGB 1813: "Wer nach erlittener Strafe sich eines vorsäzlichen Verbrechens derselben Art von Neuem schuldig macht, soll wegen dieses Rückfalls, statt der gesezlichen Strafe der ersten Uebertretung, in höherem Grade [...] bestraft werden."

[1771] Vergl. *Anmerkungen*, Bd. I, S. 265ff.

[1772] Vergl. *Anmerkungen*, Bd. I, S. 265.

[1773] Vergl. Art. 56 Abs. 1, 57 Abs. 1, 58, 483 C.P. 1810.

[1774] Darauf wiesen sowohl der Wortlaut von Art. 111 als auch der Gesetzgeber selbst ausdrücklich in der Kommentierung hin. Vergl. Art. 111 bair. StGB 1813: "Wer nach erlittener Strafe [...]." Vergl. *Anmerkungen*, Bd. I, S. 263.

prinzipieller Anlehnung an das französische Vorbild stand dabei auch in Bayern einer Anwendbarkeit der Rückfallbestimmungen nicht entgegen, daß das erste Strafurteil von einem ausländischen Gericht ausgesprochen worden war[1775]. In Ansehung der Tatsache, daß Straftaten sowohl während des Strafvollzugs - wie etwa in Gefängnissen sowie Arbeits- oder Zuchthäusern - als auch nach Strafverbüßung verübt werden konnten, war es für den bayerischen Gesetzgeber jedoch ohne Bedeutung, ob der Rückfalltäter die erste Strafe bereits vollständig oder aber bislang nur teilweise verbüßt hatte[1776]. Ebenso wie nach der zeitgenössischen französischen Strafgesetzgebung begründete jedoch auch in Bayern eine gegen den Verdächtigen eingeleitete, aber nicht zur Verurteilung führende Untersuchung selbst bei einem die Untersuchung einstellenden Erkenntnis keine Rückfallstrafe[1777]. Allerdings schloß eine im Hinblick auf die Ersttat von Seiten des Königs ausgesprochene Begnadigung die Verhängung einer Rückfallstrafe bei erneuter Straffälligkeit nicht aus[1778]. Eine weitere bedeutsame Einschränkung zumindest im Vergleich zum Wortlaut der entsprechenden napoleonischen Strafgesetzgebung[1779] ergab sich zudem daraus, daß der Rückfall

---

[1775] Weder in der napoleonischen noch in der bayerischen Kodifikation finden sich Hinweise darauf, daß das erste Erkenntnis von einem inländischen Gericht ausgesprochen worden sein mußte, um die Anwendbarkeit der Rückfallbestimmungen bei der Aburteilung einer Zweittat begründen zu können. Dementsprechend war grundsätzlich davon auszugehen, daß im Ausland gefällte Strafurteile den bayerischen gleichgestellt waren.

[1776] Vergl. *Anmerkungen*, Bd. I, S. 265. Für die einzig und allein auf einer Vorverurteilung des Straftäters bestehenden Urheber des *Code pénal* hatte sich diese Frage selbstverständlich gar nicht erst gestellt.

[1777] Vergl. *Anmerkungen*, Bd. I, S. 265.

[1778] Vergl. *Anmerkungen*, Bd. I, S. 265. Dies ging auch aus dem Wortlaut des § 114 Abs. 2 hervor. Vergl. Art. 114 Abs. 2 bair. StGB 1813. Der Begnadigung wurde im übrigen auch die strafmildernde tätige Reue des Täters gleichgestellt. Insofern, als die Rückfallstrafe selbst bereits eine geschärfte und außerordentliche Strafe darstellte, kam sie trotz objektiv vorliegender Rückfalltat dort nicht zur Anwendung, wo der Gesetzgeber - wie etwa bei Sachbeschädigung und Brandstiftung - aufgrund des Vorliegens tätiger Reue bereits die ordentliche Strafe ausdrücklich gemildert hatte, denn die Milderung einer ordentlichen Strafe schloß seiner Ansicht nach bereits begrifflich eine außerordentliche Schärfung aus. Machte sich der Täter aber hiernach abermals einer Rückfalltat strafbar, so mußte er so gestellt werden, als wenn die zuvor verhängte Strafe wegen tätiger Reue nicht gemildert worden wäre. Vergl. *Anmerkungen*, Bd. I, S. 273f. Vergl. Art. 226f., 253 Abs. 2f. bair. StGB 1813. Eine entsprechende ausdrückliche Regelung kannte der napoleonische *Code pénal* nicht.

[1779] Im Gegensatz zur bayerischen Kodifikation schwieg sich der *Code pénal* im allgemeinen Teil völlig über den Begriff und die Anwendung der Grundsätze von Vorsatz und Fahrlässigkeit aus. Die Urheber des napoleonischen Strafgesetzbuchs hatten allerdings im besonderen Teil der Kodifikation bei einer Anzahl von Vergehen eine fahrlässige Deliktsbegehung vorgesehen, die sie in den jeweiligen Tatbeständen mit so unterschiedlichen Bezeichnungen wie *négligence*, *maladresse*, *imprudence*, *défaut de précaution* und *inobservation* umschrieben. Eine Anwendung der Rückfallbestimmungen auch auf fahrlässig begangene

nach der bayerischen Kodifikation abweichend von den Bestimmungen des *Code pénal* ausdrücklich stets eine Abfolge von zwei vorsätzlichen Handlungen voraussetzte, so daß bereits bei Vorliegen auch nur einer fahrlässigen Deliktsverwirklichung - ungeachtet ob diese nun in Gestalt der Erst- oder aber der Zweittat vorlag - kein Raum mehr für eine Anwendung der Rückfallvorschriften gegeben war[1780]. Dessenungeachtet verfolgte allerdings auch der bayerische Gesetzgeber den rückfällig gewordenen Delinquenten aus heutiger Sicht mit übermäßiger Strenge, denn in seinen Augen bewies bereits die Tatsache, daß ein Delinquent mehrfach straffällig geworden war, eine *grössere Verdorbenheit, oft sogar eine besondere Uebung und Fertigkeit in einer gewissen Gattung unerlaubter Handlungen* und mithin *eine größere Gefährlichkeit des Verbrechers*, den es deshalb verstärkt abzuschrecken oder gar auszuschalten galt[1781]. Dementsprechend beinhaltete auch das Bairische Strafgesetzbuch von 1813 in ähnlicher Weise wie die napoleonische Kodifikation[1782] konsequenterweise keine Rückfallverjährung, so daß die Rückfallvorschriften ungeachtet des zwischen der ersten Verurteilung und der Begehung der Rückfalltat liegenden Zeitraumes stets Anwendung zu finden hatten.

In demselben Maße wie die Urheber des *Code pénal* von 1810 differenzierte zwar auch der bayerische Gesetzgeber entsprechend der aus der französischen Strafgesetzgebung entlehnten qualitativen Dreiteilung der Delikte zumindest systematisch innerhalb der Rückfallvorschriften zwischen den im zweiten und dritten Buch der Kodifikation erfaßten Verbrechen und Vergehen[1783] sowie den in einem eigens geschaffenen Polizeistrafgesetzbuch gesondert geregelten Übertretungen[1784], ließ aber anders als das napoleonische Strafgesetzbuch eine

---

Delikte war mangels entgegenstehender Bestimmungen also grundsätzlich möglich, wurde aber zweifellos von der Rechtsprechung lediglich eingeschränkt praktiziert.

[1780] Vergl. Art. 111 bair. StGB 1813 sowie *Anmerkungen*, Bd. I, S. 264.

[1781] Vergl. *Anmerkungen*, Bd. I, S. 263.

[1782] Die Urheber des *Code pénal* hatten eine spezifische Ausprägung der Rückfallverjährung nur für die *contraventions* anerkannt. Hiernach lag ein Rückfall bei Übertretungen begrifflich nur dann vor, wenn der Delinquent innerhalb eines Jahres nach seiner ersten Aburteilung *im selben Gerichtsbezirk* nochmals strafrechtlich relevant auffällig wurde. Vergl. Art. 483 C.P. 1810.

[1783] Die Anwendbarkeit der in erster Linie auf Verbrechen zugeschnittenen Rückfallbestimmungen auch auf Vergehen ließ sich der allgemeinen Regelung des Art. 141 entnehmen. Vergl. Art. 141 bair. StGB 1813.

[1784] Der bayerische Gesetzgeber hatte die auch den Rückfall bei Übertretungen umfassende Regelung der Polizeiübertretungen einem gesonderten Polizeistrafgesetzbuch vorbehalten. Dieses völlig eigenständige Gesetzbuch sollte sich gleichsam als dritter Teil einer Gesamtstrafgesetzgebung an die Gesetzgebung über das materielle, die Verbrechens- und Vergehenstatbestände behandelnde Strafrecht sowie an das im zweiten Teil der Kodifikation erfaßte Strafprozeßrecht anschließen. Vergl. *Anmerkungen*, Bd. I, S. 23f.

allgemeine Strafschärfung im Sinne des Prinzips der Homogenität von Erst- und Rückfalltat nur dann eintreten, wenn ein *gleichartiges* Verbrechen oder Vergehen wiederholt verübt worden war. Während es nach den Bestimmungen des *Code pénal* für die Bemessung der Rückfallstrafe von ausschlaggebender Bedeutung war, ob der Straftäter zwei aufeinanderfolgende qualitativ gleichrangige (Verbrechens-) Tatbestände verwirklicht hatte[1785] oder aber die Verwirklichung eines Vergehens der eines Verbrechens nachfolgte[1786], stellte die bayerische Strafgesetzgebung hingegen weniger auf die Qualität der strafbaren Handlung, sondern in erster Linie an gemeinrechtliche Grundlagen[1787] anknüpfend vielmehr auf deren Wesensgehalt und hierbei insbesondere darauf ab, ob der Delinquent wiederholt ein gleichartiges Verbrechen oder Vergehen begangen hatte. Zwar erforderte die Anwendung der Rückfallbestimmungen die Verwirklichung eines strafbaren[1788] Delikts *derselben Art*[1789], allerdings berücksichtigte der Gesetzgeber hierbei sowohl die verschiedenen Grade innerhalb derselben strafbaren Handlung[1790] als auch die unterschiedlichen Strafbarkeitsgrade im Hinblick auf Teilnahme und Versuch[1791] dergestalt, daß diese - insoweit im Gleichklang mit der entsprechenden napoleonischen Strafgesetzgebung[1792] - zwar nicht die Strafbarkeit

---

[1785] Vergl. Art. 56 C.P. 1810.

[1786] Vergl. Art. 57f. C.P. 1810. Der *Code pénal* von 1810 wies hier insoweit eine Regelungslücke auf, als er den Fall nicht erfaßt hatte, in dem ein Verbrechen der Begehung eines Vergehens nachfolgte.

[1787] Vergl. etwa Art. 161f. C.C.C. 1532.

[1788] Insofern, als der Rückfall begrifflich stets eine *strafbare* Handlung voraussetzte, konnten weder der straflose Versuch noch vom Amts wegen solche Handlungen als Rückfalltaten geahndet werden, für deren Verfolgung - wie etwa beim Ehebruch oder der Entwendung unter Ehegatten - ein Strafantrag des "Opfers" erforderlich war. Vergl. *Anmerkungen*, Bd. I, S. 273. Vergl. Art. 58, 253 Abs. 1, 228, 401 bair. StGB 1813.

[1789] Vergl. Art. 111 bair. StGB 1813. So sah der Gesetzgeber etwa den Betrug, die Unterschlagung sowie den Diebstahl - obwohl sie alle das Merkmal der rechtswidrigen Zueignung fremden Eigentums voraussetzten - als Verbrechen verschiedener Art an. Ein Dieb, der nach Strafentlassung eine Unterschlagung beging, hatte dementsprechend also keine Verhängung einer Rückfallstrafe zu befürchten. Vergl. *Anmerkungen*, Bd. I, S. 265f.

[1790] Der Diebstahl stellte beispielsweise - egal ob er entweder als Verbrechen, Vergehen oder Übertretung mit Strafe bedroht war - ungeachtet seiner Schwere und des angedrohten Strafmaßes stets eine Handlung derselben Art dar. Ein wegen Diebstahls unter erschwerenden Umständen verurteilter Verbrecher, der sich nach nach verbüßter Strafe also lediglich den Vergehenstatbestand eines leichten Diebstahles verwirklicht hatte, mußte also stets damit rechnen, als Rückfalltäter bestraft zu werden. Vergl. *Anmerkungen*, Bd. I, S. 266 sowie Art. 224 und 380 bair. StGB 1813.

[1791] In den Augen des Gesetzgebers lag auch dann eine strafbare Handlung *derselben* Art vor, wenn der Delinquent die Ersttat zwar selbst verübt, die Zweittat aber nur als bloßer Teilnehmer begangen hatte. Gleiches galt für das vollendete und das lediglich versuchte Delikt. Vergl. *Anmerkungen*, Bd. I, S. 266ff.

[1792] Die Urheber des *Code pénal* von 1810 hatten im Hinblick auf den Rückfall dem vollendeten Verbrechen nicht nur grundsätzlich den Versuch, sondern auch die verschiedenen Grade der

wegen Rückfalls und die damit verbundene Strafschärfung generell ausschlossen, aber abweichend von den Vorgaben des *Code pénal* dessenungeachtet dennoch Einfluß auf die Höhe der durch den Rückfall verwirkten und nunmehr zu bemessenden Strafe hatten[1793]. Hierbei differenzierte das Strafgesetzbuch zunächst zwar in ähnlicher Weise wie die napoleonische Kodifikation prinzipiell danach, ob die Rückfalltat entweder mit höherer oder aber mit einer geringeren Strafe als die Ersttat belegt war. Für beide Fälle galt jedoch grundsätzlich abweichend von der napoleonischen Regelung der Materie der römisch-rechtliche, vom bayerischen Gesetzgeber als Prinzip der *respektiven Identität* bezeichnete Grundsatz *semper in eo quod plus est, et minus continetur*, denn während im ersten Fall die mit der Rückfalltat neu verwirkte Strafe stets um das Einfache der anläßlich der Ersttat verwirkten Strafe erhöht werden mußte[1794], weil der Gesetzgeber Erst- und Rückfall insoweit als identisch begriff[1795], mußte dies selbstverständlich auch für die zweite Fallkonstellation gelten, denn auch die erneute strafbare Handlung war in der Ersttat enthalten, allerdings nur insoweit, als beide tatsächlich miteinander identisch waren[1796]. Dementsprechend war dann, wenn der Straftäter zunächst wegen einer strafbaren Handlung derselben Art, jedoch in einem höheren Grade bestraft worden war und sich nunmehr einer weiteren strafbaren Handlung derselben Art, allerdings in einem niedrigeren Grade schuldig gemachte hatte, grundsätzlich zwar ein Rückfall gegeben, dieser jedoch nur insoweit verhanden, als der vorher verwirklichte höhere Grad den anläßlich des Rückfalls verwirklichten niedrigeren Grad in sich schloß, beide Straftaten also respektiv identisch waren[1797]. Die aufgrund des Rückfalls eintretende Straferhöhung konnte deshalb nicht nach der vorausgegangenen vollen Bestrafung der Ersttat, sondern nur nach der durch die neue, den Rückfall begründenden strafbaren Handlung und der daraus resultierenden Strafe bemessen werden, die aufgrund des Rückfalls in wohl nur sehr entfernter Anlehnung an die napoleonische Kodifikation in ihrem Maximum um das Einfache erhöht werden mußte[1798]. Dieser der zeitgenössischen

Teilnahme sowohl für den früheren oder späteren Fall als auch für beide Fälle gleichgestellt. Vergl. Art. 2f., 59 bis 63 C.P. 1810.

1793 Vergl. *Anmerkungen*, Bd. I, S. 266ff.

1794 Art. 112 Abs. 2 bair. StGB 1813.

1795 Vergl. *Anmerkungen*, Bd. I, S. 268.

1796 Vergl. *Anmerkungen*, Bd. I, S. 268f. Vergl. insbesondere *Anmerkungen*, Bd. I, S. 269: "Wer wegen des vollendeten Verbrechens, wer wegen eines Verbrechens im schwersten Grade, wer als Urheber bestraft worden, hat in der erlittenen Strafe unverkennbar auch die niedrigere Strafe des Vergehens, des Versuchs, des niedrigeren Grades, des Gehülfen oder Begünstiger erlitten; er ist also überhaupt rückfällig; er ist es aber nicht weiter, als die rückfällige Handlung mit der vorher bestraften Handlung gleichartig, d.h. respektiv identisch ist."

1797 Vergl. *Anmerkungen*, Bd. I, S. 272.

1798 Vergl. *Anmerkungen*, Bd. I, S. 272. Vergl. Art. 57f. C.P. 1810. Dies galt allerdings nicht für den Fall, daß die Rückfalltat ungeachtet ihres niedrigeren Grades bereits mit der

französischen Strafgesetzgebung völlig unbekannte Grundsatz der respektiven Identität fand dabei nicht nur dann, wenn die Rückfalltat ein gleichartiges Delikt niedrigeren Grades darstellte, sondern auch in allen anderen Fällen dann Anwendung, wenn die Rückfalltat zwar von gleicher Art, aber lediglich in einer niedrigeren Stufe strafbar war[1799].

Im Hinblick auf die konkrete, im Rahmen der Kommentierung aufgrund ihrer komplizierten Berechnungsmethode nochmals dezidiert dargelegte und im Verlauf der Redaktionsarbeiten[1800] mehrfach abgeänderte Bemessung der Rückfallstrafen[1801] hatte im Strafgesetzbuch demnach eine dem Kumulationsprinzip vergleichbare und sowohl in der zeitgenössischen als auch späteren Literatur[1802] vehement kritisierte spezifische Auffassung des auf Abschreckung bedachten Gesetzgebers ihren Niederschlag gefunden, die grundlegend anders als die entsprechende napoleonische Strafgesetzgebung die Verbindung der Vorstrafen mit der Strafe der neu begangenen strafbaren Handlung gestattete[1803]. Damit wurde jedoch der strafrechtliche Grundsatz *non bis in idem* insofern verletzt, als es sich bei der Aburteilung eines Rückfalltäters nur um die Bestrafung des letzten Verbrechens handeln konnte, da der Rückfall selbst nach Maßgabe seiner Legaldefinition bereits begrifflich stets die Aburteilung des früheren Verbrechens voraussetzte[1804].

Zuchthausstrafe belegt war. Hier mußte stets auf die unbestimmte Zuchthausstrafe erkannt werden. Vergl. Art. 114 Abs. 1 bair. StGB 1813.

[1799] Vergl. *Anmerkungen*, Bd. I, S. 272f.

[1800] Vergl. hierzu näher: *Anmerkungen*, Bd. I, S. 281f.

[1801] Vergl. *Anmerkungen*, Bd. I, S. 282: "Es wurde [...] die Stufenleiter der Rückfallsstrafen [...] im Prinzip angenommen, daß der erste Rückfall nicht schärfer, als mit dem doppelten der vorhergegangenen Strafe, der zweite Rückfall höher, bei gleicher Strafbarkeit der rückfälligen Handlung etwa mit dem dreifachen der vorhergegangenen Strafe, der dritte Rückfall noch strenger bestraft, und bei jedem Rückfalle nur alsdenn in eine höhere Strafgattung übergegangen werden solle, wenn die nach jener Erhöhung sich herauswerfende Strafzeit das Maximum einer Strafgattung nach den Artikeln 13, 16 und 28 übersteigt. Hingegen fand man in der Schwere und Gefährlichkeit solcher Handlungen, welche Zuchthausstrafe nach sich ziehen, und in der hartnäckigen Bosheit solcher Verbrecher, welche nach erlittener Zuchthausstrafe sich eines Rückfalls schuldig machen, einen besonderen Grund, die Erhöhung der Strafe weniger von einer Verrechnung der Strafzeit abhängen zu lassen, sondern sogleich schon des ersten Rückfalls wegen die höchste Stufe der Zuchthausstrafe, d.h. auf unbestimmte Zeit und bei dem Rückfalle in diese Strafe die Kettenstrafe zu verhängen." Vergl. auch: *Anmerkungen*, Bd. I, S. 283ff.

[1802] Berner spricht hier sogar von einer *terroristischen Mathematik der Rückfallstrafen*. Vergl. Berner, *Strafgesetzgebung*, S. 91.

[1803] Vergl. Art. 112 Abs. 1 bair. StGB 1813.

[1804] Vergl. Art. 111 bair. StGB 1813.

Während der bayerische Gesetzgeber beim bloßen Zusammenfluß unbestrafter Verbrechen eine qualitative Steigerung der Strafe noch nicht zuließ[1805], gestattete er bei dem als schwerwiegender befundenen Rückfall hingegen in ferner Anlehnung an die entsprechenden Bestimmungen der napoleonischen Strafgesetzgebung[1806] regelmäßig das Hinüberwechseln in die nächsthöhere (Freiheits-) Strafgattung dann, wenn bei der nach dem Prinzip der respektiven Identität vorzunehmenden Berechnung der Rückfallstrafe das Höchstmaß der an sich für die Folgetat angedrohten Strafgattung überschritten worden wäre[1807]. So sollte eine Freiheitsstrafe beim ersten Rückfall zunächst stets um das Einfache der bereits bei der ersten Verfehlung verwirkten Strafe erhöht, bei jeder weiteren Wiederholung hingegen mit der Strafe des letzten Rückfalls sowie mit derjenigen Strafe verbunden werden, mit der der Rückfalltäter anläßlich seiner ersten strafbaren Handlung belegt worden war. Solange aber die Rückfallstrafe das Maximum derjenigen Strafgattung nicht überstieg, mit der die Zweittat ungeachtet des Rückfalls an sich belegt werden mußte, durfte die Strafqualität der Rückfallstrafe nicht verändert werden. Dies galt auch dann, wenn die eigentlich für die Rückfalltat verwirkte Strafe - wie dies allerdings nur bei der Gefängnisstrafe der Fall sein konnte - das Minimum der nächsthöheren Strafgattung erreichen oder dieses gar übersteigen sollte[1808]. Überstieg diese Strafe in allen anderen Fällen jedoch das jeweilige Höchstmaß der angedrohten Strafgattung, so begründete dies eine qualitative Steigerung der Strafe dergestalt, daß nunmehr die nächsthöhere Strafgattung inklusive aller ihrer rechtlichen Folgen eintrat und etwa eine strafbare Handlung, die für sich selbst genommen lediglich ein Vergehen darstellte, aufgrund des Rückfalls nunmehr als Verbrechen angesehen werden mußte, weil die Rückfallstrafe ihrer Quantität nach nunmehr zu einer Kriminalstrafe wurde[1809]. Für den Fall aber, daß die vom Rückfalltäter zuletzt begangene Straftat bereits für sich

---

[1805] Vergl. Art 109 Abs. 2 bair. StGB 1813.

[1806] Der *Code pénal* sah lediglich in den Fällen die Verhängung der innerhalb des Strafensystems nächsthöheren Strafart bis hin zur Todesstrafe vor, in denen die Begehung zweier Verbrechen aufeinanderfolgte. Vergl. Art. 56 Abs. 1 bis 5C.P. 1810.

[1807] Art. 112 bis 114 bair. StGB 1813. Vergl. Art. 13, 16 und 28 bair. StGB 1813. Nach der napoleonischen Strafgesetzgebung konnte infolge des Rückfalls zwar auch das gesetzliche Maß der Strafen überschritten werden. Dies galt jedoch nur für die Fälle, in denen entweder ein Vergehen einem Verbrechen oder aber einem anderen Vergehen nachfolgte und betraf mithin lediglich die Vergehensstrafen. Diese Überschreitung des gesetzlichen Höchstmaßes zog jedoch niemals einen Wechsel in die nächsthöhere Strafgattung nach sich. Vergl. Art. 57f. C.P. 1810.

[1808] Wer etwa wegen Rückfalls in ein Vergehen mit einer zweijährigen Freiheitsstrafe zu belegen war, hatte demnach nur eine zweijährige Gefängnisstrafe zu erleiden, weil die Strafzeit das Maximum der Vergehenstrafe nicht überstieg und dementsprechend eine Veränderung der Strafgattung nicht in Betracht zu ziehen war. Vergl. Art. 28 bair. StGB 1813. Vergl. *Anmerkungen*, Bd. I, S. 278f.

[1809] Art. 112 Abs. 1 bair. StGB 1813. Vergl. hierzu näher: *Anmerkungen*, Bd. I, S. 279.

genommen eine schwerere Strafe nach sich zog, als diejenige war, mit der ihn das Gericht zuvor für seine Ersttat belegt hatte, so mußte die für die letzte Tat verwirkte Strafe um das Einfache der ersten Tat erhöht werden[1810]. Bei Vergehen hingegen, die das Strafgesetzbuch mit nicht mehr als einer sechsmonatigen Gefängnisstrafe belegte, war die bereits anläßlich der ersten Deliktsbegehung verwirkte Strafe im Wiederholungsfall zwar ebenfalls nach diesen Grundsätzen zu erhöhen, durfte jedoch die Dauer von zwei Jahren nicht übersteigen, so daß sich hier aufgrund eines Rückfalls ein Vergehen niemals in ein Verbrechen wandeln konnte[1811]. Ein Rückfalltäter hingegen, der zuvor bereits eine zeitlich bestimmte Zuchthausstrafe verbüßt hatte, mußte beim ersten Rückfall mit der Zuchthausstrafe auf unbestimmte Zeit belegt werden[1812]. Hatte er hingegen zuvor bereits eine Zuchthausstrafe auf unbestimmte Zeit verbüßt und war nach seiner Begnadigung rückfällig geworden, so hatte er jedenfalls die lebenslange Kettenstrafe verwirkt[1813].

Die Rückfallbestimmungen des Strafgesetzbuchs bezogen sich jedoch nicht ausschließlich nur auf die Bemessung der Rückfallstrafe bei Freiheitsstrafen, sondern umfaßten - auch insoweit in prinzipieller Übereinstimmung mit der entsprechenden napoleonischen Strafgesetzgebung[1814] - darüber hinaus noch weitere, an den für Freiheitsstrafen geltenden Regelungen orientierte Bestimmungen im Hinblick auf die Geld- sowie einige Ehren- und demütigende

[1810] Art. 112 Abs. 2 bair. StGB 1813. War der Straftäter also etwa zuvor wegen einfachen Diebstahls zu einer bloßen sechsmonatigen Gefängnisstrafe verurteilt worden und hatte sich im Rückfall nunmehr eines verbrecherischen Diebstahles von 25 *Gulden* - der für sich genommen bereits eine einjährige Arbeitshausstrafe nach sich zog - strafbar gemacht, so war er als Rückfalltäter zu einer achtzehnmonatigen Arbeitshausstrafe zu verurteilen. Vergl. hierzu näher: *Anmerkungen*, Bd. I, S. 279f.

[1811] Art. 113 bair. StGB 1813. Hiermit wollte der Gesetzgeber möglichen Härten vorbeugen und insbesondere vermeiden, bei leichten Vergehen im Rückfall die schweren Folgen einer Kriminalstrafe eintreten zu lassen. Vergl. *Anmerkungen*, Bd. I, S. 280f.

[1812] Art. 114 Abs. 1 bair. StGB 1813. Eine Straferhöhung kam hier deshalb nicht mehr in Betracht, weil die Zuchthausstrafe auf bestimmte Zeit die Dauer von 20 Jahren nicht überschreiten durfte. Auch durfte hier die Verhängung der lebenslangen Kettenstrafe nicht erwogen werden, weil sie keine bloße Freiheits-, sondern vielmehr bereits eine Kapitalstrafe darstellte. Vergl. Art. 13 bair. StGB 1813 sowie *Anmerkungen*, Bd. I, S. 280.

[1813] Art. 114 Abs. 2 bair. StGB 1813.

[1814] Aufgrund des anders strukturierten und zusammengesetzten Strafensystems hatte der napoleonische Gesetzgeber über die Freiheitsstrafen, die Verbannungs-, Deportations- und die Todesstrafe hinaus noch die *dégradation civique*, die Pranger- und die Geldstrafe sowie die zeitige Untersagung der Ausübung bestimmter staatsbürgerlicher, bürgerlicher oder familiärer Rechte im Rahmen der Rückfallbestimmungen erfaßt. Vergl. Art. 56 Abs. 1 und 2, 57 C.P. 1810.

Strafen[1815]. Hiernach mußte zunächst die Höhe von Geldstrafen bei Rückfälligkeit des Delinquenten stets nach den gleichen Prinzipien bestimmt werden, die auch für die Freiheitsstrafen galten[1816]. Im Hinblick auf die vor allem für Staatsbedienstete sowie Träger einträglicher Rechte einschlägigen Ehren- und demütigenden Strafen traf der bayerische Gesetzgeber darüber hinaus noch einige Spezialregelungen, die darauf abzielten, diese Strafen mit den übrigen Rückfallstrafen in ein gleiches Verhältnis zu setzen[1817]. So mußte auf die Suspension von einer Geschäfts- oder Gewerbeausübung beim ersten Rückfall stets auf die doppelte Dauer der zuerst verwirkten Strafe, bei einem zweiten Rückfall hingegen auf den gänzlichen Verlust der betroffenen Rechte erkannt werden[1818]. Auf die Strafe der Degradation schließlich hatte beim ersten Rückfall die Dienstentlassung des Beamten und auf die Dienstentlassung wiederum dessen Amtsenthebung zu folgen[1819].

Ungeachtet der Art der verhängten Strafe sowie ungeachtet der Tatsache, ob es sich bei dem Delinquenten um einen Erst- oder Rückfalltäter handelte, mußte sowohl jeder Straftäter nach vollständiger Strafverbüßung als auch jeder zu einer beliebigen Freiheitsstrafe verurteilte Missetäter unmittelbar vor seiner Haftentlassung zwecks Abschreckung und *heilsamer Ermahnung*[1820] ausdrücklich auf die Konsequenzen eines - gegebenenfalls erneuten - Rückfalls und die damit verbundene allgemeine Strafschärfung hingewiesen werden[1821]. Über diese in der napoleonischen Strafgesetzgebung zwar nicht ausdrücklich erwähnte, wohl aber gleichfalls im Rahmen der Verwaltung praktizierte Belehrung des Straftäters hinaus bestimmte der bayerische Gesetzgeber bei besonders schwerwiegenden Fällen - nämlich dann, wenn beim zweiten Rückfall auf die Arbeitshaus- bzw. beim ersten Rückfall auf die Zuchthausstrafe erkannt worden war - als Vorsichtsmaßnahme zum Schutze der Gesellschaft[1822] zudem in wohl

[1815] Art. 115 bair. StGB 1813. Auf eine Erfassung der körperlichen Züchtigung hatte der bayerische Gesetzgeber allerdings aus humanitären Gründen bewußt verzichtet, denn eine nach dem Vorbild der Freiheitsstrafen vorgenommene Erhöhung der Rutenschläge hätte zweifellos Leib und Leben des Rückfalltäters ernsthaft in Gefahr gebracht. Vergl. *Anmerkungen*, Bd. I, S. 293.

[1816] Art. 115 Abs. 1 bair. StGB 1813. Vergl. Art. 112 Abs. 1 und 2 bair. StGB 1813.

[1817] Vergl. *Anmerkungen*, Bd. I, S. 293.

[1818] Art. 115 Abs. 2 bair. StGB 1813.

[1819] Art. 115 Abs. 3 bair. StGB 1813.

[1820] Vergl. *Anmerkungen*, Bd. I, S. 294f.

[1821] Art. 116 bair. StGB 1813. Diese Bestimmung enthielt allerdings lediglich eine an die zuständigen Vollstreckungsbehörden gerichtete Verwaltungsvorschrift, so daß eine versäumte Belehrung keinesfalls eine Bedingung darstellte, ohne deren Vorliegen nicht auf eine weitere Rückfallstrafe erkannt werden durfte. Vergl. *Anmerkungen*, Bd. I, S. 294f.

[1822] Vergl. *Anmerkungen*, Bd. I, S. 295.

unmittelbarer Anlehnung an die napoleonische Strafgesetzgebung[1823] die Verhängung einer vier- bis zehnjährigen Polizeiaufsicht[1824].

7. Die Strafaufhebungsgründe

Im fünften Kapitel des ersten Buches des Bairischen Strafgesetzbuchs hatte der Gesetzgeber unter der Überschrift *Von den Gründen, welche die Strafbarkeit aufheben* als Strafaufhebungsgründe im wesentlichen den *Mangel der Zurechnung*[1825], die Notwehr[1826] sowie die Verjährung[1827] erfaßt und mithin zwischen der *Unsträflichkeit einer Handlung* an sich[1828] sowie der *Tilgung der Strafbarkeit* für eine an sich strafbare Handlung[1829] differenziert[1830]. Während zum *Mangel der Zurechnung* und zur Notwehr darüber hinaus noch die *Erlaubniß des Beschädigten*[1831] sowie die stets straflose *Beschädigung durch* die rechtmäßige

[1823] Nach Maßgabe des *Code pénal* war die Polizeiaufsicht - abgesehen von ihrer Funktion als obligatorische lebenslange Komplementärsanktion bei einigen Verbrechensstrafen - auch dann für eine fünf- bis zehnjährige Dauer zu verhängen, wenn sowohl Erst- als auch Rückfalltat den Tatbestand eines Vergehens verwirklichten. Die bayerische Strafgesetzgebung erwies sich insoweit also ein weiteres Mal milder als ihr französisches Vorbild. Vergl. Art. 57f. C.P. 1810.

[1824] Art. 117 bair. StGB 1813.

[1825] Art. 119 bis 122 bair. StGB 1813.

[1826] Art. 125 bis 133 bair. StGB 1813.

[1827] Art. 139f. bair. StGB 1813.

[1828] Art. 119 bis 136 bair. StGB 1813.

[1829] Art. 137 bis 140 bair. StGB 1813.

[1830] Art. 119 bair. StGB 1813. Vergl. *Anmerkungen*, Bd. I, S. 297f.: "Nur rechtswidrige Handlungen, welche einer Person zur Schuld es sey wegen rechtswidrigen Vorsazes oder wegen Fahrlässigkeit, zugerechnet werden können, sind strafbar. Eine Handlung ist also straflos, entweder wegen *Mangel der Zurechnung* (Art. 119 bis 122) oder weil sie an sich nicht rechtswidrig ist (Art. 123 bis 133). Hiermit stehet in Verbindung die *Tilgung der Strafe*, wenn nämlich eine Handlung zwar strafwürdig, die Strafbarkeit aber durch erlittene Strafe, durch den Tod oder durch Verjährung getilgt worden ist (Art. 137 bis 140).

[1831] Art. 123 bair. StGB 1813. Die *Erlaubniß des Beschädigten* zählte der bayerische Gesetzgeber allerdings nicht grundsätzlich zu den Strafaufhebungsgründen. Vergl. Art. 123 Abs. 1 bair. StGB 1813: "Eine unter Strafe verbotene Handlung wird wegen einer von dem Beschädigten dazu ertheilten stillschweigenden oder ausdrücklichen Erlaubniß weder straflos, noch in minderem Grade strafbar." Grund hierfür war die Ansicht des Gesetzgebers, daß *niemand willkührlich über sein Leben, seine Gesundheit, seine Ehre verfügen könne*. Vergl. *Anmerkungen*, Bd. I, S. 307f. Hingegen bewirkte die Erlaubnis des Geschädigten dann die völlige Straflosigkeit des Täters, wenn die Tathandlung *bloß auf Verlust oder nicht gemeingefährliche Beschädigung des Eigenthums gerichtet* war. Vergl. Art. 123 Abs. 2 bair. StGB 1813.

Ausübung eines Rechts[1832] als unsträfliche Handlungen hinzutraten, hatte der bayerische Gesetzgeber im Rahmen der strafbarkeitstilgenden Strafaufhebungsgründe neben der Verjährung auch noch die Abbüßung der Strafe[1833] bzw. den Tod des Straftäters[1834] berücksichtigt, denn ebenso wie nach der zeitgenössischen französischen Kodifikation hoben selbstverständlich auch in Bayern sowohl die erlittene Strafe als auch der Tod die Strafbarkeit des Missetäters völlig auf[1835]. Allerdings ging abweichend von der entsprechenden napoleonischen Strafgesetzgebung[1836] eine über den Verstorbenen noch zu Lebzeiten wirksam verhängte Vermögensstrafe stets auf dessen Erben über[1837]. Verstarb der Verurteilte erst nach der Einlegung eines Rechtsmittels, so wurden seine Erben durch das zweitinstanzliche Urteil gleichermaßen verpflichtet[1838]. Darüber hinaus hatten die Erben *ohne Einschränkung und Bedingung* für Schadensersatz sowie für die Prozeßkosten zu haften[1839].

a.) Der Mangel der Zurechnung

Unter der amtlichen Überschrift *Vom Mangel der Zurechnung*[1840] erfaßte der im Feuerbachschen Geist denkende bayerische Gesetzgeber von 1813 zunächst eine Anzahl von Bestimmungen, die sich zwar überwiegend mit der Unzurechnungsfähigkeit des Straftäters und dessen damit einhergehender Straflosigkeit befaßten, darüber hinaus aber auch weitere Regelungen beinhalteten, die - wie etwa der straflose, weil unvermeidbare Verbotsirrtum[1841] oder der Notstand[1842] - Problematiken berührten, die auch nach heutiger Auffassung noch untrennbar mit den Grundlagen der Strafbarkeit verbunden sind[1843]. Diese sehr modern anmutende und zumindest in Teilaspekten mit dem entsprechenden

---

[1832] Vergl. Art. 124 bair. StGB 1813: "Wer ein ihm zukommendes Recht auf gesezliche Art ausübt, ist wegen des daraus entstehenden Schadens so wenig nach peinlichen, als nach bürgerlichen Gesezen verantwortlich."

[1833] Art. 137 bair. StGB 1813.

[1834] Art. 138 bair. StGB 1813.

[1835] Vergl. Art. 138 Abs. 1 bair. StGB 1813: "Der Tod des Übertreters tilgt dessen Strafe."

[1836] Der *Code pénal* von 1810 beinhaltete keine entsprechende ausdrückliche Regelung. Vergl. jedoch Art. 870ff C.C. 1804.

[1837] Art. 138 Abs. 2 bair. StGB 1813.

[1838] Art. 138 Abs. 3 bair. StGB 1813.

[1839] Art. 138 Abs. 4 bair. StGB 1813.

[1840] Art. 119 bis 122 bair. StGB 1813.

[1841] Art. 121 Nr. 6 bair. StGB 1813.

[1842] Art. 121 Nr. 8 bair. StGB 1813.

[1843] Art. 119 bis 122 bair. StGB 1813.

Regelungsgehalt der napoleonischen Strafgesetzgebung[1844] übereinstimmende[1845] Betrachtungsweise des bayerischen Gesetzgebers beruhte auf einer konsequenten Umsetzung der Theorie des psychologischen Zwangs[1846], denn der Zweck der Strafe - nämlich die Verhütung von Verbrechen schon durch die bloße Strafandrohung - setzte hiernach stets auch die Möglichkeit voraus, über das Strafgesetz anhand der Strafandrohung überhaupt wirksam auf den potentiellen Straftäter einwirken zu können[1847]. Wo diese Einwirkungsmöglichkeit - wie etwa bei geistig Behinderten - jedoch nicht gegeben war, mußte konsequenterweise auch jede Strafbarkeit des Täters entfallen[1848]. Völlig dem Abschreckungsgedanken verhaftet, hatte Feuerbach demnach die Zurechnungsfähigkeit grundsätzlich mit der Abschreckbarkeit des Täters gleichgesetzt[1849], und der bayerische Gesetzgeber von 1813 war ihm dahingehend insofern völlig gefolgt, als er den Personenkreis, bei dem eine Abschreckung durch das Strafgesetz bereits physisch nicht möglich war, im Strafgesetzbuch ausdrücklich von jedweder Strafe ausnahm[1850]. Desweiteren waren in engster Anlehnung an die Feuerbachsche Straftheorie - unabdingbare Vorausetzungen der Strafbarkeit waren hiernach sowohl das

---

[1844] Vergl. Art. 64 C.P. 1810: "Il n'y a ni crime ni délit, lorsque le prévenu était en état de démence au temps de l'action, ou lorsqu'il a été contraint par une force à laquelle il n'a pu résister."

[1845] Trotz aller Parallelen zwischen der napoleonischen Strafgesetzgebung und dem Bairischen Strafgesetzbuch waren diese teilweisen Übereinstimmungen wohl eher zufällig als gewollt, denn die Behandlung der Zurechnungsproblematik in der bayerischen Kodifikation beruhte in erster Linie auf der spezifischen Auffassung Feuerbachs von Sinn und Zweck der Strafe.

[1846] Vergl. *Anmerkungen*, Bd. I, S. 197ff.

[1847] Vergl. Feuerbach, *Revision*, Bd. II, S. 39: "Daraus folgt [...], daß jedes vorhandene Strafgesetz, solche Bedingungen der Person voraussetzen müsse, unter welchem die Wirksamkeit der Drohung möglich ist, daß es mithin gegen solche Personen nicht könne gerichtet seyn, bei welchen physisch unmöglich ist, daß die Absicht der Drohung durch diese Drohung erreicht werde."

[1848] Vergl. Feuerbach, *Revision*, Bd. II, S. 41: "Diejenigen Eigenschaften der Person, als Ursache der strafbaren Handlung, durch welche die physische Möglichkeit der Wirksamkeit des Strafgesetzes begründet ist, sind die ausschliessenden Bedingungen der Möglichkeit der Zufügung einer Strafe."

[1849] Finger, *Lehrbuch des deutschen Strafrechts*, S. 14; Meyer, *a.a.O.*, S. 70. Vergl. Feuerbach, *Revision*, Bd. II, S. 39: "Daraus folgt [...], daß jedes vorhandene Strafgesetz, solche Bedingungen der Person voraussetzen müsse, unter welchem die Wirksamkeit der Drohung möglich ist, daß es mithin gegen solche Personen nicht könne gerichtet seyn, bei welchen physisch unmöglich ist, daß die Absicht der Drohung durch diese Drohung erreicht werde." Feuerbach unterschied also hinsichtlich der Zurechenbarkeit lediglich zwei Gruppen von Personen, nämlich solche, die durch das Gesetz abgeschreckt werden konnten und solche, bei denen dies physisch unmöglich war. Die Frage der Annahme einer *geminderten Zurechnungsfähigkeit* - diese war zu Beginn des 19. Jahrhunderts in der kriminalistischen Literatur bereits nahezu einmütig anerkannt worden - stellte sich daher für Feuerbach gar nicht. Vergl. Meyer, *a.a.O.*, S. 70ff; Grünhut, *a.a.O.*, S. 190f.

[1850] Art. 120 bair. StGB 1813. Vergl. *Anmerkungen*, Bd. I, S. 300ff.

Bewußtsein und die Kenntnis des Strafgesetzes als auch die Subsumtion der begangenen Tat unter das Gesetz sowie die willentliche Begehung der Tat[1851] - zudem solche Personen vor jeder Strafverfolgung sicher, die entweder aufgrund eines unvermeidbaren Verbotsirrtums gehandelt, sich zum Zeitpunkt der Tatbegehung in einem die Zurechenbarkeit ausschließenden krankhaften Seelenzustand befunden oder aber aufgrund einer unwiderstehlichen, die freie Willensbestimmung ausschließenden Gewalt oder Drohung gehandelt hatten[1852], denn auch bei diesem Personenkreis lief die auf Abschreckung gerichtete Strafandrohung und mithin der Strafzweck letztlich ins Leere. Zwar war hier eine Einwirkung auf den Täter nicht bereits von vornherein physisch unmöglich, jedoch konnte ihn die Strafandrohung des Gesetzes insofern nicht abschrecken, als er die Rechtswidrigkeit seines Tuns entweder gar nicht kannte bzw. einzusehen vermochte oder letztlich die Rechtswidrigkeit der Handlung zwar erkennen konnte, aber von einem Dritten gegen seinen Willen zur Tatbegehung gezwungen worden und mithin seine freie Willensbestimmung ausgeschlossen war.

Im Rahmen einer allgemeinen Bestimmung stellte der bayerische Gesetzgeber zunächst einleitend fest, daß eine Handlung, die dem Täter weder aufgrund eines rechtswidrigen Vorsatzes noch aufgrund von Fahrlässigkeit zugerechnet werden konnte, grundsätzlich keinerlei Strafbarkeit nach sich zog[1853] und wies mithin nachdrücklich darauf hin, daß er im Rahmen der Bestimmungen zu den unsträflichen Handlungen nur solche Strafaufhebungsgründe aufgeführt hatte, die jede Zurechnung - sei sie nun *dolos* oder lediglich *culpos* - ganz aufhoben[1854]. Dementsprechend waren von dieser gänzlichen Straflosigkeit zunächst all diejenigen Personen erfaßt, die der Gesetzgeber entsprechend der Feuerbachschen Straftheorie als völlig unzurechnungsfähig betrachtete, denn in ähnlicher Weise wie zuvor bereits die napoleonische Strafgesetzgebung[1855] nahm auch das Bairische Strafgesetzbuch zunächst generell solche Personen mangels Zurechnungsfähigkeit völlig von Strafe aus, die bei Tatbegehung entweder noch strafunmündig, d.h. unter acht Jahren alt[1856], dauerhaft geisteskrank[1857] oder aber

---

[1851] Vergl. Feuerbach, *Revision*, Bd. II, S. 43ff.

[1852] Art. 121 bair. StGB 1813. Vergl. *Anmerkungen*, Bd. I, S. 303ff.

[1853] Art. 119 bair. StGB 1813.

[1854] Vergl. *Anmerkungen*, Bd. I, S. 297ff.

[1855] Vergl. Art. 64 C.P. 1810. Anders als das Bairische Strafgesetzbuch hatte sich der napoleonische Gesetzgeber hier auf die bloße Erwähnung der *démence* beschränkt, deren Interpretation er Lehre und Rechtsprechung zu überlassen gedachte.

[1856] Art. 120 Nr. 1 bair. StGB 1813. Anders als die bayerische Strafgesetzgebung kannte der *Code pénal* von 1810 keine absolute Strafunmündigkeit für Kinder, weshalb sich eine entsprechende Erwähnung der Unzurechnungsfähigkeit von Kindern im Rahmen des Art. 64 in Frankreich von selbst verbot. Vergl. Art. 66ff C.P. 1810.

[1857] Art. 120 Nr. 2 bair. StGB 1813.

von Geburt an völlig schwachsinnig[1858] bzw. altersbedingt völlig geistesschwach[1859] oder gar taubstumm[1860] waren. Grundsätzlich durfte hierbei allerdings die Unzurechnungsfähigkeit des Täters seitens des Gerichts nicht bloß vermutet, sondern mußte vielmehr stets im Rahmen eines entsprechenden *Beweises zur Gewißheit oder Wahrscheinlichkeit* konkret *dargethan werden*[1861]. Abgesehen von dieser völligen Unzurechnungsfähigkeit des Handelnden erkannte der bayerische Gesetzgeber in konsequenter Anwendung der Feuerbachschen Straftheorie eine geminderte Zurechnungsfähigkeit des Straftäters jedoch prinzipiell nicht an[1862]. Dessenungeachtet hatte der bayerische Gesetzgeber den Richtern jedoch bereits im Rahmen der amtlichen *Anmerkungen* zum Strafgesetzbuch gestattet, in besonderen Fällen eine Strafmilderung zwecks Vermeidung nicht sachgerechter Härten vorzunehmen[1863].

Abgesehen von der Unzurechnungsfähigkeit des Handelnden war eine straflose Handlung des an sich zurechnungsfähigen Täters darüber hinaus in ferner

---

[1858] Art. 120 Nr. 3 bair. StGB 1813. Bei bloßer Geistesschwäche mußten hier allerdings die Art. 43, 71 und 106 des Strafgesetzbuchs zur Strafbemessung herangezogen werden. Vergl. *Anmerkungen*, Bd. I, S. 302.

[1859] Art. 120 Nr. 4 bair. StGB 1813. Bei bloß leichter Geistesschwäche kamen auch hier die Art. 43, 71 und 106 zur Anwendung. Vergl. *Anmerkungen*, Bd. I, S. 302.

[1860] Art. 120 Nr. 5 bair. StGB 1813. Für Taubstumme kam eine völlige Straflosigkeit jedoch nur dann in Betracht, wenn *sie nicht über die Unerlaubtheit und bürgerliche Strafbarkeit ihrer Handlung gehörig unterrichtet worden* waren. War dies jedoch der Fall, so wurden sie Minderjährigen unter sechzehn Jahren gleichgestellt und ihre Strafe mußte nach Art. 99 bemessen werden. Vergl. *Anmerkungen*, Bd. I, S. 302. Spezielle Bestimmungen im Hinblick auf Taubstumme kannte die französischen Strafgesetzgebung seit den Tagen des *Ancien Régime* nicht mehr.

[1861] Art. 134 bair. StGB 1813. Vergl. *Anmerkungen*, Bd. I, S. 318f.

[1862] Insoweit stimmte die bayerische Kodifikation völlig mit der napoleonischen Strafgesetzgebung überein. Vergl. Art. 64 C.P. 1810. Ebenso wie die entsprechenden Bestimmungen des *Code pénal* beinhalteten letztlich jedoch auch die strafmildernden Regelungen des Bairischen Strafgesetzbuchs im Hinblick auf straffällig gewordene Kinder über acht und Jugendliche bis sechzehn Jahren sowie Greise einen gewissen Zwischengrad zwischen Zurechnungs- und Unzurechnungsfähigkeit. Vergl. Art. 98 bis 103 bair. StGB 1813 sowie Art. 66 bis 72 C.P. 1810.

[1863] Vergl. *Anmerkungen*, Bd. I, S. 299f.: "Nun denke man noch [...] einen Verrauschten, dessen Rausch zwar nicht alle Zurechnung ganz aufhebt, aber es zweifelhaft läßt, ob er mit hinreichender Ueberlegung, mit vollem Bewußtsein der That und ihrer Rechtswidrigkeit gehandelt habe, und man wird aus Zusammenstellung der Artikel 39, 43 und 106 einsehen, daß es entweder an der Gewißheit des Dolus mangle, oder wenigstens die ordentliche Strafe nicht in ihrer ganzen Schwere zur Anwendung komme [...]." Die Praxis hat diesen Hinweis unverzüglich aufgegriffen und eine formale Stütze dieser Strafmilderung in Art. 106 des Strafgesetzbuchs im Rahmen der Tatbestandsmängel zu finden geglaubt. Vergl. Grünhut, *a.a.O.*, S. 192.

Ähnlichkeit mit der entsprechenden napoleonischen Strafgesetzgebung[1864] dann gegeben, wenn entweder der Täter selbst sich unverschuldet nicht über sein strafbares Tun im Klaren oder überhaupt nicht Herr seiner Sinne gewesen oder gar von Dritten mittels Gewalt oder Drohung an seiner freien Willensbetätigung gehindert und dadurch zur Tatbegehung gezwungen worden war[1865]. Eine Straflosigkeit trat dementsprechend stets dann ein, wenn der Handelnde *in unüberwindlicher, schuldloser Unwissenheit* seine Handlung *für erlaubt und unsträflich gehalten*, also einem unvermeidbaren Verbotsirrtum begangen hatte[1866]. Gleichermaßen ging straflos aus, wer entweder *durch unwiderstehliche körperliche Gewalt*[1867] oder aber *durch Drohungen, welche mit einer gegenwärtigen und unabwendbaren Gefahr für das Leben verbunden waren, zu einer sonst sträflichen Handlung genöthiget worden* war[1868]. Mit Straflosigkeit konnte im übrigen ein Täter auch dann rechnen, wenn er die Straftat *in irgend einer unverschuldeten Verwirrung der Sinne oder des Verstandes* beschlossen und begangen hatte, und sich seiner Handlung oder deren Strafbarkeit nicht bewußt gewesen war[1869]. Wohl in enger Anlehnung an die entsprechende napoleonische Strafgesetzgebung[1870] stellte der bayerische Gesetzgeber abschließend fest, daß *der blosse Befehl zur Begehung eines Verbrechens* für sich allein genommen keinen Strafaufhebungsgrund darzustellen vermochte[1871]. Ein strafausschließender Befehl

[1864] Vergl. Art. 64 C.P. 1810.

[1865] Art. 121 bair. StGB 1813. Vergl. *Anmerkungen*, Bd. I, S. 303: "Schon das Privatrecht erkennt als richtig, daß eine aus unüberwindlicher schuldloser Unwissenheit, aus physischem Zwange oder aus gerechter Furcht gegen eine unabwendbare gegenwärtige Gefahr unternommene Handlung dem Handelnden nicht zugerechnet werden könne. Das Strafrecht muß noch im höheren Grade sich dieses Rechtregel eigen machen [...]." Vergl. auch *Anmerkungen*, Bd. I, S. 304.

[1866] Vergl. Art. 121 Nr. 6 bair. StGB 1813. Grundlegend abweichend von der entsprechenden napoleonischen Strafgesetzgebung, die den Irrtum lediglich im besonderen Teil des *Code pénal* im Rahmen der Fälschungsdelikte geregelt, auch hierbei nur den Tatbestandsirrtum erfaßt und mithin die Irrtumsproblematik als solche in ihrer Weite noch nicht erfaßt hatte, regelte das Bairische Strafgesetzbuch neben dem Tasachenirrtum und dem heute wohl eher als vermeidbarer Verbotsirrtum bezeichneten Irrtum über Strafgesetze - beide Irrtumsformen hatte der Gesetzgeber in engem Zusammenhang mit der Fahrlässigkeitsproblematik abgehandelt - in seinem allgemeinen Teil also bereits den unvermeidbaren Verbotsirrtum im Rahmen der Strafaufhebungsgründe und ließ damit die napoleonische Kodifikation weit hinter sich. Vergl. Art. 163 C.P. 1810 und Art. 71f. bair. StGB 1813.

[1867] Art. 121 Nr. 7 bair. StGB 1813. Hier könnte man fast an eine wortwörtliche Übersetzung des französischen Gesetzestextes denken. Vergl. Art. 64 C.P. 1810: "[...] lorsqu'il a été contraint par une force à laquelle il n'a pu résister."

[1868] Art. 121 Nr. 8 bair. StGB 1813.

[1869] Art. 121 Nr. 9 bair. StGB 1813.

[1870] Schweisthal, *a.a.O.*, S. 94.

[1871] Art. 122 Abs. 1 bair. StGB 1813.

kam in Übereinstimmung mit dem französischen Vorbild[1872] jedoch aufgrund des nur im Staatsdienst jedenfalls zu beachtenden Hierarchieprinzips[1873] für den Befehlsempfänger dann in Betracht, wenn es sich bei dem Befehlsgeber um einen Staatsbeamten oder eine öffentliche Behörde, bei dem Befehlsempfänger hingegen um einen untergebenen Beamten handelte und die befohlene Handlung darüber hinaus lediglich *als Mißbrauch, Ueberschreitung oder Verlezung von Amtspflichten* mit Strafe belegt werden mußte. War dies der Fall, so hatte stets nur der Befehlsgeber, nicht aber der gehorchende Befehlsempfänger mit einer Verurteilung zu rechnen[1874].

b.) Die Notwehr

Wenn auch nicht in systematischer, so doch jedenfalls in enger Anlehnung an den abstrakten Regelungsgehalt der napoleonischen Notwehrbestimmungen[1875] hatte der bayerische Gesetzgeber zwar den Strafaufhebungsgrund der Notwehr[1876] nebst einiger Beweis- und Meldepflichtbestimmungen[1877] konzipiert, hier jedoch seinerseits die insgesamt unvollständige, weil höchst lückenhafte französische Strafgesetzgebung mit einer erheblich fortschrittlicheren Behandlung dieser Materie weit hinter sich gelassen. Im Gegensatz zu den Urhebern der zeitgenössischen französischen Kodifikation - die sich, trotz einiger vielversprechender Ansätze im *Code pénal* von 1791 noch immer nicht zu einer umfassenden allgemeinen Regelung der Notwehr im napoleonischen Strafgesetzbuch hatten durchringen können und diese Materie deshalb lediglich im Rahmen der Tötungs- und Verletzungsdelikte geregelt hatten - beschränkte der bayerische Gesetzgeber den Anwendungsbereich der Notwehr nämlich nicht nur auf eine bestimmte Deliktsgruppe, sondern dehnte ihn vielmehr auf alle im Strafgesetzbuch enthaltenen Nötigungs-, Beschädigungs-, Verletzungs- und Tötungsdelikte aus[1878]. Dies wurde insbesondere daran deutlich, daß er die Notwehr nunmehr systematisch korrekt im allgemeinen Teil des Strafgesetzbuches erfaßte und mithin als erste deutsche Partikularstrafgesetzgebung des 19. Jahrhunderts das von der napoleonischen Kodifikation letztlich vorgegebene Prinzip einer allgemeinen Regelung zuführte, die im Ergebnis einen enormen Fortschritt in der Strafrechtspflege darstellte und damit richtungsweisend für die weitere Entwicklung der deutschen Strafgesetzgebung werden sollte.

[1872] Vergl. z.B. Art. 114 Abs. 2 C.P. 1810.
[1873] Vergl. *Anmerkungen*, Bd. I, S. 305ff.
[1874] Art. 122 Abs. 2 bair. StGB 1813.
[1875] Vergl. Art. 328f. C.P. 1810.
[1876] Art. 125 bis 132 bair. StGB 1813.
[1877] Art. 133 bis 136 bair. StGB 1813.
[1878] Vergl. *Anmerkungen*, Bd. I, S. 310.

Möglicherweise in entfernter Anlehnung an eine entsprechende Bestimmung der napoleonischen Strafgesetzgebung[1879] gab das Bairische Strafgesetzbuch von 1813 zudem als erste deutsche Partikularstrafgesetzgebung überhaupt nunmehr sowohl anhand des Gesetzeswortlautes[1880] als auch durch die systematische Einordnung der Notwehrmaterie in den Katalog der Strafaufhebungsgründe in aller Deutlichkeit zu verstehen, daß der im Feuerbachschen Geist denkende bayerische Gesetzgeber die Notwehr fortan grundsätzlich nicht mehr - wie zuvor noch das gemeine Recht - als Entschuldigungsgrund für eine strafbare Handlung, sondern sie vielmehr selbst - wohl auch hier in prinzipieller Anlehnung an die napoleonische Kodifikation - als rechtmäßige Handlung begriff, die das Vorhandensein einer strafbaren Handlung von vornherein ausschloß[1881].

In offensichtlich enger Anlehnung an die entsprechende napoleonische Begriffsbestimmung[1882] umschrieb auch die bayerische Strafgesetzgebung die Notwehr als diejenige rechtmäßige Verteidigung, die sich gegen einen gegenwärtigen Angriff auf den Verteidiger selbst oder einen anderen richtete[1883] und erkannte mithin neben der Abwehr von Angriffen auf die eigene Person ausdrücklich auch die Nothilfe als einen der Notwehr gleichwertigen Strafaufhebungsgrund an[1884]. Trotz dieser mehr oder weniger offensichtlichen Anlehnung an die fortschrittliche napoleonische Legaldefintion stellte der bayerische Gesetzgeber aber abweichend vom französischen Vorbild darüber hinaus zudem das besondere Erfordernis auf, daß die drohende Gefahr entweder durch die *Aufforderung obrigkeitlicher Hülfe* überhaupt nicht oder aber durch *gegenwärtige obrigkeitliche Hülfe* nur unzureichend abwendbar gewesen sein

---

1879 Vergl. Art. 327 C.P. 1810. Die Urheber des napoleonischen *Code pénal* erkannten hier die Rechtmäßigkeit von solchen Tötungs- und Verletzungshandlungen an, die entweder aufgrund gesetzlicher Bestimmungen vorgenommen oder aber von einer rechtmäßigen Autorität angeordnet worden waren.

1880 Vergl. Art. 125 bair. StGB 1813: "[...] ist unsträflich [...].

1881 Die Urheber des *Code pénal* von 1810 betrachteten die Notwehr jedenfalls als rechtmäßige Handlung. Dies wird insbesondere anhand der Verwendung der Umschreibung *légitime défense* im Rahmen der Begriffbestimmung deutlich. Vergl. Art. 328 C.P. 1810.

1882 Vergl. Art. 328 C.P. 1810: "Il n'y a ni crime ni délit, lorsque l'homicide, les blessures et les coups étaient commandés par la nécessité actuelle de la légitime défense de soi-même ou d'autrui."

1883 Vergl. Art. 125 bair. StGB 1813: "Rechtswidrige Gewaltthaten und verbrecherische Angriffe auf Personen oder Güter [...] darf ein jeder von sich selbst und Andern durch Privatgewalt abzuwenden versuchen, und die in solcher rechtmässigen Vertheidigung geschehene Vergewaltigung, Beschädigung oder Tödtung des Angreifers ist unsträflich, so ferne die gesezlichen Grenzen dabei nicht überschritten worden sind."

1884 Die Gleichwertigkeit von Notwehr und Nothilfe bekräftigte der bayerische Gesetzgeber zudem nochmals in Art. 126 des Strafgesetzbuches, in dem er die Nothilfe ausdrücklich der Notwehr gleichstellte. Vergl. Art. 126 bair. StGB 1813.

durfte[1885]. Diese letztlich bereits im Erfordernis der Gegenwärtigkeit des Angriffs enthaltene zusätzliche und deshalb von zeitgenössischen Autoren vielfach als überflüssig kritisierte Bedingung[1886] stellte für den in Notwehr Handelnden jedoch insofern einen erheblichen Unsicherheitsfaktor und mithin eine die Rechtssicherheit beeinträchtigende Regelung dar, als dieser nie wissen konnte, ob ihm das erkennende Gericht nicht doch nachwies, daß er die drohende Gefahr auch durch die Inanspruchnahme obrigkeitlicher Hilfe hätte abwenden können.

Ebenfalls grundlegend abweichend von der zeitgenössischen französischen Strafgesetzgebung, deren Urheber noch nicht explizit zwischen zulässiger und unzulässiger Ausübung des Notwehrrechts differenziert sowie insbesondere auf Bestimmungen zum Notwehrexzeß verzichtet und somit die Grenzen des gesetzlich anerkannten Selbstverteidigungsrechts nicht festgelegt hatten, zeigte der bayerische Gesetzgeber seinerseits nunmehr erstmals in einer deutschen Partikularkodifikation die Grenzen des gesetzlich anerkannten Notwehrrechts in deutlicher Weise auf[1887]. Er stellte hierbei insbesondere sowohl auf die Notwendigkeit der Verteidigungshandlung und des Verteidigungsmittels[1888] als auch auf die Verhältnismäßigkeit zwischen geführtem Angriff und gewähltem Verteidigungsmittel[1889] sowie auf die psychische Verfassung[1890] und die Willensrichtung des Angegriffenen ab[1891]. So erachtete er die gewaltsame Selbstverteidigung zunächst grundsätzlich dann als unzulässig, weil nicht notwendig, wenn der Angegriffene ausreichend Zeit und Gelegenheit gehabt hatte, zu anderen, ihm auch bekannten Verteidigungsmitteln zu greifen, die es ihm erlaubt hätten, sich gefahrlos dem Angriff zu entziehen, das bedrohte Rechtsgut in Sicherheit zu bringen oder die Absicht des Angreifers anderweitig zu vereiteln[1892]. Diese grundsätzliche Beschränkung des Angegriffenen auf das mildeste ihm zur Verfügung stehende Verteidigungsmittel und mithin auf den mildesten Eingriff in die Rechtsgüter des Angreifers[1893] bestimmte der Gesetzgeber darüber hinaus auch für diejenigen Fälle, in denen ein Rückgriff auf gewaltlose Schutz- und Abwehrmaßnahmen nicht mehr möglich war und die Angriffsabwehr den Einsatz

[1885] Vergl. Art. 125 bair. StGB 1813: "[...] zu deren Abwendung die Aufforderung obrigkeitlicher Hülfe unmöglich, oder die gegenwärtige obrigkeitliche Hülfe unzureichend ist [...]."

[1886] Vergl. Berner, *Lehrbuch*, S. 137f.

[1887] Art. 127 bis 133 bair. StGB 1813.

[1888] Art. 127, 128 Abs. 1 bair. StGB 1813.

[1889] Art. 128 Abs. 2 bair. StGB 1813. Der Gesetzgeber wies in diesem Zusammenhang ausdrücklich darauf hin, daß die Zulässigkeit der Notwehr keinesfalls von der Verhältnismäßigkeit zwischen angegriffenem Rechtsgut und eingesetztem Verteidigungsmittel abhängen dürfe. Vergl. *Anmerkungen*, Bd. I, S. 314.

[1890] Art. 130 bair. StGB 1813.

[1891] Art. 131 bis 133 bair. StGB 1813.

[1892] Art. 127 bair. StGB 1813.

[1893] Vergl. *Anmerkungen*, Bd. I, S. 311f.

von Gewalt notwendig machte, denn auch die gewaltsame Ausübung des Selbstverteidigungsrechts durfte prinzipiell nicht weiter getrieben und kein gefährlicheres Verteidigungsmittels gebraucht werden, als dies zur Gefahrabwendung unbedingt notwendig war[1894]. Dementsprechend war der Gebrauch lebensgefährlicher Verteidigungsmittel dann nicht mehr durch das gesetzlich gewährte Selbstverteidigungsrecht gedeckt und mithin strafbar, wenn der Angreifer auch durch *ungefährliche Gewalt*, also durch mildere, sein Leib und Leben jedenfalls schonende Mittel hätte entweder übermannt oder von seinem Angriff hätte abgehalten werden können[1895]. Allerdings durfte von dem in Notwehr Handelnden gerade bei einem mit lebensgefährlichen Waffen ausgeführten Angriff angesichts der ihm drohenden Gefahr aber auch nicht verlangt werden, daß er stets zum mildesten Verteidigungsmittel griff und sich mithin bereits allein durch die Wahl eines möglicherweise weniger effektiven oder sicheren Verteidigungsmittels selbst einer Lebensgefahr aussetzte[1896]. Strafbar machte sich darüber hinaus auch, wer sowohl die Möglichkeit als auch die Gelegenheit gehabt hatte, sich einen Angreifer durch bloß *abhaltende Gegenwehr* vom Leibe zu halten, aber dennoch offensiv auf Leib oder Leben des Angreifers abzielende Verteidigungsmittel eingesetzt hatte[1897]. Gleichermaßen machte sich zudem derjenige schuldig, der die Gelegenheit zu einer ungefährlichen Verwundung des Angreifers gehabt, diesen aber dessenungeachtet dennoch lebensgefährlich verletzt oder gar getötet hatte[1898].

Mit der Ausdehnung des Anwendungsbereichs der Notwehr mußte zwangsläufig zugleich auch eine im Vergleich zur zeitgenössischen französischen Strafgesetzgebung erhebliche Erweiterung des Kreises der notwehrfähigen Rechtsgüter einhergehen, die der napoleonische Gesetzgeber nur wenige Jahre zuvor noch im Rahmen einer exemplarischen Aufzählung von zwei Regelbeispielen vergeblich näher zu umschreiben versucht hatte[1899]. Während nämlich noch die Urheber des napoleonischen *Code pénal* sich nicht dahingehend festgelegt hatten, ob sie neben Angriffen auf Leib und Leben auch die Vermögens- sowie die Ehrennotwehr als notwehrfähige Rechtsgüter anerkennen wollten, verzichtete der bayerische Gesetzgeber nunmehr auf eine letztlich bloß Verwirrung verursachende Nennung von Regelbeispielen und machte anhand einer

[1894] Art. 128 Abs. 1 bair. StGB 1813.

[1895] Art. 128 Abs. 2 Nr. 1 bair. StGB 1813.

[1896] Dies räumte der bayerische Gesetzgeber in den kommentierenden Anmerkungen zum Strafgesetzbuch ausdrücklich ein und stellte mithin die im Gesetzeswortlaut scheinbar so unflexibel aufgestellte absolute Pflicht der Wahl des mildesten Verteidigungsmittels in Frage. Vergl. *Anmerkungen*, Bd. I, S. 312: "[...] wer mit lebensgefährlichen Waffen angegriffen wird, von dem ist vernünftiger Weise nicht zu verlangen, daß er erst durch Gebrauch gelinderer Mittel sich der Ungewißheit preis gebe, ob sie zu seiner Rettung hinreichen."

[1897] Art. 128 Abs. 2 Nr. 2 bair. StGB 1813.

[1898] Art. 128 Abs. 2 Nr. 3 bair. StGB 1813.

[1899] Vergl. Art. 329 C.P. 1810.

enumerativen Aufzählung der verteidigungsfähigen Rechte deutlich, daß er neben der Notwehr zum Schutze der Person jedenfalls auch die Vermögens- sowie die Ehrennotwehr strafaufhebend in Betracht gezogen hatte[1900]. Innerhalb der gesetzlichen Notwehrgrenzen gestattete der bayerische Gesetzgeber deshalb eine Verteidigung gegen alle mit Gewalt geführten und mit Gefahr für Gesundheit, Leben Freiheit oder Keuschheit verbundenen Angriffe auf Personen[1901], gegen auf frischer Tat ertappte Diebe[1902], gegen solche verbrecherischen Gewalttaten, die auf die Beschädigung oder Zerstörung von beweglichen oder unbeweglichen Sachen abzielten[1903] sowie gegen solche Angreifer, die sich entweder mit Gewalt oder auf andere Weise Zugang in befriedetes Immobiliareigentum verschaffen wollten[1904].

Hatte der in Notwehr Handelnde jedoch die festgelegten Grenzen des gesetzlich anerkannten Selbstverteidigungsrechts überschritten, so stellte der Gesetzgeber auf dessen psychische Verfassung[1905] und Willensrichtung zum Zeitpunkt der Notwehrhandlung ab[1906] und knüpfte daran jeweils unterschiedliche Folgen, über die das erkennende Gericht im Rahmen einer Ermessensentscheidung zu befinden und hierbei insbesondere die Person von Angreifer und Angegriffenem, Zeit und Ort des Angriffes sowie die bei dem Angriff gebrauchten und ihm entgegengestellten Verteidigungsmittel zu berücksichtigen hatte[1907]. Zugunsten des Angegriffenen stellte der Gesetzgeber zuvor aber zwei rechtliche Vermutungen auf, die den Angegriffenen bei Vorliegen der erforderlichen Voraussetzungen jedenfalls von Strafe ausnahmen und mithin das freie richterliche Ermessen erheblich beschnitten. Für den Fall nämlich, daß sich aus den konkreten Umständen mit hinreichender Wahrscheinlichkeit ergab, daß der Angegriffene aus *Ueberraschung, übermächtiger Furcht in gestörter Besonnenheit* die gesetzlich fixierten Grenzen der Notwehr überschritten hatte, mußte er aufgrund dieses die Zurechnung aufhebenden psychischen Zustandes vom erkennenden Gericht von Strafe befreit werden[1908]. Eine Strafbefreiung des objektiv außerhalb der gesetzlichen Notwehrgrenzen Handelnden kam darüber hinaus aber auch dann in Betracht, wenn bei Anwendung eines an sich erlaubten und den Umständen auch angemessenen Verteidigungsmittels auf Seiten des Angreifers unabsichtlich ein

---

1900 Art. 129 bair. StGB 1813. Darauf wies der bayerische Gesetzgeber letztlich schon in der in Art. 125 enthaltenen Begriffsbestimmung der Notwehr hin, denn hier war bereits allgemein von Angriffen *auf Personen oder Güter* die Rede. Vergl. Art. 125 bair. StGB 1813. Vergl. auch *Anmerkungen*, Bd. I, S. 310.

1901 Art. 129 Nr. 1 bair. StGB 1813.

1902 Art. 129 Nr. 2 bair. StGB 1813.

1903 Art. 129 Nr. 3 bair. StGB 1813.

1904 Art. 129 Nr. 4 bair. StGB 1813.

1905 Art. 130 bair. StGB 1813.

1906 Art. 131 bis 133 bair. StGB 1813.

1907 Vergl. *Anmerkungen*, Bd. I, S. 312f.

1908 Art. 130 bair. StGB 1813.

höherer Schaden eintrat, als dies zur Abwehr des Angriffs an sich erforderlich gewesen war[1909]. In allen anderen Fällen beließ der bayerische Gesetzgeber das richterliche Ermessen jedoch notwendigerweise unangetastet[1910] und überantwortete dem erkennenden Gericht die für die konkrete Strafzumessung unerlässliche Kompetenz, je nach den Umständen des Einzelfalles darüber zu befinden, ob der Angegriffene die gesetzlichen Notwehrgrenzen bloß fahrlässig oder aber bereits vorsätzlich überschritten hatte[1911]. Verletzte oder tötete der in Notwehr Handelnde hingegen den Angreifer erst nach beendetem Angriff und ohne hierbei noch einer wie auch immer gearteten unmittelbaren Gefahr ausgesetzt gewesen zu sein[1912], so betrachtete der Gesetzgeber diesen Notwehrexzeß jedenfalls als unerlaubte Rache, die mangels Vorliegens anderer Strafaufhebungsgründe von dem erkennenden Gericht ohne Ermessensspielraum stets als vorsätzlich begangenes Verbrechen abgeurteilt werden mußte[1913].

Abweichend von der auch insoweit unzulänglichen napoleonischen Strafgesetzgebung beinhaltete das Bairische Strafgesetzbuch von 1813 zudem zwei weitere, die freie Ermessensentscheidung des Gerichts einschränkende Bestimmungen, die nicht nur die Beweisführung der die Strafbarkeit aufhebenden Tatsachen regelten, sondern darüber hinaus bei Vorliegen konkreter und glaubwürdiger Anhaltspunkte eine grundsätzliche Vermutung sowohl der Rechtswidrigkeit des Angriffes als auch der Rechtmäßigkeit der Notwehrhandlung zugunsten des Angegriffenen festschrieben. So durfte das erkennende Gericht grundsätzlich weder eine Überschreitung der Notwehrgrenzen aus Überraschung oder übermächtiger Furcht noch die Rechtmässigkeit der Verteidigungshandlung überhaupt ohne weiteres zugunsten des Angegriffenen vermuten, wenn dieser bloß angab, die Grenzen des anerkannten Selbstverteidigungsrechts entweder in einem die Zurechnung aufhebenden Zustand überschritten oder aber überhaupt in rechtmäßiger Notwehr gehandelt zu haben[1914]. Vielmehr mußte der Angegriffene im Rahmen eines entsprechenden Beweisantritts die Voraussetzungen seiner Strafbefreiung selbst so konkret darlegen, daß das erkennende Gericht jedenfalls mit hinlänglicher Gewißheit zu einer entsprechenden Überzeugung gelangen

---

[1909] Art. 131 bair. StGB 1813.

[1910] Vergl. *Anmerkungen*, Bd. I, S. 316.

[1911] Art. 132 bair. StGB 1813.

[1912] Der Gesetzestext sprach hier von einem *geendigtem Angriffe und gänzlich entfernter Gefahr* und stellte mithin auf das objektive Fehlen jedweder Gefährdung des Angegriffenen ab. Vergl. *Anmerkungen*, Bd. I, S. 317.

[1913] Art. 133 bair. StGB 1813.

[1914] Diese Regelung beruhte dabei sowohl auf der Einsicht des Gesetzgebers, daß sich psychische Zustände sowie die konkreten Umstände einer Notwehrlage nach den Regeln des strengen Beweis kaum beweisen liessen, als auch auf der Befürchtung, ein Missetäter könne bei einem beabsichtigten und unter dem Deckmantel der Notwehr begangenen Tötungsverbrechen seiner gesetzlichen Strafe entgehen. Vergl. *Anmerkungen*, Bd. I, S. 318.

konnte[1915]. War diese Voraussetzung hingegen bereits aufgrund von Zeugenaussagen, der Einlassung des durch die Ausübung des Notwehrrechts verletzten Angreifers oder auch durch andere Anhaltspunkte seitens Dritter ausreichend glaubwürdig dargelegt, so hatte das Gericht sowohl die Rechtswidrigkeit des Angriffes als auch die Einhaltung der Grenzen des gesetzlich anerkannten Selbstverteidigungsrechts solange zu vermuten, bis sich aus den konkreten Umständen deutlich das Gegenteil ergab[1916]. Diese zweifache gesetzliche Vermutung zugunsten des Angegriffenen konnte aber insbesondere dann entfallen, wenn der Angreifer verwundet oder gar getötet worden war und der Angegriffene dies den Behörden nicht unverzüglich selbst mitgeteilt hatte[1917]. Kam der Angegriffene nämlich seiner gesetzlich normierten und durch das Interesse der polizeilichen Ordnung an einer lückenlosen Aufklärung von Gewaltverbrechen[1918] begründeten Anzeigepflicht[1919] nicht nach, setzte er sich mithin dem Verdacht der Begehung eines Gewaltverbrechens aus[1920], denn hatte er eine entsprechende Anzeige unterlassen oder den Vorfall gar zu verheimlichen versucht, trat zu seinem Nachteil die gesetzliche Vermutung des strafbaren Notwehrexzesses ein, die der Angegriffene nunmehr konkret widerlegen mußte, um sich von jedem Verdacht reinzuwaschen und einer Verurteilung zu entgehen[1921]. Erwies sich diese Vermutung jedoch im Verlauf der Untersuchungen als gegenstandslos, so wurde der zu Unrecht Angeschuldigte zwar wieder rehabilitiert, mußte jedoch für seinen Verstoß gegen die gesetzliche Meldepflicht jedenfalls mit einer viertägigen bis einmonatigen Gefängnisstrafe belegt werden[1922].

c.) Die Verjährung

Obwohl sich ein - allerdings vergleichsweise schwacher - Einfluß der napoleonischen Strafgesetzgebung auf das Bairische Strafgesetzbuch von 1813

1915 Art. 134 bair. StGB 1813.
1916 Art. 135 bair. StGB 1813.
1917 Art. 136 bair. StGB 1813.
1918 Berner, *Lehrbuch*, S. 143.
1919 Art. 136 Abs. 1 bair. StGB 1813.
1920 Vergl. *Anmerkungen*, Bd. I, S. 320f.
1921 Art. 136 Abs. 2 bair. StGB 1813. Selbst dann, wenn nach unterlassener Anzeige der rechtswidrige Angriff zweifelsfrei bewiesen werden konnte, blieb dennoch aufgrund der Verletzung der Meldepflicht der Verdacht in Gestalt eines vermuteten Notwehrexzesses bestehen. Wurde diese bloße Vermutung nicht entkräftet, so zog sie nach Maßgabe von Art. 132 dann eine Verurteilung wegen fahrlässiger Deliktsbegehung nach sich, wenn nicht noch andere erschwerende, die Annahme einer Vorsatztat rechtfertigende Umstände hinzutraten. Vergl. *Anmerkungen*, Bd. I, S. 321.
1922 Art. 136 Abs. 3 bair. StGB 1813.

auch bei den Verjährungsvorschriften[1923] feststellen läßt, die in einigen Punkten tatsächlich auffallende Ähnlichkeiten mit den entsprechenden Bestimmungen des *Code d'instruction criminelle* von 1808 aufweisen[1924], beruhte die Behandlung der im übrigen durch den bayerischen Gesetzgeber nur unzureichend, weil unvollständig erfaßten Verjährungsmaterie insgesamt jedoch deutlich eher auf deutsch-rechtlichen Grundlagen sowie insbesondere auf der Auffassung Feuerbachs von Sinn und Zweck der Kriminalverjährung. Dies spiegelte sich nicht nur in der systematischen Einordnung der Verjährungsbestimmungen in das materielle Strafrecht[1925], sondern vor allem auch in deren im Vergleich zur napoleonischen Strafgesetzgebung äußerst begrenzten Anwendungsbereich wider. Grundlegend anders als die Urheber des zeitgenössischen französischen Strafprozeßrechts - das neben einer für alle Delikte einschlägigen Verfolgungsverjährung[1926] darüber hinaus auch bereits eine entsprechend der qualitativen Dreiteilung der Delikte spezifizierte Vollstreckungsverjährung für Verbrechen[1927], Vergehen[1928] und Übertretungen[1929] nebst einiger Auflagen[1930] beinhaltet hatte - regelte der im Feuerbachschen Geist denkende bayerische Gesetzgeber von 1813 nämlich die Verjährungsmaterie nicht nur systematisch letztlich zutreffender im materiellen Teil des Strafgesetzbuches, sondern erkannte zudem nur die Verfolgungsverjährung, nicht aber die ursprünglich auf die

---

[1923] Art. 139f. bair. StGB 1813.

[1924] Vergl. Art. 635 bis 642 *Code d'instruction criminelle* 1808.

[1925] Als erste neuere deutsche Strafgesetzgebung erfaßte das Bairische Strafgesetzbuch von 1813 die Materie der Verjährung systematisch korrekt im Rahmen des materiellen Rechts. Hierin sind ihm anschließend alle anderen Partikularstrafgesetzbücher gefolgt. Vergl. hierzu sowie zu den einzelnen Bestimmungen der jeweiligen Kodifikationen näher: Berner, *Lehrbuch*, S. 251ff.

[1926] Vergl. Art. 637f., 640 *Code d'instruction criminelle* 1808.

[1927] Vergl. Art. 635 Abs. 1 *Code d'instruction criminelle* 1808: "Les peines portées par les arrêts ou jugements rendus en matière criminelle, se prescriront par vingt années révolues, à compter de la date des arrêts ou jugements."

[1928] Vergl. Art. 636 *Code d'instruction criminelle* 1808: "Les peines portées par les arrêts ou jugements rendus en matière correctionnelle, se prescriront par cinq années révolues, à compter de la date de l'arrêt ou jugement rendu en dernier ressort; et à l'égard des peines prononcées par les tribunaux de première instance, à compter du jour où ils ne porront plus être attaqués par la voie de l'appel."

[1929] Vergl. Art. 639 *Code d'instruction criminelle* 1808: "Les peines portées par les jugements rendus pour contraventions de police seront prescrites après deux années révolues savoir, pour les peines prononcées par arrêt ou jugement en dernier ressort, à compter du jour de l'arrêt; et à l'égard des peines prononcées par les tribunaux de première instance, à compter du jour où ils ne pourront plus être attaqués par la voie d'appel."

[1930] Diese Auflagen bezogen sich allerdings nur auf die *crimes* und schränkten die Niederlassungsfreiheit des aufgrund der Vollstreckungsverjährung straffrei verbliebenen Missetäters nicht unerheblich ein. Vergl. Art. 635 Abs. 2 und 3 *Code d'instruction criminelle* 1808.

französische Strafgesetzgebung der Revolutionszeit zurückgehende Strafvollstreckungsverjährung[1931] als Strafaufhebungsgrund an. Diese grundlegende, ganz in der Tradition des gemeinen Rechts stehende Differenzierung zwischen zulässiger Strafverfolgungs- und unzulässiger Strafvollstreckungsverjährung[1932] beruhte dabei in erster Linie auf kriminalpolitischen Erwägungen sowie insbesondere auf der prinzipiellen Weigerung des auf Abschreckung bedachten und nach der Theorie vom psychologischen Zwang ausgerichteten Gesetzgebers, eine bereits rechtskräftig zuerkannte Strafe überhaupt der Verjährung unterfallen und mithin einen bereits verurteilten und flüchtigen Verbrecher gleichsam straflos entkommen zu lassen[1933]. Aus der Befürchtung heraus, der Straftäter könne bei einem an den bloßen Zeitablauf gekoppelten Strafaufhebungsgrund bei Eintritt der Verjährung nicht nur straflos bleiben, sondern darüber hinaus dadurch zudem noch zur Fortsetzung seiner kriminellen Machenschaften angereizt oder gar zum Vorbild für andere Missetäter werden[1934], bestimmte der bayerische Gesetzgeber - hierbei wiederum grundlegend von dem ausschließlich auf Fristablauf ausgerichteten napoleonischen Strafprozeßrecht abweichend - nicht bloß den Ablauf der Verjährungsfrist als Voraussetzung für den strafaufhebenden Eintritt der Verjährung. Vielmehr machte er den Eintritt der Verfolgungsverjährung - im übrigen unbeschadet vom Recht der Beteiligten auf *Privatgenugthuung*[1935] - zudem noch insofern von dem Wohlverhalten und der Besserung des Straftäters abhängig[1936], als er sie nur dann als Strafaufhebungsgrund zuließ, wenn der Missetäter seine Tat nicht zu

---

[1931] Vergl. Part. I, tit. VI, Art. 3 C.P. 1791.

[1932] Dem römischen Recht folgend, ließ auch das gemeine deutsche Recht eine Verjährung nach gefälltem Strafurteil nicht mehr zu. Vergl. hierzu näher: Berner, *Lehrbuch*, S. 251ff, 264.

[1933] Vergl. *Anmerkungen*, Bd. I, S. 327f. Allerdings muß die Einführung einer Strafvollstreckungsverjährung durchaus Gegenstand kontroverser Beratungen gewesen sein. Ein entsprechender Artikel ist offensichtlich erst zu einem späteren Zeitpunkt aus dem Entwurf gestrichen worden. Vergl. *Anmerkungen*, Bd. I, S. 328.

[1934] Vergl. *Anmerkungen*, Bd,. I, S. 325f.: "[...] der bloße Ablauf einer Zeit [kann] die Strafbarkeit nicht aufheben, weil sonst ein schlauer Verbrecher durch Vertilgung der Spuren seines Verbrechens, durch Flucht u.a. sich ganz straflos machen und dennoch seine schlechte Aufführung fortsezen könnte."

[1935] Diese Regelung entsprach im Grunde den jeweiligen Bestimmungen des *Code d'instruction criminelle* im Hinblick auf die Anbringung von Privatstrafanträgen [*action civile*], war jedoch in einem Nebensatz des Art. 139 nur unzureichend erfaßt. Grund hierfür war die unterschiedliche Bedeutung, die der jeweilige Gesetzgeber den Antragsdelikten beimaß. Während man nämlich in Frankreich seit den Tagen der Revolution die Einmischung des Staates in bürgerliche Privatangelegenheiten als unzumutbar empfunden hatte, stand man in Bayern - wohl weil man hier einen größeren Einfluß von Privatpersonen auf die Strafrechtspflege fürchtete und diesen tunlichst zu verhindern suchte - den Antragsdelikten äußerst kritisch gegenüber. Diese wurden dann im Strafgesetzbuch von 1813 auch nur spärlich erfaßt. Vergl. Art. 637f., 640 *Code d'instruction criminelle* 1808.

[1936] Vergl. *Anmerkungen*, Bd. I, S. 327.

verheimlichen versucht oder sich gar der Strafverfolgung durch Flucht entzogen hatte[1937], sondern zudem auch innerhalb der jeweiligen Verjährungszeit nicht abermals negativ in Erscheinung getreten oder sogar nochmals straffällig geworden war[1938]. Dementsprechend brachte er auch im Gesetzestext für jeden potentiellen Missetäter deutlich erkennbar zum Ausdruck, daß er den Ablauf einer bestimmten Zeit für sich allein keinesfalls als einen auf Tilgung von Verbrechen und Strafe abzielenden Rechtsgrund anerkennen könne[1939]. Hierbei lehnte er sich wiederum unmittelbar an die Feuerbachsche Auffassung von Sinn und Zweck der von diesem letztlich nur aus Zweckmäßigkeitserwägungen akzeptierten Kriminalverjährung an[1940], zu deren Begründung nicht der bloße Zeitablauf genügte, sondern vielmehr noch eine *ununterbrochen gute Aufführung* des Missetäters hinzutreten mußte[1941].

Entsprechend der von der französischen Strafgesetzgebung übernommenen qualitativen Dreiteilung der Delikte und insoweit in Übereinstimmung mit dem nur fünf Jahre zuvor erstellten *Code d'instruction criminelle* staffelte allerdings auch der auf Verhältnismäßigkeit bedachte bayerische Gesetzgeber von 1813 die Dauer der jeweiligen Verjährungsfristen je nach der Art der strafbaren Handlung sowie in Ansehung der jeweiligen Schwere der verwirklichten Delikte[1942]. Während er aber die Verjährungsfristen bei den Vergehen sowie den weniger schwerwiegenden Verbrechen im Vergleich zu den entsprechenden Bestimmungen des *Code d'instruction criminelle* erheblich kürzer bemaß und zudem innerhalb der letztgenannten Deliktsgruppe anhand des Strafmaßes nochmals deutlich zwischen Verbrechen mit geringerem und solchen mit höherem Unrechtsgehalt

---

[1937] Vergl. *Anmerkungen*, Bd. I, S. 326: "Wer durch bestimmte unerlaubte Handlungen die Spuren seines Verbrechens vertilgt, die Beweismittel vernichtet, oder sonst auf unerlaubte Art die Untersuchung abzuhalten trachtet, wer sich durch Flucht der Untersuchung oder der im Kontumacialprocesse oder sonst zuerkannten Strafe entzogen hat, kann unter keinen Umständen durch Verjährung straflos werden."

[1938] Art. 139 bair. StGB 1813.

[1939] Vergl. Art. 139 Abs. 1 bair. StGB 1813: "Der Ablauf einer bestimmten Zeit ist für sich allein kein Rechtsgrund, um das Verbrechen und dessen Strafe zu tilgen."

[1940] Meyer, *a.a.O.*, S. 78ff. Vergl. Feuerbach, *Kritik*, Teil II, S. 242f. "Der Staat wirkt daher [...] dem Zweck seiner Strafgesetze entgegen, wenn er ausser den Gründen, die durch die Beschränktheit menschlicher Kräfte notwendig bestimmt sind, in die Waagschale dieser Hoffnung (auf Straflosigkeit) noch neue Gewichte legt. Die Verjährung der Verbrechen [...] ist in unserer gemeinen Kriminalgesetzgebung ein sehr bedeutendes Gewicht dieser Art."

[1941] Meyer, *a.a.O.*, S. 81. Vergl. Art. 139 Abs. 2 bair. StGB 1813: "Wenn jedoch der Thäter dem Gericht unbekannt geblieben, oder die erforderliche Untersuchung oder Entscheidung aus Schuld des Richters unterlassen worden ist, und von dem Augenblicke der begangenen Uebertretung die in dem Artikel 140 festgesezten Zeiträume verflossen sind, überdies aber der Uebertreter während ihres Laufes eine ununterbrochen gute Aufführung bezeigt hat, dann soll derselbe von der Strafe frei gesprochen werden [...]."

[1942] Vergl. *Anmerkungen*, Bd. I, S. 327.

differenzierte[1943], führte er abweichend von den Vorgaben des insoweit teilweise sogar milderen napoleonischen Strafprozeßrechts gerade bei den Schwerstverbrechen wohl aus Abschreckungsmotiven heraus erheblich längere Verjährungsfristen ein[1944]. So betrug die Verjährungsfrist bei solchen Vergehen, die lediglich die Verhängung einer Gefängnis- oder einer noch milderen Strafe nach sich zogen, regelmäßig lediglich zwei Jahre[1945], während mit der Arbeitshausstrafe belegte Verbrechen minderer Schwere erst nach Ablauf von fünf Jahren nicht mehr verfolgt wurden[1946]. Beging der Missetäter jedoch ein mit nicht mehr als zwölfjährigem Zuchthaus belegtes Verbrechen, so konnte er sich erst nach zehn Jahren[1947], bei Verwirkung eines mit noch längerer Zuchthaus- oder gar Todesstrafe belegten Verbrechens allerdings erst nach Ablauf von zwanzig Jahren vor Strafverfolgung sicher wähnen[1948].

Parallelen zwischen der bayerischen und der entsprechenden napoleonischen Strafgesetzgebung ergaben sich zudem hinsichtlich des in beiden Kodifikationen übereinstimmend festgelegten Zeitpunkts des Beginns der Verjährungsfrist, denn in gleicher Weise wie die napoleonische Strafgesetzgebung[1949] bestimmte auch das Bairische Strafgesetzbuch, daß die Verjährung stets mit dem Tage der Begehung der strafbaren Handlung zu laufen begann[1950]. Anders als die Urheber des *Code d'instruction criminelle* schwieg sich der bayerische Gesetzgeber allerdings völlig

---

[1943] Das napoleonische Strafprozeßrecht kannte lediglich eine für alle Verbrechen einheitliche zehnjährige Strafverfolgungsverjährung. Vergl. Art. 637 Abs. 1 *Code d'instruction criminelle* 1808.

[1944] Art. 140 bair. StGB 1813. Anders als die Urheber der napoleonischen Strafgesetzgebung verzichtete der bayerische Gesetzgeber jedoch auf eine Vorbehaltsregelung hinsichtlich spezialgesetzlich erfaßter Verjährungsbestimmungen, mit der die scheinbare Milde der allgemeinen Regelungen des *Code d'instruction criminelle* gerade bei den Schwerstverbrechen dann wieder problemlos unterlaufen werden konnte, wenn dies opportun erschien. Vergl. Art. 643 *Code d'instruction criminelle* 1808.

[1945] Art. 140 Nr. 1 bair. StGB 1813. Die Dauer der entsprechenden Verjährungsfrist des napoleonischen Strafprozeßrechts betrug hier bereits drei Jahre. Vergl. Art. 638 *Code d'instruction criminelle* 1808.

[1946] Art. 140 Nr. 2 bair. StGB 1813.

[1947] Art. 140 Nr. 3 bair. StGB 1813.

[1948] Art. 140 Nr. 4 bair. StGB 1813. Diese Verjährungsfrist beruhte zweifellos auf einer Hinwendung zu Prinzipien des gemeinen Deutschen Rechts, das dem Römischen Recht folgend bei verjährbaren Verbrechen regelmäßig eine Maximalfrist von zwanzig Jahren vorgesehen hatte. Vergl. Berner, *Lehrbuch*, S. 251ff. Nach napoleonischem Strafprozeßrecht unterlag hingegen selbst die Verfolgung von mit Todesstrafe belegten Verbrechen lediglich einer zehnjährigen Verjährungsfrist. Gleiches galt prinzipiell für die den mehr als zwölfjährigen bayerischen Freiheitsstrafen entsprechenden Sanktionen des französischen Strafensystems. Vergl. Art. 637 Abs. 1 *Code d'instruction criminelle* 1808.

[1949] Vergl. Art. 637f., 640 *Code d'instruction criminelle* 1808.

[1950] Vergl. Art. 140 bair. StGB 1813: "[...] angerechnet von der Begehung des Verbrechens."

darüber aus, ob die Verjährung etwa durch konkrete Verfolgungsmaßnahmen der Behörden unterbrochen werden konnte und ob sie nach einer ergebnislosen Untersuchung erneut wieder zu laufen begann[1951].

Die Behandlung der Verjährungsmaterie im Bairischen Strafgesetzbuch von 1813 stellte im Vergleich zur entsprechenden napoleonischen Strafgesetzgebung insgesamt besehen also letztlich einen erheblichen Rückschritt in der zeitgenössischen Strafrechtspflege dar, denn der bayerische Gesetzgeber hatte ganz der Tradition des veralteten gemeinen Rechts verhaftet weder die in Frankreich bereits mehr als zwei Jahrzehnte zuvor entwickelte und im *Code pénal* von 1791 erstmals erfaßte Strafvollstreckungsverjährung als Strafaufhebungsgrund anerkannt[1952], noch die Problematik der Unterbrechung der Strafverfolgungsverjährung durch entsprechende staatliche Verfolgungsmaßnahmen überhaupt ihrem Wesen nach erfaßt. Darüber hinaus machte er in unmittelbarer Anlehnung an die Feuerbachsche Auffassung von Sinn und Zweck der Kriminalverjährung den Eintritt der Strafverfolgungsverjährung zudem von dem nur schwer überprüfbaren und deshalb wenig sachgerechten Kriterium der *ununterbrochen guten Aufführung* des Missetäters abhängig, was in der Praxis zu erheblichen Schwierigkeiten und mithin zu einer Beeinträchtigung der letztlich doch angestrebten Rechtssicherheit führen mußte[1953]. Als wenig human und dem angestrebten Besserungszweck dadurch im Ergebnis zuwiderlaufend mußte man zudem auch die bei Schwerstverbrechen erheblich zu lang bemessene Verjährungsfrist bewerten, deren Dauer die entsprechende zehnjährige Einheitsfrist des *Code d'instruction criminelle* um das Doppelte überstieg und damit in Anlehnung an die gemeinrechtliche Maximalfrist die ansonsten in aller Regel erheblich strengere napoleonische Strafgesetzgebung noch an Härte übertraf.

[1951] Nach Maßgabe des französischen Strafprozeßrechts konnte die Verjährung bei allen strafbaren Handlungen durch konkrete staatsanwaltliche oder gerichtliche Verfolgungsmaßnahmen gegen Täter sowie weitere mitwirkende Personen unterbrochen werden. Hatten die entsprechenden Untersuchungen allerdings zu keiner rechtskräftigen Verurteilung geführt, so begann die Verjährungsfrist danach erneut zu laufen. Vergl. Art. 637f. *Code d'instruction criminelle* 1808.

[1952] Das sollte sich erst mit Art. 92 des Bayerischen Strafgesetzbuchs von 1861 ändern, der ausdrücklich auch eine Verjährung der bereits zuerkannten Strafe zuließ. Vergl. Art. 92 bayr. StGB 1861.

[1953] Berner, *Lehrbuch*, S. 260.

VI. Die weitere Entwicklung des bayerischen Strafrechts bis zum Inkrafttreten des Reichsstrafgesetzbuchs von 1871

Das Bairische Strafgesetzbuch von 1813 diente nach seinem Inkraftttreten nun zunächst als Vorbild und Grundlage für die Strafgesetzgebungsarbeiten, die in den meisten anderen deutschen Staaten nach Zusammenbruch und Beseitigung der französischen Herrschaft unternommen wurden[1954] und sollte erst um die Mitte des 19. Jahrhunderts seine Vorbildfunktion zugunsten des Preußischen Strafgesetzbuchs von 1851 einbüßen. Von einigen Änderungen abgesehen, blieb die vom Feuerbachschen Geist durchdrungene bayerische Kodifikation nahezu 50 Jahre lang in Kraft und wurde erst zum 1. Juli 1862 durch das Bayerische Strafgesetzbuch von 1861 abgelöst, das seinerseits bis zur Einführung des Reichsstrafgesetzbuchs am 1. Januar 1872 in Bayern Geltung besitzen[1955] und als letzte bayerische Strafgesetzgebung bereits merklich von dem Preußischen Strafgesetzbuch von 1851 beeinflußt werden sollte[1956]. Diese Neukodifikation des bayerischen Strafrechts war insbesondere deshalb notwendig geworden, weil einerseits in Bayern nach Beendigung der französischen Herrschaft seit 1815 zwei verschiedene Strafgesetzgebungen nebeneinander bestanden hatten und andererseits zwischenzeitlich in der Praxis zahlreiche Mängel des Feuerbachschen Gesetzbuchs fühlbar geworden waren. Während nämlich in den sieben rechtsrheinischen Kreisen Bayerns nach wie vor das Strafgesetzbuch von 1813 galt, blieb im linksrheinischen pfälzischen Kreis auch nach dem Sturz Napoleons immer noch der dort zur Zeit der französischen Herrschaft eingeführte *Code pénal* von 1810 nebst einiger ergänzender oder auch abändernder Gesetze in Kraft[1957]. Die Tatsache, daß sich das Bairische Strafgesetzbuch von 1813 auf die wiedererlangte Pfalz insbesondere wegen deren auf den *Code pénal* zugeschnitten Gerichtsbarkeitsstrukturen nicht übertragen ließ, mußte hierbei nicht nur Bestrebungen bereits im Ansatz zunichte machen, die darauf gerichtet waren, den Anwendungsbereich das im Feuerbachschen Geist verfaßten Strafgesetzbuchs auf das gesamte Königreich auszudehnen. Im Interesse der Rechtseinheit des Staates erforderte dieser Umstand darüber hinaus zugleich auch die Ausarbeitung eines

---

[1954] Vergl. hierzu näher: Meyer, *Der Einfluß der Feuerbachschen Strafrechtstheorie auf die vor 1848 veröffentlichten deutschen Strafgesetzbücher*, Erlangen 1950.

[1955] Vergl. näher zur langwierigen Entstehungsgeschichte des bayerischen Strafgesetzbuchs von 1861: v. Holtzendorff, *a.a.O.*, Bd. I, S. 116ff; Weis, *Das Strafgesetzbuch für das Königreich Bayern sammt dem Gesetze vom 10. November 1861 zur Einführung des Strafgesetzbuchs und des Polizeistrafgesetzbuchs*, S. 9ff; Hocheder, *Das Strafgesetzbuch für das Königreich Bayern*, S. 5ff; Schweisthal, *a.a.O.*, S. 38ff.

[1956] Vergl. hierzu ausführlich: Schweisthal, *Das bayerische Strafgesetzbuch von 1861 - Die letzte bayerische Strafgesetzgebung im Schatten Preußens?*, München 1992.

[1957] Was allerdings die Militärstrafgerichtsbarkeit anbelangte, so hatte man bereits durch Armeebefehl vom 16. August 1813 bestimmt, daß im ganzen Königreich ausschließlich das Bairische Strafgesetzbuch von 1813 Anwendung finden sollte. Vergl. *KBR* 1813, S. 1050f.

neuen, einheitlichen Strafgesetzbuchs, dessen dringende Notwendigkeit man bereits bei der Konzeption der Verfassungsurkunde von 1818 einmütig anerkannt hatte[1958]. Hierbei war allerdings eine erneute Auseinandersetzung mit dem französischen Strafrecht nicht zu umgehen, denn wie andere deutsche Territorien hatte auch die Pfalz während der französischen Herrschaft den *Code pénal* sowie die ihn begleitende napoleonische Strafprozeßordnung als Fortschritt gegenüber ihrer alten Strafgesetzgebung schätzen gelernt, so daß man dort keinesfalls bereit war, die als modern und zeitgemäß empfundenen Errungenschaften des französischen Rechts freiwillig wieder preiszugeben[1959]. Für die Pfalz waren es neben einer den *Code pénal* auszeichnenden klaren Systematik hierbei vor allem prozessuale Gründe, die man auch in einem neuen Strafgesetzbuch verwirklicht sehen wollte, denn man war auch nach der Eingliederung in das junge Königreich Bayern weder gewillt, auf das öffentliche und mündliche Verfahren sowie auf die Schwurgerichte zu verzichten, noch wollte man etwas von der Einführung der gesetzlichen Beweistheorie wissen, so daß man letztlich ein neues materielles Strafrecht nur dann zu akzeptieren gedachte, wenn es zu dieser vom napoleonischen *Code d'instruction criminelle* vorgegebenen Verfahrensstruktur auch paßte[1960]. Diesem vor allem von den pfälzischen Ständen nachdrücklich geäußerten Wunsch trug der bayerische Gesetzgeber schließlich mit dem *Gesetz, die Grundlagen der Gesetzgebung über die Gerichts-Organisation, über das Verfahren in Civil- und Strafsachen und über das Strafrecht betreffend* vom 4. Juni 1848[1961] insofern Rechnung, als er grundsätzlich bestimmte, daß sich das künftige Strafprozeßrecht im wesentlichen nach den Vorgaben des französischen Strafprozeßrechts richten sollte. Damit war nach langer Auseinandersetzung nunmehr auch der Weg für eine durchgreifende Reform des materiellen Rechts frei, so daß der alsbald konzipierte Entwurf von 1853 gründlich beraten, noch bis 1860 überarbeitet und schließlich als Strafgesetzbuch für das Königreich Bayern am 1. Juli 1862 in Kraft gesetzt werden konnte[1962].

[1958] Schweisthal, *a.a.O.*, S. 40; Weis, *a.a.O.*, S. 1f.; Hocheder, *a.a.O.*, S. 1f.; v. Holtzendorff, *a.a.O.*, Bd. I, S. 116; 8. Titel, § 7 der Verfassungsurkunde des Königreichs Bayern von 1818.

[1959] Schweisthal, *a.a.O.*, S. 40; Weis, *a.a.O.*, S. 3ff, 9.

[1960] Volk, *a.a.O.*, S. 282.

[1961] Vergl. Art. 15 des *Gesetzes, die Grundlagen der Gesetzgebung über die Gerichts-Organisation, über das Verfahren in Civil- und Strafsachen und über das Strafrecht betreffend* vom 4. Juni 1848: "Das strafrechtliche Verfahren soll im wesentlichen nach dem Vorbilde der auf dem linken Rheinufer bestehenden Gesetzgebung geordnet werden, mit Anklageprozeß, öffentlich-mündlicher Verhandlung und Ausspruch über Schuld und Nichtschuld von Geschworenen gefällt, die aus Volkswahl hervorgegangen sein müssen." Der Gesetzestext ist abgedruckt in: *Gesetzblatt für das Königreich Bayern* 1848 (nachfolgend abgekürzt: *GKB*), S. 137ff.

[1962] Für dieses Gesetzbuch hat vor allem auch das nur knapp ein Jahrzehnt zuvor in Kraft gesetzte, vom napoleonischen Strafgesetzgbuch erheblich beeinflußte Preußische Strafgesetzbuch von 1851 als Vorbild gedient, in dem man nach zeitgenössischem Urteil eine

Schon bald nach seinem Inkraftttreten waren zudem zahlreiche Mängel des Bairischen Strafgesetzbuchs von 1813 offen zutage getreten, denn die einseitige Ausrichtung dieser Kodifikation nach den Grundsätzen der Feuerbachschen Strafrechtstheorie hatte mit ihren zwangsläufig auftretenden Härten zur Folge gehabt, daß sich das neue Strafgesetzbuch in der Praxis nicht bewähren konnte[1963]. Neben anderen, die praktische Handhabung des Strafgesetzbuchs erheblich erschwerenden Mängeln[1964] waren vor allem die starke Einschränkung des richterlichen Strafzumessungsspielraums[1965], die als unangemessen empfundenen Härten bei den Rückfallbestimmungen, die als völlig verfehlt betrachtete allgemeine Strafandrohung bei Fahrlässigkeit[1966], die praxisferne Ausdehnung des Versuchsbegriffs auf bloße Vorbereitungshandlungen[1967] sowie die Strenge der angedrohten Strafen[1968] Gegenstand besonderer Kritik. Ausgehend von dem Bemühen, die richterliche Willkür auf ein Minimum zu reduzieren, hatte der Gesetzgeber von 1813 nämlich keine Möglichkeit ausgelassen, alle wesentlichen strafrechtlichen Grundentscheidungen im Gesetz selbst zu treffen und insbesondere

---

Fortbildung des Rheinischen Rechts erblickte. Vergl. Volk, *a.a.O.*, S. 282; Berner, *Strafgesetzgebung*, S. 341.

[1963] Müller, *Der Begriff der Generalprävention im 19. Jahrhundert* (nachfolgend abgekürzt: *Generalprävention*), S. 181; Schweisthal, *a.a.O.*, S. 14ff; Berner, *Strafgesetzgebung*, S. 324; v. Gönner, *Einige Motive zum Bairischen Entwurf des Strafgesetzbuchs*, S. 157; Arnold, *a.a.O.* (1843), S. 246ff; Mittermaier, *Die Strafgesetzgebung in ihrer Fortbildung*, S. 19.

[1964] So wurde etwa die konsequent räumliche getrennte Abhandlung von Verbrechen und Vergehen ebenso wie die Differenzierung nach Staats- und Privatverbrechen insofern kritisiert, als verwandte Tatbestände - bedingt durch das einzig zur Differenzierung herangezogene Kriterium von Art und Maß der angedrohten Strafe - oftmals nicht in den notwendigen Zusammenhang gestellt waren. Beispielsweise war der Diebstahl dreifach getrennt, da er je nach dem Wert des gestohlenen Gegenstandes oder der Art der Ausführung entweder als Verbrechen, Vergehen oder Polizeiübertretung geahndet werden mußte und insoweit auch die jeweilige Zuständigkeit bei drei verschiedenen Behörden lag. Vergl. Berner, *Strafgesetzgebung*, S. 91; Schweisthal, *a.a.O.*, S. 20.

[1965] Arnold, *a.a.O.* (1843), S. 109ff.

[1966] Arnold, *a.a.O.* (1843), S. 246ff.

[1967] Arnold, *a.a.O.* (1843), S. 512ff.

[1968] Obwohl man noch weitaus überwiegend von der Notwendigkeit der Todesstrafe für Mord, Brunnenvergiftung und schwerste Staatsverbrechen überzeugt war, lehnte man jedoch alsbald deren Verhängung für qualifizierte Delikte bei Todesfolge und Lebensgefährdung ab. Gleichermaßen ablehnend stand man auch der geschärften Todesstrafe sowie der als besonders inhuman bewerteten Kettenstrafe und dem mit ihr untrennbar verbundenen Institut des bürgerlichen Todes gegenüber. Vergl. hierzu näher: Arnold, *a.a.O.* (1843), S. 262ff. Darüber hinaus brachte man zudem der Festungsstrafe aufgrund der mit ihr verbundenen Ungleichbehandlung der Straftäter sowie der als menschenunwürdig erachteten körperlichen Züchtigung wenig Sympathie entgegen. Vergl. hierzu näher: Arnold, *a.a.O.* (1843), S. 274ff. Kritik war schließlich auch bald aufgrund des Widerrufs und der Abbitte deshalb lautgeworden, weil der Gesetzgeber hier dem Delinquenten den Vollzug der Strafe selbst auferlegt hatte. Vergl. hierzu näher: Arnold, *a.a.O.* (1843), S. 278f.

auch die Strafzumessung durch ein verzweigtes System von Qualifizierungen und Privilegierungen weitgehend selbst zu bestimmen[1969]. Er beging hierbei letztlich den Fehler, den vor ihm bereits der *Code pénal* von 1791 begangen hatte, nämlich den Richter zu sehr in seinem Ermessensspielraum einzuengen. Dementsprechend hatte er dem Richter deshalb nur einen sehr geringen Strafrahmen zur Verfügung gestellt, der sich in der Praxis nicht selten als zu eng erwies[1970] und eine adäquate, an der Tat und dem Verschulden orientierte Strafzumessung oftmals nicht nur verhinderte[1971], sondern darüber hinaus auch zu verzerrten Ergebnissen im Verhältnis der einzelnen Delikte zueinander führte[1972]. Auch die nach dem Wortlaut des Publikationspatents vom 19. Oktober 1813 mit Gesetzeskraft als offizielles Interpretationsmittel publizierten Anmerkungen vermochten dieser Entwicklung trotz ihrer wissenschaftlichen Qualität[1973] nicht entgegenzusteuern, denn dort, wo unlösbare Widersprüche zwischen dem Gesetzestext und den entsprechenden Anmerkungen vorhanden waren[1974], herrschte verwirrende

---

[1969] Schweisthal, *a.a.O.*, S. 10.

[1970] So stand dem Richter etwa bei schwerem Diebstahl lediglich ein völlig unzureichender Strafrahmen zwischen zehn und zwölf Jahren Zuchthaus zur Verfügung. Vergl. Art. 224 Nr. 3 bair. StGB 1813. Vergl. hierzu näher: Schweisthal, *a.a.O.*, S. 17; Arnold, *a.a.O.* (1844), S. 196.

[1971] Beispielsweise war der Richter auch bei Vorliegen von verminderter Zurechnungsfähigkeit an das oft unverhältnismäßig strenge Strafminimum gebunden, verpflichtete ihn das Strafgesetz doch jedenfalls zur Beachtung der gesetzlich vorgegebenen Strafrahmen. Vergl. Art. 95 Abs. 1 und 2 bair. StGB 1813. Die verminderte Zurechnungsfähigkeit durfte also nach dem Gesetzeswortlaut allenfalls im Rahmen der Strafzumessung Berücksichtigung finden. Vergl. Schweisthal, *a.a.O.*, S. 16. Die Praxis behalf sich hier jedoch mit der Anwendung des letztlich eine Verdachtsstrafe begründenden und deshalb nachhaltig kritisierten Art. 106, des sogenannten *Mangels an dem Thatbestande*. Indem der Richter hier den Vorsatz bei beschränkter Zurechnungsfähigkeit unter diese Vorschrift subsumierte, konnte er das gesetzlich vorgesehene Strafminimum unterschreiten. Vergl. hierzu näher: Arnold, *a.a.O.* (1843), S. 109ff, 518ff.

[1972] Es war selbst denkbar, daß die Begünstigung eines Vergehens wegen des gesetzlich vorgegebenen Strafrahmens härter bestraft werden mußte, als die begünstigte Tat. Möglich war dies beispielsweise im Fall der Begünstigung der unerlaubten Selbsthilfe gem. Art. 86, 420 bair. StGB 1813. Das Strafminimum von vier Tagen Gefängnis bei der nichtgewerbsmäßigen Begünstigung lag über dem Strafminimum einer dreitägigen Gefängnisstrafe für die Selbsthilfe. Vergl. Arnold, *a.a.O.* (1844), S. 196; Schweisthal, *a.a.O.*, S. 17.

[1973] Berner, *Strafgesetzgebung*, S. 98; Schweisthal, *a.a.O.*, S. 14.

[1974] Diese Widersprüche waren teilweise darauf zurückzuführen, daß Feuerbachs persönlicher Gegner von Gönner für die Abfassung der *Anmerkungen* verantwortlich gezeichnet hatte, die deshalb nicht immer konsequent den ursprünglichen Prinzipien Feuerbachs gefolgt waren. Vergl. Müller, *Generalprävention*, S. 181; Berner, *Strafgesetzgebung*, S. 324; Arnold, *a.a.O.* (1843), S. 97f.; Schweisthal, *a.a.O.*, S. 14f.; Schmidt, *Strafrechtspflege*, S. 267.

Unklarheit bei der Rechtsanwendung[1975]. Diese Unklarheiten konnten zudem auch insofern nicht von Forschung und Lehre aufgearbeitet oder gar beseitigt werden, als das mit der Publikation der *Anmerkungen* einhergehende Kommentierungsverbot jede kritische Beurteilung des Strafgesetzbuches ausdrücklich ausgeschlossen und den Lehrstoff an den Universitäten lediglich auf den Gesetzestext und die amtlichen *Anmerkungen* beschränkt hatte[1976]. Insbesondere hatte das Kommentierungsverbot aber zur Folge, daß sich die Diskussion weniger auf die Beseitigung der Mängel des geltenden Strafgesetzbuchs durch eine angemessene Kommentierung, sondern vielmehr - trotz verschiedentlichster Novellen[1977] und mildernder Reformen[1978] - mehr und

---

[1975] Ein Beispiel für einen solchen Widerspruch findet sich im ersten Band der Anmerkungen dort, wo die Möglichkeit der fahrlässigen Gehilfenschaft erörtert wird (S. 203f.). Diese Konstruktion läßt der Gesetzgeber nach Maßgabe von Art. 73ff vor dem Hintergrund der sonstigen Gesetzessystematik aber gar nicht zu. Die Praxis löste solche Widersprüche aber insofern, als sie sich auf den Wortlaut des Publikationspatents berief, demzufolge die Anmerkungen lediglich in zweifelhaften Fällen maßgeblich sein sollten. Vergl. Schweisthal, *a.a.O.*, S. 15; Arnold, *a.a.O.* (1843), S. 251.

[1976] v. Holtzendorff, *a.a.O.*, Bd. I, S. 116; Müller, *Generalprävention*, S. 181f.; Berner, *Strafgesetzgebung*, S. 325; Schweisthal, *a.a.O.*, S. 15.

[1977] Zur Beseitigung der dringendsten Mängel erließ der bayerische König eine Vielzahl von rasch aufeinanderfolgenden Abänderungsverordnungen, deren Anzahl erst mit dem Inkrafttreten der Verfassungsurkunde von 1818 abnahm, denn diese schrieb für die Abänderungsverordnungen die Zustimmung der Reichsstände zwingend vor und führte mithin zu einem Verfahrenserschwernis, das die Novellenflut mengenmäßig erheblich einschränkte. Vergl. Müller, *Generalprävention*, S. 182; Schmidt, *Strafrechtspflege*, S. 266; Blohm, *Feuerbach und das Reichsstrafgesetzbuch von 1871*, S. 23; Stenglein, *Sammlung der deutschen Strafgesetzbücher*, Bd. I, S. 16. Im übrigen läßt sich sowohl die genaue Anzahl als auch der konkrete Inhalt der Novellen heute kaum mehr nachvollziehen. Während Müller von über 100 Novellen ausgeht, beziffert Baumgarten deren Anzahl mit 111. Vergl. Müller, *Generalprävention*, S. 182; Baumgarten, *a.a.O.*, S. 118. Eine wesentliche Novelle ist beispielsweise die *Allgemeine Verordnung die Strafgesetze betreffend* vom 25. März 1816 (abgedruckt in: *KBR* 1816, S. 145ff), deren Art. VII dem Richter erhebliche Strafmilderungsmöglichkeiten einräumte.

[1978] So beseitigte der bayerische Gesetzgeber die strengen Rückfallbestimmungen durch Art. 8 Abs. 1 des *Gesetzes, die Abänderung einiger Bestimmungen des ersten Theils des Strafgesetzbuches vom Jahre 1813 betreffend* vom 29. August 1848 (abgedruckt in: *GKB* 1848, S. 217ff). Die Art. 111ff des Strafgesetzbuchs wurden dabei durch eine einzige Vorschrift ersetzt, die den Rückfall lediglich als einen Straferhöhungsgrund betrachtete. Durch Art. 8 Abs. 2 hob der bayerische Gesetzgeber darüber hinaus die allgemeine Strafbarkeit der Fahrlässigkeit durch die Streichung von Art. 64 des Strafgesetzbuchs auf. Auch die Bestimmungen über die körperliche Züchtigung wurde durch Art. 6 des *Gesetzes, einige Abänderungen des Strafgesetzbuches vom Jahre 1813 und anderer Strafbestimmungen betreffend* vom 12. Mai 1848 (abgedruckt in: *GKB* 1848, S. 33ff) vollends aufgehoben. Gleichfalls durch Art. 6 dieses Gesetzes wurden zudem der Widerruf und die Abbitte ersatzlos aus dem Katalog der demütigenden Strafen gestrichen.

mehr auf vielfältigste Entwürfe für ein neues Strafgesetzbuch konzentrierte[1979], was schließlich eine durchgreifende Reform des Feuerbachschen Gesetzbuchs in immer weitere Ferne rücken und im Ergebnis zur Konzeption des Bayerischen Strafgesetzbuchs von 1861 führte sollte.

C. Das Preußische Strafgesetzbuch von 1851

I. Die Entstehungsgeschichte

Während man in den letzten Jahren des 18. Jahrhunderts noch davon überzeugt gewesen war, man könne die dem Allgemeinen Landrecht anhaftenden Mängel durch umfassende Novellen beseitigen und so das Gesetzbuch wenigstens als Grundlage einer modernen Strafgesetzgebung beibehalten[1980], so hatte sich bereits zu Beginn des 19. Jahrhunderts die Auffassung durchgesetzt, daß das Allgemeine Landrecht selbst als Grundlage nicht mehr haltbar sei und durch ein neues Strafgesetzbuch ersetzt werden müsse[1981]. Trotz dieser Erkenntnis dauerte es letztlich noch nahezu 50 Jahre, bis das neue, für Deutschland Maßstäbe setzende Preußische Strafgesetzbuch von 1851 am 1. Juli 1851 in Kraft gesetzt werden konnte[1982].

[1979] Schweisthal, *a.a.O.*, S. 15.

[1980] Die erste Novelle erging in Gestalt eines umfangreichen strafrechtlichen Patents bereits Ende Juli 1794, also nur knapp zwei Monate nach Inkrafttreten des Allgemeinen Landrechts. Vergl. eine charakteristische Zusammenstellung einzelner Novellen bei Berner, *Strafgesetzgebung*, S. 213ff.

[1981] Berner, *Strafgesetzgebung*, S. 213; Müller, *Strafgesetzbuch*, S. 4f.; Temme, *Lehrbuch*, S. 45ff; *Glossen zum Strafgesetzbuche für die Preußischen Staaten* (nachfolgend abgekürzt: *Glossen*), S. 3ff.

[1982] Vergl. im folgenden näher zur komplizierten Entstehungsgeschichte des Preußischen Strafgesetzbuchs von 1851: Berner, *Strafgesetzgebung*, S. 213ff; Regge/Schubert, *Gesetzrevision (1825-1848)*, 1. Abteilung: *Straf- und Strafprozeßrecht* (nachfolgend abgekürzt: Regge, *Gesetzrevision*), Bd. I-VI (hier insbesondere die in Bd. I, S. XXVIff anhand der Auswertung von Originaldokumenten erstellte chronologische Übersicht), Vaduz 1981ff; *Die Materialien zum Strafgesetzbuche für die Preußischen Staaten, aus den amtlichen Quellen nach den Paragraphen des Gesetzbuchs zusammengestellt und in einem Kommentar erläutert durch den königlichen Kammergerichtsrath Goltdammer* (nachfolgend abgekürzt: *Materialien*), Bd. I und II, Berlin 1851f.; v. Hippel, *a.a.O.*, S. 314ff; v. Bar, *a.a.O.*, S. 183ff; Hälschner, *a.a.O.*, Bd. I, S. 251ff; Beseler, *Kommentar über das Strafgesetzbuch für die Preußischen Staaten und das Einführungsgesetz vom 14. April 1851, nach amtlichen Quellen*, S. 3ff; v. Holtzendorff, *a.a.O.*, Bd. I, S. 95ff; Schmidt, *Strafrechtspflege*, S. 314ff; *Rechtsentwicklung in Preußen* (nachfolgend abgekürzt: *Rechtsentwicklung*), S. 46f.; Müller, *Strafgesetzbuch*, S. 5ff; Temme, *Lehrbuch*, S. 49ff; *Glossen*, S. 1ff.

Bereits fünf Jahre nach Verkündung des Allgemeinen Landrechts versuchte der preußische König Friedrich Wilhelm III. (1770-1840) schon 1799 - neben einer ohnehin erforderlichen Strafprozeßreform - eine Totalrevision des materiellen Strafrechts durchzuführen. Diese letztlich darauf gerichteten Bemühungen, das materielle und formelle Strafrecht unter dem gemeinsamen Titel eines Allgemeinen Criminalrechts für die Preußischen Staaten zusammenzufassen, scheiterten jedoch zunächst insofern, als am 11. Dezember 1805 lediglich dessen erster, das formelle Strafrecht beinhaltender Teil als Criminalordnung publiziert werden konnte[1983]. Zwar kündigte der preußische Gesetzgeber im Publikationspatent dieser Verfahrensordnung zugleich den Erlaß eines zweiten, das materielle Strafrecht umfassenden Teils an[1984], jedoch zogen sich die Beratungen dieses im Entwurf bereits fertiggestellten Teils zunächst hin und wurden in Folge aufgrund der Auseinandersetzungen mit Frankreich und dem damit verbundenen Niedergang Preußens so lange zurückgestellt, bis schließlich das gesamte Reformvorhaben zum Erliegen kam[1985].

Die Inbesitznahme der Preußen auf dem Wiener Kongreß 1814/1815 zugesprochenen linksrheinischen Territorien sowie des ehemaligen Herzogtums Berg stellte die Reformbestrebungen unter neue Vorzeichen, denn von nun an war eine mögliche Reform des preußischen Straf- und Strafprozeßrechts mit dem zusätzlichen Problem der mangelnden Rechtseinheit belastet. Durch die

---

[1983] *Allgemeines Criminalrecht für die Preußischen Staaten. Erster Theil: Criminal-Ordnung*, Berlin 1806.

[1984] Vergl. *Patent wegen Publication der neuen Criminal-Ordnung. Vom 11. Dezember 1805*, abgedruckt in: *Allgemeines Criminalrecht für die Preußischen Staaten. Erster Theil: Criminal-Ordnung*, S. 4f.: "[...] Wir haben daher nöthig befunden, alle in den Gesetzes-Sammlungen zerstreuet befindliche Verordnungen, welche das Verfahren im Criminalprozesse betreffen, revidiren, eine neue Criminal-Ordnung zu entwerfen und dabei auf die veränderte Verfassung die gehörige Rücksicht nehmen zu lassen. Dies ist geschehen; und da die allgemeinen Strafgesetze jetzt auch revidirt werden, und künftig nicht mehr einen Theil Unsres Allgemeinen Landrechts ausmachen, sondern als ein besonderes Gesetzbuch abgedruckt und publicirt werden sollen; so haben Wir resolviret, die Criminal-Ordnung und die Strafgesetze als ein Ganzes anzusehen und unter dem Titel: Allgemeines Criminalrecht für die Preußischen Staaten abdrucken zu lassen; wovon die Criminal-Ordnung den ersten, die Strafgesetze aber den zweiten Theil ausmachen sollen."

[1985] Vergl. zu diesen frühen Reformbestrebungen im einzelnen: Regge, *Das Reformprojekt eines Allgemeinen Criminalrechts für die Preußischen Staaten (1799-1806)*, S. 189ff; Berner, *Strafgesetzgebung*, S. 216f.; Regge, *Gesetzrevision*, Bd. I, S. XXIXff. Die eigentlichen Reformarbeiten wurden nachweisbar erst mit den vom Geheimen Oberjustizrat Sack 1814 erstellten und sowohl das materielle als auch das Strafprozeßrecht umfassenden, jedoch lediglich handschriftlich abgefaßten Entwürfen fortgeführt. Diese Entwürfe blieben jedoch zunächst fast ein Jahrzehnt unbeachtet, bis man 1825/1826 wieder auf sie zurückgriff. Vergl. hierzu unter Angabe des entsprechenden Archivmaterials näher: Regge, *Gesetzrevision*, Bd. I, S. XXXIIf.

territorialen Neu- oder Rückerwerbungen fanden sich in Preußen nämlich nunmehr Gebiete mit französischem Recht neben solchen, in denen das Allgemeine Landrecht oder sogar solchen, in denen noch das gemeine Recht galt. Zur Wiederherstellung der alten friderizianischen Rechtseinheit wurde deshalb in den Jahren 1814 bis 1825 das Allgemeine Landrecht durch eine Anzahl königlicher Patente sowohl in denjenigen Gebieten zwischen Elbe und Rhein wieder eingeführt, die durch den Frieden von Tilsit vorübergehend von Preußen getrennt, diesem jedoch zwischenzeitlich wieder eingegliedert worden waren[1986], als auch auf solche Territorien ausgedehnt, die man Preußen entweder endgültig erst durch die Wiener Kongreßakte zugesprochen hatte oder die ihm anderweitig angehörten[1987]. Von diesen Vereinheilichungsbestrebungen blieben allerdings das linke Rheinufer und das rechtsrheinische Gebiet des ehemaligen Herzogtums Berg ausgenommen, wo auch weiterhin der *Code pénal* von 1810 sowie der *Code d'instruction criminelle* von 1808 ihre Geltung behielten[1988]. Dort hatte man während der napoleonischen Herrschaft den *Code pénal* als Fortschritt gegenüber der alten Strafgesetzgebung kennen und schätzen gelernt und war nun nicht mehr

---

[1986] Vergl. *Patent wegen Wiedereinführung des Allgemeinen Landrechts und der Allgemeinen Gerichtsordnung, in die von den Preußischen Staaten getrennt gewesenen mit denselben wieder vereinigten Provinzen* vom 9. September 1814, abgedruckt in: *Gesetz-Sammlung für die Königlichen Preußischen Staaten* (nachfolgend abgekürzt: *Gesetzsammlung*) 1814, S. 89ff.

[1987] Die entsprechende Kabinettsordre vom 20.11. 1814 wurde nicht in der Gesetzsammlung publiziert, ist aber in § 1 des Gesetzes vom 25. Mai 1818 erwähnt. Dieses Gesetz sanktionierte nochmals ausdrücklich die Einführung des Allgemeinen Landrechts in den neu erworbenen Gebieten. Vergl. *Verordnung wegen Einführung des Allgemeinen Landrechts und der Allgemeinen Gerichtsordnung in den mit den Preußischen Staaten vereinigten, zwischen den ältern Provinzen belegenen Distrikten und Ortschaften, und wegen Einrichtung des Hypothekenwesens in denselben* vom 25. Mai 1818 (abgedruckt in: *Gesetzsammlung* 1818, S. 45ff). Vergl. darüber hinaus auch: *Patent wegen Wiedereinführung des Allgemeinen Landrechts und der Allgemeinen Gerichtsordnung in die mit der Provinz Westpreußen vereinigten Distrikte, den Kulm- und Michelauschen Kreis und die Stadt Thorn mit ihrem Gebiete* vom 9. November 1816 (abgedruckt in: *Gesetzsammlung* 1816, S. 217ff); *Patent wegen Wiedereinführung der Preußischen Gesetze in das Großherzogthum Posen* vom 9. November 1816 (abgedruckt in: *Gesetzsammlung* 1816, S. 225ff); *Patent wegen Einführung des Allgemeinen Landrechts in die mit den Preußischen Staaten vereinigten ehemals Sächsischen Provinzen und Distrikte* vom 15. November 1816 (abgedruckt in: *Gesetzsammlung* 1816, S. 233ff); *Verordnung wegen Anwendung der Preußischen Gesetze in den ehemaligen Schwarzburg-Rudolstädtischen Aemtern Heringen und Kelbra* vom 20. Oktober 1819 (abgedruckt in: *Gesetzsammlung* 1819, S. 246); *Patent wegen Einführung des Allgemeinen Landrechts und der Allgemeinen Gerichtsordnung in das Herzogthum Westphalen, das Fürstenthum Siegen mit den Aemtern Burbach und Neuenkirchen und die Grafschaften Wittgenstein-Wittgenstein und Wittgenstein-Berleburg* vom 21. Juni 1825 (abgedruckt in: *Gesetzsammlung* 1825, S. 153ff).

[1988] Vergl. zu den Einzelheiten näher: Schubert, *Das französische Recht in Deutschland zu Beginn der Restaurationszeit (1814-1820)*, S. 129ff und 150ff.

bereit, diesen Fortschritt freiwillig wieder aufzugeben, so daß sich der preußische Gesetzgeber bei einer Reform des Straf- und Strafprozeßrechts jedenfalls mit dem französischen Strafrecht auseinanderzusetzen hatte[1989].

Nachdem das 1823 ins Auge gefaßte Vorhaben einer Vereinheitlichung des Strafrechts der Rheinprovinzen mit dem der übrigen preußischen Landesteile ohne feststellbares Ergebnis gescheitert war[1990], leiteten erst zwei Kabinettsordres König Friedrich Wilhelms III. aus dem Jahre 1826 konkrete Vorarbeiten zu einem neuen preußischen Strafgesetzbuch ein. Zunächst bestimmte eine am 24. Juli 1826 erlassene Kabinettsordre[1991] eine allgemeine Revision der gesamten preußischen Gesetzgebung auf der Grundlage des Allgemeinen Landrechts und der Allgemeinen Gerichtsordnung. Gegen diese dem überkommenden Recht noch überaus verhafteten Revisionsbestrebungen machte der preußische Justizminister Heinrich Wilhelm August Alexander von Danckelmann (1769-1830) in einem umfassenden Bericht vom 14. Oktober 1826 hinsichtlich des Strafrechts geltend, daß selbst eine durchgreifende Revision hierfür nicht mehr genüge, weil das Strafrecht des Allgemeinen Landrechts seinem ganzen System nach nicht mehr haltbar sei und deshalb durch ein völlig neues Gesetzbuch ersetzt werden müsse. Obwohl Friedrich Wilhelm III. dieser Auffassung seines Justizministers eher ablehnend gegenüberstand, erteilte er dem Vorhaben dennoch durch Kabinettsordre vom 14. November 1826[1992] seine Zustimmung, allerdings verbunden mit der ausdrücklichen Mahnung, sich nicht allzu voreilig von der bestehenden Strafgesetzgebung zu entfernen.

Die gesamte Revision der preußischen Gesetzgebung oblag seit 1826 einer eigens zu diesem Zweck gebildeten Gesetzrevisionskommission, deren Vorsitz der Justizminister von Danckelmann selbst übernahm und der auch sein späterer Amtsnachfolger Carl Albert von Kamptz (1769-1849) angehörte[1993]. Diese Kommission teilte zunächst den gesamten zu bearbeitenden Rechtsstoff in insgesamt sechzehn Pensen ein, wobei das materielle Strafrecht Pensum I und das Strafprozeßrecht Pensum II umfaßte. Hierbei sollten die in jedem Pensum zu erstellenden Gesetzentwürfe zunächst von einer besonderen, aus einem

---

[1989] Vor eine ähnliche Situation sahen sich sowohl der bayerische als auch der großherzoglich-hessische Gesetzgeber nach dem Fall Napoleons und der Wiedererlangung der Pfalz bzw. Rheinhessens gestellt.

[1990] König Friedrich Wilhelm hatte zunächst den Staatsminister von Beyme am 5. Februar 1823 mit der Ausarbeitung eines *Entwurfs zu einem allgemeinen Strafgesetzbuch* beauftragt. Ein Ergebnis dieser Arbeiten läßt sich jedoch nicht feststellen. Vergl. hierzu unter Angabe des entsprechenden Archivmaterials näher: Regge, *Gesetzrevision*, Bd. I, S. XXXIV.

[1991] Abgedruckt in: *Gesetzsammlung* 1826, S. 73f.

[1992] Abgedruckt in: *Gesetzsammlung* 1826, S. 111f.

[1993] Vergl. näher zur Zusammensetzung dieser Revisionskommission: Berner, *Strafgesetzgebung*, S. 218f.

verantwortlichen Revisor sowie mehreren beigeordneten Korreferenten bestehenden Gesetzgebungsdeputation[1994] erarbeitet und im Anschluß der Gesamtkommission zur Beratung vorgelegt werden. Während der Kammergerichtsrat Bode zum Revisor für das Pensum I bestellt wurde, setzte man Oberlandesgerichtsrat Schiller als Revisor für Pensum II ein. Nachdem es aber innerhalb der jeweiligen Deputationen zu erheblichen Meinungsverschiedenheiten über die Revisionsgrundsätze gekommen war, beschloß man einen abweichenden Verfahrensgang. Dieser erlaubte es beiden Revisoren nunmehr, die Gesetzentwürfe in eigener Verantwortung zu erstellen, die anschließend sofort in der Gesamtkommission beraten werden sollten. Während man Bode sowohl die Bearbeitung des Allgemeinen als auch die des Besonderen Teils mit Ausnahme der Vermögensdelikte überantwortete, übernahm Schiller neben der Konzeption eines neuen Strafverfahrensgesetzes auch die Bearbeitung der gegen das Vermögen gerichteten Delikte. Nach einer relativ kurzen Bearbeitungszeit lag bereits im November 1827 Bodes Entwurf eines Allgemeinen Teils nebst Motiven vor, der noch 1827 Gegenstand von Beratungen der Gesamtkommission wurde[1995]. Ihm folgte bis Februar 1829 der besondere Teil in insgesamt vier Teilentwürfen, die jeweils nach Einreichung durch die Revisoren Bode und Schiller ebenfalls in der Plenarkonferenz der Gesetzrevisionskommission beraten wurden[1996]. Diese konnte dem Staatsministerium schon im Februar 1828 einen verbesserten Entwurf des Allgemeinen Teils zur weiteren Beratung übersenden. Dort wurde bis Juni 1828 zunächst über den Allgemeinen Teil und anschließend über den zwischenzeitlich

[1994] Vergl. unter Angabe des entsprechenden Archivmaterials näher zur personellen Zusammensetzung der jeweiligen Deputationen: Regge, *Gesetzrevision* Bd. I, S. XXXIVf.

[1995] Als Manuskripte für die Beratungen wurden gedruckt: *Entwurf des Criminalgesetzbuches für die Preußischen Staaten*, Berlin 1827, in: Regge, *Gesetzrevision*, Bd. I, S. 1ff; *Motive zu dem, von dem Revisor vorgelegten, Ersten Entwurfe des Criminalgesetzbuches für die Preußischen Staaten, Erster Band*, Berlin 1827, in: Regge, *Gesetzrevision*, Bd. I, S. 25ff.

[1996] Als Manuskript für die Beratungen wurde gedruckt: *Entwurf des Strafgesetzbuches für die Preußischen Staaten*, Berlin 1828, in: Regge, *Gesetzrevision*, Bd. I, S. 271ff. Dieser Entwurf - dessen Allgemeiner Teil bereits auf den Beratungen des Entwurfes von 1827 durch die Gesetzrevisionskommission beruhte - stellte den ersten vollständigen Entwurf eines Strafgesetzbuchs seit dem Entwurf von Sack aus dem Jahr 1814 dar. Die entsprechenden Motive erschienen in den Jahren 1828 bis 1830 und wurden ebenfalls als Manuskripte gedruckt, aber nicht veröffentlicht: *Motive zu dem, von dem Revisor vorgelegten, Ersten Entwurfe des Criminalgesetzbuches für die Preußischen Staaten, Zweiter Band*, Berlin 1828, in: Regge, *Gesetzrevision*, Bd. I, S. 369ff; *Motive zu dem, von dem Revisor vorgelegten, Ersten Entwurfe des Criminalgesetzbuches für die Preußischen Staaten, Dritter Band, Erste Abtheilung*, Berlin 1830; in: Regge, *Gesetzrevision*, Bd. I, S. 517ff; *Motive zu dem, von dem Revisor vorgelegten, Ersten Entwurfe des Criminalgesetzbuches für die Preußischen Staaten, Dritter Band, Zweite Abtheilung*, Berlin 1829, in: Regge, *Gesetzrevision*, Bd. I, S. 657ff; *Motive zu dem, von dem Revisor vorgelegten, Ersten Entwurfe des Criminalgesetzbuches für die Preußischen Staaten, Vierter Band, enthaltend die Strafgesetze wider Verbrechen gegen das Vermögen*, Berlin 1828, in: Regge, *Gesetzrevision*, Bd. II, S. 1ff.

vorliegenden Besonderen Teil des Entwurfs verhandelt, der im Anschluß anhand der im Staatsministerium vorgenommenen Korrekturen nochmals von der Gesetzgebungskommission überarbeitet wurde und in seiner endgültigen Fassung schließlich im Juni 1830 dem Staatsministerium überreicht werden konnte[1997]. Dort beschloß man jedoch, die Beratungen solange auszusetzen, bis über das weitere Verfahren der Gesetzrevision in Staatsministerium und Staatsrat endgültig entschieden sei[1998]. Diese Unterbrechung sowie insbesondere der Tod von Danckelmanns noch 1830 brachten die Revisionsarbeiten zunächst gänzlich zum Erliegen.

Schon bald nach dem Tod von Danckelmanns bewirkte jedoch der nunmehr für die Gesetzrevision zuständige Minister von Kamptz eine nochmalige umfassende Überarbeitung des Entwurfs von 1830, die unter seiner maßgeblichen Federführung in wesentlichen Punkten vom ursprünglichen Entwurf abwich. Dieser revidierte Entwurf von 1833 wurde mitsamt den entsprechenden Motiven für die Beratungen als Manuskript gedruckt[1999] und noch im selben Jahr durch den Entwurf eines vom Kriminalstrafgesetzbuch getrennten Polizeistrafgesetzbuchs mitsamt Motiven ergänzt[2000]. Ebenso wie der Entwurf von 1830 wurden jedoch weder der revidierte Entwurf von 1833 noch der Entwurf des Polizeistrafgesetzbuchs desselben Jahres im Staatsministerium Gegenstand von Beratungen. Darüber hinaus hatte sich von Kamptz bereits 1834 in enger Anlehnung an das Allgemeine Landrecht für eine Beibehaltung der polizeistrafrechtlichen Bestimmungen innerhalb des Strafrechts entschlossen und einen entsprechenden Entwurf als Nachtrag zum revidierten Entwurf von 1833 publiziert[2001]. In der Folge unterwarf man den Gesamtentwurf im Ministerium für

---

[1997] *Entwurf des Strafgesetzbuches für die Preußischen Staaten. Erster Theil. Criminalstrafgesetze*, Berlin 1830, in: Regge, *Gesetzrevision*, Bd. II, S. 467ff. Motive sind zu diesem Entwurf nicht entstanden. Vergl. zum Entwurf von 1830 näher: Berner, *Strafgesetzgebung*, S. 220f.

[1998] Vergl. hierzu unter Angabe des entsprechenden Archivmaterials näher: Regge, *Gesetzrevision*, Bd. I, S. XXXVI.

[1999] *Revidirter Entwurf des Strafgesetzbuches für die Königl. Preußischen Staaten. Erster Theil. Kriminialstrafgesetze*, Berlin 1833, in: Regge, *Gesetzrevision*, Bd. III, S. 1ff; *Motive zum revidirten Entwurf des Strafgesetzbuchs für die Preußischen Staaten, Erster Theil. Kriminalstrafgesetze*, Berlin 1833, in: Regge, *Gesetzrevision*, Bd. III, S. 259ff.

[2000] *Entwurf des Strafgesetzbuches für die Preußischen Staaten. Zweiter Theil. Polizeistrafgesetze. Von dem Revisor vorgelegt*, Berlin 1833, in: Regge, *Gesetzrevision*, Bd. III, S. 703ff; *Motive zu dem, von dem Revisor vorgelegten, Ersten Entwurfe des Strafgesetzbuches für die Preußischen Staaten. Fünfter Band, enthaltend die Polizeistrafgesetze*, Berlin 1833, in: Regge, *Gesetzrevision*, Bd. III, S. 717ff.

[2001] *Revidirter Entwurf des Strafgesetzbuches für die Königl. Preußischen Staaten. Nachtrag zu dem allgemeinen Theil desselben. Polizeiübertretungen und deren Bestrafung betreffend*, Berlin 1834, in: Regge, *Gesetzrevision*, Bd. III, S. 757ff. Schon aus der Vorrede Bodes in den Motiven zum Polizeistrafgesetzbuch von 1833 war zu ersehen, daß man unter dem

Gesetzrevision einer nochmaligen umfassenden Überarbeitung, was insbesondere dazu führte, daß die Polizeivergehen wieder in den ersten, das Kriminalrecht erfassenden Teil des Entwurfs von 1833 eingefügt wurden[2002]. Das wenig zeitgemäße Ergebnis dieser Arbeiten - dem man keine weiteren Motive beigegeben hatte - konnte erst 1836 veröffentlicht werden[2003]. Für die anschließende Beratung dieses revidierten Entwurfs von 1836 in Staatsministerium und Staatsrat[2004] ließ von Kamptz eine repräsentative Auswahl neuerer Strafgesetzbücher anderer Staaten zusammenstellen, zu denen neben weiteren Gesetzen, Entwürfen, Motiven und Anmerkungen auch der *Code pénal* von 1810, die *Loi contenant des modifications au Code pénal et au Code d'instruction criminelle* vom 28. April 1832 sowie das Bairische Strafgesetzbuch von 1813 nebst seiner amtlichen Anmerkungen gehörten[2005]. Nachdem das ursprünglich vorgesehene Beratungs- und Prüfungsverfahren zu erheblichen Verzögerungen insbesondere im Plenum des Staatsrats geführt hatte, vereinfachte eine königliche Kabinettsordre vom 4. Februar 1838 das Beratungsverfahren und bestimmte zu diesem Zweck die Bildung einer aus Staatsministern sowie Mitgliedern des Staatsrats bestehenden Immediatkommission, der auch von Kamptz angehörte[2006]. Während diese Kommission in sich alle maßgeblichen Funktionen von Staatsrat, Staatsministerium und Fassungskommission vereinigte, sollte sich das Staatsratsplenum lediglich mit solchen allgemeinen Grundsätzen befassen, die die Immediatkommission bei der Vorlegung des Entwurfs zuvor eigens hervorgehoben hatte. Dieser abgekürzte Beratungsweg gewährleistete nunmehr eine schnelle Vorgehensweise, so daß die am 6. März 1838 eröffneten Sitzungen der Immediatkommission bereits am 17. Dezember 1842 mit der Fertigstellung eines

---

Ministerium von Kamptz zukünftig einer Trennung der Polizeistrafgesetze von den Kriminalstrafgesetzen den Vorzug geben würde. Vergl. hierzu unter Angabe entsprechenden Archivmaterials: Regge, *Gesetzrevision*, Bd. I, S. XXXVII.

2002 Vergl. zu den Revisionsarbeiten im Minsterium für Gesetzrevision unter Angabe des entsprechenden Archivmaterials: Regge, *Gesetzrevision*, Bd. I, S. XXXVII.

2003 *Revidirter Entwurf des Strafgesetzbuches für die Königlich-Preußischen Staaten*, Berlin 1836, in: Regge, *Gesetzrevision*, Bd. III, S. 785ff. Vergl. näher zu den Schwächen dieses Entwurfs: Berner, *Strafgesetzgebung*, S. 224f.

2004 Vergl. näher zum eigens durch zwei Kabinettsordres vom 3. Juni bzw. 9. Juli 1833 geregelten langwierigen Beratungs- und Prüfungsverfahren: Berner, *Strafgesetzgebung*, S. 228.

2005 Vergl. v. Kamptz, *Zusammenstellung der Strafgesetze auswärtiger Staaten nach der Ordnung des revidirten Entwurfes des Strafgesetzbuches für die Königlich Preußischen Staaten. Fünf Theile*, Berlin 1838-1841. Eine Übersicht aller herangezogenen Strafgesetzbücher und Entwürfe findet sich in: Berner, *Strafgesetzgebung*, S. 226f.

2006 Die Kabinettsordre ist abgedruckt in: Regge, *Gesetzrevision*, Bd. V, S. 222f. Vergl. näher zum Inhalt dieser Kabinettsordre, zum darin geregelten abgekürzten Prüfungsverfahren sowie zur personellen Zusammensetzung der Immediatkommission: Berner, *Strafgesetzgebung*, S. 228ff, Regge, *Gesetzrevision*, Bd. IV, 1. Halbbd., S. XIVff.

Kommissionsentwurfs abgeschlossen werden konnten[2007] und auch die am 11. Dezember 1839 begonnenen entsprechenden Beratungen des Staatsratsplenums nur bis zum 14. Januar 1843 fortdauerten[2008]. Als Ergebnis dieser Beratungen konnte Friedrich Wilhelm IV. (1795-1861) bereits am 28. Dezember 1842 ein vollendeter Staatsratsentwurf vorgelegt werden, der zwar die grundsätzliche Billigung des neuen Königs fand, aber auf dessen Wunsch und auf eine entsprechende Kabinettsordre vom 9. Januar 1843 hin noch in einigen Punkten abgeändert werden mußte[2009]; jedoch konnte der endgültige Entwurf trotz dieser Abänderungen noch im Frühjahr 1843 veröffentlicht werden[2010]. Über die Veröffentlichung hinaus wurde den acht Provinziallandtagen zudem eine Anzahl auf den Entwurf bezogener Fragen vorgelegt, wobei sich die Landtage aber schon bald nicht mehr auf deren gutachterliche Beantwortung beschränkten, sondern vielmehr den Gesamtentwurf eingehenden Beratungen unterwarfen[2011]. Desweiteren befaßten sich aber auch namhafte Juristen mit dessen Erörterung, so daß der Entwurf von 1843 damit endgültig Gegenstand einer breiten literarischen Kritik wurde[2012].

[2007] Vergl. zu den Beratungen sowie zu den Redaktionen der einzelnen Teile des Kommissionsentwurfs von 1842 im einzelnen: *Berathungsprotokolle der zur Revision des Strafrechts ernannten Kommission des Staatsraths, den Ersten Theil des Entwurfs des Strafgesetzbuch betreffend*, Berlin 1839, in: Regge, *Gesetzrevision*, Bd. IV, 1. Halbbd., S. 1ff, 253ff, 281ff; *Berathungsprotokolle der zur Revision des Strafrechts ernannten Kommission des Staatsraths, über den Zweiten Theil des Entwurfs des Strafgesetzbuchs. Erste Abtheilung. Betreffend die Titel 1 bis 16 des speziellen Theils*, Berlin 1840, in: Regge, *Gesetzrevision*, Bd. IV, 1. Halbbd., S. 305ff; *Berathungsprotokolle der zur Revision des Strafrechts ernannten Kommission des Staatsraths, über den Zweiten Theil des Entwurfs des Strafgesetzbuchs. Zweite Abtheilung. Betreffend die Titel 17 bis 29 des speziellen Theils, sowie die Umarbeitung des ganzen Entwurfs*, Berlin 1842, in: Regge, *Gesetzrevision*, Bd. IV, 2. Halbbd., S. 657ff, 917ff, 995ff, 1075ff.

[2008] Vergl. unter Angabe des entsprechenden Archivmaterials eine Übersicht über die Beratungen des Staatsratsplenums: Regge, *Gesetzrevision*, Bd. IV, 1. Halbbd., S. XXff.

[2009] Die Kabinettsordre ist abgedruckt in: Regge, *Gesetzrevision*, Bd. V, S. 193ff.

[2010] *Entwurf eines Strafgesetzbuches für die Preußischen Staaten nach den Beschlüssen des Königlichen Staatsraths*, Berlin 1843, in: Regge, *Gesetzrevision*, Bd. V, S. 1ff. Der von der Kommission ausgearbeitete und dem Staatsratsentwurf im wesentlichen zugrunde liegende Kommissionsentwurf von 1842 wurde hingegen zusammen mit dem Ministerialentwurf von 1836 und dem Staatsratsentwurf von 1843 erst 1844 im Rahmen einer synoptischen Darstellung veröffentlicht. Vergl. v. Kamptz, *Zusammenstellung der drei Entwürfe des Preußischen Strafgesetzbuches*, Berlin 1844.

[2011] Der um sein französisches Recht und insbesondere um sein Schwurgericht nach französischem Vorbild fürchtende Rheinische Landtag ging 1843 sogar soweit, einen vollständigen, aber insgesamt weitestgehend unbeachtet gebliebenen Entwurf nebst Motiven auszuarbeiten und vorzulegen. Vergl. zu diesem ungedruckten Entwurf m.w.N. näher: Regge, *Gesetzrevision*, Bd. I, S. XXXIX.

[2012] Insgesamt gingen 71 teils gedruckte, teils handschriftlich abgefaßte Kritiken ein, die sich entweder auf den Gesamtentwurf oder aber auf einzelne Abschnitte oder Lehren bezogen.

Diese beließ nur wenige Teile des Entwurfs unbeanstandet und stellte somit das Gesamtprojekt ein weiteres Mal so sehr in Frage, daß man sich aufgrund der Fülle des kritischen Stoffes dazu verpflichtet glaubte, den Entwurf von 1843 einer erneuten Revision zu unterziehen. Eine entsprechende Kabinettsordre Friedrich Wilhelms IV. vom 24. November 1843 wies deshalb den seit der Entlassung von Kamptz 1842 für die Gesetzrevision zuständigen Minister Friedrich Carl von Savigny (1779-1861) an, die Revision des Entwurfes zwecks neuer Beratungen in der Immediatkommission unter Berücksichtigung der eingegangenen Kritiken vorzubereiten[2013]. Zu diesem Zweck veranlaßte von Savigny zunächst eine Zusammenstellung und genaue Prüfung des gesamten kritischen Materials[2014] und anschließend eine umfassende Neubeurteilung des Staatsratsentwurfs von 1843 anhand der hierbei gewonnenen Erkenntnisse. Aus dieser intern im Ministerium für Gesetzrevision unter der Leitung von Savignys vorgenommenen Überarbeitung ging schließlich der revidierte Entwurf von 1845 hervor[2015]. Dieser Entwurf, der sich - abgesehen von veränderten und vielfach verbesserten Textfassungen - insbesondere durch die Streichung der Strafzumessungsgründe und die damit verbundene erhebliche Erweiterung des richterlichen Ermessens auszeichnete, wurde anschließend Gegenstand der vom 18. Oktober 1845 bis zum 18. November 1846 andauernden Beratungen der Staatsratskommission[2016]. Gleich zu Beginn dieser Beratungen wurde zunächst die durch die königliche Billigung längst hinfällig gewordene Frage erörtert, ob eine allgemeine Kodifikation des Strafrechts überhaupt vonnöten oder es nicht besser sei, die Gesetzgebung nicht nur auf einzelne Materien des besonderen Teils zu beschränken, sondern auch die dem *Code pénal* verbundene Rheinprovinz gesondert zu behandeln. Unter maßgeblicher Federführung von Savignys sprach sich die Immediatkommission jedoch schon bald für eine allgemeine, auch das Rheinland einbeziehende Kodifikation aus und setzte im Anschluß ihre Beratungen so zügig fort, daß noch im Dezember 1846 ein zur Vorlage im Plenum des Staatsrats bestimmter Entwurf fertiggestellt und als Manuskript für dessen Beratungen gedruckt werden konnte[2017]. Jedoch führten insbesondere von rheinischer Seite geäußerte Bedenken, der Entwurf von 1846 sei mit der nach französischem Vorbild gestalteten Gerichtsverfassung der

---

Vergl. eine vollständige Übersicht der Kritiken in: Regge, *Gesetzrevision*, Bd. V, S. 226ff. Vergl. auch die Übersicht bei Berner, *Strafgesetzgebung*, S. 232f.

[2013] Abgedruckt in: Regge, *Gesetzrevision*, Bd. V, S. 224f.

[2014] Eine Zusammenstellung des gesamten kritischen Materials findet sich in: Bischoff, *Revision des Entwurfs des Strafgesetzbuches von 1843*, Berlin 1845.

[2015] *Revidirter Entwurf des Strafgesetzbuchs für die Preußischen Staaten. Vorgelegt von dem Ministerium der Gesetzrevision*, Berlin 1845, in: Regge, *Gesetzrevision*, Bd. VI, S. 1ff.

[2016] Vergl. *Verhandlungen der Kommission des Staatsraths über den revidirten Entwurf des Strafgesetzbuchs*, Berlin 1846, in: Regge, *Gesetzrevision*, Bd. VI, 1. Halbbd., S. 109ff.

[2017] *Entwurf des Strafgesetzbuchs für die Preußischen Staaten, von der Königlichen Immediatkommission dem Plenum des Staatsraths vorgelegt*, Berlin 1846, in: Regge, *Gesetzrevision*, Bd. VI, S. 349ff.

Rheinprovinz sowie mit dem Schwurgerichtsprozeß nur schwer zu vereinbaren, zunächst zu erneuten, vom 18. März bis 21. Oktober 1847 andauernden Beratungen der Immediatkommission[2018], denen erst dann entsprechende Verhandlungen im Plenum des Staatsrats nachfolgten. Zu den Beratungen der Immediatkommission zog man dabei auch rheinische Juristen herbei, die sich zwar mit ihren Vorschlägen überwiegend nicht durchsetzen konnten, dem französischen Recht aber dennoch einen größeren Einfluß auf den noch 1847 erstellten und mit Motiven versehenen Endentwurf gewährten[2019]. Dieser Entwurf - der sich insbesondere durch seinen Rückgriff auf veraltete Strafmittel auszeichnete und insoweit einen Rückschritt in der Strafgesetzgebung darstellte[2020] - wurde anschließend nebst neunzehn beigefügter Hauptfragen dem durch ein königliches Patent vom 3. Februar 1847 gebildeten und am 3. Dezember 1847 einberufenen Vereinigten Ständischen Ausschuß zur Begutachtung vorgelegt. Dieser Ausschuß bildete zunächst eine Vorbereitende Abteilung, die seit dem 29. Dezember 1847 zusammentrat und deren Gutachten den vom 17. Januar bis zum 6. März 1848 andauernden Beratungen der Plenarversammlung als Grundlage dienten[2021]. Obwohl der Vereinigte Ständische Ausschuß vor allem auch unter dem nunmehr stärker werdenden rheinischen, d.h. französisch-rechtlichen Einfluß wesentliche

---

[2018] Vergl. *Fernere Verhandlungen der Kommission des Staatsraths über den revidirten Entwurf des Strafgesetzbuchs*, Berlin 1847, in: Regge, *Gesetzrevision*, Bd. VI, 1. Halbbd., S. 609ff.

[2019] *Entwurf des Strafgesetzbuches für die Preußischen Staaten, nebst dem Entwurfe über die Einführung des Strafgesetzbuches und dem Entwurfe des Gesetzes über die Kompetenz und das Verfahren in dem Bezirke des Appellationshofes zu Köln. Zur Vorlegung an die vereinigten Ständischen Ausschüsse bestimmt*, Berlin 1847, in: Regge, *Gesetzrevision*, Bd. VI, 2. Halbbd., S. 735ff; *Motive zu dem Entwurf des Strafgesetzbuchs für die Preußischen Staaten und den damit verbundenen Gesetzen vom Jahre 1847*, Berlin 1847, in: Regge, *Gesetzrevision*, Bd. VI, 2. Halbbd., S. 841ff.

[2020] So sah dieser Entwurf insbesondere eine überholte Symbolik bei der Vollstreckung der durch Enthauptung zu vollziehenden Todesstrafe vor, denn der Kopf sowie die nach der Hinrichtung abzuschlagende rechte Hand des Delinquenten konnten öffentlich ausgestellt werden. Neben weiteren unzeitgemäßen Strafschärfungen wie der Kostschmälerung, der Anweisung einer harten Lagerstätte sowie der Einzelhaft, zeichnete sich der Entwurf aber auch durch ein rückschrittliches Strafensystem aus, das neben der Prügelstrafe auch die Vermögenskonfiskation beinhaltete. Vergl. näher zu den Mängeln des Entwurfs von 1847 sowie zu dessen zeitgenössischer Kritik: Berner, *Strafgesetzgebung*, S. 237f.

[2021] Vergl. im einzelnen die Protokolle und stenographischen Berichte über die Verhandlungen der Vorbereitenden Abteilung sowie des Ausschusses selbst in: Bleich, *Verhandlungen des im Jahre 1848 zusammenberufenen Vereinigten Ständischen Ausschusses*, Bd. I-IV, Berlin 1848. Vergl. insbesondere auch die lediglich als Manuskript für die Beratungen gedruckten *Gutachten der zur Vorberathung ernannten Abtheilungen des Vereinigten Ständischen Ausschusses, betreffend den Entwurf eines Strafgesetzbuchs für die Preußischen Staaten*, in: Regge, *Gesetzrevision*, Bd. VI, 2. Halbbd., S. 1019ff.

Änderungen des Entwurfs bewirkte[2022], führten seine Verhandlungen jedoch insofern zu keinem bleibenden Ergebnis, als er wenig später den Beschluß faßte, seine Beratungen vorläufig zu unterbrechen[2023], diese aber bedingt durch die Ereignisse des Jahres 1848 in Folge nicht wieder aufgenommen werden konnten.

Trotz dieses Beschlusses und ungeachtet der sich zunehmend verschärfenden politischen Lage, setzte von Savigny bis zu seiner Entlassung und der damit verbundenen Auflösung des Ministeriums für Gesetzrevision 1848 die Redaktionsarbeiten am Entwurf von 1847 fort[2024]. Diese Arbeiten trugen infolge auch zu dem nur wenig später aus dem nunmehr mit der Gesetzrevision befaßten Justizministerium hervorgegangenen Entwurf von 1848 bei[2025], der im wesentlichen auf einer Überarbeitung des Entwurfs von 1847 anhand der Beschlüsse des Vereinigten Ständischen Ausschusses beruhte[2026]. Ebenfalls aus dem Justizministerium ging 1849 ein weiterer, lediglich als Manuskript gedruckter Entwurf hervor, dem sowohl der Entwurf von 1847 als auch diejenigen Materialien als Vorlage dienten, die auch schon den Beratungen des Entwurfs von 1848 zugrundelagen[2027]. Dieser Entwurf beruhte im wesentlichen auf den Beschlüssen einer Kommission des preußischen Justizministeriums, die noch 1848 zur Beratung des Strafgesetzbuchs zusammengetreten war[2028].

Aus einer gleichfalls im Justizministerium erfolgten Überarbeitung des Entwurfs von 1848 ging schließlich der für das neue Strafgesetzbuch von 1851 maßgebliche

---

[2022] So verwarf der Ausschuß nicht nur endgültig die Schärfung der Todesstrafe, die körperliche Züchtigung sowie die Vermögenskonfiskation, sondern beschloß richtungsweisend sowohl die aus dem französischen *Code pénal* herrührende Dreiteilung der Delikte als auch die zeitige Untersagung der Ausübung bürgerlicher Ehrenrechte.

[2023] Dieser bereits von der Vorbereitenden Abteilung vorgeschlagene Beschluß beruhte auf der Auffassung, daß das Strafgesetzbuch nicht erlassen werden solle, bevor nicht der Vereinigte Landtag über eine neue Strafprozeßordnung beraten habe.

[2024] Vergl. zur Fortführung der Redaktionsarbeiten unter Angabe des entsprechenden Archivmaterials: Regge, *Gesetzrevision*, Bd. I, S. XLI.

[2025] *Entwurf des Strafgesetzbuchs für die Preußischen Staaten*, Berlin 1848, abgedruckt in: Banke, *Der erste Entwurf eines Deutschen Einheitsstrafrechts, 2. Der Vorentwurf zum ersten Deutschen Einheitsstrafrecht*, in: Abhandlungen des kriminologischen Seminars an der Universität Berlin N.F. Bd. VII, Heft 2, Berlin 1915, S. 40ff.

[2026] Vergl. unter Angabe des entsprechenden, überwiegend noch auszuwertenden Archivmaterials näher: Regge, *Gesetzrevision*, Bd. I, S. XLII.

[2027] *Entwurf eines allgemeinen deutschen Strafgesetzbuchs*, Berlin 1849, abgedruckt in: Banke, *Der erste Entwurf eines Deutschen Einheitsstrafrechts, 1. Die Verfasser des Entwurfs 1849*, in: Abhandlungen des kriminologischen Seminars an der Universität Berlin N.F., Bd. VII, Heft 1, Berlin 1912, S. 37ff.

[2028] Banke, *a.a.O.* (1912), S. 39; Regge, *Gesetzrevision*, Bd. I, S. XLII. Auch die Einzelheiten der Entstehung dieses Entwurfs von 1849 sind noch nicht vollständig geklärt.

Entwurf vom 10. Dezember 1850 nebst Motiven hervor[2029]. Dieser enstammte einem Minsterium, das dem französischen Recht mit Rücksicht auf die rheinischen Verhältnisse nunmehr einen bedeutenderen Einfluß eingeräumt hatte und wurde mit einem Einführungsgesetz versehen am 3. Januar 1851 schließlich der Zweiten Kammer zur Beratung vorgelegt. Diese leitete den Entwurf zur Vorberatung zunächst an eine besondere Kommission weiter, die einige Abänderungsanträge formulierte. Nachdem diese die Zustimmung des Justizministers gefunden hatten, nahm schließlich das Plenum der Zweiten Kammer am 27. März sowie die Erste Kammer am 12. April 1851 den nur unerheblich verbesserten Entwurf im Ganzen an[2030]. Mit der bereits am 14. April 1851 erfolgten königlichen Sanktion konnte das neue preußische Strafgesetzbuch mit Wirkung vom 1. Juli desselben Jahres schlußendlich in Kraft gesetzt werden[2031] und löste somit alle älteren sowie insbesondere den in den Rheinprovinzen bis dahin geltenden *Code pénal* ab. Damit war die Rechtseinheit in Preußen auf dem Gebiet des materiellen Rechts erreicht, und das Nebeneinander von preußischem und französischem Recht fand endgültig ein Ende.

II. Die der Kodifikation zugrunde liegenden Prinzipien

Völlig anders als die Protokolle zur Redaktionsgeschichte des *Code pénal* von 1810 und die entsprechenden amtlichen Anmerkungen zum Bairischen Strafgesetzbuch von 1813 enthielten die Materialien zum Preußischen Strafgesetzbuch von 1851 keine näheren Hinweise auf besondere, der Kodifikation zugrunde gelegte Prinzipien. Dies lag aber insofern in der Natur der Sache, als die verschiedenen Entwürfe der preußischen Kodifikation nicht nur unterschiedliche Verfasser und Korrektoren hatten, sondern ihre jeweilige Beratung und

---

[2029] *Entwurf des Strafgesetzbuchs für die Preußischen Staaten vom 10. Dezember 1850 nebst Motiven*, Berlin 1851, abgedruckt in: *Stenographische Berichte über die Verhandlungen der Zweiten Kammer*, 3. Band, *Anlagen zu den Verhandlungen der Zweiten Kammer*, 1. Abt. Nr. 9 und Nr. 23, Berlin 1851.

[2030] Vergl. hierzu im einzelnen: *Verhandlungen der Ersten und Zweiten Kammer über die Entwürfe des Strafgesetzbuchs für die Preußischen Staaten und des Gesetzes über die Einführung desselben vom 10. Dezember 1850, nebst den Kommissionsberichten und sonstigen Aktenstücken*, Berlin 1851; Goltdammer, *Materialien*, Bd. I, S. XVf.

[2031] *Strafgesetzbuch für die Preußischen Staaten vom 14. April 1851* (abgedruckt in: *Gesetzsammlung* 1851, S. 101ff). In Hohenzollern wurde das neue Strafgesetzbuch jedoch erst am 1. Januar 1852 in Kraft gesetzt. Vergl. *Gesetzsammlung* 1851, S. 188ff. Darüber hinaus schlossen sich zwei weitere deutsche Kleinstaaten - nämlich das Herzogtum Anhalt-Bernburg sowie das Fürstentum Waldeck-Pyrmont - dem Preußischen Strafgesetzbuch an. In Anhalt-Bernburg galt jedoch im Zuge seiner Vereinigung mit den übrigen anhaltinischen Gebietsteilen seit dem 31. Oktober 1864 des Thüringische Strafgesetzbuch von 1850. Vergl. hierzu ausführlicher: v. Holtzendorff, *a.a.O.*, Bd. I, S.98.

Weiterentwicklung zudem noch das Ergebnis einer komplizierten Tätigkeit prüfender Kommissionen und legislativer Körperschaften gewesen war, die vielfach in die Entwürfe eingegriffen und diese nach ihren Vorstellungen zum Teil tiefgreifend umgestaltet hatten. Vor allem der letztgenannte Umstand brachte es im Ergebnis mit sich, daß sich nirgendwo ein einheitliches Prinzip, sondern nur die praktische Anwendung individueller Anschauungen geltend machen konnte und eine Einigung auf ein einheitliches Prinzip nicht nur von Natur aus als unmöglich angesehen, sondern zudem auch während der gesamten Redaktionsgeschichte des Strafgesetzbuchs niemals versucht worden war, was schließlich dazu führte, daß die preußische Kodifikation die Einseitigkeit des bayerischen Strafgesetzbuchs von 1813 hinsichtlich der Straftheorie vermeiden konnte[2032]. Einige mehr oder weniger konkrete Anhaltspunkte auf leitende Prinzipien lassen sich allenfalls aus den Beratungsprotokollen des Staatsratsplenums gewinnen, das im Rahmen seiner Erörterungen zum Strafensystem anläßlich einer Diskussion über das Für und Wider der Todesstrafe auch die verschiedenen Strafrechtstheorien und deren Auffassung von Sinn und Zweck der Strafe erwogen hatte. Dabei waren zunächst zwar sowohl die Besserung als auch die Abschreckung sowie die Vergeltung als grundlegende Prinzipien für die neu zu schaffende Kodifikation aufgestellt worden, jedoch zeigte man sich im Ergebnis schließlich schon bald bereit, der Auffassung der Immediatkommission zu folgen, die zuvor den Strafzweck weder ausschließlich in der Besserung des Delinquenten, noch allein in der Abschreckung und Prävention oder gar nur in der Vergeltung gesehen, sondern unter angemessener Berücksichtigung der verschiedenen Strafrechtstheorien und ihrer jeweiligen Zielsetzungen lediglich die notwendige Übung von Gerechtigkeit als einzig moralisch zulässiges Prinzip erachtet hatte[2033]. Diese Auffassung der Kommission wurde in all ihren wesentlichen Punkten vor allem auch von König

---

[2032] Goltdammer, *Materialien*, Bd. I, S. 77; Müller, *Generalprävention*, S. 268f.

[2033] Vergl. *Actis des Staatsraths, die Revision des Strafrechts betreffend*, ZStA Merseburg, Rep. 80 I., Justiz-Sachen, Nr. 128, Bd. I, Fol. 30: "Die Kommission habe keine der verschiedenen Theorien über das Prinzip und den Zweck der Strafe als leitend angenommen, jedoch die Gesichtspunkte, welche diese Theorien verfolgen, nicht unbeachtet gelassen. Sie habe die Besserung des Verbrechers zwar nicht als den eigentlichen Zweck der Strafe anerkannt, jedoch erwogen, daß dieselbe eine Folge der Strafe sein könne, und daher auch ins Auge gefaßt werden müsse. Sie habe ferner die Abschreckung oder Prävention nicht als den Zweck der Strafe betrachtet, jedoch erwogen, daß bei rohen und ungebildeten Menschen häufig nur die Furcht vor Strafe vom Verbrechen abhalte, und diese Furcht bei den rein politischen Verbrechen fast allein das Mittel sei, von deren Begehung abzuschrecken, daher auch diese Rücksicht zu beachten sei. Auch die Vergeltung sei von der Kommission nicht als das leitende Prinzip für zulässig erachtet worden, weil sie der Strafe einen vindicativen Charakter gebe, welcher in folgerechter Entwicklung zu unangemessenen und inhumanen Strafarten führe. Die Kommission sei davon ausgegangen, daß die Strafe ihr Prinzip in der Gerechtigkeit habe, und sich in der Anwendung als ein nothwendiger Akt derselben ausdrücken müsse (zit. nach: Goltdammer, *Materialien*, Bd. I, S. 78f.)."

Friedrich Wilhelm IV. geteilt, der im Staatsratsplenum die Berechtigung zu strafen ebenfalls aus der Notwendigkeit Gerechtigkeit zu üben herleitete, die Ansicht der Kommission in zeitgenössischem Pathos aber dahingehend präzisierte, daß die Befugnis zu strafen keinesfalls auf einer durch die Gesellschaft verliehenen Strafbefugnis, sondern vielmehr auf der im göttlichen Recht begründeten Pflicht der Obrigkeit, die Übung des Rechts zu erhalten, beruhe[2034]. Damit einher ging die zweifellos auf praktischen Erfahrungen beruhende Erkenntnis, daß keines der von den zuvor erörterten Strafrechtstheorien angestrebten Ziele der Abschreckung, Prävention oder Besserung jemals nur durch die Strafe zu erreichen sei[2035]. In diesen zusammenfassenden Äußerungen Friedrich Wilhelm IV. kam somit eine die einzelnen Strafrechtstheorien schon bald als zu dogmatisch hinter sich lassende, höhere und an der Praxis orientierte Auffassung von Strafe zum Ausdruck, die die vergeltende und nur noch nach Maßgabe der Schuld strafende Gerechtigkeit fortan zum einzig leitenden Prinzip des neuen Strafgesetzbuchs erhob[2036]. Dieses Prinzip war dabei zwar nicht von Anbeginn der Revisionsarbeiten an als leitend befolgt worden, hatte sich aber durch das Bewußtsein seiner inneren Notwendigkeit im Laufe der fortschreitenden Redaktionsarbeiten mehr und mehr durchgesetzt, bis es

---

[2034] Vergl. *Actis des Staatsraths, die Revision des Strafrechts betreffend*, ZStA Merseburg, Rep. 80 I., Justiz-Sachen, Nr. 128, Bd. I, Fol. 33: "Das Prinzip, auf welchem die Berechtigung, zu strafen beruhe, könnten Sie allein darin setzen, daß gestraft werden müsse, damit Recht geschehe. Dies schließe sich an dasjenige an, was in anderer Form über die Strafe, als einen Akt der Vergeltung, als eine Manifestation von der Heiligkeit des Gesetzes, und als nothwendiger Ausdruck der Gerechtigkeit gesagt worden. Die Theorien von dem Besserungs-, Abschreckungs- oder Präventionsprinzip seien dagegen Ihrer Ansicht durchaus zuwider. Die Berechtigung, zu strafen, beruhe nicht auf einer durch die menschliche Gesellschaft verliehenen Befugnis, sondern auf der im göttlichen Recht begründeten Pflicht der Obrigkeit, die Uebung des Rechts zu erhalten. Die Obrigkeit habe die Strafgewalt nicht blos als ein Recht, sondern auch als eine Pflicht zu üben, und solche als einen ihr von Gott ertheilten Auftrag zu verwalten; diesen lasse sie unerfüllt, und verfehme sich gewissermaaßen selbst, wenn sie es unterlasse zu strafen, wo das Recht es fordere (zit. nach: Goltdammer, *Materialien*, Bd. I, S. 79)."

[2035] Vergl. *Actis des Staatsraths, die Revision des Strafrechts betreffend*, ZStA Merseburg, Rep. 80 I., Justiz-Sachen, Nr. 128, Bd. I, Fol. 45: "Nur die Uebung des Rechts und der Vergeltung nach dem Gesetz habe früher als unwandelbare Theorie gegolten. Man verfolge nur Trugbilder, wenn man Abschreckung, Prävention oder Besserung als das Ziel der Strafen aufstelle; keines dieser Ziele werde durch die Strafe erreicht; man entziehe aber dem Staat, indem man denselben nachstrebe, die Mittel, eine vergeltende Gerechtigkeit zu üben, und zum lebendigen Bewußtsein des Volkes zu bringen. Um dieses zu bewirken, müsse der Gang des Rechts unmittelbar vor die Augen des Volkes treten, und ihm die Strafen in solchen Abstufungen darstellen, daß es sie als wahre Vergeltung des Verbrechens erkenne (zit. nach: Goltdammer, *Materialien*, Bd. I, S. 79)."

[2036] Vergl. Goltdammer, *Materialien*, Bd. I, S. 79: "Es ist die Gerechtigkeit, welche vergilt und straft, damit Recht geschehe, welche aber nicht weiter straft, als die Schuld reicht."

schließlich dem fertiggestellten Strafgesetzbuch von 1851 stillschweigend zugrunde gelegt worden war[2037].

III. Der Aufbau des Gesetzbuchs

Zweifellos nach dem Vorbild der den *Code pénal* von 1810 einleitenden *Dispositions préliminaires* stellte auch der preußische Gesetzgeber von 1851 dem eigentlichen, sich insgesamt aus drei Teilen zusammensetzenden Strafgesetzbuch zunächst eine hier aus sechs Paragraphen bestehende Einleitung voran, in deren erster Bestimmung er in wohl unmittelbarer Anlehnung an Art. 1 der napoleonischen Kodifikation[2038] zunächst die das gesamte Strafgesetzbuch prägende, vornehmlich zum Zweck gerichtlicher Kompetenzzuweisung ausgebildete qualitative Dreiteilung der Delikte in Verbrechen, Vergehen und Übertretungen festschrieb[2039], wobei die Verbrechen den *crimes*, die Vergehen den *délits* und die Übertretungen den *contraventions* entsprachen[2040]. In gleicher Weise wie die entsprechenden Begriffsbestimmungen des *Code pénal* orientierten sich auch die jeweiligen preußischen Legaldefinitionen zunächst grundsätzlich an dem

---

[2037] Goltdammer, *Materialien*, Bd. I, S. 79; Müller, *Generalprävention*, S. 268ff; Temme, *Glossen*, S. 12.

[2038] Vergl. Art. 1 C.P. 1810: "L'infraction que les lois punissent de peines de police est une *contravention*. L'infraction que les lois punissent de peines correctionnelles est un *délit*. L'infraction que les lois punissent d'une peine afflictive ou infamante est un *crime*."

[2039] § 1 Abs. 1 bis 3 preuß. StGB 1851. Vergl. m.w.N. ausführlich zur Redaktionsgeschichte dieser Bestimmung: Goltdammer, *Materialien*, Bd. I, S. 47ff; Beseler, *a.a.O.*, S. 59ff; Müller, *Strafgesetzbuch*, S. 25; Temme, *Glossen*, S. 48ff. Die Dreiteilung der Delikte wurde insbesondere von den Anhängern des umstrittenen Schwurgerichts propagiert und war deshalb von besonderer politischer Brisanz. Dabei hatten deren Befürworter einerseits für gewöhnlich übersehen, daß in Frankreich die Zuständigkeit der Schwurgerichte schon bald nach deren Einführung im Jahre 1791 durch manipulierte Sonder- und Spezialgerichte ausgehöhlt worden war. Andererseits hatten die Gegner der Schwurgerichtsbarkeit aber nicht genug beachtet, daß auch der bayerische Gesetzgeber von 1813 diese Dreiteilung eingeführt hatte, obwohl doch Feuerbach stets ein entschiedener Gegner der Schwurgerichte gewesen war. Vergl. Volk, *a.a.O.*, S. 283ff; Beseler, *a.a.O.*, S. 59f.; Schmidt, *Strafrechtspflege*, S. 333ff. Vergl. m.w.N. ausführlich zur juristischen Auseinandersetzung über die Schwurgerichte: Schwinge, *Der Kampf um die Schwurgerichte bis zur Frankfurter Nationalversammlung*, Breslau 1926.

[2040] Berner, *Strafgesetzgebung*, S. 244; Beseler, *a.a.O.*, S. 59ff; Volk, *a.a.O.*, S. 283; Hartmann, *Der Einfluß des französischen Rechts auf das Preußische Strafgesetzbuch von 1851 (Allgemeiner Teil)*, S. 9. Die ungekürzte, lediglich maschinenschriftliche Dissertation Hartmanns scheint nicht mehr verfügbar zu sein und lag dem Verfasser daher nur auszugsweise vor. Vergl. *Auszüge aus Doktor-Dissertationen der Rechts- und Staatswissenschaftlichen Fakultät der Georg-August-Universität zu Göttingen*, Jahrgang 1921, S. 1ff.

für die begangene strafbare Handlung vorgesehenen Strafmaß, wichen aber insofern bedeutsam von denen der napoleonischen Strafgesetzgebung ab, als der preußische Gesetzgeber das Strafmaß sowohl bei den Verbrechen als auch bei den Übertretungen abweichend von den Bestimmungen des französischen Rechts festgestellt hatte. Während aber diese Abweichung im Hinblick auf die Verbrechen bei genauerer Betrachtung von eher untergeordneter Bedeutung war[2041], erwies sie sich bei den Übertretungen aber als umso erheblicher, denn anders als die Urheber des *Code pénal* - die bei den *contraventions* lediglich ein Strafmaximum von fünf Tagen Gefängnis und fünfzehn *Francs* Geldbuße vorgesehen hatten - bestimmte der preußische Gesetzgeber von 1851 nunmehr als höchstes gesetzliches Strafmaß für Übertretungen eine sechswöchige Gefängnishaft sowie eine Geldbuße bis zu 50 *Thalern*[2042]. Nach der preußischen Begriffsbestimmung war also ein Verbrechen nur dann gegeben, wenn die Gesetze die Anwendung der Todes- oder Zuchthausstrafe oder aber eine mehr als fünfjährige Einschließung vorsahen, wohingegen ein Vergehen nur dann vorliegen konnte, wenn der Gesetzgeber die begangene Tat mit der Einschließung bis zu fünf Jahren, einer Gefängnisstrafe von mehr als sechs Wochen oder aber einer Geldbuße von mehr als 50 *Thalern* bedrohte. Als bloße Übertretung stellte sich die strafbare Handlung aber dann dar, wenn sie das Gesetzbuch entweder mit einer Gefängnisstrafe bis zu sechs Wochen oder aber einer Geldbuße von bis zu 50 *Thalern* belegte. Entgegen der napoleonischen Strafgesetzgebung, die in ihre jeweilige Begriffsbestimmung der Verbrechen, Vergehen und Übertretungen noch weitere Strafen wie etwa den Verlust der staatsbürgerlichen Rechte oder die zeitige Untersagung der Ausübung bestimmter staatsbürgerlicher, bürgerlicher oder familiärer Rechte aufgenommen hatte, beruhten die entsprechenden preußischen Begriffsbestimmungen demnach nur noch auf der Anwendung der Todesstrafe, der Freiheitsstrafen und der

---

[2041] Die französisch-rechtlichen Strafen der *travaux forcés* und der *réclusion* fielen nämlich insofern beide mit der preußischen Zuchthausstrafe zusammen, als sie in denselben Strafanstalten zu vollstrecken waren und sich darüber hinaus das Minimum der Zuchthausstrafe von zwei Jahren, das der preußische Gesetzgeber im Gegensatz zu dem von fünf Jahren nach dem *Code pénal* eingeführt hatte, im wesentlichen lediglich als Milderung darstellte, da das Preußische Strafgesetzbuch von 1851 in der Regel dieselben Handlungen mit der Zuchthausstrafe belegte, die der *Code pénal* zuvor mit den *travaux forcés* und der *réclusion* bedroht hatte. Vergl. hierzu m.w.N. ausführlicher: Beseler, *a.a.O.*, S. 63f.; Müller, *Strafgesetzbuch*, S. 19f.

[2042] Während über die bei den Übertretungen zulässigen, in Anlehnung an die entsprechenden Strafarten des *Code pénal* von 1810 geschaffenen Strafarten schon vergleichsweise früh Einigkeit herrschte, bestanden über deren Strafmaxima bis zuletzt erhebliche Meinungsverschiedenheiten. So wollte der Vereinigte Ständische Ausschuß vor allem mit Rücksicht auf das im Rheinland geltende französische Strafrecht niedrigere Strafobergrenzen einführen, während von Seiten der Regierung erheblich höhere Strafmaxima favorisiert wurden, die das Strafgesetzbuch von 1851 schlußendlich beibehielt. Vergl. m.w.N. ausführlicher: Beseler, *a.a.O.*, S. 64, 574; Müller, *Strafgesetzbuch*, S. 20.

Geldbuße, während alle sonst noch im Strafgesetzbuch vorkommenden Strafarten dabei nicht mehr in Betracht gezogen worden waren[2043].

In engster begrifflicher und systematischer Anlehnung an die napoleonische Kodifikation schrieb das Preußische Strafgesetzbuch von 1851 anschließend auch den in Bayern bereits seit 1813 erfaßten Grundsatz *nulla poena sine lege* fest[2044], der es nicht nur für notwendig erklärte, daß die Strafe ihrer Art und ihrem Grade nach fortan gesetzlich bestimmte sein mußte[2045], sondern entsprechend seinem französischen Vorbild gleichfalls sowohl den Ausschluß der Gesetzes- als auch den der Rechtsanalogie umfaßte[2046]. Keine unmittelbare Entsprechung in der napoleonischen Kodifikation hatte allerdings die auf dem reinen Territorialitätsprinzip beruhende Anwendung des Strafgesetzbuchs auf alle in Preußen durch preußische Untertanen oder Ausländer begangenen Delikte[2047]

[2043] Beseler, *a.a.O.*, S. 64f.; Goltdammer, *Materialien*, Bd. I, S. 50. Dieser Umstand gab allerdings vor allem in der Kommission der Zweiten Kammer Anlaß zu umfassenden Erörterungen. Hierbei wurde im Rahmen eines Abänderungsantrags insbesondere darauf gedrungen, eine weitere allgemeine Regelung in die Begriffsbestimmung aufzunehmen, die feststellen sollte, daß jede mit dem Verlust der bürgerlichen Ehre oder einzelner bürgerlicher Ehrenrechte bedrohte Handlung stets als Verbrechen, jede mit der Untersagung der Ausübung der bürgerlichen Ehrenrechte auf Zeit belegte Handlung hingegen stets als Vergehen anzusehen sei. Diese Auffassung konnte sich jedoch nicht durchsetzen, so daß der entsprechende Antrag schließlich mehrheitlich abgelehnt wurde. Vergl. hierzu m.w.N. ausführlicher: Beseler, *a.a.O.*, S. 64ff; Goltdammer, *Materialien*, Bd. I, S. 49f.

[2044] § 2 preuß. StGB 1851. Allerdings enthielt bereits Art. 8 der *Verfassungsurkunde für den Preußischen Staat* vom 31. Januar 1850 (abgedruckt in: *Gesetzsammlung* 1850, S. 17ff) diesen grundlegenden Rechtssatz, der deshalb nicht notwendigerweise dem *Code pénal* hätte entnommen werden müssen. Vergl. Schmidt, *Strafrechtspflege*, S. 320; Beseler, *a.a.O.*, S. 67.

[2045] Im Hinblick auf die neben dem Strafgesetzbuch fortbestehenden Spezialgesetze hatte das Einführungsgesetz von 1851 insofern eine Sonderregelung getroffen, als es künftig die Fälle, die die Spezialgesetzgebung mit willkürlichen Strafen bedrohte, den Übertretungen gleichstellte. Vergl. Art. VIII des *Gesetzes über die Einführung des Strafgesetzbuchs für die Preußischen Staaten* vom 14. April 1851 (abgedruckt in: *Gesetzsammlung* 1851, S. 222ff).

[2046] Beseler, *a.a.O.*, S. 68f.; Goltdammer, *Materialien*, Bd. I, S. 54f.; Hartmann, *a.a.O.*, S. 9. Im wesentlichen war die preußische Regelung eine fast wortwörtliche Übersetzung der französischen Bestimmung. Vergl. § 2 preuß. StGB 1851. Vergl. Art. 4 C.P. 1810: "Nulle contravention, nul délit, nul crime, ne peuvent être punis de peines qui n'étaient pas prononceés par la loi avant qu'ils fussent commis." Allerdings lautete der Wortlaut der preußischen Bestimmung in früheren Entwürfen anders. Dies vor allem auch deshalb, weil man im Verlauf der Redaktionsgeschichte nicht immer allseits die strikte Unzulässigkeit der Analogie verfochten hatte. Vergl. hierzu m.w.N. näher: Goltdammer, *Materialien*, Bd. I, S. 53ff; Beseler, *a.a.O.*, S. 67ff.

[2047] § 3 preuß. StGB 1851. Man kann aber davon ausgehen, daß der napoleonische Gesetzgeber die Anwendung seiner Strafgesetze auf alle auf französischem Boden begangenen strafbaren Handlungen entsprechend dem Territorialitätsprinzip grundsätzlich vorausgesetzt und

sowie einige spezielle Anordnungen über die im Ausland begangenen Delikte[2048]. Zumindest eine zunächst ins Auge fallende Ähnlichkeit mit der entsprechenden französischen Strafgesetzgebung wiesen hingegen die beiden letzten einleitenden Bestimmungen der preußischen Kodifikation auf, in denen der Gesetzgeber nicht nur die grundsätzliche Anwendung der allgemeinen Strafgesetze auch für Militärpersonen[2049], sondern zudem das von einer Bestrafung des Delinquenten unabhängige Recht des Geschädigten auf zivilrechtlichen Schadenersatz festschrieb[2050]. Ebenso wie der napoleonische Gesetzgeber gingen nämlich auch die Urheber der preußischen Kodifikation von dem - allerdings wohl eher der bisherigen preußischen Militär- als der französischen Strafgesetzgebung entlehnten und auf dem besonderen militärischen Dienstverhältnis beruhenden[2051] - Grundsatz aus, daß die Vorschriften der allgemeinen Strafgesetze nur insoweit auf Miltärpersonen Anwendung finden sollten, als die Militärstrafgesetzgebung nichts anderes bestimmte[2052]. Auch die systematisch eher im Rahmen der Strafprozeßordnung abzuhandelnde Gewährung eines von der Verurteilung des Straftäters unabhängigen Schadensersatzes war beiden Kodifikationen gemein[2053], wobei aber auch hier der französisch-rechtliche Einfluß insofern nicht überbewertet werden darf, als sich der preußischen Regelung ähnliche, wenn auch nicht mit der gleichen Präzision abgefaßte Bestimmungen bereits in der Criminal-

---

deshalb eine spezielle, letztlich nur noch deklaratorische Regelung nicht mehr für nötig befunden hatte.

2048 § 4 preuß. StGB 1851. Das Strafgesetzbuch schrieb die Verfolgung der im Ausland begangenen Verbrechen allerdings nicht unbedingt vor. Es gewährte lediglich die Befugnis hierzu und überließ ansonsten die Entscheidung dem pflichtgemäßen Ermessen der zuständigen Behörden. Vergl. m.w.N. näher zur Redaktionsgeschichte von §§ 3f. des Strafgesetzbuchs: Beseler, *a.a.O.*, S. 70ff; Goltdammer, *Materialien*, Bd. I, S. 56ff; Müller, *Strafgesetzbuch*, S. 26f.; Temme, *Glossen*, S. 50ff.

2049 § 5 preuß. StGB 1851. Vergl. m.w.N. näher zur Redaktionsgeschichte dieser Bestimmung: Goltdammer, *Materialien*, Bd. I, S. 72ff; Beseler, *a.a.O.*, S. 78ff; Temme, *Glossen*, S. 60.

2050 § 6 preuß. StGB 1851. Vergl. m.w.N. näher zur Redaktionsgeschichte dieser Bestimmung: Goltdammer, *Materialien*, Bd. I, S. 76f.; Beseler, *a.a.O.*, S. 81; Temme, *Glossen*, S. 60f.

2051 Vergl. m.w.N. näher: Beseler, *a.a.O.*, S. 78ff.

2052 Vergl. Art. 5 C.P. 1810: "Les dispositions du présent Code ne s'appliquent pas au contraventions, délits et crimes *militaires*."

2053 Vergl. Art. 10 C.P. 1810: "La condamnation aux peines établies par la loi, est toujours prononcée sans préjudice des restitutions et dommages et intérêts qui peuvent être dus aux parties." Vergl. auch Art. 3 *Code d'instruction criminelle* 1808: "L'action civile peut être poursuivie en même temps et devant les mêmes juges que l'action publique.
Elle peut aussi l'être séparément; dans ce cas, l'exercice en est suspendu, tant qu'il n'a pas été prononcé définitivement sur l'action publique intentée avant ou pendant la poursuite de l'action civile."

Ordnung von 1805 befanden[2054], die Bestimmung deshalb also eher in deutschrechtlicher Tradition stehen dürfte[2055].

Nach dieser in ihren wesentlichen Punkten offensichtlich an die napoleonische Kodifikation anknüpfenden allgemeinen Einleitung zerfiel das insgesamt 349 Paragraphen umfassende Preußische Strafgesetzbuch anschließend in ähnlicher Weise wie sein allerdings in vier Bücher untergliedertes französisches Vorbild in drei deutlich voneinander unterschiedene Teile, die sich ihrerseits nochmals aus einer Vielzahl von Titeln zusammensetzten. Dabei entsprach der erste, insgesamt 54 Paragraphen umfassende Teil der preußischen Kodifikation - der zunächst alle allgemeinen Rechtssätze sowie den Strafenkatalog nebst Vollstreckungsbestimmungen erfaßte und von den Verbrechen und Vergehen im Allgemeinen handelte[2056] - im wesentlichen den ersten beiden Büchern des napoleonischen Strafgesetzbuchs, während der zweite Teil seine Entsprechung im dritten Buch des *Code pénal* fand und ähnlich wie dieses, allerdings weniger streng strukturiert die Verbrechen und Vergehen im besonderen regelte[2057]. Die Übertretungen behandelte schließlich der insgesamt lediglich siebzehn Paragraphen umfassende dritte und letzte Teil des preußischen Strafgesetzbuchs, der im wesentlichen dem vierten Buch der napoleonischen Kodifikation entsprach, dem er systematisch wohl auch nachgebildet worden war[2058]. Er enthielt neben den

---

[2054] Vergl. §§ 6, 68f., 609 *Criminal-Ordnung* 1805.

[2055] Beseler, *a.a.O.*, S. 81.

[2056] §§ 7 bis 60 preuß. StGB 1851.

[2057] §§ 61 bis 331 preuß. StGB 1851. Zwar enthielt dieser Teil des Strafgesetzbuchs ebenso wie das entsprechende dritte Buch des *Code pénal* eine letztlich in der Natur der Sache liegende, hier jedoch nur grobe Einteilung der Verbrechen und Vergehen in solche, die sich entweder gegen den Staat, die Person oder das Vermögen richteten. Anders als die Urheber der streng untergliederten napoleonischen Kodifikation verzichtete der preußische Gesetzgeber von 1851 zugunsten der Rechtswissenschaft aber bewußt auf eine entsprechende Einteilung in systematische Unterabteilungen, die diese verschiedenen Deliktskategorien auch äußerlich bestimmter hätten hervortreten lassen können. Beweggrund hierfür war vor allem die Befürchtung, mit entsprechenden Überschriften nicht nur die Übersichtlichkeit des Systems zu beeinträchtigen, sondern insbesondere auch durch deren Auslegung ein für die unbefangene Würdigung der Bestimmungen nachteiliges Hindernis zu schaffen. Vergl. hierzu näher: Beseler, *a.a.O.*, S. 17ff.

[2058] §§ 332 bis 349 preuß. StGB 1851. Nachdem man ursprünglich neben der Konzeption eines Kriminalgesetzbuchs auch die Schaffung eines besonderen Polizeistrafgesetzbuchs ins Auge gefaßt und daher noch der Entwurf von 1830 keinerlei Polizeivorschriften beinhaltet hatte, war man anschließend in enger Anlehnung an das Allgemeine Landrecht zunächst dazu übergegangen, in die einzelnen Titel des Strafgesetzbuchs besondere Polizeivorschriften einzustreuen. Erst die Revision von 1845 brach mit dieser landrechtlichen Systematik und stellte - offensichtlich in enger Anlehnung an das französische Recht - die einzelnen Polizeivergehen in einem eigenen dritten Teil zusammen. Diese gesonderte Erfassung der Polizeivergehen behielt nicht nur der Entwurf von 1847 bei, sondern sie fand schließlich auch

einzelnen, je nach den beeinträchtigten Rechtsgütern in drei Gruppen differenzierten Übertretungstatbeständen[2059] nicht nur den für Übertretungen einschlägigen Strafenkatalog samt einiger spezieller Vollstreckungsbestimmungen, sondern umfaßte auch eine Anzahl von den im ersten Teil des Strafgesetzbuchs geregelten allgemeinen Rechtssätzen abweichende Regelungen im Hinblick auf den Versuch, den Rückfall, die Konkurrenzen sowie die Verfolgungsverjährung.

Insgesamt besehen zeichnete sich das Preußische Strafgesetzbuch von 1851 im Vergleich zum Strafrecht des Allgemeinen Landrechts deshalb durch eine in vielen Aspekten dem *Code pénal* von 1810 entsprechende, diesem wohl auch in vielen Gesichtspunkten entlehnte einfache und übersichtliche Struktur aus. Anders als noch der preußische Gesetzgeber des Jahres 1794 hatten die Urheber der neuen Kodifikation nämlich auf eine kasuistische Erfassung aller denkbaren Einzelfälle weitgehend verzichtet und damit dem richterlichen Ermessen einen ausreichenden Spielraum belassen.

IV. Das Strafensystem und die Folgen der Verurteilung

Im Vergleich zur zeitgenössischen französischen Strafgesetzgebung war bereits das um die Mitte des 18. Jahrhunderts in Preußen geltende Strafrecht ungewöhnlich milde gewesen, denn unmittelbar nach der Thronbesteigung Friedrichs des Großen im Jahr 1740 war nicht nur die andernorts in Deutschland noch durchweg praktizierte Folter[2060], sondern zudem die grausame Strafe des

---

Eingang in das Strafgesetzbuch von 1851, das die Polizeivergehen allerdings fortan als Übertretungen bezeichnete. Vergl. hierzu näher: Beseler, *a.a.O.*, S. 21f.

[2059] Entgegen dem napoleonischen Gesetzgeber, der die Übertretungen ausschließlich nach dem verwirkten Strafmaß in drei Klassen eingeteilt und hierbei die beeinträchtigten Rechtsgüter grundsätzlich nicht berücksichtigt hatte, differenzierte die preußische Kodifikation in drei Titeln nunmehr zwischen *Übertretungen in Beziehung auf die Sicherheit des Staates und die öffentliche Ordnung* (§§ 340 bis 342), *Übertretungen in Beziehung auf die persönliche Sicherheit, Ehre und Freiheit* (§§ 343 bis 346) und *Übertretungen in Beziehung auf das Vermögen* (§§ 347 bis 349). Diese Einteilung entspricht allerdings augenfällig der im Rahmen der einzelnen (Verbrechens- und Vergehens-) Tatbestände vorgenommenen und hier wohl auch als Vorbild genommenen Differenzierung des *Code pénal* zwischen strafbaren Handlungen gegen das Gemeinwohl, gegen Privatpersonen und gegen das Vermögen.

[2060] Zwar wurde die Folter durch Kabinettsordre vom 3. Juni 1740 grundsätzlich abgeschafft, sollte allerdings noch weiterhin für den Hoch- und den Landesverrat sowie bei schweren Tötungsdelikten Anwendung finden. Die endgültige Abschaffung erfolgte erst durch Kabinettsordres vom 24. Juni und 4. August 1754. Vergl. Schmidt, *Strafrechtspflege*, S. 269f.; v. Holtzendorff, *a.a.O.*, Bd. I, S. 91.

Säckens[2061] sowie 1743 auch die vor allem für die Familienmitglieder des Delinquenten überaus nachteilige Landesverweisung[2062] endgültig abgeschafft worden. Darüber hinaus hatte der unter dem maßgeblichen Einfluß der französischen Aufklärungsphilosophie stehende friderizianische Gesetzgeber[2063] anschließend im Laufe nur weniger Jahre zahlreiche allzu strenge Strafandrohungen im Geist der Humanität erheblich abgemildert und insbesondere die Nebenstrafe der Infamie sowie die Verhängung der zuvor exzessiv gehandhabten Todesstrafe bedeutsam eingeschränkt[2064].

Nachdem auch das Strafrecht des Allgemeinen Landrechts diese Humanisierungstendenzen im Geist Friedrichs II. mehr oder weniger konsequent fortgesetzt und dabei vor allem auf verstümmelnde Strafen ganz verzichtet und bei den Strafmitteln bevorzugt Freiheitsstrafen angedroht hatte, orientierte sich der mit der Konzeption eines neuen Strafgesetzbuchs befaßte preußische Gesetzgeber von 1851 bei der Wahl seiner Strafmittel zunächst an der landrechtlichen Gesetzgebung und deren Strafensystem[2065], gestaltete aber das dort vorgefundene

---

[2061] Vergl. das *Rescript, daß die Kinder-Mörderinnen nicht mehr gesacket, sondern mit dem Schwerdt hingerichtet werden sollen* vom 7. August 1740 sowie die entsprechende Kabinettsordre vom 31. Juli 1740 (beides abgedruckt in: *CCM* 1740, Nr. XLII, S. 371).

[2062] Vergl. *Rescript, daß die Delinquenten wohl zu verwahren, und nicht mit Staupen-Schlag und Landes-Verweisung, sondern vielmehr mit Karre und Zuchthaus zu bestraffen seyen* vom 5. November 1743 (abgedruckt in: *CCM* 1743, Nr. XLIV, S. 159).

[2063] Man denke nur an den regen Gedankenaustausch Friedrichs II. mit Voltaire sowie an die von ihm verfaßte *Dissertation sur les raisons d'établir ou d'abroger les loix*, deren grundlegende Aussagen vielfach mit den Lehren Montesquieus und Voltaires übereinstimmen.

[2064] So verfügte etwa eine Kabinettsordre vom 17. Juli 1743 die Aufhebung der Todesstrafe in allen ohne Gewalt gegen die Person verübten Eigentumsverbrechen. Darüber hinaus beschränkte das *Rescript, an das Criminal-Collegium, wegen Erkänntniß auf die Strafe der Infamie* vom 10. Juli 1756 (abgedruckt in: *CCM* 1756, Nr. LXIV, S. 115) die Infamie auf solche Delikte, für die die Verhängung dieser Begleitstrafe ausdrücklich vorgeschrieben war. Im Interesse der öffentlichen Ordnung und aus dem Gedanken der Abschreckung heraus wurden allerdings auch vereinzelt Strafen verschärft. So belegte etwa eine *Königliche Cabinets-Ordre wegen schärferer Bestrafung des Todtschlags und derjenigen, welche die Sicherheit der Landstraßen stöhren* vom 13. März 1786 (abgedruckt in: *CCM* 1786, Nr. XV, S. 54f.) nicht nur eine das Leben eines Dritten kostende Schlägerei mit der Todesstrafe, sondern verfügte gleichzeitig, daß die Störung der öffentlichen Sicherheit auf Heerstraßen durch Überfall oder Beleidigung von Reisenden mit lebenslanger Festungsstrafe zu ahnden sei. Vergl. zu den zahlreichen, nicht durchweg im *CCM* abgedruckten Reformmaßnahmen Friedrichs des Großen und dessen Auffassung von Verbrechen und Strafe ausführlicher: v. Holtzendorff, *a.a.O.*, Bd. I, S. 91f.; Hälschner, *a.a.O.*, Bd. I, S. 172ff; Berner, *Strafgesetzgebung*, S. 32ff; Schmidt, *Strafrechtspflege*, S. 247ff, 269ff; *Rechtsentwicklung*, S. 22ff.

[2065] Von einem echten Strafensystem im engeren Sinn konnte man im Hinblick auf das Allgemeine Landrecht allerdings nicht sprechen, denn es enthielt als Abschluß des ersten Abschnitts des 20. Titels lediglich einige Bestimmungen über Geldstrafen und die

Strafenrepertoire[2066] sowohl unter teilweiser Berücksichtigung der neueren deutschen, vor allem aber unter Hinzuziehung der französischen Strafgesetzgebung durchgreifend um[2067]. Formal äußerte sich diese Umgestaltung zunächst nicht nur darin, daß er fortan im Strafgesetzbuch von 1851 - wie bereits in den ihm vorausgegangenen Entwürfen - dem Beispiel des *Code pénal* folgend nunmehr sowohl die rechtliche Bedeutung der einzelnen Strafmittel als auch die Art ihres Vollzugs in gesetzlicher Weise genau fest- und umschrieb, während zuvor die Urheber der landrechtlichen Strafgesetzgebung die zulässigen Strafmittel noch regelmäßig nur namentlich bezeichnet und dabei insbesondere auf eine Beschreibung ihrer rechtlichen Bedeutung sowie ihres Vollzugs verzichtet hatten[2068]. Zugleich gab der Gesetzgeber auch den landrechtlichen Standpunkt der Berücksichtigung der Standesverhältnisse bei der Wahl der Strafen endgültig auf, denn er hatte sich - ebenso wie Jahrzehnte zuvor bereits die französische Strafgesetzgebung und zweifellos unter deren Einfluß stehend - endlich auch im Strafrecht zur Umsetzung des Grundsatzes der Gleichheit aller vor dem Gesetz entschlossen[2069]. Vor allem aber kam die grundlegende Neugestaltung darin zum Ausdruck, daß das neue Preußische Strafgesetzbuch von 1851 nunmehr in unmittelbarer Anlehnung an die im *Code pénal* von 1810 getroffene qualitative Dreiteilung der Delikte fortan alle strafbaren Handlungen entweder in Verbrechen, Vergehen oder Übertretungen unterschied[2070]. Mehr noch als für die französische Strafgesetzgebung seit 1791 ließ sich diese Dreiteilung der Delikte im preußischen

---

Strafverwandlung, beschränkte sich im übrigen aber auf die bloße namentliche Nennung der Strafmittel im Rahmen der einzelnen Tatbestände. Vergl. Teil II, Tit. 20, §§ 85 bis 90 ALR 1794.

2066 Der den einzelnen Bestimmungen zu entnehmende Strafenkatalog des Allgemeinen Landrechts beinhaltete neben den in vielfältiger Weise zu vollstreckenden und zu schärfenden Todes- und Freiheitsstrafen insbesondere die körperliche Züchtigung, verschiedene Ehrenstrafen, die Vermögenskonfiskation, die Geldbuße, die Amtsenthebung und -suspension sowie die Verbannung. Vergl. näher zu den dem Allgemeinen Landrecht bekannten Strafarten, ihren unterschiedlichen Vollstreckungsmodi und Schärfungsmitteln: Beseler, *a.a.O.*, S. 83.

2067 Hälschner, *a.a.O.*, Bd. II, S. 443; Berner, *Strafgesetzgebung*, S. 244f.; Schmidt, *Strafrechtspflege*, S. 319f.; Goltdammer, *Materialien*, Bd. I, S. 80. Baumgarten, *a.a.O.*, S. 100. Berner spricht hier sogar davon, daß das Strafensystem des Preußischen Strafgesetzbuchs von 1851 aus einer *Transaktion des einheimischen und des französischen Rechts* hervorgegangen sei, sich dabei aber mehr dem französischen Recht als dem Allgemeinen Landrecht angenähert habe. Vergl. Berner, *Strafgesetzgebung*, S. 244.

2068 Hälschner, *a.a.O.*, Bd. II, S. 443f.

2069 Berner, *Strafgesetzgebung*. S. 245.

2070 Erste Ansätze zu einer qualitativen Einteilung der strafbaren Handlungen in Verbrechen, Vergehen und Übertretungen bot allerdings auch das ältere preußische Recht, das zuvor mehr oder weniger deutlich zwischen einer Kriminal- und fiskalischen Untersuchung sowie der Bestrafung von Polizeivergehen differenziert hatte. Vergl. hierzu näher: Hälschner, *a.a.O.*, Bd. II, S. 445ff; Goltdammer, *Materialien*, Bd. I, S. 48f.

Strafrecht aber vor allem auf die Kompetenzbestimmung der verschiedenen Strafgerichte zurückführen, was insbesondere auch daran zu erkennen war, als sich die drei Formen strafbaren Unrechts im Gegensatz zur napoleonischen Kodifikation nur teilweise durch die zur Anwendung kommenden Strafen voneinander abhoben[2071]. So wich das preußische Strafrecht in seiner Dreiteilung der strafbaren Handlungen vom *Code pénal* insbesondere dadurch ab, daß es der entehrenden Freiheitsstrafe und der mit einem relativen Arbeitszwang verbundenen Gefängnisstrafe die der französischen Strafgesetzgebung unbekannte Strafe der Einschließung hinzufügte[2072], die in Anlehnung an die *custodia honesta* des älteren preußischen Strafrechts in solchen Fällen eingreifen sollte, in denen es darauf ankam, eine die Ehre in keiner Weise beeinträchtigende Freiheitsstrafe zu verhängen[2073]. Das preußische Strafgesetzbuch stimmte also zwar mit dem *Code pénal* insoweit überein, als die entehrende Strafe nur bei Verbrechen Anwendung fand und auch die Übertretungen lediglich mit der Gefängnisstrafe bedroht waren, wich aber dahingehend bedeutsam ab, als es für Verbrechen nicht ausschließlich die Zuchthausstrafe, sondern auch die der Einschließung, und bei Vergehen nicht ausschließlich die Gefängnisstrafe, sondern daneben gleichfalls die Einschließung vorsah, deren jeweilige Anwendung sich lediglich in ihrer Haftdauer unterschied und zu der stets noch die zeitige Untersagung der Ausübung der bürgerlichen Ehrenrechte treten konnte[2074]. Schließlich machte sich der französische Einfluß aber auch insofern geltend, als das neue Preußische Strafgesetzbuch im Hinblick auf das durch den Strafzwang beeinträchtigte Rechtsgut fortan nur noch zwischen Todes-, Freiheits-, Ehren- sowie Vermögensstrafen und hinsichtlich der Art ihrer Anwendung deutlich zwischen Haupt- und Nebenstrafen differenzierte. Während erstere nämlich ebenso wie die *peines principales* des *Code pénal* stets selbständig zur Anwendung kamen, konnten die Nebenstrafen ähnlich wie die *peines accessoires* bzw. *complémentaires* des französischen Strafgesetzbuchs als akzessorische Strafen nur in Verbindung mit einer der Hauptstrafen verhängt werden. Die Nebenstrafen traten somit wie die *peines accessoires* bzw. *complémentaires* des *Code pénal* verstärkend zu den Hauptstrafen hinzu, verfügten gleichfalls über einen selbständigen Strafcharakter und waren deshalb nicht - wie

---

[2071] Hälschner, *a.a.O.*, Bd. II, S. 443f.; Goltdammer, *Materialien*, Bd. I, S. 47ff; v. Kräwel, *Über die französischen Elemente im Preußischen Strafgesetzbuch*, S. 462f.; Beseler, *a.a.O.*, S. 60ff.

[2072] Vergl. § 13 preuß. StGB 1851. Mit der *réclusion* der französischen Strafgesetzgebung - die ja stets als entehrende Freiheitsstrafe ausgestaltet und insofern allenfalls mit der preußischen Zuchthausstrafe zu vergleichen war - hatte die Einschließung lediglich die Namensähnlichkeit gemein.

[2073] Goltdammer, *Materialien*, Bd. I, S. 96ff.

[2074] Hälschner, *a.a.O.*, Bd. II, S. 445ff.

etwa die Verhaftung oder die Vermögensbeschlagnahme[2075] - als bloße Sicherungsmittel gedacht[2076].

Obwohl das Preußische Strafgesetzbuch von 1851 also in vielen formalen Aspekten dem Strafensystem des *Code pénal* folgte, zeichnete es sich im Gegensatz zur napoleonischen Kodifikation aber insbesondere durch ein insgesamt weitaus milderes Strafensystem aus und führte insoweit die in Preußen seit Mitte des 18. Jahrhunderts geübte, im Vergleich zu Frankreich stets wesentlich humanere Kriminalpolitik auch weiterhin fort. Liberale Prinzipien und humanitäre Erwägungen hatten nämlich bei der Konzeption des neuen Strafgesetzbuchs nicht nur dafür gesorgt, daß der preußische Gesetzgeber von den landrechtlichen Strafen alle qualifizierten Todesstrafen, die körperliche Züchtigung[2077], die Brandmarkung, die öffentliche Ausstellung, den gerichtlichen Verweis, das Anschlagen des Bildes und Namens an den Galgen, die Vermögenskonfiskation[2078], die Ortsverweisung sowie die verschiedenen Arten der Festungsstrafen endgültig fallengelassen hat, sondern trotz seiner ansonsten äußerst auffälligen Anlehnung an die französische Strafgesetzgebung[2079] auch die dem *Code pénal* ureigenen Strafen des bürgerlichen

---

[2075] Vergl. §§ 73 Abs. 1, 110 Abs. 2 preuß. StGB 1851.

[2076] Hälschner, *a.a.O.*, Bd. II, S. 449; Beseler, *a.a.O.*, S. 85f.; Berner, *Lehrbuch*, S. 189f.; *Strafgesetzgebung*, S. 245f.; Temme, *Lehrbuch*, S. 393f.

[2077] Die körperliche Züchtigung war jedoch in Anlehnung an die landrechtliche Strafgesetzgebung noch im Rahmen des Entwurfs von 1836 sowohl als selbständige Strafe als auch als Schärfungsmittel mit in das Strafensystem einbezogen worden. Nachdem sie später als selbständige Strafe aus den Entwürfen gänzlich fortgefallen und nurmehr als mögliches Schärfungsmittel anderer Strafen in Erwägung gezogen worden war, sprach sich letztlich der Vereinigte Ständische Ausschuß mit großer Mehrheit gegen § 10 des Entwurfs von 1847 aus, der als letzter noch die Züchtigung als gesetzliches Schärfungsmittel der Zuchthausstrafe enthalten hatte. Vergl. hierzu m.w.N. ausführlich: Goltdammer, *Materialien*, Bd. I, S. 105f., 113ff.

[2078] Auch hier hatte man sich schon in den Motiven zum Entwurf von 1827 ausdrücklich gegen die inhumane, weil die Familie des Verurteilten mitbetreffende Vermögenskonfiskation ausgesprochen. Nachdem anschließend die Entwürfe von 1830, 1833 und 1836 diese Sanktion wieder in ihre Strafensysteme aufgenommen hatten und ihre Beibehaltung zudem auch von der Immediatkommission von 1843 favorisiert worden war, beschlossen zunächst der Staatsrat und schlußendlich auch der Vereinigte Ständische Ausschuß ihre endgültige Aufhebung, die zudem - ebenso wie die des bürgerlichen Todes - in Art. 10 der Verfassungsurkunde von 1850 auch verfassungsrechtlich verankert wurde. Vergl. hierzu m.w.N. ausführlich: Goltdammer, *Materialien*, Bd. I, S. 121ff.

[2079] Hier sind vor allem die bis dahin in Preußen nicht geläufige Nebenstrafe der Stellung unter Polizeiaufsicht, der Verlust der Verfügungsfähigkeit über das eigene Vermögen während der Strafverbüßung sowie die Einführung eines verbesserten Systems der Ehrenstrafen zu nennen, die allesamt auf französischem Vorbild beruhen und auf die zu einem späteren Zeitpunkt noch näher einzugehen sein wird. Vergl. §§ 11, 12, 21 bis 23, 26 bis 29 preuß. StGB 1851.

Todes[2080], der Deportation[2081] und der Zwangsarbeit mit oder ohne Brandmarkung[2082] nicht übernommen hatte. Entgegen der landrechtlichen und der Praxis der französischen Strafgesetzgebung sollte es zudem künftig auch keine öffentlich vollzogene Todesstrafe mehr geben[2083]. Besagte Prinzipien und Erwägungen waren darüber hinaus aber auch dafür verantwortlich, daß der preußische Gesetzgeber nicht nur das jeweilige Strafmaß in aller Regel erheblich niedriger als im französischen Strafgesetzbuch vorgegeben gestaltete[2084], sondern auch die einzelnen vergleichbaren Strafarten im allgemeinen um eine ganze Stufe herabgesetzt worden waren[2085]. So fehlten etwa im Preußischen Strafgesetzbuch sowohl alle Schärfungen der Todesstrafe als auch eine den entweder lebenslänglichen oder auch nur zeitigen *travaux forcés* entsprechende Sanktion völlig, so daß die Zuchthausstrafe als höchste Freiheitsstrafe des preußischen Gesetzbuchs ihre Entsprechung nur in der *réclusion* der napoleonischen Kodifikation fand, die im Strafensystem des *Code pénal* jedoch nur die nach den *travaux forcés* nächstmildere Freiheitsstrafe darstellte[2086]. Auch die dem

---

[2080] Nachdem man sich bereits in den Motiven zum Entwurf von 1827 entschieden gegen eine dem *mort civile* entsprechende Strafe erklärt hatte und danach erst die Beratungen von 1840 im Plenum des Staatsrats die Diskussion über Sinn und Zweck des bürgerlichen Todes wieder aufleben ließen, schaffte schließlich Art. 10 der *Verfassungsurkunde für den Preußischen Staat* vom 31. Januar 1850 das Institut des bürgerlichen Todes nunmehr endgültig ab. Vergl. hierzu m.w.N. näher: Goltdammer, *Materialien*, Bd. I, S. 116ff; Beseler, *a.a.O.*, S. 106. Vergl. aber Art. 7 bair. StGB 1813.

[2081] Zwar ist die Einführung der Deportationsstrafe mehrfach ausdrücklich angeregt, aber sowohl aufgrund des Fehlens einer Marine und geeigneter Kolonien als auch in Anbetracht der Tatsache, daß man deshalb die Strafvollstreckung dem Ausland hätte überlassen müssen, schlußendlich abgelehnt worden. Vergl. hierzu m.w.N. näher: Goltdammer, *Materialien*, Bd. I, S. 125f.; Berner, *Lehrbuch*, S. 195.

[2082] Allerdings hatten in enger Anlehnung an die *travaux forcés* des *Code pénal* von 1810 noch die Entwürfe von 1827, 1830, 1833 und 1836 die Zwangsarbeit bzw. der Kommissionsentwurf von 1843 die gleichfalls mit Zwangsarbeit verbundene Kettenstrafe vorgesehen. Aufgrund von Praktikabilitätserwägungen beschloß die Kommission jedoch später den Fortfall dieser Strafe. Vergl. hierzu m.w.N. näher: Goltdammer, *Materialien*, Bd. I, S. 92f.

[2083] Berner, *Strafgesetzgebung*, S. 245; Beseler, *a.a.O.*, S. 85; Schmidt, *Strafrechtspflege*, S. 320; Volk, *a.a.O.*, S. 283; Temme, *Lehrbuch*, S. 395f.

[2084] So sah der napoleonische Gesetzgeber beispielsweise für die *réclusion* eine Strafuntergrenze von mindestens fünf, der preußische Gesetzgeber von 1851 hingegen für die ihr entsprechende zeitige Zuchthausstrafe lediglich einen unteren Strafrahmen von mindestens zwei Jahren vor. Auch für das *emprisonnement* bestimmte der *Code pénal* die Verhängung einer mindestens sechstägigen Haft, während die ihm vage ähnelnden preußischen Strafen der Gefängnishaft oder der Einschließung lediglich eine Mindesthaftdauer von einem Tag voraussetzten. Vergl. § 10 Abs. 2, 13, 14, 15 Abs. 2 preuß. StGB 1851 und Art. 21 Abs. 2, 40 Abs. 2 C.P. 1810.

[2085] Goltdammer, *Materialien*, Bd. I, S. 80; Berner, *Strafgesetzgebung*, S. 244f.

[2086] Vergl. §§ 10f. preuß. StGB 1851 und Art. 7, 21 C.P. 1810.

preußischen Strafensystem eigene einfache Freiheitsentziehung ohne Arbeitszwang in Gestalt der Einschließung war dem *Code pénal* von 1810 insofern gänzlich unbekannt, als dessen mildeste Freiheitsstrafe - nämlich das *emprisonnement* - von Gesetzes wegen stets mit Arbeitszwang verbunden sein mußte[2087]. Anders als der napoleonische *Code pénal* hatte der preußische Gesetzgeber also alle inhumanen oder solche Strafschärfungen, die den Charakter willkürlicher Härte aufwiesen, ganz aus dem neuen preußischen Strafensystem ausgeschieden, so daß nunmehr einzig und allein der dem Richter innerhalb vergleichsweise weiter Strafrahmen eingeräumte Ermessensspielraum, die höhere Strafgattung sowie der akzessorisch auszusprechende Verlust oder die Untersagung der Ausübung der bürgerlichen Ehrenrechte fortan die Schärfungsmittel oder die zulässigen Stufen für die Gradation der Strafe darstellten.

1. Die Hauptstrafen

Als Hauptstrafen bestimmte der preußische Gesetzgeber von 1851 in abnehmender Schwere neben der Todesstrafe[2088] lediglich die entweder als Zuchthaus[2089], Gefängnis[2090] oder bloße Einschließung[2091] zu vollziehende Freiheitsstrafe sowie als mildeste Sanktion schließlich die Geldbuße[2092].

a.) Die Todesstrafe

Die insbesondere im Vergleich zum *Code pénal* und zur landrechtlichen Strafgesetzgebung in der preußischen Kodifikation von 1851 erheblich zurückgedrängte[2093], im Verlauf der Redaktionsgeschichte des Strafgesetzbuchs

[2087] Vergl. § 13 preuß. StGB 1851 und Art. 9, 40f. C.P. 1810.
[2088] §§ 7 bis 9 preuß. StGB 1851.
[2089] §§ 10f. preuß. StGB 1851.
[2090] § 14 preuß. StGB 1851.
[2091] § 13 preuß. StGB 1851.
[2092] § 17 preuß. StGB 1851.
[2093] Abgesehen von der insgesamt in weniger Fällen angedrohten Todesstrafe war der im Preußischen Strafgesetzbuch von 1851 im Vergleich zum *Code pénal* von 1810 relativ sparsame Gebrauch der Kapitalstrafe vor allem auch daran zu erkennen, daß der preußische Gesetzgeber entgegen der napoleonischen Strafgesetzgebung sowohl beim bloßen Versuch eines mit der Todesstrafe belegten Verbrechens als auch bei der einfachen, also nicht wesentlichen Teilnahme an einem entsprechenden Verbrechen an die Stelle der Todesstrafe stets die des Zuchthauses treten ließ und so die Strafart um eine ganze Stufe innerhalb des Strafensystems herabsetzte. Vergl. §§ 32 Abs. 2, 35 preuß. StGB 1851 und Art. 2, 59 C.P. 1810.

teilweise äußerst kontrovers diskutierte[2094] und von allen früheren Schärfungen befreite Todesstrafe[2095] sah der preußische Gesetzgeber als schärfste Sanktion des Strafgesetzbuchs in erster Linie für schwerste politische Verbrechen[2096], für Mord[2097] und schweren Totschlag[2098] sowie für solche gemeingefährlichen Delikte

---

[2094]Die Zulässigkeit der Todesstrafe war erst im Staatsrat nachdrücklich in Frage gestellt worden, und hatte dort - wie nur wenig später sowohl in den Verhandlungen des Vereinigten Ständischen Ausschusses als auch im zuständigen Ausschuß der Zweiten Kammer - zu einer äußerst kontrovers geführten Diskussion geführt, die im Ergebnis jedoch stets in eine Entscheidung zugunsten der allgemeinen Beibehaltung der Todesstrafe mündete. Während ein Teil des Staatsrats die Todesstrafe nur für den Hochverrat ersten Grades beibehalten wollte und ihre Verhängung in alle übrigen Fällen als unzulässig erachtete, wurde ihre allgemeine Beibehaltung von anderer Seite jedoch vehement verteidigt und schließlich auch durchgesetzt. Auch im Vereinigten Ständischen Ausschuß wurde anschließend die Frage über die Abschaffung der Todesstrafe nach einer richtungsweisenden Rede des Justizministers von Savigny mit großer Mehrheit verneint. Später entschied sich auch die Zweite Kammer gegen die Abschaffung der Todesstrafe. Vergl. hierzu m.w.N. näher: Goltdammer, *Materialien*, Bd. I, S. 84ff; Beseler, *a.a.O.*, S. 91ff; Hälschner, *a.a.O.*, Bd. II, S. 450f.; Müller, *Strafgesetzbuch*, S. 27ff; Temme, *Lehrbuch*, S. 416ff; *Glossen*, S. 63f.

[2095]§§ 7 bis 9 preuß. StGB 1851. Während noch die Entwürfe von 1827 sowie der Kommissionsentwurf von 1843 Schärfungen der Todesstrafe lediglich in Form besonderer Kleidung oder aber das Verscharren des Hingerichteten sowie die öffentliche Kundgabe von Täternamen und begangenem Verbrechen auf einer besonderen Grabtafel vorgesehen hatten, fügten die Entwürfe von 1830, 1833 und 1836 darüber hinaus noch das Schleifen des Verbrechers zur Richtstätte hinzu. Obwohl sich der Staatsrat selbst nur wenig später mit knapper Mehrheit gegen diese Schärfungen ausgesprochen hatte, veranlaßten spätere königliche Anordnungen für eine Anzahl besonders schwerer Verbrechen dennoch die Wiederaufnahme der Schleifung zur Richtstätte in den Staatsratsentwurf von 1843. Nachdem sich anschließend die Mehrzahl der Landtage gegen die Schärfung der Todesstrafe ausgesprochen und sich zudem auch die Immediatkommission dieser Auffassung angeschlossen hatte, tauchten im Entwurf der Staatsratskommission von 1847 für besondere Fälle dennoch weitere Strafschärfungen in Gestalt des Verlustes der Ehrenrechte, der öffentlichen Ausstellung des Körpers sowie des Abhauens der rechten Hand nach der Hinrichtung auf. Auch nachdem sich nunmehr auch der Vereinigte Ständische Ausschuß grundsätzlich für den Fortfall aller Schärfungen der Todesstrafe ausgesprochen hatte, kehrte man anschließend im Entwurf von 1850 in Anlehnung an vorangegangene Entwürfe wiederum zum System der Schärfungen zurück, scheiterte letztlich aber am Widerstand der Kommissionen von Erster und Zweiter Kammer, die lediglich eine vergleichsweise milde Schärfung in Gestalt des Verlusts der bürgerlichen Ehre zu akzeptieren bereit waren und sich hiermit im Ergebnis auch durchsetzen konnten. Vergl. hierzu m.w.N. ausführlich: Goltdammer, *Materialien*, Bd. I, S. 86ff; Beseler, *a.a.O.*, S. 94; Müller, *Strafgesetzbuch*, S. 29; Temme, *Glossen*, S. 63ff.

[2096]So waren ähnlich wie im *Code pénal* sowohl der Hoch- und Landesverrat als auch Tätlichkeiten gegen die Person des Königs mit der Kapitalstrafe belegt. Vergl. §§ 61 Abs. 1, 67 Abs. 2, 68 Abs. 1, 69 Abs. 2, 74 Abs. 1 preuß. StGB 1851.

[2097]§ 175 Abs. 1 preuß. StGB 1851.

vor, die den Tod eines Menschen zur Folge hatten[2099]. Anders als die napoleonische Strafgesetzgebung, die der Todesstrafe - wie allen anderen Verbrechensstrafen auch - stets einen entehrenden Charakter zugedacht hatte[2100], war die preußische Todesstrafe allerdings nicht notwendigerweise entehrend, sondern zog nur ausnahmsweise in einzelnen, als besonders schwerwiegend erachteten Fällen als Nebenstrafe stets noch den Verlust der bürgerlichen Ehre nach sich[2101], auf den darüber hinaus in einigen anderen Fällen grundsätzlich dann zu erkennen war, wenn die Geschworenen zuvor das Vorliegen besonders erschwerender Umstände angenommen hatten[2102]. Lediglich in einem einzigen Fall - nämlich dem der Verurteilung zum Tode aufgrund Hoch- oder Landesverrats - trat zur Todesstrafe noch der Verlust des Rechts hinzu, über das Vermögen unter Lebenden und von Todes wegen zu verfügen[2103]. Ebenso wie nach der napoleonischen Strafgesetzgebung durfte die Todesstrafe im übrigen aber weder über einen noch nicht sechzehnjährigen Delinquenten verhängt[2104] noch gegen eine Schwangere vollstreckt werden[2105]. Im Gegensatz zur bisherigen preußischen

---

2098 Hierzu zählten sowohl Totschlag in Unternehmung eines Verbrechens oder Vergehens als auch der an Verwandten aufsteigender Linie verübte Totschlag. Vergl. §§ 178f. preuß. StGB 1851.

2099 Die Todesstrafe zogen die vorsätzliche Brandstiftung, die vorsätzliche Verursachung von Überschwemmungen, die Beschädigung von Eisenbahnen, die Strandung eines Schiffes sowie die Vergiftung von Brunnen oder Waren nach sich. Vergl. §§ 285, 290, 302 Abs. 2, 303 Abs. 1, 304 Abs. 2 preuß. StGB 1851.

2100 Vergl. Art. 7 C.P. 1810.

2101 So verwirkte ein Hochverräter im Fall der Gefährdung des Lebens, der Gesundheit oder Freiheit des Königs zugleich auch seine bürgerlichen Ehrenrechte. Gleiches galt für den Landesverräter, der mit einer fremden Regierung in Verbindung trat, um diese zu einem Krieg gegen Preußen zu veranlassen und der Krieg anschließend tatsächlich ausbrach. Daneben zogen sowohl die Ermordung des Ehegatten oder eines Verwandten aufsteigender Linie als auch allgemein die unter besonders erschwerenden Umständen begangenen, mit der Todesstrafe belegten Verbrechen den Verlust der bürgerlichen Ehrenrechte nach sich. Vergl. §§ 7 Abs. 2, 61 Abs. 2, 67 Abs. 2, 175 Abs. 2 preuß. StGB 1851.

2102 Vergl. §§ 7 Abs. 2, 68f., 74, 178f., 285, 290, 294, 302 bis 304 preuß. StGB 1851 sowie § 8 des *Gesetzes über den Belagerungszustand* vom 4. Juni 1851 (abgedruckt in: *Gesetzsammlung* 1851, S. 451ff). Hier manifestierte sich in deutlich abgeschwächter Form nochmals der alte deutsch-rechtliche Unterschied zwischen ehrlicher und unehrlicher Todesstrafe.

2103 § 73 Abs. 2 preuß. StGB 1851. Aus dieser Bestimmung ergab sich von selbst, daß die Todesstrafe in allen anderen Fällen eine solche Folge nicht nach sich zog. Vergl. Goltdammer, *Materialien*, Bd. I, S. 151f.; Hälschner, *a.a.O.*, Bd. II, S. 452.

2104 § 43 Nr. 1 preuß. StGB 1851. Vergl. Art. 66f. C.P. 1810.

2105 Zwar fehlte in der preußischen Kodifikation eine dem Art. 27 des *Code pénal* entsprechende Bestimmung, jedoch hatte man diese Vollstreckungsaussetzung stets für selbstverständlich erachtet und insofern auch auf eine ausdrückliche Regelung verzichtet. Vergl. Goltdammer, *Materialien*, Bd. I, S. 151; Beseler, *a.a.O.*, S. 95; Oppenhoff, *Das Strafgesetzbuch für die*

Strafpraxis und grundlegend anders als in Frankreich war die Todesstrafe aber in Preußen fortan nicht mehr öffentlich, sondern nurmehr als Intramuranhinrichtung zu vollstrecken[2106]. Der Hinrichtung - die im übrigen von Glockengeläut angekündigt und begleitet werden mußte - sollten dabei lediglich mehrere Amtspersonen sowie zwölf Gemeindemitglieder beiwohnen, die von dem Gemeindevorstand des Hinrichtungsorts eigens hierfür abgeordnet wurden, um eine gewisse, jedenfalls als erforderlich angesehene Öffentlichkeit herzustellen[2107]. Darüber hinaus war der Zutritt grundsätzlich einem Geistlichen sowie dem Verteidiger des Delinquenten, anderen Personen jedoch nur dann gestattet, wenn für deren Anwesenheit besondere Gründe vorlagen[2108]. Ebenso wie in Frankreich war die Todesstrafe auch in Preußen grundsätzlich durch die Enthauptung zu vollstrecken[2109], wobei es der Gesetzgeber im Gesetzestext allerdings mit Rücksicht auf die öffentliche Meinung tunlichst vermieden hatte, das Instrument der Hinrichtung näher zu bezeichnen und deshalb neutral nur von *Enthauptung* sprach[2110]. Alle Todesurteile bedurften im übrigen auch nach dem Inkrafttreten des Preußischen Strafgesetzbuchs von 1851 stets noch einer königlichen

---

Preußischen Staaten nebst dem Gesetze und den Verordnungen über die Einführung desselben, S. 58; Temme, *Glossen*, S. 66.

2106 Allerdings hatten mit Ausnahme des Entwurfs von 1846 alle anderen Entwürfe ausdrücklich eine öffentliche Vollziehung der Hinrichtung vorgesehen. Ernsthafte Bedenken gegen eine öffentliche Vollstreckung - in der ja letztlich auch eine qualifizierte Todesstrafe gesehen werden kann - kamen erst 1843 im Rahmen der Verhandlungen der Immediatkommission auf und führten insbesondere auf Betreiben einer interessierten Öffentlichkeit zur schließlich beibehaltenen Intramuranhinrichtung des Entwurfs von 1850. Vergl. hierzu m.w.N. näher: Goltdammer, *Materialien*, Bd. I, S. 90f.; Beseler, *a.a.O.*, S. 95f.; Müller, *Strafgesetzbuch*, S. 30; Temme, *Lehrbuch*, S. 417f.

2107 Berner, *Lehrbuch*, S. 207; Beseler, *a.a.O.*, S. 95ff; Temme, *Lehrbuch*, S. 418.

2108 § 8 Abs. 1 bis 5 preuß. StGB 1851.

2109 Eine einzige Ausnahme von dieser Regel bildete § 13 Nr. 8 des *Gesetzes über den Belagerungszustand* vom 4. Juli 1851. Hiernach wurde bei einer Verurteilung zum Tode durch ein Kriegsgericht die Todesstrafe durch die Erschießung vollstreckt.

2110 § 7 Abs. 1 preuß. StGB 1851. Das im Rheinland gebräuchliche Fallbeil war insbesondere der Bevölkerung der älteren Provinzen aufgrund des mit ihm zu Zeiten der Französischen Revolution von 1789 getriebenen Mißbrauchs äußerst suspekt, so daß es der Gesetzgeber von 1851 für ratsamer hielt, die Einführung einer für alle Landesteile gleichmäßigen Hinrichtungsart einem späteren Gesetz vorzubehalten. Allerdings hatten noch die Entwürfe von 1827 und 1830 ausdrücklich das erstmals während der Revolution in Frankreich eingeführte Fallbeil als einziges Hinrichtungsinstrument bestimmt. Vergl. hierzu m.w.N. näher: Goltdammer, *Materialien*, Bd. I, S. 89f.; Beseler, *a.a.O.*, S. 95; Oppenhoff, *a.a.O.*, S. 57f.; Berner, *Lehrbuch*, S. 207f.; Müller, *Strafgesetzbuch*, S. 28f.; Temme, *Glossen*, S. 64. Im übrigen hatten auch die Art. 12f. des *Code pénal* von 1810 das Hinrichtungsinstrument nicht näher bezeichnet und lediglich von *tête tranchée* bzw. *échafaud* gesprochen, wobei die letztere Bezeichnung lediglich das eigentliche Blutgerüst, nicht aber die bereits seit 1792 zur Vollstreckung der Todesstrafe benutzte *Guillotine* umschrieb.

Bestätigung[2111] und wurden in Ermangelung einer einheitlichen Regelung in der Rheinprovinz wie zu Zeiten der französischen Herrschaft mit der Guillotine[2112], in den übrigen Landesteilen hingegen durch das Beil vollzogen[2113]. Im Anschluß an die Strafvollstreckung war die Leiche des Hingerichteten in offensichtlich unmittelbarer Anlehnung an die entsprechende Bestimmung des *Code pénal* stets seinen Angehörigen zurückzugeben und mußte von diesen ohne Feierlichkeiten bestattet werden[2114].

b.) Die Freiheitsstrafen

Obwohl der preußische Gesetzgeber von 1851 den dem gemeinen deutschen Strafrecht fast ganz abhanden gekommenen und auch in der landrechtlichen Strafgesetzgebung vergleichsweise unkoordiniert geregelten Ehrenstrafen zweifellos unter dem Einfluß des rheinischen Rechts wieder mehr Bedeutung beigemessen hatte[2115], standen doch die Freiheitsstrafen - mehr noch als im *Code pénal* von 1810 oder im Strafrecht des Allgemeinen Landrechts von 1794 - unbestritten im Mittelpunkt des neuen preußischen Strafensystems und bildeten, je nach Schwere der jeweiligen Sanktion, einen in sich selbst genau abgestuften Strafenkatalog, der sowohl die stets entehrende Zuchthausstrafe[2116] als auch die an sich nicht mit einer Ehrenstrafe verbundene Gefängnisstrafe[2117] sowie als mildeste

---

[2111] Vergl. Teil II, Tit. 13, § 8 ALR 1794, § 530 der *Criminal-Ordnung* von 1805 und die Kabinettsordres vom 15. Juli 1809 (abgedruckt in: *Gesetzsammlung* 1809, S. 576f.), vom 9. Juni 1821 (abgedruckt in: *Gesetzsammlung* 1821, S. 100) und vom 4. Dezember 1824 (abgedruckt in: *Gesetzsammlung* 1824, S. 221). Vergl. hierzu m.w.N. ausführlicher: Beseler, *a.a.O.*, S. 97ff; Hälschner, *a.a.O.*, Bd. II, S. 452; Oppenhoff, *a.a.O.*, S. 58.

[2112] Vergl. Kabinettsordre vom 17. August 1818 (abgedruckt in: *Sammlung der für die Königlich Preußische Rheinprovinz seit dem Jahre 1813 hinsichtlich der Rechts- und Gerichtsverfassung ergangenen Gesetze, Verordnungen, Ministerial-Rescripte etc.*, Bd. I, S. 520f.). Vergl. m.w.N. hierzu näher: Goltdammer, *Materialien*, Bd. I, S. 89, 150; Hälschner, *a.a.O.*, Bd. II, S. 452; Berner, *Lehrbuch*, S. 207; Oppenhoff, *a.a.O.*, S. 58.

[2113] Vergl. *Königlicher Befehl, daß künftig nicht auf Todesstrafe des Schwerdts, sondern auf die des Beils erkannt werden soll* vom 19. Juni 1811 (abgedruckt in: *Gesetzsammlung* 1811, S. 199).

[2114] Vergl. § 9 preuß. StGB 1851 und Art. 14 C.P. 1810. Diese Bestimmung schloß dabei insofern eine Regelungslücke, als selbst § 547 der *Criminal-Ordnung* von 1805 über die Frage der Behandlung der Leiche des Hingerichteten keine weitere Regelung getroffen hatte. Vergl. Beseler, *a.a.O.*, S. 97.

[2115] Beseler, *a.a.O.*, S. 85, 102ff; Goltdammer, *Materialien*, Bd. I, S. 128ff; Hälschner, *a.a.O.*, Bd. II, S. 457ff.

[2116] §§ 10f. preuß. StGB 1851.

[2117] §§ 14f., 333 bis 335 preuß. StGB 1851.

Form die einfache, die Ehre des Delinquenten stets unangetastet lassende Freiheitsentziehung in Gestalt der bloßen Einschließung[2118] umfaßte.

aa.) Die Zuchthausstrafe

Als schwerste Form der Freiheitsstrafe konnte die von Anfang an in allen Entwürfen zum Preußischen Strafgesetzbuch enthaltene, regelmäßig bei Verbrechen zur Anwendung kommende und stets mit Zwangsarbeit verbundene Zuchthausstrafe[2119] entweder auf Lebenszeit oder aber nur auf eine bestimmte Dauer verhängt werden[2120] und wies - anders als fast alle anderen neueren deutschen Strafgesetzbücher[2121] - ebenso wie die ihm im großen und ganzen vergleichbare *réclusion* der napoleonischen Strafgesetzgebung[2122] keinerlei weitere, über den bloßen Arbeitszwang hinausgehende Strafschärfungsmomente mehr auf[2123]. Abweichend vom entsprechenden fünf- bis zehnjährigen Strafrahmen des *Code pénal* schrieb der preußische Gesetzgeber die Dauer der zeitigen Zuchthausstrafe dabei insofern vor, als diese zwei Jahre nicht unter- und zwanzig Jahre nicht überschreiten durfte[2124], bestimmte im übrigen aber in unmittelbarer Anlehnung an die französische Strafgesetzgebung, daß die Zuchthausstrafe grundsätzlich weder in ihrer lebenslänglichen noch in ihrer zeitigen Form gegen Personen unter sechzehn Jahren erkannt werden durfte[2125]. Während die auf

---

2118 § 13 preuß. StGB 1851.

2119 §§ 10f. preuß. StGb 1851. Vergl. m.w.N. ausführlich zu den verschiedenen Entwürfen und ihren regelmäßig nur geringfügigen Abweichungen: Goltdammer, *Materialien*, Bd. I, S. 100ff; Beseler, *a.a.O.*, S. 101f.; Hälschner, *a.a.O.*, Bd. II, S. 452ff; Temme, *Lehrbuch*, S. 420f.; *Glossen*, S. 67ff.

2120 § 10 Abs. 1 preuß. StGB 1851.

2121 Vergl. etwa Art. 14 bair. StGB 1813. Fast alle neueren deutschen Partikulargesetzbücher kannten besondere Schärfungen der Zuchthausstrafe, die sie als zulässige Strafmittel unter ihre Vorschriften aufgenommen hatten. Diese bestanden vor allem in der körperlichen Züchtigung, der Einzelhaft, dem Dunkelarrest, einer harten Schlafstätte sowie in der Entziehung warmer Kost. Allerdings waren auch der preußischen Strafgesetzgebung diese Strafmittel insofern nicht gänzlich unbekannt, als sie zum Teil im Rahmen des Strafvollzugs als zulässige Disziplinarmittel Anwendung fanden. Vergl. hierzu m.w.N. ausführlicher: Goltdammer, *Materialien*, Bd. I, S. 156ff.

2122 Ein wesentlicher Unterschied bestand allerdings darin, daß der französische Gesetzgeber die *réclusion* lediglich als zeitige Freiheitsstrafe ausgestaltet hatte, während auf die Zuchthausstrafe der preußischen Kodifikation hingegen sowohl lebenslänglich als auch bloß zeitig erkannt werden konnte. Ungeachtet ihrer unterschiedlichen Vollstreckungsweise entsprach die lebenslängliche Zuchthausstrafe insoweit eher der lebenslangen Zwangsarbeit des napoleonischen *Code pénal*.

2123 Vergl. Art. 21 C.P. 1810.

2124 § 10 Abs. 2 preuß. StGB 1851.

2125 § 43 preuß. StGb 1851. Ebenso wie die napoleonische Strafgesetzgebung modifizierte auch der preußische Gesetzgeber die entsprechende Strafandrohung zugunsten des jugendlichen

Lebenszeit zu erkennende Zuchthausstrafe in ihrem Anwendungsbereich lediglich auf eine kleinere Anzahl besonders schwerwiegender Verbrechen beschränkt blieb[2126], sah der preußische Gesetzgeber bei der zeitigen Zuchthausstrafe nur in einigen wenigen Fällen deren absolute Androhung ohne besondere Abgrenzung vor[2127] und stufte im übrigen ihre jeweilige Minimal- und Maximalandrohung je nach der dem Delikt zugemessenen Schwere mehr oder weniger sorgfältig ab[2128]. Einen besonderen Anwendungsbereich fand die Zuchthausstrafe darüber hinaus dann, wenn zu ihr noch eine Geldbuße hinzutrat, die jedoch wegen Unvermögens des Delinquenten nicht beigetrieben werden konnte, denn während eine nicht beizutreibende Geldbuße regelmäßig in eine Gefängnisstrafe umgewandelt werden konnte, war dies im Hinblick auf eine neben die Zuchthausstrafe tretende Geldbuße nicht möglich; diese war stets in eine - allerdings verkürzte - Zuchthausstrafe umzuwandeln[2129].

Vermutlich in vager Anlehnung an die ihr im Vollstreckungsmodus in etwa entsprechende, gleichfalls in einem Zuchthaus [*maison de force*] zu vollstreckenden französisch-rechtlichen Sanktion der *réclusion* wurden auch die in Preußen zur Zuchthausstrafe verurteilten Delinquenten ungeachtet ihres Geschlechts in einer besonderen *Strafanstalt* verwahrt und dort zu den in der

---

Delinquenten und bestimmte stattdessen die Verhängung einer in einer besonderen Jugendstrafanstalt oder aber in den abgesonderten Räumlichkeiten eines regulären Gefängnisses abzubüßenden Gefängnisstrafe. Hierauf wird zu einem späteren Zeitpunkt noch näher einzugehen sein. Vergl. Art. 67 Abs. 2 C.P. 1810.

2126 Hierunter fielen der Hochverrat, der Totschlag, die Vergiftung, der qualifizierte Raub, die Brandstiftung, die Herbeiführung einer Überschwemmung sowie die Zerstörung oder Beschädigung u.a. von Wasserleitungen, Wegen und Schleusen. Vergl. §§ 63f., 176, 197, 233, 285, 287, 290, 301 preuß. StGB 1851.

2127 Das allgemeine Maximum bzw. bildeten die alleinige Grenze in nur vier Fällen. Vergl. §§ 144, 312f., 320 preuß. StGB 1851.

2128 Als Mindestmaß bestimmte der Gesetzgeber entweder eine Dauer von zwei (§§ 65f., 69f., 78, 83, 91, 96, 125 bis 128, 130, 138f., 141f., 145, 148, 181, 183, 193, 195, 197, 205, 207, 210, 218f., 236, 238 bis 240, 259f., 284, 286, 294, 297, 301f., 310, 314, 317, 319, 321f., 329), drei (§§ 68, 316, 325), fünf (§§ 71, 76, 121f., 180, 182, 204, 219, 231, 240, 291, 304) oder zehn Jahren (§§ 67, 70, 74, 82, 126 bis 128, 194, 197, 232, 285, 290, 294, 297, 301 bis 303). Im Hinblick auf das jeweils höchste Maß der zeitigen Zuchthausstrafe kamen hingegen Strafobergrenzen von zwanzig (§§ 67, 70f., 74, 76, 82, 126, 180, 182, 194, 197, 204, 219, 232, 240, 291, 294, 297, 302f., 316), fünfzehn (§§ 121f., 193, 205, 210, 219, 231, 239f., 259, 284, 301, 304, 317), zehn (§§ 65, 68 bis 70, 78, 91, 96, 125 bis 128, 138, 183, 195, 197, 207, 218, 238, 260, 286, 294, 297, 302, 325), acht (§ 83) und fünfjähriger Dauer (§§ 66, 130, 139, 141f., 145, 148, 181, 236, 310, 314, 319, 321f., 329) vor. Vergl. hierzu ausführlicher: Beseler, *a.a.O.*, S. 99f.; Berner, *Strafgesetzgebung*, S. 248f.

2129 Vergl. §§ 16, 17 Abs. 2f. preuß. StGB 1851.

Anstalt eingeführten Arbeiten angehalten[2130]. Ebenso wie in den *maisons de force* herrschte dabei auch in den preußischen Strafanstalten grundsätzlich ein absoluter Arbeitszwang nach den Regeln der jeweiligen Strafanstalt ohne Anspruch des Häftlings auf individuelle Berücksichtigung seiner Fähigkeiten oder bisherigen Lebensverhältnisse[2131]. Obwohl die preußischen Verbrechensstrafen anders als die entsprechenden Sanktionen des *Code pénal* nicht notwendigerweise entehrend waren, verlor darüber hinaus sowohl der zu einer lebenslänglichen als auch der zu einer bloßen zeitigen Zuchthausstrafe Verurteilte - ebenso wie ein zur *réclusion* verurteilter Missetäter - stets von Rechts wegen seine bürgerliche Ehre[2132]. In ebenfalls engster Anlehnung an die entsprechende napoleonische Strafgesetzgebung mußte er zudem in ähnlicher Weise wie der zur *réclusion* verurteilte Delinquent wesentliche Beschränkungen seiner Rechts- und Handlungsfähigkeit hinnehmen, denn auch in Preußen war es den zur Zuchthausstrafe Verurteilten für die Dauer ihrer Strafverbüßung stets untersagt, ihr eigenes Vermögen zu verwalten und unter Lebenden darüber zu verfügen. Ihnen wurde nach unmittelbarem französischem Vorbild vielmehr ein Vormund bestellt, dem es - zweifellos um den Strafzweck nicht zu unterlaufen - insbesondere untersagt wurde, dem jeweiligen Verurteilten während seiner Strafzeit Teile seines Vermögens zukommen zu lassen[2133].

bb.) Die Gefängnisstrafe

Die gleichfalls von Anfang an in allen Entwürfen vorhandene Gefängnisstrafe[2134] zog an sich von Rechts wegen keine Ehrenstrafe nach sich[2135] und war im Gegensatz zum absoluten Arbeitszwang der Zuchthausstrafe bei Vergehen nur mit

[2130] § 11 Abs. 1 preuß. StGB 1851. Vergl. Art. 21 Abs. 1 C.P. 1810. Nach dem *Gesetz betreffend die Beschäftigung der Strafgefangenen außerhalb der Anstalt* vom 11. April 1854 (abgedruckt in: *Gesetzsammlung* 1854, S. 143) mußte die Zwangsarbeit allerdings nicht mehr nur innerhalb, sondern konnte fortan auch außerhalb der Strafanstalt vollstreckt werden.

[2131] Goltdammer, *Materialien*, Bd. I, S. 155f.; Berner, *Lehrbuch*, S. 195; *Strafgesetzgebung*, S. 247; Hälschner, *a.a.O.*, Bd. II, S. 452ff.

[2132] § 11 Abs. 3 preuß. StGB 1851. Vergl. Art. 7, 28, 34 C.P. 1810.

[2133] § 11 Abs. 2 preuß. StGB 1851. Diese Bestimmung über den Verlust der Dispositionsfähigkeit und die Einleitung der Kuratel war eine offensichtliche Nachbildung der in Art. 29, 30, 31 erfaßten Vorschriften des *Code pénal*. Vergl. Goltdammer, *Materialien*, Bd. I, S. 101, 165f.; Beseler, *a.a.O.*, S. 101f.; Müller, *Strafgesetzbuch*, S. 34.

[2134] §§ 14f., 333 bis 335 preuß. StGB 1851. Vergl. m.w.N. ausführlich zu den unterschiedlichen Entwürfen und ihren verhältnismäßig geringen Abänderungen: Goltdammer, *Materialien*, Bd. I, S. 102ff, 178ff; Bd. II, S. 715f.; Beseler, *a.a.O.*, S. 114f., 574f.; Hälschner, *a.a.O.*, Bd. II, S. 454f.

[2135] Zur Gefängnisstrafe konnte in bestimmten, als besonders ehrenrührig empfundenen Fällen lediglich die zeitige Untersagung der bürgerlichen Ehrenrechte hinzutreten. Vergl. §§ 75, 77, 85f., 106, 113, 129f., 133, 137, 141, 143, 147, 150, 216 bis 219, 227, 235, 237f., 242f., 246, 253, 256 bis 260, 263, 266, 271, 276, 282, 308, 311, 324 preuß. StGB 1851.

relativem Arbeitszwang verbunden, bei Übertretungen hingegen lediglich als bloße Freiheitsentziehung ausgestaltet. Sie entsprach insoweit im großen und ganzen dem gleichfalls als Vergehens- und Übertretungsstrafe vorgesehenen *emprisonnement* der französischen Strafgesetzgebung[2136] und war im Unterschied zur *Strafanstalt* der Zuchthausstrafe im übrigen bei Vergehen stets in einer der französischen *maison de correction* entsprechenden *Gefangenenanstalt*, bei Übertretungen hingegen in einem von den anderen Gefangenenanstalten zu trennenden *Polizeigefängnis* zu vollstrecken[2137]. Ebenso wie für die Zuchthausstrafe sah der preußische Gesetzgeber auch für beide Formen der Gefängnisstrafe - auch insoweit in grundlegender Übereinstimmung mit dem *emprisonnement* der napoleonischen Strafgesetzgebung und im Gegensatz insbesondere zur gleichnamigen Sanktion des Bairischen Strafgesetzbuch von 1813[2138] - keine über den bloßen relativen Arbeitszwang hinausgehende Schärfung der Gefängnisstrafe mehr vor[2139], vermied darüber hinaus aber zudem - vermutlich in Anlehnung an die Bestimmungen der französischen und wohl auch der bayerischen Strafgesetzgebung - jede Beschneidung der zur Gefängnisstrafe verurteilten Delinquenten in ihren Privatrechten.

Für die Gefängnisstrafe bei Vergehen bestimmte der preußische Gesetzgeber zunächst ähnlich wie die entsprechende napoleonische Strafgesetzgebung einen allgemeinen Strafrahmen, der ein Strafminimum von mindestens einem Tag und

---

[2136]Die Strafe des *emprisonnement* war der preußischen Gefängnisstrafe aber nur bedingt gleichzusetzen, denn wie alle anderen Freiheitsstrafen der französischen Strafgesetzgebung war auch das *emprisonnement* stets mit absolutem Arbeitszwang verbunden. Vergl. Art. 40f. C.P. 1810.

[2137]Goltdammer, *Materialien*, Bd. I, S. 178ff; Bd. II, S. 715f; Berner, *Strafgesetzgebung*, S. 245, 249; Oppenhoff, *a.a.O.*, S. 63f., 558f.; Beseler, *a.a.O.*, S. 573ff. Der napoleonische Gesetzgeber bestimmte hingegen die *maisons de correction* als Vollstreckungsorte sowohl der Vergehens- als auch der Übertretungsstrafe und differenzierte insofern nicht zwischen beiden Formen des *emprisonnement*.

[2138]Vergl. Art. 27 bis 29 bair. StGB 1813.

[2139]Allerdings hatte zunächst § 30 des Entwurfs von 1827 - wohl in unmittelbarer Anlehnung an Art. 30 des bairischen Strafgesetzbuchs von 1813 - eine Verkürzung der gesetzlichen Haftdauer gegen das Äquivalent bestimmter Schärfungsmittel, wie etwa das einer harten Lagerstätte oder aber das der Kostschmälerung, vorgeschrieben. Nachdem die Entwürfe von 1830, 1833 und 1836 diese Mittel wieder fallengelassen hatten, griff erst die Immediatkommission von 1843 diese Vorschrift - die anschließend in modifizierter Form nochmals im Entwurf von 1845 enthalten war - nochmals auf. Insbesondere aufgrund des Widerstands des Vereinigten Ständischen Ausschusses wurden aber diese Schärfungsmittel schlußendlich nicht mehr in den Entwurf von 1850 und das Strafgesetzbuch aufgenommen. Ebenso wie bei der Zuchthausstrafe waren der preußischen Strafgesetzgebung aber auch hier im Hinblick auf den Vollzug der Gefängnisstrafe entsprechende Disziplinarstrafmittel durchaus nicht unbekannt. Vergl. hierzu m.w.N. näher: Goltdammer, *Materialien*, Bd. I, S. 106f., 179ff; Beseler, *a.a.O.*, S. 114f.

ein entsprechendes regelmäßiges Maximum von fünf Jahren dann vorsah, wenn das Gesetz nichts anderes vorschrieb[2140]. Darüber hinaus legte er in enger systematischer Anlehnung an die französische Kodifikation insofern eine genaue Berechnungsgrundlage der Haftdauer fest, als für einen Tag Gefängnishaft 24 Stunden, für eine Woche sieben und für einen Monat 30 Tage gerechnet werden sollten[2141]. Ähnlich wie den Urhebern des *Code pénal* von 1810 diente der allgemeine Strafrahmen auch dem preußischen Gesetzgeber im wesentlichen dazu, die äußersten Strafzumessungsgrenzen der Gefängnisstrafe zu markieren, fand aber selbst keine unmittelbare Anwendung. Während das Preußische Strafgesetzbuch zwar eine Unterschreitung der gesetzlichen Minimalstrafe grundsätzlich nicht gestattete[2142], durfte der erkennende Richter aber in insgesamt vier Fällen über das gesetzlich vorgegebene regelmäßige Maximum von fünf Jahren hinausgehen. Eine solche Verlängerung der Strafzeit konnte zunächst bei der nicht wesentlichen Teilnahme im Falle des Vorliegens mildernder Umstände eintreten, denn hier war der Richter - jedenfalls nach der ursprünglichen Fassung der einschlägigen Bestimmung - befugt, statt auf die Todes- oder Zuchthausstrafe auf eine mindestens zwei- und höchstens zehnjährige Gefängnisstrafe zu erkennen[2143]. Eine weitere Verlängerung der Strafzeit kam ferner bei zurechnungsfähigen Delinquenten in Betracht, die ihr sechzehntes Lebensjahr noch nicht vollendet hatten, denn dann konnte in engster Anlehnung an die entsprechende französische Strafgesetzgebung statt auf die zeitige Zuchthausstrafe nur auf Gefängnis erkannt werden. War das von dem Jugendlichen begangene Verbrechen sogar mit der Todes- oder lebenslänglichen Zuchthausstrafe bedroht, so trat eine Gefängnisstrafe

---

[2140] §§ 14 Abs. 2, 15 Abs. 2 preuß. StGB 1851. Abweichend von der preußischen Kodifikation bestimmte der napoleonische Gesetzgeber bei Vergehen jedoch eine mindestens sechstägige Gefängnishaft, die nur bei Vorliegen mildernder Umstände bis auf eine Mindeststrafe von einem Tag reduziert werden konnte. Vergl. Art. 40 Abs. 2, 463 C.P. 1810. Der § 15 des Strafgesetzbuchs schrieb im übrigen die Zulässigkeit der Teilbarkeit sämtlicher Freiheitsstrafen nach dem freien Ermessen des Richters fest.

[2141] § 15 Abs. 1 preuß. StGB 1851. Vergl. Art. 40 Abs. 3 C.P. 1810.

[2142] § 15 Abs. 2 preuß. StGB 1851.

[2143] § 35 preuß. StGB 1851. Durch das *Gesetz betreffend die Abänderung einiger Bestimmungen des Strafgesetzbuchs* vom 30. Mai 1859 (abgedruckt in: *Gesetzsammlung* 1859, S. 320) hat § 35 insofern eine wichtige Modifikation erfahren, als es fortan für den Fall einer nicht wesentlichen Teilnahme an die Stelle der Todes- oder lebenslänglichen Zuchthausstrafe die zeitige Zuchthausstrafe von mindestens sechs Jahren sowie die Stellung unter Polizeiaufsicht treten ließ. Darüber hinaus konnte die Strafe in allen übrigen Fällen nunmehr bis auf die Hälfte des niedrigsten Maßes der auf das Verbrechen oder Vergehen angedrohten Freiheitsstrafe und Geldbuße ermäßigt werden. Fand der Richter bei einem mit der Zuchthausstrafe bedrohten Verbrechen zudem eine kürzere als zweijährige Freiheitsstrafe angemessen, so war darüber hinaus nicht auf die Zuchthausstrafe, sondern auf Gefängnisstrafe verbunden mit zeitiger Untersagung der Ausübung der bürgerlichen Ehrenrechte zu erkennen.

von mindestens drei und höchstens fünfzehn Jahren ein[2144]. Eine Erhöhung der Strafdauer kam darüber hinaus sowohl bei der Realkonkurrenz als auch beim Rückfall in Betracht, denn während beim Zusammentreffen mehrerer Vergehen die Gefängnisstrafe die Dauer von zehn Jahren erreichen durfte[2145], konnte die Gefängnisstrafe bei Rückfall die Dauer von fünf Jahren übersteigen[2146], wobei allerdings bei Verbrechen, die das Gesetzbuch lediglich mit zeitiger Freiheitsstrafe belegte, die Dauer von zwanzig Jahren nicht überschritten werden durfte[2147]. In den ersten drei Fällen konnte die Dauer der Gefängnisstrafe also auf zehn, fünfzehn oder zwanzig Jahre, im vierten Fall hingegen um die Hälfte des höchsten gesetzlichen Strafmaßes - also auf sieben Jahre und sechs Monate - erhöht werden[2148]. Abgesehen von diesen gesetzlich bestimmten Erhöhungen der Strafdauer hing das gesetzliche Strafmaß ansonsten aber sehr von der jeweiligen Beschaffenheit der einzelnen Vergehen und der ihnen zugemessenen Schwere ab, denn ebenso wie die napoleonische Strafgesetzgebung hatte auch der preußische Gesetzgeber die Delikte und deren Strafmaß mit Hilfe individueller Strafrahmen sorgfältig aufeinander abgestimmt, so daß das gesetzliche Strafmaß zwischen dem am höchsten gegriffenen Minimum von zwei Jahren[2149] und dem niedrigsten Maximum von acht Wochen[2150] erheblich variierte. Im übrigen konnte die gewöhnliche Gefängnisstrafe dann an die Stelle einer Geldbuße treten, wenn diese wegen Unvermögens nicht vom Verurteilten beigetrieben werden konnte, durfte dabei aber niemals die Dauer von vier Jahren übersteigen[2151].

Im Gegensatz zu dem für Strafanstalten stets vorgeschriebenen absoluten Arbeitszwang bestand in den Gefangenenanstalten lediglich insofern ein relativer

---

[2144] § 43 preuß. StGB 1851. Vergl. Art. 67 C.P. 1810. Anders als noch der napoleonische Gesetzgeber schrieb die preußische Kodifikation nunmehr auch ausdrücklich fest, daß die Gefängnisstrafe bei jugendlichen Delinquenten unter sechzehn Jahren entweder in speziellen Jugendstrafanstalten oder aber abseits der erwachsenen Straftäter in den abgesonderten Räumen regulärer Gefangenenanstalten vollstreckt werden mußte. Vergl. § 43 Nr. 4 preuß. StGB 1851.

[2145] § 57 preuß. StGB 1851.

[2146] Vergl. Art. 57f. C.P. 1810.

[2147] § 58 preuß. StGB 1851.

[2148] Vergl. hierzu ausführlicher: Beseler, *a.a.O.*, S. 115; Berner, *Strafgesetzgebung*, S. 249f.; Goltdammer, *Materialien*, Bd. I, S. 182.; Hälschner, *a.a.O.*, Bd. II, S. 455.

[2149] § 292 preuß. StGB 1851.

[2150] § 146 preuß. StGB 1851.

[2151] § 17 Abs. 2 preuß. StGB 1851. Der Gesetzgeber schrieb hier insofern einen Umrechnungsmodus vor, als er einen Betrag von einem bis zu drei *Thalern* mit einer Gefängnishaft von einem Tag gleichstellte. Diese Strafumwandlung darf im übrigen nicht mit der *contrainte par corps* der französischen Strafgesetzgebung verwechselt werden, die als bloße Beugehaft zwar auch in einem Gefängnis zu vollstrecken war, aber lediglich eine Maßnahme zur Zahlungserzwingung darstellte und deshalb nicht an die Stelle der beizutreibenden Geldbuße treten konnte.

Arbeitszwang, als die jeweilige Anstaltsleitung grundsätzlich befugt war, ihn nach ihrem Ermessen anzuwenden oder nicht. Dieser der napoleonischen Strafgesetzgebung grundsätzlich unbekannte relative Arbeitszwang richtete sich zunächst danach, ob diese Behörde überhaupt eine angemessene Beschäftigung zur Verfügung stellen konnte und ob sie eine Beschäftigung des Strafgefangenen überhaupt für erforderlich erachtete. Waren diese beiden Grundvoraussetzungen gegeben, so stand allein der Anstaltsleitung die Beurteilung der stets nach den individuellen Fähigkeiten und den bisherigen Verhältnissen des Gefangenen zu bemessende Qualität und Quantität der Beschäftigung zu, während der Gefangene selbst keinen Anspruch auf die Gewährung einer bestimmten oder überhaupt einer Beschäftigung hatte[2152]. Mit in die Ermessensentscheidung der Anstaltsleitung waren also stets der Stand, die Herkunft, die Erziehung und Bildung sowie die sonstigen Lebensverhältnisse des Strafgefangenen einzubeziehen, der deshalb etwa bei Krankheit oder Behinderung durchaus von körperlicher Arbeit und - wenn ihm außer körperlicher Betätigung keine sonstige, seinem Stand oder seinen bisherigen Verhältnissen angemessene Beschäftigung zugewiesen werden konnte - sogar von anderen Arbeiten ganz verschont werden mußte[2153].

Bei den Übertretungen hingegen bestand die mit der entsprechenden Übertretungsstrafe des *Code pénal* nur in wenigen Punkten übereinstimmende Gefängnisstrafe[2154] - mit einer einzigen Ausnahme[2155] - in einfachem, durch

---

[2152] Goltdammer, *Materialien*, Bd. I, S. 179ff; Beseler, *a.a.O.*, S. 114f.; Berner, *Strafgesetzgebung*, S. 249; Oppenhoff, *a.a.O.*, S. 64. Berner ist allerdings der Auffassung, der Strafgefangene habe insofern sehr wohl einen Anspruch auf bestimmte, durch die Voraussetzungen des Gesetzes bedingte Arbeit, als sich im Strafgesetzbuch keine anderslautende, aber jedenfalls erforderliche Bestimmung finden lasse.

[2153] Goltdammer, *Materialien*, Bd. I, S. 180. Grundsätzliche Voraussetzung für die völlige Verschonung vor jedweder Betätigung war jedoch, daß der Strafgefangene imstande war, seine Verpflegungskosten selbst zu tragen. In dieser Voraussetzung konnte man - wohl durchaus zu Recht - eine individuelle Schärfung der Gefängnisstrafe für unvermögende Strafgefangene sehen, die dem angestrebten Grundsatz der Gleichbehandlung aller Strafgefangenen zuwiderlief. Dieser Einwand ist deshalb im Rahmen des Vereinigten Ständischen Ausschußes mehrfach erhoben worden. Vergl. hierzu m.w.N. näher: Goltdammer, *Materialien*, Bd. I, S. 111ff, 180f.

[2154] Zwar beruhte die Einführung der Gefängnisstrafe für Übertretungen zweifellos auf französisch-rechtlichem Einfluß - man vergleiche nur die bei den Übertretungen völlig identischen Strafenkataloge von *Code pénal* und Preußischem Strafgesetzbuch -, jedoch ähnelten sich beide Sanktionen abgesehen vom ungeschärften Freiheitsentzug insofern kaum, als der napoleonische Gesetzgeber für das *emprisonnement* bei Übertretungen nicht nur einen anderen - erheblich niedrigeren - Strafrahmen und Vollstreckungsort, sondern auch stets absoluten Arbeitszwang vorschrieb. Vergl. § 333 preuß. StGB 1851 und Art. 464 C.P. 1810.

[2155] Vergl. § 341 preuß. StGB 1851. Hiernach konnte ein Bettler oder jemand, der entweder seine Kinder zur Bettelei anhielt oder es aber unterließ, ihm untergebene und zu seiner Hausgenossenschaft gehörende Personen vom Betteln abzuhalten, für die Zeit seiner

keinerlei wie auch immer gearteten Arbeitszwang ausgestalteten Freiheitsentzug von mindestens einem Tag und höchstens sechs Wochen[2156] und war in einem von den anderen Gefangenenanstalten zu trennenden *Polizeigefängnis* zu vollstrecken, wobei eine mögliche Beschäftigung des Gefangenen grundsätzlich seinem eigenen Ermessen überlassen werden mußte[2157]. Ebenso wie die für Vergehen zu verhängende Gefängnisstrafe konnte auch sie dann an die Stelle der Geldbuße treten, wenn diese wegen Unvermögens nicht vom Verurteilten beizutreiben war, durfte aber auch hier niemals die Dauer von sechs Wochen übersteigen[2158].

cc.) Die Einschließung

Auf durchweg deutsch-rechtlichen Grundlagen beruhte hingegen die lediglich als bloße zeitige Freiheitsentziehung ausgestaltete und als *custodia honesta* die Ehre des Verurteilten stets unangetastet lassende Strafe der Einschließung[2159], die der Gesetzgeber trotz grundsätzlich gleichem Vollstreckungsmodus sowohl als Verbrechens- als auch als Vergehensstrafe vorsah[2160]. Sie war aus dem landrechtlichen Festungsarrest hervorgegangen[2161] und - ähnlich wie bereits dort -

---

Strafverbüßung in einer Gefangenenanstalt zur Arbeit angehalten werden. Für Bettler war also die Gefängnistrafe auch bei Übertretungen stets mit relativem Arbeitszwang verbunden.

[2156] §§ 332 Nr. 1, 334 preuß. StGB 1851. Der napoleonische Gesetzgeber sah hingegen lediglich einen allgemeinen Strafrahmen von mindestens einem und höchstens fünf Tagen Gefängnishaft vor. Vergl. Art. 465 C.P. 1810. Diese erhebliche Abweichung beim Strafmaximum hatten bei der Redaktion der entsprechenden Bestimmungen mit Rücksicht auf das im Rheinland geltende französische Recht bis zuletzt zu erheblichen Meinungsverschiedenheiten zwischen dem Vereinigten Ständischen Ausschuß und der Regierung geführt. Vergl. hierzu m.w.N. näher: Beseler, *a.a.O.*, S. 64, 574.

[2157] Beseler, *a.a.O.*, S. 574f.; Goltdammer, *Materialien*, Bd. I, S. 181f.; Temme, *Lehrbuch*, S. 428. Gegen einen Beschäftigungszwang im Rahmen der polizeilichen Gefängnisstrafe sprach auch die Tatsache, daß der Gesetzgeber nur bei den zur Bettelei verurteilten Delinquenten eine Ausnahme zugelassen hatte, im Umkehrschluß also in allen anderen Fällen von einer bloßen Freiheitsentziehung ausgegangen sein mußte. Vergl. § 341 preuß. StGB 1851.

[2158] § 335 Abs. 2 und 3 preuß. StGB 1851. Der Gesetzgeber schrieb hier insofern einen groben Umrechnungsmodus vor, als er einen Betrag von zehn Silbergroschen bis zu zwei *Thalern* mit einer Gefängnishaft von einem Tag gleichstellte.

[2159] § 13 preuß. StGB 1851.

[2160] Der einzig erkennbare und für die Differenzierung in Verbrechens- und Vergehensstrafe ausschlaggebende Unterschied zwischen beiden Formen der Einschließung war lediglich die Dauer des Freiheitsentzugs. Während sie nämlich bei einem Strafmaß von bis zu fünf Jahren *per definitionem* stets als Vergehensstrafe galt, war die Androhung einer Einschließung von mehr als fünfjähriger Dauer ausschließlich den Verbrechenstatbeständen vorbehalten. Vergl. § 1 Abs. 1 und 2 preuß. StGB 1851.

[2161] Das Allgemeine Landrecht kannte unter der Bezeichnung Festungsstrafe neben der schweren Festungsarbeit auch den bloßen Festungsarrest, der aber in aller Regel Delinquenten höherer Stände vorbehalten war und bei ihnen an die Stelle der eigentlich verwirkten härteren Freiheitsstrafen trat. Nachdem noch die ersten Entwürfe zum Preußischen Strafgesetzbuch

auch im neuen Preußischen Strafgesetzbuch vor allem dem Duell[2162] sowie einigen politischen Verbrechen für den Fall des Vorliegens mildernder Umstände vorbehalten[2163]. Anders als die anderen Freiheitsstrafen des Preußischen Strafgesetzbuchs fand die Einschließung als eine der preußischen Kodifikation im wesentlichen eigene Strafart[2164] keinerlei Entsprechung im napoleonischen Strafensystem und hatte insbesondere mit der *réclusion* - die ja stets als entehrende Freiheitsstrafe ausgestaltet und insofern allenfalls der preußischen Zuchthausstrafe vergleichbar war - lediglich ihre Namensähnlichkeit gemein[2165]. Als mildeste Freiheitsstrafe des Preußischen Strafgesetzbuchs unterschied sie sich insofern deutlich von der Zuchthaus- oder Gefängnisstrafe, als der zu Einschließung verurteilte Missetäter während der ganzen Dauer seiner Strafverbüßung weder zwangsweise zu bestimmten Arbeiten angehalten werden konnte noch eine seinen Fähigkeiten und Verhältnissen angemessene Beschäftigung zugewiesen bekam. Der Gesetzgeber beschränkte sich vielmehr lediglich auf die Beaufsichtigung von Beschäftigung und Lebensweise des Häftlings[2166], so daß die Einschließung der

---

eine entsprechend privilegierende Festungshaft in geschärfter Form als Surrogat für die Zwangsarbeit oder Zuchthausstrafe, ansonsten aber als Surrogat für das Arbeitshaus oder die Gefängnisstrafe vorgesehen hatten, entschied man sich später - vor allem auf Betreiben der Rheinischen Stände - gegen die Surrogatstrafen überhaupt und fügte die ihrer Funktion als Surrogatstrafe völlig entkleidete und nunmehr als Einschließung bezeichnete Strafe als eigenständige Sanktion in das Strafensystem von 1851 ein. Vergl. hierzu m.w.N. näher: Goltdammer, *Materialien*, Bd. I, S. 96ff; Berner, *Strafgesetzgebung*, S. 251; *Lehrbuch*, S. 196; Beseler, *a.a.O.*, S. 112f.; Hälschner, *a.a.O.*, Bd. II, S. 455f.; Temme, *Lehrbuch*, S. 424ff; *Glossen*, S. 74ff. In den meisten anderen deutschen Strafgesetzbüchern waren hingegen entsprechende Surrogatstrafen - wie etwa die Festungsstrafe bzw. der Festungsarrest des Bairischen Strafgesetzbuchs von 1813 - ausdrücklich vorgesehen. Vergl. hierzu m.w.N. näher: Goltdammer, *Materialien*, Bd. I, S. 100.

2162 Vergl. §§ 164 bis 175 preuß. StGB 1851.

2163 Vergl. §§ 63f., 66, 68, 74, 76, 78 preuß. StGB 1851.

2164 Obwohl die Einschließung als Strafart zweifellos aus dem elitären Festungsarrest des Allgemeinen Preußischen Landrechts hervorgegangen ist, kann aber auch hier ein nicht zu unterschätzender französisch-rechtlicher Einfluß insofern vermutet werden, als der preußische Gesetzgeber den bisherigen landrechtlichen Standpunkt der Berücksichtigung der Standesverhältnisse bei der Strafwahl aufgegeben und sich auch bei der Einschließung zur Umsetzung des Grundsatzes der Gleichheit aller vor dem Gesetz entschlossen hatte. Vergl. Berner, *Strafgesetzgebung*, S. 245.

2165 In der Kommission der Ersten Kammer hatte man deshalb auch die an die *réclusion* der französischen Strafgesetzgebung erinnernde Bezeichnung *Einschließung* als unpassend empfunden und stattdessen - allerdings vergeblich - den Ausdruck *Haft* vorgeschlagen. Vergl. hierzu m.w.N. näher: Goltdammer, *Materialien*, Bd. I, S. 177f.; Beseler, *a.a.O.*, S. 113; Müller, *Strafgesetzbuch*, S. 37; Temme, *Lehrbuch*, S. 426; *Glossen*, S. 75.

2166 Im Gegensatz zu der als Strafmittel angeordneten Beschäftigung der zu Zuchthaus oder Gefängnis verurteilten Delinquenten handelte es sich bei der im Gesetz ausdrücklich angesprochenen *Beaufsichtigung der Beschäftigung und Lebensweise der Gefangenen* lediglich um die Feststellung einer Disziplinargewalt, der der zur Einschließung Verurteilte

preußischen Kodifikation im wesentlichen dem Festungsarrest des Bairischen Strafgesetzbuchs von 1813 entsprach. Wie dieser war sie entweder auf Festungen oder aber in eigens dazu bestimmten Räumlichkeiten zu vollstrecken[2167], konnte aber nicht auf eine Dauer von unter einem Tag und über eine Dauer von zwanzig Jahren hinaus verhängt werden[2168].

c.) Die Geldbuße

Das Preußische Strafgesetzbuch drohte die regelmäßig nur bei leichteren Straffällen einschlägige Geldbuße[2169] ähnlich wie die napoleonische Kodifikation entweder als ausschließliches Strafmittel[2170] oder alternativ mit der Gefängnisstrafe[2171] oder aber kumulativ neben der Zuchthaus- oder Gefängnisstrafe vor allem bei solchen Delikten an, die in erster Linie auf Gewinnsucht beruhten[2172] und wo die Geldbuße als Nebenstrafe einen bessernden erzieherischen Einfluß ausüben sollte[2173]. In zumindest systematischer Anlehnung an die entsprechenden Bestimmungen des *Code pénal* von 1810 durfte ihre Höhe bei Verbrechen und Vergehen - soweit nicht durch Spezialgesetze ausdrücklich etwas anderes angeordnet worden war[2174] - nicht auf unter einem *Thaler*[2175], bei

---

unterworfen sein sollte. Der insoweit etwas mißverständlichen Wortwahl des Gesetzgebers lag vor allem dessen Absicht zugrunde, die bisher in Preußen bei der Vollstreckung der Festungsstrafe übliche Nachsicht und Nachlässigkeit auszuschließen. Vergl. Hälschner, *a.a.O.*, Bd. II, S. 455; Goltdammer, *Materialien*, Bd. I, S. 99f., 178; Oppenhoff, *a.a.O.*, S. 63.

2167 § 13 Abs. 1 preuß. StGB 1851. Vergl. Art. 27 bair. StGB 1813. Der preußische Gesetzgeber hatte der Bestimmung den Zusatz *oder in anderen besonders dazu bestimmten Räumen* im übrigen nur deshalb hinzugefügt, um zu verdeutlichen, daß auch dann, wenn in den Festungen nicht die nötigen Räumlichkeiten vorhanden sein sollten, die Einschließung keinesfalls in den gewöhnlichen Strafanstalten vollstreckt werden durfte. Vergl. m.w.N. näher: Goltdammer, *Materialien*, Bd. I, S. 177; Beseler, *a.a.O.*, S. 113; Müller, *Strafgesetzbuch*, S. 37.

2168 §§ 13 Abs. 2, 15 Abs. 2 preuß. StGB 1851.

2169 §§ 17, 333 Nr. 2 preuß. StGB 1851. Vergl. m.w.N. näher zur Redaktionsgeschichte dieser Bestimmungen: Beseler, *a.a.O.*, S. 118ff, 574f.; Goltdammer, *Materialien*, Bd. I, S. 186ff, Bd. II, S. 715.

2170 Vergl. §§ 200, 267 bis 269 preuß. StGB 1851.

2171 Vergl. §§ 87, 93, 95, 100f., 105, 107, 110, 123, 151f., 155, 186, 198f., 201, 211, 270, 273 bis 275, 280, 300, 309, 318, 326 preuß. StGB 1851.

2172 So etwa beim Betrug, der Untreue, der Urkundenfälschung sowie dem strafbaren Eigennutz. Vergl. §§ 242 bis 244, 246, 250 bis 252, 263, 265f., 269 preuß. StGB 1851.

2173 Berner, *Strafgesetzgebung*, S. 252; *Lehrbuch*, S. 194.

2174 Goltdammer, *Materialien*, Bd. I, S. 193; Oppenhoff, *a.a.O.*, S. 65f. Vergl. z.B. §§ 3ff des *Gesetzes den Diebstahl an Holz und anderen Waldprodukten betreffend* vom 2. Juni 1852 (abgedruckt in: *Gesetzsammlung* 1852, S. 305ff). Hiernach konnte die Geldbuße bis auf zehn Silbergroschen herabgesenkt werden.

Übertretungen hingegen nicht auf unter zehn Silbergroschen und über 50 *Thaler* erkannt werden[2176]. Ebenso wie die französische Strafgesetzgebung kannte auch die preußische Kodifikation im Gegensatz zu der für Übertretungen angedrohten Geldbuße demnach keine entsprechende Obergrenze für die mit Geldbuße belegten Verbrechens- und Vergehenstatbestände, jedoch betrug die höchste der für diese Deliktsgruppe angedrohten Geldbußen lediglich 2000 *Thaler*[2177]. Anders als die *amende* der napoleonischen Strafgesetzgebung konnte die Geldbuße aber in Preußen bei mangelnder Zahlungsfähigkeit des Delinquenten nicht mit einer der *contrainte par corps* entsprechenden Beugehaft beigetrieben werden[2178]. An die Stelle einer wegen Unvermögens nicht beizutreibenden Geldbuße trat im Rahmen einer Strafverwandlung vielmehr grundsätzlich ein entweder als Gefängnishaft[2179] oder aber als verkürzte Zuchthausstrafe[2180] ausgestalteter verhältnismäßiger Freiheitsentzug, der im Gegensatz zur *contrainte par corps* die Zahlung der Geldstrafe nicht erzwingen, sondern diese vielmehr völlig ersetzen sollte. Für beide Arten der Freiheitsstrafe gab das Strafgesetzbuch dem Richter dabei verbindliche Umrechnungsmaßstäbe vor, die diesem zwecks Berücksichtigung der individuellen Vermögensverhältnisse des Delinquenten innerhalb bestimmter Grenzen einen angemessenen Spielraum gewährten[2181]. So setzte der Gesetzgeber

---

2175 § 17 Abs. 1 preuß. StGB 1851. Im Gegensatz zum preußischen Gesetzgeber verzichteten die Urheber des napoleonischen Strafgesetzbuchs jedoch auf eine ausdrückliche Erwähnung der entsprechenden Untergrenze von einem *Franc*. Diese ergab sich vielmehr aus dem Zusammenspiel der Regelung über die mildernden Umstände und der des Strafrahmens im Hinblick auf die *contraventions*. Vergl. Art. 463, 466 C.P. 1810.

2176 § 335 Abs. 1 preuß. StGB 1851. Der *Code pénal* von 1810 bestimmte für die Übertretungen hingegen einen weitaus niedrigeren Strafrahmen von mindestens einem und höchstens fünfzehn *Francs*. Vergl. Art. 466 C.P. 1810. Diese Diskrepanz der Strafobergrenzen hatte bis zuletzt zu erheblichen Meinungsverschiedenheiten vor allem zwischen Regierung und Vereinigtem Ständischen Ausschuß geführt. Während der Ausschuß nämlich mit Rücksicht auf das im Rheinland geltende napoleonische Strafgesetzbuch ein entsprechend niedrigeres Strafmaximum einzuführen gedachte, forderte man von Seiten der in dieser Frage schließlich obsiegenden Regierung eine weitaus höhere Strafobergrenze. Vergl. m.w.N. näher: Beseler, *a.a.O.*, S. 64, 574; Goltdammer, *Materialien*, Bd. II, S. 716f.

2177 Vergl. §§ 244, 251f., 266, 323 preuß. StGB 1851. Die höchste der im *Code pénal* angedrohten Geldbußen betrug hingegen 20.000 *Francs* und ging damit weit über die preußische Regelung hinaus. Vergl. Art. 418 Abs. 1, 420 Abs. 1 C.P. 1810. Grundlegend abweichend von der napoleonischen Kodifikation ist im übrigen das Maximum der Geldbuße durch den preußischen Gesetzgeber insbesondere stets dann festgestellt worden, wenn diese neben eine Freiheitsstrafe trat. Es kam daher im Preußischen Strafgesetzbuch anders als im *Code pénal* grundsätzlich nicht vor, daß die Höhe der Geldbuße vom Richter nach dem verursachten Schaden oder dem angestrebten bzw. erlangten Gewinn zu bestimmen war.

2178 Vergl. Art. 52 C.P. 1810.

2179 §§ 17 Abs. 2, 335 Abs. 2 preuß. StGB 1851.

2180 § 17 Abs. 3 preuß. StGB 1851.

2181 Berner, *Strafgesetzgebung*, S. 251f.

im Hinblick auf die Gefängnisstrafe bei Verbrechens- und Vergehenstatbeständen jeweils einen Betrag von einem bis zu drei *Thalern* mit einem Tag Gefängnisstrafe gleich[2182] und bestimmte zudem, daß die Dauer dieser Gefängnisstrafe einen Tag nicht unter- und vier Jahre nicht überschreiten durfte[2183]. Eine entsprechende Berechnungsgrundlage traf er darüber hinaus auch für die Übertretungstatbestände insofern, als ein Betrag von zehn Silbergroschen bis zu zwei *Thalern* jeweils einem Tag Gefängnishaft gleichgeachtet werden sollte, die Gesamthaftzeit dabei aber niemals die Dauer von sechs Wochen - also das Strafmaximum der Gefängnisstrafe bei Übertretungen - übersteigen durfte[2184]. Bei der entsprechenden Strafverwandlung einer stets nur zusammen mit der Zuchthausstrafe angedrohten Geldbuße bestimmte das Strafgesetzbuch hingegen die Gleichsetzung einer achtmonatigen Zuchthausstrafe mit einer einjährigen Gefängnisstrafe[2185], so daß auch hier der für die Gefängnisstrafe bei Verbrechens- und Vergehenstatbeständen einschlägige Umrechnungsmodus indirekt zur Anwendung gelangte. Ließ das Gesetz dem Richter im übrigen die Wahl zwischen Freiheitsentziehung und Geldbuße, so sollte in milderen Fällen nur auf die Geldbuße erkannt werden[2186], die im Falle des Unvermögens des Missetäters wiederum nach den bereits ausgeführten Grundsätzen in Gefängnishaft zu verwandeln war[2187].

[2182] Zuvor galt in Preußen eine für den Verurteilten weit ungünstigere Regelung, die eine Geldbuße von fünf *Thalern* einer Gefängnisstrafe von acht Tagen gleichgestellt hatte. Vergl. Teil II, Tit. 20, § 88 ALR 1794.

[2183] § 17 Abs. 2 preuß. StGB 1851.

[2184] § 335 Abs. 3 preuß. StGB 1851.

[2185] § 16 preuß. StGB 1851. Vergl. m.w.N. näher zur Redaktionsgeschichte dieser Bestimmung: Goltdammer, *Materialien*, Bd. I, S. 183ff; Beseler, *a.a.O.*, S. 116f.; Oppenhoff, *a.a.O.*, S. 65; Müller, *Strafgesetzbuch*, S. 38; Temme, *Glossen*, S. 77f.

[2186] § 18 Satz 1 preuß. StGB 1851. Eine entfernt ähnliche Regelung beinhaltete die napoleonische Kodifikation im Rahmen der mildernden Umstände. Auch dort war im Fall des Vorliegens mildernder Umstände eine Verurteilung entweder nur zu einer Gefängnisstrafe oder nur zu einer Geldbuße dann denkbar, wenn der *Code pénal* beide Strafen nebeneinander androhte. Vergl. Art. 463 Satz 2 C.P. 1810.

[2187] § 18 Satz 2 preuß. StGB 1851. Die Vorschrift des § 18 war vor allem insofern bedeutsam, als sie den Grundsatz festschrieb, daß in den Fällen, in denen dem Richter die Wahl zwischen Geldbuße und Gefängnis gestattet war, nur der Verschuldensgrad und nicht die wirtschaftlichen Verhältnisse des Missetäters ausschlaggebend für die Strafzumessung sein durfte. Dies war zu Zeiten der landrechtlichen Strafgesetzgebung noch anders gewesen. Vergl. Teil II, Tit. 20, § 85 ALR 1794: "Geldstrafen sollen gegen unbemittelte Personen der niedern Volksclasse nicht erkannt, und wo sie gesetzlich bestimmt sind, in eine verhältnißmäßige Strafarbeit oder Gefängnisstrafe verwandelt werden." Vergl. m.w.N. ausführlicher zur Redaktionsgeschichte dieser Bestimmung: Beseler, *a.a.O.*, S. 119f.; Goltdammer, *Materialien*, Bd. I, S. 191ff; Oppenhoff, *a.a.O.*, S. 67; Müller, *Strafgesetzbuch*, S. 38f.

2. Die Nebenstrafen

Als akzessorische, also nur in Verbindung mit einer Hauptstrafe zu verhängende Nebenstrafen sah das Preußische Strafgesetzbuch die Strafen an der bürgerlichen Ehre[2188], die zeitige Unfähigkeit zur Bekleidung öffentlicher Ämter[2189], die Unfähigkeit zum bisherigen Amt, zur Kunst oder zum Gewerbe[2190], die Konfiskation einzelner Gegenstände[2191], die Beschränkung der Vermögensverfügung[2192], die öffentliche Bekanntmachung des Strafurteils[2193], die Stellung unter Polizeiaufsicht[2194], die Einsperrung in ein Arbeitshaus[2195] sowie die Landesverweisung[2196] vor.

a.) Die Strafen an der bürgerlichen Ehre

Nachdem man die Notwendigkeit erkannt hatte, das unvollkommene System der landrechtlichen Strafgesetzgebung - welches einzelne Ehrenrechte bei besonderen Verbrechen aberkannt, bei anderen hingegen ohne nähere Umschreibung bloß von der *Ehrlosigkeit* oder aber vom *Verlust aller bürgerlichen Ehre* gesprochen hatte[2197] - zu verlassen, beschloß man im Hinblick auf die Ehrenstrafen schon früh insofern eine systematische Vereinfachung, als sich die Strafen an der bürgerlichen Ehre fortan vor allem an den Strafarten und nur noch ausnahmsweise an besonderen Verbrechensformen orientieren sollten[2198]. Hierzu lehnte man sich vor allem an die napoleonische Strafgesetzgebung an, so daß sich dementsprechend der rheinische Einfluß gerade bei dem Verlust der bürgerlichen Ehre[2199] bzw. bei der

---

[2188] §§ 12, 21f. preuß. StGB 1851.
[2189] § 25 preuß. StGB 1851.
[2190] §§ 184, 202f., 267, 299 preuß. StGB 1851.
[2191] § 19 preuß. StGB 1851.
[2192] §§ 73, 110 preuß. StGB 1851.
[2193] § 30 preuß. StGB 1851.
[2194] §§ 26 bis 29 preuß. StGB 1851.
[2195] §§ 117 bis 120, 146 preuß. StGB 1851.
[2196] §§ 29, 117 bis 120, 146, 266 preuß. StGB 1851.
[2197] Vergl. z.B. Teil II, Tit. 20, §§ 95, 154, 327, 672, 677, 1031, 1331, 1355, 1405, 1423, 1453f., 1456, 1461 ALR 1794.
[2198] Hälschner, *a.a.O.*, Bd. I, S. 216, 253; Bd. II, S. 458f.; Goltdammer, *Materialien*, Bd. I, S. 128; Beseler, *a.a.O.*, S. 103ff; Temme, *Lehrbuch*, S. 436ff. Dieses vereinfachte System ist in allen Entwürfen und schließlich auch im Strafgesetzbuch von 1851 beibehalten worden, denn während dort die Verhängung der Todes- oder Zuchthausstrafe stets von Rechts wegen den Verlust der bürgerlichen Ehre bedingte, wurde ihr Verlust bei minder empfindlichen Strafen hingegen stets gesondert im speziellen Teil geregelt. Vergl. m.w.N. ausführlich zu den Ehrenstrafen in den verschiedenen Entwürfen: Goltdammer, *Materialien*, Bd. I, S. 128ff; Beseler, *a.a.O.*, S. 102ff.
[2199] § 12 preuß. StGB 1851.

Untersagung der Ausübung der bürgerlichen Ehrenrechte auf Zeit[2200] besonders erfolgreich geltend machen konnte[2201]. Trotz der augenfälligen Orientierung am französischen Vorbild haben die Urheber des Preußischen Strafgesetzbuchs aber auch bei den Strafen an der bürgerlichen Ehre versucht, die unverhältnismäßigen Härten der napoleonischen Strafgesetzgebung im Geist der Zeit abzumildern. Diese Bemühungen haben vor allem dazu geführt, daß die preußische Kodifikation keine dem höchsten Grad der Ehrlosigkeit des *Code pénal* in Gestalt der *mort civile* entsprechende Sanktion mehr beinhaltete. Darüber hinaus hat das Preußische Strafgesetzbuch abweichend von der napoleonischen Strafgesetzgebung - deren Verbrechensstrafen ja stets auch als entehrend galten - den regelmäßig entehrenden Charakter der Verbrechensstrafe zudem weder generell für die Todesstrafe noch für die Freiheitsstrafen überhaupt angenommen, denn während die Todesstrafe den Verlust der bürgerlichen Ehre nur in einigen wenigen Fällen nach sich zog, kannte das preußische Strafensystem neben der stets entehrenden Zuchthausstrafe auch die gleichfalls als Verbrechensstrafe ausgestaltete, regelmäßig aber nicht entehrende Einschließung[2202].

aa.) Der Verlust der bürgerlichen Ehre

Offensichtlich der französischen Strafgesetzgebung und hier insbesondere der lebenslänglichen *dégradation civique*[2203] sowie der regelmäßig bloß zeitigen Untersagung der Ausübung bestimmter bürgerlicher Ehrenrechte [*interdiction à temps de certains droits civiques, civils ou de famille*][2204] entlehnt war die stets akzessorische Strafe des lebenslangen Verlusts der bürgerlichen Ehrenrechte[2205], die ebenso wie die *dégradation civique* lediglich bei Verbrechen Anwendung

[2200] §§ 21f. preuß. StGB 1851.

[2201] Volk, *a.a.O.*, S. 283.

[2202] Eine bedeutsame Abweichung ergab sich zudem aus der dem französichen Strafrecht unbekannten Regelung des § 24, die einem Preußen dann den Verlust der bürgerlichen Ehre bzw. die Untersagung der bürgerlichen Ehrenrechte auf Zeit in Aussicht stellte, wenn er im Ausland wegen einer strafbaren Handlung verurteilt worden war, die nach preußischem Strafrecht eine Ehrenstrafe nach sich gezogen hätte. Vergl. § 24 preuß. StGB 1851. Vergl. näher zur Redaktionsgeschichte dieser umstrittenen, weil dem Grundsatz *ne bis in idem* widersprechenden Bestimmung: Beseler, *a.a.O.*, S. 131f.; Goltdammer, *Materialien*, Bd. I, S. 215ff; Oppenhoff, *a.a.O.*, S. 72.

[2203] Vergl. Art. 28, 34 C.P. 1810.

[2204] Vergl. Art. 42 C.P. 1810. Der napoleonische Gesetzgeber sah die ausschließlich auf Vergehen beschränkte, in aller Regel zeitige, ganz oder teilweise zu verhängende Untersagung der bürgerlichen Ehrenrechte vorrangig als Nebenstrafe, in einigen Fällen aber auch als Hauptstrafe vor. Ihre lebenslange Verhängung kam allerdings nur bei einigen als besonders schwerwiegend angesehenen Delikten in Frage.

[2205] § 12 preuß. StGB 1851. Vergl. m.w.N. ausführlich zur Redaktionsgeschichte dieser Bestimmung: Beseler, *a.a.O.*, S. 102ff; Goltdammer, *Materialien*, Bd. I, S. 128ff, 166ff; Temme, *Glossen*, S. 70ff.

fand[2206] und dort vor allem in Folge einer Verurteilung zur Zuchthausstrafe[2207] stets von Rechts wegen eintrat[2208] und zudem durch das richterliche Urteil zusammen mit der Todesstrafe angeordnet werden konnte[2209]. An den Verlust der bürgerlichen Ehre hatte der preußische Gesetzgeber in oftmals weitestgehender Anlehnung an die entsprechende napoleonische Strafgesetzgebung eine Anzahl folgenschwerer Konsequenzen geknüpft, die sowohl den Verlust des Rechts, die preußischen Nationalfarben bzw. die Nationalkokarde zu tragen[2210], als auch die Unfähigkeit, öffentliche Ämter, Würden, Titel, Orden und Ehrenzeichen zu führen oder diese überhaupt zu erlangen sowie für Adlige stets den Verlust ihres Adels beinhalteten[2211]. Darüber hinaus sprach man dem Missetäter ebenso wie nach der napoleonischen Kodifikation grundsätzlich die Fähigkeit ab, Geschworener zu sein, und er verlor zugleich sein aktives und passives Wahlrecht in öffentlichen Angelegenheiten sowie die Fähigkeit, die aus öffentlichen Wahlen herrührenden sowie andere politische Rechte auszuüben[2212]. Der Verlust der bürgerlichen Ehre zog in unmittelbarer Anlehnung an den *Code pénal* von 1810 zudem die Unfähigkeit nach sich, als Zeuge oder Sachverständiger eidlich vernommen zu werden oder als Zeuge bei der Aufnahme von Urkunden zu dienen[2213] und beinhaltete außerdem in gleicher Weise wie nach der französischen

---

[2206] Der napoleonische Gesetzgeber sah die *dégradation civique* allerdings sowohl als Haupt- als auch als Nebenstrafe vor. Als Hauptstrafe kam diese Sanktion jedoch nur bei einzelnen, vor allem von Amtsträgern verwirklichte Verbrechensdelikte minderer Schwere vor. Vergl. Art. 114 Abs. 1, 119, 121f., 126f., 130, 167, 183, 366 C.P. 1810.

[2207] Nur in zwei Fällen drohte der Gesetzgeber den Verlust der bürgerlichen Ehre in Gestalt der Aberkennung einzelner Ehrenrechte auch in Verbindung mit der Einschließung nicht unter fünf Jahren an. Vergl. §§ 63f. preuß. StGB 1851.

[2208] § 11 Abs. 3 preuß. StGB 1851. Auch die *dégradation civique* hing der mit der preußischen Zuchthausstrafe vergleichbaren zeitigen Zwangsarbeit [*travaux forcés*] stets *ipso iure* als Nebenstrafe an. Vergl. Art. 28, 34 C.P. 1810.

[2209] § 7 Abs. 2 preuß. StGB 1851.

[2210] § 12 Abs. 1 Nr. 1 preuß. StGB 1851. Diese dem napoleonischen Strafgesetzbuch völlig unbekannte Regelung beruhte auf einer im Zuge der beginnenden Befreiungskriege anwachsenden patriotischen Stimmung in Preußen, der durch eine entsprechende *Verordnung wegen Tragens der Preußischen Nationalkokarde* vom 22. Februar 1813 (abgedruckt in: *Gesetzsammlung* 1813, S. 22) Rechnung getragen wurde. Vergl. m.w.N. ausführlich zur unterschiedlichen Handhabung dieses Einzelrechts in den verschiedenen Entwürfen: Goltdammer, *Materialien*, Bd. I, S. 136f.; Beseler, *a.a.O.*, S. 104f., 107; Temme, *Glossen*, S. 71f.

[2211] § 12 Abs. 1 Nr. 2 preuß. StGB 1851. Den Adelsverlust sah die napoleonische Strafgesetzgebung hingegen nicht vor. Vergl. Art. 28, 34 und 42 Nr. 3 C.P. 1810. Vergl. m.w.N. ausführlich zu diesen Einzelrechten in den dem Strafgesetzbuch vorangegangenen Entwürfen: Goltdammer, *Materialien*, Bd. I, S. 137ff, 142ff, 144ff, 169ff; Beseler, *a.a.O.*, S. 107f.

[2212] § 12 Abs. 1 Nr. 3 preuß. StGB 1851. Vergl. Art. 28 Abs. 1, 34 und 42 Nr. 1 bis 3 C.P. 1810.

[2213] § 12 Abs. 1 Nr. 4 preuß. StGB 1851. Vergl. Art. 28 Abs. 1 und 42 Nr. 7f. C.P. 1810.

Strafgesetzgebung die Unfähigkeit, Vormund, Kurator, gerichtlicher Beistand oder Mitglied eines Familienrates zu sein, es sei denn, daß es sich um die eigenen Kinder handelte und die zuständige Behörde oder aber der Familienrat eine entsprechende Genehmigung erteilt hatte[2214]. Ähnlich wie nach der napoleonischen Kodifikation verlor der Delinquent schließlich auch noch das Recht, Waffen zu tragen und in der preußischen Armee zu dienen[2215] sowie als entlassener Staatsdiener oder Gemeindebeamter darüber hinaus von Rechts wegen die ihm aus der Staats- oder der jeweiligen Gemeindekasse zu zahlenden Pensionen und Gnadengehälter[2216]. Abweichend von der napoleonischen Strafgesetzgebung - die neben den bürgerlichen Tod sowie die *dégradation civique* in vielen Fällen noch die öffentliche Brandmarkung und die demütigende Prangerstrafe treten ließ - knüpfte der preußische Gesetzgeber an den Verlust der bürgerlichen Ehre jedoch keine symbolische Beschimpfung des Verurteilten mehr. Der Verlust aller aufgeführten Rechte[2217] trat im übrigen aber wie nach dem *Code pénal* stets mit dem Tag ein, an dem das entsprechende Urteil rechtskräftig geworden war, und seine Wirkung erstreckte sich unabhängig von der mit ihr verbundenen zeitigen Freiheitsstrafe auf die ganze Lebenszeit des Verurteilten[2218]. Außerdem blieben auch die spezialgesetzlichen Bestimmungen weiterhin in Kraft, die in Folge der

---

[2214] § 12 Abs. 1 Nr. 5 preuß. StGB 1851. Vergl. Art. 28 Abs. 2 und 42 Nr. 5f. C.P. 1810. Der Verlust der unter § 12 Abs. 1 Nr. 3 bis 5 aufgeführten Rechte ist erst durch einen Beschluß des Vereinigten Ständischen Ausschusses mit in den Katalog der einzelnen Ehrenrechte aufgenommen worden. Zuvor hatte man die Einführung dieser Bestimmungen mit Rücksicht auf Art. 42 des *Code pénal* nur hinsichtlich der Rheinprovinz für notwendig gehalten. Vergl. hierzu m.w.N. näher: Goltdammer, *Materialien*, Bd. I, S. 147, 173ff; Hälschner, *a.a.O.*, Bd. II, S. 460; Beseler, *a.a.O.*, S. 108f.

[2215] § 12 Abs. 1 Nr. 6 preuß. StGB 1851. Vergl. Art. 28 Abs. 3 und 42 Nr. 4 C.P. 1810. Vergl. m.w.N. ausführlicher zur Redaktionsgeschichte dieser wohl weniger auf französisch-rechtliche denn auf preußische Wurzeln zurückzuführenden Bestimmung: Beseler, *a.a.O.*, S. 109f.; Goltdammer, *Materialien*, Bd. I, S. 175f.

[2216] § 23 preuß. StGB 1851. Vergl. m.w.N. näher zur Redaktionsgeschichte dieser Bestimmung, über deren Prinzip in allen Stadien der Strafrechtsrevision keine nennenswerten Bedenken herrschten: Beseler, *a.a.O.*, S. 130ff; Goltdammer, *Materialien*, Bd. I, S. 212ff; Temme, *Glossen*, S. 84f. Die ausdrückliche Regelung dieser Materie war dem napoleonischen *Code pénal* unbekannt und Gegenstand einer besonderen Gesetzgebung.

[2217] Ebenso wie bei der *dégradation civique* traten auch beim Verlust der bürgerlichen Ehre stets sämtliche Wirkungen des Verlusts ungeteilt ein, soweit sie bei dem Verurteilten überhaupt zur Anwendung kommen konnten. Eine Ausnahme von diesem dem französischen Recht entlehnten Prinzip kannte das Preußische Strafgesetzbuch nur hinsichtlich der eigentlichen politischen Rechte beim Hochverrat. Vergl. §§ 63f. preuß. StGB 1851.

[2218] § 12 Abs. 2 preuß. StGB 1851.

Begehung strafbarer Handlungen den Verlust noch anderer als der genannten Rechte nach sich zogen[2219].

bb.) Die Untersagung der Ausübung der bürgerlichen Ehrenrechte auf Zeit

Die gleichfalls unmittelbar dem Strafensystem des napoleonischen *Code pénal* und dort vor allem der *interdiction à temps de certains droits civiques, civils ou de famille* entlehnte Untersagung der Ausübung der bürgerlichen Ehrenrechte auf Zeit[2220] unterschied sich vom Verlust der bürgerlichen Ehre grundlegend nur dadurch, daß die Unfähigkeit zur Ausübung der bereits näher bezeichneten Ehrenrechte in wesentlicher Übereinstimmung mit dem französischen Vorbild lediglich zeitlich beschränkt und als akzessorische Strafe ausschließlich für solche strafbaren Handlungen bestimmt war, die entsprechend ihrer Hauptstrafe als Vergehen anzusehen waren. Trotz der offensichtlich engen Anlehnung an die napoleonische Strafgesetzgebung hat der preußische Gesetzgeber jedoch die Bestimmung des *Code pénal*, nach der der Richter die Ausübung einzelner der bürgerlichen Ehrenrechte untersagen konnte[2221], nicht übernommen, so daß die Untersagung der Ausübung der bürgerlichen Ehrenrechte auf Zeit ebenso wie der Verlust der bürgerlichen Ehre stets sämtliche der in § 12 des Strafgesetzbuchs aufgeführten Rechte umfaßte und somit in diesem Punkt bedeutsam von seinem französischen Vorbild abwich[2222]. In ähnlicher Weise wie die ihr entsprechende Nebenstrafe des napoleonischen Strafensystems trat die zeitige Untersagung der Ehrenrechte fast ausschließlich neben mit Gefängnisstrafe belegte Vergehen[2223]

[2219] § 12 Abs. 3 preuß. StGB 1851. Vergl. ausführlicher zur Redaktionsgeschichte dieser letzlich auf mittelalterliche Korporationsrechte zurückgehenden Bestimmung: Beseler, *a.a.O.*, S. 111f.; Goltdammer, *Materialien*, Bd. I, S. 127f., 176.

[2220] §§ 21f. preuß. StGB 1851. Der zeitige Verlust der Ehrenrechte wurde erst anläßlich der Verhandlungen der Staatsratskommission im Jahre 1847 durch die hinzugezogenen rheinischen Juristen in Analogie der Art. 9 und 42 des *Code pénal* von 1810 angeregt. Obwohl deren Antrag zunächst zurückgewiesen wurde, kam man später bei den Beratungen des Vereinigten Ständischen Ausschusses wieder hierauf zurück und setzte schlußendlich die Einführung der zeitweisen Entziehung der Ehrenrechte im Strafgesetzbuch von 1851 durch. Vergl. hierzu m.w.N. ausführlich: Goltdammer, *Materialien*, Bd. I, S. 133ff, 205f; Beseler, *a.a.O.*, S. 106, 123ff; Hälschner, *a.a.O.*, Bd. II, S. 458f.; Müller, *Strafgesetzbuch*, S. 40f.; Temme, *Glossen*, S. 83ff.

[2221] Vergl. Art. 42 C.P. 1810.

[2222] Ähnlich wie beim lebenslangen Verlust der bürgerlichen Ehre bestimmte der preußische Gesetzgeber aber auch hier im Hinblick auf den Hochverrat insofern eine Ausnahme, als bei Vorliegen mildernder Umstände lediglich eine zeitige Untersagung der Ausübung der eigentlichen politischen Rechte in Frage kam. Vergl. §§ 63f. preuß. StGB 1851.

[2223] Lediglich in zwei Fällen kam die Untersagung der Ausübung bestimmter bürgerlicher Ehrenrechte in Verbindung mit der Einschließung auch bei Verbrechen vor. Vergl. §§ 63f. preuß. StGB 1851.

und war hier entweder fakultativ[2224] oder aber absolut angedroht[2225]. Sie konnte für die Dauer von mindestens einem, höchstens aber für zehn Jahre ausgesprochen werden und entfaltete erst mit Rechtskraft des Urteils Wirkung, wobei ihre durch das Urteil bestimmte Dauer entsprechend dem französischen Vorbild erst von dem Tage an berechnet wurde, an welchem die daneben erkannte Freiheitsstrafe verbüßt war[2226]. Abweichend von der napoleonischen Strafgesetzgebung zog die Untersagung der Ausübung der bürgerlichen Ehrenrechte trotz ihrer an sich nur zeitigen Wirkungen für den Verurteilten stets auch den Verlust seiner aus früheren Wahlen hervorgegangenen Rechte, den Verlust seiner öffentlichen Ämter, Würden, Titel, Orden, Ehrenzeichen sowie den Verlust des Adels auf Lebenszeit nach sich. Darüber hinaus konnte auch seine Entfernung aus der preußischen Armee dann eintreten, wenn die Militärgesetze dies vorschrieben[2227]. Entlassene Staatsdiener und Gemeindebeamte gingen zudem ebenso wie beim Verlust der bürgerlichen Ehrenrechte von Rechts wegen stets ihrer aus der Staats- oder der jeweiligen Gemeindekasse zu zahlenden Pensionen und Gnadengehälter verlustig[2228].

b.) Die zeitige Unfähigkeit zur Bekleidung öffentlicher Ämter

Die nur gegen öffentliche Beamte zu verhängende und sowohl in Anlehnung an das Strafensystem des Allgemeinen Landrechts als auch unter Heranziehung der entsprechenden französischen Strafgesetzgebung konzipierte Strafe der zeitigen Unfähigkeit zur Bekleidung öffentlicher Ämter[2229] durfte regelmäßig nur auf die

---

[2224] Vergl. §§ 75, 77, 86, 129f., 133, 141, 150, 256, 258 bis 260, 271, 282, 308, 311 preuß. StGB 1851.

[2225] Vergl. §§ 85, 106, 113, 137, 143, 147, 216 bis 219, 227, 235, 237f., 242f., 246, 253, 257, 263, 266, 276, 324 preuß. StGB 1851.

[2226] § 21 preuß. StGB 1851.

[2227] § 22 preuß. StGB 1851.

[2228] § 23 preuß. StGB 1851.

[2229] § 25 preuß. StGB 1851. Die Entziehung öffentlicher Ämter wurde in grundsätzlicher Anknüpfung an die Systematik der landrechtlichen Strafgesetzgebung in allen dem Strafgesetzbuch vorangegangenen Entwürfen als besondere, in unterschiedliche Strafgrade gegliederte Sanktion erfaßt. Unter dem Einfluß der 1847 bei den Verhandlungen der Staatsratskommission hinzugezogenen rheinischen Juristen näherte man sich jedoch letztlich auch an die entsprechende napoleonische Strafgesetzgebung an. Diese unterschied sich von der preußischen Regelung letztlich nur noch dadurch, daß der französische Gesetzgeber anders als die Urheber des Preußischen Strafgesetzbuchs auf die Einfügung einer auf öffentliche Beamte zugeschnittenen Spezialregelung verzichtet und deren zeitige Unfähigkeit zur Bekleidung öffentlicher Ämter bereits im Rahmen der allgemeinen Bestimmung erfaßt hatte. Vergl. Art. 42 Nr. 3 C.P. 1810 sowie Teil II, Tit. 20, §§ 323ff und hier insbesondere § 330 ALR 1794. Vergl. m.w.N. ausführlich zur komplizierten Redaktionsgeschichte dieser Bestimmung: Goltdammer, *Materialien*, Bd. I, S. 218, 137ff; Beseler, *a.a.O.*, S. 132f.

Dauer von einem bis zu fünf Jahren erkannt werden[2230] und wich insoweit bedeutsam von der ihr entsprechenden Sanktion des napoleonischen Strafensystems ab, deren vergleichsweise hohe Strafdauer bis zu zwanzig Jahre betragen konnte[2231]. Ähnlich wie der *Code pénal* beschränkte aber auch das Preußische Strafgesetzbuch den Anwendungsbereich dieser Nebenstrafe auf einige wenige Fälle und gestattete ihre Verhängung stets nur dann, wenn dies ausdrücklich erlaubt oder aber gesetzlich vorgeschrieben war[2232]. Obgleich die preußische Kodifikation keine der ausdrücklichen Regelung des *Code pénal* gleichlautende Bestimmung enthielt, machte aber auch der preußische Gesetzgeber einen entsprechend eingeschränkten Anwendungsbereich insofern deutlich, als er die zeitige Unfähigkeit zur Bekleidung öffentlicher Ämter nur in einzelnen Fällen absolut androhte[2233] und ansonsten ihre Verhängung sparsam lediglich fakultativ in Aussicht stellte[2234]. Ebenso wie ihr französisches Vorbild hatte auch die preußische Nebenstrafe stets den Verlust der Ämter von Rechts wegen ab Rechtskraft des Urteils zur Folge[2235], und ihre Dauer wurde für den Fall, daß sie mit einer Freiheitsstrafe verbunden wurde, entsprechend der Prinzipien der napoleonischen Strafgesetzgebung erst von dem Tag an gerechnet, an dem die Freiheitsstrafe verbüßt war[2236].

c.) Die Unfähigkeit zum bisherigen Amt, zur Kunst oder zum Gewerbe

Über die allgemeine zeitige Unfähigkeit zur Bekleidung öffentlicher Ämter hinaus kannte das Preußische Strafgesetzbuch noch die dauernde oder auch nur zeitige Unfähigkeit zu einem bestimmten Amt, das seiner Natur nach - wie etwa bei einem Eisenbahn- oder Telegraphenbeamten - stets eine besondere Berufspflicht oder sachverständige Erfahrung voraussetzte. Diese dem Strafensystem des napoleonischen *Code pénal* unbekannte Sanktion stand den der allgemeinen französischen Strafgesetzgebung gleichfalls nicht geläufigen, wohl dem landrechtlichen Strafensystem entlehnten Nebenstrafen des Verlustes bzw. der zeitweisen Entziehung der gewerblichen Rechte bei einer Anzahl verschiedener Vergehen nahe und wurde diesen gleichbehandelt[2237]. Während die Unfähigkeit zur

[2230] § 25 Satz 1 preuß. StGB 1851. Die dauernde Unfähigkeit zu öffentlichen Ämtern kam als besondere Strafe nur in einem einzigen Fall - nämlich dem des Hochverrats - vor. Vergl. § 63f. preuß. StGB 1851.

[2231] Vergl. z.B. Art. 123, 185 C.P. 1810.

[2232] Vergl. Art. 43 C.P. 1810.

[2233] Vergl. §§ 98f., 328, 330 preuß. StGB 1851.

[2234] Vergl. §§ 309, 315 bis 317, 320 bis 322, 326f. preuß. StGB 1851.

[2235] § 25 Satz 2f. preuß. StGB 1851.

[2236] § 25 Satz 4 preuß. StGB 1851.

[2237] Vergl. §§ 184, 202f., 267, 299 preuß. StGB 1851. Vergl. Teil II, Tit. 20, §§ 154, 721, 724, 729f., 779 ALR 1794. Nachdem die Entwürfe von 1827, 1830, 1833, 1836 und 1843 im

Bekleidung des von dem Verurteilten bisher verwalteten Amtes oder zum selbständigen Betrieb der bisher ausgeübten Kunst oder des bisher betriebenen Gewerbes lediglich in einem Fall stets auf Lebenszeit verhängt werden mußte[2238], konnte auf sie in allen anderen Fällen entweder lebenslänglich oder aber nur für bestimmte Zeit erkannt werden, wobei die zeitige Unfähigkeit höchstens für die Dauer von fünf Jahren ausgesprochen werden durfte[2239].

d.) Die Konfiskation einzelner Gegenstände

Nachdem der preußische Gesetzgeber anders als die Urheber des *Code pénal* von 1810 die noch dem Strafrecht des Allgemeinen Landrechts durchaus geläufige Konfiskation des gesamten Vermögens eines Delinquenten[2240] endgültig aus dem gesetzlichen Strafenkatalog gestrichen hatte[2241], war für das Preußische Strafgesetzbuch von 1851 nur noch die Konfiskation einzelner Gegenstände von Bedeutung[2242]. Die nur in einigen wenigen Fällen ausdrücklich angedrohte[2243],

---

übrigen zunächst nur den lebenslangen Verlust der gewerblichen Rechte anerkannt hatten, sprach sich die Immediatkommission später mit Rücksicht auf die entsprechende Steuerstrafgesetzgebung als erste auch für die 1851 schließlich beibehaltene Einführung der zeitweisen Entziehung aus. Vergl. hierzu m.w.N. ausführlich: Goltdammer, *Materialien*, Bd. I, S. 126ff.

2238 Die Begehung gemeingefährlicher Verbrechen und Vergehen durch Eisenbahn- oder Telegraphenbeamte zog stets deren lebenslängliche Unfähigkeit zum Eisenbahn- und Telegraphendienst nach sich. Vergl. § 299 preuß. StGB 1851. Bei der Gestattung oder Verheimlichung von Glücksspielen durch die Inhaber öffentlicher Versammlungsorte war hingegen erst bei zweimaligem Rückfall auf den lebenslangen Verlust der Befugnis zum Betrieb eines Gewerbes zu erkennen. Vergl. § 267 Abs. 2 preuß. StGB 1851.

2239 §§ 184, 202f. preuß. StGB 1851.

2240 Vergl. z.B. Teil II, Tit. 20, §§ 95, 467 ALR 1794.

2241 Darauf wies der Gesetzgeber in unmittelbarer Anlehnung an Art. 10 der preußischen Verfassungsurkunde von 1850 ausdrücklich hin. Vergl. § 19 Abs. 1 preuß. StGB 1851: "Die Konfiskation findet nur in Beziehung auf einzelne Gegenstände statt." Vergl. bereits Art. 33 bair. StGB 1813.

2242 §§ 19, 333 Nr. 3 preuß. StGB 1851. Vergl. m.w.N. näher zur Redaktionsgeschichte dieser Bestimmungen: Goltdammer, *Materialien*, Bd. I, S. 195ff; Beseler, *a.a.O.*, S. 121ff; Oppenhoff, *a.a.O.*, S. 67ff; Temme, *Lehrbuch*, S. 454; *Glossen*, S. 80ff.

2243 Die besondere Einziehung war im Strafgesetzbuch nur in insgesamt vier Fällen speziell angedroht. Vergl. §§ 151, 340, 345, 348 preuß. StGB 1851. Allerdings wies die Konfiskation jedoch auch insofern einen polizeilichen Charakter auf, als sie zugleich einem zukünftigen Mißbrauch vorbeugen sollte. Hieraus ergab sich, daß die besondere Einziehung nicht nur auf die Fälle beschränkt werden konnte, in denen das Strafgesetzbuch sie ausdrücklich als Nebenstrafe bestimmt hatte, sondern auch als rein polizeiliche Sicherheitsmaßregel bei Bedarf auch auf andere strafbare Handlungen ausgedehnt werden durfte. Nach oberster französischer Rechtsprechung war dies grundsätzlich nicht möglich. Vergl. hierzu m.w.N. ausführlicher: Goltdammer, *Materialien*, Bd. I, S. 199.

wohl in prinzipieller Anlehnung an die entsprechende Sanktion des napoleonischen Strafgesetzbuchs[2244] eingeführte, aber bereits der landrechtlichen Strafgesetzgebung[2245] durchaus bekannte akzessorische Vermögensstrafe der besonderen Einziehung sah das Preußische Strafgesetzbuch dabei ebenso wie der napoleonische *Code pénal* sowohl als Nebenstrafe für Verbrechen und Vergehen als auch als Strafe für Übertretungen vor. Sie konnte nur dann eintreten, wenn im Strafurteil ausdrücklich darauf erkannt worden war[2246] und beinhaltete in ähnlicher Weise wie die französische *confiscation spéciale* die Einziehung derjenigen Gegenstände, die durch die strafbare Handlung hervorgebracht oder zu deren Begehung gebraucht oder bestimmt worden waren, dies allerdings nur unter der Maßgabe, daß sie dem Täter oder einem Teilnehmer der Tat gehörten[2247]. Abweichend von der Regelung der napoleonischen Strafgesetzgebung, die das Eigentum nur für den *corps du délit* forderte und der Konfiskation einzelner Gegenstände insoweit einen wesentlich größeren Anwendungsbereich einräumte, fand die besondere Einziehung in Preußen also prinzipiell nur dann statt, wenn das betreffende Konfiskat entweder im Eigentum des Täters oder dem eines Tatteilnehmers stand[2248].

Nur systematisch anders als die napoleonische Kodifikation enthielt das Preußische Strafgesetzbuch darüber hinaus noch einige allgemeine Bestimmungen im Hinblick auf die durch die Presse begangenen und den verwandten Verbrechen und Vergehen in Gestalt der Vorschrift über die Vernichtung von Schriften, Abbildungen und Darstellungen sowie der dazu bestimmten Platten und Formen[2249]. So hatte bei Schriften, Abbildungen oder Darstellungen, die den

[2244] Vergl. Art. 11, 464 C.P. 1810.

[2245] Vergl. Teil II, Tit. 20, §§ 153f., 285 bis 300, 319, 725, 729, 748, 1297 ALR 1794.

[2246] Vergl. § 20 Abs. 2 preuß. StGB 1851.

[2247] Der § 19 Abs. 2 der preußischen Kodifikation entsprach seinem Wortlaut nach im wesentlichen dem Art. 11 des *Code pénal* und wich von diesem nur durch den Zusatz *sofern sie dem Täter gehören* ab. Vergl. § 19 Abs. 2 preuß. StGB 1851 und Art. 11 C.P. 1810. Trotz dieser offensichtlichen und einen französisch-rechtlichen Einfluß als naheliegend erscheinen lassenden Übereinstimmung beider Regelungen, läßt sich § 19 Abs. 2 ursprünglich wohl auf § 638 der *Criminal-Ordnung* von 1805 zurückführen, den man seinem Sinn nach im Strafgesetzbuch nochmals wiederholen wollte. Vergl. hierzu m.w.N. ausführlicher: Goltdammer, *Materialien*, Bd. I, S. 195.

[2248] Dieser im gesamten Strafgesetzbuch konsequent beachtete Grundsatz erfuhr jedoch aus Zweckmäßigkeitserwägungen in einem einzigen Fall - nämlich bei Jagdvergehen - eine Ausnahme. Hier war ohne Rücksicht auf die Eigentumsverhältnisse stets die Einziehung der entsprechenden Jagdgeräte auszusprechen. Vergl. § 277 preuß. StGB 1851.

[2249] Die Urheber und auch die späteren Reformer des *Code pénal* von 1810 haben diese Materie entweder unmittelbar zusammen mit dem jeweiligen Delikt geregelt oder einer reichen Spezialgesetzgebung vorbehalten. Vergl. Art. 283ff C.P. 1810. Obwohl man bereits im Laufe der Redaktionsgeschichte des § 19 auch in Preußen ein spezielles Pressegesetz favorisiert und schließlich verwirklicht hatte, behielt man diese Bestimmung jedoch bei. Vergl. m.w.N.

Tatbestand einer strafbaren Handlung erfüllten, aus naheliegenden Gründen stets die Vernichtung der entsprechenden Gegenstände sowie der entsprechenden Druckplatten und -stöcke an die Stelle der Konfiskation zu treten[2250]. Differenzierend und insoweit bei oberflächlicher Betrachtung liberaler als die napoleonische Straf- und ein Großteil der ihr nachfolgenden Reformgesetzgebung beschränkte der preußische Gesetzgeber besagte Vernichtung allerdings dann lediglich auf die gesetzwidrigen Stellen, wenn die Schrift, Abbildung oder Darstellung im übrigen ihrem hauptsächlichen Inhalt nach erlaubt war[2251].

e.) Die Beschränkung der Vermögensverfügung

Wohl weniger auf dem französisch-rechtlichen Vorbild der *interdiction légale*[2252] als vielmehr auf einem Rückgriff auf die landrechtliche Strafgesetzgebung[2253] beruhte die Nebenstrafe der Beschränkung der Vermögensverfügung in Gestalt der Vermögensbeschlagnahme bzw. des Verlusts der Dispositionsfähigkeit. Während der napoleonische *Code pénal* die stets nur zeitige Entziehung der Geschäftsfähigkeit nämlich generell als von Rechts wegen eintretende akzessorische Strafe sowohl für die zeitige Zwangsarbeit als auch für die Zuchthausstrafe vorgesehen hatte[2254], beschränkte der preußische Gesetzgeber die Verhängung dieser Nebenstrafe auf nur zwei eng miteinander verwandte Deliktsgruppen. Er knüpfte damit unmittelbar an die insoweit grundsätzlich übereinstimmende landrechtliche Strafgesetzgebung an, deren Strafandrohung er jedoch insofern abmilderte, als er die dort durchweg vorgeschriebene Vermögenseinziehung durch die Vermögensbeschlagnahme bzw. den Verlust der Dispositionsfähigkeit ersetzte. So trat die Beschränkung der Vermögensverfügung von Rechts wegen stets als Folge einer rechtskräftigen Verurteilung zur Todes- oder lebenslänglicher Zuchthausstrafe wegen Hoch- oder Landesverrats ein[2255] und

---

näher Beseler, *a.a.O.*, S. 122f.; Goltdammer, *Materialien*, Bd. I, S. 197; Müller, *Strafgesetzbuch*, S. 39 sowie § 56 des *Gesetzes über die Presse* vom 12. Mai 1851 (abgedruckt in: *Gesetzsammlung* 1851, S. 273ff).

[2250] § 19 Abs. 3 preuß. StGB 1851.

[2251] § 19 Abs. 4 preuß. StGB 1851.

[2252] Vergl. Art. 29 bis 32 C.P. 1810.

[2253] Vergl. Teil II, Tit. 20, §§ 95, 99, 103, 467, 469, 483, 489 ALR 1794.

[2254] Vergl. Art. 29 C.P. 1810.

[2255] § 73 preuß. StGB 1851. Vergl. Teil II, Tit. 20, §§ 95, 99, 103 ALR 1794. Die in § 73 Abs. 1 für die Fälle der §§ 61, 63f., 67 bis 71 angeordnete vorläufige Vermögensbeschlagnahme sollte dem des Verrats Angeschuldigten bereits vor einer eventuellen Verurteilung die Mittel zu weiteren verräterischen Unternehmungen sowie zu seiner Befreiung oder zur Erschwerung der Untersuchung nehmen. Sie entfaltete dabei nur die auch für zivilrechtliche Beschlagnahmen geltenden Wirkungen, so daß aus ihr - entgegen ursprünglicher, aber am Widerspruch der Kommission der Zweiten Kammer gescheiterten Pläne - zunächst keine

konnte in einem weiteren Fall - nämlich dem des unerlaubten Verlassens des Landes bzw. der unerlaubten Auswanderung - zudem durch ausdrückliches Erkenntnis verhängt werden[2256].

f.) Die öffentliche Bekanntmachung des Strafurteils

Unmittelbar der entsprechenden Nebenstrafe des napoleonischen Strafenkatalogs war allerdings die der landrechtlichen Strafgesetzgebung so nicht geläufige öffentliche Bekanntmachung des Strafurteils entlehnt[2257], die in gleicher Weise wie ihr französisches Vorbild generell für alle wegen Verbrechen erkannten Strafen eine auszugsweise Veröffentlichung des Strafurteils zwingend vorschrieb[2258].

---

weiteren Folgen herzuleiten waren. Die Beschlagnahme war also nicht als Strafe, sondern vielmehr als eine nur vorläufige Sicherungsmaßregel anzusehen. Kam es im Anschluß aber zu einer rechtskräftigen Verurteilung, so bestimmte erst § 73 Abs. 2 den endgültigen Verlust der Fähigkeit des Verurteilten, über sein Vermögen unter Lebenden und von Todes wegen zu verfügen. Vergl. m.w.N. ausführlich zur Redaktionsgeschichte dieser Bestimmung: Goltdammer, *Materialien*, Bd. I, S. 121f.; Bd. II, S. 71ff; Beseler, *a.a.O.*, S. 239ff; Oppenhoff, *a.a.O.*, S. 151; Temme, *Glossen*, S. 150ff.

[2256] § 110 preuß. StGB 1851. Diese Ausnahme betraf ausschließlich Militär- sowie andere wehrpflichtige Personen, die sich ihrer Aufgaben und Pflichten durch das grundsätzlich erlaubnispflichtige Verlassen des Landes oder gar durch die gleichfalls stets erlaubnispflichtige Auswanderung zu entziehen versuchten. Der erkennende Richter konnte hier nach eigenem Ermessen das Vermögen des Delinquenten zwecks Deckung der möglicherweise zu verhängenden Geldbuße sowie der anfallenden Verfahrenskosten mit Beschlag belegen. Insofern, als diese Beschlagnahme aber nur die Sicherstellung der Strafvollstreckung und der Untersuchungskosten bezweckte, war auch sie nicht als eigentliche Strafe, sondern vielmehr als eine Art antezipierter Strafvollzug anzusehen. Vergl. m.w.N. näher zur Redaktionsgeschichte dieser Bestimmung: Oppenhoff, *a.a.O.*, S. 195ff; Beseler, *a.a.O.*, S. 276; Goltdammer, *Materialien*, Bd. II, S. 185ff; Temme, *Glossen*, S. 182. Vergl. Teil II, Tit. 20, §§ 467, 469, 489 ALR 1794.

[2257] Die landrechtliche Strafgesetzgebung kannte die öffentliche Bekanntmachung der Strafurteile lediglich in Einzelfällen als strafschärfendes Element. Vergl. z.B. Teil II, Tit. 20, §§ 1396, 1405 ALR 1794.

[2258] § 30 preuß. StGB 1851. Vergl. Art. 36 Abs. 1 C.P. 1810. Nachdem die vorangegangenen Entwürfe seit 1827 die öffentliche Bekanntmachung des Strafurteils stets der Todesstrafe und der Zwangsarbeit, teilweise auch noch der Zuchthausstrafe und der Amtsentsetzung vorbehalten hatten, beschränkte zunächst die Immediatkommission von 1843 den Anwendungsbereich dieser strafschärfenden, weil die Familie des Täters in Mitleidenschaft ziehende Sanktion allein auf die Todesstrafe. Während die Revision von 1845 diese Regelung anschließend als bloß reglementarische Vorschrift sogar ganz entfallen ließ, nahmen sie sowohl der Entwurf von 1850 als auch das Strafgesetzbuch wieder auf und dehnten ihren Anwendungsbereich entsprechend dem des Art. 36 des *Code pénal* von 1810 auf nunmehr alle wegen Verbrechen erkannte Strafen aus. Ihren ursprünglichen Charakter einer strafschärfenden Bestimmung hatte die Vorschrift - ebenso wie die offensichtlich zum

Demnach waren alle auf Todesstrafe, Zuchthaus oder Einschließung von mehr als fünf Jahren erkannten Strafurteile auszugsweise durch das Amtsblatt des Bezirks, in welchem das erkennende Gericht seinen Sitz hatte, nach allgemeiner Vorschrift bekannt zu machen[2259], wobei die Bekanntmachung entsprechend der französischen Regelung auch ohne eigens im Urteil angesprochen worden zu sein von Rechts wegen zu erfolgen hatte. Lediglich in zwei gesondert geregelten und mit der auszugsweisen Veröffentlichung des Strafurteils nicht zu verwechselnden Fällen mußte insofern besonders auf die öffentliche Bekanntmachung erkannt werden, als dem Verletzten durch das Strafurteil die als Privatgenugtuung gedachte Befugnis zu erteilen war, das Urteil auf Kosten des Verurteilten öffentlich bekannt zu machen[2260].

g.) Die Stellung unter Polizeiaufsicht

Gleichfalls in ihren wesentlichen Zügen unmittelbar aus dem *Code pénal* von 1810 kopiert war die in Preußen allerdings stets nur zeitige Nebenstrafe der Stellung unter Polizeiaufsicht[2261], die ebenso wie die ihr entsprechende Sanktion der napoleonischen Strafgesetzgebung[2262] in erster Linie weniger eine Strafe als vielmehr ein Sicherungsmittel des Staates zur Überwachung des Delinquenten

---

Vorbild genommene Bestimmung des *Code pénal* - allerdings in Anbetracht der zwischenzeitlich eingetretenen Öffentlichkeit des Strafverfahrens im wesentlichen verloren. Vergl. zur Redaktionsgeschichte dieser Bestimmung m.w.N. näher: Goltdammer, *Materialien*, Bd. I, S. 107f., 224; Beseler, *a.a.O.*, S. 136f.; Oppenhoff, *a.a.O.*, S. 77f.; Temme, *Lehrbuch*, S. 449f.; *Glossen*, S. 88f.

2259 Die preußische Regelung wich hier allerdings insofern von ihrem französischen Vorbild ab, als der napoleonische Gesetzgeber einen Aushang an bis zu fünf verschiedenen Orten forderte, was der Veröffentlichung unter Umständen einen ungleich höheren Verbreitungsgrad sichern konnte. Vergl. Art. 36 Abs. 2 C.P. 1810.

2260 Es handelte sich hier um die Vergehenstatbestände der falschen Anschuldigung und der öffentlichen Ehrverletzung. Vergl. §§ 134, 163 preuß. StGB 1851.

2261 §§ 26 bis 29 preuß. StGB 1851. Die ersten Vorschriften über die Polizeiaufsicht stellten §§ 51 bis 55 des Kommissionsentwurfs von 1843 dar. Diese in späteren Entwürfen mehr oder weniger modifizierten Bestimmungen gingen dabei auf einen Antrag der Immediatkommission zurück, der in erster Linie die Art. 44ff des *Code pénal* sowie deren praktische Bewährung in der Rheinprovinz im Auge hatte. Vergl. hierzu m.w.N. ausführlicher: Goltdammer, *Materialien*, Bd. I, S. 147ff, 218ff; Beseler, *a.a.O.*, S. 134ff; Temme, *Glossen*, S. 86ff. Im übrigen hatte man in Preußen mit Ausnahme des Rheinlandes bereits 1850 ein *Gesetz betreffend die Stellung unter Polizeiaufsicht* vom 12. Februar 1850 (abgedruckt in: *Gesetzsammlung* 1850, S. 49f.) in Kraft gesetzt, das sich ebenso wie das spätere Preußische Strafgesetzbuch eng an die entsprechenden Regelungen des *Code pénal* von 1810 angelehnt hatte. Vergl. näher zu den vergleichsweise geringfügigen Änderungen: Goltdammer, *Materialien*, Bd. I, S. 219f. Vergl. auch Art. 36 bair. StGB 1813.

2262 Vergl. Art. 11, 44 bis 50 C.P. 1810.

darstellte[2263] und nur gegen preußische Untertanen[2264] auf die Dauer von mindestens einem bis zu zehn Jahren erkannt werden konnte[2265]. Obgleich die Wirkungen dieser der landrechtlichen Strafgesetzgebung völlig unbekannten Strafe stets bereits mit der Rechtskraft des Urteils begannen, sollte die Dauer der Polizeiaufsicht in unmittelbarer Anlehnung an das französische Vorbild aber erst von dem Tag an gerechnet werden, an dem der Verurteilte die Freiheitsstrafe verbüßt hatte, neben der auf Polizeiaufsicht erkannt worden war[2266]. Im übrigen trat die Nebenstrafe der Stellung unter Polizeiaufsicht entgegen der französisch-rechtlichen Regelung in Preußen nie von Rechts wegen ein, sondern war immer eigens im Urteil zu erwähnen, setzte also stets ein richterliches Straferkenntnis voraus[2267]. Der Gesetzgeber unterschied dessen ungeachtet aber auch hier Fälle, in denen diese Strafe stets ausgesprochen werden mußte[2268] und solche, wo sie nur ausgesprochen werden konnte[2269].

Mit der Polizeiaufsicht waren ähnlich wie auch nach der entsprechenden Sanktion der napoleonischen Strafgesetzgebung bestimmte, eigens im Gesetz aufgeführte Wirkungen verbunden. So konnte dem Verurteilten der Aufenthalt an einzelnen bestimmten Orten von der Landespolizeibehörde untersagt werden[2270] und auch

[2263] Hälschner, *a.a.O.*, Bd. I, S. 270; Volk, *a.a.O.*, S. 283; Goltdammer, *Materialien*, Bd. I, S. 80, 220f.; Beseler, *a.a.O.*, S. 133ff; Oppenhoff, *a.a.O.*, S. 73.

[2264] Gegen Ausländer war stattdessen auf die später noch zu erörternde Landesverweisung zu erkennen. Vergl. § 29 preuß. StGB 1851.

[2265] § 26 Abs. 1 preuß. StGB 1851. Abweichend hiervon sah die napoleonische Strafgesetzgebung die Stellung unter Polizeiaufsicht jedoch sowohl als lebenslange, als auch als lediglich zeitige Nebenstrafe vor. Während eine lebenslange Verhängung nach französischem Recht lediglich bei einer Verurteilung zu zeitiger Zwangsarbeit oder Zuchthaus in Frage kam, richtete sich die Dauer der zeitigen Polizeiaufsicht bei der Verbannung stets nach der der Verbannungsstrafe. Vergl. Art. 47f. C.P. 1810.

[2266] § 26 Abs. 2 preuß. StGB 1851. Vergl. Art. 47f. C.P. 1810.

[2267] Anders als in Preußen trat die Polizeiaufsicht nach dem *Code pénal* bei allen schweren Strafen stets *ipso iure* ein. Vergl. Art. 47 bis 50 C.P. 1810. Das Eintreten von Rechts wegen war allerdings auch in Preußen von einzelnen Monenten des Entwurfs von 1843 für die Zuchthausstrafe unter Hinweis auf die entsprechenden Regelungen des *Code pénal* gefordert worden. Vergl. hierzu m.w.N. ausführlicher: Goltdammer, *Materialien*, Bd. I, S. 148f.

[2268] Vergl. §§ 72, 91, 96, 121, 147f., 218f., 231f., 235, 238 bis 240, 276 preuß. StGB 1851. In unmittelbarer Anlehnung an die napoleonische Strafgesetzgebung mußte auf die Polizeiaufsicht vor allem stets dann erkannt werden, wenn dem Delinquenten wegen Hoch- oder Landesverrats eine zeitige Zuchthausstrafe auferlegt worden war. Vergl. § 72 preuß. StGB 1851 und Art. 49 C.P. 1810.

[2269] Vergl. §§ 91, 96, 216, 235, 237, 241 bis 245, 284 bis 287, 289 bis 291, 294, 297, 301 bis 304 preuß. StGB 1851.

[2270] § 27 Nr. 1 preuß. StGB 1851. Die französische Strafgesetzgebung ging über diese ihr gleichfalls bekannte Regelung insofern sogar noch hinaus, als sie der Regierung gestattete, dem Delinquenten einen ständigen Aufenthaltsort zuzuweisen, den dieser dann nicht mehr verlassen durfte. Auch bei den Verhandlungen des Ständischen Ausschusses wurde in

Haussuchungen unterlagen keinerlei Beschränkungen hinsichtlich der Zeit, zu der sie stattfinden durften[2271] und konnten daher entgegen der einschlägigen Gesetzgebung auch zur Nachtzeit vorgenommen werden[2272]. Neben die Ortsverweisung und das zeitlich unbegrenzte Haussuchungsrecht konnten darüber hinaus noch weitere einschneidende Beschränkungen treten, denn der Ortspolizeibehörde war es in ferner Anlehnung an die entsprechende französisch-rechtliche Regelung grundsätzlich gestattet, die Aufsicht gegen diejenigen Delinquenten, die wegen Diebstahls, Raubes oder Hehlerei verurteilt und unter Polizeiaufsicht gestellt worden waren, dahingehend zu erweitern, daß diese während der Nachtzeit ihren Wohnort und selbst ihre Wohnung ohne Erlaubnis nicht mehr verlassen durften[2273]. Handelte der unter Polizeiaufsicht gestellte Delinquent den ihm auferlegten Beschränkungen zuwider, so verwirklichte er damit in ähnlicher Weise wie nach der französischen Strafgesetzgebung eine strafbare Handlung und mußte mit einer mindestens einwöchigen und höchstens sechsmonatigen Gefängnisstrafe belegt werden[2274].

Anders als die Urheber der napoleonischen Kodifikation hatte der preußische Gesetzgeber die Nebenstrafe der Stellung unter Polizeiaufsicht jedoch insgesamt erheblich abgemildert und ihren Anwendungsbereich deutlich eingeschränkt. Entgegen der französischen Strafgesetzgebung verzichtete er nunmehr auch bei

---

Anlehnung an den *Code pénal* ein entsprechender Vorschlag eingebracht, der aber als zu weitgehende Verschärfung schlußendlich abgelehnt wurde. Vergl. Art. 44 Abs. 2 C.P. 1810 sowie hierzu m.w.N. näher: Goltdammer, *Materialien*, Bd. I, S. 221f. Nachdem im übrigen zuvor die Entwürfe von 1827, 1836 und 1843 die Orts- oder Bezirksverweisung noch in ihr Strafensystem aufgenommen hatten, kamen schon bald insofern Bedenken gegen diese Sanktion auf, als diese in den Augen vieler das Problem lediglich verlagerte und die Kommunen nötigte, verbrecherische Individuen aus anderen Kommunen aufzunehmen. Das Strafgesetzbuch von 1851 hat deshalb die Ortsverweisung schlußendlich als eigenständige Strafe fallengelassen und sie in § 27 Nr. 1 nurmehr als bloße polizeiliche Maßregel der Polizeiaufsicht untergeordnet. Vergl. m.w.N. näher zur Redaktionsgeschichte dieser Bestimmung: Goltdammer, *Materialien*, Bd. I, S. 124f., 221f.

[2271] § 27 Nr. 2 preuß. StGB 1851. Eine entsprechend ausdrückliche Regelung kannte der napoleonische *Code pénal* zwar nicht; allerdings überantwortete er den unter Polizeiaufsicht gestellten Missetäter insgesamt der besonderen Verfügungsgewalt der Regierung, was auch ein zeitlich unbegrenztes Haussuchungsrecht beinhaltet haben dürfte.

[2272] Vergl. §§ 8 und 12 des *Gesetzes zum Schutze der persönlichen Freiheit* vom 12. Februar 1850 (abgedruckt in: *Gesetzsammlung* 1850, S. 45f.).

[2273] § 28 preuß. StGB 1851. Vergl. Art. 44 Abs. 2 C.P. 1810.

[2274] Vergl. § 116 preuß. StGB 1851. Abweichend von der in ihrer Minimal- und Maximaldauer genau bestimmten Haftzeit der preußischen Kodifikation sah der französische Gesetzgeber hier jedoch die Möglichkeit einer Verhaftung ohne genaue zeitige Beschränkung vor. Allerdings war die Haft nach der preußischen Gesetzgebung stets auszusprechen, während es nach dem *Code pénal* der Verwaltung und damit deren Ermessen überlassen blieb, ob sie den zuwiderhandelnden Delinquenten überhaupt in Haft nehmen wollte. Vergl. Art. 45 C.P. 1810.

schweren Straftaten auf deren lebenslange Verhängung[2275] und milderte ihre Wirkungen insofern beachtlich ab, als er gleichfalls darauf verzichtete, dem Delinquenten nach verbüßter Freiheitsstrafe einen ständigen Aufenthalt zuzuweisen, den dieser ohne Genehmigung nicht wieder verlassen durfte[2276]. Während die Stellung unter Polizeiaufsicht nach dem *Code pénal* darüber hinaus bei allen schweren Strafen stets von Rechts wegen eintrat[2277] und zudem - außer in den Fällen, wo sie das Gesetz besonders androhte[2278] - im Rückfall auch bei anderen Vergehen ohne Rücksicht auf deren Natur zu verhängen war[2279], bedurfte die Polizeiaufsicht in Preußen nicht nur stets eines ausdrücklichen richterlichen Straferkenntnisses, das nur in den wenigsten Fällen wirklich ausgesprochen werden mußte[2280], sondern war darüber hinaus auch nicht mehr als obligatorische Nebenstrafe an den Rückfall gebunden. In einem wohl weit weniger positiven Sinn wich der preußische Gesetzgeber allerdings von der ausgesprochen delinquentenfreundlichen französisch-rechtlichen Regelung ab, nach der die Stellung unter Polizeiaufsicht unter bestimmenten Bedingungen durch die Zahlung einer Kaution vermieden werden konnte[2281], denn das Preußische Strafgesetzbuch sah anders als sein französisches Vorbild keine entsprechende Befreiung von der Polizeiaufsicht gegen Stellung einer als Strafsurrogat begriffenen Kaution mehr vor[2282].

h.) Die Einsperrung in ein Arbeitshaus

Außer den bereits im Zusammenhang mit den Hauptstrafen dargestellten Freiheitsstrafen kannte das Preußische Strafgesetzbuch von 1851 noch die nicht im allgemeinen Teil aufgeführte, nur auf preußische Untertanen beschränkte Einsperrung in ein Arbeitshaus[2283]. Diese dem Allgemeinen Landrecht als

2275 Vergl. Art. 47 C.P. 1810.

2276 Vergl. Art. 44 Abs. 2 C.P. 1810.

2277 Vergl. Art. 47 bis 49 C.P. 1810.

2278 Vergl. Art. 50 C.P. 1810.

2279 Vergl. Art. 58 C.P. 1810.

2280 Vergl. §§ 72, 91, 96, 121, 147f., 218f., 231f., 235, 238 bis 240, 276 preuß. StGB 1851.

2281 Vergl. Art. 44 C.P. 1810.

2282 Wohl nach dem Vorbild des Art. 44 Abs. 1 des *Code pénal* hatten noch die Entwürfe von 1843, 1845, 1846 und 1847 die Strafe der Stellung unter Polizeiaufsicht mit der Kautionsstellung als deren Surrogat in Verbindung gebracht. Die Nichtübernahme dieser praktikablen französisch-rechtlichen Regelung wurde bereits von der zeitgenössischen Literatur sehr bedauert. Vergl. hierzu m.w.N. ausführlicher: Goltdammer, *Materialien*, Bd. I, S. 149; Beseler, *a.a.O.*, S. 136.

2283 §§ 117 bis 120, 146 preuß. StGB 1851. Für ausländische Delinquenten trat ursprünglich die Landesverweisung an die Stelle des Arbeitshauses. Vergl. §§ 120 Abs. 1, 146 Abs. 3 preuß. StGB 1851. Im Zuge des *Gesetzes betreffend die Abänderung einiger Bestimmungen des*

korrektionelle Maßregel an sich unbekannte, und so wohl eher aus einer Analogie zum *emprisonnement* des *Code pénal* von 1810 hervorgegangene Nebenstrafe[2284] sah der preußische Gesetzgeber in sehr ferner Anlehnung an die landrechtliche Strafgesetzgebung[2285] lediglich für die Fälle der Landstreicherei, der qualifizierten Bettelei und Arbeitsscheu[2286] sowie der gewerbsmäßigen Unzucht[2287] als polizeiliche Sicherungs- und Besserungsmaßregel[2288] mit einer bis zu dreijährigen bzw. höchstens einjährigen[2289] Dauer neben der angeordneten Freiheitsstrafe vor und bestimmte ihre Vollstreckung erst nach Abbüßung der verwirkten Hauptstrafe[2290]. Innerhalb des gesetzlichen Strafmaßes hing dabei die genaue Dauer der Einsperrung in allen Fällen stets von dem Ermessen der

---

Strafgesetzbuches vom 14. April 1856 (abgedruckt in: *Gesetzsammlung* 1856, S. 210ff) dehnte der Gesetzgeber den Anwendungsbereich dieser Nebenstrafe aber nur wenige Jahre später im Hinblick auf §§ 117 bis 119 auch auf ausländische Delinquenten aus, während § 146 Abs. 3 von dieser Reform unberührt blieb.

2284 Alle Entwürfe bis einschließlich 1847 hatten diese mit leichter Strafarbeit verbundene Sanktion noch als eigenständige Strafgattung vorgesehen, die in den jeweiligen Strafensystemen gleich hinter der Zuchthausstrafe und noch vor der Gefängnisstrafe rangierte. Nachdem zunächst insbesondere rheinische Abgeordnete des Vereinigten Ständischen Ausschusses gegen ihre Einführung mit dem Argument Widerspruch erhoben hatten, sie sei nicht mit dem Prinzip der Dreiteilung der Delikte vereinbar, führte die weitere Entwicklung schließlich zur Herabstufung dieser Strafe zu einer bloßen korrektionellen Maßregel. Vergl. hierzu m.w.N. ausführlicher: Goltdammer, *Materialien*, Bd. I, S. 93ff.

2285 Vergl. Teil II, Tit. 20, § 4 ALR 1794: "Muthwillige Bettler, Landstreicher und Müßiggänger müssen zur Arbeit angehalten [...] werden."

2286 §§ 117 bis 119 preuß. StGB 1851. Die einfache Bettelei ahndete der preußische Gesetzgeber hingegen als bloße Übertretung. Vergl. § 341 preuß. StGB 1851. Bemerkenswert ist hier, daß die in §§ 117 bis 119 aufgeführten Vergehen früher in Preußen nicht durch allgemeine Strafen bedroht waren. So war die Bettelei durch die landrechtliche Strafgesetzgebung zwar verboten, aber nicht mit Strafe bedroht worden, und auch die Strafandrohung im Hinblick auf die Landstreicherei richtete sich ausdrücklich nur gegen *fremde* Landstreicher. Allerdings stellten die Art. 269 bis 273 und 277 bis 282 des napoleonischen *Code pénal* die Landstreicherei ebenso wie der preußische Gesetzgeber von 1851 generell unter Strafe, so daß auch hier durchaus ein französisch-rechtlicher Einfluß angenommen werden kann. Entsprechendes gilt wohl auch für die in Art. 274 bis 282 des *Code pénal* geregelten allgemeinen Strafandrohungen für Bettelei. Vergl. Teil II, Tit. 19, §§ 4f., 16ff; Tit. 20, §§ 4, 191ff ALR 1794 sowie Art. 269 bis 282 C.P. 1810. Vergl. zur Redaktionsgeschichte dieser Bestimmungen m.w.N. ausführlicher: Goltdammer, *Materialien*, Bd. II, S. 197ff.

2287 § 146 preuß. StGB 1851.

2288 Berner, *Strafgesetzgebung*, S. 253; *Lehrbuch*, S. 196. Als bloße polizeiliche Sicherungs- und Besserungsmaßregel wies die Einsperrung in ein Arbeitshaus einen ganz anderen, weil erheblich milderen Strafcharakter auf als die gleichnamigen, eher der preußischen Zuchthausstrafe entsprechenden Strafen in anderen deutschen Strafgesetzbüchern. Vergl. z.B. Art. 15 bis 17 bair. StGB 1813. Eine Aufstellung der betreffenden Gesetzbücher und der jeweiligen Bestimmungen findet sich in: Berner, *Lehrbuch*, S. 196.

2289 § 146 Abs. 4 preuß. StGB 1851.

2290 §§ 120 Abs. 2, 146 Abs. 2 preuß. StGB 1851.

Landespolizeibehörde nach den Umständen des Einzelfalles ab[2291]. Die Anordnung der Einsperrung mußte allerding zuvor von Seiten des erkennenden Gerichts ausdrücklich ausgesprochen worden sein[2292]. Hierbei schrieb der Gesetzgeber in den Fällen der Landstreicherei, der qualifizierten Bettelei und der Arbeitsscheu deren Verhängung stets zwingend vor, während das Gericht im Fall der gewerbsmäßigen Unzucht nicht notwendigerweise auf diese Nebenstrafe zu erkennen brauchte[2293].

i.) Die Landesverweisung

Keine Entsprechung im napoleonischen Strafensystem fand die auf der landrechtlichen Strafgesetzgebung beruhende[2294], wie in allen neueren deutschen Strafgesetzbüchern auch stets nur gegen Ausländer[2295] angewandte Strafe der Landesverweisung[2296]. Kehrte der zu Landesverweisung verurteilte ausländische Delinquent nach seiner Verbringung außer Landes nochmals ohne ausdrückliche Erlaubnis nach Preußen zurück, so verwirklichte er damit einen Vergehenstatbestand und mußte stets zu einer Gefängnisstrafe zwischen drei Monaten und zwei Jahren verurteilt werden[2297].

V. Die allgemeinen Grundsätze zur Verbrechenslehre

Über das Strafensystem und die einzelnen Strafarten hinaus schlug sich die vergleichsweise enge Anlehnung an die napoleonische Strafgesetzgebung vor allem auch in den allgemeinen Grundsätzen zur Verbrechenslehre nieder. Dabei war es insbesondere auf den Einfluß der vom französischen Recht geprägten rheinischen Juristen - die ab 1847 aktiv in die Reformarbeiten eingriffen -

---

2291 §§ 120 Abs. 2, 146 Abs. 4 preuß. StGB 1851.

2292 Das zuvor erwähnte *Gesetz betreffend die Abänderung einiger Bestimmungen des Strafgesetzbuches* vom 14. April 1856 überließ aber wenig später in den Fällen des §§ 117 bis 119 auch die Anordnung der Einsperrung dem Ermessen der Landespolizeibehörde.

2293 §§ 120 Abs. 1, 146 Abs. 2 preuß. StGB 1851.

2294 Vergl. Teil II, Tit. 20, §§ 4, 191 bis 195 ALR 1794.

2295 Obwohl die Landesverweisung in sämtlichen Entwürfen stets nur als gegen Ausländer zu verhängende Strafe aufgefaßt wurde, gab es vor allem von Seiten des Staatsrats dennoch Bestrebungen, diese der Deportation des napoleonischen *Code pénal* entfernt ähnliche Strafe aus naheliegenden Gründen auch auf Inländer bei Begehung politischer Verbrechen auszudehnen. Vergl. hierzu m.w.N. ausführlicher: Goltdammer, *Materialien*, Bd. I, S. 123f.

2296 §§ 29, 117 bis 120, 146, 266 preuß. StGB 1851. Vergl. z.B. Art. 36 bair. StGB 1813 und Art. 43 bayr. StGB 1861. Eine Aufstellung der entsprechenden Bestimmungen anderer neuerer deutscher Strafgesetzbücher findet sich in: Berner, *Lehrbuch*, S. 195.

2297 § 115 preuß. StGB 1851.

zurückzuführen, daß man bei der Revision des preußischen Strafrechts nicht nur bestrebt war, den Bestimmungen des allgemeinen Teils für alle Deliktsarten geltende Zusammenfassungen zu geben, sondern daß zudem auch der napoleonische *Code pénal* der neuen preußischen Kodifikation in den wichtigsten Fragen ihres allgemeinen Teils zugrunde gelegt wurde. Abgesehen von der nahezu identischen Behandlung von Vorsatz und Fahrlässigkeit in *Code pénal* und Preußischem Strafgesetzbuch[2298], äußerte sich diese starke, die überkommene landrechtliche Strafgesetzgebung weitgehend zurückdrängende Orientierung am französischen Vorbild vor allem bei den Bestimmungen über den Versuch[2299], die Teilnahme[2300], die Strafausschließungs- und -milderungsgründe[2301], den Rückfall[2302] sowie die mildernden Umstände[2303].

[2298] Im Gegensatz zur Praxis des Allgemeinen Landrechts und grundlegend anders als das Bairische Strafgesetzbuch von 1813 schwieg sich das Preußische Strafgesetzbuch im allgemeinen Teil völlig über den Begriff und die Anwendung der Grundsätze von Vorsatz und Fahrlässigkeit aus und folgte damit prinzipiell der napoleonischen Strafgesetzgebung, die gleichfalls keine allgemein formulierten Begriffs- und entsprechenden Anwendungsbestimmungen kannte. Der *Code pénal* von 1810 beinhaltete in Art. 297 jedoch eine - allerdings sehr unvollständige - Definition der *préméditation*, während er die *culpa* nur bei einzelnen Vergehen mit Strafe belegte und dort mit so unterschiedlichen Bezeichnungen wie *négligence*, *maladresse*, *imprudence*, *défaut de précaution* und *inobservation* umschrieb. Vergl. Art. 319f. C.P. 1810. Anders als die französische Strafgesetzgebung, die insoweit hinsichtlich der Beurteilung der Fahrlässigkeit zumindest einige Anhaltspunkte gewährte, fanden sich im Preußischen Strafgesetzbuch derartige Hinweise jedoch nicht. Allerdings hatten einige der 1847 zu den Beratungen des Strafgesetzbuchs hinzugezogenen rheinischen Juristen vor allem im Interesse der Geschworenen entsprechende Anhaltspunkte nach französischem Vorbild angeregt. Der von ihnen eingereichte Vorschlag fand jedoch in der Staatsratskommission keinerlei Billigung. Auch hatte es in ferner Anlehnung an die landrechtlichen Regelungen zunächst in allen Entwürfen seit 1827 Bestrebungen gegeben, im Strafgesetzbuch allgemeine Begriffsbestimmungen für Vorsatz und Fahrlässigkeit aufzustellen. Letztendlich beschloß man aber, die Lehren vom *dolus* und der *culpa* der Doktrin zu überlassen. Vergl. Teil II, Tit. 20, §§ 26 bis 29 ALR 1794 sowie Art. 39, 64 bair. StGB 1813. Vergl. insgesamt m.w.N. ausführlich zur Redaktionsgeschichte des Preußischen Strafgesetzbuchs im Hinblick auf die Behandlung von Vorsatz und Fahrlässigkeit: Goltdammer, *Materialien*, Bd. I, S. 225ff; Beseler, *a.a.O.*, S. 36ff.

[2299] §§ 31 bis 33 preuß. StGB 1851.

[2300] §§ 34 bis 39 preuß. StGB 1851.

[2301] §§ 40 bis 54 preuß. StGB 1851.

[2302] §§ 58 bis 60 preuß. StGB 1810.

[2303] §§ 63 bis 66, 68, 74, 76, 78, 102, 156, 187, 193 bis 196, 216 bis 218, 227, 237f., 242, 259f., 281, 310, 316, 321 preuß. StGB 1851.

1. Der Versuch

Insgesamt wohl am augenfälligsten war vor allem die Behandlung des Versuchs[2304] von der französischen Strafgesetzgebung beeinflußt. Nachdem man sich auch in der Lehre vom Versuch anfänglich noch an den Standpunkt der landrechtlichen Strafgesetzgebung angelehnt[2305] und dort zunächst nur einzelne, als mangelhaft empfundene Punkte zu verbessern gedacht hatte, verwarfen die Urheber des Preußischen Strafgesetzbuchs aber schon bald die überkommenen landrechtlichen Prinzipien und orientierten sich spätestens seit 1843 und verstärkt noch nach der 1847 erfolgten Hinzuziehung rheinischer Juristen an der entsprechenden napoleonischen Strafgesetzgebung[2306]. Besonders deutlich wurde diese Abwendung von der landrechtlichen und gleichzeitige Hinwendung zur napoleonischen Strafgesetzgebung an der Legaldefinition des Versuchs[2307], denn ebenso wie die französische Begriffsbestimmung und im Gegensatz zur bisherigen landrechtlichen Regelung erfaßte die vom preußischen Gesetzgeber gewählte allgemeine Definition bloße Vorbereitungshandlungen grundsätzlich nicht mehr[2308]

[2304] §§ 31 bis 33 preuß. StGB 1851.

[2305] Das Allgemeine Landrecht differenzierte mehr oder weniger scharf zwischen dem vollbrachten Verbrechen, dem beendeten Verbrechen oder dem nächsten Versuch, dem nahen Versuch, dem entfernten Versuch, dem freiwilligen Abstehen von der Ausführung des Verbrechens, der Drohung und dem strafbaren untauglichen Versuch. Nach dieser graduellen Abstufung bemaß sich auch die Bestrafung bis hin zur vollen Strafe. Vergl. Teil II, Tit. 20, §§ 39 bis 44, 866 ALR 1794.

[2306] Vergl. hierzu m.w.N. ausführlich: Goltdammer, *Materialien*, Bd. I, S. 244ff; Beseler, *a.a.O.*, S. 137ff; Hälschner, *a.a.O.*, Bd. II, S. 194f.; Schmidt, *Strafrechtspflege*, S. 319; Müller, *Strafgesetzbuch*, S. 44ff; Temme, *Lehrbuch*, S. 273, 275ff, 282f., 288f., 305ff; *Glossen*, S. 89ff.

[2307] § 31 preuß. StGB 1831. Nachdem man zunächst auf die landrechtlichen Bestimmungen zum Versuch zurückgegriffen, diese aber lediglich verbessert und sich zudem für die Strafbarkeit des untauglichen Versuchs entschieden hatte, beschloß man erst im Entwurf von 1846, auf die Begriffsbestimmung des Versuchs überhaupt zu verzichten und zugleich auch die Bestimmung über den Versuch mit untauglichen Mitteln wegzulassen. Nur mit Rücksicht auf das in der Rheinprovinz geltende französische Strafverfahren wurde jedoch 1847 in das Einführungsgesetz unter die nur für die Rheinprovinz geltenden Regelungen eine dem *Code pénal* nachgebildete Versuchsbestimmung aufgenommen, die - mit geringfügig abweichendem Wortlaut - anschließend in den Entwurf von 1850 und schlußendlich auch in § 31 des Strafgesetzbuchs Eingang fand. Vergl. hierzu m.w.N. ausführlicher: Goltdammer, *Materialien*, Bd. I, S. 244ff; Beseler, *a.a.O.*, S. 137ff; Hälschner, *a.a.O.*, Bd. II, S. 194f.; Temme, *Glossen*, S. 89ff.

[2308] Das Allgemeine Landrecht hatte bis dahin alle vorbereitenden Handlungen unter der Bezeichnung *vorläufige Anstalten* unter Strafe gestellt. Auch der bayerische Gesetzgeber von 1813 sah noch die generelle Strafbarkeit von Vorbereitungshandlungen vor. Vergl. Teil II, Tit. 20, § 42 ALR 1794 und Art. 62 bair. StGB 1813. Allerdings bestrafte auch das Preußische Strafgesetzbuch von 1851 ausnahmsweise einzelne Handlungen als selbständige Verbrechen oder Vergehen, die an sich nur als Vorbereitungshandlungen anderer Delikte

und stellte nach dem Vorbild des *Code pénal* nunmehr objektiv auf den Anfang der Tatausführung ab[2309]. Gleichzeitig bedurfte das Preußische Strafgesetzbuch aufgrund der auf den Zufall sowie die Willensrichtung des Täters abstellenden Legaldefinition auch keines ausdrücklich geregelten strafbefreienden Rücktritts vom Versuch mehr und näherte sich deshalb entgegen der bisherigen landrechtlichen Regelung[2310] auch insoweit dem französischen Vorbild an[2311]. Abweichend von der deutsch-rechtlichen Maxime, daß der Versuch stets milder zu bestrafen sei als das vollendete Verbrechen, orientierte sich der preußische Gesetzgeber zudem auch im Hinblick auf die Strafzumessung grundsätzlich an dem zuerst von der napoleonischen Kodifikation aufgestellten Prinzip, nach dem der Versuch eines Verbrechen in der Straffolge stets dem vollendeten Verbrechen gleichgestellt, der Versuch eines Vergehens aber nur in den gesetzlich vorgeschriebenen Fällen und der Versuch einer Übertretung niemals mit entsprechender Strafe belegt werden sollte[2312]. Entsprechend dem französischen Vorbild unterschied deshalb auch das Preußische Strafgesetzbuch nicht nur

gelten konnten. Hierzu zählten etwa die Vorbereitung oder Verabredung eines hochverräterischen Unternehmens, die Einführung von Falschgeld aus dem Ausland zwecks Verbreitung im Inland oder die Herausforderung zum Duell. Vergl. §§ 63f., 66, 78, 122, 164 bis 166 preuß. StGB 1851. Diese Ausnahmen rechtfertigten sich dadurch, daß Vorbereitungshandlungen bereits ein gewisses Hinaustreten des Willens in die Außenwelt sind und daß sich daher ihre Straflosigkeit nicht generell behaupten ließ. Vergl. Berner, *Lehrbuch*, S. 162f.; Beseler, *a.a.O.*, S. 141.

2309 Vergl. § 31 preuß. StGB 1851. Vergl. Art. 2 C.P. 1810: "Toute tentative de crime qui aura été manifestée par des actes extérieurs et suivie d'un commencement d'exécution, si elle n'a été suspendue ou n'a manqué son effet que par des circonstances fortuites ou indépendantes de la volonté de l'auteur, est considérée comme le crime même." Während noch die ursprüngliche napoleonische Fassung von Art. 2 des *Code pénal* das Vorliegen von *äußeren* Handlungen [*actes extérieurs*] verlangt hatte, wurde diese Bezeichnung später durch Art. 13 des Reformgesetzes vom 28. April 1832 insofern wieder entfernt, als es sich von selbst verstand, daß die innere Handlung der Gedanken nicht bestraft werden sollte. Dieser Änderung des Wortlauts war man anschließend auch in Preußen gefolgt. Vergl. Beseler, *a.a.O.*, S. 137f.; Goltdammer, *Materialien*, Bd. I, S. 244f., 248f., 252f.; 261ff; Hartmann, *a.a.O.*, S. 9; Schweisthal, *a.a.O.*, S. 82; Temme, *Glossen*, S. 92.

2310 Das Allgemeine Landrecht hatte dem Täter dann einen Anspruch auf Begnadigung gewährt, wenn er *aus eigener Bewegung von der Ausführung des Verbrechens abstand und dabei solche Anstalten traf, daß die gesetzwidrige Wirkung gar nicht erfolgen konnte*. Vergl. Teil II, Tit. 20, § 43 ALR 1794.

2311 Beseler, *a.a.O.*, S. 141f.; Goltdammer, *Materialien*, Bd. I, S. 254ff; Schweisthal, *a.a.O.*, S. 82f.; Temme, *Glossen*, S. 95f.

2312 Vergl. Art. 2f. C.P. 1810. Allerdings hatten alle früheren Entwürfe des Strafgesetzbuchs das deutsch-rechtliche Prinzip fortgeschrieben, daß der Versuch in allen Fällen geringer als das vollendete Delikt zu bestrafen sei. Erst der Entwurf von 1850 griff erstmals den anderslautenden Grundsatz des französischen Strafrechts auf. Vergl. hierzu m.w.N. näher: Goltdammer, *Materialien*, Bd. I, S. 279f.; Beseler, *a.a.O.*, S. 146f.; Hälschner, *a.a.O.*, Bd. II, S. 210f.; v. Kräwel, *a.a.O.*, S. 477; Temme, *Lehrbuch*, S. 302ff.

systematisch scharf zwischen dem Versuch eines Verbrechens[2313] und dem strafbaren Versuch eines Vergehens[2314], sondern bestimmte zudem grundsätzlich, daß sich die Strafbarkeit eines versuchten Verbrechens stets[2315], die des versuchten Vergehens hingegen nur in den gesondert bestimmten Fällen nach dem vollendeten Delikt zu richten habe[2316]. Abweichend vom napoleonischen Vorbild hat der preußische Gesetzgeber jedoch die Versuchsstrafe selbst insofern nicht gänzlich der des vollendeten Verbrechens oder Vergehens gleichgestellt, als er für alle strafbaren Versuche nicht nur eine fakultative Strafmilderung[2317], sondern zudem für Verbrechen eine zwingend vorzunehmende Strafumwandlung dergestalt vorsah, daß anstatt auf die Todes- oder die lebenslange Zuchthausstrafe stets auf eine mindestens zehnjährige Zuchthausstrafe verbunden mit Polizeiaufsicht erkannt werden mußte[2318]. Darüber hinaus galt abweichend vom *Code pénal* allgemein die Regel, daß dann, wenn bei einem Verbrechen die Feststellung des Vorhandenseins mildernder Umstände eine Herabsetzung der Strafe nach sich zog, dies auch für den Versuch Anwendung zu finden hatte[2319].

2. Die Teilnahme

Nachdem das Allgemeine Landrecht zuvor weder eine deutliche Differenzierung zwischen dem Urheber, dem Gehilfen und dem Begünstiger vorgenommen noch

---

[2313] § 32 preuß. StGB 1851.

[2314] § 33 preuß. StGB 1851.

[2315] § 32 Abs. 1 Satz 1 preuß. StGB 1851.

[2316] § 33 Satz 1 preuß. StGB 1851. Vergl. §§ 84, 90, 94, 96, 111, 123, 130, 212, 216 bis 227, 234, 242, 243 Nr. 3 bis 5, 271, 311, 324 bis 326, 330 preuß. StGB 1851. Die Strafbarkeit einer versuchten Übertretung schloß der preußische Gesetzgeber im Unterschied zum *Code pénal* sogar ausdrücklich aus. Vergl. § 336 preuß. StGB 1851.

[2317] §§ 32 Abs. 1 Satz 2, 33 Satz 2 preuß. StGB 1851. Nachdem sich der Entwurf von 1850 bereits im wesentlichen dem *Code pénal* angeschlossen und nur für die absoluten Strafen eine Herabsetzung auf die zeitige Zuchthausstrafe sowie die Stellung unter Polizeiaufsicht vorgesehen hatte, regte sich in der Kommission der Zweiten Kammer insofern Widerspruch, als man deutsch-rechtlichen Anschauungen folgend nochmals anregte, die Strafe des Versuchs allgemein niedriger als die des vollendeten Verbrechens zu gestalten. Die Befürworter dieses Vorschlags konnten sich zwar mit ihrer Auffassung nicht völlig durchsetzen, ihr Vorstoß führte jedoch im Ergebnis zur Hinzufügung von § 32 Abs. 1 Satz 2 und Abs. 3. Vergl. hierzu m.w.N. ausführlicher: Goltdammer, *Materialien*, Bd. I, S. 278ff; Beseler, *a.a.O.*, S. 147f.; Hälschner, *a.a.O.*, Bd. II, S. 210f.; v. Kräwel, *a.a.O.*, S. 477ff; Temme, *Lehrbuch*, S. 305ff; *Glossen*, S. 97f.

[2318] Vergl. § 32 Abs. 2 preuß. StGB 1851.

[2319] Vergl. §§ 32 Abs. 3, 33 Satz 2 preuß. StGB 1851. Obwohl diese Bestimmung für die Regelungen des § 32 Abs. 1 als sich von selbst verstehend angesehen werden konnte, wurde ihre Hinzufügung im Hinblick auf die dispositive Fassung von § 32 Abs. 2 jedoch klarstellend für notwendig erachtet. Vergl. hierzu m.w.N. näher: Beseler, *a.a.O.*, S. 149.

alle diese Teilnehmer gleichbehandelt hatte[2320], unterschied das Preußische Strafgesetzbuch in enger Anlehnung an die entsprechenden Bestimmungen des *Code pénal*[2321] nunmehr grundsätzlich zwischen dem Täter, dem Anstifter und dem Gehilfen[2322]. Ebenso wie die im wesentlichen gleichlautende Regelung der napoleonischen Kodifikation[2323] vermied auch die ihr offensichtlich nachgebildete Bestimmung des Preußischen Strafgesetzbuchs über die Teilnahme[2324] jede Definition derselben und versuchte die nötige Bestimmtheit nach Vorgabe der napoleonischen Begriffsbestimmung durch die Aufzählung der einzelnen

---

[2320] Vergl. Teil II, Tit. 20, §§ 64 bis 90 ALR 1794. Das Allgemeine Landrecht kannte Haupturheber, Miturheber, intellektuelle Urheber, Hauptgehilfen, Nebengehilfen, intellektuelle Gehilfen, die Begünstigung, die unterlassene Anzeige und Behinderung, die Teilnahme an den Vorteilen sowie den Komplott. Der Miturheber war nach § 64 stets als unmittelbarer Teilnehmer anzusehen. Andererseits wurde aber auch der nicht unmittelbar Teilnehmende, weil nur notwendige Hilfe Leistende nach § 71 dem Urheber gleichgestellt und rechtlich anders als der nach § 72 nicht notwendige Hilfe Leistende behandelt. Demgegenüber wurde aber wiederum derjenige, der ohne Verabredung zur Zeit der Ausführung durch Handreichung, Wachehalten oder anderweitig wissentliche Hilfe leistete - also Handlungen vornahm, die nicht als unmittelbare Teilnahme angesehen werden konnten - nach § 74 dennoch als Miturheber angesehen und mit der gleichen Strafe wie der eigentliche Täter belegt. Vergl. hierzu näher: Goltdammer, *Materialien*, Bd. I, S. 282; Berner, *Strafgesetzgebung*, S. 39f.; Beseler, *a.a.O.*, S. 152; Hälschner, *a.a.O.*, Bd. II, S. 307ff; Temme, *Lehrbuch*, S. 316ff.

[2321] Vergl. Art. 59 bis 63 C.P. 1810.

[2322] §§ 34 bis 39 preuß. StGB 1851. Nachdem man sich zu Beginn der Revisionsarbeiten zunächst zwar insofern dazu entschlossen hatte, dem vorgegebenen landrechtlichen Modell zu folgen, als man eine regelmäßig rein individuelle Verurteilung des Verbrechers auch bei der Teilnahme sowie ein entsprechendes Klassensystem mit besonderer Strafzumessung einzuführen gedachte, näherte man sich in späteren Stadien der Redaktion - insbesondere auch unter dem Einfluß der seit 1847 hinzugezogenen rheinischen Juristen - mehr und mehr dem französischen Recht an, das man jedoch zu verbessern und fortzuentwickeln suchte. Vergl. hierzu m.w.N. ausführlich: Goltdammer, *Materialien*, Bd. I, S. 282ff; Berner, *Strafgesetzgebung*, S. 255; Beseler, *a.a.O.*, S. 152ff; Hälschner, *a.a.O.*, Bd. I, S. 282; Bd. II, S. 318ff; v. Hippel, *Deutsches Strafrecht*, Bd. I: *Allgemeine Lehren*, S. 325; Roxin, in: *Leipziger Kommentar*, Bd. I, vor § 25, Rn. 15; Volk, *a.a.O.*, S. 283; Hartmann, *a.a.O.*, S. 9; Temme, *Lehrbuch*, S. 313ff, 336f., 343ff, 364ff; *Glossen*, S. 99ff.

[2323] Vergl. Art. 60 C.P. 1810: "Seront punis comme complices d'une action qualifiée crime ou délit, ceux qui par dons, promesses, menaces, abus d'autorité ou de pouvoir, machinations ou artifices coupables, auront provoqué à cette action, ou donné des instructions pour la commettre;
Ceux qui auront procuré des armes, des instruments, ou tout autre moyen qui aura servi à l'action, sachant qu'ils devaient y servir;
Ceux qui auront, avec connaissance, aidé ou assisté l'auteur ou les auteurs de l'action, dans les faits qui l'auront préparée ou facilitée, ou dans ceux qui l'auront consommé [...]."

[2324] § 34 preuß. StGB 1851.

Teilnahmefälle zu erreichen[2325]. Anders aber als die Urheber des *Code pénal* - die noch nicht deutlich genug zwischen der intellektuellen Urheberschaft und der Beihilfe differenziert und beide Begriffe miteinander vermengt hatten - bemühte sich der preußische Gesetzgeber ebenso wie zuvor bereits Feuerbach bei der Konzeption des Bairischen Strafgesetzbuchs von 1813 um eine deutlichere Differenzierung zwischen der intellektuellen Urheberschaft und der Beihilfe und unterschied deshalb bei der Aufzählung der einzelnen Fälle nunmehr insofern schärfer zwischen diesen beiden Arten der Teilnahme, als er zunächst die Anstifter[2326] und erst im Anschluß die Gehilfen bezeichnete[2327]. Während dementsprechend stets derjenige als Anstifter oder intellektueller Urheber zur Verantwortung zu ziehen war, der die Verübung eines Verbrechens oder Vergehens durch einen anderen veranlaßt hatte, ohne sich aber selbst unmittelbar an der Tatausführung beteiligt zu haben, war derjenige regelmäßig als Gehilfe zu bestrafen, der dem Täter zur Begehung der Tat entweder Anleitung gegeben, ihm wissentlich zur Tatausführung bestimmte Waffen, Werkzeuge oder andere Mittel verschafft oder aber ihm vorsätzlich bei solchen Handlungen Hilfe geleistet hatte, die die Tat vorbereitet, erleichtert oder vollendet haben. Hinsichtlich der Beihilfe stellte der preußische Gesetzgeber also zunächst die intellektuelle Beihilfe in Form des Ratschlags unter Strafe, wobei die Bezeichnung *Anleitung* zweifellos in unmittelbarer Anlehnung an die napoleonische Begriffsbestimmung nicht jeden Ratschlag schlechthin, sondern nur solche vom Täter tatsächlich genutzte Instruktionen umfassen sollte, die der Gehilfe in der Absicht erteilte, fördernd auf die Verübung der Straftat einzuwirken[2328]. In allen anderen Fällen hob der Gesetzgeber allerdings ausdrücklich das Erfordernis hervor, daß der Gehilfe mit Vorsatz gehandelt haben mußte[2329].

Offensichtlich der napoleonischen Kodifikation entlehnt war auch die entsprechende Strafzumessungsbestimmung der Teilnahme, die ursprünglich - zumindest ihrem Wortlaut nach - ebenso wie in Frankreich die uneingeschränkte Anwendung der für den Täter geltenden gesetzlichen Strafe auch für den

---

[2325] Im Unterschied zum preußischen Strafgesetzbuch enthielt Art. 60 Abs. 1 des *Code pénal* allerdings eine abschließende Aufzählung der Unterstützungsfälle, während § 34 Nr. 1 durch den Zusatz *oder durch andere Mittel* verdeutlichte, daß der preußische Gesetzgeber den Mittelkatalog lediglich als demonstrativ verstanden wissen wollte. Vergl. Goltdammer, *Materialien*, Bd. I, S. 305, 329; Beseler, *a.a.O.*, S. 154; Temme, *Glossen*, S. 101.

[2326] § 34 Nr. 1 preuß. StGB 1851.

[2327] § 34 Nr. 2 preuß. StGB 1851.

[2328] Der napoleonische Gesetzgeber gebrauchte hier die Bezeichnung *instructions pour commettre l'action*, die er allerdings neben die intellektuelle Urheberschaft stellte. Vergl. Art. 60 Abs. 1 C.P. 1810.

[2329] Vergl. Art. 60 Abs. 2 C.P. 1810: "[...] sachant qu'ils devaient y servir [...]."

Teilnehmer vorschrieb[2330]. Wie schon die napoleonische und die ihr nachfolgende Reformgesetzgebung[2331] beabsichtigte aber auch der preußische Gesetzgeber von 1851 keine absolute Gleichförmigkeit der Strafe, sondern gestattete dem erkennenden Gericht vielmehr, das genaue Strafmaß innerhalb der für das Verbrechen oder Vergehen festgelegten Strafgrenzen zu bestimmen[2332]. Diese Regelung verlor ihre Bedeutung jedoch im Fall der absoluten Strafen, so daß der Gesetzgeber bei der Todes- sowie der lebenslangen Zuchthausstrafe entsprechend der im Rahmen des Versuchs getroffenen Regelung[2333] noch einen Ausgleich schaffen mußte, wenn er untragbare Härten vermeiden wollte[2334].

Eine besondere Art der Anstiftung regelte die folgende Bestimmung des preußischen Strafgesetzbuchs, die sich - ebenfalls im wesentlichen der französischen Strafgesetzgebung entlehnt - mit solchen Anstiftungen beschäftigte, die durch öffentliche Aufforderungen in Reden und Schriften begangen werden konnten[2335]. Ebenso wie die napoleonische Kodifikation differenzierte auch der

---

[2330] Vergl. § 35 preuß. StGB 1851. Vergl. Art. 59 C.P. 1810: "Les complices d'un crime ou d'un délit seront punis de la même peine que les auteurs mêmes de ce crime ou de ce délit, sauf les cas où la loi en aurait disposé autrement."

[2331] Auch in Frankreich wurde Art. 59 des *Code pénal* dahingehend verstanden, daß lediglich die Strafart dieselbe sein mußte. Innerhalb der entsprechenden Strafgrenzen konnte der Richter jedoch nach freiem Ermessen entscheiden. Auch kam nach Art. 94 des Reformgesetzes vom 28. April 1832 für die Teilnahme an einem Verbrechen oder Vergehen der Einfluß der mildernden Umstände in Betracht. Vergl. Hartmann, *a.a.O.*, S. 9f.; Beseler, *a.a.O.*, S. 160f.; Goltdammer, *Materialien*, Bd. I, S. 320f.; Müller, *Strafgesetzbuch*, S. 49.

[2332] Vergl. hierzu sowie zur Entstehungsgeschichte von § 35 Satz 1 m.w.N. ausführlich: Beseler, *a.a.O.*, S. 160ff; Goltdammer, *Materialien*, Bd. I, S. 319ff; Temme, *Glossen*, S. 103ff.

[2333] Vergl. § 32 Abs. 2 preuß. StGB 1851.

[2334] § 35 preuß. StGB 1851. Diese Regelung hat durch das *Gesetz betreffend die Abänderung einiger Bestimmungen des Strafgesetzbuchs* vom 30. Mai 1859 (abgedruckt in: *Gesetzsammlung* 1859, S. 320ff) insofern eine wichtige Modifikation erfahren, als es fortan für den Fall einer nicht wesentlichen Teilnahme an die Stelle der Todes- oder lebenslänglichen Zuchthausstrafe die zeitige Zuchthausstrafe von mindestens sechs Jahren sowie die Stellung unter Polizeiaufsicht treten ließ. Darüber hinaus konnte die Strafe in allen übrigen Fällen nunmehr bis auf die Hälfte des niedrigsten Maßes der auf das Verbrechen oder Vergehen angedrohten Freiheitsstrafe und Geldbuße ermäßigt werden. Fand der Richter bei einem mit der Zuchthausstrafe bedrohten Verbrechen zudem eine kürzere als zweijährige Freiheitsstrafe angemessen, so war darüber hinaus nicht auf die Zuchthausstrafe, sondern auf Gefängnisstrafe verbunden mit zeitiger Untersagung der Ausübung der bürgerlichen Ehrenrechte zu erkennen. Vergl. m.w.N. ausführlich zur Redaktionsgeschichte von § 35 Abs. 2: Beseler. *a.a.O.*, S. 162ff; Goltdammer, *Materialien*, Bd. I, S. 324ff; Berner, *Strafgesetzgebung*, S. 209f.

[2335] § 36 preuß. StGB 1851. Als unmittelbare Quelle dienten hier vor allem der nahezu gleichlautende Art. 102 des *Code pénal* sowie zwei aus den Jahren 1819 und 1835 stammende, in erster Linie die Presse betreffende Spezialgesetze. Vergl. m.w.N. ausführlich

preußische Gesetzgeber im Hinblick auf die Strafzumessung danach, ob die Aufforderung zu einem konkreten Erfolg in Gestalt der Begehung einer Straftat oder aber eines strafbaren Versuchs geführt hatte[2336] oder ob sie ohne weitere Auswirkungen geblieben war[2337], denn während der Anstifter im ersten Fall stets als Teilnehmer angesehen und entsprechend hart bestraft werden sollte, verwirkte er lediglich eine höchstens einjährige Gefängnisstrafe, wenn seine Aufforderung keinen Erfolg gezeitigt hatte.

Zur Teilnahme an einem Verbrechen oder Vergehen im weiteren Sinne gehörte auch der Fall, daß dem Täter nach der Verübung der strafbaren Handlung wissentlich Vorschub geleistet wurde. Die von der landrechtlichen Strafgesetzgebung zuvor sehr weit gefaßte, weil auch die einfache Teilhabe an Verbrechensvorteilen umfassende, zudem relativ unbestimmte und durchweg mit harten Strafen belegte Begünstigung[2338] schränkte der preußische Gesetzgeber zunächst insofern erheblich ein, als er fortan in ähnlicher Weise wie die französische Strafgesetzgebung[2339] diese Art der Teilnahme nicht nur als selbständiges Delikt ausschied[2340] und die Begünstigung unter besondere Strafbestimmungen stellte, sondern zudem die einfache Teilnahme an den Vorteilen eines Verbrechens nicht mehr mit Strafe bedrohte[2341]. Während aber der napoleonische *Code pénal* die Hehlerei als wichtigste Form der Begünstigung noch im Rahmen der Teilnahme behandelt hatte[2342], erfaßte der preußische Gesetzgeber nunmehr auch sie im besonderen Teil des Strafgesetzbuchs[2343] und konnte sich

---

zur Redaktionsgeschichte dieser Bestimmung: Goltdammer, *Materialien*, Bd. I, S. 334ff; Beseler, *a.a.O.*, S. 165ff; Temme, *Glossen*, S. 107ff.

2336 § 36 Abs. 1 preuß. StGB 1851.

2337 § 36 Abs. 2 preuß. StGB 1851.

2338 Vergl. Teil II, Tit. 20, §§ 83, 1218 ALR 1794.

2339 Vergl. Art. 61 bis 63 C.P. 1810.

2340 Der preußische Gesetzgeber grenzte ebenso wie die Urheber des *Code pénal* von 1810 die Begünstigung durch den Zeitpunkt der Unterstützungshandlung klar von der Beihilfe ab. Für den Begriff einer sukzessiven Beihilfe blieb so kein Raum, abgesehen von der Ausnahme, daß sie dem Täter zuvor versprochen worden war. Vergl. § 38 preuß. StGB 1851.

2341 §§ 37f. preuß. StGB 1851. Landrechtlichen Grundsätzen folgend hatte man allerdings noch bis 1845 an der Strafbarkeit der einfachen Teilnahme an Verbrechensvorteilen festgehalten. Im Gegensatz hierzu sprach die napoleonische Strafgesetzgebung stets nur von "verhehlen" [*recéler*], nicht aber vom Mitgenuß der Vorteile, die sich ein Dritter widerrechtlich verschafft hatte. Vergl. Art. 62f. C.P. 1810. Vergl. m.w.N. ausführlich zur Redaktionsgeschichte beider Bestimmungen: Goltdammer, *Materialien*, Bd. I, S. 290f., 295, 337ff; Beseler, *a.a.O.*, S. 168ff; Hartmann, *a.a.O.*, S. 10; Temme, *Lehrbuch*, S. 382ff; *Glossen*, S. 109ff.

2342 Vergl. Art. 62f. C.P. 1810.

2343 Vergl. §§ 237 bis 240 preuß. StGB 1851. Auch die gleichfalls als eine Art der Begünstigung anzusehende Gefangenenbefreiung hatte der preußische Gesetzgeber aus dem allgemeinen Teil ausgeschieden und erst im besonderen Teil des Strafgesetzbuchs erfaßt. Vergl. §§ 94f. preuß. StGB 1851.

deshalb bei der Abfassung der entsprechenden allgemeinen Bestimmungen auch auf eine allgemeine, auf alle Verbrechen und Vergehen anwendbare Fassung beschränken[2344]. Die Begünstigung eines Verbrechens oder Vergehens zog hiernach alternativ entweder eine Geldbuße bis zu 200 *Thalern* oder aber eine höchstens einjährige Gefängnisstrafe nach sich[2345]. Sie war dann gegeben, wenn dem Täter wissentlich entweder Beistand geleistet wurde, um ihn der Bestrafung zu entziehen[2346], oder man ihm die Begünstigung deshalb gewährte, um ihm die Vorteile seines Verbrechens oder Vergehens zu sichern[2347]. Eine Begünstigung erstgenannter Art, nicht aber die bloße Vorteilssicherung wurde allerdings abweichend von der napoleonischen Strafgesetzgebung dann nicht bestraft, wenn sie dem Täter durch Verwandte in auf- oder absteigender Linie, von Geschwistern oder Ehegatten gewährt worden war[2348]. Eine Sonderbestimmung sah der Gesetzgeber darüber hinaus für den Fall vor, daß die Begünstigung dem Täter aufgrund einer mit ihm vor der Tat getroffenen Abrede gewährt worden war, denn dann kamen nicht nur die allgemeinen Grundsätze über die Bestrafung der Teilnahme an einem Verbrechen zur Anwendung, sondern es entfiel auch die den Täterangehörigen gewährte Privilegierung[2349].

Die zuvor bereits landrechtlich geregelte, dort aber mehr oder weniger unbestimmt erfaßte Nichtanzeige eines beabsichtigten Verbrechens[2350] erfaßte der preußische

---

[2344] Beseler, *a.a.O.*, S. 168; Hartmann, *a.a.O.*, S. 10.

[2345] Schon aus dieser besonderen Strafandrohung wurde deutlich, daß der preußische Gesetzgeber von 1851 die Begünstigung als ein von den übrigen Arten der Teilnahme abzugrenzendes, selbständiges Vergehen begriff.

[2346] In dieser allgemeinen Fassung unterschied sich die preußische Kodifikation deutlich von der entsprechenden Bestimmung des *Code pénal*, die außer den Hehlern nur diejenigen mit Strafe belegte, die das strafbare Verhalten des Delinquenten kannten, ihm aber dessen ungeachtet gewöhnlich einen Aufenthalts-, Zufluchts- oder Versammlungsort gewährten. Vergl. Art. 61 C.P. 1810.

[2347] § 37 Abs. 1 preuß. StGB 1851.

[2348] § 37 Abs. 2 preuß. StGB 1851. Nachdem noch der Entwurf von 1850 diese privilegierende Ausnahme allgemein für jede Begünstigung vorgesehen hatte, hielt man sie später in der Kommission der Zweiten Kammer nur noch für den Fall für angemessen, in dem die Hilfeleistung durch die Sorge um die Person des Täters veranlaßt worden war. Vergl. hierzu m.w.N. näher: Beseler, *a.a.O.*, S. 170f.; Goltdammer, *Materialien*, Bd. I, S. 342; Müller, *Strafgesetzbuch*, S. 51.

[2349] § 38 preuß. StGB 1851.

[2350] Nach der landrechtlichen Strafgesetzgebung bestand eine Anzeige- bzw. Abwendungspflicht für denjenigen, der Kenntnis von einem Verbrechen hatte, das entweder die Sicherheit des Staates oder das Leben, die Gesundheit, die Ehre oder das Vermögen eines anderen einer erheblichen Gefahr aussetzte. Handelte er dieser Anzeigepflicht zuwider, so war er zum Schadensersatz verpflichtet und sollte außerdem nach dem Verhältnis seiner Bosheit oder Fahrlässigkeit bestraft werden. Vergl. Teil II, Tit. 20, §§ 80 bis 82 ALR 1794.

Gesetzgeber schließlich in der letzten Bestimmung des Titels[2351] und orientierte sich bei ihrer Redaktion neben der landrechtlichen Strafgesetzgebung vor allem auch an den entsprechenden Regelungen der napoleonischen Kodifikation[2352]. Während aber der *Code pénal* eine Anzeigepflicht im wesentlichen nur bei den eigentlichen Staatsverbrechen statuiert und zudem eine strafbefreiende Privilegierung von Angehörigen vorgesehen hatte[2353], weitete der preußische Gesetzgeber diese stets auch für engste Familienmitglieder geltende Pflicht in ferner Anlehnung an die landrechtliche Strafgesetzgebung insofern erheblich aus, als er über die Staatsverbrechen hinaus ausdrücklich auch die Münzfälschung, den Mord, den Raub, den Menschenraub sowie jedes Menschenleben gefährdende gemeingefährliche Verbrechen mit in seine Regelung einbezog. Hiernach war derjenige mit einer bis zu fünfjährigen Gefängnisstrafe zu belegen, der von einer entsprechenden Straftat glaubhafte Kenntnis hatte und es unterließ, die zuständige Behörde oder aber die durch das Verbrechen bedrohte Person hiervon zu unterrichten. Allerdings kam dabei eine Strafbarkeit wegen unterlassener Anzeige nur dann in Frage, wenn das Verbrechen tatsächlich begangen oder aber zu begehen versucht worden war und es infolge der Anzeige noch hätte verhindert werden können[2354].

3. Die Strafausschließung- und -milderungsgründe

Obwohl bereits das Allgemeine Landrecht eine Reihe von Strafausschließungs- und -milderungsgründen aufgestellt und diese mehr oder weniger umfassend geregelt hatte[2355], griffen die Urheber des Preußischen Strafgesetzbuchs im Verlauf der langen Redaktionsgeschichte dieser Kodifikation nur in einigen wenigen Aspekten bleibend auf die landrechtliche Strafgesetzgebung zurück, sondern schlossen sich - vor allem auch unter dem Einfluß der 1847 herbeigezogenen rheinischen Juristen sowie aufgrund von Interventionen seitens der rheinischen Abgeordneten im Vereinigten Ständischen Ausschuß - in den weitaus meisten Fällen vielmehr deutlich der französisch-rechtlichen Behandlung der jeweiligen Materien an, die sie allerdings teilweise erheblich modifizierten und zuweilen auch bemerkenswert eigenständig fortentwickelten. Als zulässige Strafausschließungs- und -milderungsgründe sahen sie dabei den Ausschluß der Zurechnungsfähigkeit

---

[2351] § 39 preuß. StGB 1851. Vergl. m.w.N. ausführlich zur Redaktionsgeschichte dieser Bestimmung: Goltdammer, *Materialien*, Bd. I, S. 348ff; Beseler, *a.a.O.*, S. 171ff; Temme, *Glossen*, S. 110f.

[2352] Beseler, *a.a.O.*, S. 171f.; Goltdammer, *Materialien*, Bd. I, S. 345; Hartmann, *a.a.O.*, S. 10.

[2353] Vergl. Art. 103 bis 108 C.P. 1810 sowie Art. 30 *Code d'instruction criminelle* 1808.

[2354] Vergl. den Wortlaut von § 39 preuß. StGB 1851.

[2355] Vergl. z.B. Teil II, Tit. 20, §§ 10f., 16 bis 25, 51f., 62f., 517 bis 524, 659f. ALR 1794.

wegen Geisteskrankheit oder unwiderstehlichem Zwang[2356], die Notwehr[2357], die Auswirkung des jugendlichen Alters auf die Strafbarkeit[2358], den Irrtum[2359] sowie die Verjährung[2360] bzw. die Ausschlußfristen im Hinblick auf die Stellung von Strafanträgen durch Privatpersonen[2361] vor.

a.) Die Unzurechnungsfähigkeit

Auffällige Parallelen zur napoleonischen Strafgesetzgebung wies zunächst die Bestimmung des Preußischen Strafgesetzbuchs auf, in der der Gesetzgeber die jede Strafbarkeit gänzlich ausschließende Unzurechnungsfähigkeit erfaßte[2362]. Während das Allgemeine Landrecht die faktischen Gründe der Unzurechnungsfähigkeit noch nicht speziell bezeichnet[2363], sondern sich lediglich auf die Feststellung der Frage beschränkt hatte, ob der Verbrecher frei zu handeln vermögend gewesen war[2364], orientierte sich der zunächst noch an der landrechtlichen Regelungsmaxime festhaltende, sich später aber zunehmend der entsprechenden französischen Strafgesetzgebung öffnende preußische Gesetzgeber maßgeblich an der napoleonischen Begriffsbestimmung[2365], die er schließlich nahezu wortwörtlich in das Strafgesetzbuch übernahm[2366] und die im Hinblick auf ihre Interpretation in

---

2356 § 40 preuß. StGB 1851.

2357 § 41 preuß. StGB 1851.

2358 §§ 42f. preuß. StGB 1851.

2359 § 44 preuß. StGB 1851.

2360 §§ 45 bis 49 preuß. StGB 1851.

2361 §§ 50 bis 54 preuß. StGB 1851.

2362 § 40 preuß. StGB 1851. Vergl. m.w.N. ausführlich zur komplizierten Redaktionsgeschichte dieser Bestimmung: Beseler, *a.a.O.*, S. 174ff; Goltdammer, *Materialien*, Bd. I, S. 346ff, 370ff, 403ff; Oppenhoff, *a.a.O.*, S. 105ff; Temme, *Lehrbuch*, S. 159ff, 180f., 201ff; *Glossen*, S. 111ff.

2363 Das Allgemeinen Landrechts kannte entsprechende Ursachen zwar in Gestalt der Unmündigkeit, des Schwachsinns, der Furcht und der Trunkenheit, aber diese wurden nur als Ursachen verminderter Strafbarkeit, nicht aber gänzlicher Strafausschließung aufgefaßt. Vergl. Teil II, Tit. 20, §§ 17, 19 bis 21 ALR 1794.

2364 Vergl. Teil II, Tit. 20, § 16 ALR 1794: "Wer frey zu handeln unvermögend ist, bey dem findet kein Verbrechen, also auch keine Strafe statt."

2365 Vergl. Art. 64 C.P. 1810: "Il n'y a ni crime ni délit, lorsque le prévenu était en état de démence au temps de l'action ou lorsqu'il a été contraint par une force à laquelle il n'a pu résister."

2366 Wie so oft im Verlauf der Redaktionsgeschichte des Strafgesetzbuchs, hatte man sich auch im Hinblick auf diese Materie zunächst der landrechtlichen Regelungsmaxime angeschlossen, die man grundlegend zu verbessern und fortzuentwickeln gedachte. Allerdings waren die Urheber der preußischen Kodifikation im Verlauf der Redaktionsarbeiten zunehmend von den Vorgaben des Allgemeinen Landrechts abgewichen und hatten sich zunächst zögernd seit dem Entwurf von 1845, und schließlich endgültig mit

Folge dessen später eine deutliche Ausrichtung auf die französische Strafrechtswissenschaft und Rechtsprechung nach sich zog[2367]. Ebenso wie ihr französisches Vorbild differenzierte deshalb auch die preußische Kodifikation lediglich zwischen den die Schuldfähigkeit ausschließenden Seelenzuständen und der unwiderstehlichen, weil die freie Willensbestimmung des Täters ausschließenden Gewalt oder Drohung[2368] und erkannte darüber hinaus ebenso wie die napoleonische und entgegen der überkommenden landrechtlichen Strafgesetzgebung grundsätzlich keine verminderte Zurechnungsfähigkeit mehr an[2369].

b.) Die Notwehr

Einen besonders nachhaltigen Einfluß hat die napoleonische Strafgesetzgebung auch auf die Behandlung der Notwehrproblematik im Preußischen Strafgesetzbuch ausgeübt, denn nachdem das Allgemeine Landrecht diese Materie lediglich im Rahmen der Privatverbrechen abgehandelt und auch dort noch erheblichen

---

dem Entwurf von 1850 der französisch-rechtlichen Behandlung dieser Materie angeschlossen. Vergl. hierzu m.w.N. ausführlich: Goltdammer, *Materialien*, Bd. I, S. 347ff, 403ff; Beseler, *a.a.O.*, S. 176ff; Temme, *Lehrbuch*, S. 159ff; Schweisthal, *a.a.O.*, S. 91.

2367 Indem der preußische Gesetzgeber nämlich dem *Code pénal* fast wortwörtlich den Wortlaut von § 40 entlehnt, der französische Gesetzgeber seinerseits aber weder die *démence* noch die unwiderstehliche Gewalt bzw. Drohung näher umschrieben, sondern ihre Interpretation vielmehr der Wissenschaft und Rechtsprechung überlassen hatte, war auch die preußische Lehre und Jurisprudenz gehalten, sich wiederum stark am französische Vorbild zu orientieren, das hierzu bereits ein reiches Schrifttum sowie zahlreiche Grundsatzurteile hervorgebracht hatte. Vergl. hierzu m.w.N. ausführlich: Goltdammer, *Materialien*, Bd. I, S. 404ff; Beseler, *a.a.O.*, S. 179ff.

2368 Die in § 40 enthaltene Aufzählung der Fälle der Unzurechnungsfähigkeit wurde im Verlauf der Redaktionsgeschichte allerdings mehrfach als unzureichend moniert. Inbesondere hielt man die Beschränkung auf *Wahn* und *Blödsinn* für bedenklich und forderte stattdessen in Anlehnung an die landrechtliche Strafgesetzgebung eine allgemeinere Regelung. Vergl. Teil II, Tit. 20, § 16 ALR 1794. Vergl. hierzu m.w.N. näher: Beseler, *a.a.O.*, S. 177ff; Goltdammer, *Materialien*, Bd. I, S. 354f., 371ff.

2369 Gleich zu Beginn der ersten Revision hatte man - zweifellos in Anlehnung an die entsprechenden Prinzipien des *Code pénal* - den Grundsatz aufgestellt, daß es keine verminderte Zurechnungsfähigkeit und damit auch keine unterschiedlichen Grade der Zurechnung mehr geben dürfe. Nachdem aber später die Revision von 1845 in Anknüpfung an das gemeine deutsche Kriminalrecht eine mit einer Strafermäßigung verbundene verminderte Zurechnungsfähigkeit dennoch anerkannt hatte, wurde diese Bestimmung 1846 von Seiten der Staatsratskommission wieder aus dem Gesetzentwurf entfernt und auch später nicht wieder aufgegriffen. Vergl. hierzu m.w.N. näher: Beseler, *a.a.O.*, S. 183ff; Goltdammer, *Materialien*, Bd. I, S. 348ff; Berner, *Grundsätze des Preußischen Strafrechts* (nachfolgend abgekürzt: *Grundsätze*), S. 64.

Beschränkungen unterworfen hatte[2370], brach der preußische Gesetzgeber von 1851 nunmehr vollends mit der traditionellen landrechtlichen Strafgesetzgebung und schloß sich bei der Konzeption seines Notwehrbegriffs nahezu wörtlich der französischen Begriffsbestimmung an[2371], die er jedoch bedeutsam erweiterte und somit weiterentwickelte[2372]. Zunächst legte er einleitend und in ferner Anlehnung an eine ähnlich lautende Bestimmung des napoleonischen Strafgesetzbuchs[2373] fest, daß die Notwehr prinzipiell nicht als Entschuldigungsgrund für eine strafbare Handlung anzusehen war, sondern vielmehr das Vorhandensein eines Verbrechens oder Vergehens gänzlich ausschloß und sich mithin selbst als eine an sich rechtmäßige Handlung darstellte[2374]. Übereinstimmend mit der napoleonischen Begriffsbestimmung war die Notwehr auch nach der anschließend erfaßten preußischen Legaldefinition nunmehr diejenige Verteidigung, die erforderlich war, einen gegenwärtigen rechtswidrigen Angriff von sich selbst oder anderen abzuwehren[2375]. Anders als das französische Vorbild - das die Notwehr noch als bloße Rechtfertigung von Tötungen, Verwundungen oder Schlägen angesehen

---

[2370] Vergl. Teil II, Tit. 20, §§ 517 bis 524 ALR 1794. Bereits von Beginn der ersten Revision an war man deshalb fast einhellig der Auffassung gewesen, daß insbesondere dieser Teil der Strafgesetzgebung einer grundlegenden Reform bedurfte und das Notwehrrecht vor allem erheblich erweitert werden mußte. In erster Linie waren hierbei zunächst diejenigen landrechtlichen Bestimmungen zu beseitigen, die eine Notwehr nur aufgrund der drohenden Gefahr einer unrechtmäßigen Beschädigung für zulässig erachteten, sie dabei nur gegen eigenmächtige Gewalt und auch gegen diese nur dann gestatteten, wenn die obrigkeitliche Hilfe die Beleidigung weder abwenden, noch den vorherigen Zustand wieder herstellen konnte. Vergl. hierzu m.w.N. ausführlicher: Beseler, *a.a.O.*, S. 185ff; Temme, *Lehrbuch*, S. 216; Hälschner, *a.a.O.*, Bd. II, S. 251ff.

[2371] Vergl. Art. 328 C.P. 1810: "Il n'y a ni crime ni délit, lorsque l'homicide, les blessures et les coups étaient commandés par la nécessité actuelle de la légitime défense de soi-même ou d'autrui."

[2372] § 41 preuß. StGB 1851. Vergl. m.w.N. ausführlich zur Redaktionsgeschichte dieser Bestimmung sowie insbesondere zur unterschiedlichen Behandlung der einzelnen Notwehrkriterien innerhalb der verschiedenen Entwürfe: Goltdammer, *Materialien*, Bd. I, S. 360ff, 417ff; Beseler, *a.a.O.*, S. 185ff; Müller, *Strafgesetzbuch*, S. 52; Temme, *Lehrbuch*, S. 215ff; *Glossen*, S. 115ff; Hälschner, *a.a.O.*, Bd. II, S. 257ff.

[2373] Vergl. Art. 327 C.P. 1810. Diese Bestimmung des *Code pénal* sprach allerdings nur solchen Totschlägen, Verwundungen oder sonstigen Körperverletzungen die Verbrechens- oder Vergehensqualität ab, die - wie etwa Hinrichtungen - gesetzlich vorgesehen und von einer rechtmäßigen Autorität befehligt worden waren.

[2374] § 41 Satz 1 preuß. StGB 1851.

[2375] § 41 Satz 2 preuß. StGB 1851. Der preußische Gesetzgeber fügte der französischen Begriffsbestimmung allerdings ausdrücklich noch das Wort *rechtswidrig* hinzu. Diese Präzisierung war insofern notwendig geworden, als er auf die Einfügung einer dem Art. 327 des *Code pénal* völlig entsprechenden Regelung verzichtet hatte und deshalb wohl gehalten war, dem rechtmäßigen ausdrücklich einen rechtswidrigen Angriff gegenüberzustellen. Vergl. Beseler, *a.a.O.*, S. 187; Goltdammer, *Materialien*, Bd. I, S. 418; Müller, *Strafgesetzbuch*, S. 52; Hälschner, *a.a.O.*, Bd. II, S. 261f.

hatte - handelten die Urheber der preußischen Kodifikation die Notwehr aber nunmehr im ersten Teil des Strafgesetzbuchs im Rahmen der allgemeinen Rechtsgrundsätze ab und hatten somit einer umfassenden allgemeinen Regelung der Notwehrproblematik den Vorzug gegeben, zu der sich sowohl die Urheber des *Code pénal* von 1791 als auch die Verfasser des napoleonischen Strafgesetzbuchs noch nicht hatten durchringen können. Zwangsläufig ging hiermit eine bedeutsame Erweiterung des Kreises der notwehrfähigen Rechtsgüter einher, denn während noch die Urheber des *Code pénal* von 1810 insbesondere durch die Aufzählung zweier Regelbeispiele[2376] eine beschränkte Auffassung des Notwehrbegriffs zum Ausdruck gebracht und dementsprechend eine Notwehr gegen Angriffe auf Sachen nicht zugelassen sowie die Ehrennotwehr sogar nicht einmal in Betracht gezogen hatten, vermied es der preußische Gesetzgeber entsprechende Regelbeispiele aufzustellen und erachtete neben der eigenen sowie der Person Dritter jedenfalls auch das Eigentum und Vermögen, die Freiheit sowie die durch Realinjurien angegriffene Ehre als notwehrfähige Rechtsgüter[2377].

Darüber hinaus ließ die preußische Strafgesetzgebung das französische Vorbild in einem weiteren bedeutsamen Punkt weit hinter sich, denn während sowohl der *Code pénal* der Revolutionszeit als auch die napoleonische Kodifikation noch auf alle Bestimmungen zum Notwehrexzeß verzichtet und somit die Klärung dieser Problematik der Lehre sowie der Rechtsprechung vorbehalten hatten, zeigte die preußische Kodifikation nunmehr die Grenzen des gesetzlich anerkannten Selbstverteidigungsrechts insofern mehr oder weniger deutlich auf, als sie auch einen aus Bestürzung, Furcht oder Schrecken begangenen Notwehrexzeß der Notwehr gleichstellte und deshalb als rechtmäßige Handlung nicht mit Strafe belegte[2378]. Dabei kam dem in Notwehr Handelnden insofern eine Unschuldsvermutung zugute, als allgemein zunächst vorauszusetzen war, daß er sich nur habe verteidigen und schützen wollen, und daß der dem Angreifer zugefügte Schaden nur ein Mittel zu diesem Zweck, nicht aber der Zweck selbst gewesen war. Vergriff er sich also in diesen Mitteln, und wählte er ein schärferes Mittel als das, das ihm zur fraglichen Zeit tatsächlich zur Verfügung stand, so handelte er zwar schuldhaft, aber allenfalls fahrlässig, so daß er nur dann mit Strafe belegt werden konnte, wenn das Strafgesetzbuch eine fahrlässige Tatbegehung auch vorsah. Sobald er aber selbst zum Angreifer wurde und vorsätzlich Handlungen beging, die nicht bloß ein Übermaß in der Verteidigung darstellten, sondern einen außerhalb liegenden Zweck verfolgten, so war er nach den allgemeinen Vorschriften zu bestrafen. Für beide Fälle der Überschreitung der dem Selbstverteidigungsrecht gesetzten Grenzen sah die preußische Strafgesetzgebung

[2376] Vergl. Art. 329 C.P. 1810.

[2377] Vergl. hierzu m.w.N. ausführlicher: Goltdammer, *Materialien*, Bd. I, S. 418ff; Beseler, *a.a.O.*, S. 187ff; Berner, *Lehrbuch*, S. 139ff; Hälschner, *a.a.O.*, Bd. II, S. 258ff.

[2378] § 41 Satz 3 preuß. StGB 1851.

dabei entweder nur die Verhängung der vollen Strafe oder aber völlige Straflosigkeit vor, denn das neue Strafgesetzbuch ankannte prinzipiell keine Strafermäßigung wegen Notwehrexzesses[2379].

c.) Das jugendliche Alter[2380]

Während noch das Allgemeine Landrecht zwar eine mildere Beurteilung noch nicht vierzehnjähriger Jugendlicher vorgesehen[2381], diese aber gleichwohl in Bezug auf den Vollzug der Strafe den erwachsenen Delinquenten völlig gleichgestellt hatte[2382], schloß sich der preußische Gesetzgeber von 1851 nach einigem Zögern schließlich auch hinsichtlich der strafrechtlichen Behandlung jugendlicher Delinquenten ganz dem zunächst vom *Code pénal* von 1791 vorgegebenen, später von der napoleonischen Kodifikation aufgegriffenen und weiterentwickelten französischen Jugendstrafrecht an[2383]. In der gleichen Weise wie es die französische Strafgesetzgebung bereits seit 1791 gehandhabt hatte, erkannten nunmehr auch die Urheber der preußischen Kodifikation keine Fixierung einer absoluten Strafunmündigkeit mehr an und führten in unmittelbarer Anlehnung an das französische Vorbild das jugendliche Alter des Delinquenten auch in Preußen als einen allgemein zu berücksichtigenden Strafmilderungsgrund ein. Damit hatten

---

[2379] Vergl. Goltdammer, *Materialien*, Bd. I, S. 422; Beseler, *a.a.O.*, S. 189; Hälschner, *a.a.O.*, Bd. II, S. 266ff; Berner, *Lehrbuch*, S. 142f.

[2380] Anders als die napoleonische Kodifikation berücksichtigte der preußische Gesetzgeber von 1851 das hohe Alter des Delinquenten jedoch nicht mehr. Allerdings war eine Nachahmung von Art. 70 bis 72 des *Code pénal* insofern nicht mehr vonnöten, als die *réclusion* des französischen Strafgesetzbuchs - die der Gesetzgeber ja bei Vollendung des siebzigsten Lebensjahres an die Stelle noch härterer Freiheitsstrafen gesetzt hatte - im wesentlichen mit der preußischen Zuchthausstrafe vergleichbar war. Vergl. Beseler, *a.a.O.*, S. 194f.

[2381] Vergl. Teil II, Tit. 20. § 17 1794: "Unmündige und schwachsinnige Personen können zwar zur Verhütung fernerer Vergehungen gezüchtigt, niemals aber nach der Strenge der Gesetze bestraft werden." Vergl. auch Teil II, Tit. 20, § 25 ALR 1794.

[2382] Beseler, *a.a.O.*, S. 190; Haanen, *Die Entwicklung der Stellung der Jugendlichen im Allgemeinen Landrecht, im Code pénal, im Preußischen Strafgesetzbuch von 1851 und im Reichsstrafgesetzbuch*, S. 301.

[2383] §§ 42f. preuß. StGB 1851. Nachdem man zunächst noch scharf zwischen einer absoluten Strafunmündigkeit bis zum zwölften Lebensjahr einerseits und dem Eintritt der vollen Zurechnungsfähigkeit bei Vollendung des sechzehnten Lebensjahres andererseits differenziert, die Beurteilung der Zurechnungsfähigkeit aller anderen jugendlichen Delinquenten aber individuell dem richterlichen Ermessen überlassen hatte, entschloß man sich erst im Entwurf von 1850 für die völlige Übernahme der schließlich auch im Strafgesetzbuch beibehaltenen französischen Regelung. Vergl. m.w.N. ausführlich zur Redaktionsgeschichte dieser Bestimmungen: Beseler, *a.a.O.*, S. 189ff; Goltdammer, *Materialien*, Bd. I, S. 355ff, 426ff, Temme, *Lehrbuch*, S. 170ff; *Glossen*, S. 117ff; Hälschner, *a.a.O.*, Bd. II, S. 109ff; Berner, *Lehrbuch*, S. 227f.; Schweisthal, *a.a.O.*, S. 96.

sie ihre ursprünglichen Pläne im Hinblick auf eine absolute, jede Strafverfolgung ausschließende Strafunmündigkeit bis zum vollendeten zwölften Lebensjahr endgültig fallen gelassen[2384] und die Entscheidung über die Zurechnungsfähigkeit vor dem vollendeten sechzehnten Lebensjahr fortan allein in das Ermessen des erkennenden Gerichts gestellt. Diese enge Anlehnung an die französischrechtlichen Vorgaben kam insbesondere in der Fassung der zentralen Bestimmung des Jugendstrafrechts zum Ausdruck[2385], für die der preußische Gesetzgeber in nahezu wörtlicher Übersetzung den Wortlaut der entsprechenden napoleonischen Bestimmung[2386] wählte. In gleicher Weise wie nach der französischen Strafgesetzgebung bestimmten sich die Wirkungen dieses Entschuldigungsgrundes auch nach preußischem Recht nunmehr danach, ob der noch nicht sechzehn Jahre alte Delinquent[2387] zum Zeitpunkt der strafbaren Handlung über die erforderliche intellektuelle Einsichtsfähigkeit verfügt hatte, Unrecht zu tun. Diese von den Urhebern des Preußischen Strafgesetzbuchs in engster begrifflicher Anlehnung an das *discernement* des *Code pénal* als *Unterscheidungsvermögen* bezeichnete intellektuelle Einsichtsfähigkeit erlaubte es nunmehr auch der preußischen Strafjustiz, jugendliche Missetäter entsprechend ihrer individuell verschiedenen Eigenart zu behandeln und bewirkte ebenso wie nach der französischen Strafgesetzgebung bei einem noch nicht sechzehn Jahre alten Straftäter dann die volle Straflosigkeit, wenn dieser nach der Überzeugung des Gerichts ohne das erforderliche Unterscheidungsvermögen gehandelt hatte. War dies der Fall, so mußte er entweder seiner Familie übergeben oder aber seine Unterbringung in einer Besserungsanstalt[2388] - die übrigens in Preußen ebenso wie in Frankreich

---

[2384] Sämtliche Entwürfe bis zu dem von 1850 kannten sowohl einen absoluten als auch einen relativen Termin der Strafunmündigkeit. Erst mit dem Entwurf von 1850 hatte sich der preußische Gesetzgeber im wesentlichen dem System des napoleonischen *Code pénal* angeschlossen. Vergl. hierzu sowie zu den einzelnen, teilweise erheblich voneinander abweichenden Altersgrenzen m.w.N. näher: Goltdammer, *Materialien*, Bd. I, S. 355ff; Beseler, *a.a.O.*, S. 192ff.

[2385] § 42 preuß. StGB 1851.

[2386] Vergl. Art. 66 C.P. 1810: "Lorsque l'accusé aura moins de seize ans, s'il est décidé qu'il a agi *sans discernement*, il sera acquité; mais il sera, selon les circonstances, remis à ses parents, ou conduit dans une maison de correction, pour y être élevé et détenu pendant tel nombre d'années que le jugement déterminera, et qui toutefois ne pourra excéder l'époque où il aura accompli sa vingtième année."

[2387] In Übereinstimmung mit Art. 66 des *Code pénal* enthielt auch § 42 seiner Natur nach eine Präsumtion für die Angeklagten unter sechzehn Jahren. Dies folgte daraus, daß hier das Strafgesetzbuch dem Richter allein aufgrund des Alters des Delinquenten die Pflicht der Feststellung der Zurechnungsfähigkeit auferlegte. Die Beweislast oblag deshalb auch im Hinblick auf das Alter stets der Anklage. Dies nahm auch die französische Rechtsprechung an. Vergl. hierzu m.w.N. auch auf die entsprechende französische Rechtsprechung: Goltdammer, *Materialien*, Bd. I, S. 426ff; Beseler, *a.a.O.*, S. 192, 194.

[2388] Die Bestimmung über die Überweisung an eine Besserungsanstalt war unmittelbar aus einer Kabinettsordre vom 22. Juni 1839 (abgedruckt in: *Gesetzsammlung* 1839, S. 222)

weniger als Strafe sondern vielmehr als erzieherische Maßregel galt[2389] - verfügt werden[2390]. In dieser der *maison de correction* des französischen Strafvollzugs grundsätzlich entsprechenden *Besserungsanstalt*[2391] war er dann zwar solange zu behalten, wie es die zuständige Verwaltungsbehörde[2392] für notwendig erachtete, durfte jedoch auch dort nicht über sein vollendetes 20. Lebensjahr hinaus festgehalten werden[2393]. Stellte das erkennende Gericht allerdings fest, daß der jugendliche Straftäter mit Unterscheidungsvermögen gehandelt hatte, so war er genau wie nach französischem Jugendstrafrecht stets zu verurteilen, wobei aber dann eine gleichfalls nach französischem Vorbild[2394] ausgestaltete Strafverwandlung eintrat, die mit dem entsprechenden napoleonischen System in ihren grundlegenden Zügen im großen und ganzen übereinstimmte[2395]. In gleicher Weise wie nach der französischen Strafgesetzgebung war es nämlich zunächst auch einem preußischen Strafgericht prinzipiell untersagt, über jugendliche Verbrecher die Todes- oder Zuchthausstrafe zu verhängen[2396]. Unzulässig war darüber hinaus aber auch jede Verurteilung zum Verlust der bürgerlichen Ehre, jede zeitige Untersagung der Ausübung der bürgerlichen Ehrenrechte sowie die in Preußen ohnehin stets nur zeitige Stellung unter Polizeiaufsicht. Anstelle der eigentlich verwirkten zeitigen Zuchthausstrafe hatte das Gericht in Anlehnung an die napoleonische Strafgesetzgebung vielmehr stets eine Gefängnisstrafe von

---

entnommen, die sich aber ihrerseits bereits unmittelbar auf Art. 66 des *Code pénal* bezogen hatte. Vergl. Goltdammer, *Materialien*, Bd. I, S. 357, 428.

2389 Vergl. m.w.N. näher: Beseler, *a.a.O.*, S. 194.

2390 § 42 Abs. 1 preuß. StGB 1851.

2391 Auch hier war die preußische Bezeichnung in engster begrifflicher Anlehnung der französischen Begriffsbestimmung entnommen und letztlich dabei bloß übersetzt worden.

2392 Hierin lag die einzige Abweichung in dem sonst mit dem französischen Text völlig übereinstimmenden Gesetzeswortlaut, denn nach Art. 66 des *Code pénal* bestimmte nicht die der Besserungsanstalt übergeordnete Verwaltungsbehörde, sondern vielmehr der Richter die Dauer des Anstaltsaufenthalts.

2393 § 42 Abs. 2 preuß. StGB 1851.

2394 Vergl. Art. 67 C.P. 1810: "S'il est décidé qu'il a agi *avec discernement*, les peines seront prononcées ainsi qu'il suit:
S'il a encouru la peine de mort, des travaux forcés à perpétuité, ou de la déportation, il sera condamné à la peine de dix à vingt ans d'emprisonnement dans une maison de correction;
S'il a encouru la peine de travaux forcés à temps, ou de la réclusion, il sera condamné à être renfermé dans une maison de correction pour un temps égal au tiers au moins et à la moitié au plus de celui auquel il aurait pu être condamné à l'une de ces peines.
Dans tous ces cas, il pourra être mis, par l'arrêt ou le jugement, sous la surveillance de la haute police, pendant cinq ans au moins et dix ans au plus.
S'il a encouru la peine du carcan ou du bannissement, il sera condamné à être enfermé, d'un an à cinq ans, dans une maison de correction."

2395 § 43 preuß. StGB 1851.

2396 Vergl. Art. 67 Abs. 1 und 2 C.P. 1810.

gleicher Dauer auszusprechen[2397]. War das verwirklichte Verbrechen hingegen mit lebenslangem Zuchthaus oder gar mit der Todesstrafe bedroht, so mußte zwar gleichfalls auf eine Gefängnisstrafe erkannt werden, jedoch wurde dem erkennenden Gericht im Hinblick auf deren Dauer und wiederum in enger Anlehnung an den *Code pénal* von 1810 ein vergleichsweise großer Ermessensspielraum zwischen mindestens drei und höchstens fünfzehn Jahren Haftzeit gewährt[2398]. In allen übrigen Fällen ermächtigte der preußische Gesetzgeber den Richter nach freiem Ermessen zu entscheiden, wobei ebenso wie nach dem napoleonischen Strafgesetzbuch[2399] die Hälfte des höchsten gesetzlichen Strafmaßes niemals überschritten werden durfte[2400]. In wiederum unmittelbarer Anlehnung an das französische Vorbild[2401] sollte die Gefängnisstrafe aber entweder nur in besonderen Jugendstrafanstalten oder aber - soweit dies nicht möglich war - in eigens abgesonderten Räumen allgemeiner Gefangenenanstalten vollstreckt werden[2402]. Allerdings wurde in Preußen diese auf naheliegenden Gründen beruhende Trennung der jugendlichen Delinquenten von erwachsenen Straftätern in den Gefängnissen aufgrund fiskalischer Bedenken nicht immer überall durchgeführt[2403].

Obgleich das preußische Jugendstrafrecht also in allen wesentlichen Punkten der dem *Code pénal* der Revolutionszeit entlehnten Systematik der napoleonischen Strafgesetzgebung gefolgt war, hatten die Urheber des Preußischen Strafgesetzbuchs - und hier insbesondere die Kommission der Zweiten Kammer - die Vorgaben des *Code pénal* doch in einigen Details erheblich verbessert und somit das aus Frankreich übernommene Jugendstrafrecht letztlich eigenständig weiterentwickelt[2404]. Diese Weiterbildung der vom preußischen Gesetzgeber auch hier als zu streng empfundenen napoleonischen Strafgesetzgebung konzentrierte

---

[2397] § 43 Nr. 1 preuß. StGB 1851. Vergl. Art. 67 Abs. 2 C.P. 1810.

[2398] § 43 Nr. 2 preuß. StGB 1851. Der *Code pénal* hatte allerdings im Fall der verwirkten Todesstrafe oder der dem lebenslangen Zuchthaus vergleichbaren *travaux forcés à perpétuité* noch eine an deren Stelle tretende Haftdauer zwischen zehn und zwanzig Jahren vorgesehen. Vergl. Art. 67 Abs. 1 C.P. 1810.

[2399] Vergl. Art. 69 C.P. 1810: "Si le coupable n'a encouru qu'une peine correctionnelle, il pourra être condamné à telle peine correctionnelle qui sera jugée convenable, pourvu qu'elle soit au dessous de la moitié de celle qu'il aurait subie s'il avait en seize ans."

[2400] § 43 Nr. 3 preuß. StGB 1851.

[2401] Eine ausdrückliche, dem § 43 Nr. 4 des Preußischen Strafgesetzbuchs entsprechende Regelung bedurfte der napoleonische *Code pénal* allerdings insofern nicht, als dessen Urheber die Vollstreckung der Gefängnisstrafe stets in einer *maison de correction* vorschrieben. Vergl. Art. 67 Abs. 2 C.P. 1810.

[2402] § 43 Nr. 4 preuß. StGB 1851.

[2403] Haanen, *a.a.O.*, S. 302f.

[2404] Vergl. hierzu m.w.N. näher: Beseler, *a.a.O.*, S. 194; Goltdammer, *Materialien*, Bd. I, S. 357ff, 428f.; Haanen, *a.a.O.*, S. 301ff.

sich - wie bereits zuvor angedeutet - vor allem auf die Strafverwandlung für den Fall, daß der jugendliche Delinquent nach dem Urteil des erkennenden Gerichts zum Zeitpunkt der strafbaren Handlung mit dem erforderlichen Unterscheidungsvermögen gehandelt hatte. Abgesehen von den Abweichungen, die allgemein auf einem im Vergleich zur napoleonischen Kodifikation bereits bedeutsam abgemilderten Strafensystem[2405] oder aber auf der spezifisch preußischen Dreiteilung der Delikte[2406] beruhten, durfte der straffällig gewordene Jugendliche anders als nach französischem Jugendstrafrecht nun nicht mehr unter Polizeiaufsicht gestellt werden[2407] und mußte darüber hinaus entgegen der entsprechenden französisch-rechtlichen Bestimmungen weder den lebenslangen Verlust seiner bürgerlichen Ehre noch die zeitige Untersagung der Ausübung seiner bürgerlichen Ehrenrechte fürchten[2408]. Zudem hatten die Urheber der preußischen Kodifikation nunmehr unmißverständlich auch im Gesetzeswortlaut das zwar auch nach napoleonischer Strafgesetzgebung anzuwendende, dort aber noch nicht hinreichend zum Ausdruck gebrachte Trennungsprinzip positiv erfaßt, nach dem jugendliche Missetäter stets räumlich getrennt von erwachsenen Straftätern untergebracht werden mußten[2409]. Trotz dieser insgesamt eher geringfügigen Abweichungen nahm das Preußische Strafgesetzbuch von 1851 aber im Hinblick auf das Jugendstrafrecht insgesamt alle wesentlichen Gedanken der französischen Strafgesetzgebung in sich auf und stellte damit im Vergleich zum Allgemeinen Landrecht jedenfalls insoweit einen bedeutsamen Fortschritt dar, als man bei jugendlichen Straftätern nunmehr offensichtlich verstärkt auf den Besserungsgedanken abzustellen gedachte.

[2405] In Ermangelung einer dem *carcan* entsprechenden Prangerstrafe bedurfte das Preußische Strafgesetzbuch anders als etwa die napoleonische Kodifikation keiner besonderen Bestimmung, die die öffentliche Zurschaustellung jugendlicher Delinquenten zwingend ausschloß. Vergl. Art. 68 C.P. 1810.

[2406] So fiel etwa die Strafe der Einschließung, die in Preußen je nach Dauer ja sowohl Verbrechens- als auch Vergehensstrafe sein konnte, auch als Verbrechensstrafe stets noch unter die im wesentlichen für Vergehen vorgesehene Strafverwandlung, während der napoleonische Gesetzgeber die entsprechende Bestimmung des *Code pénal* noch ausschließlich für Vergehensstrafen vorgesehen hatte. Vergl. Art. 69 C.P. 1810 und § 43 Nr. 3 preuß. StGB 1851.

[2407] Nach dem *Code pénal* mußte der mit *discernement* handelnde jugendliche Straftäter bei Verbrechen stets für die Dauer von wenigstens fünf und höchstens zehn Jahren unter Polizeiaufsicht gestellt werden. Vergl. Art. 67 Abs. 3 C.P. 1810.

[2408] Eine Verurteilung zur Aberkennung der staatsbürgerlichen Rechte bei Verbrechen bzw. die zeitige Untersagung bestimmter staatsbürgerlicher, bürgerlicher oder familiärer Rechte bei Vergehen war nach der napoleonischen Strafgesetzgebung auch bei jugendlichen Missetätern durchaus denkbar. Vergl. Art. 67, 69 C.P. 1810.

[2409] Im *Code pénal* von 1810 war stets nur allgemein von einer Verbringung in eine *maison de correction* die Rede gewesen, während sich der Gesetzestext über die genaue Art und Weise der dortigen Unterbringung und insbesondere das Trennungsprinzip noch ausgeschwiegen hatte.

d.) Der Irrtum

Keinem nachweisbaren französisch-rechtlichen Einfluß war die preußische Strafgesetzgebung hingegen im Hinblick auf die Abhandlung der Irrtumsproblematik ausgesetzt, denn während noch die Urheber der napoleonischen Kodifikation diese Materie nur im besonderen Teil des *Code pénal* im Rahmen der Fälschungsdelikte und damit völlig unzureichend, weil nicht umfassend geregelt hatten[2410], behandelte der preußische Gesetzgeber von 1851 den Irrtum nunmehr im allgemeinen Teil des Strafgesetzbuchs[2411]. Dabei regelte er allerdings lediglich den heute wohl eher als Tatsachenirrtum zu bezeichnenden *faktischen Irrtum* und glaubte, auf eine ausdrückliche Regelung des Rechtsirrtums verzichten zu können, den die auch auf diesem Gebiet äußerst unzureichende landrechtliche Strafgesetzgebung[2412] zuvor noch als einzigen Irrtumsfall ausdrücklich erwähnt, aber gleichfalls - abgesehen von einer Ausnahme[2413] - nicht als Entschuldigungs- bzw. Strafausschließungsgrund anerkannt hatte[2414]. Die Urheber des Preußischen Strafgesetzbuchs - die sich somit weder maßgeblich an der französischen noch an der Strafgesetzgebung des Allgemeinen Landrechts orientieren konnten - erfaßten den faktischen Irrtum in zwei Momenten und hatten

---

[2410] Vergl. Art. 163 C.P. 1810: "L'application des peines portées contre ceux qui ont fait usage de monnaies, billets, sceaux, timbres, marteaux, poinçons, marques et écrits faux, contrefaits, fabriqués ou falsifiés, cessera toutes les fois que le faux n'aura pas été connu de la personne qui aura fait usage de la chose fausse." Der napoleonische Gesetzgeber erfaßte hier also lediglich den Tatbestandsirrtum.

[2411] § 44 preuß. StGB 1851.

[2412] Vergl. Teil II, Tit. 20, § 10 ALR 1794: "Eine absichtliche Verletzung der öffentlichen oder Privatsicherheit kann durch die Unwissenheit der Gesetze nicht entschuldigt werden."

[2413] Vergl. Teil II, Tit. 20, § 11 ALR 1794: "Sonst trifft die Strenge der Gesetze nur den, welcher das Strafgesetz zu wissen schuldig und im Stande gewesen ist."

[2414] Eine dem § 44 entsprechende Bestimmung über den faktischen Irrtum enthielten bereits die Entwürfe von 1836, 1843 und 1847. Nachdem der Entwurf von 1850 diese Regelung möglicherweise auch unter dem Eindruck der napoleonischen Strafgesetzgebung zunächst wieder fallen gelassen hatte, stellte sie die Kommission der Zweiten Kammer schließlich wieder her. Ebenso wie die Urheber des *Code pénal* von 1810 glaubte man indes auf eine in einigen früheren Entwürfen vorhandene ausdrückliche Bestimmung über die Unwirksamkeit des Rechtsirrtums verzichten zu können. Hauptsächlicher Beweggrund für diesen Verzicht war die Auffassung, daß die Unwirksamkeit des Rechtsirrtums schon gemeines Recht geworden sei und im übrigen bereits aus den neueren, über die Publikation der Gesetze erlassenen Verordnungen hervorgehe. Vergl. etwa § 3 des *Gesetzes betreffend die Publikation der Gesetze* vom 3. April 1846 (abgedruckt in: *Gesetzsammlung* 1846, S. 151): "Auch für diejenigen, welche schon früher von dem Gesetz Kenntnis erhalten haben, beginnt die Verbindlichkeit, nach demselben sich zu achten, erst mit dem in § 2 bestimmten Zeitpunkte." Vergl. zur Redaktionsgeschichte des § 44 m.w.N. ausführlich: Goltdammer, *Materialien*, Bd. I, S. 377ff, 429ff; Beseler, *a.a.O.*, S. 195f.; Müller, *Strafgesetzbuch*, S. 53f.; Temme, *Lehrbuch*, S. 187ff; *Glossen*, S. 119ff; Hälschner, *a.a.O.*, Bd. II, S. 169f.

hierbei zunächst den Fall im Auge, daß ein strafbarer *dolus* bei dem Handelnden gar nicht erst vorhanden gewesen war. Dem Handelnden konnte eine strafbare Handlung demzufolge dann nicht als Verbrechen oder Vergehen zugerechnet werden, wenn deren Strafbarkeit entweder von besonderen Eigenschaften in der Person des Täters oder desjenigen, auf den sich die Tat bezog oder aber von den besonderen Umständen, unter denen die Handlung begangen worden war abhing und dem Handelnden diese Verhältnisse oder Umstände zum Zeitpunkt der Tatbegehung unbekannt waren[2415]. Dieser hatte also eine Handlung begangen, die nach den gedachten Merkmalen des Objekts zwar erlaubt war, aber nach den tatsächlich vorhandenen Merkmalen eine strafbare Handlung darstellte. Als zweites strafausschließendes Moment begriff der preußische Gesetzgeber darüber hinaus den Fall, daß der Täter zwar mit *dolus* gehandelt, daß aber sein Nichtwissen in Bezug auf besondere Merkmale des Objekts oder der Handlung ein Resultat herbeigeführt hatte, das er so nicht gewollt hat. Dem Täter sollten demzufolge die erschwerenden Umstände einer Tat dann nicht zugerechnet werden, wenn ihm die besonderen Verhältnisse oder Umstände unbekannt geblieben waren, die die Strafbarkeit der von ihm begangenen Handlung erhöhten[2416]. Der Irrtum war hier also lediglich auf den erschwerenden Umstand gerichtet, so daß sich deshalb die Strafe auch nur nach dem gewollten einfachen Delikt zugemessen werden sollte. Der preußische Gesetzgeber vermied es jedoch in beiden Fällen, auf die hinsichtlich der Fahrlässigkeit äußerst problematische Frage nach der Unvermeidbarkeit des faktischen Irrtums einzugehen und überließ somit die weitere Ausbildung der Irrtumslehre der Doktrin und der Rechtsprechung[2417]. Entgegen der landrechtlichen Strafgesetzgebung, die zwar für den Rechtsirrtum

[2415] § 44 Abs. 1 preuß. StGB 1851.

[2416] § 44 Abs. 2 preuß. StGB 1851. In Anbetracht der etwas unklaren Fassung dieser Bestimmung war allerdings fraglich, ob diese Vorschrift nur auf diejenigen Verhältnisse oder Umstände beschränkt werden sollte, die als erschwerende Umstände der Tat die Strafbarkeit ein und desselben Deliktes erhöhten und somit das einfache Delikt zum qualifizierten Delikt derselben Gattung machten, oder ob sie auch auf diejenigen Fälle erweitert werden sollte, in denen diese Verhältnisse oder Umstände objektiv den Tatbestand eines ganz anderen Delikts - also eines Delikts anderer Gattung - zum Erfolg hatten. Hierbei entschied sich die zeitgenössische Lehre unter Berücksichtigung des Regelungsgehalts von § 44 Abs. 1 für die letztere Alternative. Begründet wurde dies mit einem sowohl § 44 Abs. 1 als auch § 44 Abs. 2 zugrunde liegenden gleichen Prinzip sowie dem Hinweis, daß die Klassifizierung der Verbrechen und Vergehen letztlich nur eine willkürliche sei und deshalb nicht über die Anwendbarkeit dieses Prinzips entscheiden könne. Vergl. hierzu näher: Goltdammer, *Materialien*, Bd. I, S. 431.

[2417] Tatsächlich ist die insoweit unzureichende Fassung des § 44 in der zeitgenössischen Literatur schon früh kritisiert worden. Allerdings herrschte in der Doktrin schon bald wesentliche Übereinstimmung darüber, daß nur die Unvermeidbarkeit des Irrtums den Grund der strafauszuschließenden Zurechnung darstellen könne. Vergl. hierzu m.w.N. näher: Hälschner, *a.a.O.*, Bd. II, S. 167ff; Goltdammer, *Materialien*, Bd. I, S. 380; Temme, *Lehrbuch*, S. 184ff; *Glossen*, S. 119ff; Oppenhoff, *a.a.O.*, S. 114f.

und dessen Ausnahme keine allgemeine Beweisregel aufgestellt, aber im Hinblick auf die Tötungsdelikte dennoch zwei insgesamt sehr unklare Bestimmungen zum Beweis und dessen Folgen beinhaltet hatte[2418], verzichteten die Urheber des Preußischen Strafgesetzbuchs zudem auf jede Erörterung der Beweisfrage und trafen insbesondere keinerlei ausdrückliche Bestimmung zur Beweislast mehr[2419].

e.) Die Verjährung

Wie die meisten der im allgemeinen Teil des Preußischen Strafgesetzbuchs erfaßten Grundsätze zur Verbrechenslehre waren auch die landrechtlich nicht erfaßten Bestimmungen zur Kriminalverjährung[2420] in vielen wesentlichen Punkten von der zweifellos zum Vorbild genommenen französisch-rechtlichen Regelung dieser Materie beeinflußt. Abweichend von den Vorgaben des französischen Rechts behandelten die Urheber des Preußischen Strafgesetzbuchs jedoch die von der napoleonische Strafgesetzgebung noch im *Code d'instruction criminelle* von

---

[2418] Vergl. Teil II, Tit. 20, § 807 ALR 1794: "Beweis eines Irrthums in der Person des Getödteten kann in der Regel nur Verschärfung, aber nicht eine Minderung der nach § 806 verwirkten Strafe nach sich ziehen." Vergl. zudem Teil II, Tit. 20, § 808 ALR 1794: "Nur so weit ein solcher Irrthum die Sträflichkeit des bösen Vorsatzes, oder die Gefährlichkeit der Handlung mindert, kann deshalb eine Minderung der nach den Gesetzen eintretenden schwereren Strafe statt finden." Faßt man diese Vorschriften nach ihrem Wortlaut auf, so beinhalten sie eine dem Prinzip des Preußischen Strafgesetzbuchs grundlegend widersprechende Regel. Allerdings lassen die Bestimmungen auch eine andere Auslegung zu. Vergl. hierzu m.w.N. ausführlicher: Goltdammer, *Materialien*, Bd. I, S. 432f.

[2419] Einer solchen Vorschrift bedurfte das Preußische Strafgesetzbuch aufgrund der negativen Formulierung des § 44 allerdings auch nicht. Nachdem eine positive Fassung der dem § 44 im wesentlichen entsprechenden Bestimmung des Entwurfs von 1843 die Schlußfolgerung zugelassen hatte, daß der Beweis der Kenntnis der Tatumstände dem Täter geführt werden mußte, wählten die Urheber des Strafgesetzbuchs schließlich ausdrücklich die auch 1851 beibehaltene negative Fassung des § 44 um zu unterstreichen, daß der Beweis der Nichtkenntnis der Tatumstände stets dem Täter zur Last zu fallen habe. Vergl. hierzu m.w.N. ausführlicher: Goltdammer, *Materialien*, Bd. I, S. 380f., 432.

[2420] Der preußische Gesetzgeber des ausgehenden 18. Jahrhunderts hatte diese Materie weitestgehend aus der landrechtlichen Strafgesetzgebung herausgenommen und als bloße Verfolgungsverjährung in der *Criminal-Ordnung* von 1805 erfaßt. Der strafrechtliche Teil des Allgemeinen Landrechts enthielt daher neben einem schwammig formulierten, an die Bedingung der Besserung geknüpften Anspruch auf Begnadigung lediglich zwei Bestimmungen zur Privatgenugtuung sowie der diesbezüglich einzuhaltenen Rügefrist. Vergl. Teil II, Tit. 20, § 63 ALR 1794: "Ist der Verbrecher verborgen geblieben, hat aber seit mehreren Jahren überzeugende Beweise einer gründlichen Besserung gegeben und den Schaden vollständig ersetzt, so kann er auf Begnadigung Anspruch machen." Vergl. §§ 659f. ALR 1794 sowie §§ 597ff, 603ff *Criminal-Ordnung* 1805.

1808 erfaßte Materie der Verjährung[2421] - ebenso wie die neueren Strafgesetzgebungen anderer deutscher Staaten[2422] - nunmehr systematisch korrekt im Rahmen des materiellen Strafrechts[2423]. Eine weitere grundlegende Abweichung ergab sich zudem auch daraus, daß die preußische Strafgesetzgebung anders als das napoleonische Strafprozeßrecht - das für alle Delikte sowohl eine spezifische Verfolgungs[2424]- als auch eine jeweils für Verbrechen[2425], Vergehen[2426] sowie Übertretungen[2427] genau abgestufte, bei Verbrechen zudem mit verschiedenen Auflagen[2428] versehene Vollstreckungsverjährung kannte - aus grundsätzlichen kriminalpolitischen Erwägungen und in Anlehnung an das gemeine Deutsche Recht auf eine Erfassung der Vollstreckungsverjährung ausdrücklich verzichtet[2429] und somit - ebenso wie zuvor schon das Bairische

---

2421 Vergl. Art. 635 bis 642 *Code d'instruction criminelle* 1808. Allerdings hatte noch der Gesetzgeber der Revolutionszeit die entsprechen Bestimmungen im Rahmen des materiellen Strafrechts abgehandelt. Vergl. Part. I, tit. VI, Art. 1 bis 3 C.P. 1791.

2422 Vergl. eine Zusammenstellung der Gesetzbücher und deren entsprechenden Vorschriften in: Berner, *Lehrbuch*, S. 251ff.

2423 §§ 45 bis 49 preuß. StGB 1851. Allerdings fanden sich entsprechende Bestimmungen bereits in §§ 597 bis 603 der *Criminal-Ordnung* von 1805. Daß man bei der Konzeption des Strafgesetzbuchs von 1851 aber den neueren deutschen Kodifikationen gefolgt ist, beruhte vor allem auf der Erwägung, daß nach den mit der Verjährung verbundenen Wirkungen der Gegenstand mehr das materielle als das formelle Recht betraf. Vergl. m.w.N. ausführlicher zur Redaktionsgeschichte der einzelnen Bestimmungen: Goltdammer, *Materialien*, Bd. I, S. 381ff, 434ff; Beseler, *a.a.O.*, S. 196ff; Müller, *Strafgesetzbuch*, S. 54; Temme, *Lehrbuch*, S. 540ff; *Glossen*, S. 121ff; Berner, *Lehrbuch*, S. 251ff; Hälschner, *a.a.O.*, Bd. II, S. 532ff; Oppenhoff, *a.a.O.*, S. 115ff.

2424 Vergl. Art. 637, 638 und 640 *Code d'instruction criminelle* 1808.

2425 Vergl. Art. 635 Abs. 1 *Code d'instruction criminelle* 1808: "Les peines portées par les arrêts ou jugements rendus en matière criminelle, se prescriront par vingt années révolues, à compter de la date des arrêts ou jugements."

2426 Vergl. Art. 636 *Code d'instruction criminelle* 1808: "Les peines portées par les arrêts ou jugements rendus en matière correctionnelle, se prescriront par cinq années révolues, à compter de la date de l'arrêt ou jugement rendu en dernier ressort; et à l'égard des peines prononcées par les tribunaux de première instance, à compter du jour où ils ne porront plus être attaqués par la voie de l'appel."

2427 Vergl. Art. 639 *Code d'instruction criminelle* 1808: "Les peines portées par les jugements rendus pour contraventions de police seront prescrites après deux années révolues savoir, pour les peines prononcées par arrêt ou jugement en dernier ressort, à compter du jour de l'arrêt; et à l'égard des peines prononcées par les tribunaux de première instance, à compter du jour où ils ne pourront plus être attaqués par la voie d'appel."

2428 So durfte der rechtskräftig verurteilte Straftäter seinen ständigen Wohnsitz nicht in dem Département nehmen, in dem entweder derjenige, an dessen Person oder Eigentum er das jeweilige Verbrechen verübt hatte oder aber dessen Erben wohnten. Zudem war die zuständige Behörde befugt, ihm einen ständigen Aufenthaltsort zuzuweisen. Vergl. Art. 635 Abs. 2 und 3 *Code d'instruction criminelle* 1808.

2429 Vergl. § 49 preuß. StGB 1851: "Gegen rechtskräftig erkannte Strafen ist keine Verjährung zulässig."

Strafgesetzbuch von 1813[2430] - lediglich eine Verjährung der strafrechtlichen Verfolgung der Verbrechen und Vergehen[2431] sowie der Übertretungen[2432] vorgesehen und mithin die ursprünglich aus dem französischen Strafrecht der Revolutionszeit herrührende Strafvollstreckungsverjährung[2433] nicht übernommen hatte[2434]. Einzige Voraussetzung für den Eintritt der Verjährung war aber wie nach französischen Recht auch der Ablauf der Verjährungsfrist[2435], deren Dauer zwar in enger systematischer Anlehnung an das französische Vorbild und entsprechend der spezifisch preußischen Dreiteilung der Delikte, darüber hinaus aber noch in Ansehung der Schwere der einzelnen Verbrechen, Vergehen und Übertretungen unterschiedlich gestaffelt war[2436], jedoch ebenso wie nach den entsprechenden

---

[2430] Im Gegensatz zur preußischen Kodifikation hatte das Bairische Strafgesetzbuch von 1813 in Art. 139 Abs. 1 aber zudem noch ausdrücklich erklärt, daß der Ablauf einer bestimmten Zeit für sich allein kein Rechtsgrund sei, um das Verbrechen und dessen Strafe zu tilgen und sodann - ähnlich wie noch § 63 der landrechtlichen Strafgesetzgebung - alles Gewicht auf die ununterbrochen gute Führung des Delinquenten gelegt. Vergl. Art. 139f. bair. StGB 1813 und Teil II, Tit. 20, § 63 ALR 1794.

[2431] §§ 45f. preuß. StGB 1851.

[2432] § 339 preuß. StGB 1851.

[2433] Vergl. Part. I, tit. VI, Art. 3 C.P. 1791.

[2434] Die Nichtübernahme der in den meisten neueren deutschen Strafgesetzgebungen zugelassenen Vollstreckungsverjährung in das Preußische Strafgesetzbuch beruhte insbesondere auf einer Initiative der Staatsratskommission, der der Staatsrat einstimmig beitrat. Der Grund hierfür war insbesondere der, daß man die Verjährung in kriminalpolitischer Hinsicht zwar als unentbehrlich, nicht aber als eine in sich berechtigte und notwendige Institution begriff. Deshalb betrachtete man die durch den Zeitablauf bewirkte Erschwerung des Beweises als das eigentlich bestimmende Motiv und lehnte entsprechend konsequent die Verjährung der rechtskräftig anerkannten Strafe ab. Vergl. hierzu m.w.N. ausführlich: Goltdammer, *Materialien*, Bd. I, S. 381ff; Hälschner, *a.a.O.*, Bd. II, S. 534ff; Beseler, *a.a.O.*, S. 197f.; Berner, *Lehrbuch*, S. 251ff; Schweisthal, *a.a.O.*, S. 97. Eine weitere sehr bedeutsame Abweichung - auf die aufgrund des spezifischen Aufbaus des Preußischen Strafgesetzbuchs erst zu einem späteren Zeitpunkt einzugehen sein wird - bestand im übrigen darin, daß der napoleonische Gesetzgeber im Rahmen der Bestimmungen zur Verfolgungsverjährung neben der Strafverfolgung von Amts wegen auch die Strafanträge von Privatpersonen erfaßt und für beide Verfolgungsvarianten zudem identische Verjährungsfristen bestimmt hatte. Die Urheber der preußischen Kodifikation haben hingegen beide Materien nicht nur deutlich voneinander getrennt geregelt, sondern darüber hinaus auch erheblich voneinander abweichende Verjährungs- bzw. Ausschlußfristen gewählt. Vergl. Art. 637, 638, 640 *Code d'instruction criminelle* 1808 sowie §§ 50 bis 54 preuß. StGB 1851.

[2435] § 45 preuß. StGB 1851.

[2436] Die verschiedenen Zeiträume der Verjährungsfristen haben im Verlauf der Redaktionsgeschichte zusammen mit den Änderungen des Strafensystems vielfältigste Abänderungen erfahren. Hierbei hatte man sich zunächst entweder den verschiedenen Strafarten angeschlossen oder aber die Strafart mit dem Strafmaß kombiniert, bis man mit dem Entwurf von 1845 regelmäßig nur noch das Strafmaß zur Grundlage nahm. Erst der Ständische Ausschuß beschloß namentlich auch unter rheinischem Einfluß, die Verjährung

Bestimmungen des *Code d'instruction criminelle* stets mit dem Tage der Begehung der strafbaren Handlung zu laufen begann[2437]. Dem französischem Vorbild folgend konnte die Verjährung bei allen Delikten durch konkrete Verfolgungsmaßnahmen seitens der Staatsanwaltschaft oder des Gerichts unterbrochen werden[2438] und begann danach wieder erneut zu laufen, wenn die Untersuchung nicht zur rechtskräftigen Verurteilung geführt hatte[2439]. Abweichend von den Vorgaben des napoleonischen Strafprozeßrechts, das eine Unterbrechung der Verjährung sowohl für den Fall, daß die Untersuchung gegen den Angeschuldigten geführt als auch dann forderte, wenn gegen weitere Personen ermittelt wurde, beschränkte sich der preußische Gesetzgeber in Anlehnung an § 598 der *Criminal-Ordnung* von 1805 jedoch darauf, daß die Untersuchung stets nur gegen den Angeschuldigten selbst eröffnet sein mußte, um die Verjährung zu unterbrechen[2440]. Allerdings sollte nach dem Willen des preußischen Gesetzgebers diese neue Verjährung in wohl enger Anlehnung an die napoleonische Strafgesetzgebung[2441] ausdrücklich nicht

---

an die qualitative Dreiteilung der Delikte zu koppeln, auf der die in § 46 des Strafgesetzbuchs erfaßten Bestimmungen beruhten. Vergl. hierzu m.w.N. näher: Goltdammer, *Materialien*, Bd. I, S. 388, 435.

2437 §§ 46 Abs. 3, 339 Abs. 1 preuß. StGB 1851.

2438 §§ 48, 339 Abs. 3 preuß. StGB 1851. Allerdings war der Wortlaut beider Bestimmungen insofern von bedenklicher Zweideutigkeit, als der Gesetzgeber als Vorraussetzung für die Verjährungsunterbrechung jede richterliche oder staatsanwaltliche Handlung bezeichnet, die die Eröffnung, Fortsetzung oder Beendigung der Untersuchung oder die Verhaftung *betrifft*. Diese Wortwahl konnte in der Praxis aufgrund ihrer Unbestimmtheit insofern zu Willkürentscheidungen führen, als sie die Möglichkeit eröffnete, zahlreiche weitere Handlungen des Richters oder Staatsanwalts als Unterbrechungen zu betrachten und ist deshalb bereits von der zeitgenössischen Literatur scharf kritisiert worden. Vergl. Berner, *Lehrbuch*, S. 263f.; Hälschner, *a.a.O.*, Bd. II, S. 538ff.

2439 §§ 47 Abs. 1, 339 Abs. 2 preuß. StGB 1851.

2440 Darauf wiesen insbesondere auch die Motive des von rheinischen Juristen ansonsten im Hinblick auf die Verjährung maßgeblich beeinflußten Entwurfs von 1847 hin. Vergl. § 598 *Criminal-Ordnung* 1805: "Ist dem Richter das Verbrechen schon früher bekannt geworden, der Thäter aber erst nach Verlauf eines zwanzigjährigen Zeitraums seit der Verübung desselben ausgemittelt, so soll derselbe [...]." Diese Regelung galt im übrigen auch nach dem gemeinen Kriminalrecht und ist auch von allen neueren deutschen Gesetzgebungen anerkannt worden. Vergl. eine Aufstellung der Partikularstrafgesetzgebungen in: Beseler, *a.a.O.*, S. 201. Vergl. Art. 637 Abs. 2 *Code d'instruction criminelle* 1808: "[...] à l'égard même des personnes qui ne seraient pas impliquées dans cet acte d'instruction ou de poursuite." Vergl. hierzu m.w.N. näher: Beseler, *a.a.O.*, S. 200f.; Goltdammer, *Materialien*, Bd. I, S. 440.

2441 Vergl. Art. 641 *Code d'instruction criminelle* 1808: "En aucun cas, les condamnés par défaut ou par contumace, dont la peine est prescrite, ne pourront être admis à se présenter pour purger le défaut ou la contumace." Allerdings kam im Hinblick auf diese dem Prinzip der Verfolgungsverjährung widersprechende Regelung auch ein Rückgriff auf § 599 der *Criminal-Ordnung* von 1805 in Betracht, dessen Regelung jedoch insofern weiter als die des Strafgesetzbuchs ging, als sie die Verjährung auch für den Fall der Flucht vor eingeleiteter Untersuchung ausschloß. Vergl. § 599 *Criminal-Ordnung* von 1805: "Wenn schon vorher

demjenigen Delinquenten zugute kommen, der sich einer gegen ihn eingeleiteten Untersuchung durch Flucht entzogen hatte[2442].

Abweichend von den zum Vorbild genommenen Verjährungsbestimmungen des französischen Strafprozeßrechts, führten die Urheber des Preußischen Strafgesetzbuchs jedoch bei den schwerwiegenderen Verbrechens- und Vergehenstatbeständen vergleichsweise lange Verjährungsfristen ein, denn entgegen der Vorgaben der zumindest in dieser Hinsicht äußerst milden napoleonischen Strafgesetzgebung verjährten die mit der Todesstrafe bedrohten Verbrechen[2443] in Preußen erst nach dreißig[2444] und die im höchsten Strafmaß mit einer Freiheitsstrafe von mehr als zehnjähriger Dauer belegten Verbrechen erst nach zwanzig Jahren[2445]. Allerdings schloß sich der preußische Gesetzgeber im Hinblick auf die Verfolgungsverjährung bei den übrigen Verbrechen der französischen Regelung an, so daß die weniger schwerwiegenden Verbrechen übereinstimmend mit der napoleonischen Strafgesetzgebung auch in Preußen bereits nach Ablauf von zehn Jahren verjährten[2446]. Ein ähnlich abgestuftes, gleichfalls mit den Vorgaben des französischen Strafprozeßrechts nicht deckungsgleiches Prinzip verfolgten die Urheber des Preußischen Strafgesetzbuchs auch bei den Vergehen, denn die im höchsten Maß mit einer mehr als dreimonatigen Gefängnisstrafe belegten schwerwiegenderen Delikte verjährten

---

Anzeigen wider den Verbrecher vorhanden waren, derselbe sich jedoch durch die Flucht der Untersuchung entzogen, und das Gericht erst nach Ablauf eines zwanzigjährigen Zeitraums seinen Aufenthalt entdeckt hat, oder ihn verhaften können, so muß zwar die Untersuchung gehörig eingeleitet, bei Bestimmung der Strafe jedoch auf den bisherigen Lebenswandel des Verbrechers vorzüglich Rücksicht genommen und allenfalls auf Begnadigung angetragen werden." Vergl. hierzu m.w.N. näher: Beseler, *a.a.O.*, S. 202; Goltdammer, *Materialien*, Bd. I, S. 384f., 439.

2442 § 47 Abs. 2 preuß. StGB 1851.

2443 Die mit der Todesstrafe belegten Verbrechen waren in den Entwürfen allerdings mehrfach und zuletzt 1850 aufgrund ihrer außerordentlichen Schwere von der Verjährung ausgeschlossen worden. Dabei war man hauptsächlich von der Überlegung ausgegangen, daß das Verabscheuungswürdige solcher Verbrechen diese lange im Andenken des Volkes erhalte, und ihre Straflosigkeit auch nach Ablauf eines größeren Zeitraums das Gerechtigkeitsgefühl verletzen müsse. Vergl. hierzu m.w.N. näher: Goltdammer, *Materialien*, Bd. I, S. 386f.; Hälschner, *a.a.O.*, Bd. II, S. 535f.; Beseler, *a.a.O.*, S. 198f.; Müller, *Strafgesetzbuch*, S. 54; Temme, *Lehrbuch*, S. 540f.

2444 Nach napoleonischem Recht verjährten die mit der Todesstrafe belegten Verbrechen regelmäßig bereits mit Ablauf von zehn Jahren. Vergl. Art. 637 Abs. 1 *Code d'instruction criminelle* 1808.

2445 Auch für die den mehr als zehnjährigen preußischen Freiheitsstrafen entsprechenden Sanktionen des napoleonischen Strafensystems bestimmten der napoleonische Gesetzgeber lediglich eine Verfolgungsverjährungsfrist von zehn Jahren. Vergl. Art. 637 Abs. 1 *Code d'instruction criminelle* 1808.

2446 § 46 Abs. 1 preuß. StGB 1851.

nach preußischen Recht abweichend von der nach napoleonischer Strafgesetzgebung für Vergehen regelmäßig nur dreijährigen Verjährungsfrist[2447] stets erst nach fünf, alle anderen aber bereits nach drei Jahren[2448]. Kürzer als nach dem *Code d'instruction criminelle* war hingegen die für Übertretungen einschlägige Verfolgungsverjährung des Preußischen Strafgesetzbuchs ausgestaltet, denn abweichend von der entsprechenden regelmäßig einjährigen Verfolgungsverjährung des napoleonischen Strafprozeßgesetzes[2449], verjährten Übertretungen in Preußen - mit einer einzigen Ausnahme[2450] - fortan regelmäßig bereits mit Ablauf von nur drei Monaten[2451].

Ebenfalls in enger Anlehnung an die napoleonische Strafgesetzgebung[2452] erfaßten die Urheber des Preußischen Strafgesetzbuchs im Anschluß an die Verfolgungsverjährung noch die allgemeinen Bestimmungen für die Anbringung von Privatstrafanträgen[2453], in deren Starrheit die französische Auffassung von der

---

2447 Vergl. Art. 638 *Code d'instruction criminelle* 1808.

2448 § 46 Abs. 2 preuß. StGB 1851. Eine erhebliche Abweichung sah allerdings das *Gesetz betreffend einige Ergänzungen des Einführungsgesetzes zum Strafgesetzbuche* vom 22. Mai 1852 (abgedruckt in: *Gesetzsammlung* 1852, S. 250) vor, das in Art. 5 für solche Vergehen eine fünfjährige Verjährungsfrist bestimmte, die durch Zuwiderhandlungen gegen Vorschriften über Steuer-, Zoll- sowie andere öffentliche Abgaben verwirklicht worden waren. Anders als die napoleonische Strafgesetzgebung enthielt das Preußische Strafgesetzbuch aber keine Vorbehaltsregelung im Hinblick auf von den allgemeinen Bestimmungen abweichende Verjährungsfristen. Vergl. Art. 643 *Code d'instruction criminelle* 1808: "Les dipositions du présent chapitre ne dérogent point aux lois particulières relatives à la prescription des actions resultant de certains délits ou de certaines contraventions."

2449 Vergl. Art. 640 *Code d'instruction criminelle* 1808.

2450 Nur bei der als bloße Übertretung angesehenen einfachen Beleidigung schrieb der Gesetzgeber eine Verjährungsfrist von sechs Monaten vor. Vergl. § 343 Abs. 2 preuß. StGB 1851.

2451 § 339 Abs. 1 preuß. StGB 1851. Eine weitere Abweichung ergab sich allerdings aufgrund von Art. 5 des bereits erwähnten *Gesetzes betreffend einige Ergänzungen des Einführungsgesetzes zum Strafgesetzbuche* vom 22. Mai 1852. Hiernach unterfielen Übertretungen gegen Vorschriften über Steuer-, Zoll- sowie andere öffentliche Angaben einer vergleichsweise langen fünfjährigen Verfolgungsverjährung.

2452 Der napoleonische Gesetzgeber hatte allerdings im *Code d'instruction criminelle* im Hinblick auf die allgemeinen Bestimmungen zur Verfolgungsverjährung die Regelungen, die sich auf die Strafverfolgung von Amts wegen, d.h. öffentliche Klage [*action publique*] bezogen zusammen mit den Regelungen erfaßt, die sich mit dem Strafantrag von Privatpersonen, d.h. der Privatklage [*action civile*] beschäftigten und für beide (An-)Klagearten stets identische Verjährungsfristen vorgesehen. Vergl. Art. 637, 638, 640 *Code d'instruction criminelle* 1808.

2453 §§ 50 bis 54 preuß. StGB 1851. Im Hinblick auf die Frage, welche Bedeutung generell dem Antrag des Verletzten auf Bestrafung des Täters eingeräumt werden sollte, waren die verschiedenen Entwürfe des Strafgesetzbuchs zum Teil erheblich voneinander abgewichen. Am weitesten ging dabei hier der vom Ministerium für Gesetzrevision vorgelegte Entwurf

Stellung der Staatsanwaltschaft deutlich zum Ausdruck kam[2454] und die nur auf die sehr überschaubare Anzahl solcher Delikte Anwendung fanden, deren Verfolgung nicht von Amts wegen, sondern nur auf Antrag einer berechtigten Privatperson erfolgen konnte[2455]. Für alle in Frage kommenden Delikte sah der Gesetzgeber abweichend von der je nach Schwere des Delikts differenziert gestalteten napoleonischen Regelung eine regelmäßig bloß dreimonatige[2456] Ausschlußfrist vor, die bei Nichtbeachtung durch den Antragsberechtigten ebenso wie die Strafverfolgungsverjährung zur Straflosigkeit des Delinquenten führte[2457], deren Grund aber gemeinhin nicht als Verjährung sondern vielmehr als *Verzeihung* bezeichnet wurde[2458]. Maßgeblich für die Berechnung der Antragsfrist war dabei der Zeitpunkt, zu dem der Antragsberechtigte Kenntnis von der Tat und der Person

---

von 1845. Später setzte sich allerdings namentlich unter dem Einfluß der 1847 zur Redaktion des Strafgesetzbuchs hinzugezogenen rheinischen Juristen eine engere Betrachtungsweise durch, die in Anlehnung an die napoleonische Strafgesetzgebung im Ergebnis schließlich zu einer Einschränkung der Privatstrafanträge geführt hat. Gleiches galt im Hinblick auf die rechtlichen Wirkungen dieser Strafanträge, die ebenfalls unmittelbar auf dem vom rheinischen Recht maßgeblich beeinflußten Entwurf von 1847 beruhten. Vergl. m.w.N. ausführlich zur Redaktionsgeschichte dieser Bestimmungen: Goltdammer, *Materialien*, Bd. I, S. 388ff; Beseler, *a.a.O.*, S. 203ff; Müller, *Strafgesetzbuch*, S. 56; Temme, *Lehrbuch*, S. 542ff; *Glossen*, S. 124ff; Hälschner, *a.a.O.*, Bd. II, S. 536ff.

2454 Überhaupt hat das Preußische Strafgesetzbuch die Strafanträge von Privatpersonen nicht im Sinne der germanischen Rechtsauffassung - die auch auf dem Gebiet des Strafrechts stets eine gewisse Berücksichtigung von Individualinteressen gefordert hatte - geregelt. Dies kam insbesondere bei den Ehrverletzungen sowie den weniger schwerwiegenden Mißhandlungen und Körperverletzungen zum Ausdruck, bei dem das überkommene Deutsche Recht größtes Gewicht auf die verletzte Privatehre gelegt hatte, wohingegen die französische Strafgesetzgebung mehr das vom Staat zu sühnende Unrecht hervorhob. Vergl. hierzu näher: Beseler, *a.a.O.*, S. 206f.; Hartmann, *a.a.O.*, S. 10.

2455 Der Gesetzgeber sah eine ausschließlich nur auf privaten Strafantrag vorzunehmende Strafverfolgung lediglich bei Verführung Minderjähriger, Ehrverletzungen, vorsätzlich zugefügter leichter oder aber fahrlässiger Körperverletzung, Entführung mit anschließender Ehelichung des Entführungsopfers, Familiendiebstahl, Verwahrungsbruch sowie Beleidigung vor. Vergl. §§ 149, 160 bis 162, 189, 198, 209, 229, 271 und 343 preuß. StGB 1851. Die Strafanträge auswärtiger Regierungen und Gesandten wurden von den allgemeinen Bestimmungen nicht erfaßt, stellten diese doch keine Privatpersonen dar. Gleiches galt für die in §§ 102f. behandelten Ehrverletzungen, bei denen regelmäßig ein Verfahren von Amts wegen eingeleitet wurde, sowie für die nach § 140 mögliche Antragstellung des unschuldigen Ehegatten auf *Nichtbestrafung* des schuldigen Teils bei Ehebruch. Vergl. §§ 81, 102f., 140 preuß. StGB 1851. Vergl. hierzu ausführlicher: Beseler, *a.a.O.*, S. 204.

2456 Nur bei den wechselseitigen Ehrverletzungen kam unter Umständen ausnahmsweise eine Verlängerung der Frist in Betracht. Vergl. § 161 preuß. StGB 1851.

2457 § 50 Satz 1 preuß. StGB 1851.

2458 Da die Wirkung des nichtgestellten Antrags aber als die Folge einer Fristversäumung erschien, wurde diese als der eigentliche Grund der Strafausschließung aufgefaßt und stellte insofern gewissermaßen eine besondere Art der Verjährung dar. Vergl. Beseler, *a.a.O.*, S. 175; Goltdammer, *Materialien*, Bd. I, S. 390f.

des Täters erhalten hatte[2459]. Durch den bei der Staatsanwaltschaft oder - bei einfachen Beleidigungen - auch beim Schiedsmann einzureichenden Antrag des Berechtigten wurde dann der Lauf der drei- bzw. ausnahmsweise sechsmonatigen Verjährungsfrist unterbrochen[2460]. Antragsberechtigt war in unmittelbarer Anlehnung an das französische Jugendstrafrecht grundsätzlich jeder Verletzte, der sein sechzehntes Lebensjahr vollendet hatte[2461]. Solange der Verletzte aber noch minderjährig[2462] war, gewährte das Strafgesetzbuch dem Vater sowie dem Vormund ein von der Antragsbefugnis des minderjährigen Verletzten unabhängiges eigenes Recht auf Stellung des Strafantrags[2463]. Waren mehrere Verletzte aus derselben Handlung und gegen dieselbe Person zum Strafantrag berechtigt, so bestanden die Ansprüche jedes Antragsberechtigten unabhängig nebeneinander, denn für jeden Antragsberechtigten lief eine besondere Frist vom Tage seiner Kenntnis an, wobei eine etwaige Fristversäumung des einen - der etwa früher als die anderen Berechtigten Kenntnis von Tat und Täter erhalten hatte - die Ansprüche der anderen nicht ausschloß[2464]. Dies galt auch für den Fall, daß neben dem Minderjährigen, der sein sechzehntes Lebensjahr bereits vollendet hatte, auch dessen Vater oder Vormund antragsberechtigt war[2465]. Grundsätzlich konnte der Strafantrag nicht geteilt werden, und das gerichtliche Verfahren hatte gegen sämtliche Teilnehmer der Tat stattzufinden, auch wenn der Antragsberechtigte nur

---

[2459] § 50 Satz 2 preuß. StGB 1851. Unbedingte, allerdings im Preußischen Strafgesetzbuch von 1851 im Gegensatz zu früheren Entwürfen nicht ausdrücklich angesprochene Voraussetzung für die Zulässigkeit des Strafantrags war allerdings, daß die allgemeine Verjährungsfrist des § 46 und, bei einfachen Beleidigungen, die des § 343 noch nicht abgelaufen sein durften. Der Strafantrag war also stets nur innerhalb dieser Verjährungsfristen zulässig. Vergl. m.w.N. näher: Goltdammer, *Materialien*, Bd. I, S. 441; Beseler, *a.a.O.*, S. 204f.

[2460] Vergl. Art. XVIII des *Gesetzes über die Einführung des Strafgesetzbuchs für die Preußischen Staaten* vom 14. April 1851.

[2461] § 54 Abs. 1 preuß. StGB 1851. Die Zulässigkeit des selbständigen Strafantrags mit Erreichung des sechzehnten Lebensjahres stieß jedoch im Verlauf der Redaktionsgeschichte auf Bedenken. Diese wurden seitens der Regierung aber insbesondere mit dem Hinweis abgetan, daß die Strafmündigkeit schließlich mit dem vollendeten sechzehnten Lebensjahr beginne und es ungerecht und inkonsequent sei, den Jugendlichen einerseits der vollen Strafe zu unterwerfen, ihn aber andererseits für unfähig zu erklären, sich selbst Genugtuung für erlittene Rechtsverletzungen zu verschaffen. Vergl. hierzu m.w.N. näher: Goltdammer, *Materialien*, Bd. I, S. 394f.

[2462] Als Minderjährige galten nach der landrechtlichen Gesetzgebung alle Personen, die ihr 24. Lebensjahr noch nicht vollendet hatte. Vergl. Teil I, Tit. 1, § 26 ALR 1794.

[2463] § 54 Abs. 2 preuß. StGB 1851. Allerdings waren bei Beleidigungen gegen Ehefrauen oder unter väterlicher Gewalt stehender Kinder ausnahmsweise auch die Ehemänner bzw. Ehegatten antragsberechtigt. Hier galt also die Beschränkung auf das in § 54 angegebene Alter des Beleidigten nicht. Vergl. § 162 preuß. StGB 1851.

[2464] § 51 preuß. StGB 1851.

[2465] § 54 preuß. StGB 1851.

gegen einen der Täter Strafantrag gestellt hatte[2466]. Ein Antrag durfte allerdings nach Eröffnung der gerichtlichen Untersuchung nicht wieder zurückgenommen werden, sofern der Gesetzgeber nicht ausdrücklich etwas anderes bestimmt hatte[2467].

Obwohl die preußische Strafgesetzgebung also sowohl im Hinblick auf die allgemeine Verjährung als auch hinsichtlich der Verjährung der Strafanträge von Privatpersonen in wesentlichen Punkten offensichtlich auf den entsprechenden Regelungen der napoleonischen Strafprozeßordnung beruhte, stellte sie im Vergleich zum französischen Recht aber insgesamt insofern einen erheblichen Rückschritt in der Strafgesetzgebung des 19. Jahrhunderts dar, als sie dessen fortschrittliche Strafvollstreckungsverjährung nicht übernahm und stattdessen auf letztlich veraltete Prinzipien des gemeinen deutschen Rechts zurückgriff, das römisch-rechtlichen Traditionen folgend stets nur eine Verfolgungsverjährung anerkannt und nach gefälltem Strafurteil keine Verjährung mehr zugelassen hatte[2468]. Aber auch bei der Strafverfolgungsverjährung hatten die Urheber des Preußischen Strafgesetzbuchs die entsprechenden Verjährungsfristen zumindest für die schwerwiegenderen Verbrechen und Vergehen erheblich zu lang bemessen[2469] und zeigten deshalb insofern ein vergleichsweise inhumanes Profil, als sie damit die ansonsten ungleich strengere, hier jedoch zweifellos aus Praktikabilitätserwägungen - schließlich mindert eine lange Verjährungsfrist letztlich die Zuverlässigkeit sowohl des Anschuldigungs- als auch des Entlastungsbeweises - äußerst milde napoleonische Strafgesetzgebung bei weitem an Härte übertrafen. Trotz all dieser schwerwiegenden Mängel wies die preußische Kodifikation aber auch insofern einen bedeutsamen Vorzug gegenüber der

[2466] § 52 preuß. StGB 1851. Die Unteilbarkeit des Strafantrags war im Verlauf der Redaktionsgeschichte eine der umstrittensten Fragen gewesen. Nachdem man zunächst allgemein eine Teilbarkeit des Strafantrags, schließlich nur noch eine Teilbarkeit im Hinblick auf einzelne Delikte oder Deliktsgruppen favorisiert, das Prinzip der Teilbarkeit aber dennoch durch die 1847 hinzugezogenen rheinischen Juristen einen lebhaften Widerspruch erfahren hatte, beschloß der Vereinigte Ständische Ausschuß schließlich die Einführung des allgemeine Unteilbarkeitsprinzips. Vergl. hierzu m.w.N. näher: Goltdammer, *Materialien*, Bd. I, S. 389ff; Beseler, *a.a.O.*, S. 206.

[2467] § 53 preuß. StGB 1851. Die einzigen im Strafgesetzbuch abweichend geregelten Ausnahmefälle sind die, daß der Strafantrag im Fall der Ehrverletzung, der fahrlässigen oder leichten vorsätzlichen Körperverletzung und der einfachen Beleidigung noch bis zum Beginn der Vollstreckung des Erkenntnisses zurückgenommen werden konnte. Vergl. §§ 160 Abs. 2, 189, 343 Abs. 4 preuß. StGB 1851. Vergl. auch Art. XVII des *Gesetzes über die Einführung des Strafgesetzbuchs für die Preußischen Staaten* vom 14. April 1851.

[2468] Berner, *Strafgesetzgebung*, S. 256; *Lehrbuch*, S. 263f. Nach Berners Auffassung stellten die Bestimmungen des Preußischen Strafgesetzbuchs über die Kriminalverjährung deshalb auch einen der *unvollkommensten Theile* der Kodifikation dar. Vergl. Berner, *Lehrbuch*, S. 263.

[2469] Berner, *Lehrbuch*, S. 263.

napoleonischen Strafgesetzgebung auf, als sie bei der Verjährungsunterbrechung - ungeachtet der unklaren und dadurch mißverständlichen Wortwahl der entsprechenden Bestimmungen - in Anlehnung an die deutsch-rechtliche Tradition nunmehr ausdrücklich nur noch auf die Einleitung von Verfolgungsmaßnahmen gegen den Angeschuldigten selbst, nicht aber gegen Dritte abstellte und so dem Interesse an einer effizienten und einzelfallgerechten Strafrechtspflege den Vorzug gegenüber einer unbedingten Strafverfolgung einräumte.

4. Die Konkurrenzen

Als eine der wenigen Materien des allgemeinen Teils beruhten die Bestimmungen des Preußischen Strafgesetzbuchs über die Konkurrenzen[2470] weder unmittelbar auf der entsprechenden napoleonischen Strafgesetzgebung[2471], noch ließen sie sich unmittelbar auf die landrechtliche Behandlung dieser Materie zurückführen[2472]. Während nämlich noch die Urheber des Allgemeinen Landrechts in den entsprechenden allgemeinen Bestimmungen die Problematik der Konkurrenzen mit der des Rückfalls verquickt[2473], die Idealkonkurrenz dabei gar nicht erst

[2470] §§ 55 bis 57 preuß. StGB 1851. Vergl. m.w.N. ausführlich zur Redaktionsgeschichte dieser Bestimmungen: Beseler, *a.a.O.*, S. 207ff; Goltdammer, *Materialien*, Bd. I, S. 447ff; Müller, *Strafgesetzbuch*, S. 56f.; Temme, *Lehrbuch*, S. 499ff; *Glossen*, S. 127ff; Berner, *Grundsätze*, S. 107ff; Hälschner, *a.a.O.*, Bd. II, S. 489ff.

[2471] Der napoleonische Gesetzgeber hatte die Frage des Zusammentreffens mehrerer Verbrechen oder Vergehen noch im Rahmen des Strafprozeßgesetzes abgehandelt. Vergl. Art. 365 Abs. 2 *Code d'instruction criminelle* 1808.

[2472] Vergl. Teil II, Tit. 20, §§ 52 bis 57 ALR 1794.

[2473] Vergl. Teil II, Tit. 20, §§ 52f. ALR 1794.

§ 52: "Die Wiederholung gleicher Verbrechen wirkt allemal Schärfung der auf das einfache Verbrechen im Gesetze bestimmten Strafe."

§ 53: "Bey dieser Verschärfung der Strafe ist besonders auf den Hang des Verbrechers zu dieser Art von Vergehungen und auf die dem Staate daraus bevorstehenden Gefahr Rücksicht zu nehmen."

Der landrechtliche Gesetzgeber hatte hier zwar richtig erkannt, daß sich dieselbe Person in beiden Fällen mehrerer strafbarer Handlungen schuldig gemacht hat. Unberücksichtigt blieb jedoch, daß die mehreren zusammentreffenden Verbrechen und Vergehen den Gegenstand *eines* Strafverfahrens und *eines* Erkenntnisses bilden, während beim Rückfall die frühere strafbare Handlung schon abgeurteilt ist und nur noch insofern in Betracht kommt, als daraus bei der Bestrafung der erneuten strafbaren Handlung ein Schärfungsgrund entnommen werden kann. Diese Nachlässigkeit ist auch im Verlauf der Redaktionsgeschichte des Preußischen Strafgesetzbuchs vielfach kritisiert worden. Vergl. hierzu m.w.N. näher: Beseler, *a.a.O.*, S. 207f., 212; Hälschner, *a.a.O.*, Bd. II, S. 493.

ausdrücklich erfaßt[2474] und im übrigen eine konsequente Durchführung der allgemeinen Bestimmungen auf die einzelnen Delikte unterlassen hatten[2475], versuchte die napoleonische Strafgesetzgebung das Problem der Konkurrenzen lediglich durch die Aufstellung der prozessualen Regel *poena major absorbet minorem* zu lösen[2476], deren allgemeine Anwendung den Anforderungen der Gerechtigkeit im Einzelfall aufgrund ihrer Starrheit aber naturgemäß nicht gerecht werden konnte[2477]. Allerdings hatte sich die Doktrin des gemeinen deutschen Rechts im Verlauf des 18. und 19. Jahrhunderts sehr eingehend mit der Konkurrenzenlehre befaßt und konnte so - obwohl sie es bis in die Mitte des 19. Jahrhunderts weder zu einer allgemein anerkannten Terminologie noch zu sicheren Rechtsregeln über die Bestrafung gebracht hatte - den Urhebern des Preußischen Strafgesetzbuchs zumindest als Orientierungshilfe dienen[2478]. Bei der Revision des preußischen Strafrechts ist daher auch zunächst eine selbständige Behandlung dieser Materie versucht worden, die sich jedoch im Verlauf der Redaktionsgeschichte allmählich mehr und mehr vereinfacht und zuletzt auf die Aufstellung einiger allgemeiner Grundsätze beschränkt hatte, in deren wesentlichen Inhalten sich letztlich alle grundlegenden Aspekte der gemeinrechtlichen Doktrin wiederfanden[2479].

Im Hinblick auf die zumindest ausdrücklich im strafrechtlichen Teil des Allgemeinen Landrechts nicht behandelte Idealkonkurrenz stimmte das Preußische Strafgesetzbuch sowohl mit der gemeinrechtlichen Doktrin als auch der landrechtlichen Strafpraxis sowie der napoleonischen Strafgesetzgebung

---

[2474] In der landrechtlichen Strafgesetzgebung fehlte zwar eine Bestimmung über die Idealkonkurrenz, jedoch hatte die Praxis in Anlehnung an das gemeine Recht stets auf die Strafe des schwersten Verbrechens erkannt und dabei eine besondere Schärfung unter Berücksichtigung der gehäuften Rechtsverletzung eintreten lassen. Vergl. hierzu m.w.N. näher: Goltdammer, *Materialien*, Bd. I, S. 447f.; Berner, *Lehrbuch*, S. 235; Temme, *Glossen*, S. 127.

[2475] Diese Inkonsequenz ist im Verlauf der Redaktionsarbeiten mehrfach ausdrücklich gerügt worden. Vergl. hierzu m.w.N. näher: Beseler, *a.a.O.*, S. 208; Hälschner, *a.a.O.*, Bd. II, S. 493.

[2476] Vergl. Art. 365 Abs. 2 *Code d'instruction criminelle* 1808: "En cas de conviction de plusieurs crimes ou délits, la peine la plus forte sera seule prononcée." Bemerkenswert ist, daß der napoleonische Gesetzgeber im *Code d'instruction criminelle* dieses Absorptionsprinzip ausdrücklich nur für die *crimes* und *délits*, nicht aber für die *contraventions* vorsah, so daß hier insoweit eine Regelungslücke bestand.

[2477] Beseler, *a.a.O.*, S. 208; Berner, *Lehrbuch*, S. 237ff.

[2478] Vergl. hierzu m.w.N. ausführlicher: Beseler, *a.a.O.*, S. 208; Berner, *Lehrbuch*, S. 234ff; Hälschner, *a.a.O.*, Bd. II, S. 493ff. Vergl. insgesamt m.w.N. zur gemeinrechtlichen Konkurrenzenlehre: Geerds, *a.a.O.*, S. 5ff; Ziegler, *Die gemeinrechtliche Lehre von der Verbrechens-Concurrenz, mit Rücksicht auf die neueren Theorien und deutschen Gesetzgebungen seit 1813*, Diss. Rostock 1873.

[2479] Beseler, *a.a.O.*, S. 208.

dahingehend überein, daß dann, wenn ein und dieselbe Handlung die Merkmale mehrerer Verbrechen oder Vergehen in sich vereinigte und mithin ein *concursus delictorum simultaneus* gegeben war, nur das Strafgesetz zur Anwendung kommen sollte, das die schwerste Strafe androhte[2480]. Inwiefern aber in einem solchen Zusammentreffen ein bei der Strafzumessung zu berücksichtigender Grund vorlag, das blieb dem richterlichen Ermessen überlassen, denn ebenso wie die Urheber des *Code d'instruction criminelle* schwieg sich auch der preußische Gesetzgeber diesbezüglich völlig aus[2481].

Für den bereits in der landrechtlichen Strafgesetzgebung ausdrücklich geregelten und von der gemeinrechtlichen Doktrin bevorzugt diskutierten Fall der Realkonkurrenz[2482] bestimmten die Urheber des Preußischen Strafgesetzbuchs in enger Anlehnung an die Prinzipien des gemeinen deutschen Rechts, daß gegen denjenigen, der durch verschiedene selbständige Handlungen mehrere Verbrechen oder Vergehen verwirklicht hatte, auf sämtliche darauf begründete Strafen vereinigt erkannt werden mußte[2483]. Obwohl die preußische Strafgesetzgebung

---

[2480] § 55 preuß. StGB 1851. Vergl. m.w.N. ausführlicher zur Redaktionsgeschichte dieser Bestimmung: Goltdammer, *Materialien*, Bd. I, S. 447ff; Beseler, *a.a.O.*, S. 208ff; Temme, *Glossen*, S. 127ff; Berner, *Lehrbuch*, S. 235f. Dieses Prinzip der Strafaufzehrung sah der preußische Gesetzgeber auch für die Übertretungen vor. Vergl. § 337 preuß. StGB 1851.

[2481] Wohl in ferner Anlehnung an die landrechtliche Praxis im Hinblick auf die Idealkonkurrenz enthielten allerdings alle Entwürfe bis zu dem von 1850 den ausdrücklichen Zusatz, daß - bei der Anwendung der Strafe des schwersten Verbrechens - zugleich auch das Zusammentreffen durch die Strafzumessung berücksichtigt werden solle. Der Gesetzgeber hat diesen Zusatz aber letztlich nicht in das Preußische Strafgesetzbuch übernommen, weil er sich entweder einfach nur der Fassung des Art. 365 Abs. 2 des *Code d'instruction criminelle* anschließen oder aber auch hier konsequent das Prinzip befolgen wollte, grundsätzlich keine Strafzumessungsgründe in das Gesetz aufzunehmen. Vergl. hierzu m.w.N. näher: Goltdammer, *Materialien*, Bd. I, S. 448f., 452.

[2482] Wie sich aus dem letzten Satz des § 57 ergab, folgte die landrechtliche Strafgesetzgebung der gemeinrechtlichen Auffassung, nach der bei Realkonkurrenz alle verwirkten Strafen zusammenzurechnen waren. Abweichend hiervon war der Richter aber nach dem Wortlaut der Fassung nicht verpflichtet, immer auf die Summe aller Strafen zu erkennen. Vergl. Teil II, Tit. 20, § 57 ALR 1794: "Wenn mehrere Leibesstrafen zusammentreffen, so muß die Strafe des schwersten Verbrechens verschärft oder verlängert, doch muß die Summe aller Strafen der verschiedenen Verbrechen nicht überschritten werden." Die Urheber des Preußischen Strafgesetzbuchs hatten diesen Grundsatz im Verlauf der Redaktion durch alle Entwürfe bis hin zu dem von 1850 befolgt und insbesondere bei der Revision von 1845 alle Einwürfe abgelehnt, die gegen ihn vom Standpunkt des rheinischen Rechts aus erhoben worden waren. Vergl. hierzu m.w.N. näher: Goltdammer, *Materialien*, Bd. I, S. 453.

[2483] § 56 preuß. StGB 1851. Vergl. m.w.N. näher zur Redaktionsgeschichte dieser Bestimmung: Goltdammer, *Materialien*, Bd. I, S. 453ff; Beseler, *a.a.O.*, S. 210; Temme, *Glossen*, S. 129f. Für Übertretungen galt gleichfalls das Prinzip der Strafhäufung. Allerdings kamen hier in unmittelbarer Anlehnung an das gemeine Recht stets sämtliche dadurch begründeten Strafen zur Anwendung, wobei die Strafe einer Übertretung ausdrücklich nicht dadurch

damit im Hinblick auf den *concursus delictorum successivus* dem Grundsatz rheinischen Rechts, nach dem nur die schwerste Strafe zur Anwendung kommen sollte, eine deutliche Absage erteilte und fortan wohl aus grundsätzlichen Erwägungen dem der napoleonischen Strafgesetzgebung nicht geläufigen deutschrechtlichen Kumulationsprinzip anhing, mußte dieses aber aus Praktikabilitätsgesichtspunkten insofern modifiziert werden, als natürlich die Strafen der verschiedenen Verbrechen und Vergehen nur dann nebeneinander zur Anwendung kommen konnten, wenn sie miteinander auch kompatibel waren. War dies - wie etwa beim Zusammentreffen mehrerer zeitiger Freiheitsstrafen - nicht der Fall, so bedurfte es einer Strafverwandlung, der der preußische Gesetzgeber zumindest im Hinblick auf die Freiheitsstrafen durch die Einführung des die Strafhäufung beschränkenden Asperationsprinzips ausdrücklich Rechnung getragen hat[2484]. Hiernach durfte bei der Kumulation mehrerer gleichartiger zeitiger Freiheitsstrafen bei Verbrechen die zu bildende Gesamtstrafe niemals die Dauer von zwanzig, bei Vergehen hingegen niemals die Dauer von zehn Jahren überschreiten[2485]. Handelte es sich bei den in Vereinigung zu erkennenden Strafen hingegen um Freiheitsstrafen verschiedener Art, so mußte unter Verkürzung ihrer Gesamtdauer auf die schwerste dieser Strafarten erkannt werden[2486]. Im Fall der Gefängnisstrafe konnte diese darüber hinaus zwar ihr Maximum von fünf, niemals aber die Dauer von zehn Jahren übersteigen[2487]. Neben diesen speziellen Bestimmungen behielten darüber hinaus die allgemeinen Regeln über die Strafverwandlung[2488] ihre Geltung, so daß die das Kumulationsprinzip beschränkenden Regelungen insoweit noch ergänzt wurden. Im übrigen war das erkennende Gericht seit einer schon 1853 erfolgten Gesetzesreform befugt, die Summe der vereinigten Freiheitsstrafen bis auf das Maß der für das schwerste Verbrechen oder Vergehen bestimmten Freiheitsstrafe zu verkürzen[2489].

---

ausgeschlossen wurde, daß der Täter außer der Übertretung noch weitere Verbrechen oder Vergehen begangen hatte. Vergl. § 338 preuß. StGB 1851. Insofern, als in Art. 365 Abs. 2 des *Code d'instruction criminelle* ausdrücklich nur von *crimes* und *délits*, nicht aber von *contraventions* die Rede war und eine entsprechende spezifische Regelung für die Übertretungen im französischen Strafprozeßgesetz zudem gänzlich fehlte, machte möglicherweise auch der französische Gesetzgeber deutlich, daß er das Prinzip der Strafhäufung zumindest im Fall der realen Konkurrenz im Hinblick auf die Übertretungen angewandt wissen wollte. Vergl. § 365 Abs. 2 *Code d'instruction criminelle* 1808.

[2484] § 57 preuß. StGB 1851. Vergl. m.w.N. näher zur Redaktionsgeschichte dieser Bestimmung: Goltdammer, *Materialien*, Bd. I, S. 457ff; Beseler, *a.a.O.*, S. 210; Temme, *Glossen*, S. 130f.

[2485] § 57 Nr. 1 preuß. StGB 1851.

[2486] § 57 Nr. 2 preuß. StGB 1851. Der Gesetzestext beinhaltete hier einen ausdrücklichen Verweis auf den einschlägigen § 16 des Strafgesetzbuchs. Vergl. § 16 preuß. StGB 1851.

[2487] § 57 Nr. 3 preuß. StGB 1851.

[2488] Vergl. §§ 16f. preuß. StGB 1851.

[2489] § 56 Abs. 2 preuß. StGB 1851. Diese Bestimmung ist dem § 56 erst durch das *Gesetz die Abänderung der §§ 56, 219, 240 und 250 des Strafgesetzbuchs betreffend* vom 9. März 1853

Vergleicht man demnach die Regelung der Konkurrenzenfrage im Preußischen Strafgesetzbuch mit der entsprechenden Behandlung dieses Problems im napoleonischen *Code d'instruction criminelle*, so war die preußische Strafgesetzgebung auf diesem Gebiet bereits durch das Strafgesetzbuch von 1851, und nochmals durch das Reformgesetz vom 9. März 1853[2490] deutlich über die insoweit unflexible französische Strafgesetzgebung hinausgegangen und hatte sich im wesentlichen unabhängig von den Vorgaben der hier unvollkommenen, weil den Anforderungen der Gerechtigkeit im Einzelfall nicht genügenden napoleonischen Strafgesetzgebung eigenständig auf der Basis des gemeinen Rechts weiterentwickelt[2491].

5. Der Rückfall

Einen nicht unerheblichen Einfluß übte die französische Strafgesetzgebung allerdings auf die Gestaltung der Bestimmungen über den Rückfall aus, der die einzige gesetzlich bestimmte Strafschärfung des Preußischen Strafgesetzbuchs darstellte[2492]. Während das gemeine deutsche Kriminalrecht den Rückfall noch nicht als allgemeinen Strafschärfungsgrund gekannt, sondern ihm diese Wirkung nur bei bestimmten Verbrechen beigelegt[2493] und auch die aufgrund ihrer eigentümlichen Vermengung von Konkurrenzenfrage und Rückfallproblematik mangelhafte landrechtliche Strafgesetzgebung[2494] die Anwendung der verschärften Rückfallstrafe lediglich auf die wiederholte Begehung gleicher oder zumindest

(abgedruckt in: *Gesetzsammlung* 1853, S. 78f.) hinzugefügt worden. Ohne auf den Grund dieser Ergänzung näher einzugehen, sprachen die Motive zu dieser Gesetzesänderung nur von den *Härten und Inconvenienzen*, die aus der Kumulation der Strafen hervorgegangen seien. Vergl. hierzu: Hälschner, *a.a.O.*, Bd. II, S. 528.

2490 So hat das Reformgesetz vom 9. März 1853 für die Realkonkurrenz einen Mittelweg zwischen der Kumulation und der Absorption eingeschlagen. Vergl. § 56 Abs. 2 n.F.: "Es kann jedoch, insoweit es sich um Freiheitsstrafen handelt, die Dauer derselben bis auf das Maß der für das schwerste Verbrechen oder Vergehen bestimmten Freiheitsstrafe herabgesetzt werden."

2491 Berner, *Strafgesetzgebung*, S. 256.

2492 §§ 58 bis 60, 336 Abs. 2 preuß. StGB 1851. Vergl. m.w.N. näher zur Redaktionsgeschichte dieser Bestimmungen: Goltdammer, *Materialien*, Bd. I, S. 460ff; Beseler, *a.a.O.*, S. 211ff; Müller, *Strafgesetzgebung*, S. 57f.; Temme, *Lehrbuch*, S. 486ff; *Glossen*, S. 131ff.

2493 Dies war vorher namentlich beim Diebstahl der Fall. Vergl. Art. 161f. der C.C.C. 1532. Vergl. hierzu näher: Beseler, *a.a.O.*, S. 212.

2494 Vergl. Teil II, Tit. 20, §§ 52f. ALR 1794. Obwohl aufgrund des Wortlauts der Bestimmungen bezweifelt werden konnte, ob sich diese Vorschriften auf das Zusammentreffen mehrerer Verbrechen oder aber auf den Rückfall bezogen, sprachen die überwiegenden Gründe doch wohl eher für die letztere Annahme. Daß aber überhaupt ein solcher Zweifel aufkommen konnte, war bezeichnend für die Mangelhaftigkeit der landrechtlichen Bestimmungen. Vergl. hierzu m.w.N. näher: Beseler, *a.a.O.*, S. 212; Goltdammer, *Materialien*, Bd. I, S. 460.

gleichartiger Verbrechen beschränkt hatte[2495], zog der Rückfall nach dem *Code pénal* von 1810 ohne Rücksicht auf die Art des früheren Verbrechens oder Vergehens und ungeachtet des Zeitraums zwischen der ersten Verurteilung und der Begehung der zweiten Straftat stets obligatorisch eine erhebliche Straferhöhung nach sich[2496]. Ebenso wie die Urheber der napoleonischen Kodifikation differenzierte zwar auch der preußische Gesetzgeber entsprechend der qualitativen Dreiteilung der Delikte zunächst systematisch zwischen solchen Rückfallbestimmungen, die sich ausschließlich auf Übertretungen[2497] und solchen, die sich auf Verbrechen und Vergehen bezogen[2498], wich aber insofern grundlegend von der entsprechenden französischen Strafgesetzgebung ab, als er bei allen strafbaren Handlungen die allgemeine Strafschärfung nur noch fakultativ[2499] und zudem nach dem Vorbild des Allgemeinen Landrechts nur dann eintreten ließ, wenn *dasselbe* Verbrechen oder Vergehen wiederholt verübt worden war[2500]. Allerdings genügte auch in Preußen die bloße Wiederholung eines Verbrechens oder Vergehens allein nicht, um die Rückfallstrafe zu begründen, denn ebenso wie nach den entsprechenden Bestimmungen des *Code pénal* mußte dem Rückfall nämlich stets eine rechtskräftige Verurteilung des erneut straffällig

---

[2495] Der Wortlaut beider landrechtlicher Bestimmungen beschränkte die Anwendung der Rückfallstrafe nicht nur auf gleichartige, sondern vielmehr auf gleiche Verbrechen, denn die in § 53 gewählte Bezeichnung *zu dieser Art von Vergehungen* konnte nicht als ausdehnende Erklärung des in § 53 enthaltenen Ausdrucks *Wiederholung gleicher Verbrechen* verstanden werden. Im übrigen hielten noch die Urheber des Entwurfs von 1847 insofern an dem schwammigen Kriterium der Gleichartigkeit fest, als nach §§ 75f. dieses Entwurfs nur die Gleichartigkeit des Verbrechens die Rückfallstrafe begründete. Erst der Entwurf von 1850 ließ die Rückfallstrafe endgültig nur dann eintreten, wenn *dasselbe* Verbrechen oder Vergehen wiederholt verübt worden war. Vergl. hierzu m.w.N. ausführlicher: Beseler, *a.a.O.*, S. 212f.; Goltdammer, *Materialien*, Bd. I, S. 460ff.

[2496] Vergl. Art. 56 bis 58 C.P. 1810. Bei den Übertretungen galt im Grunde das gleiche Prinzip, denn auch hier war es nicht von Bedeutung, ob der Delinquent denselben Übertretungstatbestand nochmals verwirklicht oder aber eine beliebige andere Übertretung begangen hatte. Abweichend von den Bestimmungen über Verbrechen und Vergehen legte der napoleonische Gesetzgeber aber bei den *contraventions* auf den Zeitraum zwischen der ersten Verurteilung und dem erneuten Gesetzesübertritt insofern großen Wert, als er hier eine besondere Art einer einjährigen Rückfallverjährung bestimmte, auf die zu einem späteren Zeitpunkt noch ausführlicher einzugehen sein wird. Vergl. Art. 483 C.P. 1810. Allerdings ist der *Code pénal* in Frankreich gerade im Hinblick auf die Rückfallstrafen schon durch das bereits dargestellte Reformgesetz von 28. April 1832 erheblich abgeändert und in seiner Härte und Weite bedeutsam herabgemildert worden.

[2497] § 336 Abs. 2 preuß. StGB 1851.

[2498] §§ 58 bis 60 preuß. StGB 1851.

[2499] Das ging bereits deutlich aus dem Wortlaut der entsprechenden Bestimmungen hervor, in denen stets nur von *kann* die Rede ist. Im Gegensatz hierzu verwendete der napoleonische Gesetzgeber regelmäßig das verpflichtende *soll* [*sera*]. Vergl. Art. 56 bis 58 C.P. 1810.

[2500] § 58 Abs. 1 preuß. StGB 1851. Gleiches galt mangels einer abweichenden Regelung auch für die im dritten Teil des Strafgesetzbuchs erfaßten Übertretungen.

gewordenen Delinquenten vorausgegangen sein[2501]. Während aber nach napoleonischem Recht hierbei keine Rücksicht darauf genommen wurde, ob das erste Urteil von einem inländischen oder ausländischen Gericht gefällt worden war, bestand die preußische Strafgesetzgebung ausdrücklich darauf, daß das erste Erkenntnis von einem preußischen Gerichtshof ausgesprochen worden sein mußte, um eine Rückfallstrafe wirksam begründen zu können[2502]. In der gleichen Weise wie nach der napoleonischen Strafgesetzgebung waren dabei dem vollendeten Verbrechen oder Vergehen sowohl für den früheren oder späteren Fall als auch für beide Fälle die Teilnahme und der Versuch gleichgestellt[2503]. Infolge des Rückfalls konnte die Strafe in prinzipieller Anlehnung an die Bestimmungen des *Code pénal* auch in Preußen über das gesetzliche Maß hinaus erhöht werden, wobei sich die Straferhöhung - sofern das Strafgesetzbuch hier keine besonderen Rückfallstrafen bestimmte[2504] - anders als nach der napoleonischen Strafgesetzgebung[2505]

[2501]Vergl. etwa Art. 56 Abs. 1 C.P. 1810: "Quiconque ayant été condamné pour crime aura commis un second crime emportant la dégradation civique, sera condamné à la peine du carcan." Vergl. auch Art. 57 Abs. 1, 58, 483 C.P. 1810.

[2502]In den ersten Entwürfen ist dieses Erfordernis zunächst noch nicht ausgesprochen worden. Es wurde erst seit dem Entwurf von 1845 mit der Begründung für notwendig erachtet, daß durch die Gleichstellung der ausländischen und der preußischen Urteile dem fremden Recht und den fremden Behörden ein zu großer Einfluß auf die preußische Strafrechtspflege eingeräumt werde. Vergl. hierzu m.w.N. näher: Goltdammer, *Materialien*, Bd. I, S. 464f.; Beseler, *a.a.O.*, S. 214; Berner, *Lehrbuch*, S. 243.

[2503]§ 59 preuß. StGB 1851. Einer nochmaligen ausdrücklichen, auch nach dem Preußischen Strafgesetzbuch eher überflüssigen Erwähnung der Gleichstellung des vollendeten Delikts mit dem Versuch bzw. der Täterschaft mit der Teilnahme im Rahmen der Rückfallbestimmungen bedurfte die napoleonische Strafgesetzgebung aufgrund ihrer hinreichenden Deutlichkeit wohl nicht. Vergl. Art. 2f., 59 bis 63 C.P. 1810.

[2504]Obwohl beim Rückfall im allgemeinen keine Rücksicht darauf genommen wurde, wie oft ein solcher stattgefunden hatte - dieser Umstand war nur im Rahmen der Strafzumessung zu erwägen - hatten die Urheber des Preußischen Strafgesetzbuchs dennoch den zweiten Rückfall namentlich beim Diebstahl, der Hehlerei, der Gestattung illegalen Glücksspiels sowie der Bettelei ausdrücklich unter besondere Strafen gestellt, die von denen der erstmaligen Tatbegehung teilweise erheblich abwichen. So wandelte sich etwa die für den einfachen Diebstahl sowie für die einfache Hehlerei einschlägige Gefängnisstrafe bei zwei- oder mehrmaligem Rückfall in eine bis zu fünfzehnjährige Zuchthausstrafe. Ähnliches galt für die Inhaber öffentlicher Versammlungsorte, in denen illegale Glücksspiele stattfanden, sowie für die wiederholte einfache Bettelei. Während bei ersteren nach zwei- oder mehrmaligem Rückfall nicht nur auf die eigentliche Strafe, sondern darüber hinaus noch auf die zeitige Untersagung der Ausübung der bürgerlichen Ehrenrechte erkannt werden mußte, hatte der mehrfach rückfällige Bettler mit einer Gefängnisstrafe zu rechnen, die die normale Höchsthaftdauer um das Doppelte übersteigen konnte. Vergl. §§ 219, 240, 267, 341 i.V.m. 118 preuß. StGB 1851.

[2505]Die Urheber der napoleonischen Kodifikation hatten zumindest bei zwei aufeinanderfolgenden Verbrechen nach Art. 56 des *Code pénal* stets die Verhängung der innerhalb des Strafensystems nächst höheren Strafart bis hin zur Todesstrafe vorgesehen. Nur

allerdings in der Regel nicht auf die Strafart, sondern lediglich auf die Strafzumessung innerhalb der jeweiligen Strafrahmen bezog. Der Strafanhebung waren in Preußen von Seiten des Gesetzbuchs zudem insofern vergleichsweise enge Grenzen gesetzt, als die Strafe abweichend von der entsprechenden französischen Strafgesetzgebung regelmäßig nur um die Hälfte des gesetzlichen Maßes erhöht werden konnte[2506] und die Freiheitsstrafen zudem auch dann die Dauer von zwanzig Jahren nicht überschreiten durften[2507]. Möglicherweise inspiriert von der napoleonischen Kodifikation ergänzten die Urheber des Preußischen Strafgesetzbuchs diese engen Grenzen der Strafanhebung zudem noch durch die Einführung einer prinzipiell auch dem französischen Recht geläufigen Rückfallverjährung. Während aber der napoleonische Gesetzgeber eine besondere Art der Rückfallverjährung nur bei den Übertretungen anerkannt[2508], die

---

bei den in Art. 57f. erfaßten Rückfallvergehen verblieb es bei einer - allerdings erheblichen - Straferhöhung innerhalb der jeweiligen Strafrahmen. Vergl. Art. 56 C.P. 1810: "Quiconque ayant été condamné pour crime aura commis un second crime emportant la dégradation civique, sera condamné à la peine du carcan.

Si le second crime emporte la peine du carcan ou le bannissement, il sera condamné à la peine de la réclusion.

Si le second crime entraîne la peine de la réclusion, il sera condamné à la peine des travaux forcés à temps et à la marque.

Si le second crime entraîne la peine des travaux forcés à temps, ou la déportation, il sera condamné à la peine des travaux forcés à perpétuité.

Si le second crime entraîne la peine des travaux forcés à perpétuité, il sera condamné à la peine de mort."

2506 § 58 Abs. 2 preuß. StGB 1851. Die entsprechenden Bestimmungen des *Code pénal* hatten bei Vergehen noch die Möglichkeit der Erhöhung der Maximalstrafe um das Doppelte vorgesehen. Vergl. Art. 57f. C.P. 1810. Eine Ausnahme von dieser grundsätzlichen Regelung beinhaltete allerdings das *Gesetz über die Presse* vom 12. Mai 1851 (abgedruckt in: *Gesetzsammlung* 1851, S. 273ff), das nach §§ 40, 42f., 45 die gesetzliche Strafe wegen Rückfalls verdoppelte. Allerdings fand nach § 46 dann keinerlei Straferhöhung statt, wenn seit der letzten Verurteilung bereits fünf Jahre vergangen waren. Bei Übertretungen fand im übrigen eine Erhöhung der Strafe wegen Rückfalls über das höchste Maß hinaus grundsätzlich nicht statt, was aber dessen Berücksichtigung bei der Strafzumessung nicht ausschloß. Vergl. § 336 Abs. 2 preuß. StGB 1851.

2507 § 58 Abs. 3 und 4 preuß. StGB 1851. Nach §§ 58 Abs. 2 und 3 i.V.m. § 14 Abs. 2 konnte die Gefängnisstrafe in Preußen auch im Rückfall nur auf sieben Jahre und sechs Monate verhängt werden, während nach der entsprechenden Bestimmung des *Code pénal* bei Rückfall eine Anhebung des *emprisonnement* bis auf maximal zehn Jahre möglich war. Vergl. Art. 57 C.P. 1810. Bei den zeitigen Rückfallstrafen im Hinblick auf die Verbrechen bestanden ungeachtet der voneinander abweichenden Strafensysteme ähnlich gravierende Unterschiede zwischen preußischer und napoleonischer Strafgesetzgebung, zog doch ein mit zeitiger Zwangsarbeit belegtes Verbrechen bei Rückfall stets die lebenslange Zwangsarbeit nach sich. Vergl. Art. 56 Abs. 4 C.P. 1810.

2508 Die nur für die *contraventions* vorgesehene Rückfallverjährung wies aufgrund ihrer strengen Ortsbezogenheit insofern einen besonderen Charakter auf, als ein Rückfall begrifflich nur

strafschärfenden Rückfallvorschriften hingegen bei den Verbrechen und Vergehen stets noch ohne zeitliche Beschränkung angewandt hatte, erweiterte der preußische Gesetzgeber diese augenscheinlich als zu eng empfundene Regelung nunmehr auch auf alle anderen strafbaren Handlungen und bestimmte eine für alle Delikte geltende allgemeine, wenn auch in ihrer Dauer etwas zu hoch gegriffene Rückfallverjährung. Diese sollte dann eintreten, wenn seit dem Zeitpunkt - an dem die Freiheitsstrafe oder die Geldbuße der zuletzt begangenen strafbaren Handlung vollständig abgebüßt oder erlassen worden war - zehn Jahre vergangen waren[2509].

Obwohl das Preußische Strafgesetzbuch also dem französischen Vorbild folgend gleichfalls einen allgemeinen Strafschärfungsgrund des Rückfalls kannte, hatten die Urheber der preußischen Kodifikation diesen abweichend von der insoweit erheblich strengeren napoleonischen Strafgesetzgebung in Anlehnung an deutschrechtliche Prinzipien nicht nur auf die Wiederholung desselben Delikts beschränkt, sondern darüber hinaus zudem dessen lediglich fakultative Anwendung bestimmt. Zusammen mit einer im Vergleich zum rheinischen Recht deutlichen Abmilderung der Rückfallstrafen sowie der Einführung einer allgemeinen zehnjährigen Rückfallverjährung für alle strafbare Handlungen erreichte die preußische Strafgesetzgebung somit nicht die Weite und Härte der entsprechenden französischen Regelung und stellte deshalb - obwohl sie anders als das insoweit wohl konsequentere rheinische Recht neben dem allgemeinem Strafschärfungsgrund des Rückfalls bei einigen Delikten noch spezielle Rückfallstrafen kannte - im Vergleich zum napoleonischen *Code pénal* insgesamt einen erheblichen Fortschritt in der Strafgesetzgebung dar.

6. Die mildernden Umstände

Im Gegensatz zur französischen Strafgesetzgebung, die noch im *Code pénal* von 1810 die mildernden Umstände lediglich den Vergehen vorbehalten[2510], sie später aber durch nachnapoleonische Reformgesetze nahezu unbeschränkt auf alle

---

dann vorlag, wenn der Täter innerhalb von zwölf Monaten nach seiner ersten Verurteilung *im selben Gerichtsbezirk* nochmals in Erscheinung trat. Vergl. Art. 483 C.P. 1810.

[2509] § 60 preuß. StGB 1851. Der Gesetzgeber bestimmte für den Raub und die Erpressung allerdings insofern eine Ausnahme, als er für diese Delikte ausdrücklich jede Rückfallverjährung ausschloß. Vergl. § 233 Nr. 1 preuß. StGB 1851.

[2510] Vergl. Art. 463 C.P. 1810: "Dans tous les cas où la peine d'emprisonnement est portée par le présent Code, si le préjudice causé n'excède pas vingt-cinq francs, et si les circonstances paraissent atténuantes, les tribunaux sont autorisés à réduire l'emprisonnement, même au-dessous de six jours, et l'amende, même au-dessous de seize francs. Ils pourront aussi prononcer séparément l'une ou l'autre de ces peines, sans qu'en aucun cas elle puisse être au-dessous des peines de simple police."

Delikte ausgedehnt[2511] und darüber hinaus schließlich durch eine 1835 erfolgte Strafprozeßreform vorgeschrieben hatte, daß es den Geschworenen in allen Fällen und selbst beim Rückfall freistehen sollte, zugunsten des Angeklagten mit einfacher Mehrheit das Vorhandensein von mildernden Umständen festzustellen[2512], entschieden sich die Urheber des Preußischen Strafgesetzbuchs trotz anfänglichen Zögerns und entgegen ihrer offensichtlichen Orientierung an der entsprechenden zeitgenössischen französischen Strafgesetzgebung gegen ein allgemein für alle strafbaren Handlungen gültiges System der mildernden Umstände nach französischem Vorbild[2513]. In prinzipieller Anknüpfung an das nachnapoleonische Milderungsrecht grenzten sie stattdessen den zulässigen Anwendungsbereich der in dieser Form der landrechtlichen Strafgesetzgebung bislang unbekannten mildernden Umstände[2514] lediglich auf eine im

[2511] Hier sind vor allem die bereits erörterten, sowohl das materielle als auch das Strafprozeßrecht betreffenden Reformgesetze von 1824 und 1832 zu nennen, von denen die seit 1814 von der weiteren französischen Rechtsentwicklung abgeschnittene preußische Rheinprovinz natürlich nicht mehr berührt worden war.

[2512] Für den Gesetzgeber der nachnapoleonischen Ära war diese Änderung der Strafprozeßordnung ein außerordentlich geeignetes Mittel, um die Härte der Strafbestimmungen des *Code pénal* namentlich im Hinblick auf den Rückfall zu mildern, ohne sich zu einer durchgreifenden Änderung des in sich ja geschlossenen napoleonischen Strafgesetzbuchs durchringen zu müssen. Vergl. den durch die *Loi qui rectifie les art. 341, 345, 346, 347 du Code d'instruction criminelle et l'art. 17 du Code pénal* vom 9. September 1835 (abgedruckt in: Duvergier, *a.a.O.*, Bd. XXXV. S. 290ff) modifizierten Art. 341 des *Code d'instruction criminelle* 1808: "En toute matière criminelle, même en cas de récidive, le président, après avoir posé les questions résultant de l'acte d'accusation et des débats, avertira le jury, à peine de nullité, que, s'il pense, à la majorité, qu'il existe, en faveur d'un ou de plusieurs accusés reconnus coupables, des circonstances atténuantes, il devra en faire la déclaration en ces termes: A la majorité, il y a des circonstances atténuantes en faveur de tel accusé. [...]." Das Reformgesetz von 1832, durch das diese Neuerung eigentlich eingeführt worden war, hatte hier statt einer einfachen noch eine Mehrheit von mehr als sieben Geschworenenstimmen verlangt.

[2513] Allerdings hatten auch die Urheber der preußischen Kodifikation wohl in prinzipieller Anlehnung an die zeitgenössische französische Strafgesetzgebung bis zum Entwurf von 1845 eine Regelung favorisiert, die die Anwendbarkeit der mildernden Umstände nicht nur auf bestimmte Delikte, sondern für alle Straffälle vorschrieb. Aber auch diese Regelung unterlag insofern einer deutlichen Beschränkung, als sie im wesentlichen nur auf die verminderte Zurechnungsfähigkeit und daneben nur noch auf die Reue, die unverschuldete Untersuchungshaft und das mildere ausländische Gesetz abstellte. Vergl. hierzu m.w.N. näher: Goltdammer, *Materialien*, Bd.I, S. 399ff, 445; Beseler, *a.a.O.*, S. 29ff. Vergl. insgesamt m.w.N. näher zur Redaktionsgeschichte im Hinblick auf die mildernden Umstände: Goltdammer, *Materialien*, Bd. I, S. 395ff, 444ff; Beseler, *a.a.O.*, S. 29ff; Hälschner, *a.a.O.*, Bd. II, S. 485ff; Berner, *Lehrbuch*, S. 227ff; *Strafgesetzgebung*, S. 253f.; Temme, *Lehrbuch*, S. 468ff.

[2514] Das Allgemeine Landrecht enthielt in Teil II, Tit. 20, § 18 eine Bestimmung, die auf den ersten Blick zur allgemeinen Begründung von mildernden Umständen hätte herangezogen

Strafgesetzbuch genau festgelegte Anzahl von Verbrechen[2515] und Vergehen[2516] ein, die sowohl politische Straftaten als auch solche Delikte umfaßten, die sich gegen die Person oder das Vermögen richteten und für deren Auswahl sich kein bestimmtes leitendes Motiv des Gesetzgebers erkennen ließ[2517]. Beide Deliktskategorien erfuhren dabei in gleicher Weise wie nach französischem Strafprozeßrecht[2518] insofern eine unterschiedliche Behandlung, als entsprechend der bereits 1798 im Zuge der napoleonischen Eroberungen nach französischem Vorbild in den linksrheinischen Gebieten eingeführten, durch das Inkraftsetzen des napoleonischen *Code d'instruction criminelle* in den Territorien der späteren preußischen Rheinprovinz nochmals bestätigten und schließlich in die preußische Strafgesetzgebung übernommenen Schwurgerichtsbarkeit entweder der Richter allein das Vorliegen mildernder Umstände annahm oder aber die Geschworenen das Vorhandensein mildernder Umstände mehrheitlich feststellten[2519]. In völliger Übereinstimmung mit der entsprechenden französischen Strafgesetzgebung umfaßten die mildernden Umstände dabei sämtliche in den Kreis der richterlichen

---

werden können. Jedoch ging die Praxis dahin, diese Bestimmung nur in dem Sinn aufzufassen, daß der Richter auf die geminderte Zurechnung des Delinquenten Rücksicht zu nehmen hatte. Vergl. hierzu m.w.N. näher: Goltdammer, *Materialien*, Bd. I, S. 402. Vergl. Teil II, Tit. 20, § 18 ALR 1794: "Alles, was das Vermögen eines Menschen, mit Freiheit und Ueberlegung zu handeln, mehrt oder mindert, das mehrt oder mindert auch den Grad der Strafbarkeit."

2515 Neben politischen Verbrechen wie einigen minder schweren Hoch- und Landesverratsdelikten, der durch Tätlichkeiten gegenüber dem König oder eines Mitglieds des königlichen Hauses begangenen Majestätsbeleidigung sowie den dem Hochverrat gleichstehenden Handlungen gegenüber befreundeten Staaten umfaßte dieser Katalog auch die Mißhandlung oder Körperverletzung, den schweren Diebstahl, die Hehlerei, den betrügerischen Bankrott, die Bestechung von Beamten oder Schiedsrichtern sowie den Mißbrauch der Strafgewalt. Vergl. §§ 63 bis 66, 68, 74, 76, 78, 193 bis 196, 218, 238, 259f., 310, 316, 321 preuß. StGB 1851.

2516 Eine Herabsetzung des gesetzlichen Strafe kam hier in Betracht bei der Beleidigung oder Verleumdung politischer Körperschaften, öffentlicher Behörden oder Beamter u.s.w., der Verleumdung, der einfachen Körperverletzung, dem einfachen Diebstahl, der Unterschlagung, der Hehlerei, dem einfachen Betrug sowie der Sachbeschädigung. Vergl. §§ 102, 156, 187, 216f., 227, 237, 242, 281 preuß. StGB 1851.

2517 Goltdammer, *Materialien*, Bd. I, S. 446.

2518 Vergl. insbesondere Liv. II, tit. I und II *Code d'instruction criminelle* 1808.

2519 Abweichend von der zeitgenössischen französischen Strafgesetzgebung war die Frage der Feststellung mildernder Umstände den Geschworenen allerdings nicht notwendigerweise vorzulegen. Vergl. Art. XXIV des *Gesetzes über die Einführung des Strafgesetzbuchs für die Preußischen Staaten* vom 14. April 1851: "Wenn das Gesetz die Erhöhung oder Ermäßigung der Strafe von dem Vorhandensein erschwerender oder mildernder Umstände abhängig macht, so muß in Sachen, welche zur Kompetenz der Schwurgerichtshöfe gehören, auf den Antrag der Staatsanwaltschaft oder des Angeschuldigten eine darauf bezügliche Frage den Geschworenen bei Strafe der Nichtigkeit vorgelegt werden. Eine solche Frage kann den Geschworenen auch von Amtswegen vorgelegt werden."

Kognition fallenden tatsächlichen Momente sowohl im Hinblick auf den objektiven Tatbestand als auch hinsichtlich der Persönlichkeit und des Verschuldens des Täters, so daß sich für das Ermessen der Geschworenen und des Richters auch in Preußen keine allgemein gültigen Regeln aufstellen ließen, sondern dieses vielmehr für jedes einzelne Verbrechen und Vergehen unter Berücksichtigung der entsprechenden Motive des Strafgesetzbuchs seinem Umfang und seiner Beschaffenheit nach getrennt bestimmt werden mußte[2520]. Die Berücksichtigung des Vorhandenseins mildernder Umstände bei Verbrechen oder Vergehen erstreckte sich darüber hinaus ebenso wie nach französischer Strafgesetzgebung zudem sowohl auf den Versuch[2521] als auch auf die Teilnahme[2522].

Im Fall der mildernden Umstände bei Verbrechen trat eine Herabsetzung der Strafe zugunsten des Schuldigen dergestalt ein, daß mit Ausnahme einiger politischen Delikte, die auch bei Vorliegen mildernder Umstände stets die - allerdings im Hinblick auf ihre Dauer unterschiedlich ausgestaltete - Einschließung nach sich zogen[2523], alle anderen Verbrechen in die Klasse der Vergehen übertraten und nur mit der Gefängnisstrafe geahndet wurden[2524]. Differenzierter waren hingegen die Folgen der Annahme mildernder Umstände bei den Vergehen geregelt, denn hier traten lediglich zwei Vergehen in die Klasse der Übertretungen über und waren mithin stets nur mit Geldbußen zu ahnden[2525]. In den übrigen Fällen gestand der Gesetzgeber dem Richter hingegen stets nur die bloße Befugnis zur Herabsetzung der gesetzlichen Strafe mit der Folge zu, daß dieser bei der Strafzumessung in zwei

[2520] Vergl. m.w.N. näher auf die Beurteilung des Rechtsinstituts der mildernden Umstände im Hinblick auf die politischen sowie die Straftaten, die sich gegen die Person oder deren Vermögen richteten: Beseler, *a.a.O.*, S. 31f., 34ff.

[2521] Vergl. § 32 Abs. 3 preuß. StGB 1851. Einer entsprechend ausdrücklichen, auch im Preußischen Strafgesetzbuch letztlich überflüssigen Bestimmung bedurfte die französische Strafgesetzgebung aufgrund der prinzipiellen Gleichbehandlung von Versuch und vollendetem Delikt nicht. Vergl. Art. 2f. C.P. 1810.

[2522] Dies ging aus der Formulierung *dasselbe Strafgesetz* hervor. Vergl. § 35 preuß. StGB 1851. Auch hier bedurfte der *Code pénal* aufgrund seiner grundsätzlichen Gleichstellung von Täterschaft und Teilnahme keiner weiteren ausdrücklichen Festellung. Vergl. Art. 59 bis 63 C.P. 1810.

[2523] Vergl. §§ 63 bis 66, 68, 74, 76, 78 preuß. StGB 1851. Bei Vorliegen mildernder Umstände zogen diese Bestimmungen eine entweder als Verbrechens- oder aber Vergehensstrafe ausgestaltete Einschließung nach sich, deren Dauer im leichtesten Fall nur sechs Monate bis zu drei Jahren, im schwersten aber zehn bis zwanzig Jahre betrug. Die Tatsache, daß bei den politischen Verbrechen in bestimmten Fällen statt der entehrenden Zuchthausstrafe die mildere Einschließung als Strafe zugelassen wurde, hing wohl mit der allgemeinen Auffassung der Strafbarkeit politischer Verbrecher im Hinblick auf die Gefährlichkeit ihres Tuns und die dabei an den Tag gelegte Gesinnung zusammen. Vergl. Beseler, *a.a.O.*, S. 34f.

[2524] Vergl. §§ 196 i.V.m. 193 bis 195, 218, 238, 259f., 310, 321 preuß. StGB 1851.

[2525] Vergl. §§ 187, 281 preuß. StGB 1851.

Fällen bis auf die Verhängung einer bloßen Geldbuße heruntergehen[2526] und in einem weiteren Fall zwischen einer niedrigeren Gefängnisstrafe und einer Geldbuße wählen konnte[2527], in allen anderen Fällen aber nur befugt war, anstatt der gesetzlichen Gefängnisstrafe mit der akzessorischen Ehrenstrafe auf eine geringere Gefängnisstrafe zu erkennen[2528].

Während demnach die französische Strafgesetzgebung der nachnapoleonischen Ära bereits einen ganz unbeschränkten Gebrauch von den mildernden Umständen gemacht hatte, grenzten die Urheber des Preußischen Strafgesetzbuchs zur gleichen Zeit das dem französischen System der *circonstances atténuantes* entlehnte Institut der mildernden Umstände nicht nur auf eine bereits von der zeitgenössischen Literatur[2529] bedauerte, vergleichsweise geringe Anzahl von Verbrechens- und Vergehenstatbeständen ein, sondern beschnitten darüber hinaus auch noch das gleichfalls nach französischem Vorbild gestaltete Mitwirkungsrecht der Geschworenen bei Feststellung deren Vorhandenseins. Obwohl die Übernahme der dem Allgemeinen Landrecht in dieser Form unbekannten mildernden Umstände in das Preußische Strafgesetzbuch also durchaus als ein bedeutsamer Fortschritt in der preußischen Strafgesetzgebung gewertet werden konnte[2530], und diese damit die bis dahin in der Rheinprovinz geltende napoleonische Kodifikation von 1810 weit hinter sich gelassen hatte, blieb das preußische Strafrecht deshalb dessenungeachtet zumindest im Vergleich mit der zeitgenössischen französischen Strafgesetzgebung zunächst erheblich hinter deren weiterführenden Errungenschaften zurück[2531].

VI. Die weitere Entwicklung des preußischen Strafrechts bis zum Inkrafttreten des Reichsstrafgesetzbuchs von 1871

Schon bald nach Inkrafttreten des Preußischen Strafgesetzbuchs milderte der preußische Gesetzgeber die noch vorhandenen Härten dieser neuen Kodifikation in einigen Punkten durch Nachtragsgesetze ab, deren Texte dann anstelle der veränderten Bestimmungen in das Strafgesetzbuch eingefügt wurden[2532]. Neben

---

2526 Vergl. §§ 102, 156 preuß. StGB 1851.

2527 Vergl. § 242 preuß. StGB 1851.

2528 Vergl. §§ 216f., 227, 237 preuß. StGB 1851.

2529 Berner, *Strafgesetzgebung*, S. 254.

2530 Berner, *Strafgesetzgebung*, S. 253.

2531 Dies änderte sich zögernd erst mit dem bereits erwähnten *Gesetz betreffend die Abänderung einiger Bestimmungen des Strafgesetzbuches* vom 14. April 1856, das zumindest im Hinblick auf die §§ 192 bis 196, 217f., 237f. 251 des Strafgesetzbuchs eine ausgedehntere Zulassung von mildernden Umständen festschrieb.

2532 Zu nennen sind hier insbesondere folgende, bereits im Rahmen der jeweiligen Materien erörterten Gesetze: Das *Gesetz die Abänderung der §§ 56, 219, 240 und 250 des*

diesen durchaus richtungsweisenden Verbesserungen des materiellen Rechts gewann die preußische Strafgesetzgebung aber vor allem durch ihren sich beständig erweiternden Geltungsbereich an erheblicher Bedeutung, denn obwohl das Preußische Strafgesetzbuch von 1851 selbst nicht einmal für zwei Jahrzehnte Rechtskraft entfaltete hatte, hat es im Zuge der fortschreitenden deutschen Einigung allmählich nicht nur andere deutsche Partikulargesetzbücher verdrängt, sondern zudem das Strafgesetzbuch für den Norddeutschen Bund von 1870 und mithin auch das aus diesem hervorgegangene Reichsstrafgesetzbuch von 1871 insofern maßgeblich beeinflußt, als es noch knapp zwei Jahrzehnte nach seinem Inkrafttreten allgemein als zeitgemäße Kodifikation angesehen und deshalb den beiden ihm nachfolgenden Strafgesetzbüchern im wesentlichen als Vorlage zugrunde gelegt wurde.

Nachdem das Preußische Strafgesetzbuch mit Wirkung zum 1. Januar 1852 zunächst auch in Hohenzollern in Kraft gesetzt worden war[2533], schlossen sich ihm im Verlauf der nächsten Jahre zwei weitere deutsche Kleinstaaten - nämlich das Herzogtum Anhalt-Bernburg sowie das Fürstentum Waldeck-Pyrmont - mit nur geringfügigen Abweichungen an[2534]. Die wichtigste Erweiterung seines Geltungsgebiets erfuhr die preußische Kodifikation jedoch im Jahr 1867, denn nachdem sich Preußen nach seinem Obsiegen im Krieg von 1866 das Königreich Hannover, das Kurfürstentum Hessen, das Herzogtum Nassau, die freie Stadt Frankfurt, ehemals bayerische und großherzoglich-hessische Territorien sowie die Herzogtümer Holstein und Schleswig einverleibt hatte, wurde das Strafgesetzbuch für die Preußischen Staaten in seiner dritten und letzten amtlichen Ausgabe vom

---

Strafgesetzbuchs betreffend vom 9. März 1853, das *Gesetz betreffend die Abänderung einiger Bestimmungen des Strafgesetzbuchs* vom 14. April 1856 sowie das *Gesetz betreffend die Abänderung einiger Bestimmungen des Strafgesetzbuchs* vom 30. Mai 1859.

[2533] Vergl. *Gesetz über die Gerichtsorganisation, das mündliche und öffentliche Verfahren mit Geschworenen in Untersuchungssachen und das Verfahren in Civilprozessen in den Fürstenthümern Hohenzollern-Hechingen und Hohenzollern-Sigmaringen* vom 30. April 1851 (abgedruckt in: *Gesetzsammlung* 1851, S. 188ff).

[2534] In Anhalt-Bernburg galt jedoch im Zuge seiner Vereinigung mit den übrigen anhaltinischen Gebietsteilen seit dem 31. Oktober 1864 das Thüringische Strafgesetzbuch von 1850. Im übrigen verkündeten auch das Herzogtum Oldenburg im Jahr 1858 sowie die Hansestadt Lübeck im Jahr 1864 jeweils eigene Gesetzbücher, die sich zumeist wörtlich an das Preußische Strafgesetzbuch von 1851 anlehnten. Vergl. hierzu ausführlicher: v. Holtzendorff, *a.a.O.*, Bd. I, S. 98; Berner, *Strafgesetzgebung*, S. 257f.; 322ff; Schmidt, *Strafrechtspflege*, S. 323f.

14. Juni 1859 im Wege königlicher Verordnungen[2535] auch in diesen neu erworbenen Landesteilen in Kraft gesetzt[2536].

Obwohl man bereits im Zeitalter des Deutschen Bundes von unterschiedlicher Seite mehrfach Vorstöße in Richtung auf ein einheitliches Bundesstrafrecht unternommen hatte, diese aber stets alsbald gescheitert waren, und anschließend der Entwurf einer norddeutschen Bundesverfassung das Strafrecht zunächst gar nicht erst in den Bereich einer gemeinsamen Gesetzgebung aufgenommen hatte, wurde die Schaffung eines für alle Gliedstaaten des Norddeutschen Bundes geltenden Strafgesetzbuchs konkret erst durch die Aufnahme einer entsprechenden Bestimmung in die Bundesverfassung von 1867 ermöglicht[2537]. Bereits am 18. April 1868 beschloß daraufhin der Reichstag des Norddeutschen Bundes, *den Bundeskanzler aufzufordern, Entwürfe eines gemeinsamen Strafrechts und eines gemeinsamen Strafprocesses, sowie die dadurch bedingten Vorschriften der Gerichts-Organisation, baldthunlichst vorbereiten und dem Reichstag vorlegen zu lassen*[2538]. Nachdem der Bundesrat diesem Vorhaben zugestimmt hatte, ersuchte der amtierende Bundeskanzler Otto Eduard Leopold von Bismarck (1815-1898) am 17. Juni 1868 den preußischen Justizminister Adolf Leonhardt (1815-1880), die Ausarbeitung des Entwurfs eines Strafgesetzbuchs für das Gebiet des Norddeutschen Bundes zu veranlassen. Mit dessen Ausarbeitung wurde anschließend der spätere Justizminister Heinrich von Friedberg (1813-1895) beauftragt, der von Bismarck bereits am 31. Juli 1869 einen in enger Anlehnung an das Preußische Strafgesetzbuch von 1851 erstellten Entwurf nebst Begründung vorlegen konnte[2539]. Nachdem dieser erste Entwurf noch im selben Monat mitsamt seiner Motive veröffentlicht worden war, wurde er anschließend seit Oktober 1869 von einer bereits am 3. Juni 1869 vom Bundesrat gewählten Kommission eingehend begutachtet und überprüft, die das Ergebnis ihrer eigenen Arbeiten in Gestalt eines zweiten, verbesserten Entwurfs schon am 31. Dezember 1869 wieder

---

[2535] Vergl. *Verordnung, betreffend das Strafrecht und das Strafverfahren in den durch das Gesetz vom 20.9. 1866 und die beiden Gesetze vom 24.12. 1866 mit der Monarchie vereinigten Landesteilen* vom 25. Juni 1867 (abgedruckt in: *Gesetzsammlung* 1867, S. 921ff).

[2536] Vergl. hierzu näher: Berner, *Strafgesetzgebung*, S. 258ff.

[2537] Vergl. Art. 4 Nr. 13 der *Verfassung des Norddeutschen Bundes* vom 26. Juli 1867 (abgedruckt in: *Bundes-Gesetzblatt des Norddeutschen Bundes* 1867 (nachfolgend abgekürzt: *Bundes-Gesetzblatt*), S. 1ff).

[2538] Vergl. *Stenographische Berichte über die Verhandlungen des Reichstages des Norddeutschen Bundes, I. Legislaturperiode Session 1868*, 1. Band, S. 129.

[2539] Vergl. *Entwurf eines Strafgesetzbuches für den Norddeutschen Bund* und *Motive zu dem Entwurfe eines Strafgesetzbuches für den Norddeutschen Bund*, Berlin 1869. Beide Texte sind abgedruckt in: Schubert, *Kodifikationsgeschichte Strafrecht: Quellen zum Strafgesetzbuch von 1870* (nachfolgend abgekürzt: *Kodifikationsgeschichte*), Bd. I, S. 1ff, 113ff.

an Bismarck zurückleitete[2540]. Dieser veranlaßte sodann die Beratung dieses zweiten Entwurfs im Bundesrat, der anschließend am 14. Februar 1870 dem Reichstag vorgelegt wurde[2541]. Dort führten die Verhandlungen nach einer kurzen ersten Lesung am 22. Februar 1870[2542] im Verlauf der zweiten Lesung vom 28. Februar bis zum 8. April 1870 zu lebhaften Auseinandersetzungen insbesondere über die Beibehaltung der Todesstrafe[2543], deren Abschaffung am 1. März 1870[2544] beschlossen wurde. Vor der auf den 21. Mai 1870 angesetzten dritten und letzten Lesung machte der preußische Justizminister Leonhardt namens der verbündeten Regierungen das Zustandekommen des neuen Strafgesetzbuches allerdings von der Aufhebung mehrerer in zweiter Lesung gefaßter Beschlüsse abhängig, zu denen vor allem der am 1. März 1870 verabschiedete Beschluß über die Abschaffung der Todesstrafe gehörte[2545]. Um das ganze Gesetzesvorhaben nicht zu gefährden, beugte sich der Reichstag schließlich dem Druck des Bundesrats und votierte am 23. Mai 1870 mit knapper Mehrheit für die erneute Aufnahme der Todesstrafe in das neue Strafgesetzbuch[2546], das am 25. Mai 1870 mit großer Mehrheit verabschiedet wurde[2547]. Daraufhin konnte die neue einheitliche Kodifikation im Bundesgesetzblatt als Strafgesetzbuch für den Norddeutschen Bund vom 31. Mai 1870[2548] verkündet werden, wobei man den 1. Januar 1871 als Tag des Inkrafttretens bestimmte. Nachdem es - wie vorgesehen - an diesem Tag bereits im Gebiet des Norddeutschen Bundes sowie in Kurhessen in Kraft getreten war, wurde das Strafgesetzbuch des Norddeutschen Bundes im Zuge der bereits durch die Verfassungsverträge mit den süddeutschen Staaten vom 15., 23. und 25. November 1870 vorbereiteten Gründung des Deutschen Reiches - allerdings erst

---

[2540] Die entsprechenden Protokolle und Anträge der Kommission sind bislang nicht veröffentlicht worden und befinden sich im Bundesarchiv, Nebenstellen Potsdam, Reichskanzleramt, Nr. 641 bis 649. Vergl. hierzu näher: Schubert, *Kodifikationsgeschichte*, Bd. III, S. 8.

[2541] Vergl. *Entwurf zu einem Strafgesetzbuch für den Norddeutschen Bund vom 14. Februar 1870 nebst Motiven.* Beide Texte sind abgedruckt in: Schubert, *Kodifikationsgeschichte*, Bd. II, S. 2ff, 26ff.

[2542] Vergl. Protokoll der Sitzung vom 22. Februar 1870 (abgedruckt in: Schubert, *Kodifikationsgeschichte*, Bd. III, S. 47ff).

[2543] Die Sitzungsprotokolle sind vollständig abgedruckt in: Schubert, *Kodifikationsgeschichte*, Bd. III, S. 62ff.

[2544] Vergl. Protokoll der Sitzung vom 1. März 1870 (abgedruckt in: Schubert, *Kodifikationsgeschichte*, Bd. III, S. 85ff).

[2545] Vergl. Protokoll der Sitzung vom 21. Mai 1870 (abgedruckt in: Schubert, *Kodifikationsgeschichte*, Bd. III, S. 436ff).

[2546] Vergl. Protokoll der Sitzung vom 23. Mai 1870 (abgedruckt in: Schubert, *Kodifikationsgeschichte*, Bd. III, S. 442ff).

[2547] Vergl. Protokoll der Sitzung vom 25. Mai 1870 (abgedruckt in: Schubert, *Kodifikationsgeschichte*, Bd. III, S. 475ff).

[2548] Vergl. das *Einführungs-Gesetz zum Strafgesetzbuch für den Norddeutschen Bund* vom 31. Mai 1870 sowie das *Strafgesetzbuch für den Norddeutschen Bund* vom 31. Mai 1870 (beide abgedruckt in: *Bundes-Gesetzblatt* 1870, S. 195ff).

nach einer redaktionellen Anpassung an die nunmehr bestehenden staatlichen Verhältnisse - zum Strafgesetzbuch für das Deutsche Reich vom 15. Mai 1871. Es wurde mit Wirkung zum 1. Oktober 1871 zunächst in Elsaß-Lothringen, zum 1. Januar 1872 schließlich auch in Bayern, Württemberg und Baden in Kraft gesetzt und gewährleistete fortan ein für das gesamte Reichsgebiet einheitliches materielles Strafrecht. Es gilt - allerdings vielfach abgeändert - noch heute und schreibt dementsprechend viele auf dem Einfluß der französischen Strafgesetzgebung beruhende Regelungen bis in die Gegenwart fort[2549].

[2549] Vergl. das *Gesetz betreffend die Redaktion des Strafgesetzbuchs für den Norddeutschen Bund als Strafgesetzbuch für das Deutsche Reich* vom 15. Mai 1871 sowie das *Strafgesetzbuch für das Deutsche Reich* vom 15. Mai 1871 (beide abgedruckt in: *Reichsgesetzblatt* 1871, S. 127ff). Vergl. ausführlich zur Entstehungsgeschichte des Reichsstrafgesetzbuchs: Rubo, *Kommentar über das Strafgesetzbuch für das Deutsche Reich und das Einführungsgesetz vom 31. Mai 1870 sowie die Ergänzungsgesetze vom 10. Dezember 1871 und 26. Februar 1876*, S. 1ff; Höinghaus, *Das neue Strafgesetzbuch für den Norddeutschen Bund in der durch Vereinbarung mit dem Reichstage endgültig festgestellten Fassung*, S. 5ff; Schwarze, *Commentar zum Strafgesetzbuch für das Deutsche Reich*, S. 1ff; Schmidt, *Strafrechtspflege*, S. 343ff; Schubert, *Kodifikationsgeschichte*, Bd. III, S. 7ff.

SCHLUßBETRACHTUNG

Zusammenfassend kann festgestellt werden, daß der *Code pénal* von 1810 einen nicht zu unterschätzenden Einfluß sowohl auf das Bairische Strafgesetzbuch von 1813 als auch auf das Preußische Strafgesetzbuch von 1851 ausgeübt hat, der anschließend nicht nur über die bayerische Kodifikation auf die Strafgesetzgebung anderer deutscher Partikularstaaten des 19. Jahrhunderts einwirken, sondern darüber hinaus unmittelbar über das Preußische Strafgesetzbuch auch Teile des Reichsstrafgesetzbuchs von 1871 maßgeblich prägen sollte. Er besteht deshalb auch in der modernen deutschen Strafgesetzgebung unserer Tage in vielen zentralen Bereichen - man denke nur an die qualitative Dreiteilung der Delikte, das Jugendstrafrecht, die Versuchs-, Notwehr- und Rückfallthematik sowie schließlich an die erstmalige Erfassung des Grundsatzes *nulla poena sine lege* - fort.

Der Einfluß des napoleonischen *Code pénal* auf die Entwicklung der deutschen Partikularstrafgesetzgebung hat sich vor allem in zweierlei Art vollzogen, denn zum einen war der *Code pénal* von 1810 zunächst für das ihm zeitlich am nächsten stehende Bairische Strafgesetzbuch von 1813 vorbildlich geworden, das seinerseits aufgrund der konsequenten Umsetzung der Feuerbachschen Theorie vom psychologischen Zwang die deutsche Rechtswissenschaft zu Beginn des 19. Jahrhunderts widerspiegelt und sich hierbei in erster Linie durch eine klare systematische Struktur, scharfe Begriffsbestimmungen sowie durch ein gut abgestuftes, nahezu durchweg humane Sanktionen beinhaltendes Strafensystem auszeichnet. Obwohl man sich bei der Herausarbeitung von nachweislich französischen Elementen innerhalb dieses Strafgesetzbuchs vor allem aufgrund des staatlichen Kommentierungsverbots und dem damit verbundenen Fehlen näherer Hinweise vielfach auf das Terrain bloßer Vermutungen begeben und zudem dem in erster Linie bestimmenden Einfluß der originär Feuerbachschen Straftheorie Rechnung tragen muß, darf doch niemals außer Acht gelassen werden, daß Bayern im Zug seiner Zugehörigkeit zum Rheinbund von dem Sog des napoleonischen Systems in einem außerordentlich hohem Maß erfaßt worden ist, was sich einerseits außenpolitisch durch die enge Bindung an Frankreich, andererseits innenpolitisch durch ein forciertes, am modernen französischen Vorbild orientiertes Reformprogramm äußerte, dessen Neuerungen sich auch in einer neuen Strafgesetzgebung niederschlagen *mußten*. So lassen sich entsprechende Einflüsse mit hinreichender Wahrscheinlichkeit insbesondere bei der zweifellos auf französischem Vorbild beruhenden qualitativen Einteilung der Delikte in Verbrechen, Vergehen und Polizeiübertretungen, der richterlichen Strafzumessung innerhalb eines gesetzlich genau fixierten Strafrahmens, dem strafmildern zu berücksichtigenden jugendlichen Alter des Straftäters, der Festschreibung des Grundsatzes *nulla poena sine lege*, der Einführung von Haupt- und Nebenstrafen sowie bei der dem napoleonischen Strafensystem unmittelbar entlehnten Sanktion des bürgerlichen Todes feststellen. Unverkennbar ist der französische Einfluß darüber hinaus auch bei den gesetzlichen Begriffsbestimmungen des Versuchs, der Beihilfe und Begünstigung, des Rückfalls, der Notwehr sowie der Verjährung, deren teilweise wörtliche Übereinstimmungen mit den entsprechenden napoleonischen Umschreibungen keinen anderen Schluß zulassen.

Trotz aller ihm anhaftenden Mängel - beispielhaft seien hier nur die verfehlte allgemeine Bedrohung der Fahrlässigkeit, die Ausdehnung der Strafbarkeit des Versuchs auf bloße Vorbereitungshandlungen sowie die unverhältnismäßige Einengung des richterlichen Ermessens genannt - hat das zwar im Feuerbachschen Geist verfaßte, jedoch offensichtlich auch von vielfältigen französischen Einflüssen geprägte Bairische Strafgesetzbuch von 1813 aber vor allem aufgrund seiner klaren Systematik und Sprache wiederum selbst als Vorbild für die deutsche Strafrechtsentwicklung gedient, die Strafgesetzgebung der meisten deutschen Länder hierbei bis in die Mitte des 19. Jahrhunderts nachhaltig beeinflußt und seine Vorbildrolle in Deutschland erst mit dem Inkrafttreten des Preußischen Strafgesetzbuchs von 1851 an Preußen verloren.

Ein ungleich stärkerer, vor allem durch die Auseinandersetzung mit der im preußischen Rheinland unmittelbar geltenden napoleonischen Strafgesetzgebung bedingter Einfluß des französischen Rechts[2550] läßt sich auch auf das Preußische Strafgesetzbuch von 1851 nachweisen, das seinerseits wiederum vorbildlich für das Reichsstrafgesetzbuch von 1871 wurde. Während sich französisch-rechtliche Einflüsse auf das Bairische Strafgesetzbuch von 1813 nur anhand mehr oder weniger begründeter Mutmaßungen und auch hierbei nur unter dem Vorbehalt einer möglichen Herleitung aus der Feuerbachschen Straftheorie festmachen lassen, können entsprechende Einflüsse der napoleonischen Strafgesetzgebung auf die Urheber der preußischen Kodifikation - die sich anders als der bayerische Gesetzgeber von 1813 ausdrücklich auf keine spezielle Straftheorie festgelegt hatten - anhand umfangreicher Protokolle, Kommentierungen und Materialien konkret dargelegt werden. Deren Auswertung zeigt, daß die Übernahme französisch-rechtlicher Elemente und die damit verbundene Zurückdrängung der landrechtlichen Strafgesetzgebung insbesondere auf der Hinzuziehung rheinischer

[2550]Einer ähnlichen Situation sah sich nach dem Erwerb der Pfalz auch der bayerische Gesetzgeber von 1861 ausgesetzt. Das Bayerische Strafgesetzbuch von 1861 war jedoch sowohl unmittelbar dem französischen Einfluß in Gestalt des in der Pfalz geltenden napoleonischen *Code pénal* als auch dem Einfluß des bereits von französisch-rechtlichen Elementen durchsetzten Preußischen Strafgesetzbuchs von 1851 ausgesetzt gewesen und stellte insoweit einen auch in der Literatur bereits umfassend erörterten Sonderfall dar. Vergl. hierzu umfassend: Schweisthal, *Das bayerische Strafgesetzbuch von 1861 - die letzte bayerische Strafgesetzgebung im Schatten Preußens?*, München 1992.

Juristen gegen Ende der Redaktionsarbeiten beruhte, wo sie dem französischen Recht sowohl hinsichtlich der Strukturierung des neuen Strafgesetzbuchs als auch bei der Konzeption des entsprechenden Strafensystems sowie bei der Abfassung der allgemeinen Lehren eine herausragende Position zu sichern vermochten. Dessen Einfluß schlug sich dementsprechend in allen Bereichen - zum Teil sogar in einer wörtlichen Reproduktion der napoleonischen Bestimmungen - nieder und äußerte sich generell in erster Linie in Aufbau und Struktur des Strafgesetzbuchs, in der qualitativen Dreiteilung der Delikte in Verbrechen, Vergehen und Übertretungen, der Abstellung auf die intellektuelle Einsichtsfähigkeit bei jugendlichen Straftätern, der Festschreibung des Grundsatzes *nulla poena sine lege*, der Einführung eines Systems von Haupt- und Nebenstrafen, der Einführung von Strafrahmen sowie der Übernahme des Systems der mildernden Umstände. Nachdrückliche Spuren einer zum Teil wörtlichen Übernahme französisch-rechtlicher Elemente finden sich zudem bei den Ehren- und verschiedenen anderen Nebenstrafen sowie bei der Behandlung und Begriffsbestimmung des Versuchs, der Teilnahme, der Notwehr, der Verjährung sowie des Rückfalls.

Trotz aller auf der Übernahme französisch-rechtlicher Elemente beruhender Gemeinsamkeiten darf der Einfluß des napoleonischen *Code pénal* auf das Preußische Strafgesetzbuch von 1851 jedoch nicht überbewertet werden, denn nicht anders als andere Kodifikationen vor ihm, schöpfte auch der preußische Gesetzgeber von 1851 aus mehreren Gesetzesquellen, so daß es jedenfalls übertrieben erscheint, hier von einem bestimmenden Einfluß des französischen Rechts sprechen zu wollen. Unbestritten hat jedoch die Eingliederung der rheinischen Gebiete in den preußischen Staat den Einfluß des französischen Rechts auf das Preußische Strafgesetzbuch von 1851 und damit auch auf das Reichstrafgesetzbuch von 1871 beträchtlich verstärkt, das - zwar vielfach geändert und ergänzt - noch heute gilt und seine französisch-rechtlichen Elemente in vielen Bereichen noch immer erkennen läßt.

Printed by
CPI books GmbH, Leck

Kolibri 360 GmbH
Ferdinand-Jühlke-Straße 7
99095 Erfurt, Deutschland
produktsicherheit@kolibri360.de